国外俄苏研究丛书

阎德学◎著

# 冷战后日本的俄苏研究

上海人民出版社

# 丛 书 总 序

　　国外的俄罗斯与苏联研究作为一个学科门类,既年轻又有着丰厚的历史渊源。很多年以来,这个学科门类在整个人文社会科学的发展历程中具有特殊的影响,同时,对于和俄罗斯与苏联有关的国际、国内事务都曾经产生过广泛的影响。随着当代俄罗斯问题日益受人关注,冷战终结后的俄罗斯研究也越来越成为一门比较热门的学问。因此,从学术史角度梳理一下这一知识和学科领域的演进过程,以及当下所受到的各类挑战和发展机遇,展望一下这门学科的未来前景,不仅将有益于从事俄罗斯研究这个领域的专门工作者,而且也有益于各个领域的有关研究者和有兴趣的学习者。

## 一、为什么要关注国外的俄苏研究

　　从公元 10 世纪俄国在基辅罗斯的立国奠基,一直到苏联解体前后所发起的近 30 年艰难转型的那一阶段为止,国际学术界对于沙俄帝国、苏联和俄罗斯的研究早就形成了涉猎广泛的丰富内容。这一研究领域包括了俄罗斯从居于一隅的公国成长为帝国的复杂经历,涵盖了帝国时期的扩张称霸、内部国家与社会构建的独特进程。在 20 世纪人文社会科学的各个学科领域迅速发展的前提下,苏联社会主义时期也自然成为各门学科研究的热门。苏联解体之后政治经济社会的艰难转型,以及对外关系的重大变化,不仅涉及各个学科,而且促使不少新研究领域、新研究范式的形成。国外俄苏研究不仅涉及政治、经济、社会、历史、文化、安全、媒体、心理等各个门类,由于与国际政治实际进程关系密切,无疑也受到意识形态较量和地缘政治博弈的深刻影响。

　　在一个多元文明时代，能否全面而准确地把握犹如俄罗斯这样既有自己独特历史路径，同时又对总体世界历史进程产生深刻影响的国家和文明的演进进程，乃是决定这个多元文明时代的各个国家、各大文明主体能否和谐相处、合作发展的一个重要前提。回顾自维也纳体系建立以来的每一次重要国际秩序的构建，都有俄罗斯以欧洲大国乃至世界大国身份的参与。俄罗斯与西方关系的潮起潮落，决定着维也纳、凡尔赛、雅尔塔乃至冷战终结以后的历次国际社会重构的命运。而这样一种俄罗斯与西方关系的演进，完全离不开对于俄罗斯这个大国独特进程的理解与把握。从世界历史的内部进程来看，无论是作为一个地区的公国，还是帝国、社会主义大国乃至今天的民族国家，俄罗斯都提供了丰富而独到的治理样式。无论这些治理经验成功还是失败，一个不争的事实，乃是俄罗斯作为一个大国历尽艰险而存活至今，并且依然自强不息、活力四散，发挥着远超出国力的巨大影响力。对于这样一个国家演进历程的叙事，显然既不能脱离人类社会发展的基本逻辑，又不能忽视其非常特立独行的个性。所以，无论从外部还是从内部的视角来看，对于俄罗斯作为一个大国历程的叙事构建，还远未终结，有待人们站在历史的新高度，对以往有关俄罗斯的浩如烟海的记载和评说，来作一番系统的考察和总结。

　　本丛书的内容，侧重于将苏联解体之后的国外俄苏研究作为对象，希望通过对这样一个重要历史阶段的海外对俄研究状况的观察分析，对当前的研究状态与趋势作出概括性描述，总结出有用的学科机理、客观的观点和方法、值得借鉴的学术规范，以期推动本领域研究深入发展。当然，也包含着总结得失成败，从其他国家特别是西方大国俄罗斯研究领域的进展和走过的弯路中取得借鉴。这并不是一件轻而易举、信手拈来的事情。曾经有值得称道的准确认知和把握，超越了意识形态的芥蒂，不仅促进了学术的发展，而且极大地作用于社会进步和国家力量的增长。如，根据列文森奖得主罗伯特·斯基德斯基的记载，当年凯恩斯有关国家宏观调控理论的形成，明显地受到了苏联早期计划经济思想的启发和影响。包括 20 世纪三四十年代，美苏两国来自媒体和民间的客观友善的相互认知，成为推动两国在第二次世界大战中形成盟友关系的有力纽带。遗憾的是，俄罗斯与西方的相互认知中也有着太多从误解、疑虑开始，一直发展到敌视、仇恨的不幸故事。无论是冷战的起源，还是对于苏联解体问题的一系列错误判断，都导致了大国间关系的一次又一次的严重对立，甚至抗衡。因此，站在一个客观和自主的立场上，去反思国外俄苏研究中的得失成败，显然有助于形成一种相对而言比较成熟的认知。

自21世纪以来，国际变化中的一个重要方面乃是俄罗斯的内政外交。对于俄罗斯问题的认知，越来越成为牵动全局的关键问题。近年来笔者在对美国和西欧国家的学术访问中，深感国外的俄苏研究领域以及关于俄苏问题的舆论环境已经发生了非常大的变化，而且东方与西方已经不由自主地出现了如此巨大的反差——正当普京以前所未有的支持率迎来第四个总统任期之时，一个相当鲜明的对比是，西方舆论对俄罗斯的批判和敌视达到空前高度。面对这样高度分化的学术评价和舆论状况，中国学术界理当去伪存真、去雾廓清，经过严肃认真的研究，对于俄苏的无论是当前、还是历史问题，拿出我们自己的见解。因此，在作出自己的判断之前，充分了解和把握国外学术界对于俄罗斯问题的立场和看法，探究其来龙去脉，就显得十分必要了。

这不仅是因为目前对于俄苏问题存在着尖锐的立场分歧，需要去研究国外俄苏研究的基本态势，还因为俄罗斯本身是一个曾经花了几百年的时间、殚精竭虑地学习西方的一个欧亚国家。西方是其几百年来模仿与学习的对象。西方的学问和知识成为俄罗斯现代化的主要理论渊源。有一位北欧的学者曾经这样来总结苏联的失败，他认为，从俄国到苏联，一直有一个情结缠绕着这个国家，即这个国家过于关注从其他国家搬用和模仿意识形态，以此来代替自己的意识形态。这一批评虽然未必概全，但是却非常精到地指出了问题之所在。既然，从俄国到苏联，整个现代化发展中的灵魂所在曾是对于西方的学习，那么从外部的角度，从被俄苏模仿和学习的主体角度来观察俄罗斯与苏联问题，可能成为一个有效的观察视角。

鉴于国外俄苏研究不仅仅局限于政治、经济、历史等单一专业门类，而且往往是以多学科的方式进行，因此，不仅在国际研究的领域，人们正在普遍地思考如何改进传统的地区研究领域的状况，使之适应高度动态中的国别与地区事务的变化；而且，人文社会科学领域正在严肃

3

思考如何进行学科的构建与配置、分化与组合,在这一重要时刻,通过一个相当热门的俄罗斯研究的学科成长案例,探讨现代人文社会科学的发展逻辑,还是一件具有相当普遍意义的事情。当然,这里还涉及各国都已出现的非常紧迫的国际研究、地区研究的人才培养问题,对俄研究,就如同其他地区研究,不仅要求掌握多学科知识,不仅要求跨文化的研究、交往能力,而且,这项研究对语言的要求也非常高,要求学者们必须掌握不止一门外语,而是两种、甚至是多种语言才能有效地从事研究。因此,通过对海外俄苏研究这一领域的历史和现状的全面分析,探讨真正成熟健全的地区研究学科门类的形成路径,包括重新审视这一门类专业人才培养的方式,显然也是当务之急。

因此,通过对国外俄苏研究领域状况的系统整理与分析,对这一研究领域的知识体系,包括结论、观点、方法、流派、人员、机构等各个方面的全面审视,借他山之石,在相互比较中提升对于俄苏问题本身的认知水平。同时,通过对国外俄苏研究下一番功夫,为构建成熟的国际研究和地区国别研究的学科体系捕获灵感与启示。

## 二、一段往事:中国改革起步以来的俄苏研究

俄苏现象,与任何以经典欧美方式实现现代化的国家相比较,它有一个很大的特点,即俄罗斯走的是一条通过建立苏联式社会主义模式来推进现代化的非常独特的道路。这曾经是对后发现代化国家有着极大激励意义的一种探索。在相当长时期中,对于苏联模式的模仿与学习,迄今还在俄罗斯留下深重的烙印。因此,如何在这样的历史背景之下,寻求发展和改革这种传统模式的路径,自然而然地成为国外俄苏研究的一个重要领域。对中国这样一个曾与苏联有着千丝万缕联系的国家,要进一步推进改革开放,苏联地区的实验和挫折有着重要的参照意义。

同时,中国改革起步时,苏联依然是世界事务中的重要角色,尤其对于中国对内、对外事务都有着举足轻重的影响。于是,就造成了中国改革开放初期的一个重要历史性现象。当时,推动我国各个领域思想解放进程的,不仅是对于西方市场和民主法治体制的研究和引进,而且包括大量的对于苏联和东欧国家的研究。虽然,在冷战已经接近尾声

的那一个阶段,在正式场合下,苏联和东欧国家在我们出版物中还不能被公开地称为"社会主义国家",但是实际上,出于改革开放的需要,中国学术界和决策研究部门已经在内部非常急切而系统地研究"社会主义的改革经验"。因为改革的实践,实际上在当时的苏联和东欧国家已经有了几十年的经验积累和教训。

当时,我们研究苏联和东欧国家改革,不仅是探讨对象国本身的问题,听取对象国学者专家的意见,翻译、介绍大量有关苏联和东欧国家改革研究的学术和政论作品,而且广泛地汲取了来自美国、欧洲、日本以及其他国家学术界、决策界对于这一课题的意见和观点。比如,在研究俄罗斯和苏联改革的时候,当时我们耳熟能详的不仅是阿巴尔金、阿甘别吉扬、米格拉尼扬、阿法那西耶夫这样一些经济学家、政治学家和历史学家,而且还有科尔奈、布鲁斯、奥塔·希克、青木昌彦等这样一些世界著名、但是来自西方的研究专家。我们把来自本土的和来自第三方、主要是来自西方的观点与方法加以综合,希望得出对于苏联模式这一复杂现象的客观公允的评价。

从20世纪70年代末开始一直延续到90年代,我国对于俄苏问题的研究始终是以"两条腿走路"的方式。一方面,直接深入观察俄苏包括东欧国家的政治经济过程本身,直接与俄苏和东欧国家的专家学者交往,以取得对当地历史和当代进程的第一手资料;另一方面,我们密切关注西方学界对于俄苏问题的研究成果,力争从比较中获取真谛。

世纪之交,一个新的变化出现了。随着普京执政,对于苏联解体以来在这一地区体制转型过程的全面反思开始了。"华盛顿共识"和新自由主义路线的体制转型模式受到了严重质疑。以市场和民主法治建设为主要内容的传统体制转型过程,应该如何与本土历史文明特征相结合?应该如何确保国家主权的实现?应该如何与有效管理和有序推进的现代化模式相匹配?这一系列问题逐渐成为热议的话题。对于20世纪80—90年代以来一度流行的转型范式本身的拷问开始了。

在这样一个新的局面之下,是否还有必要继续关注国外俄苏研究的进展,继续研究特别是西方国家有关俄苏问题的一系列学术观点,包括其一整套方法?大概可以从以下几个角度来作一番思考和回答。第一,2003年弗朗西斯·福山发表了他的新作《国家重构》,在这本著作中,他提出,传统国家能否顺利转型的关键,在于能否建立一个强劲而有效的政府。显然,福山的立场与20世纪80年代晚期和90年代初写作《历史的终结》时已经有了很大的不同。他总结了俄罗斯从苏联解体到90年代转型的衰败过程,尤其是比较了中国改革的成功,才得出转型过程必须伴之以强大而有效的政府的结论,显然已经与新自由主义的立场有了原则性的区别。第二,正是在世纪之交,在俄罗斯一度执政的自由主义阵营内部出现了对于90年代转型过程的反思,其中既有来自知识分子以及曾经担任高官的一批政治精英,又包括杰弗里·萨克斯这样一些曾经力主以自由主义立场推进改革的来自美国的知名学者的自我批判。于是,对于转型范式问题的全面探讨开始了。第三,大约在2003年至2004年前后,俄罗斯在普京治下,主张以加强国家权力、体现国家主体性,实际上就是以后所说的"保守主义政治路线"开始正式形成。与此同时,西方学界开始发生明显分化。一方面,出现了大量的对于普京政治模式的尖锐批评;另一方面,虽然数量远不及上述"主流"阵营,但是,相当有深度的、主张客观对待俄罗斯"路标转换"的西方学者同时应运而生。理查德·萨科瓦堪称其中一位有代表性的英国学者。这样一些对当代西方"主流"学术立场本身有着强劲批判性的俄苏研究作品,也逐渐被翻译和介绍到国内。上述事实说明,西方的俄苏研究远非铁板一块,而是一个充满争议、也始终保持活力的研究领域,依然有不少重要的见解和成果,值得我们去探讨和研究。

所以,回顾改革开放以来中国的俄苏研究可以看到,我们运用的是"两条腿走路"的方式,即既关注俄罗斯本身的演进,又关注西方关于俄苏问题研究的广泛争论。以这种方式对西方俄苏研究的探讨,不仅有必要延续,而且需要有更多的发掘和深化。

## 三、冷战后国外俄苏研究中值得关注的几个方面

这套丛书的研究和写作过程中,曾经把这样几个问题置于我们思考的中心:首先,国外对俄苏问题研究的大体进展和问题;其次,国外对俄苏的学术研究和决策资政之间的相互关系;最后,我们也力图考察各国的俄苏研究与本国国情、思想文化背景与学术传统之间的相互关系。

大体上,我们将学术史研究、资政与学术研究之间的关系,以及学科门类发展的国别背景这样一些问题贯穿起来进行考察。这些内容有不少相互交叉,但是大体上又相互独立,形成国外俄苏研究的斑驳杂离、五光十色的现状。

## (一) 学术史式的鸟瞰

从学术史的角度来看,国外俄苏研究大体上是伴随着整个 19 世纪末以来的现代学术思潮的兴起和成熟而展示开来的一个知识领域。这里所指的学术当然是指在历史学、文学、政治学、经济学、社会学、人类学等多学科的背景之下对于俄苏现象的观察与研究。上述的每一个学科不仅从各自自身的概念范畴体系出发对俄苏现象进行系统剖析与评判,而且可以发现从冷战终结时刻一直到时隔 27 年之后的一些重要变化。历史学视角下对于俄苏问题的研究,包括后冷战的俄苏历史问题研究,历来是这一领域的基础性部分。很值得一提的是,1990 年美国哈佛大学教授理查德·派普斯(Richard Pipus)的《俄国革命史》这部著作的出版,是海外俄苏研究的一件大事。这部作品的发行在苏联和国外都激起很大反响,一版再版。此书虽然对苏联革命历史也有不少重要的发现和认知,但是总的来说,正当苏联的存在危在旦夕的时刻,派普斯基于自由主义立场对于俄国革命历史系统性的批判,对当时风雨飘摇中的苏联政权给予了沉重打击。但时隔二十多年之后,不仅西方的俄国史学研究出现了"重评学派"这样的旨在超越意识形态立场的主张客观中立的学派,而且,俄罗斯本国史学界在官方推动之下,也出现了主张将本国历史研究置于专业、公正、客观的基础之上的新的史学趋向。在这一背景下的对于十月革命一百周年历史纪念问题的处理就是一个鲜明的例证。经济问题研究在 20 世纪 80—90 年代以后的转型研究中占有重要地位。国外俄苏研究不仅着眼于批判苏联的高度集权模式,而且对于从传统模式如何向市场体制的转换作了大量的研究。先是科尔奈、后是萨克斯等人为代表的"转型经济研究",对于当时打破旧体制和推进私有化过程产生了很大影响。但是,二十多年后一个相当大的转变,乃是 90 年代的"休克疗法"至少在俄罗斯几乎变成了一个消极的术语,而当年萨克斯等曾经主张激进改革的经济学家,则已经对当时过于激进的转型方式作出了各自的反思。政治学研究领域历来处于俄苏研究的前沿。对于从高度集权的苏联模式向民主法治体制的历史转型,美国塞缪尔·亨廷顿将此视为 20 世纪 70 年代以来"第三波"转型,而英国阿奇·布朗将其视为"第四波"转型。多年来,这样一类研究模式几乎覆盖了所有有关政治转型的叙事。但是自 2008 年之后,无论是在俄罗斯,还是在欧美国家,有关政治威权主义的研究逐渐地演化成这一领域的研究主题之一。有关政治威权主义的辩论十分激烈,影响十分广泛。一种倾向几乎把威权主义类比于极权主义,甚至等同于法西斯主义。而另一种倾向则把威权主义视为政治现代化过程中的一个阶段,或者是多元现代性的一种实现方式。来自保加利亚,但是在维也纳人文研究所工作的学者伊万·特拉采夫质问道:为什么对威权主义进行了那么多的批判和打压,但是被称为威权主义的政权却经久不衰,威权主义的影响不见缩小,反而扩大呢?关于威权主义的激烈辩论依然在持续进行之中。

经历了自 20 世纪 80 年代晚期到 1991 年底的苏联解体,经历了 20 世纪 90 年代直至 21 世纪初的痛苦转型,尤其是目睹了俄罗斯又站在"新兴国家"行列中跃跃欲试的再次崛起,冷战结束之后西方的俄苏研究其自身的确发生了巨大变化。该领域的学者们开始诘问:为什么冷战时期海外苏联学的大量研究,并未能够对苏联解体这样的重大历史事件作出预见?为什么对于冷战终结之后的深刻社会转型最初是出现"华盛顿共识"这样的改革模式?为什么无法预见到冷战结束后包括俄罗斯等新兴经济体崛起这样的重大政治经济变化?为什么没有能预见到进入了 21 世纪以后整个国际体系本身所面临的巨大改变?虽然,这样的总结和反思还不是冷战后国外俄苏研究的全部,但是,毕竟这是一个阶段性变化的重大标志。

## (二) 学术与资政之间的相互关系

探讨国外俄苏研究与资政和决策过程之间的相互关系,以判断学术思想对于各国决策过程的影响力,这是一项重要但又艰难的工作。

国际研究的一个重要特点乃是与各国决策进程之间的不同程度的

紧密关联性。俄苏研究尤其具有这样的特点,因为苏联曾是超级大国,今日俄罗斯依然是国际竞争中的枭雄。因此,各国对于俄罗斯、包括对于苏联曾经有过的态度与决策,都与其各自对于俄罗斯的学术研究不可分割。总的说来,这里可以分出不同层次。

处于最高层次的,乃是对决策带有综合性的直接的学术影响力。比如,美国学界权威人物如基辛格和布热津斯基,两位智者从来就是身兼二任的学者和重要决策的参与者。基辛格不仅是权力均衡的专家,著名历史学家尼尔·弗格森为他新写的传记中,称基辛格是一位伟大的理想主义者。因为他从来就是把道义准则视为国际政治的基础。基辛格在他的《大外交》中反复阐述的是遵从道义底线,而不是权力竞争的思想。众所周知,美国总统特朗普已经多次向他咨询关于处理中俄事务的建议。布热津斯基是一个对于结束冷战局面起过与基辛格一样重要作用的战略家。布热津斯基在20世纪70年代末的大国纵横中主张与中国,而不是与苏联合作,因为他敏锐察觉出中国战略文化的特点与苏联战略文化特点不一样,他坚信中国并没有苏联所拥有的那种进攻性的对外意图和非常具有扩张性的意识形态。布热津斯基在乌克兰危机以来的对俄决策中,曾经提出过不少重要的建议。虽然其中很多还未被采纳,但可预见:他关于这场危机的一系列判断,将可为后来的决策提供重要基础。

在西方"旋转门"制度下学者和外交官员身份的互换,乃是经常可见的事。被奥巴马任命为美国驻俄罗斯大使的学者迈克尔·麦克福尔,就是这样一个具有代表性的人物。值得关注的是,与麦克福尔上任之初大家对他的热切期待相比较,他的卸任要显得令人失望得多。出现这一状况的原因之一,在于奥巴马任期之初重启的美俄关系和奥巴马任期之末已经处于危机状态的美俄关系大相径庭。原因之二,一位俄罗斯资深专家曾经告诉笔者,他认为:作为专家型大使的麦克福尔"知道得非常多",但很遗憾"他又什么都不懂"。可见,学术研究不仅要知然,而且还要知其所以然,才能真正对资政和决策发挥作用。

## (三) 国外俄苏研究的思想文化背景

将国外的俄苏研究放到相关的学术与思想文化语境之下加以考

察,以求把握俄苏研究与特定学科体系以及思潮文化发展之间的相互关系,这是本项研究的目标之一。

美国国会图书馆馆长、历史学家詹姆斯·比灵顿对于俄罗斯文化史的研究可算是一个范例。总体上说,比灵顿对于俄罗斯文化的总结并没有超出白银时代的俄罗斯文化学家对于自身文化的认知水平。但是,在 20 世纪 60 年代这样的历史条件之下,也即在冷战还远未结束的背景之下,他首先揭示了俄罗斯文化在十月革命之前的世纪之交曾经有过如此灿烂辉煌的发展,不仅表达了对于俄国白银时代文化的尊重之意,而且,比灵顿关注的是作为十月革命的超越意识形态的重要思想文化背景。俄罗斯前总统梅德韦杰夫还专门授予比灵顿勋章,褒奖他在沟通两国人民的文化交往当中所发挥的卓越贡献。同样是这位学者还曾提出这样的见解,即在国际研究中,人文研究较之社会科学类的知识,可能更加具有分析透辟性。他的解释是,人文研究虽然没有像可以计算的学科那样有那么多的统计资料,但是,人文研究直接指向人们的心灵。这就为对于俄罗斯的人文与民族特性的研究作了重要的铺垫。

考察国外俄苏研究是在怎样的语境之下诞生问世的,这对于检验和判断各种研究的可靠性问题具有直接意义。迄今为止,很多西方学者对于俄苏问题的见解依然还不能摆脱浓重的意识形态因素,这也是西方与俄罗斯之间的关系迟迟难以得到真正修复的深层次背景之一。被认为是西方俄国史研究大家的理查德·派普斯,无论是在其《俄国革命史》还是《关于俄国历史的三个为什么?》中都非常鲜明地提出了俄国历史发展进程中的先天缺失问题,即俄罗斯并不具备传统的市民社会的发展经历,也没有民主和法治建设的传统基础的条件。但是,这位历史学家始终把民主化的要求置于评判俄罗斯社会进步的主要标准的首位。这样就使人们看到了一个巨大的反差:一方面,俄罗斯并不具备实现民主制度的先天条件;另一方面,作为自由主义历史学家的派普斯又坚决地对俄罗斯提出了推进自由主义体制改革的政治要求,实际上这样一类自我矛盾的想法可以在许多俄罗斯问题研究专家的作品中被发现。

总之,无论是探讨西方俄罗斯研究的知识系统问题,还是研究国外俄苏研究中的决策与学术之间的关系,抑或是去寻求更为深层的思想语义环境对于研究成果的影响,都是可能将俄罗斯研究推向纵深的途径。

## 四、为什么首先选择美、英、日和北欧的俄苏研究作为主攻对象

本丛书选择了在国际俄苏研究领域基础比较丰厚的几个国家和地区——美国、英国、北欧和日本——的俄苏问题研究。国外的俄苏研究中，有着较为丰厚的学术基础作支撑，有着较为长远的学术历史作借鉴，以及有着较为成熟的规范制度和研究体制作为依托的国家，首先是英国和美国。英国作为老牌帝国，有着深厚的对俄外交的丰富积累，也有着数百年交往中对于俄苏问题的深刻观察。即使是在英国国力衰退的情况之下，作为软实力重要体现的国际研究，特别是对于俄苏问题的研究，始终是在国际同行中受人推崇。美国同行曾经这样对笔者说，就国际研究而言，英国学者经常是美国同行学习和模仿的对象。举例来说，作为国际关系理论大家的爱德华·卡尔，自身又是一名非常优秀的俄国历史学家，他所撰写的《布尔什维克革命》在很多年中曾经是我国苏俄史教学中最重要的参考教材之一。

美国对于俄苏研究的重视程度更是备受国际学界的关注。一向以注重对敌人的研究而著称的美国学界，在冷战开始之后自然将苏俄研究置于至高无上的地位。美国对于俄苏问题研究的发达程度不仅在于其参与人数之多、学科门类之齐全，尤其在于国家对于俄苏研究的长远规划，使得哥伦比亚大学、哈佛大学、斯坦福大学这样一些高等学府成为系统性的培养高级研究人才的基地；冷战结束之后，美国还选择了16所大学作为俄苏研究的国家信息基地。自由开放的学术环境和氛围使得美国出现了一大批从事俄苏研究的学术领军人物，他们不仅在学术研究中自成体系，比如，本丛书中重点介绍的布热津斯基、塔克、比灵顿、麦克福尔等历代俄罗斯研究的权威人物都是在理论上有所独创，并且是在交往和战略决策的实践中起过重大作用的官学两栖的精英。特别值得一提的是，在冷战结束之后，美国的俄苏学界展开了一个非常广泛的反思运动，对于美国学术界为何无法在更早的时候预测苏联解体和冷战终结的现象进行了一场尖锐的自我批评。本丛书中所描述的"美国苏维埃学的衰落"就是指的这一历史性现象。

本丛书所介绍的日本学界对于俄苏研究的状况与历史，与美国和英国同类研究相比，呈现出强烈的反差。如果说，英美学界比较注重的是学者个人创造性学术能力的发挥，那么，在日本，我们看到更多的是日本学者以集体力量构建学术机构的独特风貌。与个性鲜明的西方学人相比，日本学者之所以能够在短短的百年之中实现相当程度的赶超，无疑是作为机构和学术集体的团队力量发挥了作用。日本学界虽然也有着对于问题的不同看法和立场，但是并没有那么多独创的学派，却有着对于研究课题进行分门别类深入分析的能力；日本学者细致入微的研究风格也大大有利于对问题的解析，作为这一现象的基础性前提，那就是对于统计资料的非常苛求的使用。多年以来日本学界给人的印象是善于模仿而不善于创造；但是，日本俄苏学界的风格则正好相反，他们非常注重学术思想的独立，但是又不失东方的稳健和周全。本丛书所介绍的日本北海道斯拉夫研究中心乃是东亚地区俄苏研究的一个典范：大量别出心裁的研究课题；一大批能够使用六七种外语来研究问题的斯拉夫学者；雄厚的资金支持使得其始终保持着人才的高度聚集。剔除其他因素而言，文化上的接近，使得我们看到北海道斯拉夫研究中心有很多值得国人借鉴之处。

# 结　语

国外俄苏研究作为一个新兴的研究领域，还只是刚刚开始的一项工作，无论是材料的汇集，还是观点的形成都还有很长的一段路要走。本丛书目前涉及的还只是国外俄苏研究中比较重要的几个板块，但是，内容远未概全。比如有关大陆欧洲国家的俄苏研究也是非常有意思的一部分，这将在以后的研究中逐渐地加以充实；包括理论上的深化，特别是这些研究在国外的资政和学科建设中所起的作用还需要进一步加以细化，有关理论问题的思考也大有进一步推敲的余地。本序言仅是从目前的工作进程中提供的初步认识与感想，以为抛砖引玉。

**冯绍雷**
**2018 年 6 月**

# 目　录

# 第一章

# 绪　　论

## 第一节　研究课题的提出

在 20 世纪人类社会的发展进程中,大概没有比发生在苏联版图上的历史性变化更令人感到意味深长的了。20 世纪初,俄国十月革命开辟了人类历史上的崭新篇章,十月革命掀起的社会变革浪潮在随后的岁月中,席卷了近三分之一的世界版图。然而,20 世纪末,苏联顷刻间土崩瓦解。人们惊叹之余,开始思索这场世纪巨变的缘由。[1]在苏联解体后的 20 余年时间里,人们对于苏联解体,特别是对于俄罗斯等前苏联国家所发生的变化有着无穷无尽的争论。尽管争论中的各派意见无法一致,但争论主题相当鲜明,就是解体之后,俄罗斯会走向何处。人们思考的核心问题是:俄罗斯以及前苏联各加盟共和国以制度变迁为核心的社会转型,具有怎样的起因与动力? 将如何起步,遵循何种路径? 还有,对迄今为止的转型过程及其结果应作何种评价,以及给予怎样的前瞻性估计?[2]对此,美欧、日本、中国等世界主要大国和地区的学界人士,站在各自立场、处于不同关注角度对俄苏问题表现出浓厚的兴趣,逐步形成各具特色的研究风格,产生了数量与质量可观的研究成果。

对于中国来说,无论是从历史和地缘政治方面,还是从经济、社会、文化等方面,"相邻的大国"苏联(俄罗斯)无疑是最重要的研究对象之一。与掌握汉语的俄罗斯专家相比,会说俄语的中国专家数量更多。中国的俄罗斯研究,无论是在规模上还是组织上,毫不逊色于欧美和日本。[3]但是,我们应该清醒地看到,国内的俄苏问题研究还存在若干制约因素。比如,至今国内的俄苏问题研究依然或多或少地存在意识形

1

态的倾向，一定程度上影响了问题分析的客观性。中国人素有的俄罗斯情结，是几代中国人挥之不去的迷思。尤其是最近一个世纪以来，这种情结贯穿于中国对俄国的认知、中俄关系，以及中国所构建的外部世界图景中。中国已经习惯将俄罗斯作为一面反观自身的镜子，习惯将其作为中国需要寻找的外部思想文化的源泉。俄国在五四时期被认为是能帮助中国脱离帝国主义压迫的正义之国，20世纪30年代起苏联是能从精神上正确指导中国抗日的国家，1949年之后是中国可资借鉴的成功实践马克思主义之最佳样板和最值得信赖的国家，60年代起又成为蜕化变质的修正主义和社会帝国主义国家，80年代之后苏联不再是值得中国仿效的国家。[4] 不过，90年代之后，中国精英界对俄罗斯重新关注与审视。中国俄苏问题研究中的"无意识的意识形态化"，构成了中国近20年来对俄罗斯认知的宏大叙事背景。[5] 而当前的研究愈发表明，只有持有冷静客观和具有远见的理念立场，不带有过多的主观感情色彩，才能更为有效地开展俄罗斯问题研究，才能更为清晰地认知冷战后的俄苏问题。日本最著名的斯拉夫研究中心，其理念就是"与政策乃至安全战略志向保持距离，不为意识形态左右，开展纯学术的自由研究"[6]。此外，中国的俄罗斯问题研究还存在一些问题，比如相对注重宏观分析从而忽视微观分析、国际交流需要进一步加强、文献资料尚待完善、必须在国际学界多发出自己的声音等。当然，上述问题必须在今后的发展过程中解决，我们衷心期待中国的俄罗斯研究者在国际上发出更多的声音。

"他山之石，可以攻玉"。对于处在社会全面转型时期的中国来说，"改革开放是决定当代中国命运的关键抉择，是发展中国特色社会主义、实现中华民族伟大复兴的必由之路"[7]。同样，中国的俄罗斯问题研究也必须走对内改革和对外开放之路，充分借鉴欧美、日本等国家和地区的研究经验，走出一条有中国特色的俄罗斯问题研究之路。在借鉴外来经验之际，笔者非常赞同资中筠先生的观点，她说："多年前，在本人主持《美国研究》时就曾一再强调，以客观、全面、深入弄清楚美国为宗旨，切莫轻言与中国'比较研究'，因为这种比较只能是望文生义，牵强附会。而且一联系自己，就容易主观，根据自己的需要对研究对象的国情进行取舍……且慢联系自己，不是永远不要反思，而是避免急功近利。"[8]笔者遵循资先生的告诫,对冷战后日本的俄苏研究,也将本着上述宗旨展开,力求向中国俄罗斯问题研究者和关注者展现原汁原味的日本研究实态和特色。

为此,本书拟站在他者的角度,根据笔者当前的能力,尝试对冷战后日本学界开展的俄罗斯问题研究进行一番梳理、整合与提炼,力求通过日本主要学术研究成果、研究机构以及代表人物的学术观点,来对日本俄苏研究的问题意识与研究路径加以认知,分析与探讨日本俄苏问题研究的学术机制、日本俄苏问题的研究机构与政策制定,以及智囊与政界等若干要素之间的相互关系。

之所以选择日本作为样本进行研究,首先,得益于冯绍雷教授宽广而长远的视野和及时准确的判断。作为一位在国际学术界有着广泛影响的中国俄罗斯问题专家,冯教授在俄苏、欧洲研究方面功力深厚,他在广泛参与国际学术界俄罗斯问题研究的基础上,认识到当前已经到了必须提高中国俄罗斯问题研究能力的关键时刻,而一个良好的途径就是充分借鉴国外同行的经验,特别是在俄罗斯问题研究上开展得有声有色的国家,比如美国、英国、日本等国的经验。其次,日本在以俄罗斯研究为主的斯拉夫问题研究方面,以及斯拉夫·欧亚地区研究方面,具有相当雄厚的研究实力与国际影响力,足以作为研究的对象。根据日本学者木村泛的研究,日本从事斯拉夫·欧亚地区研究的专业人数仅次于美国,超过了英国、加拿大、澳大利亚、德国和法国等传统的俄苏研究大国,更不用说瑞典和芬兰这样的北欧国家。[9]日本北海道大学斯拉夫研究中心最近一期的斯拉夫·欧亚研究人员名录共收录 1 529 名日本学者。[10]与此同时,日本学者近年来在国际俄苏问题研究领域的影响力也与日俱增。一个较有说服力的事实是,每 5 年举办一次的世界俄罗斯东欧研究国际学会会议定于 2015 年在日本举行,这是该学会首次在亚洲召开大规模的国际会议。对于日本的俄罗斯问题研究水平,俄语·英语杂志 *Ab Imperio* 的主编伊利亚·格拉西莫夫这样评价道:"日本的俄国研究具有极其多样而丰富的史学传统,令人印象深刻。我深信不疑,日本的俄国研究不是个别研究者的业绩,而是总体成就已达到在国际上进行史学争论的水平。"[11]此外,日本学界的研究理念特色明显。比如,坚持自由的学术研究,与政府的政策制定和战略决策保持一定距离,充分借助多语言优势,坚持走国际化道路,开展跨学科研究等等,这些都值得中国俄罗斯问题研究界借鉴。

关于本书在研究范围与时间段上的界定,笔者有如下考虑。

首先是界定日本俄苏研究的内涵。本书对于日本俄苏研究的理解,主要是指回到历史当中,阐述当时日本人的俄苏研究,而不是汇聚不同年代的研究人员对某一个时期或者某一特定专题的研究。其次是界定日本俄苏研究的时间范围。本书研究的时间段为冷战结束之后(即苏联解体之后)至21世纪初的这个时期。苏联解体之前的日本俄苏研究,考虑到学术知识体系的完整性,将在本书第二章"日本俄苏研究的历史沿革"中加以阐述。再次是界定冷战后日本俄苏研究的相关领域。冷战后日本的俄苏研究原本应是一个综合一体化的研究,受到时间、能力等方面的因素制约,本书拟从与国际关系的地区研究领域密切相关的俄罗斯历史以及俄罗斯的政治转型、经济转轨、社会变迁、国内体制与对外战略互动研究等五大领域,来阐释冷战后日本的俄苏研究,并在五大领域研究的基础上,对21世纪初日本俄苏研究的新发展进行展望,并最终归纳出俄苏研究的"日本范式"。需要特别说明的有两点,第一,关于历史部分的写作问题。笔者在进行本书框架构思的过程中,有幸得到北海道大学斯拉夫研究中心前主任、国际斯拉夫学会副会长、被誉为"当前日本斯拉夫研究第一人"[12]的松里公孝教授的指教,其后在写作过程中也经常通过电子邮件向松里教授请教。他给笔者的建议是,日本的俄苏研究,历来都是政治与历史密不可分,可以不必将历史部分独立出来阐述,日本学界的一贯做法是将政治与历史放在一起研究。不过,考虑到学术研究重视史论结合、体系完整的特点,笔者仍将历史部分独立成章。其实,日本的国际政治学在第一次世界大战之前完全是国内政治延伸的"外交政策学",之后虽然相对独立,但其发展历史却与对象国的政治问题直接相关。欧美研究也好,亚洲研究也罢,其国际政治观的主流是弱肉强食的原理和统治的力量,根本目的是要从亚洲弱国跻身于世界强国。[13]因此,冷战前日本的俄苏研究没有脱离这种窠臼而达到自立。第二,关于日本俄苏文学研究的处理问题。日本在俄苏文学领域具有较强的研究能力,成果颇丰,但从自身的国际关系专业出发,目前暂时搁置阐述文学方面的内容,仅在第二章第一节和第三章第四节略有提及,也只是将其置于历史问题和帝国研究中探讨。松里教授也建议不要涵盖文学为好,否则涉及面太广,不容易把握。

## 第二节 课题研究综述

关于本课题的研究综述部分,笔者是放在最后来写的,甚至可以说,这是笔者第一次真正意义上使用归纳分析法来阐述一个问题。因为在本项课题研究之初,根本看不清楚冷战后日本俄苏研究的真实面貌,甚至连进行揣测的权利都没有。直到将第八章"日本俄苏研究的新发展与'日本范式'"写完之后,才终于厘清了本研究的一些头绪,冷战后日本俄苏研究的形象轮廓才浮现并清晰起来。

本课题是教育部人文社会科学重点研究基地华东师范大学俄罗斯研究中心的重点项目"国外俄苏研究"的一个子项目。"国外俄苏研究"课题负责人冯绍雷教授在"华东师范大学基地跨学科主题沙龙"[14]上全面阐述了该项目的总体设计。冯绍雷教授指出,"国外俄苏研究"是一项针对研究的研究,冷战后各国对于俄苏问题的研究状况是课题的主要研究对象,主要选择美国、英国、日本、欧洲大陆等国家和地区的俄苏研究作品,进行学术史、政策咨询和国际问题研究中的学科建设方面的综合研究。通过对国外俄苏研究领域的系统整理、分析与发掘,把握国外学术界有关俄苏问题研究的知识体系,通过比较研究提升对于俄苏问题本身的认知水平。同时,探讨国外俄苏研究与决策过程之间的相互关系,以判断学术思想对于各国决策的影响力,从而把握各国有关俄罗斯问题的战略与政策思路。多年来俄罗斯研究中心坚持国际化和多学科化发展的道路,对于该课题的研究做了很好的前期铺垫工作。

根据"国外俄苏研究"项目的总体研究思路和部署,本课题开展了冷战后日本俄苏研究的工作。

本课题的主旨是:通过考察日本学者对冷战后俄罗斯(苏联)的历史、政治转型、经济转轨、社会变迁以及国内体制变迁与对外战略互动等方面的研究,体认日本俄苏学界的代表人物和主要研究机构的问题意识、研究路径和研究方法,通过对相关的学术成果进行量化和分类汇总，来具体归纳和分析学者与研究机构的问题意识、研究路径和研究方法，最终在上述研究的基础上归纳出冷战后俄苏研究的"日本范式"，并总结出"日本范式"的主要特征。

关于冷战后日本的俄苏研究，迄今为止还没有中国学者对此作过系统论述。俄罗斯学者伊利亚·格拉西莫夫写过《全球化研究中的日本俄罗斯史研究》一文，是关于纪念日本俄罗斯问题学者和田春树先生的论文集——《俄罗斯史的新世界》，而发表的一篇综述性文章，阐述了他对日本俄罗斯历史学界研究状态的一些看法。伊利亚·格拉西莫夫认为，主要由于语言上的原因，导致世界历史学界几乎不知道日本学者，从这一点考虑的话，这 20 位日本学者的大作第一次以俄语结集出版，具有划时代的意义。[15] 而东京大学盐川伸明教授的文章——《日本的俄罗斯史研究 50 年》[16]，则是从概观、学术研究与思想之间的关系、研究的主题、研究的对象、研究的方法与理论、国际交流以及研究制度等方面，阐述了冷战时期与冷战后日本俄罗斯历史学界的整体研究情况，成为本书第二章第二节"冷战时期的日本俄苏研究史略"和第三章第二节"冷战后日本俄罗斯历史研究的总体特征"的重要参考资料。日本俄苏学界前辈、上智大学外川继男教授撰写的文章——《日本的俄罗斯研究》[17]，给笔者留下极为强烈的第一印象，以为自己研究的主题与外川教授的主题完全相同。但是，细看内容之后发现，外川继男教授侧重于从日俄关系发展的历史来阐述日本的俄罗斯研究，时间跨度是第二次世界大战之前和冷战时期日本的俄罗斯研究，极少涉及冷战后的日本俄苏研究。外川继男教授的文章对于本书第二章第一节第二个问题"从初步认知到以政府决策调研为主的冷战前日本俄苏研究"的撰写有着很多助益，尤其是四个研究发展阶段，即从锁国到开国时期日本对俄国的接触与认知（18 世纪初—1855 年）、从《日俄亲善条约》到《朴次茅斯和约》（1855—1905 年）、从日俄战争到俄国十月革命（1905—1917年）、从俄国十月革命到第二次世界大战结束（1917—1945 年），笔者主要参考了外川继男教授的时间段的划分。

在对学界前辈的先行研究有了基本认识之后，笔者展开了本书的写作。实际上，本课题主要是按照三条研究思路同时推进展开的：第一条思路是从历史、政治、经济、社会、对外战略等层面，对冷战后日本俄苏学界的代表人物、学术成果和研究机构等进行全面、立体的认识和梳理,这是一个较为庞大的、耗时费力的基础工程,需要潜下心去阅读日本学者的原文原著;第二条思路是在研读原文的基础上,对日本学者关于俄苏研究的问题意识、研究路径与研究特色等进行提炼归纳,同时,对日本民间与政府的研究机构及其学术刊物的研究风格与关注重点进行比较分析;第三条思路是在第二条思路的基础上再度提炼,最终选择了一条最为日本俄苏学界重视的、关于俄罗斯社会转型研究的思路,即选择了日本学界对于转型阶段俄罗斯政治转型、经济转轨、社会变迁以及国内体制变迁与对外战略互动这条研究思路,作为整个课题研究的主线贯穿始终。

为了能够更为贴切地体现出"国外俄苏研究"这一总课题的基本思路,本书在具体章节的写作手法上作了一些处理:第一,对于日本俄苏研究的每一个大方向,譬如历史、政治、经济、社会、外交等方面的研究,都是首先对其学术成果尤其是最能反映出学术观点的论文成果进行量化统计和分类汇总,尽力做到对每一个方向都有宏观上的整体把握,以此来实现本书第一条思路的设想。第二,选择《斯拉夫研究》、《俄罗斯·东欧学会年报》、《比较经济研究》、《俄罗斯史研究》、《俄罗斯研究》等日本俄苏学界代表性的学术刊物,以及斯拉夫研究中心、俄罗斯·东欧学会、比较经济体制学会、日本国际问题研究所、日本防卫研究所、日本外务省内部机构等民间与政府的研究机构,对它们的关注重点和研究特色进行比较分析与归纳总结,努力实现本书第二条研究思路的目标。第三,为了更为有效地实现本书第三条思路的设想,本书在冷战后的俄罗斯历史研究、俄罗斯的政治转型和经济转轨研究等章节,对最为日本学界和研究机构所关注的问题、或者最为前沿的问题,乃至为中国学界所需要的问题,采取了个案分析的方法予以重点阐述。

关于本书的基本框架和主要研究内容,请参照本章第三节的内容,在此不予详述。

通过对冷战后俄罗斯(苏联)的历史、政治转型、经济转轨、社会变迁以及国内体制变迁与对外战略互动等方面的归纳与分析,本书的最终结论是:日本对俄罗斯社会的全面转型有着较为独到的研究分析路径,呈现出日本学者特有的若干重要特征,将日本学者关于冷战后俄苏研究的分析路径提炼归纳之后,可称之为俄苏研究的"日本范式"。

其实,本书并非有意要创造出一个所谓的俄苏研究的"日本范式",而是通过对冷战后日本的俄罗斯历史研究、俄罗斯的政治转型、经济转轨、社会变迁、国内体制与对外战略互动研究等方面进行较为全面系统的梳理之后,受到日本学者致力于创建"斯拉夫·欧亚学"的启发,发现日本在冷战后的俄苏研究(在某种程度上也包含冷战期间的俄苏研究)方面,有一种日本学者所特有的、但不为其他国家的学者所拥有或者重视的研究方法上的特征,这些特征是:

第一,通过国家级课题立项牵引,建设和完善地区研究的学科体系;

第二,学界研究机构的纯学术研究与政府研究机构的政策研究互为表里,相互交融,有力地促进了俄苏研究的发展;

第三,通过人文科学与社会科学的交流和人员往来,带动了多学科、跨学科与比较研究的活跃;

第四,注重研究地区小国,通过周边小国来研究俄罗斯问题;

第五,设定的研究课题非常具体微观,对于宏大的课题也注重以具体的小问题作为突破口进行研究;

第六,注重实地调查和田野调查,这是日本俄苏学界仅仅用了 20 年时间就追上欧美研究水平的最大原因;

第七,坚持国际化的开放发展模式以及多语种的全方位研究;

第八,注重研究资料的长期积累,奠定学术研究的资料基础。

对日本俄苏学界的研究特征进行归纳之后,或许会发现有些是与中国学界共有的特征,但是如果进行深入的观察就会发现,日本学界的研究工作做得更为扎实细致,构成了其特有的个性特征,这也是中国学者需要迎头赶上的。为了论述上的方便,本书将其研究特征归纳总结为俄苏研究的"日本范式"。


## 第三节  课题研究的基本框架与主要内容

本书拟分八章系统阐释冷战后日本的俄苏研究这一课题。

第一章为绪论部分,主要阐述本书的写作由来、课题研究综述、课题研究的基本框架与主要内容、课题的研究路径以及课题的创新点与不足之处等。

第二章主要论述日本在冷战前、冷战时的俄苏研究的总体情况以及对冷战后的俄苏研究的宏观把握。笔者认为日本近现代的俄苏研究是紧密伴随日俄双边关系发展的进程而发展的,日本史学界一般将近代以来的日俄关系史划分为六个阶段,本书也按照这一阶段划分来阐述日本俄苏研究各个时期的研究情况。得出的结论是,近代(前近代)以来至第二次世界大战结束时期的日本俄苏研究,基本可概括为国家政策层面上的俄苏研究,是为日本外交策略和军事战略的决策服务的;第二次世界大战结束以后,严格意义上说是 20 世纪 50 年代以来,日本的俄苏研究才真正步入纯学术研究的轨道,完成了从国家层面向社会层面的转变,发展至今更是呈现出一幅以民为主、官学互动、相互含摄、共同发展的生动图景。

第三章主要论述冷战后日本的俄罗斯历史研究。苏联的解体对日本苏联史学者造成很大的冲击,有人放弃了自己的研究,有人转向其他研究领域。主要原因是这批学者研究苏联的政治动机太强,当日本社会发生大转向时,过分的政治执着使他们无法冷静地与研究对象保持距离。好在年轻学者没有强烈的偏袒苏联的心情,可以冷静地观察研究对象,并从各种政治论调中解放出来做学问。而且,苏联解体后的国家机密文件陆续公开,正是重新研究苏联史的大好机会。本章从整体上对冷战后日本俄苏史的研究成果以及学术会议进行了量化分析和归纳总结,并进一步阐述了冷战后日本俄苏史研究的总体特征,进而对苏联解体、解密档案和社会文化史等具体问题进行了个案分析。特别是日本学者使用帝国理论来考察斯拉夫·欧亚地区过去、现在和未来政治生态变迁,是一个有效的视角,同时对于考察冷战后世界格局的变迁也较为有效,尤其对于 21 世纪之后新兴大国崛起之后的全球和地区治理方式的考察,更是具有说服力的一种理论工具。

第四章主要阐述了冷战后日本的俄罗斯转型政治发展研究。在阐述该问题时,笔者尽可能缩小研究范围。首先对冷战后日本的俄罗斯政治研究的论文成果进行分类汇总,试图通过较具代表性的论文成果来把握日本学者对俄罗斯政治研究的问题意识与研究特色,同时对俄罗斯·东欧学会、日本国际问题研究所、日本防卫研究所以及日本外务省等研究机构的研究方法与特色进行了横向比较研究。其次,按照历史发展的脉络,对日本学者关于俄罗斯政治问题的研究路径进行了归纳概括,力求阐释清楚日本学者研究俄罗斯政治问题的方法。最后,以个案分析法,从微观的地区研究的视角,对日本学者最为关注的俄罗斯政治体制转型,尤其是俄罗斯地方(共和国、边疆区和州)的政治体制转型与俄罗斯中央和地方关系这两者之间存在的关联性进行了阐述;同时,也将论及日本研究机构对"梅普二人体制"的研究分析,这一问题是日本研究机构对俄罗斯政治研究的重点。

　　第五章是冷战后日本学界关于俄罗斯经济转轨的研究。经济转轨与政治转型一样,都是庞大的研究主题。鉴于有关研究数量浩繁,目前在专家指导下笔者先着手分门别类地选择重要的作品,选择为日本俄苏学界所关注、富有特色的研究方向给予阐述,许多未尽之处留待将来解决。首先,本章对冷战后日本学界关于俄罗斯经济转型的研究成果进行分类汇总,从宏观上初步认识日本学界关于俄罗斯经济转型的研究,并通过代表性的学术成果来分析日本学者的问题意识与研究特色,同时对比较经济体制学会、一桥大学经济研究所、日本国际问题研究所、日本贸易振兴机构、环日本海经济研究所等民间与政府研究机构的研究方法与研究特色进行横向比较研究。选择民间与政府机构进行研究的主要目的是避免学者个人过多的主观认识,因为研究机构的调研报告基本上代表着该机构的集体观点或者较为统一的认识。虽然一些研究机构在其调研报告后面常常会注明报告观点只是研究者个人的观点,但是总体来说,调研报告毕竟是集体研究的成果,具有较高的可信度和说服力。其次,本章试图归纳和概括日本学者对俄罗斯经济转型的研究路径,厘清日本学者对俄罗斯经济问题的研究方法。最后,本章以个案分析法,对日本学者关注的石油天然气与俄罗斯经济问题、梅德韦杰夫政权的现代化政策、日本向俄罗斯远东地区出口二手车等案例等进行了分析阐述。

　　第六章是冷战后日本的俄罗斯社会转型研究。俄罗斯政治与经济转型的空间与载体是俄罗斯社会,而俄罗斯社会也是俄罗斯制度变迁的对象与结果。本章首先对日本俄苏学界关于俄罗斯社会转型研究的成果进行分类汇总,通过全面整理较具代表性的学术成果,来把握日本学者对俄罗斯社会转型研究的问题意识与研究特色,同时以斯拉夫研究中心、俄罗斯·东欧学会等研究机构为重点,对其研究方法与研究特色进行横向比较研究,并归纳论述日本研究机构和日本学者对转型阶段俄罗斯社会问题的研究路径。最后,以个案分析的方法,对袴田茂树教授提出的代表性观点——"砂子社会"的变迁、对日本学界对俄罗斯正教会的独特观点予以阐述。

第七章是冷战后日本对俄罗斯对外战略的研究。一般来说,内部的体制转型势必与外在的对外政策和战略发生某种关联性,问题在于:内部的体制变迁是在怎样的程度上影响对外政策? 通过怎样的管道使得这两者之间得以互动? 未来的宏观国际格局又在多大程度上受到体制变迁因素的作用? 笔者正是带着这样的问题意识来分析日本学者对俄罗斯对外战略的研究,力求发掘日本学者对转型时期俄罗斯的制度变迁与对外关系的相关性研究。本章首先对日本学者的俄罗斯对外战略的研究成果进行分类汇总,以期对日本学界的俄罗斯外交战略研究有一个宏观的初步认识,并通过代表性的研究成果来把握日本学者的问题意识与研究特色,同时对俄罗斯·东欧学会、日本国际问题研究所、日本防卫研究所等机构的相关研究进行横向比较。之后,通过分析俄罗斯现代化进程中对外战略的连续性与非连续性、俄罗斯的自我认知对其对外政策的路径选择的作用、俄罗斯目前的国内体制对其对外决策的影响要素等问题,力求阐释清楚日本学者对转型时期俄罗斯的制度变迁与对外战略的相关性研究。同时,从日本人的视角对 21 世纪前期俄罗斯国家安全战略的走向进行了分析。

第八章是日本俄苏研究的新发展与"日本范式"。为了能够更为清晰地把握前苏东地区的时代变迁以及与其他地区关系的发展变化,经过冷战后十余年的探索研究,日本斯拉夫研究中心的学者提出构建"斯拉夫·欧亚学"的学科体系,代表了当前日本斯拉夫研究界的最新水平,试图以此来对前苏东地区正在发生的巨大变迁给予合理的理论阐释。"斯拉夫·欧亚学"代表了日本俄苏研究的最新成果,而创建"斯拉夫·欧亚学"的北海道大学斯拉夫研究中心,更是牢固地坚守住了其在俄苏研究方向的权威地位,继续引领着日本俄苏研究的发展。本章第一节是对构建"斯拉夫·欧亚学"的阐述。第二节是本书的结论部分，通过梳理日本学者对冷战后俄罗斯（苏联）的历史、政治发展、经济转轨、社会转型以及对外战略决策变化的研究分析，尝试在此基础上归纳出俄苏研究的"日本范式"，总结出了"日本范式"的八个主要特征。期待这一研究能为中国的俄苏研究提供某种研究路径的借鉴，若果能如此，这也将是本书研究的最大价值所在。

在附录部分，笔者将本书在研究过程中收集和整理的日本俄苏研究的专著；《斯拉夫研究》《俄罗斯·东欧学会年报》《比较经济研究》《俄罗斯史研究》《俄罗斯研究》等代表刊物的分类论文；日本俄苏研究相关学会、教育机构的名称及网址等的日文原文全部附录在后，以供将来的学者查阅使用。

## 第四节　研究课题的分析路径

按照思维逻辑，在设立了一个研究主题之后，紧接着就是考虑使用何种研究路径来对研究题目做出解答。对于理工科来说，研究方法与路径直接决定研究项目的成败。对于人文社会科学来说，合理的研究路径并结合研究者自身的经验决定了作品的成就高下。就笔者目前的能力，拟从学术研究的角度，适当借鉴欧美与国内大家的研究路径，交替使用"广角镜"和"显微镜"，站在他者的立场，来探究冷战后日本的俄苏研究的真相。研究方法与研究路径应该先于课题研究考虑，所以笔者是在梳理完研究路径之后才下笔写作的（书稿主体完成之后，又做了一些补充）。本书拟采用的分析方法如下。

### 一、资料与文献综合归纳研究法

在社会科学领域，进行一个专题研究，必须站在巨人的肩上，尽可能全面收集整理前辈的研究成果，进行归纳、提炼、消化之后，才或许会产生心得，很难无中生有地进行创新。具体到本书的研究，更需要尽可能全面地通读日本俄苏研究前辈和当代学者的研究成果之后，才敢动笔写作。如同中国的俄苏研究，日本的俄苏研究也未形成所谓的流派，虽然有时会有一定的师承关系影响,但基本上处于研究者"各自为战"的状态,即研究者专注于自身擅长或感兴趣的领域开展各自的研究工作。[18]因此,不同的学者会从自身的视角来阐述某些问题,得出的结论自然也是林林总总,不尽相同,但也都有着相对的合理性。因此,必须对庞大的资料与文献进行取舍,否则很难在规定期限内完成本书的研究任务(许多问题会在本书的研究之中或者之后显露出来,正好可以作为今后的持续研究工作)。在具体资料的选取上,笔者的尺度是首先关注日本俄苏研究权威学者的成果,也同样重视日本俄苏研究权威期刊发表的论述,如《斯拉夫研究》《俄罗斯研究》《俄罗斯史研究》《俄罗斯·东欧学会年报》《比较经济研究》等期刊上的论文。其次,注重日本主要俄苏问题研究机构的研究成果,特别是日本斯拉夫·欧亚问题研究的权威机构"北海道大学斯拉夫·欧亚研究中心"(以下简称斯拉夫·欧亚研究中心)的研究成果,比如明显反映出日本俄苏问题研究代际变化的《讲座 斯拉夫的世界》(8 卷本)与《讲座 斯拉夫·欧亚学》(3 卷本)、反映日本俄苏研究界研究主题与焦点变化的夏季和冬季国际专题研讨会的论文成果等。此外,日本国际问题研究所、日本外务省和日本防卫研究所关于俄苏问题的研究报告等成果,也是本书重点关注的文本资料。最后,与专著相比,笔者更注重直接反映研究者观点的论文,而日本的俄苏问题研究在学术成果上的表现恰好是,许多专著的内容就是由若干独立成篇的论文有机结合而成的。当然,对于同类研究成果,则尽可能优先选取学术大家或者权威学者的论述,以增强文章的说服力。

## 二、比较研究法

比较研究方法是基于不同的事物具有某些相同的基本属性,通过考察不同的变量,来验证差异变量与总体属性之间的关联性。在具体考察日本的俄苏研究问题时,本书会将该课题作为一个整体来研究,但是关于同一领域、相同主题的研究,即便是该领域的日本学者之间也会有着各自不同的解读,这样自然而然就产生了比较研究。同时,为了在一体化研究中凸显比较研究的意义,笔者将选取日本俄苏研究的权威期刊——《斯拉夫研究》《俄罗斯史研究》《俄罗斯·东欧研究》和《俄罗斯研究》——的论文做比较研究。通过该研究可以明显看出，前两者的风格更强调学术性，而后两者的总体特征则是紧扣现实问题。笔者还对俄罗斯·东欧学会、日本国际问题研究所、日本防卫研究所以及日本外务省等研究机构的研究方法与特色进行了横向比较研究。当然，与欧美学者普遍重视意识形态话语不同，日本的学者正在有意疏远意识形态问题，强调学术性和价值中立。通过比较研究，学者头脑中自然会浮现出至少是两种以上观点的对比考察，以此凸显所描述事物的特征。

## 三、跨学科研究法

从系统论的角度来说，任何一个系统应该具备输入和输出功能，如果自我封闭，结果将日渐衰微。具体到本课题来说，冷战后日本的俄苏研究，相当重要的一个发展特点就是，从传统上重视基础研究转向通过重大课题牵引的、基础研究与应用研究并重的跨学科重点领域研究（地区研究），其中虽然也存在若干争论，但是这种趋势已然形成，且有愈演愈烈之势。因此，研究对象的内在需求必须采用跨学科研究方法。最基本的跨学科研究就是人文科学与社会科学之间的交叉综合运用研究。例如，研究俄苏历史，几乎不能脱离俄苏政治的研究。本书的行文结构由日本的俄罗斯历史研究以及俄罗斯的政治转型、经济转轨、社会变迁、国内体制变迁与对外战略互动的研究等部分构成，本身采用的方法也是跨学科研究。

## 四、统计方法

为了更为直观、总括地把握冷战后的日本俄苏研究情况，本书采用数学计量统计法，对日本学界关于俄罗斯历史、俄罗斯的政治转型、经济转轨、社会变迁、国内体制变迁与对外战略互动等研究领域的总体情况，如发表的论文、专著、专题研讨会等内容进行了分类汇总。在进行量化统计与分类汇总时，根据需要预设了一定的限制条件。需要说明的是，本书的图表除了特别标明出处的之外，其余的图表均为笔者统计制作。

## 五、个案分析法

本书正文阐述的日本俄罗斯历史研究以及俄罗斯的政治转型、经济转轨、社会变迁、国内体制变迁与对外战略互动研究等问题,每一个问题都是一个庞大的研究课题。因此,为了更为有效地阐明主题,本书在冷战后的俄罗斯历史研究、俄罗斯转型政治发展研究、俄罗斯经济转轨研究等章节,对最为日本学界所关注的、或者最为前沿的学术问题,乃至为中国学界所感兴趣的问题,采用了个案分析的方法予以突出。比如日本学者对于苏联解体和苏联解密档案的研究、日本研究机构对梅普"双头体制"的研究、对梅德韦杰夫现代化政策的研究等。

## 第五节 课题的创新点与不足之处

本书的创新之处主要有以下几点。

一是选题上的创新。关于日本的俄苏问题研究,目前还没有中国学者专门对此给予论述。笔者利用"中国资源总库"中的"中国期刊全文数据库"、"中国博士学位论文全文数据库"和"中国优秀硕士学位论文全文数据库"这三个数据库,在"查找"选项中,分别键入"俄罗斯"和"俄苏"这两个关键词,然后选择"题名"与"精确匹配"选项,选择年份从1980 年起至2011 年 3 月,结果没有发现任何类似的学术文章。

二是观察视角上的创新。选题上的创新自然带来观察视角上的创新。如果站在日本学者或者是俄罗斯学者的角度来阐述"日本的俄苏问题研究",并不会让人产生意外。例如,俄罗斯学者伊利亚·格拉西莫夫写过《全球化研究中的日本俄罗斯史研究》一文,就日本学者用俄语发表的论文集——《俄罗斯史的新世界》发表了一篇综述文章,阐述了对日本俄罗斯史学界的一些看法。日本上智大学外川继男教授撰写的《日本的俄罗斯研究》,从日俄关系发展的历史来阐述第二次世界大战之前和冷战时期的日本的俄罗斯研究。而站在旁观者而非当事人——中国研究者的角度——来考察日本的俄苏研究,可能多少有些出人意料,也将是不带有感情色彩的、对于研究的再研究工作。

三是力求突破该类选题写作容易流于文献综述的窠臼,拟运用学术批评的写作方法,选取具有代表性学者的文章、重点研究机构的调研成果等进行横向比较分析和重点个案分析。比如,以日本俄苏问题研究的权威期刊《斯拉夫研究》的论文为样本,参照比较另一重要期刊《俄罗斯·东欧研究》的文章,揭示出日本俄苏研究关注的不同主题、不同发展历程等变化规律。希望在学术批评中体现出作品与研究对象、作品与自身所在学术与政治文化环境的互动规律。

四是希望通过数学上的量化统计方法,发现日本俄苏研究的代际变化规律与主题侧重点的变化。比如,正文部分的日本学界关于俄罗斯历史研究以及俄罗斯的政治转型、经济转轨、社会变迁、国内体制变迁与对外战略互动研究等章节,对该研究领域进行整体上的量化分析,包括学术论文与专著的数量与内容分类、研讨会的研究主题与数量、研究机构与学术刊物的研究主题、重点课题的研究方向等,将以客观的数据或图表形式进行量化分析。

五是尝试将日本的俄苏研究作为一个整体而非彼此割裂的部分进行研究。虽然日本的俄苏问题研究学者各自有着不同的研究方向,发表的学术成果也是千人千面,但是,笔者打算通过一些主要研究机构,如斯拉夫·欧亚研究中心、日本国际问题研究所、比较经济体制学会等每年举办的专题研讨会主题的设定,来反映日本俄苏研究界的整体研究动向,找出整体的发展规律。

六是力求发现日本俄苏问题研究的学术研究机制与特征,找出若干值得中国学界借鉴的优势特点。比如日本学者为何较少受到意识形态的影响而开展纯学术的研究,并与政府的政策与战略保持一定的距离?

本书的不足之处如下。

一是该课题的研究目前还没有可供借鉴的研究样本,欧美的俄苏研究具有很强的政策导向与意识形态特点,与日本学界的情况有所不同,可供参考的价值不高。本课题缺少一定的参照物,很难做到深入浅出。

二是面对庞大的学术研究资料,很难在限定的时间内整理得较为规范、合理。虽然笔者将尽可能选取最具代表性的学者、期刊、专著、研究课题和专题研讨会等来阐述，但是面对纷繁庞大的资料，单是进行取舍就存在一定的难度。

三是笔者没有俄语的语言功底，在解决具体问题时难免捉襟见肘。日本的俄苏问题研究的一个特点就是强调多语言能力。作为日本学者，不仅要熟练掌握俄语和英语，最好还要懂一点乌克兰语、哈萨克语等俄罗斯周边国家的语言，才能胜任研究。笔者只是拥有日语专业的优势和一些英语基础，势必令本课题研究面临一定的语言障碍。本书最后一节介绍了松里公孝教授对中国学者语言能力的批评，笔者感到这也是对笔者本人的批评与期望，惭愧之余也就有了一种前进的动力。

**注释**

1. 冯绍雷：《20 世纪的俄罗斯》，北京：生活·读书·新知三联书店 2007 年版，第 3 页。

2. 冯绍雷：《转型时代丛书》总序，上海：上海人民出版社 2005 年版，总序部分。

3. ［日］岩下明裕：《中国的前苏联研究》，载《斯拉夫研究》第 47 号，第 385 页。

4. 林精华：《俄罗斯问题的中国表述——关于 20 世纪中国对苏俄认知的研究》，载《俄罗斯研究》2009 年第 5 期。

5. 杨成：《日本北海道大学斯拉夫研究中心的俄苏问题研究：历史·特点·经验》，载冯绍雷主编：《智库：国外高校国际研究院比较研究》，上海：上海人民出版社 2011 年版。

6. ［日］北海道大学斯拉夫研究中心：《斯拉夫研究中心 40 年》，1995 年 7 月。

7. 《胡锦涛在中国共产党第十七次全国代表大会上的报告》，载中国共产党新闻网，2007 年 10 月 25 日。

8. 资中筠：《说不尽的大国兴衰》，载《中南海历史文化讲座》2007 年 12 月。

9. ［日］Hiroshi Kimura, "Slavic Area Studies in Japan: Features and Tasks", in (Osamu Ieda eds.), *Where are Slavic Eurasian Studies Headed in the 21st Century?* (Sapporo: Slavic Research Center, 2005), p.49.

10. ［日］北海道斯拉夫研究中心：《斯拉夫·欧亚大陆研究名簿》（第 8 版），2006 年。

11. ［俄］伊利亚·格拉西莫夫：《全球化研究中的日本俄罗斯史研究》，松里公孝译，载《斯拉夫研究》第 50 号，2003 年。

12. 参见［日］《自由百科事典》『ウィキペディア（Wikipedia）』中"松里公孝"条目，http://ja.wikipedia.org/wiki/。

13. ［日］二宫三郎：《日本国际政治学的开拓者》，载《流通经济大学论文集》，1992 年 7 月，第 46—62 页。

14. 2010 年 12 月 30 日，华东师范大学召开了教育部人文社会科学重点研究基地"跨学科主题沙龙"——"国外俄苏研究"，俞立中校长、朱自强副校长以及各基地负责人等参加了沙龙，活动围绕着冯绍雷教授所做的"国外俄苏研究"课题的相关内容展开了讨论。具体情况请参见"教育部人文社会科学重点研究基地俄罗斯中心"网页的"项目管理"栏目。

15. [俄]伊利亚·格拉西莫夫:《全球化研究中的日本俄罗斯史研究》。

16. [日]盐川伸明:《日本的俄罗斯史研究 50 年》,载《俄罗斯史研究》2006 年,总第79 期。

17. [日]外川继男:《日本的俄罗斯研究》,载《斯拉夫与日本　讲座斯拉夫的世界8》,弘文堂 1995 年版。

18. 关于日本的俄苏研究是否形成流派,笔者专门请教了松里公孝教授,这里的观点是松里教授的观点。

# 第二章

## 日本俄苏研究的历史沿革

　　日本近现代的俄苏研究是紧密伴随着日俄双边关系发展的进程而发展的。日本史学界将近代以来的日俄关系史分为六个阶段：(1)锁国体制下的日俄关系(1701—1853 年)；(2)俄国的南下政策和日本的现代化(1853—1914 年)；(3)苏联建国与日本(1914—1925 年)；(4)战时的日苏关系(1925—1945 年)；(5)第二次世界大战后的日苏关系(1945—1991 年)；(6)苏联解体后的日俄关系(1991 年至今)。[1]据此，日本的俄苏研究也就应该相应地分为六个时期。

　　但是，就近代(前近代)以来至第二次世界大战结束这个时期的日本俄苏研究状况来说，可将其统括为国家政策层面上的俄苏研究，甚至用外交策略和军事战略的决策研究来描述更为恰当。当时，日本俄苏研究的主体机构几乎都为政府和军队所垄断，民间学者和社会人士只有极少数人参与其中。第二次世界大战结束以后，严格意义上说是 20 世纪 50 年代以来，日本的俄苏研究才真正步入学术研究的轨道，其中虽然也含有若干政府决策的成分，但研究主体明显变成大学的研究机构，同时政府和社会上的若干学术团体也是兼容并举；研究人员则以大学教员和研究人员为主，他们也同时兼任各种学术研究机构的成员；而为数不多的有政府背景的研究机构也是积极吸纳大学的研究人员参与其中，其所属的研究人员也积极参与大学或社会学术团体的学术活动。由此，日本的俄苏研究在第二次世界大战结束后完成了从国家层面向社会层面的转变，发展至今更是呈现出一幅以民为主、官学互动、相互涵摄、共同发展的生动图景。

## 第一节　冷战前日本俄苏研究的发展脉络

本书拟将 1701 年至 1945 年长达近两个半世纪的日俄关系发展史,粗略地统摄于冷战前日本俄苏研究的框架内加以研究。之所以这么做,主要基于以下考虑。

第一,从学术研究史的角度考察,第一阶段锁国体制下的日俄关系(1701—1853 年),由于此时日俄双方彼此的认知几乎处于历史空白期,故尚无法开展研究;第二阶段俄国的南下政策和日本的现代化(1853—1914 年),日俄双方签订近代史上的第一个条约《日俄亲善条约》(1855 年),之后彼此开始正式交往,然而经过近 50 年的发展,两国政府,尤其是日本认为对方严重威胁到自身的战略利益,非诉诸战争不能解决,于是爆发了日俄战争(1904—1905 年);接下来第三阶段苏联建国与日本(1914—1925 年),重大事件是日本出兵西伯利亚(1918—1922 年);第四阶段(1925—1945 年)则发生了改变日本第二次世界大战北上军事战略的"诺门坎事件"(1939 年)和加快第二次世界大战结束进程的苏联对日宣战。从第二阶段到第四阶段,可以明显看出,近代史上日俄两国关系的发展是通过几大战争联系起来的,战争构成了两国关系史的主轴。俗话说"不打不相识",于是相应地,近代日本的俄苏研究,其主题自然是以战争问题为主,也可以说主要是以打赢战争为目的的决策研究或军事战略研究,其研究主体必然是以政府和军队的决策层为主,民间研究完全居于从属地位。

第二,日本自明治维新后第一次侵略战争即甲午战争时起,通过政府长期、持久、强力和有意的诱导,培植出一种为"国家目标"服务的扭曲战争观和尚武心理,[2]再加上其对近代欧洲国家弱肉强食的观察,导致日本全国几乎上下一致地形成了压倒性的实力至上的国际政治观。在此种国际政治观的指导下,其从事的研究也必然倾向于强调现实主义的权力研究,研究的目标指向也基本上是为政府的决策服务,很难形成真正学术意义上的俄苏研究。

## 一、冷战前日本俄苏研究的国际政治观

在欧美，国际政治或国际关系作为一门独立的学科诞生是第一次世界大战以后的事情。因为在 1914 年以前，国际关系理论界几乎一致认为，国际社会的格局是一成不变的，世界由主权国家所构成是理所当然的，国际关系研究的内容几乎就是外交史和国际法了。[3]日本同样如此。不过，日本国际政治学的开拓者神川彦松强调，对于日本来说，其他的社会科学领域都是引进和模仿"既成产品"，而在国际政治领域，日本的学生与世界上其他国家的学生一样，几乎是在同时而且是在同等基础上展开研究的。[4]但是，近代日本是在欧洲列强以扩张势力为目的而相互争夺这种严酷的国际环境中实现了明治维新、完成了对外开放和国家自立并且发展壮大起来。因此，近代的日本，从国家政治领导人到学者和知识分子，普遍具有敏锐的国际感知力和广博的海外知识。仅以明治维新前后的情况为例，当时日本人具备的关于欧美乃至亚洲、中东等地区的形势分析、世界各国的地理历史情报、国际法方面的知识等，在今天看来也令人称叹。[5]可是，当时国际政治观的主流是弱肉强食的实力政治理论，尤其对当时以发展为第一要务的日本政治领导人来说，他们认为只有通过富国强兵，掌握了实力和权力才能完成现代化，转型为近代意义的主权国家，甚至谋求改变东亚国际结构，建立新的帝国秩序。因此，在当时的日本人看来，国外一切国家都是日本的敌人，借用明治时期一位重要领导人岩仓具视在《外交之事》意见书中的一句话就是："虽不得不与海外各国交通往来，但海外各国毕竟是我皇国的公敌。"[6]于是，日本人的实力至上的国际政治观一直占据着主流，主导着第二次世界大战前日本的俄苏研究。在此种观念的指导下，自然而然，俄国对日本来说就意味着敌对势力的存在。

但是，也有学者认为，由于日俄两国面临着现代化这个共同的课题，面对诸多类似的难题，因此作为同质的国家应该彼此接近。比如，许多推动明治维新的日本人曾是彼得大帝的"狂热追随者"，对彼得大帝改革给予了高度评价。[7]日本的明治维新是以彼得大帝的改革为样本，这是众所周知的事实。在历法改革和留短发等方面，18 世纪初的俄国改革与明治维新之间存在诸多共同点。日俄两国在达成现代化这

一相同的目标方面形成相互理解的基础。因此,20世纪初期俄国的知识分子倡导的理想,也在日本民众中引起很大反响。俄罗斯文学在日本深受欢迎的秘密也源于此。日本的知识分子将俄国知识分子的烦恼看作自己身上的事物加以认识。俄罗斯文学中的主人公力求在不断欧化的浪潮中,确立俄罗斯人的自我认同,日本人也从俄罗斯文学作品中的人物身上发现自己。[8]因此可以说,日俄两国在被迫走上"促成现代化"的道路方面,形成了"日本人与俄国人类似"的意识。俄国评论家阿尔多夫在1916年出版的《日本人,我们的朋友》这本小册子中,描写了日俄关系密切的第一次世界大战时期俄罗斯人对日本人产生的好感,这种好感在当时成为了一种规律性现象。"日本女人不是态度冷淡、老于世故的美国女性,不是具有虔诚信仰的英国女性,不是轻率的法国女性,不是没有理智的意大利女性,她们在精神上与俄罗斯女性相似,因此更能激起人的好感。"[9]如果检索当时日本的文献资料,会发现不少关于两国的国民性相似这样的言论,比如提倡国家主义的内田良平、宗教思想家内村鉴三、立宪国民党党首犬养毅就是其中的代表。下面这段话可以反映出当时日本学者的思想动向:"日本和俄罗斯在文明发展史上都是新成员。这两个新的大国互相合作对于将来的世界文明具有重大意义……日本民族和俄罗斯民族都很年轻,富有朝气,将来大有可为。正因为是人类文明史上的未成品,所以将来的前途不可限量。"[10]中国学者冯绍雷认为,日俄两国之所以可以相互比较,一个大的背景就是两国都处于东西方文明结合部,并且处于现代化历史进程中相似的行进梯队行列之中,因此也就有了比较的可能性。

的确,在日俄战争之后的一段时期(1907—1916年),日俄两国关系一度进入了"例外的友好"时期。对于该时期的认识,日本学者的普遍看法是,"从1907年至1916年这大约10年间,称得上是日本外交史上的特例——恐怕也是日本近代史上唯一的日俄双方进行合作的时期。原因是两国在中国问题上的利害关系是一致的。具体说来,就是在确定满蒙地区的势力范围方面,对于苦于战后经济问题的两国来说必不可少"[11]。还有学者从文明论的视角来分析日俄接近的原因,认为在第一次世界大战以后,曾经是日本模仿追随榜样的欧洲,其文明精神变成了贪欲,其手段则是掠夺。"文明"一词开始被赋予"颓废"、"停滞"、"衰败"的含义,给人的印象是享乐主义、个人主义和没有信仰等。在欧洲人眼里,西欧文明类似崩溃前夜的罗马帝国。如果日本还要模仿已经堕落的西欧文明,那将离亡国不远了。[12]因此,当时的日本出现了一种新动向,要与腐败的西欧文明断绝往来,追求一种新的理想、新的目标和新的样板。于是,为了在世界政治版图中提升日本地位,与具有高出生率、宗教信仰强烈、有年轻活力的俄国接近,就纳入日本政治家的视野,并直接反映到对外政策当中。也可以说,正是这番与欧洲堕落的文明断绝往来的魅力开辟了日俄接近的道路。文明论的思想经过日本的思想家、社会评论家和政治家,譬如升曙梦、茅原毕山、后藤新平、山县有朋等人的传播,显现了其社会和外交上的影响力。在"西洋没落"的背景下,文明论为日俄同盟创造了思想上的根据。[13]

但是,除却上述短暂的日俄接近的 10 年,人们看到的图景是,在现实的国家利益至上的观念主导下,近代日俄关系表现得更多的一面除了战争还是战争,战争构成了近代日俄关系的主题。日俄战争之后,日本借俄国革命和内战之机出兵西伯利亚,进行长期的武装干涉(1918—1922 年);日本一手策划成立伪满洲国之后,日本关东军和苏联红军关系持续紧张,多次发生武装冲突事件,如 1938 年的张鼓峰事件。特别是 1939 年爆发的大规模的诺门坎事件,日军遭到苏军装甲部队的重创,对日后的北进论(对苏开战)产生了重要的抑制作用;到第二次世界大战的 1945 年,苏联对日作战,占领了中国东北、千岛和库页岛。从 1904 年至 1945 年这短短 41 年的时间里,日俄两国进行了四次大规模的战争,平均每 10 年一次,给双方带来诸多方面的敌对。因此,第一次世界大战期间日俄近 10 年的相互接近,的确称得上是两国近代外交史上的特例。

## 二、从初步认知到以政府决策调研为主的冷战前日本俄苏研究

下文按照时间顺序,结合近代(前近代)日俄关系发展史上的重大事件,分四个阶段来阐述冷战前日本对近代俄苏的认知与研究情况。[14]

（一）从锁国到开国时期日本对俄国的接触与认知（18 世纪初—1855 年）

沙皇俄国在 17 世纪将领土扩张到太平洋沿岸，锋芒直指中国、朝鲜和日本等国，受挫于大清帝国康熙王朝之后，其南下扩张势头一时受到遏制。但随后，沙俄便将目光瞄向了朝鲜和日本。

日本人最早知道北方邻国俄罗斯的存在，是通过汉文典籍、外国传教士以及漂流渔民的讲述而得知。汉文典籍记述俄罗斯的最早例子是西川如见的《华夷通商考》（1708 年）。此外，日本人林道荣的《异国风土记》和意大利传教士艾儒略的《职方外纪》也提供了参考。几乎是同一时期，日本人新井白石根据调查潜入日本的传教士乔瓦尼·巴蒂斯塔·西多蒂（Giovanni Battista Sidotti）的记录，写成《采览异言》（1713年）和《西洋纪闻》（1715 年），书中提及莫斯科以及欧洲东北部有一个寒冷的国度。

1739 年，沙俄探险舰队抵近日本仙台湾和安房国海面，德川幕府加强了沿岸防备，两国接触遂以失败告终，但由此日本政府知道了北方有个国家叫做"俄罗斯"。而居住在萨哈林半岛（库页岛）上的俄罗斯人，为了获得毛皮等物品在千岛群岛一带活动，日本人也跟他们做一些交易。由于俄国人来自遥远的欧洲，物资严重匮乏，为了获得食物等物资的补给，便寻求与南方的日本开展贸易活动。如此一来，日本与俄罗斯自然就成为邻邦，日本的近海特别是北方的虾夷地（北海道）周围出现了被称为"赤虾夷"的俄国势力，由此刺激了日本政府开拓北海道的活动。1778 年，俄国船队再次到访北海道要求通商，被当地政府松前藩拒绝。受到这一事件影响，松前藩的官员向荷兰商馆馆长了解俄国的地理与历史情况，并由工藤平助和林子平根据谈话内容撰写了《赤虾夷风说考》（1783 年）和《三国通览图说》（1785 年），这两本书可以说是日本最早的俄罗斯研究。令人感到意味深长的是，这两本书对俄国的看法大相径庭。工藤平助认为，俄罗斯对日接近的目的是为了贸易，而荷兰人为了独占对日贸易故意散布俄国人有领土野心的言论；而林子平听到荷兰商馆馆长的谈话之后，主张要警惕俄罗斯的领土扩张，加强国防力量。[15]于是，将俄国人对日接近看作贸易问题的"俄罗斯绥靖论"

和认为其有领土野心的"俄罗斯威胁论"此后就一直并存于日本人的对俄观念之中。同时,诸如荷兰以及后来的英国、美国等第三国势力干预日俄关系的因素也一直存在,共同构成了日俄关系的一种特征。

1783 年,日本船长大黑屋光太夫等人漂流到阿留申群岛,得到俄国人的保护,并于 1791 年拜见了叶卡捷琳娜二世。1792 年,叶卡捷琳娜二世委派研究日本问题的学者基利尔和近卫军中尉亚当护送光太夫等人回国,同时携带西伯利亚总督的函件和价值 2 000 卢布的礼物出使日本,要求日本德川幕府开港通商。经过近一年的交涉,日本最终拒绝了俄国使团的要求。当时日本学者桂川甫周将光太夫等人的俄国之行编写成《北槎闻略》,成为日本幕府锁国时期关于俄罗斯的珍贵信息。然而,关于俄国的情况,当时只有政府当局和极少数人了解,大部分日本国民对俄国则是一无所知,这也成为日本俄罗斯研究的一个特征。

1804 年,俄国政府又派特命全权使节雷扎诺夫到日本寻求通商,依旧未能打开日本的国门。谈判失败的雷扎诺夫愤然离开日本,想以武力敲开日本大门,袭击了松前藩设在库页岛和择捉岛上的政府机关。其实,当时俄国的文件是用俄语和满语写成,日本无人认识,也造成了交流上的障碍。1808 年,日本幕府命令高桥景保学习上述两种语言。1811 年,沙俄政府海军部派海军上校瓦西里率测量队乘船闯入国后岛等地,被日本俘获。作为报复,俄国人劫持了日本一名商人。此后大约40 年时间内,日俄之间没有任何官方往来。然而,日本在此期间开始关注俄国问题。荷兰语翻译马场佐十郎完成了日本最早的俄语语法书——《俄语小成》和《俄语文法规范》;足立左内编成了日本最早的俄日辞典——《露西亚学荃》;西川贯藏翻译了俄国战术书籍——《三兵用诀精论》。幕府末期的兰学家渡边华山在其撰写的《外国事情》与《再考西洋事情书》中高度评价了彼得大帝改革,著名的兰学家佐久间象山也在书信中提及彼得一世。

19 世纪中叶,俄国国内要求农奴解放的改革压力以及克里米亚战争失败、沙俄南下欧洲受挫,使其再度重视向远东发展。1853 年,日本国门被美国海军司令佩里的"黑船来航"打开之后,日美两国于 1854 年缔结了《日美亲善条约》(《神奈川条约》)。俄国使节璞查廷探听到日美订约之后,也率领 3 只军舰组成的舰队来到长崎,经过艰难交涉,最终于 1855 年缔结了《日俄亲善条约》。1858 年,璞查廷再次来到长崎,缔结了《日俄修好通商条约》。根据条约,下田、箱馆、长崎等三个港口对俄开放,日俄边境以千岛群岛的择捉岛和得抚岛之间为界,萨哈林半岛(库页岛)为两国国民的杂居地。日俄建立了正式外交关系。1875 年,两国缔结了《库页岛、千岛群岛交换条约》,整个千岛群岛归属日本,两国国民的杂居地——萨哈林半岛(库页岛)归属俄国。

### (二) 从《日俄亲善条约》到《朴次茅斯和约》(1855—1905 年)

《日俄亲善条约》缔结 10 年后,日本幕府向俄国派遣了 6 名留学生,计划留学 5 年,但由于幕府倒台,有 5 人中途回国,只留下市川文吉一人。市川文吉学成回国后在东京外国语学校任教授。这批留俄学生中个人发展较好的是西德二郎,后来做过驻俄公使和外务大臣。

明治政府成立后,打着"文明开化"和"富国强兵"的标语,一味追随欧美先进国家,俄国不是其主要学习对象。这一点从向国外派遣留学生的数量和俄语的教育中就可以看出来。明治政府初期的 1870—1871 年,向国外派遣留学生的数量分别是:美国 149 人、英国 126 人、德国 66 人、法国 42 人,而俄罗斯只有 6 人。作为外语教学,日本在 1873 年设立东京外国语学校,开设了英语、德语、法语、俄语、汉语、韩语等语种,但是到了 1897 年设立高等商业学校的时候,俄语、汉语和韩语被分出去,编入附属的外国语学校,留下英语、德语和法语作为大学的预备专业,理由是后者是学术语言,而前者是实用语言。俄语的民间教育最初是在俄领事馆所在地函馆开始的,正规教育则是在尼柯拉伊神甫设在东京的东正教会学校进行的。尼柯拉伊作为第二任神甫来到函馆领事馆,以小规模的私塾形式教授俄语,同时编著《俄和辞典》等书。1872 年他到东京教授俄语,学生据说多达一百四五十人,其中有后来的俄语专家铃木于菟平、黑野义文和外交官川上俊彦等人。

日本第一部俄国文学作品是《大尉的女儿》,被高须治助改编为《花心蝶思录》出版。而真正对俄国文学作品进行系统译介的是二叶亭四迷。作为一名幕府旧藩士的儿子,二叶亭四迷认为俄国将来一定是日本的敌人,他为了研究俄国而进入东京外国语学校学习俄语,可是当他学习期间读了屠格涅夫、别林斯基、赫尔岑等俄国作家和思想家的作品之后,他那幼稚的爱国心开始向世界主义、人道主义倾斜了。[16]其后,他翻译了屠格涅夫《猎人日记》中的《幽会》一文,刊登在 1888 年的《国民之友》上,由此开创了日本文学上的新文体,产生了划时代的影响。接着,他又将屠格涅夫、托尔斯泰、列昂尼德·安德烈耶夫、赫尔岑、高尔基等人的作品通过《东京朝日新闻》《新小说》等媒体译介给日本读者,不仅对日本的文学研究者,而且对整个日本的知识分子都产生了很大影响。他本人撰写的《浮云》《平凡》等小说,其中的主人公与俄国小说中"多余的人"一脉相承,主题都是知识分子的苦恼。俄国文学在明治维新之后的日本一度人气很盛。在整个明治、大正和昭和时期,在日本人翻译的外国文学作品出版数量排行榜上,托尔斯泰位居第一,契诃夫第四,陀思妥耶夫斯基第六,高尔基第九,屠格涅夫第十一。[17]不仅出版的数量多,而且翻译水准也相当高,这与二叶亭四迷的苦心译介不无关系。

俄国的思想对日本产生的影响,首先是俄国民粹主义运动对日本自由民权运动的波及。当时俄国民粹派思想家列夫·迈奇尼科夫来到刚设立不久的东京外国语学校教学,其学生村松爱藏就是准备领导农民起义的"饭田事件"的策划者。在历史领域,桂川甫周编译的《鲁西亚志》在明治初年出版,此外,高岛久也的《露西亚事情》(1872 年)和小野寺鲁一翻译的《俄国新史》(1875 年)、千叶文尔编译的《鲁西亚沿革史》(1880 年)等也都相继出版。随着日俄战争的临近,将日俄关系编写为俄国自北方蚕食日本的历史类著作引人注目。尤其是 1898 年出版的冈本柳之助撰写的《日俄交涉北海道史稿》,收录了从日俄最初谈判到明治初年两国的关系史料,后来成为俄国东洋学者撰写《北日本和亚洲大陆以及与俄罗斯的关系史料》的主要参考资料。

日俄战争爆发前的一段时间,为了在库页岛、西伯利亚和中国东北进行谍报活动,日本政府强化了俄语教学。比如,在札幌成立了"北海俄语学校"(1897—1900 年,于 1898 年加入了汉语教学,改名为"北海俄汉语学校")。其校长中野二郎是"黑龙会"的创始人,与活跃在"对俄同志会"中的内田良平关系密切。该校成立之际,接受了北海道政府、陆军部以及内田良平的叔父、"玄洋社"社长平冈浩太郎的资金援助。

这一事例说明,军部和右翼已经主导了这一时期的俄罗斯研究。

日俄战争之后至今,日本学者关于日俄战争的研究,成果非常丰富,仅是冷战后相关研究专著就达 30 部之多。俄罗斯国内出版关于日俄战争的历史文献超过了 800 件,最近 10—15 年间出版的参考资料将近 80 件。[18]从战争史的立场总结日俄战争,日本学者得出一些新的认识:(1)日俄战争是两国为阻止各自国家利益受损而战的,于是,国际秩序也就成为使用军事力量来排除国家利益受损的行为象征,时至今日依然如此。为了维持国际秩序的正义,军事力量依然发挥着重大作用。(2)在日俄战争时期,大国支配国际秩序,国力弱小的国家被迫选择或者接受大国的保护,或者缔结不平等的同盟关系。这种传统意义上的战争年代的国际体系,也是今天国际体系的进化原型。(3)日本自明治维新以来,在"富国强兵"的口号下实现现代化,取得了甲午中日战争的胜利,但在日俄战争爆发之际,日本不清楚能否依靠自己的国力排除欧美列强的威胁,不清楚完全摆脱了锁国状态的日本能否作为现代文明国家被认可。处于这种状态的日本向世界强国沙皇俄国挑战,自然引起世界各国和各民族的注视。(4)日俄战争发生在全面引入欧洲产业革命的军事和社会成果的新兴国家日本和先进强国俄罗斯之间,作为检验军事变革的成果,也引起世界各国的兴趣。相较第一次世界大战和第二次世界大战的全面战争而言,日俄战争是一场有限战争。同时武器的发展带来的战术与作战样式的变革,一方面加速了军事力量的发展,同时也促进了国际裁军会议的召开。结果关于裁军不公的宣传鼓动,又导致第二次世界大战的爆发。今天的防止核扩散或者防止大规模杀伤性武器扩散的逻辑中也同样存在着国家的自我意识。(5)日俄战争开启了"20 世纪=战争世纪"的帷幕,显示出战争决策的优劣将决定国家的命运。以日俄战争为契机,国家战略成为指导战争的关键内容。参照日俄战争的胜利条件,从国家实力和国际体系的视角来看,不能否认,日本在第二次世界大战中失败的一个因素是由于国家战略缺乏合理性和准确性。[19]

对于日俄战争,中国学者也提出了自己的观点,认为今天东北亚国际关系的格局在相当程度上起源于日俄战争,并从全球治理和世界秩序的角度,提出研究日俄战争的五个范畴:(1)日俄战争中的"帝国"和

"帝国主义"研究；(2)日俄战争中的"东方"与"西方"；(3)日俄战争与宪政革命；(4)日俄战争与开放式区域主义的崛起；(5)日俄战争中的超国家和非国家行为体。[20]这种研究的角度超越了以往国内关于日俄战争的研究视角，给日俄战争研究领域带来许多以往未曾关注或者有失偏颇的新鲜感觉。

### (三) 从日俄战争到俄国十月革命(1905—1917 年)

在日俄战争到俄国十月革命期间，为图谋瓜分中国大陆的权益，日本与俄国先后缔结四次协约，日俄关系也经历了短暂的蜜月时代。

《朴次茅斯和约》签订的第二年，日本成立了"南满铁路株式会社"，初任总裁是后藤新平。后藤新平在"南满铁路株式会社"内部附设了"满铁调查部"，成为二战期间日本最大的智囊机构，同时，他还于 1920年在哈尔滨成立了"日俄协会学校"(后改名为"哈尔滨学院")。"满铁调查部"名义上进行普通的调查工作，实际上是情报收集机关，不仅对中国东北，还全力调查收集俄罗斯远东地区和西伯利亚地区的资源、经济和政治等情报。

在社会层面，这一时期日本俄国研究的特征是译介了托尔斯泰等大量的俄国文学作品、积极展开俄国的社会思想以及俄国戏剧的研究。自 1889 年开始，托尔斯泰本人及其作品经《国民之友》、《六合杂志》、《哲学杂志》、《早稻田文学》等刊物的推介，在日本人气飙升。不仅出版了《托尔斯泰全集》(1919—1920 年，共 13 卷)，新潮社还专门发行《托尔斯泰研究》月刊，历时两年半(1916 年 6 月—1919 年 1 月)。当时日本社会的广大读者，不仅将托尔斯泰看成文学家，更看作一位求道者。当时许多知识分子的思想，譬如，安部矶雄的不抵抗主义、堺利彦的社会主义、山室军平的基督教人道主义等都受其影响。同时，《托尔斯泰研究》月刊还专门刊载陀思妥耶夫斯基的专辑，由此又在日本形成陀思妥耶夫斯基的热潮。该杂志还出版了俄国思想专辑，日本学者升曙梦在其中译介了俄国最新流行作家的作品，对当时的日本文坛产生了巨大影响。升曙梦还撰写了《俄国及俄国人》、《俄国革命与社会运动》等俄国政治和社会思想方面的著作，在地区研究上称得上是俄国研究的

先驱。<sup>21</sup>

俄国的民粹主义通过将烟山专太郎的《近代无政府主义》(1902年)介绍到日本,对幸德秋水等人产生了影响。烟山专太郎被称为"用俄语研究俄罗斯历史的创始人",在当时的《外交时报》上发表了许多俄国政治方面的文章。克鲁泡特金的思想是由大杉荣于1907年通过《平民新闻》被介绍到日本的,后经幸德秋水的传播而广为日本知识分子知晓。克鲁泡特金的思想对晚年的石川啄木产生了很大影响。而社会主义思想早在日俄战争之前就已传入日本,1901年"社会民主党"在日本成立,虽然即日被迫解散,但在日俄战争进行中的1904年8月召开的阿姆斯特丹第二国际工会联盟大会上,日本代表片山潜与俄国代表普列汉诺夫在主席台上握手一事广为人知。

这一时期,俄国戏剧也传入日本,并在日本产生了影响。俄国戏剧特别是莫斯科剧团和斯坦尼斯拉夫斯基导演为日本人所熟知,日本导演小山内熏成立了"自由剧场",上演高尔基的剧本《底层》、《夜宿》等作品。而早稻田大学教授岛村抱月更是辞去教职,与松井须磨子一道开设了剧团——"艺术座",上演托尔斯泰的《复活》等作品,松井须磨子在剧中演唱的《喀秋莎之歌》成为大正时代的流行歌曲。

## (四)从俄国十月革命到第二次世界大战结束(1917—1945年)

俄国十月革命后,日本伙同英、法、美等国出兵干涉,向西伯利亚、俄国远东地区和萨哈林半岛(库页岛)派出了军队。日本对苏俄的武装干涉历时4年,驱使7.2万多士兵,损耗军费10亿日元,损兵折将3 500余人,以彻底失败收场。日本对于新生苏联的看法,自1920年前后完全被政府和军部操纵,采取了敌视苏俄的态度。1925年日本承认苏联政府,两国恢复外交关系,但日本却制定了《治安维持法》,防止共产主义传入日本。这一阶段,日本的俄苏研究直接在政府和军队领导下,通过"满铁调查部"等政策执行机构,对"假想敌苏联"进行了重点调研。后藤新平后来策划了日苏外交关系的恢复,而他本人的俄罗斯观是主张日俄两国合作将美国势力从中国排挤出去。据说后藤新平的"新旧大陆对峙论"对德国人夏鲁克的《民族的竞争》（1903 年）产生过影响。
而德国纳粹掌权后，其苏联观对日本政府和军部也有一定影响。[22]"满
铁调查部"的名称一度改过，但 1939 年又得以恢复，并发展成为超过
2 000 人的"猛犸象机构"。其在大连、沈阳、哈尔滨都设有图书馆，负责
收集文献资料。譬如，1922 年曾一次购入两万册俄语图书，并专门派
遣职员去苏联购买与苏联政府相关的资料。1923 年以前，"满铁"的调
查活动落后于陆军的调查，于是"满铁"强化了哈尔滨事务所调查科的
职能，与关东军参谋部和谍报机关一道成立了"北满经济调查所"，展开
了调研活动。作为与苏俄有关的定期刊物，"满铁"出版了《苏联情况》
《苏联研究资料》《苏联年鉴》《苏联调查资料月报》等，还不定期出版关
于苏联的政治、经济、民族、军事、自然、资源等各种出版物，[23]并与政府
企划院第一调查室共同出版了《苏联研究资料汇报》。

第二次世界大战期间，日本政府新设"东亚研究所"（1938 年）和
"总体战研究所"（1940 年）。东亚研究所以首相近卫文麿为总裁，设在
企划院之下，机构庞大，不仅协助侵华战争，还对苏联、东南亚、中东和
近东地区进行调查研究。东亚研究所的机关杂志是《东亚研究所报》，
从 1939 年起共发行了 30 期，数次刊登苏联情况，像伏特加地区的介
绍、苏联工业劳动生产率的研究等。第二次世界大战结束后，该机构的
一些研究人员进入大学教书，比如在战后俄罗斯历史研究领域起到领
军作用的鸟山成人，就曾是该所的研究人员。日本发动太平洋战争前
夕，日本政府模仿英国和纳粹德国的国防大学设立了总体战研究所
（1940 年），作为企划院的下属机构。该所由 54 名上校军官所员和 35
名大尉、少校以及民间研究人员构成，对苏联的调查内容有"苏俄天然资
源供需分析"、"苏联需求物资供需分析"、"苏俄交战能力"等。甚至还进
行了《占领地统治及战后建设史》（1942 年 6 月）、《长期战争》（1944 年 7
月）等综合研究，其中的执笔人包括江口朴郎、岩间彻、矢田俊隆等人，在
战后日本的苏联与东欧史研究领域起到了指导作用。该所的军人所员
在第二次世界大战结束后进入防卫厅的防卫研修所、战史研究室工作。
东亚研究所与总体战研究所的研究成果几乎全部在战争中化为灰烬。

此外，第二次世界大战期间，外务省定期发行《露西亚月报》，编纂
了《日苏交涉史》（1942 年）和《日俄交涉史》（1944 年），但只有极少数人

才能看到。关于这一时期日本的俄苏认识和研究的资料还有日苏通信社发行的《月刊俄罗斯》(1935—1944年)。日苏通信社还曾发行过《俄罗斯情况》,但是这些刊物战后都被忽视了,几乎没有得到有效利用。[24]

总体来说,日俄战争之后,由于两国实力减弱,以及欧洲国际关系对两国施加的影响,再加上美国势力进入中国东北等因素,促使两国一改昔日的"仇敌"角色,变为亲密"盟友"。自1907年至1916年,两国签订四次协约和密约,有过近10年的结盟关系。但其后的几大事件,包括日本出兵西伯利亚(1918—1922年)、"诺门坎事件"(1939年)和苏联对日宣战(1945年),两国间的兵戎相向成为主流基调,日本的对俄研究工作也就成为以国家为主体、围绕如何发动和打赢战争而展开的军事与对外战略决策研究了,而国内学术机构的俄苏研究则被废止,从事俄苏地区研究的学术机构不得不服从于国家总体战略需要,进入沉默期。

## 第二节　冷战时期的日本俄苏研究史略

日本的俄苏研究从长期的压抑中得到解放,并获得真正自由的时期是在第二次世界大战结束以后。然而,长期以来对苏联的实际情况并不了解,再加上战后一段时期处于美军的占领之下,日本的俄苏研究与实证研究相比,是意识形态先行,产生了亲苏反美派和亲美反苏派的对立,而没有像美国那样结成全国性的俄罗斯与东欧研究的学术团体。尤其是许多学者基于战前和战时的经验,对与政府机构发生联系非常警惕,这也构成了战后日本俄苏研究的特征。不过,总体来看,无论是日本国内俄苏学术研究机构的成立,还是俄苏学术研究的展开,客观上受制于日苏两国关系和冷战结构的影响,其整体发展动态随着国家间关系的冷热和冷战结构的变化而潮起潮落,并一度深受美国的影响。然而,冷战时期日本俄苏研究的最大成就是培养了一支学术研究队伍,经过两代人的新老结合,为冷战后日本俄苏研究的腾飞奠定了坚实的人才基础,并且经过研究人员的努力,初步形成了俄苏研究的学术框架以及学术研究氛围。

需要指出的是,第二次世界大战后日本俄苏研究的起步,首先得益于日苏邦交正常化的实现。1952 年 4 月,《旧金山和约》生效,美、英等国宣告结束对日本的战争状态,实现关系正常化。旧金山体制为日本重返国际舞台提供了机遇,确定了日本外交方向,日本从此开始了战后外交,但是日苏之间却并未结束战争状态。1954 年 12 月,鸠山一郎出任日本首相,打出"国民外交"的旗号,主张修正对美"一边倒"的外交路线,大胆提出与"共产圈"的苏联实现邦交正常化。1955 年 6 月,日苏两国开始复交谈判,双方在一年多的时间里举行了数次谈判,结果都因北方领土问题的意见对立而受阻。面对日本国内外、党内外的压力和阻挠,鸠山首相显示了政治家独有的眼光和魄力,决心将北方领土问题作为悬案暂时搁置,并以退出政坛为交换条件,争取反对势力的中立或谅解,然后亲赴莫斯科签订了《日苏共同宣言》。1956 年 12 月,《日苏共同宣言》生效,日苏两国至此结束战争状态,恢复外交关系。当月,日本加入联合国,而鸠山内阁则宣布全体辞职。在此前后一段时期内,日本的俄苏研究机构如雨后春笋般地涌现出来。

## 一、冷战时期日本俄苏研究的组织与制度

组织机构的建立和制度化运作是日本展开俄苏研究工作的前提和基础。第二次世界大战结束后,战前设有俄国语言文学课程的一些国立大学很快恢复了俄语教学,比如东京外国语大学外语系俄罗斯东欧课程、早稻田大学研究生院文学部文学科俄国文学专业、东京大学斯拉夫语斯拉夫文学专业等。但也有像上智大学等在第二次世界大战后才设立俄语专业的大学。语言文学专业因其具有中立的特性,受到战争以及国际环境变化的影响较小,所以在第二次世界大战后最先得以恢复。而从事俄语语言文学教学的教研人员也很快拥有了本学科专业的研究机构,即 1950 年成立的日本俄罗斯文学研究会。可是,俄苏的综合研究则受到战争等日本国内外政治环境以及意识形态的影响,加之日本战前几乎没有真正学术意义上的俄苏研究机构,所以战后新起炉灶需要一个过程。

日本在战后初期设立的研究机构有,东京大学社会科学研究所(1948 年)、一桥大学经济研究所(1949 年)和北海道大学法学部附属斯

拉夫研究机构（1955 年）。本节以日本最具影响力的北海道大学斯拉夫·欧亚研究中心为例，同时结合俄罗斯史研究会等学会机构，简要阐述冷战时期日本俄苏研究机构的艰难发展历程。

### （一）北海道大学斯拉夫·欧亚研究中心的发展历程

1947 年，北海道大学在国立大学中最早开设了俄罗斯文学科，接受了洛克菲勒财团的援助，发展成为从事俄苏人文·社会科学研究的研究机构，北海道大学也成为日本国立大学中在战后最先开设斯拉夫研究机构[25]的高等学府。对于为何要在北海道大学设立斯拉夫研究中心，当时对斯拉夫研究机构的建立起到核心作用的法学部教授尾形典男有过这样的回忆：美国占领日本后不久，就邀请东京大学、京都大学、北海道大学等学者赴美国参观。在回国的船上，大家谈到将来日本也要设立地区研究机构，将美国研究放在东京大学，中国研究放在京都大学，俄罗斯研究放在北海道大学。虽然当时有些痴人说梦的感觉，但却成为斯拉夫研究机构建立的一种契机。[26]

如同当时日本国内其他研究机构一样，斯拉夫研究机构成立之初并无明确的定位。当时，斯拉夫研究室不仅研究人员数量很少，而且不是一个独立机构。该机构之所以能够诞生，一是因为当时北海道大学文学部教授木村彰一（斯拉夫研究室主任、斯拉夫研究所首任主任）和同为文学部副教授的鸟山成人（斯拉夫研究所第二任主任）想在该校设置从语言、文学以及历史的角度进行斯拉夫研究的场所；二是因为时任北海道大学校长的杉野木晴贞和法学部教授尾行典男也想建立斯拉夫地区研究机构，作为大学里面的一个独特机构，将当时已经在美国取得飞速发展的人文与社会科学等学科综合起来；三是得益于背后的一支推动力量，即美国洛克菲勒财团的资助。当时，该财团非常乐意向日本国立大学中唯一设立俄罗斯文学专业的北海道大学提供资助，建立苏联与东欧研究机构。在这三股力量的合力作用下，最终于 1953 年成立了斯拉夫研究中心的前身——斯拉夫研究室。洛克菲勒财团在研究室成立前捐赠了价值约 500 万日元的图书和文献资料，成为斯拉夫研究室的资料基础。

　　斯拉夫研究室成立之初,编制为 1 名副教授和 1 名助手,其余成员均为大学内外的兼职研究员,既没有固定编制,又没有固定预算,活动经费全部来自日本文部省拨付的科学研究经费。当时运营的主要方式是:研究室的管理和运转实行首长负责制,由主任研究员负责;每年召开两次教授会议,借此对研究机构的运转、组织人事和其他重要事项进行审议。由于无法作为独立的研究机构活动,斯拉夫研究室在很长一段时间内附属于北海道大学法学部。

　　随着斯拉夫研究机构的规模逐渐扩大,开始向实体机构转变,即由原来的讲座形式开始向研究实体转变。1957 年设经济研究方向,1964 年设历史研究方向,1977 年设政治研究方向,最终形成拥有 6 名专职研究员和 1 名客座教授以及包括法律研究在内的 6 个研究方向的研究机构。但是,无论是研究人员的数量,还是所藏资料的规模,都比不上东京外国语大学 1964 年设置的亚非语言文化研究所以及京都大学 1965 年设立的东南亚研究中心等地区研究机构。[27] 其相对落后的主要原因是:当时日本整个社会以及相关领域的专家对斯拉夫地区的综合研究和教育的重要性与必要性没有充分认识,同时,行政上隶属于北海道大学法学部而非独立的研究机构也妨碍了进一步的发展。为改善这一局面,1969 年百濑宏主任试图将斯拉夫研究机构从法学部独立出去,成立“苏联·东欧研究中心”,由此拉开了近 10 年的“独立运动”的帷幕。此后,外川继男、木村泛等历届主任不断地向北海道大学和日本文部省呼吁,终于在 1978 年春天,独立的斯拉夫研究中心成立了,并且成为北海道大学校内共同教育研究设施。

　　斯拉夫研究中心成立后,采取大讲座的方式,从事文化、经济和政治等三个方向的斯拉夫区域研究,编制规模扩展为 7 名教授、1 名客座教授和 2 名访问学者。为使中心保持高效运转,专门设置了由专职教职员工和校内文科各专业的若干名教师组成的管理委员会,负责管理中心的人事、预算等事项的审议工作。中心经费虽然相对有限,但较之 20 年前已有较大进步,使得中心具备了进行合作研究和海外实地调查研究的基础。1981 年,北海道大学法学部将扩建后的法学楼分配给斯拉夫研究中心 3 层,使得中心硬件设施明显改善。

　　20 世纪 80 年代后,为了加强日本各专业的斯拉夫研究机构之间的合作,提高研究水平,斯拉夫研究中心确立了战略目标,即"打造日本全国规模的共同研究、共同利用的学术机构"。1982 年,伊东孝之主任提出建立"苏联·东欧研究所"的设想,为此进行了国内与国外的斯拉夫研究现状的调查,并举办多次专题研究会。比如,1984 年的研讨会,长谷川毅提议建立一个囊括当前所有学会的组织,促进国际交流,有计划地开展梯队建设,促进图书的统一购买等 10 项措施。在"长谷川毅倡议"的基础上,1987 年的研讨会专门讨论了斯拉夫各专业学术带头人的"问题意识"。气贺健三(苏联东欧学会)、佐藤经明(社会主义经济学会)、山口严(日本古代俄罗斯研究会)、越村勋(东欧史学会)、和田春树(俄国史研究会)、佐藤纯一(日本俄罗斯文学会)、盐川伸明(苏联史研究会)等就学会组织问题,加藤一夫(国立国会图书馆)、秋月孝子(斯拉夫研究中心)、松田润(斯拉夫研究中心)等就图书馆信息体制问题,藤本和贵夫(大阪大学)、下斗米伸夫(成蹊大学)、和田春树(东京大学)就教育问题,川端香男里(东京大学)、竹浪祥一郎(桃山学院大学)等就国际交流问题提出了各自意见。会后,与会学者联名起草"关于设立斯拉夫区域杂志中心的倡议书"与"关于基于日苏文化交流协定的政府留学生交换制度的倡议书",提交给政府相关部门。

作为一系列研讨会的总结,伊东孝之在 1988 年的研讨会上提出四点措施:(1)设置"日本斯拉夫联合会"(暂定);(2)设立"斯拉夫区域文献中心"与"斯拉夫区域杂志中心";(3)任命日本斯拉夫学委员会;(4)开设"国际交流窗口"等。他同时呼吁对中心进行根本上的体制改革,使其承担起全国研究机构的服务功能。

中心的上述活动之所以得到日本各界的广泛支持,与 20 世纪 80 年代中后期苏联和东欧发生的剧变密不可分。社会主义国家的改革提高了普通民众和学生对斯拉夫区域的关注,同时,也暴露出日本斯拉夫研究的封闭、资料收集的滞后、研究机构与学会之间交流的缺乏,以及教育研究的专业与对象区域的不平衡等问题,愈发凸显出在日本建立全国规模的斯拉夫地区研究、信息收集、国际交流和专家培养研究中心的紧迫性。1990 年 6 月,在原晖之担任主任期间,斯拉夫研究中心终于成为"全国共同利用设施"。

新的斯拉夫研究中心下设地区文化、国际关系、生产环境、社会体制等四个研究部门以及信息资料部门和事务部(办公室),同时还设立了审议组织、人事预算等相关事项的协议委员会(校内组织)和审议研究各种课题计划的学术委员会(包括校外各界代表)。1993 年,皆川修吾担任主任期间,中心增设民族环境研究部门,编制增加到 11 名专职教授、3 名客座教授、3 名访问学者、1 名信息资料部副教授、2 名助手、3名事务部(办公室)成员。研究中心所在办公楼也于 1994 年进行了改扩建。自此,斯拉夫研究中心进入了新的发展时期。

### (二) 俄罗斯史研究会等学术团体的发展

关于学会、研究会等学术团体对于学术研究工作所起的作用,正如《日本学术会议会规》所阐释的:"学术研究团体必须以谋求提高与发展学术研究为主要目的,并为达成目的而开展相关领域的活动",同时,"学术团体是研究者自愿的组合,通过研究者自身运营的组织"。[28] 因此,当战后日本国立大学设有俄语专业的教学开始逐步恢复之际,其中的教研人员自然而然也就开始发起成立有关俄苏研究的学会、研究会等学术团体,建立本学科的研究阵地。比如,比较经济体制学会的会规中规定:"本会由从事经济体制研究的人员构成;以经济体制的研究为目的;开展举办研讨会、发行机构刊物、与学会内外的研究机构及学者的联系交流等活动。"[29]

俄罗斯史研究会是其中较早成立的学术团体,在俄苏研究的学术团体中具有一定代表性,故予以重点介绍,其他学会也略作阐述。

俄罗斯史研究会于 1956 年 2 月 25 日召开第一次成立大会。具有时代象征意义的是,这一天刚好是苏共二十大闭幕的日子,非常偶然。没有人预料到赫鲁晓夫的秘密报告,研究会的成立并不是因为受到批判斯大林的影响。[30] 当时,俄罗斯史研究会一个显著特征是研究人员都很年轻,大多数会员都是 20 世纪 20、30 年代出生的 30 岁左右的年轻人。研究会发起人是相田重夫、仓持俊一、田中阳儿、米川哲夫等 4 人,后来菊地昌典、庄野新、和田春树等也加入其中。少数的"老先生"是饭田贯一、宇高基辅、江口朴郎、金子幸彦 4 人,其中江口朴郎长期担任会长,直到 1986 年。到了 20 世纪 70、80 年代,40 后、50 后的年轻人也加入其中,他们是第一代研究人员的学生,研究会开始出现新老共存的局面。

从研究工作制度化的角度来看,俄罗斯史研究会成立之初明显带有初创期的特点,有志同道合的气氛,研究工作虽然还未形成制度化,但其"在野精神"却可圈可点。即一开始就有意识地拒绝被学院派的风气同化,保持着排斥恶劣的形式主义和权威主义的影响、追求高层次学问的志向。这种精神不是用来确立现有,而是去创造未来。[31]可是,直到 20 世纪 60 年代末,研究会都很少召开大会和例会,会刊《俄罗斯史研究》也时断时续,研究会的一些代表人物、如菊地昌典等人也离开了,几乎要宣告研究会的结束。直到 1985 年,研究会才制定章程和建立委员会制度,向"普通的学会"过渡。会员人数比初创时期增加了,但是相互间的交流意识较为淡薄。作为学会来说,20 世纪 80 年代后半期到 90 年代前半期可称为过渡时期。作为过渡时期的象征,研究会召开了成立 30 周年的纪念大会。会上,田中阳儿将研究会的现状总结为:从以往的无政府状态运营向重视秩序与规则的方向、从志同道合的体制向学会体制的过渡时期;他同时指出学术研究上存在千篇一律、条块分割等问题;田中警告说,如果过于强调生产力第一,即一味提高研究水平、重视研究成果,那么,研究工作的本质问题、研究者自食其果的问题将不容忽视,可能会导致一种安住于学问的阶层秩序之中的后果。[32]与略显悲观色彩的田中相比,和田春树对制度的建立较为积极。和田认为,近年来研究会的制度化是有必要的,制度本身确实有流于形式主义的弊端,但可以设法克服,只有建立制度之后才能促进老中青代际间的合作。[33]俄罗斯史研究会这时才真正开始考虑如何科学地进行研究的问题。

在俄罗斯史研究会的初创和发展时期,与俄苏研究相关的一些学会也陆续成立,如 1956 年成立的苏维埃法研究会(1970 年改称社会主义法研究会)、1961 年关西地区的学者成立的俄罗斯研究会(1978 年改称俄罗斯·东欧研究会)、1963 年创立的社会主义经济研究会(1966 年改称社会主义经济学会,1993 年改称比较经济体制学会)、1972 年创立的苏联·东欧学会(1993 年改称俄罗斯·东欧学会)、1975 年创立的东欧史研究会、1978 年创立的苏维埃史研究会(后两者实际是从俄罗斯史研究会发展而来的)等等。

由于冷战时期意识形态的对立非常明显,这一点在学会中也得以体现。比如,在经济层面,马克思主义经济阵营成立的社会主义经济学会在中苏论战的过程中分裂成亲苏派和亲中派。而尊奉近代经济学的研究群体则在苏联·东欧学会(现在的俄罗斯·东欧学会)中发挥着作用。苏联·东欧学会第一任代理事庆应义塾大学的气贺健三曾是外务省外围机构"欧亚协会"的成员。该学会的创立给日本的俄苏研究带来一种新的风气,即重视现实问题领域的研究。学会成立之初指出:学会的特色就是对苏东等共产党政权国家的各种事态进行专门的综合研究。随着学术研究的深入,出现了各专业研究领域的细分化和特殊化现象,与此相应,学会出现细分化也成为必然趋势。可是,也由此带来了研究上的障碍,即很难从多个角度来认识社会、文化等各种现象。对此,成立苏联·东欧学会一方面是为了方便在专业细分的条件下交流研究成果,同时,也是为了能够综合理解不同专业学者的研究成果,并提高会员的学术研究水平。[34]

冷战时期,有日本外务省背景的苏联研究机构除了欧亚协会外,还有 1959 年设立的日本国际问题研究所。日本国际问题研究所发行《国际问题》(1960 年— ) 、《共产主义和国际政治》(1976—1986 年)等研究刊物,从 1985 年起,发行季刊《苏联研究》(自 1992 年第 12 号改为《俄罗斯研究》,自 2004 年第 35 号改为每年发行一次的单行本)。而有着通产省背景的研究机构——亚洲经济研究所,也将苏联·东欧国家的经济作为研究对象,发行《亚洲经济调查月报》、《亚洲经济》(月刊)、*The Developing Economies*(季刊)等。作为民间研究苏联·东欧国家经济、商贸问题的机构有苏联·东欧贸易会(1992 年改为俄罗斯·东欧贸易会),发行《调查月报》和《经济速报》,并于 1987 年下设苏联·东欧经济研究所(1992 年改为俄罗斯·东欧经济研究所)。由于戈尔巴乔夫改革而诞生的研究所是"苏联研究所"(1989 年成立,1993 年改为"欧亚研究所"),这是以日苏协会为中心成立的研究所,发行《ビュレッティン》(月刊)和《苏联研究》(半年刊)等期刊。在民族学和民俗学领域,以一桥大学的中村喜和与坂内德明为中心,成立了俄罗斯民俗学谈话会,发行杂志《民众》。戈尔巴乔夫改革以后,该学会不仅从政治、经济、社会等方面跟踪研究迅速转型的俄苏现状,而且也有研究者从俄罗斯传统文化的角度对其展开分析。

### (三) 俄语教育机构

第二次世界大战结束初期,俄语教育机构除了北海道大学俄罗斯文学科以外,还有战后设立的大阪外国语大学、天理大学、神户市立外国语大学也都设立了俄语专业。

从 20 世纪 50 年代到 70 年代,作为俄语的教育机构有:上智大学外语系俄语专业、东京大学教养系俄语科、东京大学文学部俄语专业、京都产业大学外语系、札幌大学外语系俄语科、津田塾大学国际关系专业、富山大学人文学系俄国文学专业课程等,学习俄语的学生数量也增加了。日本与欧美国家一样,俄语热是从 60 年代到戈尔巴乔夫改革阶段,之后学习俄语的学生锐减。到了 1988 年,教授俄语的公立大学有30 所,私立大学有 27 所,有些高中也教授俄语。

## 二、冷战时期日本俄苏研究思想观念的变迁

20 世纪 50 年代至 60 年代,日本的俄苏研究机构建立之初,在国际冷战的大环境下,日本的俄苏研究在一定程度上受到当时社会思想观念的影响,与当时的时代潮流形成了某种呼应关系。50 年代初期,日本的历史学与社会政治关系紧密,致使历史学的发展停滞不前,[35]这种情况对日本的俄苏研究机构起到一种警示作用。当时,与苏联正统的意识形态保持一致的做法已经没有市场,一种批判性的姿态占据了优势。比如,俄罗斯史研究会的绝大多数会员都有这样一种观念:通过批判正统社会主义的意识形态,来弄清社会主义的根本意义,而俄罗斯革命是具有世界意义的。因此,俄罗斯革命史的研究在当时占有重要位置。[36]

在日本俄苏研究的有关学会和研究会中,社会主义经济学会和社会主义法研究会主要是由马克思主义学派的学者构成,而苏联·东欧学会是以美国现代化理论学派的学者构成,由此在意识形态上渐渐形成了一左一右互为对立的结构模式。但是,日本俄苏学界的主阵地斯

拉夫研究中心,为避免受到意识形态等政治问题的影响,成立之后就始终贯彻不受左右两派意识形态问题的干扰、坚持走学术独立的路线,起到了学术研究的中流砥柱作用。最有说服力的一个事例是,当时斯拉夫研究中心聘请了东京大学的江口朴郎和京都大学的猪木正道两位教授作为高级顾问,两人分别代表东京与关西地区的人脉关系,同时两人也是当时有名的左翼和右翼的代表人物。但是,这两位教授却能共聚一堂,创造出在一种和睦的气氛中互相讨论的研究氛围,这在当时恐怕除了斯拉夫研究中心之外就没有第二家了。[37]斯拉夫研究中心的学术风格对日本学界产生了积极影响,但是据外川继男教授的回忆:日本文部省一度认为斯拉夫研究中心是"红色巢穴"。当时,提到俄国·苏联,就会联想到共产主义的根据地,而从事俄苏研究的机构,当然与共产党有着某种关系了。当时从事俄罗斯等"斯拉夫民族"研究的地区研究机构在美国不少,可在日本只有北海道大学一家。[38]按照当时人们的思想认识,日本的俄苏研究绝不可能超脱意识形态问题,但是日本学者正因为曾经有过痛彻的感受,所以尽量避免滥用意识形态,而这种想法正在慢慢培育之中。[39]

20世纪60年代末期,日本爆发了学生运动,并以空前的规模加入全日本的反美爱国风暴之中(学生运动还包括日本全国60多所大学掀起的反对教育制度的斗争)。作为学生斗争的一种延伸,又掀起了要求苏联归还北方领土的斗争。当时,从事俄苏研究的学者也以不同的方式参与了这场运动。作为这一时期日本俄国革命研究的集大成者,长尾久在其著作中这样写道:

> 说到"俄罗斯革命的界限"时,我对现代日本的前途有着根本的怀疑。问题不是说俄罗斯革命的坏话,而是对当前日本的批评。我从事的不是俄罗斯革命问题的研究。既没有与苏联人交流,也没有去过苏联,甚至都没有动过去苏联的念头,这样的我从事的研究,只能是"日本中的苏联"的研究。通过马克思主义和社会主义运动,可以看出日本社会中确实存在着苏联因素,但那对我来说,是越发显得渺小了。[40]

之后,长尾久脱离了俄罗斯史研究,去从事日本民族问题的研究了。当时,俄苏研究学者发生转向的情况是少数,但是"由于对日本革命的关心而关心俄国革命"的研究态度在当时绝非少数,摆在他们面前的问题不是研究"日本中的苏联"问题,而是"俄罗斯·苏联"本身应该成为他们的研究对象。

到了 20 世纪 70、80 年代,思想观念的问题并未消失,但至少没有直接暴露在表面,日本的俄苏研究相对增强了自主性。作为时代背景,70、80 年代是相对安定的年代,全世界包括苏联没有发生像 50、60 年代那么多的大事件,虽然有苏军入侵阿富汗事件,但随着人们对苏联理想化的热情减退,该事件的冲击力远不如 1956 年批判斯大林、匈牙利事件以及 1968 年"布拉格之春"的冲击效果。社会主义经济学会与苏联·东欧学会在意识形态方面的对抗在 70 年代一度较为激烈,但随着时间的流逝日趋弱化,到了 80 年代后期已经相当淡薄了。当然,政治上和意识形态上的影响依然存在,但那已经是学者个人的选择问题,而不是学会之间的特色区分了。[41]

## 三、冷战时期日本俄苏研究的理论、方法与主题

### (一)斯拉夫研究中心

斯拉夫研究中心于苏联解体的前一年,即 1990 年 6 月作为日本"全国共同利用设施",真正成为日本俄苏研究的中坚力量,其一举一动都具有示范意义。作为日本全国共同利用设施,其使命是打造"以斯拉夫地区为研究对象的综合性地区研究机构,与日本相关学会紧密合作,将有关学会组织起来"[42]。

斯拉夫研究中心成立之初就明确了自身的以下功能,并成为此后 50 余年发展的基本原则:一是坚持多学科研究理念,从文学、历史、政治、经济、国际关系等人文、社会科学领域对斯拉夫区域进行研究;二是坚持开放性原则组建研究团队,换言之,斯拉夫研究中心可以超越北海道大学的范围,面向日本所有高校和从事斯拉夫·欧亚研究的学术机构招聘研究人员;三是坚持纯粹学术与共同研究的理念,即有意识地不从当时美国流行的决策学、战略学等视角进行研究,而以学术性为基本导向。[43]概括起来,斯拉夫中心具有两项研究理念和使命:首先,作为一个独立的研究机构,其研究理念是"斯拉夫地区的综合性研究"、"关于

斯拉夫地区的研究、信息收集、国际交流、培养专家的全国规模的中心"以及"以人文·社会科学为基础的斯拉夫地区的跨学科研究";其次,始终与政策研究和战略研究保持距离,不为意识形态所左右,追求学术自由。可以说,正是因为斯拉夫研究中心自创建之初就瞄准了跨学科的地区研究领域,并且形成了一个跨越院系和大学藩篱的机构,再加之排斥左右两派的意识形态影响以及始终坚持纯学术研究,才能够从北海道大学内部的普通研究机构一跃成为全日本的重点研究与教育基地。[44]

　　借助校内外专家的集体力量进行合作研究是中心成立之初遵循的基本原则。尽管当时规模有限,但中心仍从政治史、思想史、文化史和经济史的角度,开展了一系列共同研究,包括:(1)关于俄国和苏联社会中间阶层作用的研究(俄罗斯平民主义)(1953—1958 年);(2)俄国革命研究(1957—1959 年、1968—1969 年);(3)俄国社会现代化研究(1964—1965 年);(4)东欧的联邦主义研究(1965—1966 年);(5)俄国和东欧的民族主义问题研究(1970—1973 年);(6)苏联社会的变迁和对外关系(1973—1975 年)。课题的研究经费主要来自日本文部省,共同研究的成果通过研究报告会[45]和 1970 年开始组建的北海道斯拉夫研究会[46]进行讨论和发表。从成果载体看,各课题的阶段性成果主要刊载于 1957 年创刊的研究纪要《斯拉夫研究》上。[47]

　　到 20 世纪 70、80 年代,斯拉夫研究中心在保留合作研究、研究报告会、各种交流会、发表论文等传统的研究活动之外,还增设以下研究活动:

　　1.《斯拉夫研究中心新闻》(1979 年 3 月创刊,第一年共发行 3 期,随后以季刊形式发行);

　　2.《斯拉夫研究中心研究报告系列》(1979 年创刊,主要刊行研究报告会、各种研究会的报告和讨论集);

　　3. *Acta Slavica Iaponica*(1983 年创刊,系外文年刊);

　　4.《公开讲座》(1985 年以前为试刊,1986 年后每年刊行一次,每次7—8 讲);

　　5. "铃川基金奖励研究员制度"(1987 年开始实行,利用铃川正久捐赠的资金资助研究生以上学历的青年学者的访学);

　　6. "学术交流协定"(与巴黎第三新索邦大学国立东洋英语文化研

究所俄罗斯研究中心等 5 个国家的 6 个研究机构之间的合作协定);

7.《苏联东欧研究文献目录》(从 1978 年到 1989 年为止,每年出版一次,主要收录了《斯拉夫研究》卷目的国内研究文献与信息。1990 年以后建立数据库);

8.《书籍杂志信息》(主要收集 20 世纪 70 年代以来中心以及日本国内外的图书杂志和图书馆信息);

9."基本图书整备计划"(从 1981 年起按照当时藏书约 55 万册的伊利诺伊大学苏联东欧研究中心的 1/5 规模,利用特别经费进行基础文献的收集)。

至此,斯拉夫研究中心研究会议的国际化色彩渐强,特别是 20 世纪 80 年代后期得到了日本文部省科学研究国际学术研究经费和驻札幌美国中心的援助之后,这一特征尤为明显。该中心的夏季研究报告会多数以国际会议的形式举行,其成果一部分收录在《研究报告系列》里,一部分收录在外文论文集中。这一时期,以午餐交流会的形式进行学术讨论成为斯拉夫研究中心的惯例。

望月哲男教授 1986 年加入斯拉夫研究中心,是日本俄国文学研究的顶梁柱。据他回忆,当时对中心与其他大学文学专业不同的学术氛围深感诧异。这种差别主要体现为:第一,国际化程度日益提高,特别是与自己专业不同的外国学者接触机会很多,与日本国内外的专家学者共同参与各类研讨会非常频繁,而且大部分研究会不但用日语,也可用外语进行。第二,学术批判精神浓厚,经常会看到学者在会议中进行激烈的相互批判。第三,集体意识和团队意识很强。每周一下午固定的教师会议有边喝酒边交流的惯例。同时,关于斯拉夫研究中心的预算和人事等管理上的问题、组织的扩充和研究生院的设想等机构上的问题、报告会日程和科研经费的申请、出版物的编辑以及各种学会信息和海外学者的研究动向、外国学者的接待等和中心有关的一切事务,均由全体讨论研究解决。[48]

## (二) 其他研究机构

一些学会和研究会等机构,在研究理论和方法上也各具特色。譬如俄罗斯史研究会,成立之初就将马克思主义以及古典实证史学作为两大支柱。不过,运用马克思主义理论也非千篇一律,而是采取各种形式开展研究,同时也进行批判性的再研究。对日本的俄苏学者来说,因为研究对象是俄苏问题,所以不可能始终采取不加批判而美化研究对象的态度,甚至可以说,他们对社会主义的批判视角要早于其他领域。可是,俄罗斯史研究会的学者对当时美国传入的、并在局部流行的现代化理论较为排斥。在今天看来,当时对现代化理论的排斥似乎没有意义,但当时不仅是俄罗斯历史学者,就连一般的历史学者也对其非常排斥。[49]当时,多数日本历史学者都排斥美国流派的现代化理论,或多或少地显示出马克思主义的研究倾向,但他们绝不轻易向意识形态方面靠拢,多数都是尊重古典实证主义史学的方法,通过实证研究来证明学术思想上的立场。

由于俄国与日本作为"现代化理论"的后起之秀,成为普通历史学关注的焦点,因此,俄罗斯历史学者也积极参与普通历史学的研究,以此将俄罗斯历史与普通历史连接融合起来。作为学科间的交流,他们以探求日本社会变革的理念来研究俄国革命的经验和教训,这在当时具有与日本历史学等整个社会科学领域全面接触的意义,而非闭门造车地研究俄罗斯历史。此外,不少从事俄罗斯历史研究的学者自身人文科学素养较好,多数情况下会将历史学与文学结合起来研究。到了冷战后期,他们又广泛参与到社会史、国别史、国外民族与民族性的研究当中,研究题材与研究领域得到了扩展。同时,由于社会史的研究兴盛起来,他们也开始关注人类学的研究动态。然而,随着研究领域的丰富与延伸,多方向的发散研究开始加大了学者之间相互理解与认知的难度。

在研究主题或题材方面,20 世纪 60 年代,俄罗斯史研究会的学者将经济史、革命运动史、思想史研究作为研究重点。社会经济史与思想史多数情况下都被赋予革命的前提,因此全被纳入俄国革命的研究领域之中,成为当时研究的主流。之后,研究的主题开始摆脱革命集中型的研究,研究的年代转为从俄国帝政时期到 1917 年革命时期,然而,更近年代的历史就不能轻易着手研究了。其原因一方面是因为问题意识都集中在俄国革命方面,另一方面是由于从俄国革命到 60 年代只有半个世纪的间隔，令人有一种还没有成为过去的历史的感觉。溪内谦教授当时从事的是苏维埃时期（20世纪20年代）的研究，显得有些特立独行。到了20世纪70、80年代，俄罗斯历史研究出现了多样化和发散型的特点。民族运动史、民族问题、社会史成为学者普遍关注的问题。研究的时代也超越了俄国革命时期，苏维埃时期也成为研究对象。先是20年代，接着是30年代渐次进入研究者的视野。随着时代的发展，现代史的研究下限也随之变化，这也是现代史研究的一般倾向，不过，作为俄苏研究史来说，专注于某一个新时期的研究，其时机要比其他国家稍晚一些。比如，苏维埃史研究会直到1979年才成立，成员都是40年代后出生的，召集人有石井规卫、内田健二、奥田央、小田博、盐川伸明、下斗米伸夫，顾问是溪内谦和荒田洋。此外，东欧史研究会也于1975年发起成立，并从1978年发行会刊《东欧史研究》。

## 四、冷战时期日本俄苏研究的国际交流

20世纪50、60年代，日本的俄苏研究非常缺乏与国外同行的直接交流。当时，无论是对批判斯大林之后的变革潮流的研究，还是关于欧美的研究，研究者都非常活跃，研究水平也不比国外落后多少。但是，除了文献研究之外，研究的形式非常少，用时下的流行语就是只注重"收信"而不重视"发信"。留学制度尚未形成，当时去苏联留学的只有米川哲夫、藤田勇、袴田茂树等人，去美国留学的有岩间徹、外川继男、木村泛、长谷川毅等人，先去英国、后去美国留学的有溪内谦、荒田洋、今井义夫等人。此外，去德国、法国、意大利、东欧各国留学的学者几乎没有，当然也存在语言交流的障碍。直到1974年，备受期待的留学苏联途径才开始建立，即日本学术振兴会的交换留学生项目。1973年，日苏历史学研讨会首次召开，之后隔年分别在东京和莫斯科两地轮流举办。但是，受到苏联方面的较大影响，给人一种隔靴搔痒之感。直到戈尔巴乔夫改革时期，整个研究环境才为之一变。不过，政府间的交换留学生制度要更晚一些，日本文部省最初派遣留学生开始于1989年。[50]

从20世纪70年代至80年代，日本的俄苏研究与国外交流的机会

增多了。与西方的苏联·东欧研究国际委员会、斯拉夫研究促进美国协会(AAASS)开展合作,定期与苏联科学院的各个研究所召开文学、历史、经济、政治等领域的专题研讨会。在这种国际化的势头下,1979年设立了机构"JSSEES"(Japanese Society for Slavic and Esat European Studies),机构刊物是 *Japanese Slavic and Esat European Studies*。核心成员是以古代俄罗斯研究会(1960 年)为主的关西地区的学者,日本也由此形成东京、札幌和关西等三个俄罗斯研究的中心地区。关西地区的俄罗斯经济、政治、历史等学者从 80 年代中期开始,与苏联(俄罗斯)远东地区的学者定期举办专题研讨会进行学术交流。

## 第三节　冷战后日本俄苏研究的宏观把握

冷战结束后,与苏联和东欧国家纷纷走向分裂解体的形势恰成对照之势,日本的俄苏研究则呈现出一种机构合作、跨学科联合攻关的新气象。

在实体机构层面,1990 年 6 月,北海道大学斯拉夫研究中心得到日本政府的批准和经费支持,成为日本"全国共同利用设施",建立了日本第一个全国规模的斯拉夫问题研究、信息收集、国际交流和专家培养的研究中心,现在该中心在全国共同利用设施的基础上又被认定为共同利用·共同研究机构(2010—2015 年度)。

在学会组织层面,1998 年 7 月,日本 5 个斯拉夫研究学会,即俄罗斯·东欧学会、俄罗斯文学会、斯拉夫·东欧学会、俄罗斯史研究会、国际政治学会的俄罗斯·东欧分会集聚一堂,设立日本俄罗斯·东欧研究联络协议会(以下称 JCREES),成为日本斯拉夫·欧亚研究的国家中心。其后,比较经济体制学会也加入进来,于是 JCREES 就由 6 个团体构成。JCREES 设立的目的之一是,选出日本斯拉夫研究共同体的代表,作为世界斯拉夫研究团体(ICCEES)中的日本代表。从 2005 年起,北海道大学松里公孝教授继国际日本文化研究中心木村泛教授之后任代表。

在学术研究层面,由以往个人承担或者研究人员所在单位指定的课题研究,发展为大规模集体攻关的国家级重大课题研究。比如 1995

年,斯拉夫研究中心的皆川修吾教授负责为期 3 年的日本文部省重点研究项目"斯拉夫·欧亚的变迁:自存与共存的条件",第一次汇集数十名专家和十余个研究团队参与,从政治、经济、文化等各方面对前苏联和东欧各国的现状和历史进行综合分析研究。这个区域合作项目在展示日本斯拉夫学界研究状况的同时,也为日本斯拉夫研究的发展和体制改革指明了方向,受到日本国内学界的高度评价。也就是在从事该课题研究之际,日本斯拉夫学者痛感需要在各研究领域之间、在各斯拉夫研究学会之间加强跨学科的合作研究,这也成为 JCREES 设立的最主要因素。2008 年,日本文部省新学术领域研究重大课题"欧亚区域大国的比较研究"(2008—2012 年度)项目由斯拉夫研究中心负责主持,标志着日本斯拉夫研究的范围不再是传统意义上的苏联东欧地区,而是将中国、印度乃至土耳其等大欧亚地区的国家都纳入研究对象之中,试图运用跨学科的研究方法对后冷战时期的国际格局进行地区层次的剖析,对帝国的崩溃和重组以及对民族纠纷、宗教对立等影响全球格局的地区问题提出新的看法,成为通过重大课题牵引学术研究的又一重大案例。2009 年,岩下明裕教授主持的"边境研究核心机构的养成:斯拉夫·欧亚与世界"项目,也是以全国性重大课题为牵引,集结斯拉夫研究同仁展开跨学科研究,进行集体攻关。这种研究类型将在 21 世纪成为一种新的研究趋势而持续下去。

在学术成果层面,除了学者个人的学术成果之外,集体合作的系列成果尤为引人注目。1994 年,斯拉夫·欧亚研究中心原晖之教授为总主编的斯拉夫区域研究论文集《讲座 斯拉夫世界》(8 卷本)由弘文堂出版发行,共有 105 名学者参与编撰,成为日本最早介绍斯拉夫区域的综合文献。如果说《讲座 斯拉夫世界》(8 卷本)代表着整个冷战时期(包括冷战结束之际)的日本前苏东地区研究成果的话,2008 年讲谈社出版的《讲座 斯拉夫·欧亚学》(3 卷本),不仅以新的分析视角和综合概括的方式来阐述前苏东地区的原社会主义阵营,还作为 21 世纪日本 COE 项目(Center of Excellence Project)"斯拉夫·欧亚学的建构:中央地域圈和全球化"(2003—2007 年度)的成果,尝试提出今后斯拉夫·欧亚研究的新的研究路径。该丛书的众多编撰人员认为,今后 10 年或 20 年之后,如果日本国内外同行都以"斯拉夫·欧亚地区"来称呼前苏联东欧地区的话,那么向"斯拉夫·欧亚学的挑战"也就达到了预期效果。[51]

在学术研究方法层面,日本以往的国际问题研究,主要是以政府为主导、民间相依随的局面,包括在国家中心主义和非国家中心层面,在国际政治理论和地区研究层面,以及在国际政治理论和历史研究层面都存在着争论。在俄苏问题研究方面,以斯拉夫研究中心组织撰写的《讲座　斯拉夫世界》(8 卷本)和《讲座　斯拉夫·欧亚学》(3 卷本)为例,前者反映的是战后日本俄苏研究的第二个时期(20 世纪 70 年代到 80 年代)的研究特点,每卷的结构也是按照当时主流的研究体制,即按照学术门类来组织撰写的,刊载的论文主要是阐述独立的问题,几乎没有使用整体区域研究的方法来统领全书;而后者代表了当前最新的研究趋势,即在方法论上对以往的地区研究提出挑战,重视比较研究和跨学科研究,经常会从文学、历史学、人类学、美术史等多个人文社科领域展开某一类问题的探讨。

# 一、冷战后日本俄苏研究成果总览及分析

首先需要说明的是,下文中的图表数据除了特别说明之外,都是笔者统计制作的,在进行各种数据统计的时候,尽量做到以权威数据来论述观点。不过,由于各种统计数据是一个动态变化的数值,客观上很难做到全面准确,再加上统计数据来源不同,出现偏差在所难免,因此得出的数据结果不会完全反映真实的情况。然而,人文社科领域所采用的数据分析方法或许更为看重的是事物发展的动态趋势,或者反映一种基本清晰的轮廓也就达到目的了,在这一方面应该允许与自然科学对数据的准确性要求存在一定的差异。

## (一)专著出版情况及分析

冷战后日本的俄苏研究呈现出一种新的气象,表现之一就是专著出版如火如荼。学者的专著作为反映一个学科领域研究的成果载体具有重要意义,因此,需要首先对出版专著的基本情况加以介绍。本书对冷战后日本俄苏研究的专著统计主要来源于东京大学盐川伸明教授的

"俄罗斯东欧文献目录"[52]，同时参照日本大学当中人文社科图书收藏最为丰富的早稻田大学图书馆的馆藏图书，进行了概略的统计。

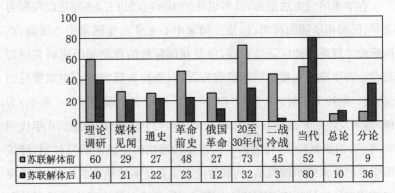

| | 理论调研 | 媒体见闻 | 通史 | 革命前史 | 俄国革命 | 20至30年代 | 二战冷战 | 当代 | 总论 | 分论 |
|---|---|---|---|---|---|---|---|---|---|---|
| 苏联解体前 | 60 | 29 | 27 | 48 | 27 | 73 | 45 | 52 | 7 | 9 |
| 苏联解体后 | 40 | 21 | 22 | 23 | 12 | 32 | 3 | 80 | 10 | 36 |

**图 2.1　日本关于苏联解体前后的专著数量比较（单位：本）**

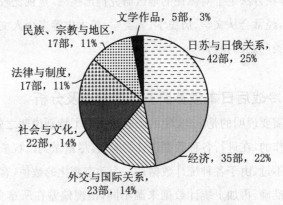

文学作品，5部，3%

民族、宗教与地区，17部，11%

法律与制度，17部，11%

社会与文化，22部，14%

外交与国际关系，23部，14%

日苏与日俄关系，42部，25%

经济，35部，22%

**图 2.2　冷战后日本俄苏研究专著分类数量及比例**

　　下面对上述两图做一个简要说明。根据笔者初步统计，东京大学盐川伸明教授的"俄罗斯东欧文献目录"中，关于俄罗斯研究的图书收录总共约为 656 本，其中苏联解体前（1992 年前）的图书为 377 本，苏联解体后的图书为 279 本。图 2.1 主要是按照年代的论述来对日本俄苏研究的专著进行分类统计，并且将苏联解体前与解体后的专著数量做了一个比较，同时附带每个时段专著数量的具体数字。从图 2.1 可以看出，在苏联解体前（主要是冷战后期）日本学者对苏俄历史、20 世纪 20—30 年代即主要是斯大林时期的研究投入较多的关注；而对自戈尔巴乔夫时期以来的现当代研究则呈现出倍增的势头。图 2.2 主要反

映的是冷战后日本的俄苏研究在各个学科专业中的著述情况及所占的
比重。按照所占比例由高至低的排列为：日苏与日俄关系（42 部，
25％）、经济（35 部，22％）、外交与国际关系（23 部，14％）、社会与文化
（22 部，14％）、民族、宗教与地区（17 部，11％）、法律与制度（17 部，
11％）、文学作品（5 部，3％）。这种排列顺序反映出在冷战后日本俄苏
研究的专著中，最重视的是日俄双边关系的研究，其次是经济领域的研
究，这种研究态势基本符合日本俄苏研究的目标，即日本的俄苏研究反
映了日本对发展双边关系和开展经贸往来等国家利益的诉求，然后以
此为基础，再开展社会文化、民族宗教等其他领域的学术研究工作。

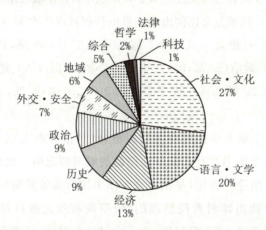

图 2.3　早稻田大学图书馆有关俄罗斯问题藏书分类比例（2000—2010 年）

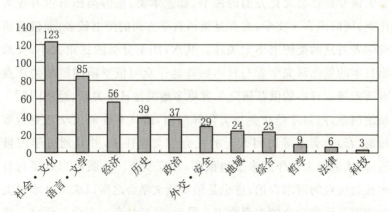

图 2.4　早稻田大学图书馆有关俄罗斯问题藏书
分类数量（2000—2010 年）（单位：部）

　　为了更加全面了解冷战后日本俄苏研究的专著出版情况,本书又将早稻田大学图书馆有关俄罗斯问题的藏书情况进行了整理和分类汇总。为了凸显日本的俄苏研究进入 21 世纪以后的基本情况和发展趋势,笔者有意选择了 2000—2010 年这个时间段的馆藏书目。经过整理统计,早稻田大学馆藏图书收录 2000—2010 年有关俄苏问题的图书共计 434 本,分类汇总后的情况如图 2.3 与图 2.4 所示。图 2.3 反映的是各类图书所占的百分比,而图 2.4 则是各类图书的具体数量。从图 2.3 与图 2.4 可以得出这样一种判断:进入 21 世纪以来,日本的俄苏研究呈现出较为活跃的局面,图书出版数量比苏联解体前显著增加;同时日本社会对俄罗斯各方面关注的重要程度也可以从出版数量的类别比例中反映出来。按照分类比例由高到低的排列顺序依次为:社会·文化(123 部,27%)、语言·文学(85 部,20%)、经济(56 部,13%)、历史(39 部,9%)、政治(37 部,9%)、外交·安全(29 部,7%)、地域(24 部,6%)、综合(23 部,5%)、哲学(9 部,2%)、法律(6 部,1%)、科技(3 部,1%)。

　　如果将东京大学盐川伸明教授整理的“俄罗斯东欧文献目录”与早稻田大学图书馆有关俄罗斯问题的藏书情况做一比较,可以初步得出如下结论。首先,早稻田大学图书馆有关俄罗斯问题的书目数量要多于盐川伸明教授整理的“俄罗斯东欧文献目录”的数量。主要原因在于进入 21 世纪后,为了应对社会需求,日本出版了大量有关俄罗斯社会文化方面的图书,如艺术类、旅游类图书占有很大比重;同时语言·文学,尤其是俄语教学方面的图书较多;而俄苏研究学者对这两类图书不太关注。其次,图书分类的比重大小,反映出日本的俄苏研究学者与日本的普通民众对俄罗斯问题的关注点有所差异。日本的俄苏研究学者更多地关注日俄关系、经济问题与政治问题,然后才是社会与文化等问题,而日本普通民众则更看重旅游、音乐、美术等民间人士的社会与文化往来,并且通过学习俄语、阅读俄国文学作品来了解俄国,相互交流。出版界当然要与日本社会民众的需求合拍,这也是俄罗斯文学会之所以成为日本最大的俄罗斯研究学会的主要原因。最后,除却社会·文化与语言·文学之外,经济、政治与外交等类别的图书,出版数量仍然较多,说明日本的俄苏研究界对俄罗斯的经济、政治与外交等问题一直予以高度关注。

### （二）论文发表情况及分析

目前，日本国内虽然有各种电子期刊数据库，但是尚处于分头作战的状态，不像中国国内已经建成"中国资源总库"，其中就包括了"中国期刊全文数据库"、"中国博士学位论文全文数据库"和"中国优秀硕士学位论文全文数据库"等全国规模的数据库，几乎将国内发表的论文全部囊括其中。日本的电子期刊数据库重视理工科与医科的论文，人文社科类的较少，以至于笔者向松里教授请教这方面的问题，松里教授给笔者推荐的是斯拉夫研究中心的电子期刊。如果没有论文数据库的支持，要想统计冷战后日本俄苏研究的论文情况，其工作量非常大，也很难统计完整。因此，笔者选取日本俄苏研究界最具权威的两种期刊，即《俄罗斯·东欧学会年报》、《斯拉夫研究》这两种期刊进行重点分析。[53]需要说明的是，北海道大学斯拉夫研究中心还有一份面向海外的期刊 Acta Slavica Iaponica，在国外影响较大，但该期刊主要刊登欧美俄等海外学者的论文，所以本书不予重点关注。

《俄罗斯·东欧学会年报》是首选的分析样本，该期刊是日本俄苏研究的第二大学会（俄罗斯文学会是第一大学会，会员人数最多）——俄罗斯·东欧学会的会刊，其名称随着苏联的解体发生了变动，于1993年将最初的《苏联·东欧学会年报》改为现在的名称。该期刊每年发行一次，力求从经济、政治、文化等多个角度来全面、客观地反映日本俄苏研究的最新成果。本书对《俄罗斯·东欧学会年报》1992—2008年刊载的总计247篇文章进行了分类汇总，其中除去关于东欧·中亚地区的文章62篇（占全部论文比例的25％）之外，其余的185篇论文都是关于俄罗斯问题的文章，占全部论文比例的75％。换言之，即该期刊每发表4篇文章就有3篇为俄罗斯问题，可见俄苏问题是俄罗斯·东欧学会的重点关注对象。下页图是对有关俄罗斯问题的185篇论文进行的分类汇总。

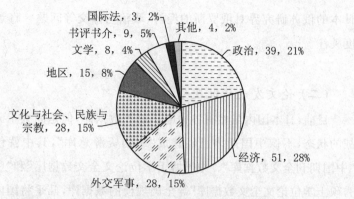

**图 2.5** 《俄罗斯·东欧学会年报》(1992—2008 年)关于
俄罗斯研究的主要方向(单位:篇)

从图 2.5 可以看出,《俄罗斯·东欧学会年报》(1992—2008 年)
刊载的论文,经济类占第一位,共 51 篇,所占比例为 28%;第二位是
政治类,共 39 篇,所占比例为 21%;接下去所占比例较大的就是外交
军事(28 篇,15%)以及文化与社会和民族与宗教(28 篇,15%)领域
了。其中,经济类与政治类两者的比例之和为 49%,反映了日本俄苏
学界的基础研究依然以经济与政治为主,符合俄罗斯·东欧学会成
立之初的宗旨,即"将国际形势与日本经济政治的现状紧密地结合起
来"[54],更为重视俄苏问题的应用研究,紧密结合俄国政经形势及外
交安全形势的变化,给予学术上的缜密观察,自觉地使学术研究服务
于日本的国家利益。与冷战后日本俄苏研究的专著相比,专著类所
占比重最高的是日俄关系,其次是经济问题;而论文类所占比例最高
的是经济问题,其次是政治问题。或许可以初步做出一个判断,即两
者都非常重视日本立国之本的经济问题,而专著类似乎更重视具有
趋势判断指向的国际环境的研究,而论文类则更看重具体的经济问
题的分析。

还有,本书虽然不具体研究东欧中亚等地区问题,但是通过《俄罗
斯·东欧学会年报》的数据分析可以看出,该期刊为东欧、中亚等地区
问题的研究留下了空间,研究角度和题材日益丰富,反映出冷战后日本
俄苏问题研究的一种趋势,即日本学者通过研究俄罗斯的周边国家,来
反观俄罗斯问题,互相比对映衬。

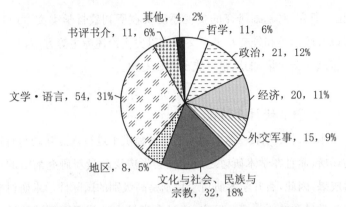

**图 2.6　《斯拉夫研究》(1992—2010 年)关于俄罗斯研究的主要方向(单位:篇)**

　　与《俄罗斯·东欧学会年报》是俄罗斯·东欧学会的会刊不同,《斯拉夫研究》是实体研究机构——北海道大学斯拉夫研究中心最早发行的学术刊物,每年发行一次,是专家评审制学术杂志,跨学科特点非常明显。本书对《斯拉夫研究》(1992—2010 年)刊载的共计 199 篇文章进行了分类汇总,除去关于东欧·中亚地区的文章 23 篇,占全部论文的比例为 12% 之外,其余的 176 篇论文都是关于俄罗斯问题的文章,占全部论文比例的 88%。图 2.6 对有关俄罗斯问题的 176 篇文章进行了分类汇总,从中可以看出:《斯拉夫研究》刊载的论文类别,第一位是文学语言类,共 54 篇,所占比例为 31%;第二位是文化与社会、民族与宗教类,共 32 篇,所占比例为 18%;第三位是政治类(21 篇,12%),第四位是经济类(20 篇,11%),第五位是外交军事类(15 篇,9%)等。

　　仅从刊载论文的数量结构上与《俄罗斯·东欧学会年报》做一简单比较就会发现:按照所占比例由高到低排列,《俄罗斯·东欧学会年报》是经济、政治、外交军事、文化与社会·民族与宗教等领域的排列,而《斯拉夫研究》则是文学·语言、文化与社会·民族与宗教、政治、经济、外交军事等领域的排列。两者学术定位的差异一目了然,即前者重视应用研究,而后者重视基础研究。《斯拉夫研究》重视的是跨学科研究,虽然其刊载的文学·语言类文章不在本书研究范围之内,但是该类文章的多数部分绝非简单的文学阐释,而是力求通过文学中的某个文本来反映社会文化、甚至是哲学命题,跨学科的特征非常明显,也突出了该中心长期以来所坚持的通过习得多国语言来开展俄苏研究的思路。

《斯拉夫研究》对基础研究的重视还反映在所刊载哲学类文章(11篇，6%)以及政治类和外交军事类文章均以史实论述为主等方面，与《俄罗斯·东欧学会年报》的风格形成了明显对照。

## （三）学术研讨会情况及分析

学术研讨会为某一学术领域的学者提供了进行观点互动与直接对话的场所，而且在学术研讨之后往往会形成反映最新研究前沿的一批学术成果，因此，召开学术研讨会特别是高级别的国际性学术研讨会普遍为各学科领域所重视。反之，通过考察日本俄苏研究领域的学术研讨会，则有利于分析日本俄苏研究的整体水平、关注的问题、主流研究方向以及研究的趋势等内容，因此，本书将其作为一项重要考察指标进行分析。

表 2.1　日本举办的关于俄苏问题研究的研讨会情况(1997—2010 年)[55]

| 学术会议情况 | 会议次数/分类会议所占的百分比 | |
| --- | --- | --- |
| 学术会议总数 | 177 | |
| 学会发起主办的学术会议 | 95 | 53% |
| 北海道大学组织参与的学术会议 | 44 | 25% |
| 关于俄罗斯·东欧问题的学术会议 | 127 | 72% |

表 2.1 是对 1997—2010 年日本召开的全国性学术会议进行的不完全统计(2002 年缺少资料无法统计，2010 年统计不完全)。14 年间，日本召开涉及俄罗斯问题的会议总数为 177 次，平均每年召开 14 次。其中，由学会组织发起的年会有 95 次，所占全部会议的比重为 53%，像"日本国际政治学会年度研究大会"、"比较经济体制学会年度全国大会"、"日本比较政治学会年度会议"、"俄罗斯史研究会年度大会"、"日本俄罗斯文学会"等学会，每年都会召开年度全国学术大会。在所有涉及俄苏问题的全国性学术会议中，会议主题直接与俄罗斯·东欧问题有关的会议为 127 次，所占比重为 72%，其他的会议都间接涉及俄苏问题。在有关俄苏问题的学术会议中，我们会发现会议的主题经常会出现一些关键词，如"地区研究"、"帝国问题"、"日俄关系"、"斯拉夫·欧亚学"、"民族身份认同"等，此类问题也是本书所关注的，将在后文中

予以阐述。

在统计过程中,笔者发现在所有的会议中,由北海道大学直接组织发起或者组织参与的会议所占比重竟然达到25％,由此可见北海道大学的俄苏问题研究具有较强的实力,同时也证明了选择北海道大学斯拉夫研究中心作为一个主要研究对象的合理性。

**表 2.2　斯拉夫研究中心学术会议统计(1997—2010 年)**[56]

| 会议情况 | 会议次数 | 分类会议所占的百分比 |
| --- | --- | --- |
| 学术研讨会和专题讲座 | 390 次 | 66％ |
| 专职教研人员研讨会 | 166 次 | 28％ |
| 夏季和冬季专题研讨会 | 34 次 | 6％ |
| 会议总数 | 590 次 | |

表 2.2 对斯拉夫研究中心 1997—2010 年间召开的研讨会进行了初步统计,14 年间,该中心共主办和协办各种学术会议 590 次,包括学术研讨会和专题讲座、每年夏季和冬季举办的国际性和全国性专题研讨会以及中心的专职教研人员的研讨会等,平均每年举办约 42 次。

中心举办的上述三种类型的学术会议各具特色:学术研讨会和专题讲座的组织形式非常灵活,以学术讲座为主,主讲人员主要是外请的专家(有许多国外专家),中心的教研人员作为辅助,往往就某一具体问题展开深入讨论,有研讨班的性质;中心还会经常举办全国规模的学术研讨会,主要是承办日本西斯拉夫学研究会、萨哈林·桦太史研究会等国内俄苏研究团体或大学内部一些俄苏研究团体的会议,此类会议与会学者较多,大会主题发言内容较为丰富。专职教研人员研讨会可以说是中心内部学术成果的检验会,每位专职教研人员每年会就自己正在从事的研究做一场学术报告,并且从中心外部聘请的专家将进行现场评论。通过专题学术讲座与教研人员的学术报告会可以看出,斯拉夫研究中心已然形成"以会促学、以会促研"的学习研究风格。

最具学术影响的会议当属中心每年夏季和冬季举办的国际性专题研讨会了。夏季和冬季的专题研讨会自 1979 年开始举办,学术影响力逐渐由日本斯拉夫研究界扩展到世界范围。首先,会议主题的设计颇具特色。1992 年以前，会议的主题主要是日苏关系综合研究、苏联的邻国关系比较研究、苏东改革对世界的影响等。1992 年夏季的国际专题研讨会将主题定为"对欧亚新秩序的探索"，以此为开端，会议主题的关键词多以"欧亚"或"斯拉夫·欧亚"为主，在此基础上展开具体的研讨议题，如"斯拉夫·欧亚世界的社会经济学变迁维度"（1995 年夏季）、"追求共存的模式：斯拉夫·欧亚变动中的民族万象"（1997 年夏季）、"区域：反映斯拉夫·欧亚世界的镜子"（1998 年夏季）等。据笔者统计，自 1992—2010 年间召开的 39 次专题研讨会中，有 23 次的主题关键词是"欧亚"。对于斯拉夫·欧亚研究中心如此偏好这个关键词的原因，2008 年 1 月召开的"21 世纪 COE 总结专题研讨会'斯拉夫·欧亚学'的开幕"恰好给出了答案。斯拉夫·欧亚研究中心借《讲座　斯拉夫·欧亚学》(3 卷本)出版发行之际，正式向全世界的俄罗斯与东欧问题研究界提出了一个地区研究的新理论——"斯拉夫·欧亚学"，以此引领日本俄苏研究的方向，代表了日本俄苏研究的最新水平。其次是会议的与会人员范围广泛，美国、欧洲和亚洲的俄罗斯问题最高水平的专家学者经常应邀与会，体现了会议的国际性和内容的高水准。会后常会形成高水平的论文集出版发行，1994 年之后的论文集几乎都用英语出版，充分体现了斯拉夫·欧亚研究中心学术成果的国际性。

### （四）重点课题研究情况及分析

冷战后日本俄苏研究的一个明显变化是非常重视高级别的课题立项，特别是国家级的立项课题往往会在某一研究领域起到"火车头"的作用。这种研究倾向并非俄苏研究领域所独有，它是 21 世纪整个世界学术研究的一种大趋势。国家级的重点研究课题，既有为当时国家所急需的应用研究课题，也有经过整体论证的基础性研究课题，找到了基础研究与应用研究的结合点，在研究方法上更多地采用跨学科、多部门的集体攻关研究，而且还有较为充足的经费支持，在学科领域内的学术影响较为广泛，因此深受大学和学者的青睐。

当前，日本文部科学省实施的"全球 COE 项目"在日本高校中较具影响力，能否获得该项目的立项是一所大学综合研究能力的一个标志。

　　日本政府于 2001 年制定了大学结构改革的方针,主要内容是:
(1)国立大学重组合并;(2)国立大学法人化;(3)引入第三方评价的竞
争机制。为达成上述目标,日本文部科学省自 2002 年起实施了"21 世
纪 COE 项目",重点支持大学建设具有世界水准的研究教育基地,希望
以此打造具有国际竞争力的世界一流水平的大学。该项目具有两个主
要特点:一是对具有很大研究潜力的大学研究教育基地给予重点扶持,
同时也兼顾高水平的人才培养功能;二是根据每所大学的个性和特色,
在建设世界水平基地的同时,以各所大学的校长为中心,用一种广阔的
视野来构建战略性的研究教育体制,激发大学整体的活力。[57] 2002 年、
2003 年和 2004 年,日本文部科学省分别对全日本的大学实施了为期 5
年的"21 世纪 COE 项目"。2002—2007 年度的项目有:"生命科学"、
"化学、材料科学"、"信息、电气、电子"、"人文科学"和"跨学科、复合、新
领域"等;2003—2008 年度的项目有"医学"、"数学、物理学、地球科
学"、"机械、建筑、土木、其他工学"、"社会科学"和"跨学科、复合、新领
域";2004—2009 年度的项目有"革新性的学术领域"。上述三个批次
项目完成的成果是,最终在日本 93 所大学建立了 274 个"卓越的研究
教育基地",得到了日本国内外有关大学和研究机构的高度评价,也引
起了媒体的高度关注。

　　"21 世纪 COE 项目"与国际关系专业相关的领域有"人文科学"、
"社会科学"和"跨学科、复合、新领域"三类。北海道大学"斯拉夫·欧
亚学的构建"、早稻田大学"现代亚洲学的创建"和爱知大学的"国际中
国学研究中心"等三个项目获得"跨学科、复合、新领域"的立项,九州大
学的"东亚与日本:交流与变迁"获得"人文科学"的立项。在以欧美和
亚洲研究为中心的日本国际关系领域,斯拉夫研究中心能够获得立项,
充分表明其在日本俄苏研究界的学术地位。

　　通过实施"21 世纪 COE 项目",日本推进了大学改革,培养了优秀
的年轻学者,开拓了新的学术领域,也提高了研究水平。可是,日本认
识到在以知识为基础的社会和全球化不断发展的形势下,培养国际一
流水准的学者,其重要性与日俱增。因此日本进一步充实和发展了"21
世纪 COE 项目",自 2007 年起开始实施文部科学省的新项目——"全
球 COE 项目",也称之为"后 21 世纪 COE 项目"。该项目的实施目标

是,进一步充实和加强日本大学研究生院的教育研究功能,重点支持日本大学的研究生院建成国际一流的教育研究基地,并且依托世界最高水平的研究基地培养出领导世界的创新型人才,以此建设具有国际竞争力的大学。[58] 2007年、2008年和2009年,日本文部科学省继续对全日本的大学实施为期5年的"全球COE项目"。最终,只有两项国际关系专业类的课题获得立项:早稻田大学的"为整合亚洲地区而培养世界型的人才基地"(2007年度)和北海道大学的"边境研究的基地建设"(2009年度),这两项都是在"跨学科、复合、新领域"类别中获得的立项。

无论是"21世纪COE项目"还是后续的"全球COE项目",均代表着日本学界的最高研究水平,而斯拉夫·欧亚研究中心能够两度获得立项,充分显示了该中心在日本俄苏研究学界的权威地位。在此基础上,该中心进一步开始树立其在日本国际关系学界三分天下的地位。

从2008年度开始,日本文部科学省又设立了科学研究费补助金项目——"新学术领域研究"项目,分为两大类,即"研究领域提案型"和"研究课题提案型",成为日本又一类高级别的国家项目。该项目设立的目的是,发现无法纳入现有研究领域框架中的新兴融合领域,以及开展不同学术领域之间的合作,促进由于学术水平的提高而带来的对研究领域的革新与挑战。"新学术领域研究"的两大类项目,实际是将以往的"特定领域研究"发展为"研究领域提案型"项目,重新设立"研究课题提案型"项目,支持那些无法纳入现有学科中的研究课题。[59]从"新学术领域研究"项目评选时的学科分类可以看出其主要特色,在申报项目时必须在"人文·社会(人社)"、"理工"、"生物"、"人社·理工"、"人社·生物"、"理工·生物"、"人社·理工·生物"中选择一类进行申报,但从立项的结果来看,实际上每年只有一个"人文·社会"项目获得立项,其余的都是理工生物类项目。斯拉夫研究中心竟然在如此严酷的竞争环境中脱颖而出,申报的课题"欧亚区域大国的比较研究"(2008—2012年度)获得2008年度"新学术领域研究"的立项,标志着斯拉夫研究中心研究范围已从传统意义上的苏东地区扩展到中国、印度乃至土耳其等大欧亚地区,试图运用跨学科的研究方法对冷战后的国际格局进行地区层面的剖析。

此外,日本文部科学省的"科学研究费补助金"项目还有 10 类左右,基本上是以理工科研究项目为主。虽然其中也有像基础研究(A·B·C)、基础研究(S)、青年研究(A·B·C)等项目,涵盖了文理科,但是文科项目很少,研究人员也多以个人研究为主、共同研究为辅,影响力没有"全球 COE 项目"和"新学术领域研究"项目那么大,因此在此不做过多说明,以后行文根据需要进行介绍。

## 二、冷战后日本俄苏问题的主要研究机构

关于研究机构对于学术研究的影响与作用,冯绍雷教授在其主编的《高校智库——国外高校国际研究院的比较研究》一书中,对此有过精辟的论述。冯教授指出,当今重要的国际问题研究机构,一个相当普遍性的现象,就是以问题为导向、特别是以当前国际社会和外交政策与战略中所面临的一系列尖锐挑战作为自己的研究客体,从中提出切合实际、同时也基于学理基础的分析和结论,而不是闭门造车式的自我学术循环,更不是自娱自乐式的范畴与逻辑构建,这样一种相当注重务实,并有明确针对性的学术和教学风格,已经成为从事国际研究的国外同行们的普遍追求。此外,国际问题研究机构在研究方法上偏重于多学科方法,不仅具备智力建设等软件保障系统,还具有图书情报资料、教学设施设备、网络系统等重要的硬件保障设施。因此,国际问题研究机构对于学术研究的影响和作用不容忽视。

本书所指的俄苏研究机构主要是指日本大学或政府设立的从事俄苏问题研究和教育的实体组织机构,以及各种学会、研究会等学术团体机构。

苏联解体后,日本的俄苏研究机构发生了较大的调整,许多研究机构的名称都有变化,有的还中止了活动,有的进行了合并重整,不过,从事俄苏研究与教育的大学等有关实体单位变化不大。下文将当前日本的俄苏研究机构大体分为五类予以简要介绍,[60] 同时指出本书重点关注的研究机构。当然,日本民间的学会和研究会,与政府研究机构并非不相往来,而是有着较强的互补性,尤其是大学的学者参与着越来越多的政府课题,政府机构的研究人员参与民间的学术活动更是成为常态,

两者之间呈现良性互动的关系,并在学术观点上日趋接近融合。

## (一) 学会和研究会

根据笔者统计,目前日本共有与俄罗斯·斯拉夫研究相关的学会或研究会 26 个,笔者将其分类为:综合性的学会、研究会,如社会主义理论学会、日本国际政治学会、日本斯拉夫·东欧学会、俄罗斯·东欧学会、托洛茨基研究所等;与历史研究相关的学会、研究会,如俄罗斯史研究会、东欧史研究会、关西日俄交流史研究会、日本 18 世纪俄罗斯研究会、内陆亚洲史学会等;与经济问题相关的学会、研究会,如比较经济体制学会、比较经营学会等;与文学文化研究相关的学会、研究会,如日本俄罗斯文学会、日本纳波考夫协会、早稻田大学俄罗斯文学会、19 世纪俄罗斯文化研究会、俄罗斯文化研究沙龙、木二会(俄罗斯语研究会)等;与欧亚地域研究相关的学会、研究会,如东北亚学会、现代中亚研究会、中亚学研究会(内陆亚洲语言研究)、日俄北海道远东研究学会、日本哈萨克斯坦研究会、帕米尔中亚研究会、北海道远东研究学会、北海道中央欧亚研究会等。

本书对参与构建 JCREES 的六个研究会,包括俄罗斯·东欧学会、俄罗斯文学会、斯拉夫·东欧学会、俄罗斯史研究会、国际政治学会的俄罗斯·东欧分会和比较经济体制学会等将给予重点关注。

## (二) 研究教育机构与图书馆

日本从事俄罗斯·斯拉夫研究与教学以及提供图书资料保障的实体机构共有 46 家,它们是俄苏问题研究与教学最基本的单位。其中,在从事俄语等斯拉夫语言文学教学和研究的大学里设置的机构占据绝大多数,比如东京大学斯拉夫语斯拉夫文学研究室、北海道大学研究生院文学研究科与文学系、东京外国语大学外语系俄罗斯东欧课程、早稻田大学研究生院文学部文学科俄国文学专业、上智大学俄语专业、神户市外国语大学、大阪大学外语系、大阪大学研究生院语言文化研究科、名古屋大学俄语专业、京都产业大学俄语专业、富山大学人文系俄罗斯语言与文化课程、札幌大学俄语科、天理大学俄语科、东京俄语学院、埼玉大学教养系斯拉夫文化课程、东海大学文学系文明专业东欧文明课程、俄罗斯远东国立综合大学函馆学校等;从事俄罗斯·斯拉夫地区研究的机构主要有:京都大学地域研究综合信息中心、财团法人环日本海环境合作中心、岛根县立大学东北亚地区研究中心、社团法人北太平洋地域研究中心、地域研究企划交流中心、中亚·高加索研究所、东北大学东北亚研究中心、北海学园大学东北亚研究交流中心、欧亚研究所、北海道地域综合研究所、北海道开发问题研究调查会等;从事经济研究的有:财团法人环日本海经济研究所、日本贸易振兴机构亚洲经济研究所、一桥大学经济研究所、社团法人俄罗斯东欧贸易会等;综合研究机构有:综合研究开发机构(NIRA)、日本国际问题研究所、东北亚学术论坛、北海道报纸信息研究所、俄罗斯信息站等。

主要图书资料保障机构有:东京大学图书馆、京都大学电子图书馆、早稻田大学图书馆、北海道大学斯拉夫研究中心图书室、东北大学图书馆、神奈川大学图书馆、日本俄语信息图书馆、国立民族学博物馆、北海道立北方民族博物馆等。

上述俄罗斯·斯拉夫语的教学实体机构从事的无疑是俄罗斯·斯拉夫研究最基础的工作,它们培养了一大批从事俄苏研究的人才,因此本书予以简要介绍。不过,本书的研究工作更重视的是实体研究机构如北海道大学斯拉夫研究中心、日本国际问题研究所等机构的学术研究情况。

### (三) 官方机构

日本官方俄苏问题研究机构主要有两个层次,一个是日本政府或有政府背景的机构,一个是日本地方政府或有地方政府背景的机构。日本政府层面的主要机构有:国际问题研究所、外务省相关部门、防卫厅防卫研究所、日本学术振兴会、文部科学省新项目"伊斯兰地域研究"、日本贸易振兴机构、地域研究协会、国立信息学研究所、国立大学附属研究所长·中心主任会议、环日本海经济交流中心、独立行政法人石油天然气·金属矿业资源机构、社团法人北方圈中心、日本研究人才数据库(JREC-IN)等;日本地方政府层面的主要机构有:北海道商工局商业经济交流科及俄罗斯组、北海道萨哈林事务所、北方四岛交流北海道推进委员会、网走市设立的鄂霍次克圈相关资料收集机构,以及富山县、稚内市和函馆市设立的有关俄苏问题的网上机构等。

对于日本官方俄苏问题研究机构,本书主要关注外务省关于俄罗斯的外交问题、防卫厅防卫研究所有关俄罗斯的安全保障问题、日本贸易振兴机构有关俄罗斯的经济问题、文部科学省有关俄苏问题的研究项目等具体问题,因为上述问题直接关系到俄苏问题的应用研究,政策性强,具有较强的说服力和权威性。

## (四) 政治·人员交流·文化·福利团体等

日本现有的政治、人员交流、文化、福利等方面的社会团体,虽然不直接从事俄苏问题的研究,但是这些社会团体直接从事着日俄两国的政治、经济、外交、文化等各领域的人员之间的交流活动,往往会反映出日俄多重关系方方面面的冷热程度,日俄关系的冷热程度又直接成为日本俄苏问题研究的背景因素,因此本书不能轻易忽视该类团体的作用。可是,由于本书的重点在俄苏问题学术方面的研究,故对此类团体只进行简要的介绍。

该类团体有 40 多个,与政治问题相关的有北方领土问题对策协会、北方领土归还促成同盟、北方领土返还运动等;人员文化交流的团体有非营利团体日俄交流协会、国际友好交流中心、日俄青年交流中心(JREX)、日俄文化交流中心、日本欧亚协会、日本萨哈林协会、日本俄罗斯学生会议、日本俄罗斯学生交流会、日本对外文化协会等;基金会有秋野丰欧亚基金、切尔诺贝利儿童基金等。

## (五) 相关企业

日俄两国的经济活动是民间交流的主要形式和基础,也是构成日本俄苏问题研究的一个重要背景,但不是本书阐述的主要对象,所以在此只进行简单提示。相关的企业主要有:株式会社独联体俄罗斯中心、株式会社 JSN、株式会社俄罗斯旅行社、群像社、国际合作银行、成文社、大陆贸易株式会社、日俄商务中心、三井物产等。

### 三、冷战后日本俄苏研究的代表人物

冷战结束后,日本俄苏研究学者进入了多个年龄层并存的局面,20世纪60年代和70年代出生的新生代开始崭露头角。日本社会无论各行各业都非常重视论资排辈,长辈和资历老的前辈具有绝对的权威和影响力,后辈和晚辈不会去挑战长辈和前辈的权威,否则他在社会上将四面碰壁,无处可容。20世纪50至60年代是日本战后俄苏研究的初创时期,第一代学者多数都是年轻的平辈、同事关系。到了70至80年代,加入的新人多数是第一代学者的学生,在整个研究者的层面出现了师生关系。90年代以后至今,上述的师生关系进一步拓展,当时的学生如今也成为老师,出现了三个辈分的学者层。虽然研究人员出现了多个年龄层并存的局面,但却没有形成各种学派。笔者向松里公孝教授专门请教过这样的问题:日本的俄苏研究领域是否存在各种学派? 松里教授的回答是:不存在,至多可以说是老师与学生之间的学术观点传承关系。不过,如果仔细观察会发现一个事实,就是日本俄苏研究的主要代表人物几乎都是东京大学出身,或者是师承东京大学出身的老师,然后再各自分散于北海道大学、上智大学、法政大学、青山学院等大学研究机构,其中的原因主要是东京大学是日本最早开设国际政治以及俄语专业的大学,制度决定了它较早储备了一批国际政治领域的研究人才。

日本俄苏研究各领域的代表学者是本书主要的一类研究对象,他们的论述以及通过其论述反映的学术观点将是本书阐述的重点论据。需要指出的是,本书选择冷战后日本俄苏研究各个领域的代表学者,最主要的参考标准是研究者本人在日本学界确立的为同行所公认的历史地位,同时也参考其论著的影响力与数量多少。由于本书限于俄苏研究,所以对于东欧中亚等斯拉夫研究领域的代表学者不做重点关注,但会根据需要阐述一些学者的观点。

### (一) 日本俄苏政治·俄苏史研究领域的主要代表人物

和田春树(1938年— ),是日本俄罗斯历史研究的代表人物,其

著作条理清晰，表现力强，影响力很广。他还是一位"实践派"学者，参与了许多市民运动，是一位"行动的历史学家"。日本"自由百科事典"称其为"日本的历史学者、社会科学研究家、左翼运动家"[61]。1998 年从东京大学退休后，他于 2000 年担任促进日朝邦交国民协会理事、事务局局长，2005 年担任东北大学东北亚研究中心的客座教授、事务局局长。

和田春树以研究 19 世纪中叶至 20 世纪初的近代俄罗斯历史为主，还涉猎苏联史学史、日俄日苏关系史、日本、朝鲜与苏联关系史、东北亚研究等，研究领域广泛，取得了诸多业绩。代表专著有《作为历史的社会主义》（岩波书店，1992 年）、《朝鲜战争》（岩波书店，1995 年）、《北方领土问题——历史与未来》（朝日新闻社，1999 年）、《朝鲜战争全史》（岩波书店，2002 年）、《东北亚共同之家——新地区主义宣言》（平凡社，2003 年）、《恐怖与改革——暗杀亚历山大二世前后》（山川出版，2005 年）、《日俄战争的起源与开战》（岩波书店，2009 年）等。

下面对和田春树的研究活动做一简要归纳。

和田春树的研究对象是农民无政府主义运动、民粹派和马克思与恩格斯之间政治上的偏差等问题。日本的共产主义研究在苏联共产主义研究的影响下，为了解开苏维埃共产党统治确立的历史，尽量将托洛茨基置于斯大林的对立面。在 20 世纪 80 年代苏联进行改革之际，和田对其寄予了期望。20 世纪 90 年代，他作为一个"激进的改革派"，强烈支持对社会主义体制的批判。可是，当苏联改革带来社会秩序的崩溃之后，和田对此却避而不谈。也许这是一种政治上的考虑，可是作为后辈的社会学者盐川伸明和下斗米伸夫则批评说，和田是在重复以往"进步知识分子"的错误。盐川伸明对其《戈尔巴乔夫改革——成果与危机》这篇文章进行了批评，指出和田的一个显著倾向是："在论述戈尔巴乔夫改革之际，站在所谓'改革派'以及各共和国民族派的'声援团'立场，回避对自己看好一派的不利观点。具体来说就是：第一，对待改革的排斥与抵抗未必只来自原来的特权官僚，也有来自民众内部的力量；第二，追求各民族独立的运动，未必会导致民族间的和谐关系，有时会带来民族间的冲突，甚至大量流血；第三，'民主派'掌权后，为了维持政权，会采取威权主义的和非民主化的政策等。"[62]日本俄苏学者对上述三个观点基本形成定评，和田春树也承认上述问题"当然"存在，但是当落实到活字文章中和对非专业人士进行启蒙演说时,他就尽量回避此类问题。当然,对于实践色彩强烈的和田来说,其文章原本就带有一种政治鼓动性。可是在处理越南反战运动和日韩关系等问题时,"作为市民活动家的和田春树"和"作为社会学家的和田春树"之间有着不同的主题,两者之间不会混同,存在着严格的紧张关系。然而,为何在解说戈尔巴乔夫改革时,他就将两者的界限模糊起来,失去了紧张感呢?[63]还有,和田认为苏联东欧社会主义崩溃是"国家社会主义的崩溃",认为"马克思主义应该实现的乌托邦目标,在斯大林的苏联时期算是实现了"。[64]盐川伸明对其观点以及暧昧模糊的态度进行了批评,认为和田没有好好研究非国家社会主义的社会主义。

作为一位国际市民活动家,和田春树的研究不仅仅停留在知识阶层,还关注民众的日常生态。比如,他曾致力于朴正熙时代韩国的市民联合活动,特别关注营救金大中的运动。日本的共产主义研究者对和田的朝鲜现代史研究也有评价,一方面承认其学问的功绩,另一方面则批评他赞美朝鲜是"游击队国家",批评他对研究对象的模糊性。作为一位社会活动家,和田春树还积极介入朝鲜绑架日本人质问题、慰安妇问题、竹岛(韩国称独岛)问题、历史教科书问题、设立亚洲女性基金会等问题,表达自己独特的左翼色彩的声音。比如在北方领土问题上,他认为"日本过于拘泥北方领土问题致使日苏关系一直处于恶化之中",主张先不要管领土问题,而是应优先发展对苏友好关系。[65]

当然,作为日本俄罗斯史学界三个流派中最大的"和田派"(另外两个一个是研究农业集团化问题的"溪内派",一个是研究法律史的"藤田派"),其存在的主要原因就是专业研究领域广泛,研究跨度从俄罗斯的民粹派扩展到戈尔巴乔夫改革。[66]正因为和田春树在日本斯拉夫问题研究上作出的卓越贡献,因此在他60岁时,为纪念这位日本斯拉夫学创始人而出版发行了《俄罗斯史的新世界》。

溪内谦(1923年9月—2004年2月),日本历史学家、政治学家,专业为俄罗斯/苏联政治史。东京大学名誉教授,曾执教名古屋大学、东京大学、千叶大学。主要专著有《苏维埃政治史——权力与农民》(劲草书房,1962年)、《斯大林政治体制的确立》(岩波书店,1970年—1986年,共4卷)、《现代社会主义的省察》(岩波书店,1978年)、《思考现代社会主义——从俄罗斯革命向 21 世纪》(岩波书店,1988 年)、《历史之中的苏联社会主义》(岩波书店,1992 年)、《学习现代史》(岩波书店,1995 年)《自上的革命——斯大林主义的源流》(岩波书店,2004 年)等。其中,《斯大林政治体制的确立》(全 4 卷)被誉为该研究领域的金字塔式著作;《现代社会主义的省察》获第 32 届每日出版文化奖。

溪内谦 1984 年从东京大学退休后,又执教于千叶大学和帝京大学。1986 年,他最终完成了长年耕耘的大作《斯大林政治体制的确立》(全 4 卷),恰巧当时也是苏联进入戈尔巴乔夫改革的时期,他的苏联室友也于 1987 年秋来到日本。在苏联改革的初期,无论是对于苏联的改革派知识分子,还是对于溪内谦来说都是最好的时期。其后,苏联状况恶化,直至 1991 年解体。于是,溪内谦也从 20 世纪 90 年代开始写起了随笔风格的评论文章来,相当直率地吐露出对苏联解体后社会混乱的激愤之情,明显感觉出他对走向苏联教条式社会主义的反面,即"逆意识形态的跋扈"的社会风潮有一种焦躁情绪。这种情绪与他平时尽量避免直抒胸臆的做法有所不同,算是一种哀其不幸、怒其不争的情绪表达吧! 当然,其中也含有从特定的政治立场向实用主义接近的一种尝试。[67] 晚年他在病床上写完了最后的遗著——《自上的革命——斯大林主义的源流》。

溪内谦一生过着平静的学术研究生活,避免直接参与现实政治,常常注意站在现实政治的对立面进行思考。然而,他研究的对象是现代史上的一大课题,他的内心不得不经历一番激烈而曲折的心路历程,从批判斯大林,到戈尔巴乔夫改革,再到苏联解体,其作品也在跟现实的格斗过程中得以完成。[68]

作为历史学家,溪内谦在政治史研究方面有三个突出特点:[69] 第一,在档案资料封闭的年代,他能够充分解读手头的公开资料(报纸杂志等),以令人惊叹的缜密性来重构史实。第二,将基层现实与领导人的理论一边进行比对,一边进行研究。比如对于粮食调配问题的争论,他向下关注基层粮食调配的真实过程,把握真正的政治权力与农民对抗关系的文脉,然后向上就能看懂斯大林通过国家主义来发展工业的"铁鞭"政策。第三,他研究的长处还表现在穿插"历史变化"的方面,不仅从历史的角度进行阐述,还进行前景式的展望。譬如,对于斯大林体制,他认为:"从政治体制本身来看,如果参照马克思主义的社会主义标准,可以确定 30 年代的斯大林体制带有违背潮流的性格,可是,政治体制反映的落后环境却被以计划经济和大众教育为基础的现代工业所取代……斯大林体制是通过野蛮的手段来对抗野蛮。从这个意义上说,该体制本身就是含有自我否定因素的过渡体制。"[70]

下斗米伸夫(1948 年— ),东京大学法学部毕业后,进入东京大学研究生院就读法学政治学硕士课程,师从溪内谦。1975—1976 年留学莫斯科,回国后攻读东京大学法学博士课程,获得法学博士学位。毕业后执教成蹊大学法学部,自 1988 年至今,担任法政大学法学部教授。1998—2001 年担任朝日新闻客座评论委员,在报纸杂志等新闻媒体上大展身手,2002—2004 年担任日本国际政治学会理事长,2004 年起成为日俄贤人会议[日俄首脑于 2003 年 10 月亚太经济合作组织(以下称APEC)首脑会谈之际,决定设立日俄贤人会议]的成员。

下斗米伸夫是日本的政治学者,擅长的研究领域是比较政治、俄罗斯与独联体政治、苏联政治史,被誉为"俄罗斯研究第一人"。其代表专著主要有:《苏维埃政治与劳动工会——新经济政策时期政治史序说》(东京大学出版会,1982 年)、《苏联现代政治》(东京大学出版会,第 2版,1990 年)、《戈尔巴乔夫的时代》(岩波书店,1988 年)、《超越"社会重建"——戈尔巴乔夫的革命》(朝日新闻社,1991 年)、*Moscow under Stalinist Rule*,*1931—34*(Macmillan,1991)、《斯大林与都市莫斯科——1931—1934 年》(岩波书店,1994 年)、《走向独立国家共同体的道路——戈尔巴乔夫时代的终结》(时事通信社,1992 年)、《俄罗斯现代政治》(东京大学出版会,1997 年)、《俄罗斯世界》(筑摩书房,1999年)、《北方领土 Q&A80》(小学馆[小学馆文库],2000 年)、《苏联=党所有的国家——1917—1991 年》(讲谈社,2002 年)、《亚洲冷战史》(中央公论新社[中公新书],2004 年)、《莫斯科与金日成——冷战中的朝鲜 1945—1961 年》(岩波书店,2006 年)等。其中,《亚洲冷战史》获得亚洲·太平洋奖特别奖。

盐川伸明(1948 年— ),东京大学研究生院社会学专业毕业,师从溪内谦等几位师长,但是"接触时间最长,受到影响最大的恩师就是和田春树了"[71]。学生时代为新左翼思想所倾倒,曾是"全共斗运动"的热心活动家。1979 年在东京大学社会科学研究所做助手工作,1982 年任法学部副教授,继溪内谦之后,负责讲授比较政治,1994 年任东京大学研究生院法学政治学研究科教授。他是日本的政治学者,研究领域是俄罗斯政治史、比较政治学。

盐川伸明最主要的研究特色是从根本上追问社会主义对人类最终意味着什么,然后再从自己的专业领域进行细致的实证研究,并且以浅显易懂的语言,发表了许多社会主义启蒙式的专著。其主要专著有:《"社会主义国家"与工人阶级——苏维埃企业的工人统管 1929—1933 年》(岩波书店,1984 年)、《斯大林体制下的工人阶级——苏维埃工人的构成与状态:1929—1933 年》(东京大学出版会,1985 年)、《苏维埃社会政策史研究——新经济政策·斯大林时代·戈尔巴乔夫改革》(东京大学出版会,1991 年)、《戈尔巴乔夫改革的终结与社会主义的命运》(岩波书店,1992 年)、《终结中的苏联史》(朝日新闻社,1993 年)、《社会主义到底是什么?》(劲草书房,1994 年)、《苏联到底是什么?》(劲草书房,1994 年)、《现存的社会主义——利维坦的本来面目》(劲草书房,1999 年)、《思考"20 世纪史"》(劲草书房,2004 年)、《多民族国家苏联的兴亡(1)民族与语言》(岩波书店,2004 年)、《多民族国家苏联的兴亡(2)国家构筑与解体》(岩波书店,2007 年)、《多民族国家苏联的兴亡(3)俄罗斯的联邦制与民族问题》(岩波书店,2007 年)、《民族与国家——民族主义的难题》(岩波书店[岩波新书],2008 年)、《冷战结束20 年——是什么、是如何结束的?》(劲草书房,2010 年)。

在比较政治(主要是俄罗斯·苏联政治)研究领域,盐川伸明认为对 15 个独联体成员国以及与之邻接的东欧各国,不能用"欧洲或非欧洲"的两分法处理,最好采用横跨欧洲与亚洲的"欧亚"来理解。当然,并不存在"欧亚"这一单一区域,其中包含着与西欧相接的地区、东斯拉夫·东正教圈、波罗的海地区、伊斯兰圈、东亚内陆等多种要素。为了从本质上了解这一区域的复杂性和多样性,盐川伸明的研究方法是一方面考察"社会主义"这种特殊的政治经济体制(包括建立、变迁与解体以及体制转型的总过程),一方面进行根植于文化与历史特性的、特定地区的地区研究上的考察,从两者的交会点来研究俄苏史。同时,不停留在将"苏联"作为一个整体来考察,也注意考察其每个共和国的政治过程。

松里公孝(1960 年— )，1985 年东京大学法学部毕业，1996 年以论文《关于第一次世界大战时的俄罗斯地方自治体的总体战体制》获得东京大学法学博士学位，师从溪内谦、盐川伸明等，2000 年成为北海道大学斯拉夫研究中心教授。其间曾留学苏联、美国、乌克兰等国家。2005 年起，担任 JCREES 的代表。

松里公孝被誉为日本斯拉夫研究的第一人，其论文的质与量、语言能力以及在国外获得的评价都是出类拔萃的。走访苏联档案馆的次数也被认为是在非西方学者中最多的。之所以得到西方同行的广泛认可，还有一个重要原因是他掌握了英语、俄语、乌克兰语、波兰语、立陶宛语等近 10 国的语言，其中英语和俄语可以达到同声传译的水平，多语言能力不仅便于他访问苏东地区，更重要的是发表的论文多以英语或俄语写成，与西方同行交流没有任何障碍，也就很容易得到西方学者的认可。

其学术成果以学术论文为主，日文论文主要有：《总体战与体制崩溃——以第一次世界大战时期的粮食项目为素材》，载《俄罗斯史研究》第 46 号(1988 年)、《帝政俄罗斯的地方制度——1889—1917》，载《斯拉夫研究》第 40 号(1993 年)、《俄罗斯农学家的命运——1911 年—1916 年的数量变动》，载《俄罗斯史研究》第 53 号(1993 年)、《俄罗斯的村落谷物储备制度——1864—1917 年》，载《斯拉夫研究》第 42 号(1995 年)、《俄罗斯中小城市的政治与行政》，载《斯拉夫研究》第 43 号(1996 年)、《19 世纪至 20 世纪初期右岸乌克兰的波兰要素》，载《斯拉夫研究》第 45 号(1998 年)、《从波拿巴主义到集权的地方寡头——鞑靼斯坦政治体制的特质及其形成过程 1990—1998》，载《斯拉夫研究》第 47 号(2000 年)、《从与波兰主义斗争的人民委员到农村启蒙者——帝政下右岸乌克兰的调解员制度》，载《斯拉夫研究》第 49 号(2002 年)等。而其论文更多是用英语或俄语撰写的，主要有："Ramifications of EU Accession in Lithuania," *Eurasian Geography and Economics*, Vol.43，No.5,(2002)、"Elite and the Party System of Zakarpattia Oblast: Relations among the Levels of Party Systems in Ukraine," *Europe-Asia Studies*，Vol.54，No.8(2002)、"The Issue of Zemstvos in

Right Bank Ukraine 1864—1906: Russian Anti-Polonism Under the Challenges of Modernization," *Jahrbücher für Geschichte Osteuropas* 51. H.2(2003)、"A Populist Island in an Ocean of Clan Politics: The Lukashenka Regime as an Exception among CIS Countries," *Europe-Asia Studies*, Vol.56, No.2(2004)、"Semi-presidentialism in Ukraine: Institutionalist Centrism in Rampant Clan Politics," *Demokratizatsiya*, Vol.13, No.1(2005)、"The Regional Context of Islam in Russia: Diversities along the Volga," *Eurasian Geography and Economics*, Vol.47, No.4(2006)、"Muslim Leaders in Russia's Volga-Urals: Self-Perceptions and Relationship with Regional Authorities," *Europe-Asia Studies*, Vol.59, No.5(2007)、"From Belligerent to Multi-ethnic Democracy: Domestic Politics in Unrecognized States after the Cease-fires," *Eurasian Review*, Vol.1(2008)、"Inter-Orthodox Relations and Transborder Nationalities in and around Unrecognised Abkhazia and Transnistria," *Religion, State and Society*, Vol.37, No.3(2009)、"The Five Day War and Transnational Politics: A Semiospace Spanning the Borders between Georgia, Russia and Ossetia," Demokratizatsiya: *The Journal of Post-Soviet Democratization*, Vol.17, No.3(2009)、"Cultural Geopolitics and the New Border Regions of Eurasia," *Journal of Eurasian Studies*, 1(2010)等。

　　松里公孝总结自己 2000 年以前的研究,认为主要由三根支柱构成:第一根支柱是 1996 年的博士论文《关于第一次世界大战时的俄罗斯地方自治体的总体战体制》及其后续工作。第二根支柱是对后共产主义各国的地方政治、投票地理学、地方政党政治相关的研究,并且以日本文部省项目"俄联邦伏尔加河中游精英的比较研究"和以"后共产主义各国的选区、小选区政治"为牵引,对俄罗斯一些加盟共和国以及立陶宛、白俄罗斯等地方政治进行了调研,提出"后共产主义时期的地方政治和全国政治是由共产主义时期的地方寡头政治转化为与中央权力勾结的地方寡头政治的程度和态势决定的"这一观点。第三根支柱是现代俄帝国(特别是右岸乌克兰)的民族关系史研究,他在 Ab Imperio 上发表了 3 篇俄语论文,影响较大,褒贬不一。[72]他当前的研究有 3 项内容:一是内政与外交交会点的边界研究,研究对象是波罗的海地区、西部乌克兰、俄罗斯远东地区;二是与第一项研究密切相关的原社会主义国家的政治经济体制研究,从"与外部世界接触的方法不同"这个角度来考察二元化,即"EU 型"和"CIS 型"的原因;三是沙俄帝国西部的民族关系史研究。由于他的研究对象涉及面广且更换频繁,近年来也受到一些批评。

松里公孝在《半总统制的逻辑原理和后共产主义政治》一文中提出的观点引起了中国学者的关注。松里教授指出,半总统制研究已成为政治学中最具活力的一部分,其原因是绝大多数在"第三次民主化浪潮"中出现的转型国家选择了半总统制。这些国家的政治体制呈现出多样化的过渡模式:两种最自然的过渡模式(过渡到总统—议会制和议会制)、一种略显波折的过渡模式(过渡到总理—总统制)、两种偏离原来发展路径的过渡模式——过渡到高度总统制化的半总统制(格鲁吉亚、2005 年前的亚美尼亚等)以及权力分散的半总统制(乌克兰)。尤其是权力分散的半总统制是松里教授的原创性概念。半总统制在后共产主义国家频繁出现的原因是:(1)半总统制和共产党中央与政府之间的二元权力结构模式存在相似性;(2)将行政权力分割为战略和管理两部分功能的戴高乐主义很容易被理解和应用;(3)虽然宪法赋予议会任命总理的权力,但议会选举的结果往往并非自动产生多数派,于是,总统就拥有足够干预总理产生和内阁形成的机会(立陶宛、后橙色革命时期的乌克兰);(4)选民直选总统体制向议会选举总统体制的过渡期间,议会选举总统的条件往往随之增加(比如,不是简单多数,而必须是3/5通过),从而常常导致总统席位长期空缺(20 世纪 90 年代的斯洛伐克和 2009 年以来的摩尔多瓦);(5)民选总统看起来更加民主并且更能回应选民参与国家政治的愿望;(6)半总统制国家政客们的"演技",使得他们国家的政治能够"娱乐"那些不愿放弃持有"半总统制剧场"门票的民众。[73]

日本的俄苏政治与俄苏史研究领域是主要研究领域,聚集着众多知名的学者,譬如木村泛、长谷川毅、原晖之、外川继男、上野俊彦、松井康浩、竹中浩等一大批学者,有力地支撑着该学科领域研究的发展。由于篇幅限制,本书简要介绍了上述几位,其余的将在具体的问题与观点阐述过程中予以介绍。

### (二) 日本俄苏经济研究领域的主要代表人物

久保庭真彰,1972 年 3 月毕业于横滨国立大学经济系,1974 年 3 月在一桥大学大学院经济学研究科硕士毕业,1977 年 3 月在一桥大学修完博士课程,1977 年 10 月任一桥大学经济研究所讲师,1990 年 7 月任一桥大学经济研究所教授,2004 年 3 月至 2005 年 7 月担任一桥大学经济研究所所长,2003 年 6 月被授予俄罗斯科学院中央数理经济研究所名誉博士。

久保庭真彰的专业领域包括比较经济系统、俄罗斯经济、产业关联分析、计量经济学等。就读研究生时,他调查分析了苏联数理经济学的理论,对分权式的最佳计划机制进行了数理经济学上的研究。担任一桥大学教师后,随着时代的变化和研究物质环境的变化,他将研究重点转移到通过计算机模拟试验来检验理论模型的性能,以及运用产业关联表来对苏联东欧进行静态与动态的多部门实证分析。苏联解体后至今,他开始关注苏联国家向市场经济的过渡问题,包括:(1)利用产业关联表分析新生俄罗斯与中亚的经济与产业结构;(2)关于俄罗斯财政联邦主义及金融证券制度的统计与制度分析;(3)关于俄罗斯、中国与中亚采矿业的生产、国内生产总值的历史统计与推算;(4)尝试与环境经济相关的教学与研究等。

目前,久保庭教授主要专注于以下 5 个方向的研究:(1)俄罗斯最佳成长路线的中长期预测研究;(2)金砖国家国际产业关联表、苏联国际产业关联表的构建;(3)俄罗斯历史上长期国内生产总值的推算(1860 年至今)、第二次世界大战后中国国内生产总值的推算;(4)俄罗斯与中亚的石油、天然气产业与广告产业的研究;(5)环境(珊瑚礁、冻土带等)经济与非经济的价值测定。上述研究都是以实证研究为主,但是他始终关注理论测量问题。国际产业关联表的研究是他与亚洲经济研究所联合开展的研究,石油与天然气研究是他与斯拉夫研究中心开展的共同项目。

上垣彰(1950 年—  ),1981 年修完东京大学经济学博士课程,现为西南学院大学经济系国际经济学专业教授。研究方向为俄罗斯与东欧经济、比较经济体制,重点是俄罗斯与东欧市场经济化的比较研究。其代表性专著有《罗马尼亚经济体制研究:1944—1989》(东京大学出版会,1995 年)、《现代俄罗斯经济论》(岩波书店,2001 年)、《经济全球化下的俄罗斯》(日本评论社,2005 年)等;论文有:"Moscow and the Central Economic Area: Analysis of the Lack of Linkage," in K. Segbers(ed.), *Explaining Post-Soviet Patchworks*, *Vol. 3*, *Political Economy of Regions*, *Regimes and Republics*(Ashgate, UK, 2001)、《市场经济转型类型化的尝试:从贸易关系自由化的侧面》,载《比较经济体制学会年报》第 39 卷(2002 年 3 月)、"Inostrannye investitsii v rossiiskikh regionakh," *Ekonomicheskaia nauka sovremennoi Rossii*, No. 2 (Rossiiskaia akademiia nauk, Moscow, 2002)、"An Analysis of Russia's Embryonic Globalization: regional foreign trade and hard currency receipts," in Steven Rosefielde, Sadayoshi Ohtsu, Shin'ichiro Tabata and Akira Uegaki, *Russian Regionalism: The Economic Dimension*, (The Donald W. Treadgold Papers in Russian, East European, and Central Asian Studies), No. 36 (University of Washington, 2002)、"Rossia as a Newcomer to the International Financial Market, 1992—2000," *Acta Slavica Iaponica*, *Tomus XXI*(Sapporo, 2004)等。

山村理人(1954 年—　),1980 年东京大学农学部本科毕业,1988 年获得东京大学农学博士,1987 年任茨城大学农学部副教授,1992 年任北海道大学斯拉夫研究中心副教授,1996 年任教授。

山村理人的专业研究包括转型经济的比较制度、农业经济与农村社会、俄罗斯与东欧的农业问题等。主要论著有《俄罗斯的土地改革:1989—1996 年》(多贺出版社,1997 年)、《俄罗斯远东的农业改革》(茶水书房,2000 年);学术论文主要有:《1995 年的俄罗斯农业:"农业危机"的第二阶段》,载《迎来转机的俄罗斯市场化与对外经济政策走向》(国际金融情报中心,1996 年)、《俄罗斯国有企业改革的考察:与中国的比较》,载《体制变迁下的中国·斯拉夫·欧亚》("斯拉夫·欧亚的变动"领域研究报告辑,1997 年)、《1990 年代俄罗斯畜产的危机结构》,载《关于俄罗斯畜产基础情报的调查报告》(农畜产业振兴事业团,1997

年)、《1990 年代俄罗斯农业的结构变化》,载《俄罗斯·CIS 各国市场化与民主化的目标与问题》(国际金融情报中心,1997 年)、《俄罗斯畜产品的供给与贸易》,载《关于俄罗斯畜产品需要及进口动向的调查报告》(农畜产业振兴事业团,1998 年)、《体制转型期俄罗斯的粮食市场:以需要与进口分析为中心》,载《斯拉夫研究》(第 46 号,1999 年)、《俄罗斯农业结构变动的新动向:根据俄罗斯中央黑土地带与西伯利亚事例的考察》,载《国际农林业合作》24(9·10)(2002 年)、《俄罗斯向谷物出口国的转换:背景与展望》,载《商品行情研究》2005 年夏季特集号(2005 年 8 月)、《欧亚农业问题与全球化:关于前苏联国家的 WTO 加盟问题》(家田修编《讲座 斯拉夫·欧亚学 1》,讲谈社)等。

山村理人的研究工作的特点是:(1)虽然研究主题是以俄罗斯与东欧等经济转型国家的农业问题为中心,但在内容上"比较制度研究"的色彩非常强,对经济上的"组织"与"制度"问题非常关心。(2)在研究手法上,核心是通过田野调查对经济组织、微观经济与社会关系进行分析。在开展重点领域项目研究之后,山村担任了"经济体制转型时期的企业动态分析"这一课题,与原来的农业领域方向迥异,但是他认为,从重视田野调查的"比较制度"视角来说,他的研究仍是以往研究的延伸。同时,他在研究中经常批判欧美学者对转型经济的新古典派研究。通过课题研究,他发现了新的研究方向,从以往以俄罗斯为中心的研究扩展到包含东欧在内的国际比较研究,目的是从更多的视角来理解俄罗斯问题,国际比较研究是一种有效的研究途径。

当前,山村理人正在进行的研究包括:(1)东欧俄罗斯地区的农业结构问题研究。这项研究是在课题"东欧俄罗斯地区的农村经济结构变迁"的基础上进行的后续研究。同时,也对俄罗斯农业结构近年来值得关注的新变化与新动态进行分析。(2)中亚的环境问题与农业问题的研究。2001 年曾与京都大学的学者(土壤学、植物生态学等自然科学家)一道对哈萨克斯坦进行了田野调查。虽然主题是"环境问题与农业",但也从社会与经济层面展开分析。(3)对农业相关的问题(比如粮食问题)等进行研究。

田畑伸一郎(1957 年— ),1981 年东京大学教养学部教养学科毕业,1986 年一桥大学大学院经济学研究科博士后期课程获得学分后退学,1986 年任北海道大学斯拉夫研究中心副教授,1997 年任斯拉夫研究中心教授。

田畑伸一郎是当前俄罗斯经济研究领域最为活跃的学者,其学术研究的最大特色是通过重大共同课题研究来推动研究工作的开展。近年来获得的课题主要有:(1)"经济结构与经济循环的变化相关实证分析"(1995—1997 年度重点领域研究"斯拉夫·欧亚的变动——自存与共存的条件"的子课题);(2)"地区间的资金循环"(1998—2000 年度基础研究 A);(3)"俄罗斯地区间的资金循环分析"(1998—2000 年度基础研究 B);(4)"独联体(CIS)的现状与将来"(1998—1999 年度外务省委托研究课题);(5)"关于俄罗斯与世界经济统合的综合研究"(2001—2004 年度基础研究)等。

通过参与上述课题研究,田畑伸一郎形成了 5 个研究领域:一是俄罗斯的宏观经济研究。通过验证统计问题来进行严密的分析是其研究的中心课题。该领域的共同研究成果是,弄清了俄罗斯 20 世纪 90 年代初期经济恶化的主因是患上了"荷兰病",也就是对制造业的投资锐减。二是俄罗斯地区经济研究。该类共同研究也是从统计检验开始,对刚刚开始建立的俄罗斯地方统计进行细致探讨。他本人主要进行地方财政分析,从制度调查和统计检验与分析方面,对联邦政府与地方的财政关系进行研究。作为共同研究的成果,得出的结论是:在地区之间的资金周转方面,特别是石油与天然气产业的出口收入周转方面,俄罗斯经济与世界经济的关系极为重要。三是俄罗斯的经济改革。他认为,如果不充分了解制度的变化,是无法分析经济成长的。近年来,尤其重视财政、税收、价格、贸易、汇率等相关制度的调查和研究。四是俄罗斯的统计制度。他不仅将当前俄罗斯的统计制度,还将沙俄时代的统计制度和苏联时代的统计制度都作为调查对象。五是独联体的机构与功能。他主要是从经济领域研究独联体机构发挥着何种功能、其功能是如何变化的问题。重点从俄罗斯的视角,关注区域内贸易相关的课税制度,通过追踪其变化,来探讨独联体的一体化与解体的要素。对其本人来说,通过该项目研究,一边可以更深入推进俄罗斯研究,同时,也可以进入俄罗斯的周边世界,大大扩展了研究视野。

田畑伸一郎当前的研究有两项:一是俄罗斯与世界经济的统合研

究,也是一个共同研究项目,主要目的是:(1)综合研究体制转型后的俄罗斯对外经济问题,弄清俄罗斯如何与世界经济进行统合,今后将发生何种可能性的变化。(2)调查与分析俄罗斯的对外经济制度及其功能,分析有关对外经济问题的统计数据,以厘清俄罗斯与世界经济之间的资金是如何循环的,其资金是如何在俄罗斯的产业之间和地区之间循环的。(3)弄清独联体在俄罗斯与世界经济统合过程中承担着何种功能。由于独联体不是仅以经济利益为目的而存在的组织,因此将与政治、国际关系、安全保障等方面的专家开展跨学科研究。二是研究代际之间的利益调整。由于参与了一桥大学经济研究所的课题——"体制变迁国家的代际之间的利益调整",所以开始研究俄罗斯相关的问题,对他本人来说是一个全新的课题。他是从调查俄罗斯的养老金情况着手该项研究的。

荒井信雄(1947 年—  ),1972 年毕业于东京大学文学部文化学专业,1987 年任北海道地区综合研究所主任研究员,1999 年任札幌国际大学人文社会系副教授,2003 年任北海道大学斯拉夫研究中心教授。

荒井信雄的研究领域是俄罗斯远东地区经济(水产资源、财政)以及日俄关系(地区间经济关系、和平条约交涉史)。其主要成果有:《俄联邦的地方财政制度——以萨哈林州的实地调查为基础》,载《海外投资研究所报》22 卷 6 号(日本输出入银行,1996 年)、《萨哈林州财政危机的慢性化——原因与特征》,载《斯拉夫研究中心研究报告系列》(69号,1999 年)、《从水产资源利用的方面看北方四岛》,载《面向与俄罗斯人共生所期待的地区社会的形成》(钏路公立大学地域经济研究中心,2001 年)、《萨哈林大陆架开发与水产资源利用者的立场》,载《萨哈林大陆架石油·天然气开发与环境保护》(北海道大学图书刊行会,2003年)、《俄罗斯联邦的水产资源的管理、分配系统的改革与出口结构的变化》,载《北日本渔业》(北日本渔业学会,2004 年)等。

此外,日本俄苏经济研究领域还有一批知名学者,像沟端佐登史、盐原俊彦、村上隆、西村可明、服部伦卓、吉野悦雄等,以及在日本的石油天然气·金属矿物资源机构(JOGMEC)工作的本村真澄(被认为是日本最精通俄罗斯石油·天然气情况的研究员)等研究人员,都在该领域发挥着自己的学术影响,本书将在后文对他们的有关学术成果与观点进行阐释。

### （三）日本俄苏对外关系研究领域的主要代表人物

横手慎二(1950 年—　　)，1974 年东京大学教养系毕业，1981 年东京大学研究生院社会学研究科取得学分后退学。曾任日本驻前苏联大使馆专门调查员、佐贺大学副教授(1989—1992 年)、庆应义塾大学法学部副教授(1992—1995 年)，现为庆应义塾大学法学部教授。

横手慎二的研究领域是俄国政治外交史，被誉为日本俄罗斯外交史方面研究的第一人，关于当前的俄罗斯外交及俄罗斯政治，发表了许多研究成果。其主要著作有《日俄战争史——20 世纪最初的大国间战争》(中央公论新社[中公新书]，2005 年)、《现代俄罗斯政治入门》(庆应义塾大学出版会，2005 年)、《现代东亚与日本(5)——东亚的俄罗斯》(庆应义塾大学出版会，2004 年)等；论文成果有：《政治体制的变迁与俄罗斯外交——以〈邻近的外国〉的政策为中心》，载《俄罗斯研究》19 号(1994 年)、《俄罗斯·东欧的"共产党的权利恢复"——意识形态、体系、行动方式的变化与类似性》，载《俄罗斯·东欧学会年报》25 号(1997 年)、《第二次世界大战时期的苏联对日政策(1941—1944)》，载《法学研究》71 卷 1 号(1998 年)、《赫鲁晓夫的远东政策再考》，载《国际政治》126 号(2001 年)、《斯大林的日本认识(1945 年)》，载《法学研究》75 卷 5 号(2002 年)、《关于日俄战争欧美最近的研究》，载《军事史学》40 卷 2·3 号(2004 年)、《俄罗斯外交政策的基调与展开——作为力量源泉的欧洲与亚洲》，载《国际问题》580 号(2009 年)；论文集收录的论文主要有：《苏联外交的连续性与非连续性》，伊东孝之编《讲座　斯拉夫世界(7)——斯拉夫的国际关系》(弘文堂，1995 年)、《赫鲁晓夫·勃列日涅夫时期的苏联对美交涉再考》，载木村泛编《国际交涉学》(劲草书房，1998 年)、《俄罗斯边境观的历史探讨》，载伊东孝之·林忠行编《后冷战时代的俄罗斯外交》(有信堂，1999 年)、《俄罗斯的朝鲜政策(1993—1996)》，载小此木政夫编《金正日时代的朝鲜》(日本国际问题研究所，1999 年)、《苏联政府的日本战俘归还政策》，载原晖之编《北海道大学斯拉夫研究中心研究报告系列(81)——日苏战争与战后战俘等问题》

(2002 年)、《俄罗斯与东亚的地区秩序》,载小此木政夫·文正仁编《东亚地区秩序与共同体构想》(庆应义塾大学出版会,2009 年)等。

岩下明裕(1962 年— ),1987 年毕业于九州大学法学部,1995 年获得九州大学法学博士;1992 年任九州大学法学部助教,1994 年任山口县立大学国际文化年学部副教授,2001 年任北海道大学斯拉夫研究中心副教授,2003 年任教授。

岩下明裕的研究方向为俄罗斯外交、东北亚地区研究,主要专著有《上海合作组织:与日美欧建立伙伴关系可能吗?》(北海道大学斯拉夫研究中心,2007 年,共著)、《边境·谁划的这条线:日本与欧亚》(北海道大学出版会,2006 年,共著)、《北方领土问题:4、0、2 都不是》(中公新书,2005 年)、《中俄边境 4 000 千米》(角川书店,2003 年)、《从远东俄罗斯看中国(1992—1996 年)》(斯拉夫研究中心研究报告系列,No.53,14,北海道大学斯拉夫研究中心,1998 年)、《"苏联外交范式"的研究:社会主义·主权·国际法》(国际书院,1999 年)等;主要论文有:《超越后冷战综合征》,载《国际政治》1996 年、《俄罗斯国际法学与CIS》,载《俄罗斯的近邻各国外交》(日本国际问题研究所,1996 年)、《从远东俄罗斯看中国》,载《山口县立大学国际文化学部纪要》(1997 年)、《日本边境城市对外交流现状》,载《西伯利亚研究》(1998 年)、《1991 年中俄东部边境协议的内幕:来自"谈判现场"》,载《俄罗斯研究》(1999 年)、《中俄关系的中亚问题》,载《山口县立大学研究生院论集》(2000 年)、《CIS 与国籍:以应对在留俄罗斯人问题为中心》,载《CIS地区的现状与未来的展望》(日本国际问题研究所,2000 年)、《中俄边境零地带:知多市与内蒙古》,载《山口县立大学国际文化学部纪要》(2001 年)、《普京政权的对华外交:现实与幻想的夹缝》,载《普京政权下俄罗斯的亚太外交》(日本国际问题研究所,2001 年)、《中俄边境河流的挑战:乌苏里江与阿穆尔河》,载《俄罗斯远东地区形势研究》(日本国际问题研究所,2002 年)、《上合组织的轨迹与展望:从苏联解体到机构设立》,载《俄罗斯研究》(2002 年)、《普京时代的俄罗斯外交:以对华关系为线索》,载《欧亚研究》(2002 年)、《"9·11"事件以后的中俄关系》,载《俄罗斯研究》(2003 年 4 月)、《中俄在中亚的关系》,载《第四次中亚形成与上海合作组织国际研讨会论文集》(上海国际问题研究所,

2004 年)、《赫鲁晓夫对日外交的含意:"两岛返还"的选择与其挫折》,载《俄罗斯史研究》第 80 号、《上海合作组织与日本:一起行动重新建构欧亚共同体》,载《俄罗斯中亚东欧研究》2008 年第 3 期、《上海合作组织:抗衡"反美"游戏的诱惑》,载宇山智彦编:《日本的中亚外交:被尝试的地区战略》,北海道大学出版会等。

在研究方法上,岩下明裕的硕士论文是"苏联国际法"研究,博士论文是"苏联对外关系理论研究"。利用 1997 年第 40 届俄罗斯国际法协会年会的机会,他在俄罗斯、白俄罗斯、乌克兰等国进行了一项民意调查,内容是国际法学者们对独联体的理解。此后,他痛感必须对独联体进行综合研究,不能局限于个别国家和固有的民族问题。这一问题意识后来成为参与 1998 年、1999 年度日本国际问题研究所的独联体项目研究的契机。岩下明裕认为自己最喜欢的研究领域是中俄关系的分析研究。20 世纪 90 年代前期,他在九州岛北部的福冈工作,距离中国较近,成为研究该项课题的契机。之后,在山口县立大学期间,他不仅跟踪中俄关系的动向,还重点研究了中国东北地区以及俄罗斯远东地区,并全面掌握了中俄边境、特别是中俄边境划界谈判的相关内容,他的这项研究被认为是具有世界最高水平的研究。同时,他认为需要加强历史分析来理解中俄关系的剧变和边境地区的动向。

当前,岩下明裕的研究工作主要有三项:一是中俄关系的研究。他以往研究的主要方式是在屋子里读资料,偶尔才进行现场调查,通过对中俄边境问题的研究,他真正认识到了现场调研的价值。"我的中俄关系的研究,被今后学界超越的可能性很大,不过,我长达 10 年对中俄边境地区严密的采访记录,由于时间的特点,无法为其他人重复,具有很高的记录价值。"[74] 二是独联体研究。岩下明裕认为,一段时间以来关于独联体个别成员国的研究或从民族视角进行的研究非常兴盛,但是统揽苏联整体空间的研究很少,于是就产生了对独联体进行整体研究的认识。换一个角度说,即便是提高了个别研究领域的研究水平,但是也未必能对事物的全貌做出有说服力的诠释。比如,只研究 20 世纪 20 年代前后的苏维埃政权是无法理解苏联 70 年的整体情况的。他希望通过对独联体整体进程的学术记述与分析,为今后发生的国家或地区的解体现象整理出不可或缺的经验材料。由于独联体研究对象广泛,内容深刻,需要研究机构合力攻关。三是着手分析俄罗斯的中亚外交以及俄罗斯对印度、巴基斯坦等国的南亚外交,不能仅停留在日俄、中俄关系的理解上,需要形成亚洲中的俄罗斯或俄罗斯中的亚洲这一观点来设计研究项目。

兵头慎治,1992 年毕业于上智大学俄语专业,1994 年取得上智大学研究生院国际关系专业硕士,进入防卫厅防卫研究所第 2 研究部任助手,2001 年担任内阁官房副长官辅佐(安全保障与危机管理),2002 年担任成城大学法学部讲师,2003 年担任防卫厅防卫研究所第 2 研究部主任研究官,2007 年赴英国皇家联合军种研究院(RUSI)做客座研究员。

兵头慎治的研究领域为俄罗斯地区研究,包括政治、外交与安全保障方面。其主要论文成果有:《现代俄罗斯中央和地方的关系——以权限区分条约为中心》,载《俄罗斯东欧学会年报》(2000 年 4 月)、《现代俄罗斯中央和地方的关系——从联邦中央看联邦构成主体的分离主义》,载《俄罗斯研究》(2000 年 4 月)、《从联邦体系观察未来俄罗斯的国家图景》,载《防卫研究所纪要》(2000 年 8 月)、《两国间交流与安全保障——以军事交流为中心》,载《防卫研究所纪要》(2001 年 2 月)、《普京政权的车臣政策——与叶利钦政权比较》,载《俄罗斯的内政——普京政权第 2 年的概括》(外务省委托研究,日本国际问题研究所 2002 年 3 月)、《普京新政权的对外安全保障战略》,载《防卫研究所纪要》(2002 年 3 月)、"Russia-From Stability to Groth", *East Asian Strategic Review* 2004(NIDS, July 2004)、"Russia-Tightening State Control", *East Asian Strategic Review* 2005(NIDS, June 2005)、《两次车臣战争的谈判过程》,载《国际安全保障》(2005 年 7 月)、《文部科学省委托研究:俄罗斯的宇宙开发动向的基础调查》(未来工学研究所,2006 年 3 月)、《关于普京政权的国家安全保障概念的修订动向》,载《俄罗斯外交的现在 II》(北海道大学斯拉夫研究中心,2006 年 5 月)、"Russia-Closer Relations with China", *East Asian Strategic Review* 2006(NIDS, June 2006)、"Russia—A More Assertive Foreign Policy", *East Asian Strategic Review* 2007(NIDS, April 2007)、《俄罗斯宇宙开发政策的制定过程——以"2006 年—2015 年俄联邦宇宙项目"的制定为中心》,载《国际安全保障》(国际安全保障学会,2007 年 6 月)、"Post-Putin Foreign Policy in New Eurasian Strategic Environment: From Pragmatic to Strategically Assertive Approach", *Resurgent Russia, Where is it heading for?* (Korean Association of Slavic Studies, June 2008)等。

兵头慎治有着自己的俄罗斯观,影响着他对俄罗斯的研究。他认为,与中国和朝鲜半岛等邻国相比,日本人对俄罗斯不太关心,不感兴趣,而且日本人的俄罗斯观,将俄罗斯斥为异端的定式思维根深蒂固。格鲁吉亚战争后,新闻媒体极力渲染的冷战时代的"俄罗斯威胁论",又演变为金融危机之后的"俄罗斯无序论",类似苏联解体后的状态。他认为,无论何种论调都过于夸大俄罗斯的某个侧面,都不符合真实情况。是否可以取代"威胁或无序"等简单化的议论,而寻找到真实了解俄罗斯的标尺呢?不要像冷战时代将日俄关系定格在东京与莫斯科政府间的关系上,而应尝试从毗邻日本海这种地区性的视角来重新定义与邻国的关系。日本与俄罗斯是互为不能搬家的邻居,无论喜欢与否都不得不在一起生存。这种感觉在冷战时代较为稀薄,也就由此产生了过于敌视邻居的看法。是从莫斯科还是从远东地区看待俄罗斯,将产生不同的看法。俄罗斯幅员辽阔,如果通过莫斯科来观察俄罗斯,那么俄罗斯就是个遥远的欧洲国家。然而,如果从远东地区看的话,俄罗斯就是与日本邻接的亚洲国家。如果时常意识到"俄罗斯是邻居",就不会凭有色眼镜和先入为主的观念来肤浅地谈论俄罗斯了。[75]

此外,该领域还有像早稻田大学的伊东孝之教授(以东欧研究为主,故本书不作重点介绍)等日本知名学者。然而,从总体上说,防卫研究所的研究人员在俄苏对外关系研究领域已经形成自己的风格,有着更为深入扎实的研究。

(四)日本俄苏社会文化研究领域的主要代表人物

袴田茂树(1944 年—　),本科毕业于东京大学文学部哲学科,在莫斯科国立大学研究生院哲学部读完硕士,又于东京大学研究生院社会学研究科修完国际关系专业的学分后退学。1988 年任青山学院大学国际政治经济系教授。

袴田茂树的研究方向是俄罗斯社会,但他对哲学、文学、艺术等都非常感兴趣。他是日本俄罗斯问题的权威学者,作为日本外务省的智囊人士,对日本的对俄政策的决策具有影响力,以至于有日本学者具名批评他的行为。1987 年他以《深层的社会主义》获得"三得利学艺奖"。其主要专著有《苏联——解开误解的 25 个视角》(中央公论社[中公新书],1987 年)、《深层的社会主义——苏联·东欧·中国的采访》(筑摩书房,1987 年)、《苏联·第 70 年的叛乱——来自当地验证的没有出路的戈尔巴乔夫的苏联》(集英社,1990 年)、《俄罗斯的两难困境——深层的社会力学》(筑摩书房,1993 年)、《文化的实在性——日本与俄罗斯知识分子:深层的精神世界》(筑摩书房,1995 年)、《沉沦的大国——从俄罗斯与日本世纪末的视角》(新潮社,1996 年)、《普京的俄罗斯——走向法律独裁的道路》(NTT 出版,2000 年)、《读懂当代俄罗斯——从社会主义到"中世纪社会"》(筑摩书房,2002 年)、《接近亚洲的俄罗斯——实情与意义》(与木村泛合编,北海道大学出版会,2007 年)。

望月哲男(1951 年——　），1975 年东京大学文学系本科毕业,1978 年东京大学研究生院人文科学研究科硕士毕业,1982 年东京大学博士课程取得学分后退学,任东京大学文学部助教,1986 年任北海道大学斯拉夫·欧亚研究中心副教授,1994 年任教授。

望月哲男的研究领域是文学、俄罗斯近代文学、俄罗斯文化思想。1996 年获得"木村彰一奖"。其主要学术成果有《斯拉夫的文化》(与川端香男里、中村喜和共著,弘文堂,1996 年)、《思考苏联·东欧各国 20 世纪的文化》(与宇山智彦合编,斯拉夫研究中心研究报告系列,No.64,1999)、"Russian Culture on the Threshold of a New Century", 308 (Slavic Research Center, Hokkaido University)(2001)、《现代俄罗斯文化》(编著,国书刊行会,2000 年)、《创意都市圣彼得堡——历史·科学·文化》(编著,北海道大学出版会,2007 年)等。

在研究方法上,他针对不同的研究领域分别采取相应的研究方法。(1)在近代俄罗斯文艺与文化思想研究领域,主要采取以 19 世纪俄罗斯文学及其评论为题材,对近代俄罗斯文艺的模式特征、思想意义、社会文化的作用与功能等进行比较与综合研究。此外,通过文艺研究,探寻近代俄罗斯社会与文化的特征及其文化思想史上的意义和新的阐释的可能性。(2)关于当代俄罗斯文艺的研究,通过体制变动后俄罗斯文艺的研究,考察当代俄罗斯的文化与思想状况、文化与社会体制的相关性、历史意识与文化自我认知的文学功能、文艺全球化与本土化的关系、20世纪俄罗斯经验的世界意义等。

正在进行的研究主要有三项:一是19世纪与当代文艺的对话研究。他认为,社会主义文化可以被看作是俄罗斯独特的现代形式,20世纪末以后的文化则以对现代的反思为契机,反映出对19世纪本国文化的强烈关注。既有积极的关注,又有消极的关注,从对传统的回归志向到对俄罗斯文化的批判与警惕意识,有着各种各样的态度。该项研究通过分析19世纪文艺的各种诠释与利用情况,来观察现代俄罗斯自身的文化观。主要工作是对文学、戏剧、电影、造型艺术、文学评论等进行古典解释与应用分析。二是对现代俄罗斯文艺的时空意识进行综合研究。在20世纪末的体制变迁中,俄罗斯社会彻底体会到认同危机,至今仍处于世界观形成的过渡期与探索期。问题是,在现代俄罗斯人的意识当中,关于历史与未来的时间展望,以及国家、社会与文化等空间展望具有怎样的特征与过程,对同样经历了世界观变化的现代世界有着怎样的启示。他希望通过文学、思想、舞台与电影艺术、造型艺术等时空形象的综合研究,对上述问题进行解释。他的研究路径是:(1)革命前的俄罗斯与苏联存在时空上的关联;(2)存在"俄罗斯式的"传统时空印象;(3)存在促进各民族杂居、语言与文化的均质化的"帝国"记忆、逃亡者社会、强制收容所、地下文化等特异时空的记忆;(4)政治、民族与文化的"边界"意识、"内"与"外"、"自己人"与"他者"的感觉、"对立"、"越境"、"融合"的矢量是观察的要素;(5)在东西与南北文明圈,或者不同宗教文化圈的范式之中,什么是现代俄罗斯的位置意识?(6)政治以及经济全球化、信息科技的发达、后现代的世界感觉与俄罗斯的时空认同的关系;(7)俄罗斯世界观形成中的文艺功能。三是研究俄罗斯的实在思想与历史的含义。研究19世纪的"批判的现实主义"与20世纪的"社会主义的现实主义"等文艺形式的意识形态、历史背景与文化史上的含义。

本书无法将日本俄苏研究各领域的代表学者及其学术观点与学术

成果全部予以呈现,但是上面介绍的代表性学者在日本学界已然确立为同行所公认的学术地位,所以本书予以重点关注。

日本俄苏各研究领域的代表性学者,其学术地位得以确立的重要因素之一就是,每位学者都有各自擅长的研究方向,提出了较具特色的学术观点。譬如,溪内谦的农业集体化理论、下斗米伸夫对东正教古仪派的研究、盐川伸明关于社会主义对人类终极意义的追问、松里公孝提出的权力分散的半总统制概念、久保庭真彰对俄罗斯经济的理论测量研究、田畑伸一郎对独联体一体化的研究、横手慎二对俄罗斯外交史的研究、兵头慎治对俄罗斯安全保障的研究、岩下明裕对东北亚的研究、袴田茂树提出的"砂子社会"、望月哲男对俄罗斯空间印象的研究等一些个性观点,都值得俄苏研究学者借鉴。

日本俄苏研究的主要代表人物,几乎都出身于东京大学,或者师承东京大学出身的老师,然后再分散于北海道大学、上智大学等大学研究机构。譬如,东京大学的和田春树和溪内谦教授有众多弟子,盐川伸明就是其中一位,他目前讲授溪内谦教授当时的课程,而松里公孝又师从盐川伸明攻读博士学位。因此,日本俄苏研究领域虽然未形成各种学派,但是存在师生之间学术观点的传承关系。

**注释**

1. 参见《自由百科事典》『ウィキペディア(Wikipedia)』中"日俄关系史"条目,http://ja.wikipedia.org/wiki/。

2. 阎德学:《武士之路——日本战略文化及军事走向》,北京:人民出版社 2006 年版,第 276 页。

3. 转引自[美]詹姆斯·多尔蒂、小罗伯特·普法尔茨格拉夫著:《争论中的国际关系理论》第五版,阎学通、陈寒溪等译,北京:世界知识出版社 2003 年版,第 14 页。

4. [日]神川彦松:《关于我国国际政治学的诞生》,载《神川彦松全集》第 7 卷,劲草书房 1969 年版,第 65 页,

5. 参考[日]开国百年纪念文化事业会:《锁国时代日本人的海外知识》,原书房 1953 年版。《日本近代思想体系 1 开国》,岩波书店 1991 年版。

6. [日]芝原拓自:《对外观和国家主义》,收录《日本近代思想体系 12 对外观》,岩波书店 1991 年版,第 500 页。

7. [俄]梅切尼科夫:《流亡俄国人眼中的明治维新》,讲谈社学术文库 1982 年版,第 25 页。

8. [日]泽田和彦:《新潟与俄罗斯:1900—1944 年》,载《俄罗斯文化和近代日本》,世界思想社 1998 年版,第 191 页。

9. [俄]巴尔谢夫·埃杜瓦得:《一战时期日俄接近的背景》,载《斯拉夫研究》2005 年第 52 号。转引自 Ардов. Японцы—наши друзья. Пг., 1916. C.7—9。

10. [日]升曙梦:《日本民族和俄罗斯民族》,载《日本评论》第 18 号,1916 年 10 月 1日,第 78 页。

11. [日]吉村道男:《日本与俄罗斯》增补,日本经济评论社 1991 年版,第 9—10 页。

12. [日]远藤吉三郎:《欧洲文明的没落》,富山房 1914 年版,第 74 页。

13. [俄]巴尔谢夫·埃杜瓦得:《一战时期日俄接近的背景》。

14. 关于第二次世界大战前日本的俄苏研究情况,笔者请教了斯拉夫中心的松里公孝教授,松里教授特意咨询了日本俄苏研究界的两位老前辈和田春树教授与原晖之教授,得到的答复是建议该部分可以不写。

15. [日]转引自外川继男:《日本的俄罗斯研究》,载《斯拉夫与日本 讲座 斯拉夫的世界 8》,弘文堂 1995 年版,第 308 页。

16. [日]二叶亭四迷:《我的思想史》、《我的半生忏悔》,载《二叶亭四迷全集》第 4 卷,筑摩书房 1985 年版,第 259—260 页、268—291 页。

17. [日]原晖之、外川继男:《斯拉夫与日本 讲座 斯拉夫的世界 8》,第 312 页。

18. [俄]多米特里·帕格罗夫:《关于日俄战争的俄国研究史——重要的时期·思考·倾向》,日本防卫研究所 2004 年国际战史研讨会。

19. [日]林吉永:《日俄战争与世界——100 年后的视角》,日本防卫研究所 2004 年国际战史研讨会。

20. 冯绍雷:《关于日俄战争的认知问题及其历史记忆》,未发表文献。

21. [日]原晖之、外川继男:《斯拉夫与日本 讲座 斯拉夫的世界 8》,第 315 页。

22. 同上,第 317 页。

23. [日]"满铁调查部"编:《昭和 11 年度 "满铁"调查机关要览》,龙溪书舍 1979 年版,第 338—360 页。

24. [日]原晖之、外川继男:《斯拉夫与日本 讲座 斯拉夫的世界 8》,第 321 页。

25. 所谓的斯拉夫研究机构,包括教学实体单位——斯拉夫研究室以及进行学术研究的斯拉夫研究所,前者有固定人员编制,后者则在前者基础上吸收大学内外的兼职研究人员而构成,其实是一个实体两块牌子。

26. [日]外川继男:《斯拉夫研究中心的回忆》(第 2 回),参见斯拉夫研究中心网页。

27. [日]北海道大学斯拉夫研究中心:《斯拉夫研究中心 40 年》,1995 年 7 月,第5 页。

28. [日]日本学术会议:《日本学术会议合作学术研究团体章程》,2005 年 10 月 4 日。

29. [日]比较经济体制学会:《比较经济体制学会会规》,http://wwwsoc.nii.ac.jp/jaces。

30. [日]盐川伸明:《日本的俄罗斯史研究 50 年》,载《俄罗斯史研究》2006 年,总第79 期。

31. 同上文。

32. [日]俄罗斯史研究会:《日本的俄罗斯史研究 30 年》,载《俄罗斯史研究》1986年,总第 44 期。

33. 同上文。

34. [日]气贺健三:《苏联·东欧学会发起之际》,载《苏联·东欧学会年报》1972 年第 1 期。

35. [日]远山茂树:《战后的历史学与历史意识》,岩波书店 1968 年版,第 8 章。

36. [日]盐川伸明:《日本的俄罗斯史研究 50 年》。

37. [日]外川继男:《斯拉夫研究中心的回忆》(第 2 回),参见斯拉夫研究中心网页。

38. [日]外川继男：《斯拉夫研究中心的回忆》（第5回），参见斯拉夫研究中心网页。

39. [日]盐川伸明：《日本的俄罗斯史研究50年》。

40. [日]长尾久：《俄国十月革命的研究》，社会思想社1973年版，第510—511页。

41. [日]盐川伸明：《日本的俄罗斯史研究50年》。

42. [日]斯拉夫·欧亚研究中心：《研究斯拉夫研究中心》（修正版），1999年10月。

43. [日]北海道大学斯拉夫·欧亚研究中心：《斯拉夫研究中心40年》，1995年7月。

44. [日]外川继男：《斯拉夫研究中心的回忆》（第2回），参见斯拉夫研究中心网页。

45. 每年举行两次，与教授会议同时举行，每次共三天。

46. 会员主要是北海道斯拉夫·欧亚研究相关领域的专家，基本上每月都举行研究成果的发布和讨论活动。

47. 1957年创刊的《斯拉夫研究》是一个跨学科的学术杂志，至1983年《外文纪要》创建为止，一直是各种语言的论文混载。不仅展示了北海道大学斯拉夫研究中心的历史，也是日本斯拉夫区域研究变迁的重要资料。

48. [日]北海道大学斯拉夫·欧亚研究中心：《斯拉夫研究中心40年》，1995年7月。

49. [日]盐川伸明：《对〈20世纪史〉的思考》，劲草书房2004年版，参见第6章。

50. [日]盐川伸明：《日本的俄罗斯史研究50年》。

51. 《讲座斯拉夫·欧亚学》的批评与答复，载《斯拉夫研究》2009年，第56卷。

52. 参见东京大学盐川伸明教授个人主页：http://www.j.u-tokyo.ac.jp/～shiokawa/index.htm，并见附录1。

53. 参见附录2：冷战后的日本俄苏研究重点期刊文章分类汇总。

54. [日]俄罗斯·东欧学会：《俄罗斯·东欧学会新闻纪事》第20号，2010年4月。

55. 资料来源：北海道大学斯拉夫·欧亚研究中心历年对日本"国内的研究会·会议"的统计。

56. 资料来源：北海道大学斯拉夫·欧亚研究中心历年"中心内部的研究会·研讨班"、"专职研究员研讨班"和"专题研讨会举办目录·报告集"。

57. [日]文部科学省的报告：《21世纪COE项目的成果》，2006年8月。

58. [日]日本文部科学省全球COE项目委员会：《2007年度"全球COE项目"审查结果》报告，2007年6月。

59. [日]日本文部科学省：《关于2008年度科学研究费补助金"新学术领域研究"（研究领域提案型)的新领域》的介绍，日本文部科学省网站"科学研究费补助金"。

60. 参见附录3：日本俄苏研究相关学会、教育机构等名称及网址。

61. [日]参见《自由百科事典》『ウィキペディア(Wikipedia)』中"和田春树"条目，http://ja.wikipedia.org/wiki/。

62. [日]盐川伸明：《和田春树论》，http://www.j.u-tokyo.ac.jp/～shiokawa/index.htm。

63. 同上文。

64. [日]和田春树：《马克思主义应该实现的乌托邦目标在斯大林的苏联算是实现了》，载《世界》1990年1月号。

65. [日]和田春树：《日本拘泥于北方领土问题将使日苏关系一直处于恶化之中》，载《世界》1986年5月号。

66. [日]富田武："和田60岁纪念论文集发行"，2001年3月12日，参见富田武个人主页。

67. [日]盐川伸明：《悼念溪内谦先生》，载《俄罗斯史研究》2004年，总第75号。

68. 同上文。

69. [日]富田武：《追悼恩师》，载《俄罗斯史研究》2004年，总第75号。

70. ［日］溪内谦：《自上的革命——斯大林主义的源流》，岩波书店 2004 年版，第306—307 页。

71. ［日］盐川伸明：《和田春树论》，http：//www. j. u-tokyo. ac. jp/～ shiokawa/index. htm。

72. ［日］参见斯拉夫研究中心网页 2001 年"检查评价"中"松里公孝"一文。

73. ［日］松里公孝：《半总统制的逻辑原理和后共产主义政治》，载《俄罗斯研究》2010年第 5 期。

74. ［日］斯拉夫研究中心：《2001 年度检查评价报告》中"岩下明裕"部分。

75. ［日］兵头慎治：《作为邻居的俄罗斯》，http：//www.near21.jp/（环日本海经济研究所网页）。

# 第三章

# 冷战后日本的俄罗斯历史研究

冷战结束后,日本的俄罗斯历史研究在借助互联网等现代技术方面和研究的制度化方面进一步发展,并且形成了一定的规范。其中既有对冷战时期研究的继承和发展,也存在由于苏联解体带来的研究课题方向的变化。苏联解体的意义涉及诸多方面,有光明面也有阴暗面,错综复杂,一言难尽。对于日本的俄罗斯研究来说,政治上的种种制约确实出现了松动,实地调查和查寻资料的机会有了质的增加。留学制度一度较为混乱,但整体来说,留学渠道拓宽了,年轻人可以前往研究对象国留学,国外研究应具备的条件也终于形成。不仅是莫斯科和圣彼得堡,去其他地方访问调研的机会也急剧增加。

日本苏联史研究的权威溪内谦教授对苏联解体时的俄苏研究界有过这样的评价:"苏联与东欧剧变大大动摇了以往的观念。俄国革命及其历史成为他们一味加以否定和指责的对象,因此也就丧失了作为现代史研究对象的积极意义,这种看法成为(俄苏学界)的普遍看法。"[1]那些曾经将苏联看成是一种理想社会的比较左翼的苏联史研究者,当苏联解体后,许多人放弃了自己的研究方向,转向其他研究领域。整个学界充满着新闻报道鼓吹的"清算主义"气氛。对此,研究苏联科学史的专家金井浩司一针见血地指出:为何长年研究苏联历史的学者会出现放弃研究的现象呢? 恐怕缘于他们研究苏联的政治动机太强了。有政治动机来做学问并非不好,但是,当时代潮流、社会变迁发生 180 度的大转向时,过分的政治执着,会使他们无法冷静地与研究对象保持距离。历史研究是一项冷静的工作,而政治动机时常会进行干扰,甚至使人看不到研究对象。当前日本俄苏学界的年轻学者应该没有强烈偏袒苏联的心情,会更冷静地观察研究对象(就如研究罗马帝国和纳粹德国一样)。既然苏联已经解体,也就意味着可以从各种政治论调中解放出来做学问。而且,苏联解体后,国家机密文件陆续公开,现在正是重新研究苏联史的大好机会。[2]

本章首先从整体上对冷战后日本的俄苏史研究的成果进行量化分析;其次在量化分析的基础上,对日本学界的研究特征进行整体上的归纳;最后作为个案研究,对苏联解体、解密档案和社会文化史等问题进行具体的阐述。

## 第一节 冷战后日本俄罗斯历史研究的数据分析

本节旨在通过对早稻田大学图书馆、东京大学盐川伸明教授"俄罗斯东欧文献目录"的研究书目、权威性期刊《俄罗斯史研究》等关于冷战后日本俄罗斯历史的研究成果进行量化统计与分析,对其有一个宏观上的学术把握。

### 一、俄罗斯历史研究的专著情况及分析

俄罗斯历史研究是一项综合研究,日本学者往往将其置于俄罗斯政治研究之中。但是,本节关于日本的俄罗斯历史研究,涵盖了政治史、经济史、外交史以及社会文化史等多个学科领域的历史研究。

关于日本俄罗斯历史研究的著作分类,本节主要依据东京大学盐川伸明教授的分类方法。盐川教授按照时间先后顺序与重大事件的时间节点将其分为:通史类、俄国革命前的著作、俄国革命时期(包括内战时期)的著作、20世纪20—30年代(包括20年代新经济政策时期、30年代斯大林时期)的著作、第二次世界大战到赫鲁晓夫时期的著作、勃列日涅夫时期(包括安德罗波夫、契尔年科时期)的著作,以及戈尔巴乔夫改革至苏联解体时期的著作。根据盐川教授整理的"俄罗斯东欧文献目录",笔者对有关俄罗斯历史的专著数量进行了分类统计。

从图3.1可以看出,冷战后日本的俄罗斯历史研究专著,数量最多的是关于俄苏20世纪20—30年代研究的专著(32本),其次是俄国革命前的专著(23本),接着是通史类(22本)和戈尔巴乔夫改革至苏联解

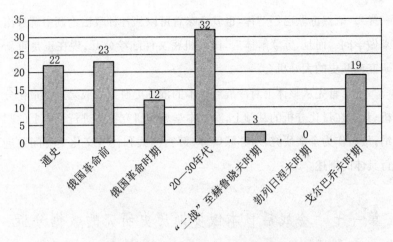

**图 3.1  日本关于俄罗斯历史研究的专著数量分类统计(单位:本)**

体时期的专著(19 本)。对于日本俄罗斯史专著数量的时期分布,笔者感兴趣的是,为什么关于 20—30 年代的苏俄研究专著最多呢?究其原因,或许会发现日本俄罗斯历史研究的某些特色。文科类研究必须站在前人研究的基础上才能得以发展,日本的俄罗斯历史研究也是如此。冷战时期,日本的俄苏研究从无到有地建立起来,最大的贡献是培养了一支研究队伍,为冷战后的俄苏研究打下了较为扎实的发展基础。在俄罗斯历史研究领域,20 世纪 60、70 年代的研究重点是沙俄时期,70、80 年代的重点是苏俄时期。而且,关于苏俄时期的历史研究,最先活跃起来的是关于 20 年代的研究,接着 30 年代的研究也被纳入学者视野。换言之,日本俄罗斯历史研究关注的课题,几乎都是距离当时大约 50 年以前的历史。其中的主要原因是受到当时研究条件的限制,特别是国际交流和文献资料严重不足。当苏联解体后,由于学术交流和文献资料迅速增加,众多致力于 20、30 年代苏俄史研究的学者,自然趁此大好时机完善和充实了在研课题,出版的学术专著也就相应地增加了。

还有一点需要说明,虽然关于戈尔巴乔夫改革至苏联解体时期的专著数量较多,然而 19 本专著中有 15 本是译著,只有 4 本是日本学者的专著。同样,图 3.1 统计的关于冷战后日本的俄罗斯历史研究的 111 本专著中,译著多达 55 本,几乎占到总数的一半。这种情况表明:(1)日本学者对于研究对象国俄国学者的研究非常重视,体现了日本史学界古典实证主义的研究风格;(2)日本学者希望实时掌握俄国同行的研究状况,"知彼"之后才能与之展开学术争鸣;(3)译著的出版兴盛也反映出日本俄苏研究者自身的外语水平较高、运用能力较强的特点。

## 二、俄罗斯历史研究的论文发表情况及分析

俄罗斯史研究会是日本学者进行俄罗斯历史研究的主阵地,研究会会刊是《俄罗斯史研究》(半年刊),于1998年加入日本国立情报学研究所电子图书馆。下文主要以《俄罗斯史研究》为样本,对其发表的论文进行量化分析。

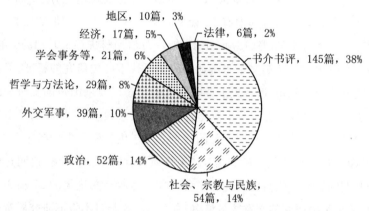

**图 3.2　《俄罗斯史研究》(1992—2010 年)的论文数量分类统计**

图 3.2 对《俄罗斯史研究》1992—2010 年(51—86 号)的论文数量进行了分类统计,文章具体的分类题目请参见附录 2。按照发表文章的类别和由多至少的数量排列,《俄罗斯史研究》第 51 号至第 86 号期刊分类依次为:书介书评类 145 篇,社会、宗教与民族类 54 篇,政治类 52 篇,外交军事类 39 篇,哲学与方法论类 29 篇,俄罗斯历史研究会的学会事务类 21 篇,经济类 17 篇,地区类 10 篇,法律类 6 篇,共 373 篇文章。

图 3.2 的分类和数据统计情况,反映出日本俄罗斯历史研究的核心刊物《俄罗斯史研究》发表的文章具有如下特点:一是书介书评类文章共有 145 篇,占全部文章总数的 38%,在数量上占有绝对优势。通

过对书介书评类的文章标题进行分析,发现书评只有 8 篇,而在多达 137 篇的书介文章中,有 52 篇介绍了日本学者撰写的专著,其余 85 篇 (包括 13 篇译著介绍)都是介绍和翻译俄罗斯、美国等国外俄苏研究的 文章,这一数量上的特征恰好对前文专著统计中的译著数量几乎占到 全部专著数量的一半这一现象进行了一种佐证。大量的书介类文章, 反映出日本的俄苏学者具有较强的国际意识和宽广的国际视野,对国 外同行特别是俄美欧学者的研究动态极为关注,其中当然含有一比高 下的竞争意识;同时他们积极利用《俄罗斯史研究》这一平台来宣传和 推介国内和国外的最新研究成果,客观上造成了一种声势,有利于提升 日本的俄苏研究的社会影响与学术价值。二是哲学思想和方法论方面 的论文也较多,反映出日本俄苏史学界对哲学思想和研究方法的重视。 该类文章共有 29 篇,其中有 10 篇文章是研究马林诺夫斯基(1873— 1928 年)、贝尔嘉耶夫(1874—1948 年)、布尔加科夫(1891—1940 年) 等人的思想;有 12 篇文章是阐述和介绍近代俄国史研究的特征、美国 俄国史研究的课题、近年关于苏联研究的动态以及俄国帝国史研究的 方法等。三是政治类文章依然是各学科中数量最多的,反映出日本俄 苏学界史学与政治学密切相关的特点。关于俄苏研究史的各个阶段, 沙俄时期的论文最多,有 11 篇,其次是斯大林时期,有 5 篇,说明这两 个时期的研究是政治史研究的主要方向。在政治总论类的 27 篇文章 中,关于帝国研究的文章数量最多,有 9 篇。这与日本俄苏研究界帝国 研究的兴盛有很大关系。四是在社会、宗教与民族类的 54 篇文章中, 关于民族研究的文章有 8 篇,关于宗教研究的文章有 8 篇,反映出日本 学者对苏俄社会问题的关注点集中在民族问题和宗教问题这两方面。 当然还有其他较为宽泛的研究,比如关于家庭、城市等问题的研究。五 是在关于经济史研究的 17 篇文章中,有关农业问题的文章有 11 篇,说 明日本俄苏学者依然在农业问题这一传统优势领域保持着活力,正向 纵深发展。

最后还需要补充一点,除了《俄罗斯史研究》外,本书第二章第三 节在对《斯拉夫研究》1992—2010 年刊载的共计 199 篇文章进行分类 汇总之后发现,在有关俄罗斯问题的 176 篇文章中,政治类文章共有 21 篇,而这 21 篇文章中只有 3 篇是研究当代俄罗斯问题的,其余都是政治史类的文章,这表明了《斯拉夫研究》的办刊特色,同时也印证了松里公孝教授所说的:日本学界的政治研究与历史研究几乎密不可分。而俄罗斯学者安·康·索科洛夫也说过,政治史至今仍然是史学研究的传统领域和重点领域。通过对俄罗斯政治史的研究,可以得出一个结论:在俄罗斯历史上,特别是在 20 世纪,政权与国家始终主宰着社会,它们在许多方面规定社会生活的特点及其发展趋势,还试图使社会生活模式固定化。从此意义上说,政治史扮演了全部历史的角色,而大部分俄罗斯学者至今仍然根据这一原则从事着研究工作。[3]

## 三、关于俄罗斯历史研究的学术研讨会情况

日本的俄罗斯历史学界拥有俄罗斯史研究会、苏维埃史研究会、关西日俄交流史研究会、日本 18 世纪俄罗斯研究会等学术团体机构,这些机构都定期召开年会,而且每一年度还会召开若干次例会。不过,本节关注的重点仍然是俄罗斯史研究会的会议情况,因为日本的俄罗斯历史研究是由俄罗斯史研究会引领的,像苏维埃史研究会等机构几乎是俄罗斯史研究会的分支机构。

俄罗斯史研究会在冷战后期走上了制度化和正规化的轨道,但真正实现制度化和正规化的契机却是在 1999 年该研究会成为日本学术会议的登记学术研究团体之后。该研究会的会刊《俄罗斯史研究》也于 1998 年加入国立情报学研究所的电子图书馆。而此前,该研究会虽然形式上是全国性的学会,但实际上所有的大会和例会都是在东京圈内举行的。1998 年以后,每隔几年研究会就在东京圈以外召开年度大会,比如 1998 年在大阪大学、2002 年在福冈县的西南学院大学、2004 年在北海道大学召开了年度大会。也可以说,俄罗斯史研究会在召开年度大会方面步入正轨的时间已经是进入 21 世纪的事情了。就连俄罗斯史研究会都是如此状况,其他研究机构自不必说了。

因此,下面主要以俄罗斯史研究会近年来年度大会的主题为样本,分析日本俄罗斯历史学界当前关注以及致力于研究的课题。

**表 3.1 俄罗斯史研究会 2003—2010 年度大会的会议主题**

| 时　间 | 会　议　主　题 |
|---|---|
| 2003 年 | 俄罗斯的家族史、特别是农民家族史的各种问题<br>俄罗斯历史上的国家认同:以苏维埃时期为中心 |
| 2004 年 | 沙俄帝国的伊斯兰地区一体化政策:以教育和司法为中心 |
| 2005 年 | 日俄战争与第一次俄国革命<br>"9·18"事变前后的日苏关系 |
| 2006 年 | 中世纪和近代俄国法律形成过程的异文化特性<br>日苏共同宣言再考:两国政策决策的要素与过程 |
| 2007 年 | 德国占领区的强制劳动、虐杀和强制疏散犹太人 |
| 2008 年 | 西伯利亚出兵再考<br>俄罗斯与东欧的历史与现代 |
| 2009 年 | 帝国的扩张和移民政策:18—20 世纪<br>近现代俄罗斯的城市与文化 |
| 2010 年 | 俄罗斯与东亚世界——从 19 世纪中叶至 20 世纪初期的发展<br>启蒙与专制 |

　　表 3.1 反映出俄罗斯史研究会年度大会的主题丰富多彩,并呈现出日益深化的趋势,无法用三言两语概括出某些特点。不过,根据年度大会的具体发言题目可以发现一些共同规律:第一,较为关注日俄之间的关系互动以及东北亚国际格局的变化,特别对日俄关系史上的重大事件予以强烈关注,譬如对日俄战争、西伯利亚出兵、"9·18"事变前后的日苏关系和日苏邦交正常化等重大事件的关注。第二,较为关注社会问题和民族问题,譬如对农奴制时期、苏联时期的农民家庭问题、伊斯兰和犹太人问题的探讨。第三,关注帝国问题,譬如对国家认同、帝国的扩张与移民政策等问题的探讨。第四,研究呈现出跨学科、多样化的特征,譬如对 20 世纪 30 年代莫斯科的城市与城市文化、近代圣彼得堡的媒体等问题的探讨。

　　此外,俄罗斯史研究会每年不定期举行 4—5 次甚至更多的例会,每次例会都邀请日本国内外学者就某个专题汇报其研究成果,主题多种多样。譬如 2005 年邀请了俄罗斯科学院俄罗斯历史研究所的卢柯亚诺夫发表了题为"Formation of Russian State Duma(1905—1906)"的演讲,邀请东京大学的奥田央和日本学术振兴会的池田嘉郎发表了对溪内谦的专著《来自上层的革命》的解读。2006 年召开了 5 次例会,邀请了日本国内外学者发表了"摩尔多瓦的现代史"、"斯大林的德国政策与对德经济援助的起源"（与苏维埃史研究会合办）、对《恐怖与改革》一书的评价、"芬兰战争对苏联体制的影响"（与苏维埃史研究会合办）以及"20 世纪 20 年代农村的农民共同体的自治与地方权力"（与苏维埃史研究会合办）。2007 年与斯拉夫研究中心、苏维埃史研究会等联合召开 4 次例会，发表了"近代俄国旅行者的自他认识"、"既存的共产主义：库页岛上的日本人与韩国人"、"苏联的国民史的创造——30 年代历史教科书的编纂"等，研究会的整个学术研讨氛围日益浓厚起来。

## 第二节　冷战后日本俄罗斯历史研究的总体特征

通过第一节的量化数据分析，对冷战后日本俄罗斯历史研究的成果有了总体上的认识，在此基础上，本节拟进一步对冷战后日本俄罗斯历史研究的学术队伍与思想观念、研究主题、理论与方法等方面进行总体上的阐述。

### 一、学术队伍及其思想观念

冷战结束后，日本俄苏研究的学术队伍呈现出壮大之势，20 世纪 60、70 年代出生的新生力量加入其中，俄罗斯史研究会中的辈分多层化现象日益明显。简单说来，冷战时期的 60、70 年代，研究人员多是年轻人，彼此是同辈关系；到了 70、80 年代，则出现了师生关系的两代人；而冷战后，当时的学生也成为老师，出现了师生三代共处的现象，而且为数不少。这一方面说明研究队伍的壮大和成熟，但另一方面，对于新加入的研究者来说，上面存在着多重"权威"，对能否在学问上有所突破存在着畏惧心理。一般来说，研究梯队以及研究历史的积累越厚，学问也就越成熟。刚起步的年轻人当然需要首先消化和吸收以往积累的知识之后再从事自己的研究，然而，如果将消化和吸收以往的知识作为研究目的或是难以开拓新的研究领域，那就本末倒置了，这是一个值得长期思考的问题。[4]同时，随着研究队伍多重辈分的出现，俄罗斯史研究会初创期的元老相继离世，尤其是在 90 年代中期以后，更多的长老级人物,像今井义夫、左近毅、田中阳儿、溪内谦等相继离世,《俄罗斯史研究》刊载的悼词急剧增加,让人切实感受到岁月的流逝。

在 20 世纪 70、80 年代,俄苏学者的研究与意识形态问题已经分离了,冷战结束后更是如此。当然,关于意识形态的问题,各人有各人的看法,但的确是与研究工作没有直接关系了。也就是说,研究本身几乎不再受到意识形态问题的干扰。但是,需要明确一点,非俄苏研究的人士往往带有怀念之情,提及"伴随着苏联的解体,价值观颠倒了,理想丧失了"。盐川伸明教授认为上述说法有些偏离主题,"对于俄罗斯历史研究的当事人来说,这种话不说也罢。因为我们所从事的研究不是基于社会主义的理想观念,这种看法在苏联解体以前就已经存在。早在 50、60 年代,俄罗斯史研究会是在批判斯大林的氛围中,以批判苏联正统的意识形态起步的,当时还有相当浓厚的现实主义姿态。但是到了 70、80 年代,学术研究就与意识形态已经保持了一定距离。当然,苏联解体是世界史上的重大事件,带来了种种冲击,但不能以'理想的丧失'这么简单的标语加以概括。因为每个人的看法各不相同,与整个俄罗斯历史研究的动向没有直接关系。冷战结束后学术研究与意识形态有了进一步的分离,但决不是突变的飞跃变化,准确地说,应该是处于连续变化的延长线上"。[5]

## 二、研究的主题、理论与方法

关于冷战后日本俄罗斯历史研究的主题,正如第一节量化数据所反映的,呈现出多样、深入和进一步发散的特点。尤其是近年来研究主题的多样化令人目不暇接,不易加以概括。当然,这也与冷战后整个俄苏学界的变化相关,本书将在最后一章对此予以阐述。不过,有一个特征值得关注,那就是地方史的研究非常兴盛,无论是关于苏东地区,还是关于俄罗斯国内的各地方共和国。关注周边国家和地区这一视角,是为日本俄苏史学界所欢迎的,然而产生的问题是,对俄罗斯本身这一中心课题的研究或许会出现"空洞化"。也就是说,以前未被开拓的主题如今得到研究者的充分关注,俄罗斯历史学界正统的研究主题,即以革命运动史和高级政治为对象的政治史研究就显得欠缺了,由此呈现出不均衡的状态。在研究对象上,对独立后苏联各加盟共和国的研究超出了"俄罗斯历史"的框架,譬如将波罗的海三国划入北欧史、西欧史的框架,将中亚和外高加索划为中央欧亚史的框架。一度与俄罗斯历史研究密切相关的东欧史研究界,其"脱离俄罗斯"的倾向更是非常明显。东欧史研究被划分为"中欧"与"巴尔干"方向,几乎看不到与俄罗斯历史的连接点,甚至"东欧"这一概念本身也被认为是没有意义的。但是正如盐川伸明所指出的:处于相邻、接壤的地区研究并非彼此互不联系就是一件好事。一般来说,地区的划分不只是具有一种内涵而是具有多种含义。"搞俄罗斯的"如果一味地主张俄罗斯以外的苏联和东欧国家是"我们分内的事",那免不了要被骂成"扩张主义"、"帝国主义"。但无论如何,苏东地区具有密切的联系是不容否定的历史事实。而且,继续研究该地区历史的关联性,仍是今后的一大课题。[6]

　　日本的俄罗斯现代史研究,其时间下限是从苏德战争至第二次世界大战后,距离当前有一定的时间间隔。现代史研究的一般倾向就是研究的下限随着时间的流逝而变迁。日本的苏俄史研究在 20 世纪 50、60 年代属于"俄国革命终点站型";到了 70、80 年代,有关 20、30 年代的研究较为活跃;冷战之后,就开始进行 40、50 年代的历史研究了。作为今后的新课题,盐川伸明教授指出,要将苏维埃史与现代俄罗斯的研究结合起来进行研究。因为俄罗斯革命曾是一个过于庞大的段落,研究革命前的俄罗斯历史与研究苏维埃历史的学者之间存在某种断层,如何去超越是一个大的课题。盐川伸明曾经师从和田春树专攻苏维埃史,他几十年来始终持有一个问题意识,即如何将近代俄罗斯历史与苏维埃历史结合起来研究。同样,当苏联解体之后,如何将苏联解体之前的苏维埃历史与现代俄罗斯历史的研究连接起来,也是一个巨大的难题。

　　冷战结束后,日本的俄苏史研究在理论和方法上也出现了新的动向。一个重要的特征就是以往曾在多个知识领域抬头的后现代主义也涌向历史学领域。福柯的名字被广泛提及。社会史方面的研究增加了,吸收性别观点的研究也活跃起来。民族问题的研究依然盛行,并且与帝国理论、后殖民地理论等流行理论相结合。对其他学术领域研究成果的借鉴与吸收扩展到方方面面。这样做存在的问题是:一味追求光鲜的理论,并且到处乱用,而其本身的内涵却显得苍白无力。因为历史学原本就是厚重的学问,不适合玩弄最新流行的时髦理论。实际上,从事调查研究的日本历史学者对待沉迷于方法论和空谈理论保持着清醒的头脑,后殖民主义的说教也只是局部的华丽,并未给学界带来实质的影响。但是,一些新理论如果运用得当还是有效的,虽说被流行左右非常愚蠢,但对待新理论保持适当的关注,并在合适的范围内加以吸收还是具有积极意义的。[7]

在研究方法方面,更为恰当地说是在研究手法乃至技术方面,冷战后日本俄苏史研究的一大特征是电脑的迅速普及以及 IT 技术的发展对历史学的影响。20 世纪 50、60 年代的特征是缩微胶卷的使用和复印机的普及;70、80 年代的特征是打字机和电脑的逐渐普及;冷战结束后,各种 IT 技术取得了飞跃发展并被广泛运用。当前,互联网和电子邮件已经成为日常生活中不可或缺的工具,即使是在俄罗斯也可以自由使用,这在以前是无法想象的。与所有技术变革一样,在给人们带来方便的同时也让人担心技术陷阱,譬如信息泛滥、量多质差、内容经不起推敲等等。但不管怎样,人类再也无法回到计算机以前的时代了。[8]

## 第三节　关于苏联解体的研究

关于苏联解体问题的研究,根据该课题研究的主体特点,本节拟分三个层次进行阐述:一是日本政府、有关政党或者有着政党背景的机构的研究情况,二是日本俄罗斯历史学界的主流观点,三是日本俄罗斯历史学界代表人物的个人独特见解。

### 一、日本政府、有关政党关于苏联解体的认识或研究

关于苏联解体的原因,日本外务省的观点代表了日本政府的看法。[9]由一批称得上是特殊学者群体组成的外务省研究人员认为,1991年"8·19"政变的失败,已在事实上导致曾经处于苏联社会权力中枢的苏联共产党的消亡,从根本上改变了苏联内部各种政治势力的力量对比。苏联发生剧变的原因在于,以戈尔巴乔夫总书记为中心的苏联共

产党领导层改革派实施的"改革新思维"政策,特别是"情报公开、言论自由"的政策。其政策在对外关系领域取得了显著成果,但在国内却如同打开了"潘多拉盒子"一样,将苏联共产党一党专制体制下的内部矛盾全部暴露于光天化日之下,引发了混乱,以苏联的再生和现代化为目标的改革运动寸步难行。可以说,苏联社会已经僵化到几乎无法接受任何改革的程度。很明显,苏联共产党的统治体制已经成为压抑社会再生与现代进取精神的最大障碍。旧体制成为社会发展的严重桎梏,一种谋求推翻该体制的社会能量在积蓄;随着一党统治体制的动摇,世界上最大的多民族国家的向心力在大幅衰减,以波罗的海地区和外高加索地区为中心,各民族脱离苏联以及俄罗斯的倾向日益增强。特别是戈尔巴乔夫总书记不能坚持自己一开始提出的改革方针并将其贯彻到底,而是不断地向党内左右反对派让步,结果导致改革半途而废,国内许多阶层对于现状严重不满。在此背景下,"8·19"政变失败的结果导致戈尔巴乔夫政府以及苏联共产党的权威顿失。相反,彻底进行民主化的动向日渐高涨。于是,爱沙尼亚、拉脱维亚、立陶宛于1991年9月正式脱离苏联独立。紧接着,波罗的海三国以外的苏联加盟共和国也相继改变国名,从原来的国名中删除"苏维埃"和"社会主义",宣布独立。

在这种状况下,戈尔巴乔夫总统努力要将苏联维持在"主权国家联邦"体制之下。对此,俄罗斯共和国总统叶利钦也持有基本相同的看法。可是,乌克兰的举动颠覆了俄罗斯共和国领导层的想法。乌克兰议会在"8·19"政变失败之后明确了独立意向。在当年12月的全民公投中,乌克兰国民以压倒性多数支持议会的独立宣言。乌克兰脱离苏联独立已是大势所趋。因此,俄罗斯领导层认为,虽然联邦制是有必要的,但没有乌克兰参加的联邦已失去意义,最终被迫改变了维持联邦制的政策。1991年12月,俄罗斯、白俄罗斯以及乌克兰领导人在确认苏联消亡的同时,签署了《关于成立独立国家联合体的协议》。12月21日,苏联加盟共和国的11个国家领导人(波罗的海三国和格鲁吉亚共和国除外)正式宣告成立"独立国家联合体",苏联随之解体。

从日本外务省的研究人员对苏联解体的分析,可以看出他们多是以就事论事的因果逻辑来分析和阐述一个问题。苏联解体的确是一种客观存在的现象,但是现象背后的因果关系绝非如他们所概括的那般简单。

日本共产党于 2004 年 1 月召开第 23 次代表大会,不破哲三议长做了"关于修改党纲的报告"(以下简称"提案"),全面阐述了日本共产党的目标及其根本方针。"提案"提出,日本共产党的最终目标是在日本实现"人民关系真正平等自由的共同社会",换言之,就是将日本发展成为社会主义·共产主义的社会。纲领还明确,日本将经历何种社会发展阶段、沿着什么样的道路前进并开拓未来的社会道路,完全是日本自己的事情。[10] 在上述前提下,日本共产党在修改党纲中自然要涉及如何评价苏联的问题。

首先,需要介绍一下日本共产党之前的党纲,即 1961 年党纲的中心路线,因为它决定着一个党的总目标和发展方向。日本共产党 1961 年党纲的中心路线是:"根据社会阶段发展的立场,制定了包括目前日本变革、独立任务在内的民主主义革命目标";"明确指出,日本社会无论经历何种变革,都要争取议会多数来实现的方针";"在社会发展的全过程中,贯彻统一战线与联合政权的立场"等。2004 年的"提案"评价这一中心路线是正确的,并在 40 多年的形势发展和党的活动中得到了验证。"提案"认为,此次党纲的修改,在继承 1961 年党纲的基础上,大力推进以下几方面的纲领路线:第一,更加务实并且合理地将民主主义革命的理论和方针作为日本前进变革的指针;第二,分析了 20 世纪人类所经历的世界性的变化,明确指出了面向 21 世纪世界形势的新特征以及对未来的展望;第三,更加深入地阐释了科学社会主义的理论立场,特别是在未来社会理论中,对过去错误的遗产进行了总决算,再次阐明终极目标为社会主义和共产主义。

那么,日本共产党是如何对过去的遗产进行总决算的呢? 其中最重要的一点就是评价苏联的问题。"提案"认为:为了在党纲中阐述未来社会的理论,首先必须明确的重要问题就是苏联社会到底是什么样的社会。对于苏联的评价,日本共产党曾区分为列宁指导的初期阶段与斯大林之后的变质和沦落阶段。在有关如何评价斯大林之后的苏联问题上,1964 年曾受到苏联霸权主义干涉的日共,在与其斗争的过程中形成了以下认识:(1)其对日本共产党的干涉与攻击、1968 年对捷克斯洛伐克的侵略、1979 年对阿富汗的侵略等肆无忌惮地施行霸权主义干涉与侵略行径的体制,绝不是社会主义体制。(2)其平时对作为社会主人公的国民进行大肆镇压的恐怖政治,与社会主义决难两立。(3)日本共产党在苏联解体之后,加深了对苏联的考察,在 1994 年第 20 次党代会上,再次全面研究了苏联的社会体制,得出的结论是,苏联社会在经济体制上也与社会主义体制无缘,主要原因在于:①苏联的经济体制虽然在形式上既有"国有化"又有"集体化",但这并不意味着将生产手段转移到人民手中,相反地却将人民从经济管理中排斥出去,斯大林等高层在经济上形成了专制主义和官僚主义体制的经济基础;②广泛存在囚犯劳动的现象。在苏联,最初是从农村流放的几百万农民,接着是大量受到镇压的受迫害者,成为源源不断的人力供给源头,而大规模的囚犯劳动更是长期存在。实际上,每年高达几百万规模的强制收容所的囚犯成为苏联经济、特别是重大工程建设的基础,并且通过恐怖手段来管束整个社会,也起到维持专制统治的作用。"提案"同时指出,在苏联的经济制度中,一定程度上具有社会主义性质的制度是社会保障等最低生活保障制度,但它不属于生产关系领域而属于分配关系领域,并非构成社会经济框架的基本要素。

通过上述分析,日本共产党得出以下结论,并纳入党纲之中:(1)斯大林之后的沦落是以反社会的制度为特征的。不仅是在政治方面的上层建筑层面否定民主主义、侵犯民族自决权,而且在经济基础上压制劳动人民,从经济管理中排斥人民;(2)无论是在工业上还是农业上,人民被从经济管理中排挤出去,社会存在压制,并依靠几百万规模的囚犯劳动来支撑,这既非社会主义社会,也非处于向社会主义变迁的过渡社会。"提案"认为,日本共产党要在 21 世纪探索超越资本主义、走向新社会的道路,必须对苏联问题采取明确、果断的态度。除非与以官僚专制主义和霸权主义为特征的苏联型社会主义一刀两断,否则社会主义运动无法在资本主义世界开创出议会多数派的道路。

与日本共产党的立场不同,1996 年 1 月从社会民主党中独立出来的新社会党(参选时的简称为"社会党")高举社会主义旗帜,对日本共产党采取与苏联一刀两断的认识和做法不以为然,直接指出日本共产党的做法不会从苏联的失败中学到任何东西。对于苏联解体的原因,新社会党理论委员会的细川正认为是帝国主义的染指与苏共的错误。[11]

细川正指出,如果从经济停滞不前、国民自由受阻等情况分析苏联失败的原因,必然要追及苏共自身,也就是斯大林主义自身的问题。比如,一党制、党的国家化、党的干部垄断行政权力和兼任国有企业干部、官僚制、秘密警察、流于形式的选举制度等所有问题都与斯大林主义有关。但是,将苏联解体的原因全部归结为斯大林主义,对斯大林个人的性格和理论进行清算,这类结论性的观点很多,也算是一种变形的舍弃苏联的论调。

细川正进而分析指出,不能否认斯大林主义的发生与斯大林个人因素有关,但它绝非斯大林一个人的问题,还有许多迫不得已的因素。比如,在工人数量极少、农民占八成以上,并且73％的成年人都是文盲的落后国家,搞革命、建设社会主义非常困难;还有一国革命的制约性、没有任何模式遵循的实验性质的社会主义建设、必须防止国内反革命和帝国主义列强干涉与侵略、保卫社会主义等因素,为了解决城市工人的粮食危机和确保粮食安全、排除一切反对势力实施工业化政策、极度紧张的形势下对间谍问题的危机感等因素都催生了强权体制,其结果又造成清洗和残杀富农等不可原谅的错误。不过,对于苏联数次从国内的叛乱和国际的侵略中保卫了社会主义、在一国建设社会主义以及完成重工业化等功绩应该予以高度评价。特别是反法西斯的胜利是世界史和人类史上的成就,同时也是苏联重工业化(斯大林主义)的成就。但是,受到社会主义初期条件的制约而产生的问题和缺陷,又被不断扩大和制造出来,腐蚀着苏联的经济和社会,成为苏联解体的主要因素。对于斯大林主义形成过程的研究,溪内谦在《斯大林政治体制的确立》和《现代社会主义的省察》(岩波书店)中有过详细的阐述。在1927—1928年,苏联共产党严酷地征集农民的粮食,导致富农组织的恐怖活动也年年增加,结果富农被作为"反革命集团"遭到清除。地方上的抗议一律遭到拒绝,抗命的党员和党组织受到罢免、更迭和解散等纪律处分,苏联共产党开始变质。1936年,被称为"斯大林宪法"的苏联宪法,确立了苏共的"一党独裁"。"党被纳入国家权力之中,作为权力机关自上而下统治着人民,而在制度上,党又不是国家机关,不受人民的制约,成为万能的统治压制机关"，[12]苏共的权力高于法律和人民之上。

细川正认为，反对和克服斯大林主义的动向，无论是在斯大林主义产生之时还是在其形成之后，甚至是斯大林逝去后都一直存在。比如，列宁在1923年1月4日的遗嘱中提议罢免斯大林的书记职务；赫鲁晓夫在1956年"苏共二十大"上对斯大林的批判；其后的勃列日涅夫的改革也同样如此。但是，苏共的走向却愈发偏离，党的官僚制、党政一体、党与国有企业责任者的一体化成为权力和腐败的温床，并在逐年自我繁殖和扩散，对社会风气产生愈来愈坏的影响，偏离了马克思列宁主义，将苏联引向崩溃。苏联最终是被斯大林主义给搞垮了。

关于戈尔巴乔夫改革的错误，在苏联解体之前已有多人指出。小林晃撰文写道："看到苏联《市场经济过渡的基本构想》（5月24日）等材料，我感到非常遗憾，那与其说是'社会主义再生的方向'，不如说是向'资本主义复辟甚至是合并'方向前进"；"所谓调整的市场经济，与当代国家垄断资本主义、即接受国家控制和干预的市场经济，在根本理论上并无太大差异"。[13]坂牛哲郎则认为，《基本构想》反映出苏联政府已经放弃社会主义的根本原则。[14]在此基础上，细川正进一步阐述说，对于社会主义经济来说，政府的经济政策十分重要。社会主义经济没有资本主义经济的那只"看不见的手"，如果社会主义政府犯了根本政策上的错误，就会成为致命伤，社会主义经济将一举崩溃。而戈尔巴乔夫改革的失误是决定性的。社会主义经济即使运用"市场经济"，但其基础产业却是公营化，整个生产计划和预算措施都是由国家及自治体实施，货币和商品徒具形式，不同于资本主义的商品和货币，可以说是"社会主义的商品和货币"。当然，戈尔巴乔夫除了经济改革以外，还实施了政治改革。比如，1988年6月召开了第19次全国代表会议，通过电视向全国公开会议实况，并设立人民代表大会作为苏联的最高权力机关；1989年3月，通过多数候选人和无记名投票的方式来选举人民代表大会代表；1990年3月的人民代表大会，规定放弃共产党的领导作用，承认多数政党，通过新设总统的宪法修正草案等措施，这都是试图通过法律来消除官僚主义的不正之风。这样的政治改革如果尽早实施的话，局面或许会发生改观。[15]

细川正认为，关于苏联解体的原因，除了内部因素外，还有被迫与资本主义(帝国主义)展开竞争的外部因素。十月革命后的苏联以"赶超"为口号,生产力获得飞速发展,希望很快赶超美国。在反法西斯的"卫国战争"中,苏联经济蒙受了巨大损失;第二次世界大战后,苏联又背负着占国民生产总值近15％的巨额军费开支。尽管如此,多数人都认可苏联经济的实际增长率超过许多发达资本主义国家这一事实。然而,自20世纪70年代开始,苏联僵硬的计划经济停滞不前;相反,资本主义却通过技术革新等企业间竞争的强制法则,使生产力获得持续发展。而且,进入全球化的竞争时代,资本主义与社会主义的经济差距进一步拉大。进入80年代后,苏联经济几乎沦落为零增长。需要指出的是,资本主义国家在此期间生产力之所以获得发展,绝不是资本主义比社会主义的经济制度优越。社会主义经济原本就是优先发展国民的生活和福利,剩余生产的分配用于国民消费的部分多,投向生产部门进行再生产的分配少,扩大再生产率较低。如果不跟资本主义竞争,社会主义经济就没有必要开发新产品和进行技术革新。但是,与资本主义展开竞争之后,大量生产与大量消费体系,促使几年就得改变商品模式,在环境和资源方面也必须改变。而与社会主义国家展开经济竞争的发达资本主义国家,通过向落后国家输出资本来扩大资本的剥削,发展和壮大自己,发达国家的工人也得到了好处,但是落后国家的人民却付出了重大牺牲。而苏联对落后国家提供的援助却达到国家预算的10％。此外,对抗帝国主义体制的庞大军费开支对于苏联经济来说也是极为沉重的负担,成为苏联解体的一个因素。由此看来,美国的战略成功了。除了庞大的军费开支之外,切尔诺贝利核电站泄漏事故导致苏联财政吃紧,国民经济疲弱,这也成为苏联解体的一个因素。

作为对细川正观点的分析补充,新社会党理论委员会事务局长原野人认为,苏联解体的根本原因在于违背了工人阶级国家、社会主义国家的三原则,这三原则是:(1)不仅要有选举制,还要有随时解任制;(2)领导工资不超过工人的薪金;(3)所有人员都负有管理和监督之职,所有人员在一段时间都是"官员",直接过渡到无论是谁都不能成为官僚的状态。然而,列宁之后的苏联领导人忘记了列宁的警告,没有人认识到违背三原则的严重后果,国家与国有企业由此变质。虽然美国对苏联进行了各种干涉与演变工作,但是,在苏联共产党和国家面临解体的危急时刻,苏联的工人阶级为何不起来反击呢? 如果冷静观察,会发现包括东欧国家在内,绝大多数的工人都欢迎解体这一事实,就应该很清楚苏联解体的根本原因。[16]

上述分析可以看出,日本共产党采取了与苏联社会主义一刀两断的认识和做法,认为以官僚专制主义和霸权主义为特征的苏联社会主义一无是处,必须与之划清界限,否则无法在资本主义世界争取议会多数派胜利的社会主义道路。而新社会党直接批评日共的做法不会从苏联的失败中学到任何东西,认为苏联解体是由外部的帝国主义染指和内部苏共自身严重的错误合力造成的。显然,新社会党的分析要比日共做出的简单结论性判断更有说服力。

## 二、上岛武关于苏联解体的研究

大阪经济大学上岛武教授曾就读于京都大学,学习社会主义经济学,长期从事以苏联为中心的社会主义经济研究。大阪经济大学重田澄男教授对其评价是:上岛教授对苏联社会主义的研究,自研究之初就不是将其研究作为苏联政府认可的学问,而是长期坚持其独立批判的视角,不断深化研究,最终完成了独立的研究体系。[17]对于苏联解体的分析研究,上岛武教授在其专著《苏联解体史——戈尔巴乔夫改革的教训》(窗社,1996 年)中进行了全面阐述。其后,他在大阪等关西各地为市民做过多场演讲,阐述苏联解体的原因。下文主要根据上岛武教授演讲的内容,从经济、政治和民族等三个方面阐述其对苏联解体的认识。[18]

上岛武教授认为,苏联高举"赶超资本主义"的旗帜却没有实现的根本原因,乃至最终失去国民的认同和支持的终极原因,首先是经济上的因素。

一是没有解决提高劳动生产率的问题。列宁在十月革命后曾经说过,决定革命政权能否生存、能否开辟社会主义道路的最终要素是劳动生产率。比如,列宁在 1919 年高度评价了铁路工人自觉开展的"星期六义务劳动"。但是,他同时非常现实地认识到苏联在工业上的目标是美国,无论劳动多么自觉,没有科学和技术基础是不行的。列宁还主张,作为革命政权生存的另一个条件是要跟富人和资本家斗争。但对于如何斗争的问题,列宁只考虑到通过革命实现企业的国有化和社会化,超越个体商业和个体农业的生产率。结果,20 世纪 30 年代初期,富农在苏联被彻底消灭。同时,在国有企业劳动生产率提高受限的情况下,列宁推出了令人意想不到的经济政策。比如 30 年代的"斯塔哈诺夫运动"。斯塔哈诺夫是一个煤炭工人,完成了标准采煤量的三四倍,被宣传成"实现大工业建设的苏联救世主"。事情虽好,但一般普通工人做不到。即便能做到,管理层也会不断加码,如果任务完不成,就会成为人民的敌人。因此,工人和管理部门都不喜欢这一运动,原本自发的运动演变成强制运动。还有,少数斯塔哈诺夫式的工人有很高的待遇,有薪金、奖金、别墅、休假、特供等,但其他大多数的工人却非常贫穷。奖励自觉劳动的物质刺激是必要的,然而当物质刺激只限于极少数工人时,就会产生相反的效果。不仅产生了不平等,还造成充满矛盾的"坏平等"。苏联在 30 年代的经济建设过程中,始终缺乏刺激工人生产积极性的手段。到了戈尔巴乔夫时期还是没有解决这一问题。只有物质上的回报比较稳定,才会产生稳定效果,精神鼓励才会起到作用。

二是计划经济搞过了头。苏联的计划经济无所不包,还存在计划目标就是法律的意识。不遵守计划经济或者有意识的反对,就是犯罪行为。托洛茨基主张除了国家重点目标以外,可以从事一般的生产、流通和买卖,货币经济和商品流通的消失还是很遥远的事情。但是,斯大林不仅将重点目标和战略物资纳入计划经济,甚至将日用品都涵盖其中。这种计划经济称不上是计划经济,而是一种统管经济、票证配给制度。当一种物资被指定为统管物资时,就不能自由买卖,必须得到国家机关的许可、分配以及配给的票证。日本在第二次世界大战时也实行过。在这种配给制度下,计划反而无法顺利实施,因为计划的组织完全是纵向结构,无法达成横向目标。而且,制定中央计划需要经验以及相应的技术,苏联都较为匮乏。计划经济的重点部门集中了大量的资源、劳动力和资金,与其他非重点部门很容易产生龃龉。即便都是重点部门,由于彼此之间是纵向结构,互不服从,也会产生矛盾。如此一来,制定的计划既多又不切实际,目标最终无法完成。苏联也曾努力纠正过,但是没有效果。结果是,表面上甚至连背心上的纽扣都要计划,但在实际上却放任自流。还有,计划经济的立案应该重视生产和消费现场,如果无法获得充分的生产与消费现场的信息,计划经济等于一纸空文。然而,苏联政府无法获得充分的信息。

三是国民生活水平的提高被延迟。在劳动生产率和计划经济都不理想的状态下,社会主义经济完成提高国民生活水平的目标值得怀疑。的确,比起沙俄时代,革命后的国民生活水平有了大幅提高,比如教育水平有了飞速进步。但是,要让国民切实感受到他们最关注的消费生活是在扎实持续地增长才是根本要务。当人们摆脱了贫穷时代,生活水准稍有停滞或下降就无法忍受。苏联政府也认识到提高国民生活水平的重要性,然而实现起来非常困难。除了存在劳动生产率和计划经济等根本症结之外,还有一个问题就是优先发展重工业。社会主义和资本主义都将重工业作为经济基础,优先发展重工业。但是其中存在两个问题:一是负责重工业的部门日益跋扈,二是与军事工业密切相关的重工业由于军备竞赛和军备负担而得到强化。不能简单地认为军备负担的责任在于美国,勃列日涅夫也说过:"我国也有军工复合体。"苏联发展军事力量让人产生两个疑问:一是作为应对美国的政策选择,是否非得进行军事建设? 加强核开发与核武器的方针是否正确? 二是即使政策没有问题,党和国家的官僚机构也无法控制国内军需部门官僚组织。比如,戈尔巴乔夫就任总统之际令他感到吃惊的是:第一,他不知道苏联的国家财政是赤字,因为统计显示全部都是盈余;第二,社会主义招牌的社会福利水平根本无法与发达国家相提并论。在国家预算分配中,首先是重工业和军事部门,其次才轮到教育和社会福利。

很显然,上岛武教授对苏联解体的分析,从其擅长的经济角度入手,抓住了经济问题是苏联解体的重要因素。

上岛武教授认为,苏联解体的政治因素也有很多,其中最重要的一点就是缺乏具有专业水准的政治管理人才。列宁在革命之前曾说过,只要能读书写字,就可以管理企业和国家。这句话的意思并非不需要人才,也不是不需要具有专业知识、起到领导作用的人才,而是说作为一个固有的、需要领取高工资的知识阶层将迅速消失。管理不是一件难做的工作,只要进行普通的教育,谁都可以胜任,这是一种乐观主义精神。列宁后来对此也做过反省,认为有些过于乐观,当时无法立即实现,还必须支付给专家高额的工资。因此,列宁说过,"工会不许过问企业管理",托洛茨基也认为"没有好的官员是干不下去的"。但是,斯大林考虑的是,与其消除这种上下分工体制,即上层独享政治决定权和经济特权的体制,倒不如将这种上下分工的体制向经济、社会、文化等所有领域推进。也就是说,上下分工的体制不是需要克服的对象,而是可以依靠的对象。上岛武教授进而指出,上下分工的体制,在俄国革命之初,在人口半数以上是文盲的落后国家,是不得已而为之的事情,但是斯大林却利用了或者歪曲了这种"不得已",想要在这种环境中一直保持干部决定一切的状态。马克思主义的精髓是"消灭国家的理论",与之相悖就会出现问题,但是斯大林很少考虑这个问题,甚至明确说出"消灭国家是无用的理论"。当他处于权力的顶峰时,当然不会致力于经济建设和政治体制的改革了。为何这种人物会爬到政权的顶峰呢?也只能说是俄国革命的讽刺吧!

上岛武教授还非常重视苏联解体的民族因素分析。他认为,苏联解体不仅是社会主义的解体,更重要的是多民族国家的解体,因为苏联是世界上绝无仅有的联邦制国家和多民族国家。民族因素对于苏联的解体起到如下作用。

首先,苏维埃联邦建立之初,就存在列宁的"平等构想"和斯大林的"上下构想"两种根本分歧,而斯大林的"上下构想"一开始就埋下了隐患。

1922 年,俄罗斯共和国联邦同高加索联邦共和国(由现在高加索地区的格鲁吉亚、亚美尼亚和阿塞拜疆组成)、乌克兰共和国、白俄罗斯共和国联合发起成立苏维埃社会主义共和国联盟。但是,苏维埃共和国联盟在成立过程中,对以何种形式建立联盟存在较大的意见分歧,主要有两种构想分歧:一种主张是同与俄罗斯有同等资格的高加索、乌克兰、白俄罗斯等以平等资格加盟;另外一种主张是以俄罗斯为核心,或者彼此资格平等但俄罗斯居于上首,各共和国以自治身份加盟,而实际上俄罗斯将在联邦高层组织中具有决定性的老大地位。前一种主张称之为"平等构想",后一种主张称之为"上下构想"。提倡"平等构想"的是列宁,而主张"上下构想"的是斯大林。

格鲁吉亚、乌克兰等共和国强烈建议实行"平等构想"。斯大林及有关部门趁列宁生病之机,积极着手建立苏联,并试图强迫格鲁吉亚等共和国通过"上下构想"。列宁得知斯大林的方案后表示反对大俄罗斯主义和大国沙文主义的决心，批评斯大林的方案根本不合时宜。列宁指出，在俄罗斯这样的多民族国家发展社会主义，不能像法国革命那样使用军队进行强迫，否则无法对历史的进步作出贡献。俄罗斯曾被称为"民族的牢狱"，沙俄帝国一直在吞并和压迫周边民族，而十月革命的一面旗帜就是实现受压迫国家的民族解放。如果背叛了这面旗帜，强力推行中央集权的统一国家，实际就是俄罗斯民族优越性的表现。如果建立强制性的纵向联邦国家，"俄罗斯革命的旗帜就会被玷污"，就没有人会跟在俄罗斯革命的大旗之下，对俄罗斯革命充满期待的人也将弃之而去。而最先离去的将是原来受到俄罗斯压迫的民族，接着印度、中国等世界上被压迫的国家也将弃之而去。这就不是简单的俄罗斯问题了，而是关乎国际主义的问题。玷污了十月革命的旗帜也就背叛了俄罗斯工人的期待，要向他们谢罪。

斯大林知道列宁的意向之后，采取了以退为进的手段，虽然形式上是"平等"的，但是俄罗斯共和国具有超强的实力，最终实现的仍是纵向的"上下构想"。苏联不是单纯的联盟组织，而是起着处于国家之上、各共和国之上的大国作用。美利坚合众国也是如此，但苏联的上层组织更为强大。斯大林的名言是："的确，独有大俄罗斯人威风凛凛地处于上层不是很好，可是，下面的民族如果滥用民族利己主义，不承认联邦统一中央国家的权威，就是资产阶级的意识形态。"他还多次引用列宁的话，"革命国家最终需要的是统一的集权国家"。民族主义是反对苏联中央政权的政策的，因此民族自决、保护民族传统、使用民族语言开展教育、使用民族语言办报纸杂志，都被作为地方民族主义受到了批判。在苏联共产党中，俄罗斯人的干部占有优势。按人口比例来说，乌克兰人占六分之一，但他们在党中央的干部只占到十二分之一。这种状况无处不在，地方民族出身的干部多有抱怨，但都以维护党的统一和铁的纪律为由遭到了压制。结果，压制使对立和不满日益内在化。

沙俄帝国与苏联，其疆域及居民的民族构成多少有些出入，但是俄罗斯人统治其他民族的情况依然被继承下来。沙俄帝国"核心"的俄罗斯人，其内心都认为应该统治地位低的民族，这一点与苏联有共同之处。在共性的基础上，苏联的显著特征是原则上高唱民族自治、民族平等、奖励后起民族发展,但事实上,这些原则经常停留在语言上,没有实质行动。需要指出的是,以往关于苏联民族政策的讨论,经常是在自治受到尊重或者是同化(俄罗斯化)政策还在继续这二者中选择一个进行讨论。对苏维埃体制存有好意的讨论者会强调前者,而持否定态度的人们(近年来大幅度增加)则会强调后者。而这两者都有失偏颇,因为苏维埃政权的民族政策,原则上是非同化政策,但是不能说非同化政策等于解放政策。[19]

其次,爆发出来的民族能量被各共和国的精英们引向非社会主义方向,导致苏联解体。

根据列宁的构想,各加盟共和国不同意的事情,上面不能强制。可是,按照斯大林的构想,上面不认可的事情,下面的国家是不能做的。斯大林歪曲了列宁的构想,而戈尔巴乔夫政权的后期路线也想回归到列宁构想,承认各共和国的自主性,但是没有做好。戈尔巴乔夫提出要平等对待各共和国,不要无端给各共和国制造难题,但是下面无法立刻实行。因为已经实行 50 多年的上对下的强制命令型体制,突然说上面不再强迫下面,各共和国不会马上相信。就如日本在第二次世界大战时大本营发布的捷报,即便是战场上失利了,也要说"打赢了"。发布机关最初也知道是谎言,但不久就开始自我欺骗了。同样,斯大林时代的苏联,总是宣传"社会主义最终并且完全胜利了",其社会主义目标中,有"各民族融合与接近、苏联不存在民族压迫和差别、民族与民族间的固有冲突消失了"的宣传,但是地方上的人们不认同这些说法。当发生切尔诺贝利核电站泄漏事故之后,作为信息公开的一环,戈尔巴乔夫采取了"说出你们想要说的话"的政策。于是,各地方民族控诉他们遭到俄罗斯人歧视,也一直受到人数众多的民族歧视,宣传口号是要平等,结果却受到歧视。非常清楚,上述问题多数是内部问题。当 1988 年亚美尼亚和阿塞拜疆爆发争夺"纳戈尔诺-卡拉巴赫"大规模流血冲突时,戈尔巴乔夫竟然不清楚爆发地点的具体位置。住在纳戈尔诺-卡拉巴赫的各民族中,亚美尼亚人受到阿塞拜疆人的歧视,阿塞拜疆人受到俄罗斯人的歧视,以至于存在二重、三重,甚至四重歧视,但上面听不到下面的声音,却贸然出手解决,派出军队进行镇压,导致了流血冲突。还有其他许多地区也发生了民族冲突。苏联形式上采取了平等加盟的政策,实际上却处于二重或三重的上下关系之中。因此,当戈尔巴乔夫说出"最终承认各民族的权利"的时候,爆发出来的民族能量不是按照他所希望和描绘的方向,回到列宁时代十月革命的原点,然后再进行整编,而是出现了一种势力将其完全引向他方。

各地方共和国的精英集团选择的不是社会主义联邦的再生,而是分离和脱离联邦。而且,各共和国在分离和脱离之际放弃了社会主义。之所以放弃社会主义,是因为各加盟共和国的最高层也在考虑他们的前途和出路,以及如何保住他们自身的地位、身份和权力,只有选择分离独立的方向而非社会主义或者联邦,今后才会继续发挥他们的政治影响力。与此同时,民众也觉得"社会主义没有前途"。

上岛武教授最后指出,苏联解体还有一个原因就是,戈尔巴乔夫改革是从经济改革开始的,但其政策接连出现失误,每一笔账都被地方牢牢记住。再加上其他因素,例如几十年积累下来的怨恨、国民的生活水平降到令人无法忍受的程度、民众对日复一日的生活水平的恶化感到绝望等等。而且,苏联的国民曾经十人之中有一人死于战争,五人之中有一人经历过大清洗,跟家人和亲人脱离了关系。回顾这些历史,最终的选择就是分离独立了,也就是脱离社会主义,同时苏联中央政权也就失去了民众的支持。

## 三、盐川伸明对社会主义国家苏联的评价

如果说上岛武教授可以代表日本关西学者对苏联解体的一种观察视角的话,那么东京大学政治学教授盐川伸明的观点则在关东地区具有较大影响。苏联解体后,如何从更广阔的历史文脉中去把握苏联史或者厘清以苏联为中心的现有社会主义的历史,盐川伸明教授提出了自己的观点。他主要从三个视角来把握苏联史的意义,一是"现代化"反思的视角(包括发展理论及后现代理论),二是民主主义理论的视角,三是"帝国和民族"的视角(包括后殖民地理论)。[20]

第一,"现代化"反思的视角(包括发展理论及后现代理论)。

无论是发展中国家(包括前社会主义国家)还是发达国家,"现代化"都不是已经终结的过时观点,当前有必要根据其发展史进行"现代

化的反思"。而对以苏联为代表的原社会主义国家的历史经验进行再探讨,应该有所启示。对于现有的社会主义与现代化的关系,一言以蔽之就是:社会主义不是"现代的否定",又非简单的"现代主义",而是采取特殊的方法和形态来推进现代化的一个变种,同时又是通过彻底的"现代方法"来"克服现代"的运动。今天,无论是在现代化的"推进"方面还是在"克服"方面,结果都是满目疮痍。但是,一个历史事实是,虽然现代化的意图与结果之间存在很大间隙,但在某种意义上却被苏联推进了。苏联虽然发展不均衡,却进行了一场独特的现代化,并且形成与"先进国家"迥异的具有独自特征的产业社会。因其"现代化"的推进方法特殊,伴随而来的是异常的速度、极大的成本与不平衡等特性。"社会主义的现代化"与"资本主义的现代化"相比,后者起主要作用的是资产阶级及其相关制度(市场经济及其相应的法律),而前者却是代之以"党=国家"体制主导下的行政命令体系发挥着主要作用。这种行政指令性体系在集中动员重点领域的人力和物力资源方面发挥了作用。比如自20世纪30年代至50年代,苏联经济增长很快,而发达资本主义国家部分采取"计划经济"的动向也非常强烈,发展中国家更是将计划经济模式作为有价值的发展战略模式。苏联模式一度被认为是"克服现代"与"后现代"的最佳模式。

不过,"适合"与"有效"性也是附带条件的。因为资源向重点领域高度集中,带来的问题是牺牲非重点领域、成本以及整体不平衡性增大。当然,现代化的成就中伴随着牺牲、不均衡现象在别国也都存在,非苏联独有。但是,最重要的一点是从中可以看出社会主义类型现代化的特征,尤其是农业集体化带来的农民利益的巨大牺牲,由于重工业本位和重视数量的扩张而带来轻工业及其产品质量的恶劣,以及牺牲了很多生命等等。一个事实是,苏联型现代化的"成功"伴随着巨大的牺牲。但是,无论是蒙受牺牲的国民还是未必相信共产主义的外国人都认可这种牺牲是"不得已"的,这也是历史事实。这种"不得已"的正当化意识在20世纪的大部分时间里都被人们认可。由此,苏联的历史在强烈的精神表现方面也就具有了世界史的意义。

第二,民主主义理论的视角。

自由主义和民主主义是不同的两个概念,两者之间存在着紧张关系。将两者结合起来的思想称为自由主义的民主主义。同时，也有不采纳自由主义的民主主义，其典型代表就是社会主义的（苏联式的）民主主义。因此，社会主义既非与民主主义无缘，又非民主主义的反动，而是民主主义的一种特殊形态。有人提出，苏联政治体制虽然基于一种独特的"民主主义"，即"苏维埃民主主义"，但其本身却是一个伪命题，与民主主义似是而非。事实结论也的确如此。不过，民主主义的政治思想和政治制度有时会产生非民主的结果，这是民主主义本身固有的一种两难表现，即便是产生自我否定的结果也是民主主义的一种可能。社会主义经验的历史意义就在于它尖锐地证实了这一点。

　　"苏维埃民主主义"作为"自由主义的民主主义"的相对概念，是"另一种民主主义"。以列宁为首的布尔什维克批判自由主义的民主主义（资产阶级民主主义）只是形式上的民主主义，只为谋求自身利益的有钱人服务，成了掩盖"资产阶级独裁"的"无花果"的叶子。而广大工人大众都能参与的民主就是"苏维埃民主主义"。本来，苏维埃是在革命大众运动的热情中产生的，有类似直接民主制的性质，然而结果却是"苏维埃民主主义"比"资产阶级民主主义"更加流于形式。其根本原因在于，苏维埃权力被认为是直接由民众承担，其背离民众的可能性被否定，因此就缺乏权力制约机制。而自由主义的民主主义采用的一系列制度——三权分立、竞争选举、媒体自由、司法独立等却被看作是"无花果"的叶子而被轻视。苏联虽然设想的是实行实质性的民主主义，结果却空心化。工人们一面劳动一面兼任议员的方式，使得苏维埃很难展开实质性的工作，结果是共产党取代了苏维埃。出版、集会、结社等各项权利的"实质保证"，也由于实现的条件（纸、印刷厂、集会场所）都被国家垄断，结果是与市民的自由相比，首先被考虑的是国家统制。

　　虽然流于形式，但"苏维埃民主主义"在不断鼓励民众参与政治这一点上并没有放弃"民主主义"的特殊形态。正如法西斯主义是一种"大众民主主义"形态一样，斯大林主义也是"大众民主主义"时代的产物。而且，一旦其体制被宣传为"民主国家"，为了防备敌人（帝国主义、法西斯间谍）对"民主国家"的破坏，就需要毫不留情地斗争，最大限度地动员起国民的警惕，这种逻辑也就变得正当了。1936年的大清洗，就是依据这种逻辑，以揭发"法西斯国家的间谍"、"人民的敌人"为名发动的,主观上与"民主主义"密不可分。

综上所述,苏联的政治制度不是与民主主义无缘,作为主观目标,其出发点是为了克服"自由主义的民主主义"容易造成的形式化,而采纳直接民主制的要素,力求实现更高层次上的民主主义,但这种"苏维埃民主主义",一开始就存在可能导致相反结果的要素。当前,国际社会的最大问题也是"古典民主主义"理论和"参与民主主义"理论被批判为存在"制度民主主义的形式化倾向"。而且,为了保卫"民主国家"而坚决与敌人(国际恐怖主义、邪恶轴心)作战似乎也是依据这种逻辑。

第三,"帝国和民族"的视角(包括后殖民地理论)。

"苏联=帝国论"有其可取的一面,但并非仅仅依靠它就能说明一切问题。既然说苏联也是一类"帝国",就必须解释清楚它是一种什么样的帝国。苏联是与既存的帝国对抗,高举"解放殖民地"、"民族自治"旗帜的"特殊帝国",与"普通帝国"相比,存在一种"扭曲"的关系。为了解释清楚其特征,需要从帝国和民族的角度进行一番理论探讨。尤其需要厘清的是,社会主义是破坏了民族还是形成了民族,是克服了民族差别还是搁置或加大了民族差别,是尊重民族自治还是背叛了民族自治等问题。

苏联的民族政策的特征不是简单地搁置差别,而是为了克服弱势群体政策造成的差别,但其中又产生新的问题。从这个意义上说,它与"一般的帝国"之间存在一种"扭曲"的关系。这种"扭曲"的关系不能简单地套用后殖民主义,而是应该引起更为深刻的理论思考。关于苏联的民族政策,一般的看法是"苏联高举民族自治的大旗,却没有实践而是背叛了它"。其实,自治理论本身就存在许多疑问。比如,如何认定"自治"的主体民族?因为无论怎样划线,都会留下少数民族问题。由于认识到这种领土自治理论的局限,近年来有别于"领土自治"的"文化自治论"也在局部流行起来。即使是"文化自治",如果要在制度上实现,也需要在民族、语言和文化上进行若干限定,没有形成制度是得不到保障的。虽说苏联强调"领土自治",但也并非全面排除"文化自治"要素。根本问题是,无论是"民族自治"、"文化自治"、"扶助弱势群体"以及"多文化主义"等,要想作为公共政策得以实现,必须设定若干个民族框架单位。而问题是如何设定框架?一旦设计好的框架是否又会成为其他框架的桎梏。关于苏联形成的民族框架有许多具体例子。本来界定什么是民族就比较微妙,其中包含有政治性和争论性。这里的"政治性"不是专指莫斯科单方面的指示和命令,而是各地文化与教育活动家们以各自的想法参与的复杂的政治斗争。

苏联民族政策的一个特征,就是在"民族自治"、"各民族平等"的大义名分下,苏维埃政权表面上不能强制推行"同化"="俄罗斯化"政策,而是实行尊重各地方民族的民族文化与语言的当地化政策。比如,尝试着将"俄语方言"的乌克兰语与白俄罗斯语确定为"独立的语言",也尝试着确定中亚民族的各种语言,而过去没有被作为民族对待的集团也成立了"民族"。注意到这些政策,就会发现苏联不是在否定和破坏民族,而是在创造民族。并且,确立的民族达到一定规模的,就允许其建立类似"主权国家"的共和国,加入联邦,成为"国民国家",还在这些共和国中推行如下工作:确定各民族的书写语言、培养民族精英、研究本民族的历史等。于是,苏维埃政权以独自的形式构建了多民族和若干"国民国家"。当然,一种结构的民族形成,也会否定其他应该存在的结构,如果着眼于后者,也就产生了"民族的否定"这种看法。"民族的形成与创造"和"民族的否定与破坏"不是互不相干的事物,而是一枚硬币的两面。

盐川伸明教授最后指出,苏联解体后诞生的 15 个独立国家的"国民构成",其基础就源于苏联时代形成的类似"主权国家"。领导这些独立国家的当事人们,在主观上否定苏维埃时期的政策,强调与其断绝关系。然而实际上,这些民族精英的上台也是苏维埃政权民族政策的产物。

上岛武教授较为详尽地分析了苏联解体的诸多要因,可视为对社会主义发展进程中经验教训的总结。不过,我们很少看到他对苏联社会主义可取之处的肯定,容易使人产生"一恶俱恶"的联想。而盐川伸明教授则从现代化、民主主义、帝国和民族的视角,对苏联社会主义对于人类发展史的意义做了较为中肯的分析,既肯定苏联社会主义的成就,又指出时代烙印及其严重缺陷,应该说盐川教授坚持了一种中道的分析思想,是对上岛武教授观点的进一步阐发。因为我们更愿意看到苏联解体对现在社会主义国家的改革具有何种实践上的意义与价值。

## 第四节 关于帝国与比较帝国理论
## ——日本斯拉夫·欧亚地区研究的理论支柱

### 一、世界回归帝国

帝国理论是考察斯拉夫·欧亚地区过去、现在和未来政治生态变迁的一个有效的视角，同时对于考察冷战后世界格局的变迁也较为有效，尤其对于 21 世纪新兴大国崛起之后的全球和地区治理方式的考察，更是具有说服力的一种理论工具。

冷战后美国的单边主义、知识经济爆炸引发的世界"平面化"以及多民族帝国苏联的解体并未带来"各民族的春天"等全球性课题引发了学界对帝国理论的强烈关注。日本学者藤原归一认为，由于全世界失去了对美国的遏制能力，美国将"扩展自由"等国内政治的动机机械地援用于外交方面以及美军发挥模拟警察功能来惩罚"无赖国家"，都表明国际政治秩序的帝国特征。[21] 而西方学者安德尼奥·奈格里和迈克尔·哈特则主张，信息经济将生产活动从地理空间中解放出来，第三世界通过移民流入第一世界，而第一世界也很方便地将生产基地转移到第三世界。如果帝国主义的特征是通过强国之间的竞争，即资本和主权之间的矛盾来彰显的话，那么今天世界呈现的态势就是，包括美国在内都是全球世界网络"帝国"的一个部分。

帝国理论的兴起使得人们回忆起，自民族国家出现以来，人类历史的大部分时间其实都是在帝国中度过的。甚至有学者认为，民族国家只不过是过去两个世纪出现的例外现象，它只是鼓舞了数量有限的部分人群，其历史使命似乎正在终结，正在向古典形态衰退。非常巧合的是，代表着帝国理论兴起的专著——哈特和奈格里的《帝国——全球化的政治秩序》以及大卫·阿米蒂奇的《大英帝国的意识形态起源》这两本书都于 2000 年出版，尽管体裁和标题不同，但都对欧洲古典的政治思想进行了重新梳理。这种现象并非偶然，表明了人类历史进程中总体上的帝国性质。这一历史事实促使帝国理论正被纳入通用性很强的历史学的研究之中，譬如把苏联时期纳入俄国史框架之内的历史研究就不如帝国理论更具有说服力。

帝国理论随着人类活动空间向全球扩展而受到瞩目,但是不能仅仅谈论人类活动空间的扩大以及经济上的繁荣,还要看到现代社会受到语言、宗教、地区等自我认同规范的限制,导致政治凝聚力的下降。当然,这种悖论历史上都曾出现过。不过,当人类处于历史活动空间的扩大和自我认同之间的矛盾特别激化的时期,人们就意识到了帝国的存在,并且开始讨论帝国的治理。

历史学家一般认为,当对帝国问题进行怀疑和争论的时候,往往也就意味着帝国进入了衰退时期。然而,日本学者松里公孝对此并不同意。松里教授认为,帝国在拓展疆域的阶段并没有充分发挥出它的本领,反倒是在拓展疆域和自我认同之间矛盾尖锐的时期,才是帝国竭尽所能发挥潜力的阶段。[22]众所周知的例证就是 19 世纪下半叶到 20 世纪初期高度发达的帝国主义时代。但是,随着民族主义和民主意识形态的普及,进入社会经济现代化的欧洲开始质疑帝国长期的生存能力。他们质疑,到底怎样做才能将"圆形变成四边形"(使不可能成为可能)呢?[23]当代社会也是苦于把"圆形变成四边形",譬如:美国的单边主义引发了欧洲的反对;欧洲的自我主张引起加入欧盟受阻的土耳其的反抗;土耳其的自我主张又引起库尔德人的反对;而库尔德人在强化自己主张的时候,伊拉克库尔德人自治区的土耳其裔就会感到库尔德化的压力。因此可以说,随着人类活动空间的拓展和自我认同之间矛盾的日益尖锐,民族国家体系正在失去有效性,从而构成了帝国理论兴起的背景。

## 二、民族国家与帝国

松里教授的一个观点是,当帝国研究兴盛之际,也就是民族国家体系失效之时。当然,他也看到民族国家体系会通过构建各种地区合作组织和国际组织,来回应区域一体化的要求,同时也会借助调整民族国家的大原则,譬如公民间法律平等的原则,来照顾语言和宗教上的少数派。但是,只有欧美等成熟的民族国家才会采取上述政策,对于多民族共同生活的新生民族国家来说,常常由于采取强制性的同化政策而导致冲突激化。[24]与历史上诸多解体的帝国相比,苏联帝国的解体可以说牺牲较小。即便如此,像南斯拉夫和高加索的内战,爱沙尼亚和拉脱维亚少数民族市民被剥夺权利,俄罗斯共和国、高加索、中亚以及乌克兰等国民建设的口号被利用作为强权腐败政治的借口等,自然引出了一个问题:民族国家体系果真优于帝国体系吗? 对于否定民族国家的现象,仅凭"真正的联邦主义尚未实现"、"精英层的民主文化不足"等老套说法根本站不住脚。民族国家是建立在虚构的"同质国民形成的共同体"之上的,然而上述问题也都是从民族国家派生出来的问题。正缘于此,帝国相对于民族国家"都是自家人主义"的反命题受到关注。[25]虽说民族国家是近代欧洲社会的产物,但也有一些像日本那样近乎自然存在的民族国家,无论是在居民的语言、宗教还是身体形质上,都具有高度的同质性。帝国受到理念、地缘政治以及经济磁场的作用,其兴亡非常容易,而民族国家往往会为一块领土而产生夸张的情感,正如都德在《最后一课》文中的描写。但是,在日本学者看来,"语言、宗教、身体形质上的同质性",其本身就是一个巨大的装置和虚构的产物,是近代科学使得民族国家成为可能,让人们深信起源于 16 世纪的民族国家是自然的存在,而非近代的建构。松里教授的一个结论是,人类历史上最普遍存在的国家形态实际上是帝国,帝国才是自然的存在,帝国确信自身的建构并推行自己的政策。[26]

阿米蒂奇识破了西方人的逻辑,认为西方人的目的是要让人忘却近代以前欧洲存在帝国的事实,以此确定民族国家这个概念在近代历史叙事中的统治地位,让人们相信,与民族国家的理念相比,帝国只是一种例外存在。对此,松里教授指出,相比评价亚洲和欧亚大陆帝国正当性的研究来说,把英、法、德三大国的历史作为帝国史来重新建构的工作更为困难。因为,如果冷静观察 19 世纪至 1991 年的历史就会发现,欧美国家通过输出民族国家的理念,来瓦解竞争对手——近代亚洲和欧亚大陆的各个帝国,同时在更新和强化自身的帝国,掌握世界霸权。因此,把世界帝国性质的事实进行理论化和概念化的梳理,对于促使各国间更加公平的竞争将起到一定的作用。[27]

在松里教授看来,南亚、中东、非洲等地区被从欧洲移植的民族国家理念所牵绊,流了很多血,而斯拉夫·欧亚世界和中国则行动稳健。

苏联采取了社会主义联邦制形态,将民族国家的诸多要素吸收到帝国秩序之中。不过,苏联由于没有运用得当而导致解体,但从中又产生了所谓的民族国家,为了能够作为国家继续生存下去,争先恐后地加入其他大帝国,即寻求欧盟和美国的庇护。民族国家的理论并没有原封不动地浸入欧亚大陆,反映了 20 世纪统治这一地区的共产主义对于民族主义采取的微妙态势,然而更为根本的原因在于:欧亚大陆不适合民族国家的理论,也不必进行代价高昂的实验。[28]

### 三、作为帝国空间的斯拉夫·欧亚地区

帝国理论的一大贡献就是便于分析斯拉夫·欧亚地区的地理空间。松里教授认为,如果概括所谓的斯拉夫·欧亚地区,可以用欧亚四大帝国的发源地来形容。这四大帝国是俄罗斯帝国、波兰土族共和国、奥斯曼帝国、哈布斯堡帝国。随着社会主义成为历史记忆,欧亚大陆"前社会主义圈"的历史身份认同日趋弱化。然而,更为古老的帝国时代正成为连接斯拉夫·欧亚大陆身份认同的源泉。斯拉夫·欧亚地区成为帝国空间的根本原因在于,这一地区存在被称为"草原通道"的大走廊和游牧民族的传统。之所以成为"草原通道",是因为东起大兴安岭山脉,向西经过蒙古高原、准格尔盆地、哈萨克草原,绕道里海一直西进到罗马尼亚平原这一广大空间,几乎不存在天然障碍。在这个空间,即便是在交通革命之前,也能够迅速调动军队。正如日本的蒙古史专家杉山正明指出的那样,帝国的一个标志就是具有机动性的大规模派兵能力,[29]无论是历史上的蒙古帝国骑兵,还是当今美国的海军陆战队,都在军事史上发挥了特殊的作用。

我们知道,在"草原通道"中起到统治地位的游牧民族创造了机动式的国家形态,其国家形态具有几个特征:(1)不是属地主义而是属人式的国家;(2)机动性较强的游牧与骑马的军事能力;(3)十进制的社会与军事组织;(4)部族联合君主制;(5)君主身边成立年轻人近卫军,与他族智囊团组成小规模的中央政府;(6)对编入帝国的精英层、宗教和传统习惯采取温和主义;(7)人种意识淡薄,在能力、血统、门派方面具有浑然一体的、独特的社会共同观念等等。上述游牧民族的特征,不仅

是斯基泰、伊朗、突厥、通古斯等民族,就连 7 世纪之后崛起的伊斯兰王朝也都存在。当游牧民族的国家形态与阿契美尼德王朝和秦王朝等官僚国家的传统融合之时,强大的帝国就由此产生。俄罗斯帝国也是莫斯科大公国的官僚国家传统与金帐汗国的游牧国家传统融合的产物。

不仅是自然地理条件,就连语言和宗教传统丰富的原住民集团也杂居在斯拉夫·欧亚大陆,很难画出一条"自然"的国境线。在这个巨大的空间内,大帝国瞬间诞生,转而倏然消亡,直到 20 世纪末也没有建立具有生存能力的民族国家。帝国的空间如同低压的大气一样,一个帝国衰退后的空缺迅速被其他帝国所填充,而且已经成为常态。金帐汗国的首都被伊凡雷帝夺取之后,到阿斯特拉罕国灭亡仅仅 4 年时间。清王朝在鸦片战争失败之后,到黑龙江地区被俄国掠夺只有 16 年的时间。苏联解体到欧盟抵达黑海也是 16 年的时间。对此,松里教授认为,实际上在帝国的空间之内,不管受支配的是基督教、伊斯兰教、藏传佛教或者共产主义等等,也不论是什么人成为统治民族,帝国这一机制的存在本身更为重要。归纳起来包括:(1)帝国理论的通用性强,使得超越历史时空的比较和概念化成为可能;(2)相对于 20 世纪 90 年代初期在历史学中占统治地位的国民史学与民族解放斗争史学来说,帝国理论不但由此产生,而且促使多民族与多宗教的空间分析方法突飞猛进地发展;(3)在近代欧洲和东亚地区,虽然一时出现帝国让位于民族国家的状况,然而在欧亚大陆,帝国直到今天依然是一贯占统治地位的国家形态。[30]

## 四、空间意象

日本学者认为,帝国理论的另一个贡献就是,它不仅刺激了建构主义的民族理论,还激发了空间意象(形象地理)和认知理论,促进了认知学的飞跃发展。我们知道,人类的认识并非反映的都是客观事实。甚至可以说,人类在对目标的追求行为中,是从无数个事实中取舍选择了有意义的事物。尤其是形象地理学,将地形、气象、人口动态、地区间社会经济的联系等客观因素暂且搁置一边,为了阐明不同的地区怎样被意象化,由此产生了所谓的主观地理学。譬如,19 世纪 50 年代沙俄获得黑龙江流域,引发了帝国内部热烈的讨论,因为当时俄国人对这一地区的知识几乎是空白一片。东西伯利亚总督穆拉维约夫践踏了《尼布楚条约》,开始在黑龙江下游和乌苏里江以东地区(现在俄罗斯沿海边疆区)探险。当时俄国精英层对黑龙江(阿穆尔河)流域的印象不是来自探险获得的客观情报,而是主观因素引发形成的印象。这些主观因素包括:沙俄与大英帝国的紧张关系(俄国人深信英军会沿着黑龙江逆流而上进攻西伯利亚);目睹清王朝在鸦片战争中的惨败而趁机从《尼布楚条约》的自卑感中得到解放;以及被美国势力到达太平洋沿岸所刺激等因素。

但是,强调主观因素并不意味着形象地理无视客观条件而存在。譬如,叶卡捷琳娜二世充满着期待和欣喜地把从奥斯曼王朝攫取的南乌克兰命名为“新俄罗斯”,而且当地的殖民统治非常顺利,到 19 世纪中叶,几乎与帝国内部实行了同样的行政制度。与此相对,对于波兰士族共和国继承的西部诸县(今天的右岸乌克兰、白俄罗斯、立陶宛),沙俄政府强力展开“夺回基辅罗斯故地”的宣传,声势要远远超过“新俄罗斯”。尽管如此,直到沙俄晚期也没有颠覆当地波兰系贵族的优势地位。这种背景下的“基辅罗斯故地”的宣传,反倒带有一种狡辩的语气,反映出沙俄政府和俄国人的自卑心理。也就是说,形象地理的重点在于,通过人类的目标行为与客观制约因素之间的相互作用关系,使人们对拥有的空间印象更为一目了然。日本学者对于俄国史的形象地理研究有两种[31]:一种研究是对沙俄帝国内的不同地域如何被意象化进行的研究,譬如望月哲男通过广泛收集俄罗斯的文艺作品和西方的最新研究来开展俄罗斯的形象地理研究;另一种研究是如何理解俄罗斯在世界中的位置,也就是俄罗斯与欧洲、东亚、东欧、高加索地区关系的研究,譬如欧亚主义、俄国的东方学研究都属于这类研究。日本学者越野刚通过俄国历史改革小说来研究被恶搞的欧亚主义,认为俄国历史改革小说中的恶搞充满了毒辣和自虐。值得一提的是,俄国历史改革小说中荒诞无稽的故事中,有一个共同的中心思想就是俄国与中国、蒙古结盟对抗欧洲。不过,望月哲男提醒说,俄罗斯对于东西南北的方位概念,与俄罗斯在世界中的位置形象密不可分,二者并非迥然有别。[32]

## 五、比较帝国研究的理论与方法

在上述认识的基础上,日本从事斯拉夫·欧亚地区研究的学者们形成了一个基本共识,认为帝国理论是当今研究世界史的核心概念,同时也是理解现代世界政治的核心概念。在他们看来,历史学家之所以没有将帝国理论成功地应用于比较研究,使之成为一个普遍概念,导致学术研究与现实之间的断裂,主要缘于语言学和方法论方面的困难。譬如,谁都承认对俄罗斯帝国与奥斯曼帝国进行比较研究非常有益,但是由于语言和方法论方面的原因,导致少有学者从事帝国间的比较研究。[33]为填补这一学术空白,出现了不同声音的学术争论,譬如有学者提出在宗教政策和移民政策方面进行比较研究,也有学者提出应该结合宏观系统分析来进行比较研究。关于后者,亚历克西·米勒(Alexey Miller)提出,罗曼诺夫、哈布斯堡、奥斯曼这三个相邻帝国构成一个总体,形成一个宏观的系统,他的观点受到关注。而多米尼克·利芬(Dominic Lieven)则对俄帝国与英帝国进行了比较研究,提出两帝国的共性是:都是从欧洲大系统的边缘兴起,然后向欧洲之外进行扩张,并发展成为大帝国。

日本学者不仅热衷于帝国间的比较研究,还从比较帝国研究中进一步提升,形成基于比较帝国研究基础之上的帝国研究方法。

### (一)帝国"多法域性"的本质特征

日本斯拉夫研究中心松里公孝教授指出,为了考察帝国的本质特征,对帝国的形态进行比较研究必不可少。经过一番考察之后,松里教授提出,帝国的本质特征是"多法域性",也就是说,帝国是一个适用于多样法令的统一空间。[34]松里教授大概受到研究大日本帝国问题的浅野丰美的启发。浅野的观点是:日本曾征服过朝鲜半岛和中国台湾,如果被征服地的居民获得与日本内地国民同样的权利,那么日本只是一个多民族的殖民国家而非帝国;正因为在中国台湾地区和朝鲜实施了有别于日本内地的法律,大日本帝国才能称得上是个帝国。[35]在松里教授看来,虽然谈不上是帝国的本质特征,但普遍出现的一种现象是文化圈之间的多元关系,而以单一的支配文化圈为顶点,底边由若干个从属文化圈的圆锥形结构的帝国形态反而非常罕见。一般说来,帝国往往是由若干个多元文化圈组合而成的联盟。

松里教授对"多法域性"这一用语还是比较谨慎的,理由是:第一,"域"这个词汇容易让人联想到属地均等的法律制度,然而帝国往往是属地法和属人法并存。譬如,在沙俄帝国,崇拜自然的信教者如果皈依了东正教,即使不变更住址,其身份和对于国家的负担都会发生改变。又比如,清帝国的通古斯人和蒙古人的法律地位也是根据其本人加入八旗制的方式不同而显示差异性,哪怕是居住在同一地区。第二,均质的法律空间并不容易实现。像苏格兰的西北部地区,直到今天还保留着遵守挪威法的地方自治体。因此,"多法域性"这一用语,不仅意味着国家由若干均质的法律空间构成,也意味着国家意志在其中发挥着作用,从而使得地区法令的多样性变为"由国家控制的法律多元主义"。[36]

我们知道,一般说来,文化圈要比民族分布区域更广。日本学者铃木董指出,近代以来,具有民族观念的集团都把共同的语言作为轴心,而文化圈却是由宗教和文字形成的。对于文化圈来说,文字比语言更为重要。穆斯林文化圈在语言上存在阿拉伯语系、突厥语系、伊朗语系等诸多语系。近代以来,由于语言的不同而造成这些民族出现分化。但是,他们却通过使用阿拉伯文字,自觉产生了对于穆斯林文化圈的归属意识,使得穆斯林文化获得了新生。同样的关系在汉字和儒教文化圈之间也同样成立。[37]同样,沙俄帝国也十分懂得文字是文化的代表,所以它并不强迫波兰人和立陶宛人改信东正教以及使用俄语,而是用基里尔文字来标记波兰语和立陶宛语。

以上的阐述基本可以说明,"多法域性"和文化多元性构成了帝国的骨架。那么民族因素在帝国中处于一个什么位置呢? 因为民族本来就是近代以后出现的现象,无法作为自古以来各个帝国的比较标准。对于这个问题,松里教授完全认同他导师盐川伸明教授的观点。盐川指出,近年来的研究表明,近代帝国操控了民族范畴,使得民族成为国家构成的单位。民族精英也并非总要发动风险很高的叛乱,他们为了形成自己的利益和自我认同,会利用体制提供的各种机会。在这种互动关系中,民族的发展超出了体制预期,帝国就在多元化过剩中解体,民族被迫选择独立,其实它们未必都想独立。[38]也就是说,"多法域性"

和文化多元性创造了帝国,帝国又创造了民族。[39]

为了论证上述观点,松里教授选取了不列颠、沙俄和清王朝这三个帝国进行了比较研究,因为它们既不属于同一宏观系统,也不存在共有的时间轴。实际上,这三个帝国除了文化圈的边境有所重叠之外,不存在任何共性。

首先,松里教授认为,上述三个帝国由于疆界辽阔,帝国本身就是文化圈与法域的联盟。而且,正因为帝国中心地区是多元的,所以这些帝国才能积极发展成为世界帝国;反之,如果统一失败,不仅要丢掉边境领土和殖民地,帝国中心也很容易陷入分裂的危机,如同沙俄帝国与大英帝国。[40]从学术史角度来说,在 20 世纪 90 年代之前,日本学界鲜有将三个帝国看成是文化多元的帝国,基本倾向于认为三个帝国都是由支配文化居于顶点、非支配文化构成底边形成的圆锥形文化。就连征服王朝清帝国,都被认为是在征服汉地之后才被同化为圆锥结构的中华秩序之中。20 世纪 90 年代以后,片冈一忠、王柯等学者才陆续提出清帝国是多元结构的观点。[41]事实上,关于英国史的研究,长期以来也成为占优势地位的英格兰史的研究,苏格兰史与爱尔兰史只是处于从属地位,同样形成一种圆锥形模式。直到 20 世纪 70 年代,J.G.A.波科克(J.G.A.Pocock)将不列颠史定义为"位于盎格鲁与凯尔特之间的地区文化多元史",强调把三者综合起来分析,来构建复合君主制的三个王国的历史,其后才出现三个王国的近现代社会经济史的比较分析,以及具有民族主义倾向的苏格兰和爱尔兰的"本国史"研究。[42]上述研究最终在 20 世纪 90 年代与强劲的帝国研究实现了汇合,并将西印度群岛和北美英帝国殖民地都纳入不列颠史与复合君主制的研究范围。我们知道,关于沙俄帝国的研究,有学者认为它是圆锥形结构,是莫斯科公国的延续;但也有学者认为它是多元结构,不仅继承了莫斯科公国的传统,还吸收了金帐汗国、乌克兰、高加索等不同国家的传统,这才发展为世界帝国。其中,后者的历史观点被称为"欧亚主义",曾获得肯定的评价。松里教授认为,俄国从蒙古帝国那里学会了如何统治广大的地域,并在消灭金帐汗国之后,作为蒙古帝国的继承者,获得了向欧亚东部地区扩张的正当性。[43]苏联解体以后,欧亚主义在俄国史学界也增大了影响力,但在日本的俄国史学界,以栗生泽猛夫、土肥恒之、三浦清美等为代表的史学家,对欧亚主义持批判态度。栗生泽猛夫认为,蒙古人的统治几乎没对俄国人的身份认同产生影响。但他也承认,在军制、驿递制和外交手段等技术层面,莫斯科公国从蒙古帝国那里学到了很多东西。[44]

其次,松里教授提出,作为帝国实现"多法域性"的手段,会交替使用复合君主制、联邦制、总督制等多种制度,这些制度是相辅相成的关系。近世以来的欧洲,虽然罗马君主和神圣罗马皇帝的权威丧失,但是各王国的王族都是姻亲,欧洲的各王国整体上形成了一个"百万帝国"体系。因此,一个地区可以借助通婚、血统和亲戚关系,与别国实现统一君主联盟以及复合君主制来扩张领土。而且,外来的君主一般都会跟新统治下的地方精英达成约定,尊重原来地区的宗教、法律和习惯。于是,作为多法域国家的帝国也就由此形成。欧洲以外的帝国,像罗曼诺夫王朝和清朝虽然不具备这种条件,但是沙俄帝国通过总督制来代行复合君主制的功能,清帝国则是统治集团根据征服地区的不同而使用不同的治理方式,结果都产生了"多法域性"。[45]

最后,松里教授看到,不列颠、沙俄和清帝国通过各自不同的路径实现了"多法域性"帝国,但英格兰、大俄罗斯和满洲文化圈并不是处于圆锥结构的顶点,而是与其同盟——其他文化圈结盟并维持着统治地位。而这种结构确确实实成为近代民族意识诞生的苗圃。为了阐述这一观点,松里教授列举了两个典型事例加以证明。

一个事例是北美独立后的大英帝国,其内部苏格兰与爱尔兰的鲜明对比。苏格兰在实行联合议会之后,复合君主制的精神得以保持,并在抚慰遭到残酷镇压的民族过程中,构想出一个"民族"来;而爱尔兰仍保留着古典结构,拒绝被同化。日本学者高桥哲雄认为,苏格兰作为大英帝国的国内民族能够获得新生,有三点理由:一是苏格兰联合议会虽然比爱尔兰早一个世纪,但实际上作为半独立国家的基础条件要好于爱尔兰,譬如长老派教会在某种意义上代行议会职能、拥有发达的法学和法官制度、长老派热心发展教育等。二是作为苏格兰启蒙运动的结果,储备了一定的科技能力和金融实力,并成为帝国市场上的受益者。三是代表"凯尔特人复兴"的《奥西恩》,通过低地苏格兰人的首倡,得到了政府认可并日益发展,治愈了在17—18世纪反复出现内乱和虐杀惨剧的高地苏格兰人。[46]

另一个事例是沙俄帝国。沙俄帝国大规模实施"向弱者押注"的战术,操纵着民族的建构。虽然"向弱者押注"的平民战术,在近代其他帝国也能看到,譬如奥斯曼帝国唆使库尔德人对付亚美尼亚人,哈布斯堡帝国挑拨克罗地亚人对抗匈牙利人,但在俄国史上,这种战术非常有传统。像莫斯科公国在征服诺夫哥罗德和普斯科夫公国之前,就挑起当地平民反感贵族;苏联晚期,戈尔巴乔夫为了掣肘有强烈分裂主义倾向的联邦共和国,曾挑拨过鞑靼斯坦和阿伯卡茨等自治共和国。亚历山大二世认为,自我认同比现实利益更为重要。于是,叶卡捷琳娜时代为高加索人的"文明开化"而利用鞑靼人的政策受到了批判,对待天主教的政策也更加严厉。由此可以看出,沙俄帝国的空间统合与社会统合是表里一体的。对于沙俄统治者来说,波兰人的问题是处理整个帝国民族问题的模式,即便是对待没有像西部那样阶级对立严重的亚洲地区,也要寻找"压迫者"。这就要求增强帝国地区间的政策呼应关系,因此,总督政策的形成功能成为这种统治权术的关键。譬如,在西部各共和国,如果继续排挤波兰裔贵族的话,那么自治体和农民行政改革就无法推进。如何保持当地民族"健康"的平衡与现代化课题之间的良性发展,西南与西北总督的意见具有决定性的分量。由此,松里教授得出一个结论:在沙俄帝国,空间的统合最后是通过社会政策得以完成的。[47]

松里教授对他的论述做了一个总结,即他选择的上述三个帝国,都是在若干个文化圈的边境地区诞生的,这一客观事实为三个帝国刻下了多元性的烙印。大英帝国的核心要素是"复兴凯尔特"的神话。在圣公会、天主教、长老派教会并存的社会里,复合君主制做的是调停工作。联合议会与带有国民帝国性质的第二帝国,并未给爱尔兰留下既不独立又不同化的第三种选项。沙俄帝国的核心要素是弱化法域联合的性格,通过总督来统一边境地区的异质法律空间。清帝国的核心要素是伸缩自如的前卫组织——八旗制,而且皇帝可以凭借多种身份视察不同的法域。[48]

当把大陆帝国的沙俄和清王朝以及海洋帝国的不列颠置于同一平台时,松里教授对于传统帝国类型的理论产生了怀疑。以往的不列颠帝国论者认为,大陆帝国需要庞大的军事和官僚体制,必然导致专制主义,而海洋帝国可以实现自由和统治并存。与此相对,以往的沙俄帝国论者认为,殖民帝国建立在人种主义之上,而大陆帝国的最终目标是实现全体臣民的法律平等,在边境设立总督制是居民向更高水准的公民社会发展的过渡机制。上述两种对立观点限制了后人研究的认识水平。松里教授明确指出,在帝国核心地区,具有民族国家性质的同质法律空间并不容易形成,甚至能否成为当时人们的目标都值得怀疑。他认为,对于帝国运作来说,关键在于需要发挥像苏格兰、伏尔加乌拉尔地区、左岸乌克兰、蒙古、西藏等次要合作伙伴的个性;在帝国鼎盛时期,这些合作伙伴的社会活力超过其中居首位者(primus inter pares)也不稀奇。同时,处理像爱尔兰那样的中心与周边之间的边境地区的关系,影响到帝国的生死存亡。如果考察海洋帝国法国的阿尔及利亚问题,以及大陆帝国普鲁士的斯拉夫边境问题,都会得到某种启发。[49]

可以说,传统是被创造出来的,民族是被想象出来的,但未必扫清了通向民族国家的道路。帝国可以接受这份作业,创造出民族,并去治愈它、鼓舞它、笼络它。在过去20多年的帝国研究史上,把清王朝、不列颠和沙俄帝国看成是多元的结构,要比看作是圆锥状的帝国更有说服力。不仅是因为实证知识积累的缘故,而且是人们对于帝国的看法发生了改变。正如J.G.A.波科克所说:"霸权不能推翻多元的现实",[50]这句箴言不仅启发着帝国史学家,也是理解当代世界的关键话语。而松里教授的研究工作,就是在实证史学和现代世界分析这两种帝国理论之间进行着沟通。

### (二)帝国与周边·殖民地关系的比较研究:统治结构与相互认知

北海道大学斯拉夫研究中心宇山智彦教授谈到一个有趣的现象:在他刚开始学习地区研究的20世纪80年代末期,经常听到学界前辈们提及"苏联是世界的缩影"之类的发言,因为当时大家都拥有广泛的共识,认为地区知识对于理解世界不可或缺。因此,研究苏联与东欧、中东、中国等热点地区的学者发言受到特别重视,他们的地区研究被认为能够预测世界走向。然而今天,探讨世界格局与全球化的问题却成为国际政治、国际经济和现代思想专业学者的事情。他们的研究给从事地区研究的学者造成巨大的刺激，而且他们的思考都是把美国、日本等发达国家作为视野中心。[51] 因此，宇山教授想从地区研究的视角来对发达国家中心论进行某种修正。

在日本的地区研究、特别是历史研究中，帝国理论非常流行，然而这一理论并未能阐明历史上的帝国同当今美利坚帝国以及全球帝国之间的关系。与以往的帝国主义理论不同，一种所谓新的帝国理论开始盛行于 20 世纪 90 年代。当时人们都嚷着现代民族国家出现了相对化和功能不全的问题，再加上学者们都有自赞自夸各自研究对象的倾向，因此，研究帝国的历史学家们不自觉地支持了当今帝国秩序的正当性。而宇山教授想要做的是，通过考察沙俄帝国统治的弱化，来批判地认识当今世界的帝国要素。无论对帝国持有肯定或者批判的态度，重要的是要通过双向反馈机制来建立历史上的帝国和当前帝国的认知关系，深入挖掘更多的问题。

宇山教授首先从人口、自我认同和边境政治来认识近代帝国的特征。他看到学术界对于帝国的研究，大多倾向于把近代帝国跟自古以来的帝国同等对待，并据此得出结论认为，帝国是几千年来世界史上最为优势的统治形态和世界秩序。对此，宇山教授提出了不同观点，他认为把成立背景、权力结构，以及自我分封等情况完全不同的多数政体都一概称为"帝国"，是在操作一种高度抽象的概念，应该避免把所有的"帝国"都视为实体，避免进行一种本质主义式的讨论，不要轻易地下结论，认为帝国是历史的常态，而民族国家只不过是历史的一种遗漏。[52] 为了论证自己的观点，宇山教授也采用比较研究的方法进行考察，选定的对象是 18 世纪以后的帝国。

我们知道，从历史上看，前近代的大国基本采取的是间接统治，君主只要掌控贵族、部族首领、军事集团以及各种身份的代表人物就足矣。欧洲建立的绝对王权的中央集权体制，削弱了贵族的权势，但君主却不得不更多地依靠社团等中间团体的力量。从 17—18 世纪开始，欧洲各国的目标是直接控制整个国土上的全体居民和生活，并着手建立与其目标相一致的高效统治体制。这种动向也波及欲与欧洲各国一争高下的沙俄帝国。从彼得大帝到叶卡捷琳娜二世，都积极动员社会资源进行"纪律化国家"的改革。随后沙俄进行对外领土扩张,由重商主义过渡到重视当地开发和殖民地的经营,并对当地的人口、习惯和语言等情况进行了彻底调查。在宇山教授看来,这种动向与政治上日益高昂的自我认同相关。因为君主政府以何种集团的名义来掌控居民,居民又高举什么样的自我认同来跟政府谈判较为重要。中央政府通过人口普查、民族调查以及政治改革等手段,从文化和区域上对帝国广大领土上的居民进行了分类和重组,这本身就带有统治者的随意成分;同时,当地居民也利用政府的分类范畴,谋求重组再编。政府从整体上掌控人口和居民,需要明确所掌控民众居住的地区边界,也就是需要明确划分边境。而沙俄帝国、清王朝和奥斯曼帝国都是 17 世纪之前(至少是帝国的原型)成立的帝国,当时它们并不在意国境线的明确划分和别国的统治状况,而是基于各自的世界观念来主张皇帝至高无上的地位。然而,近代帝国都在互相争夺边境地区的居民,并把他们纳入本国。从这种意义上来说,帝国体系在统治能力、国际谈判能力等方面,是在跟民族国家等其他体系进行竞争。换言之,正因为处于民族国家竞争的时代,才存在着不同的统治体制与国际体系,才能用帝国这一范畴来处理世界多样化的政体。[53]

诚然,我们看到,到今天为止,世界历史的潮流正在不可逆转地涌向人口、自我认同、边境政治的变迁过程中,而民族国家在这三个要素方面显得比帝国更为清晰。虽然近年来也出现"民族国家相对化"的现象,但当前还无法想象会出现一个无法控制国家疆域内的人口、自我认同以及国境线混淆不清的世界。因此,宇山认为,对于当今世界帝国式体系的有效性,与其同古代帝国进行比较和想象,不如在近现代帝国与民族国家之间进行比较,会显得更为清晰。

其次,对于帝国内部的治理方式,宇山教授提出个别主义与讨价还价的观点。一般的帝国研究多数是将帝国与普遍主义结合起来讨论,但宇山教授却认为沙俄帝国的中亚政策是由个别主义决定的。宇山教授所说的个别主义,并不意味着从帝国内部的诸多状况中自然而然地产生了多种治理方式,也不意味着帝国根据当地的条件采取灵活的治理手段,而是帝国根据各民族的传统习惯来决定政策的实施方式抑或是否要实施,这就意味着帝国的统治受到历史形成的制度的约束。其历史形成的制度与地区、身份、民族和宗教因素相关。[54]在沙俄帝国扩张的历史过程中,臣属集团对皇帝分别宣誓效忠之后,就被赋予特定的权利和义务,并被适当地进行了集团分类。不过,每个集团仍然带有民族性等固有的性格,反映出东方主义的观念。某个集团一旦被贴上"好战"、"信仰狂热"等标签,即便是情况发生变化,但政策却不能再收回了。换言之,俄国政府被自己设计的陈规旧习、自我认定的差异性给束缚住了。譬如,从理论上讲,忠于皇帝和政府的集团总是受到重视,但另一方面,"文明化"和"公民性"这种普遍主义的话语则被用于机会主义,俄罗斯化政策没有贯彻到底,东正教也没有绝对化,甚至叶卡捷琳娜二世以后的沙俄政府也积极利用伊斯兰教来加强统治。不过,从19世纪后半叶开始,沙俄政府对于穆斯林谋求分离的政策和泛伊斯兰主义提高了警惕。

在宇山教授看来,俄国政府的政策约束着沙俄帝国的穆斯林,但穆斯林为了自己的利益也常常利用政府的政策来讨价还价。譬如,19世纪后半叶的哈萨克知识分子,利用政府对于鞑靼人泛伊斯兰主义的警惕,强调哈萨克人虽是穆斯林,但同鞑靼人在文化上有所差异,谋求独立发展民族文化。还有,鞑靼人内部也竞相向警察告密,排除自己的竞争对手。地方当权者的惯用手段是,只要强调对于沙皇政府的尽忠和奉献就会获得褒奖和地位,而哈萨克的知识分子则按照字面的意思来诠释政府提倡的"文明"和"公民性",谋求扩大教育和提高公民权利。基于皇帝的权威这一"理念上的帝国",与实际上"作为讨价还价的帝国"构成表里一体的关系。个别主义中存在这样一种理念,如果政府激烈地变革当地的"传统"制度,很容易招致动乱,所以政府采取的是间接统治的治理形态,从当地选拔官僚、神职人员和共同体,编入政府和居民当中。这种治理形态虽然也导致俄国官僚层的不安和不信任感,认为当地的行政官僚是"不能穿越的屏障",使得俄罗斯人看不到穆斯林的生活。然而,社会却由此而获得稳定,沙皇政府可以作为各民族、各种身份和各种宗教的保护者而自居,个别主义的政策并没有造成严重的问题。[55]

但是,进入20世纪以后,个别主义的政策成为俄罗斯人民族主义不满情绪的种子。他们认为赋予部分非俄罗斯人免除兵役等的待遇,加重了俄罗斯人的负担。但另一方面,杜马选举权设定的民族、地区和身份上的差异,又导致非俄罗斯人的不满。第一次世界大战刚一开始,沙俄帝国发挥了同时代民族国家无法做到的动员能力,招募超过 1 400 万的兵员,但在后方支援体制和维持士兵士气方面却是失败的。随着战况恶化,国内开始发生混乱,征用劳工又引发中亚地区的严重叛乱。更为严重的是,俄罗斯工人也背离了政府,就连一向被认为是沙皇最为可靠的支持基础——俄罗斯农民都失去了对沙皇的信仰。沙俄帝国无论是在国民统一方面还是在应对危机方面都显得手足无措,于是就迅速解体了。[56]

第三,关于帝国的解体与"半帝国·半民族国家"的建立,宇山教授也有着自己的看法。16—17 世纪的奥斯曼帝国是牢固的支配体制与松散的统一共存的体系,但穆斯林同基督教和犹太教的共存毕竟是以穆斯林处于优势的不平等共存。随着基督教民族的经济增长以及文化与政治上的觉醒,不平等基础上的共存也走到了尽头,奥斯曼帝国的领土由于各民族的独立和西方列强的侵略而被蚕食。[57]

我们看到,帝国解体后建立的国家,或多或少都吸收了民族国家的理论。奥斯曼帝国解体后的土耳其,在经历领土大幅度的缩水和居民的更替之后,仍存在库尔德人等严重问题,但基本上变迁为民族国家。苏联在经历革命和内战的混乱之后,几乎成功恢复了沙俄帝国时期的领土,从中央集权多民族国家的意义上来说,帝国似乎依然存续着,而且明确提倡共产主义意识形态这一普遍主义。因此,苏联更接近于"理念上的帝国"。

但宇山教授却认为,不能认为苏联是沙俄帝国的复活,因为苏联是按照民族行政区域来设置的类似民族国家,并把民族行政区域作为同盟来定位苏联。苏联一方面强调意识形态约束下的各民族的团结和友好,同时,在各民族共和国内则安抚和优待地方上的民族精英,追求共同的民族文化。这种二元化的统一政策实现了超过沙俄帝国的高水平的统一。而且,俄语得到普及,苏联时代的记忆被不少苏联公民肯定并且保留至今,苏联式的民族文化也被无意识地继承着,苏联式的思考方式已经得到了内化。不过,苏联的民族政策也出现诸多破绽,像高加索地区存在的严重的民族问题,被强制合并的波罗的海三国长期的不满。

更大的问题在于,苏联体制无论是从经济意义上还是从人员牺牲和人权压制上来说,成本都非常高。通观整个苏联时代,为了支撑作为原则的共产主义意识形态和计划经济,以及维持庞大的党政机关,出现了中央与地方的讨价还价,特别是勃列日涅夫时代。到了戈尔巴乔夫改革时期,苏共坚持原则与内部交易平衡的政策,降低了苏共的权威和权限,直接导致苏联解体。在国际上,苏联更是采取明目张胆的帝国主义行径。然而,通过民族政策与民族文化来统一国民的逻辑,无法向更具民族国家性格的其他社会主义国家输出,苏联的社会政治文化最终没有在东欧等卫星国扎根,表明帝国的对外政策难以改变外国的社会。[58]

在宇山教授看来,苏联解体后的俄罗斯联邦,依然是疆域辽阔的多民族国家。虽说普京政府再次推进了集权化,但是,联邦总统与地方和民族精英进行交易这种多元统一的方式,对于政权基础仍然具有一定的意义,俄联邦仍带有一定程度上的帝国要素。不过,同苏联相比,俄罗斯人所占的比例很高,俄罗斯整体上更接近于民族国家。俄罗斯以外的苏联国家基本上是作为民族国家而独立的,几乎都是多民族国家,然而政治权力却集中在主体民族手里,具有迷你帝国的性格。譬如,哈萨克的少数民族承认哈萨克人的中心权力,不主张独立和自治,而是主张作为政府的辅助机构来开展院外活动,[59]从而找到了自己的定位。

从宇山教授的分析中可以看出,19世纪存在的各个帝国,由于不能做到民族统一和提高治理效率,无法应对危机,最终导致它们在20世纪前期的解体。相对于民族国家进程来说,帝国进程暴露出缺陷。帝国的继承国在吸收民族国家要素的同时,也在推进着国家建设。与此同时,这些国家为了保持多民族的统治和中央集权体制的并存,并没有抛弃帝国要素。因此可以说,半帝国·半民族国家的形态在当今世界并不少见,已经成为国家统治的一种常态。

第四,宇山教授对于民族国家体制的相对化和成熟度也有着自己的看法。我们知道,冷战结束后,随着全球化时代的到来,民族国家将要退场等议论甚嚣尘上,特别是美国对南斯拉夫、阿富汗和伊拉克的武装干涉,表明主权国家体制的衰退。但宇山教授却认为,武装干涉决不是一种新的现象,冷战时期的美苏也在世界各地不断动用武力干涉别国内政。虽说干涉的过程、名义和借口不同,实质上都是无视别国的主权。然而,武装干涉的横行并不意味着新的世界权力的出现,而是表明主权民族国家的进程尚未完成。[60]当然,我们不能否定近年来国家形态出现的变化,国民经济越来越无法自我封闭于世界经济体系之外,国民的自我认同也在多元化中发展。即便如此,在不久的将来,实现世界政府和世界议会的可能性依然很低,依然有必要加强对地区的统治。在征税和行政服务方面,国家的作用依然不会消失,维持治安的功能更将随着反恐而被日益强化。还有,国家在全球经济活动和文化活动中也成为一个竞争单位,从投资环境、民主程度到教育水平,都盛行着国际排名的位次比较。即便不把民族国家作为感情上的爱国对象,但参与国家的活动并为之作出贡献,从而实现自我价值,这恐怕在今后的一个时期内都不会消失。此外,为了展开国际竞争,各国都在制度设计方面苦下功夫,国家参与全球化进程的活力和多样性也受到关注。

在宇山教授看来,民族国家体制无法彻底解体的一个最现实的理由是,作为第二次世界大战以及殖民地独立斗争的结果——尊重既成的国境与国境内的国家,成为世界安全的重要条件。即便是阿富汗和伊拉克的政权被外力推翻,但国家本身并没有被消灭。大国或帝国任意合并小国,组建世界国家的情形当前还无法想象。而且,民族国家体制也在发挥着积极作用。譬如,苏联解体带来了混乱,但远比74年前沙俄帝国解体后的混乱要轻,组成联邦的各个共和国,形式上具有了主权国家的正统性,实现了民族国家的独立,成为中央权力自我解体的容器。虽然塔吉克斯坦发生了内战,但政府和反对派在维持塔吉克斯坦民族国家这个根本问题上主张一致;有关国家也在维持该国主权框架的基础上与联合国合作,发挥着持续的影响力,并最终实现了和平。[61]因此可以说,民族国家体制对于维持与稳定和平发挥着有效的功能。反之,也可以说是民族国家被相对化。20世纪80年代后期以来,国家间的战争很少发生,内战成为冲突的主要形态,而民族国家保持稳定、没有变成失败国家,构成了和平的条件。随着冷战终结、身份认同的多样化以及全球化带来各国利益的交错契合,民族国家作为可怕的战争机器这种性格大为减弱,民族国家由于功能的相对化而变得更加成熟。

第五,关于美利坚帝国的弱化和尚未终结的民主进程,宇山教授也阐述了他的观点。我们知道,布什政府时期兴起的"美利坚帝国"论,宣扬的是美国凭借强大的国力，特别是军事实力向世界推广民主等普适价值。尤其在"9·11"事件之后，一种支配性的观点是，美国建立了新的世界秩序。然而，美国在伊拉克陷入战争泥潭之后，美国的战略走到了尽头这种说法又盛极一时。其实，如果观察苏联的中亚地区，"美利坚帝国"并非万能的结论早就一目了然。

宇山教授从他擅长的中亚地区的研究出发，看到在苏联解体前后，苏联地区的人们都憧憬着西方，将西方称为"文明的世界"，然而当1993年10月俄罗斯总统叶利钦炮击国会大楼，镇压反对派，西方开始全面支持叶利钦之际，他们就看清了西方机会主义的面孔。其后，关于中亚国家的威权主义体制和俄罗斯的车臣战争，西方国家特别是美国，对前苏联各加盟共和国政府时而批判时而支持，态度左摇右摆，美国的对外政策成为双重标准的代名词。[62]"9·11"事件之后，俄罗斯和中亚各国协助了美国的"反恐战争"，他们的动机除了避免塔利班对本国造成潜在的威胁之外，还有各自的盘算。俄罗斯打算将车臣独立派划为恐怖主义，而中亚欲将伊斯兰势力作为恐怖主义来镇压，希望得到国际社会的认可，他们还打算获得外援和军用机场的租借费用。当时，对美合作最为积极的是乌兹别克斯坦，但很快与美国的关系就出现了紧张。2005年发生"安集延事件"之后，美国对该国的非民主政权无法施加任何有效的制裁，不得不撤出军队。同样，2005年吉尔吉斯斯坦发生的"颜色革命"，美国也给予了巨大的期待与协助，但革命后的巴基耶夫政权并不比前政权更民主、更亲美，反而在提高军事基地租借费用和处理美军士兵杀人事件问题上，对美关系一度紧张。值得一提的是，对该国革命有一定贡献的亲美非政府组织，几乎无法参与革命后的政权建设，还被国人骂做美国的爪牙，被指责贪污援助金。[63]

至于美国主导的民主化未能获得进展，宇山教授认为存在以下原因：第一，美国主导的民主化，其理论背景是"民主和平论"，即认为民主国家间没有战争，因此主张哪怕是强制性的，也要实现世界各国的民主化。但是，当包括威权主义国家在内的国家间战争已然稀少之际，"民主和平论"就失去了现实根据。俄罗斯、中国、中亚地区的国家，通过上海合作组织构筑相互间的合作关系，虽然对美国等区域外国家未必友好，但采取的态度是不好战的。作为有欲求和有能力对外发动有组织的战争的国家,应该只有美国和以色列了。宇山教授追问道:从安全保障的视角来看,比"民主和平论"更为重要的课题是,人类社会造就了美利坚帝国,能否像造就民族国家那样来削弱国家变为战争机器的性格呢?[64]

第二,当前,国际社会的主权民族国家体系和帝国式的体系同时并存。一方面存在超级大国对前南斯拉夫、阿富汗和伊拉克等情况特殊的国家的干涉,但一般情况是,在以主权为前提的国家之间,通过谈判来决定事务。因此,超级大国提出民主等所谓的普世价值,将导致国家间的讨价还价。譬如在苏东地区,大致是乌克兰以西的国家和格鲁吉亚,他们认为,根据欧美所谓的普世的民主原则,本国的政治会得到好的礼遇;而俄罗斯和中亚国家虽然接受民主观念,但他们认为,决定民主内容的权利不在欧美,而在于各主权国家,并以此为由拒绝民主化要求。该地区的大国和地缘政治位置重要的国家以及资源丰富的国家,都知道欧美重视他们,也知道哪怕自己是贫穷的小国,欧美国家也害怕他们混乱而成为"伊斯兰主义"的温床,因此他们会拒绝欧美的民主化要求,或者要求欧美援助,进行一番讨价还价。[65]

第三,其实民主化和民主本身也正处于一个世界性的转折点。当代号称民主化时代,是因为在第二次世界大战后的重要关头,日本、印度、韩国、南欧、东欧、拉美、东南亚以及非洲部分国家,都比较容易地接受欧洲文明圈或者外国的政治制度和政治文化,实现了民主。这些国家根本没有宿命论的想法,即认为与欧美文明不同的地区不能实现民主。但是,像前苏联各加盟共和国和中东国家等,它们本身具有独立而发达的权力观念和政治逻辑,并且其政治精英都会强调与欧美异质的言论,以此博取国内人气以及与外国对抗,其民主化的实现确实比较困难。更为棘手的问题在于,由于全球化和社会问题的复杂化,相应的政策也就愈发专业,国民也就愈发难以参与政策讨论。而且,随着经济的新自由主义化,贫富差距和不平等现象日益明显,即便是发达国家,维持实质上的民主也非易事。被跨国企业代表的全球资本主义不断篡夺一个国家的部分权力,通过选举带来的民主正当性日益丧失。在威权主义国家中,比较稳定的国家已失去对发达国家民主的向往,而是满足于现状。因此,民主仍是尚未完结的进程,"帝国"强制造就的民主尝试,愈发会增加民主进程的困难,使之无法完成。[66]

综上所述,我们看到,宇山教授对于世界结构的认知,在某种意义上甚至只能说是一种常识。在今天的世界上,不少国家的内部同时具备民族国家和帝国的两重性,而国际体系也具有帝国和民族国家的双重结构。这种结构通过全球资本、国际机构以及跨国社会活动与文化活动来横向地连接在一起。宇山教授的认知着力点与一般学者有所差异,但在国际体系的构成上,他与日本学者山本吉宣的见解非常类似,都认为当今的国际结构是四大体系同时并存和相互作用:一是帝国体系(霸权体系),二是以国家为单位的传统的国际政治体系,三是以联合国为代表的普遍体系,四是国家变迁的全球化社会。[67]

需要强调的是,当今世界帝国体系所面临的问题跟近代帝国存在的问题类似。无论是俄罗斯这种典型的帝国,或者像"美利坚帝国"这种非典型的帝国,他们谋求扩大影响力,谋求强化统治空间,要远远大于当今的治理空间。他们对于尚不能严密统治的外延性空间,必然产生信息越来越不完整的状况。因此,根据自以为是、思维僵化、机会主义的信息来进行决策判断,其军事干涉行动往往非但不能达成目标反而造成大量的人员伤亡,或者下达没有经过深思熟虑的命令而造成叛乱。这方面的事例非常普遍。

同时,我们也看到,无论是普适价值也好,皇权至高无上也罢,帝国标榜的原则,对于治下的社会和小国来说,可以有讨价还价的余地。为了让小国尊重原则,帝国会让渡部分利益,有时也会跟地方对立来强化自身的立场。特别是在帝国和民族国家的双重结构下,小国也有讨价还价的筹码,譬如主权以外的其他原则、帝国利用本地资源和军事基地的管理权、国际机构的选票等等。帝国体系中的强者和弱者的结构区分较为明显,但未必是强者通吃。

宇山教授也承认,他所做的研究只是如何认知当前的现实世界,不是阐明一种理想世界的模式。当今的世界体系,民族国家日益成熟,并且与帝国式的权力之间进行讨价还价,国家间的战争和单边主义的战争风险相比以前大为降低,然而却并未能有效解决权力资源的不平衡、贫困以及内战等问题。但是,地区研究基本上还是认识现实的学问,特别是对于充满悖论的沙俄帝国、苏联等国家,历史研究者首先应该把握帝国悖论的特征,与帝国礼赞论和帝国批判论保持距离,因为它们是在帝国万能认知的基础上进行理论建构,然后再讨论世界问题。[68]这番忠告,对于从事地区研究的中国同行来说,也具有一定的借鉴价值。

### (三) 俄罗斯帝国研究的跨境理论

我们知道,日本俄苏学界的学者着力于构建日本的斯拉夫·欧亚学时,将跨境研究作为地区研究的一种重要的分析路径。北海道大学斯拉夫研究中心研究员志田恭子通过比萨拉比亚的案例,具体验证了跨境理论在俄罗斯帝国研究中的意义和有效性,具有一定的代表性。

志田恭子首先将俄罗斯帝国研究中的跨境研究定义为"帝国的内外融合分析",也就是说,对于帝国空间上的边境内与外、政策上的内政与外交、功能上的合并与扩张,一并进行综合论述。[69]研究对象选择了巴尔干南部的边境地区——比萨拉比亚(今天的摩尔达维亚)。

摩尔达维亚,旧称"比萨拉比亚",不过,作为一个特定的历史地理概念,比萨拉比亚并不等同于后来建立的摩尔达维亚苏维埃社会主义共和国,而是专指位于德涅斯特河与普鲁特河之间的那块罗马尼亚民族居住的土地。当这一地区于1812年被俄罗斯帝国兼并时,当地的一个自然地名——比萨拉比亚被正式用作这一面积达4.4万平方公里行政区域的称谓。1940年这一地区再度被苏联兼并,为了淡化历史痕迹,苏联有意摒弃比萨拉比亚的称谓,并将这一地区南端沿黑海的一部分划给乌克兰,而将其主要部分同德涅斯特河东岸的一小片乌克兰领土合并,组成面积为3.37万平方公里的摩尔达维亚共和国。尽管如此,由于问题的实质没有改变,历史遗案尚未终结,所以人们仍习惯于把苏联与罗马尼亚之间的领土争执和摩尔达维亚地区的民族矛盾称作"比萨拉比亚问题"。[70]

志田并没有仅仅把这一地区作为沙俄帝国的边境,而是作为共属于多个空间的跨境地区来认识。因为研究俄罗斯对比萨拉比亚的统治问题,仅仅依靠调查当地与中央的关系远远不够,还必须知晓邻接的罗马尼亚与巴尔干的局势以及俄罗斯的外交政策,而且还必须将该地区置于整个东正教文化圈之内加以考虑。也就是说,比萨拉比亚是检验俄罗斯帝国跨境理论是否有效的最佳素材。[71]

在志田看来,把跨境理论应用于帝国边境治理研究,其方法和好处如下。[72]第一,把研究视角从民族地区扩展到历史性的空间变迁。不是把帝国边境作为民族地区加以认知,而是作为超越边境的历史空间的一部分加以理解。这样,就能发现曾一贯运用的有关民族政策与民族运动对立这一分析框架所疏漏的问题。

我们知道,当前大量的研究都把俄罗斯帝国的民族政策和民族问题作为研究重点。关于比萨拉比亚问题,不少研究者认为,该地区被俄罗斯从摩尔多瓦公国手中夺走吞并,而当地的主要民族又是罗马尼亚(摩尔多瓦)人,所以俄罗斯对比萨拉比亚的统治与对罗马尼亚人的政策是一致的,从而将关注重点主要集中于作为"罗马尼亚人地区"的比萨拉比亚的特色上。但是,志田却认为:进行地区研究,民族因素只不过是特性之一;对于帝国来说,民族政策也不过是其外交、军事、贸易、殖民等诸多重要政策中的一项,过分强调俄罗斯帝国的多民族性,认为俄帝国在边境地区只是重视民族政策的研究倾向,容易偏离地区治理研究的实际状态。为此,最好不要把边境作为帝国的民族地区来加以认知,而是作为超越国境的历史空间的一部分来理解更为有效。

关于比萨拉比亚问题,志田强调,这一地区既是"罗马尼亚人地区",同时也要作为东正教文化圈、特别是"后拜占庭空间"的一部分加以认知。因为在 1453 年拜占庭帝国首都君士坦丁堡被奥斯曼军队攻陷后,多瑙河两公国(摩尔多瓦公国和瓦拉几亚公国)继承拜占庭帝国的宗教和文化色彩非常鲜明,甚至被罗马尼亚最著名的历史学家尼古拉耶·劳尔伽(1871—1944 年)誉为"拜占庭之后的拜占庭"[73]。因此,被俄罗斯吞并之前属于摩尔多瓦公国的比萨拉比亚,具有后拜占庭的特征。譬如,比萨拉比亚的当地法律具有拜占庭法的效力,多瑙河两公国之所以最为出名,就是因为它们是拜占庭法律的继承国。此外,比萨拉比亚的罗马尼亚贵族中有许多拜占庭帝国时期由希腊人担任的外交官贵族。在拜占庭帝国灭亡后,外交官和希腊人的神职人员渗透到多瑙河两公国,掌握了政治和教会的权力,并在当地扎下根。此外,即便是 20 世纪以后,比萨拉比亚的修道院还保留着希腊式的传统,修道士们可以吃肉食,而东正教的斋戒规定要永远吃素。因此,对于比萨拉比亚来说,拜占庭因素非常重要,绝不低于罗马尼亚因素。这一点对于俄罗斯来说具有相当深远的意义。因此,志田得出的一个观点是,比起民族要素,重视历史空间要素这一跨境研究的方法,要比仅凭"罗马尼亚地区"的视角更容易把握比萨拉比亚。[74]

第二,通过内政与外交的融合来研究俄罗斯帝国。不仅把帝国的边境治理作为内政问题来理解,同时也着眼于外交因素。这样,就不会因为单方面关注内政或者外交而不能发现问题的实质。因为许多国内问题或政策,其背景往往与外交问题密切相关。

日本的俄罗斯帝国研究的一种现状是,把边境治理研究和外交研究作为不同的体裁分开进行研究。关于边境治理的研究,其主要角色是中央政府、当地官员、非俄罗斯人的当地人,而且基本上是作为国内问题来研究。问题设定的主流是中央与地方的关系,或者是地区内的关系。而外交研究的主要角色多是国家领导人、外交官和军人,不太关注国内问题和当地情况。外交研究的问题关注重点主要集中在战争、领土划分等国家间的关系上。在志田看来,俄罗斯帝国的内政和外交并非分属不同的领域,而割裂内政与外交的研究带来的最大弊端是对事实的忽视,一些问题看起来好像是国内问题,实际上却与外交问题密切相关。因此,即便是探讨内政而非外交问题,在空间上不仅要着眼于帝国内部,也要着眼于境外,在政策上不仅要考虑到内政,还要考虑到外交。[75]

志田通过比萨拉比亚的"大改革"和修道院领地国有化两个方面来阐述自己的观点。上述两方面问题乍一看属于内政问题,但志田试图通过跨境分析来阐明上述问题实际上是内政与外交相互关联的问题,以此来论证跨境理论的有效性。

首先,在一般意义上的俄罗斯史研究领域,都会把"大改革"作为国内问题进行论述,但具体到比萨拉比亚时,就与对外政策密切相关了。志田认为,其周边罗马尼亚、奥地利、巴尔干的形势都直接影响到比萨拉比亚的改革,所以在空间上不仅要把比萨拉比亚作为"罗马尼亚人的地区",还要将其置于更广阔的相邻地区之内,从内政和外交两个方面加以分析。

我们知道,在奥斯曼帝国和俄罗斯影响下的多瑙河两公国,于

1859 年推选出两公国共同的君主——亚历山大·库扎（1859—1866 年在位），两公国由此实现统一，诞生了事实上是罗马尼亚人的国家。库扎迅速以西欧为范本，果断地实行了现代化改革。但是，沙俄帝国治下的比萨拉比亚，与其他郡县不同，当地没有设立调停官和预审法官制度，也没有进行郡县警察制度的改革，所以造成当地居民极为不满。于是，比萨拉比亚的地方长官 I.O.维里奥在写给总督 P.E.克察布艾的书信中发出了警告，指出比萨拉比亚的罗马尼亚人正转身朝向普鲁特河对面，再不进行改革，比萨拉比亚的分裂主义就有加大的危险。

维里奥写道："当务之急必须进行比萨拉比亚的经济和行政改革……当地居民对统一的摩尔多瓦和瓦拉几亚有了共同的命运感，希望成为罗马尼亚，然后实现欧洲水平的变革，迅速成为一个统一的公国……能够阻挠比萨拉比亚居民的民族意识，使之不向统一的公国发展，只有改善其生活方式，因此，一切延缓比萨拉比亚改革的做法，都将造成政治上的失误。"[76]克察布艾支持这份建议，沙皇也"完全赞成"维里奥关于进行改革的建议，很快决定对比萨拉比亚实施改革。

同样，在比萨拉比亚设置地方自治体的问题也并非与国外形势没有关系。受到农民改革的影响，在当地设置地方自治体被延期。但是，看到意大利的统一和奥地利的衰弱，奥斯曼帝国统治下的各民族表现出了活力，从 1859 年到 1862 年，巴尔干各地纷纷爆发起义。在这种国际形势的影响下，克察布艾看到罗马尼亚强烈反对库扎的强权政治以及罗马尼亚内部再次面临内乱的危机，于是在 1864 年，他又向俄政府建议设置地方自治体。他的建议是，"比萨拉比亚的居民不能不关心，同样是在俄政府的统治下，俄罗斯其他臣民享受的权利为什么不能给我们……当前，罗马尼亚的知识分子对于库扎的专制极度愤怒，这是一个绝好的机会，通过安抚政策和自由制度改革，把比萨拉比亚的摩尔多瓦人与俄政府紧密联系在一起"[77]。当地的贵族首领也认为，由于奥地利的衰退和东方问题的爆发，此时在比萨拉比亚设置地方自治体是最佳时期，既可以加强国家的统一，也可以对外树立俄罗斯的威信。[78]通过上述分析，志田得出结论，关于中央政府和当地权力的关系，比萨拉比亚的"大改革"既是国内问题，同时也是对外问题，在探讨这类问题的时候，关注外界因素的跨境研究发挥了作用。[79]

志田又从宗教的视角来论证宗教也是跨越内政和外交的问题。

我们知道,日本学界近年来的俄罗斯帝国研究,是把宗教作为国家统一的工具来理解和认知的。特别是围绕帝国内部的穆斯林、游牧民族和古仪式派的改宗问题,又分为两个研究方向,一个方向是按照国内宗教政策来探讨,另一个方向是关注帝国把东正教作为一种外交手段,在国外和边境地区进行传教的东正教问题。而且,这两种研究往往形成一种相互对立的态势。而志田将目光转向东正教作为统一与扩张的手段,尝试以此来探讨东正教外交与比萨拉比亚统治的融合问题。志田强调,俄罗斯不仅想让国内的非东正教徒改宗,还在国外与天主教和新教势力展开激烈的争霸战,并且与最高的君士坦丁堡总教主等希腊神职人员争夺东正教的领导权。而这种东正教外交,与比萨拉比亚的统治密切相关。[80]

我们知道,比萨拉比亚从摩尔多瓦公国继承了阿托斯和耶路撒冷等属于东正教圣地的广大领地。对于这些领地,是从圣地派遣希腊人的神职人员去进行全面管理,但是这些领地的收入都被管理者和圣地的希腊神职人员给浪费了,没有返还给当地居民。因为希腊人的神职人员没有把领地收入用于教会和朝拜者,而是中饱私囊,并且通过砍伐森林等胡乱经营的行为,致使领地荒废,而比萨拉比亚建设学校和医院的资金却严重不足。最终,要求比萨拉比亚的泽姆斯特沃(Zemstvo)[81]修道院领地国有化的呼声高涨,并把这一切诉诸政府。沙俄政府于1873 年和 1876 年颁布法令,对外国修道院领地的收入实施了国有化。

在志田看来,读当时的史料,一般人都认为是比萨拉比亚地方自治体通过请愿,实现了外国修道院领地的国有化。但是,正如研究沙俄在巴勒斯坦传教的学者所指出的那样,实际上,这种国有化的导火索,是在距离比萨拉比亚 1 500 多千米的耶路撒冷,俄罗斯与希腊的神职人员发生对立中产生的。事情的经过要追溯到 19 世纪 40 年代,随着英法向近东扩张,君士坦丁堡势力与天主教势力都加强了对巴勒斯坦地区的渗透活动。圣地耶路撒冷于 1841 年由新教设置了英国·普鲁士主教,但是却被 1847 年罗马教皇设置的天主教主教代替。作为一种对抗措施,沙俄打出东正教的旗帜,开始向巴勒斯坦扩张势力,并向耶路撒冷派出了"在巴勒斯坦·沙俄传教团"。本来,沙俄传教团去耶路撒冷是为了跟天主教和新教对抗,并且支援同样信奉东正教的希腊神职人员。而以圣墓教会为活动中心的耶路撒冷大主教,是由希腊人修道士组成的"圣墓教会兄弟团"掌握着实权,并且自12世纪以来,耶路撒冷的大主教都由圣墓教会兄弟团的首领兼任。自19世纪初,大主教不再兼任首领,但圣墓教会兄弟团仍然拥有发言权,有时甚至还威胁到大主教的权威,对其他教会的修道士也具有影响力,地位要高于叙利亚和巴勒斯坦当地的阿拉伯人神职人员。然而,俄国人并没有与希腊神职人员建立起良好的合作关系。俄国传教团的首领毫不掩饰对耶路撒冷希腊人的厌恶之情,而希腊的神职人员也对沙俄传教团的突然到来表示怀疑,感受到了其中的政治意图。于是,圣地耶路撒冷就成为以英法俄为后台的新教、天主教和东正教冲突的舞台,也成为同一个东正教阵营中的希腊人与俄罗斯人争夺东正教主导权的舞台。[82]

而1873年和1876年比萨拉比亚外国修道院领地的国有化,正是在耶路撒冷的俄国人与希腊人之间产生摩擦的背景下发生的。当时耶路撒冷大主教居里洛斯是亲俄派,也受到当地阿拉伯信教者的追随。但是在1872年,他由于拥护有沙俄背后支持的匈牙利教会的独立,被圣墓教会兄弟团罢免,逐出耶路撒冷。于是,当时驻伊斯坦布尔的沙俄大使N.P.伊古那契耶夫(1864—1877年在职)立即提出采取经济封锁等报复措施,将圣墓教会的重要财产来源——比萨拉比亚的外国修道院领地国有化,以此施加压力。虽然没有扭转居里洛斯的免职,但不管怎么说,比萨拉比亚的外国修道院领地国有化法令,并非源自当地自治体的请愿,而是驻伊斯坦布尔的沙俄大使提出的动议。

经过此番考察之后,志田认为:一般人很容易把比萨拉比亚的修道院领地国有化问题想象为国内问题,但实际上却是沙俄在近东实施东正教外交、深入干涉教宗事务的结果;不能将问题仅仅设定为圣彼得堡与比萨拉比亚的攻防问题,必须将视野扩展到耶路撒冷,然后才能了解这一问题的实质。[83]

第三,志田特别强调从统合中心主义转为重视统合与扩张的关系,来检验跨境理论对于沙俄边境治理研究的有效性。志田强调,不仅仅要设定"帝国是如何治理边境的?"这样的问题,还必须将视野投向帝国的扩张,因为边境的治理与帝国的扩张不是毫无关系,甚至有时边境的治理会受到扩张的左右。[84]

我们知道,日本学界以往的俄罗斯帝国的边境治理研究,多是将问题设定为统合和俄罗斯化方面,譬如民族地区等问题,而且不仅是在边境治理研究方面,在论述帝国式的领土扩张研究方面也有同样的倾向。日本学者丰川浩一比较赞成马尔科·拉耶夫的观点,他们都认为,如果把沙俄传统上的领土扩张用三个阶段来表示,就是:(1)征服与获得;(2)合并;(3)同化;基本上是按照这三个步骤来进行。也就是说,在第一个阶段,主要是军事征服其他民族和领地,并确立政治上的主权;在第二个阶段,对当地进行俄国政治和经济体系的渗透,最后吸收当地的贵族,以他们为中介,来普及俄国的生活方式和文化,对当地进行同化。[85]此外,研究沙俄帝国外交的学者约翰·立顿也认为,俄国与吞并的领地加强了社会方面的联系,拉拢当地的精英,慢慢剥夺当地的自主性,最终将其置于帝国的影响之下。[86]因此,给人的印象是,无论对于俄国的边境治理的研究还是对于领土扩张的研究,学者们普遍认为,边境地区的命运最终是被逐步并入帝国的中心地区。

对此,志田提出了不同的观点。在志田看来,如同前面的阐述,必须在空间上和政策上对帝国的内与外进行融合分析,同时必须将目光转向扩张与统合两个方面来分析帝国的功能问题,这样才能发现问题隐藏的本质。[87]志田认为,作为跨境研究的一种方法,扩张与统合的融合分析,其优点在于:第一,可以通过实证分析来证明,边境地区对于帝国来说并不是单纯的统合对象,同时也是扩张的工具;第二,可以实证分析扩张与统合不是个别的功能,而是相互间具有克制的关系。也就是说,由于重视扩张而没有考虑到边境地区的统合问题。但是,如果偏重于统合政策的研究,对一些观点也会避而不谈。因此,离开帝国的扩张也无法探讨边境的统合问题。[88]为此,志田又以比萨拉比亚当地法律的废止问题和修道院领地国有化的问题为例,来论证自己的观点。

首先,志田运用跨境理论来检验,比萨拉比亚作为后拜占庭空间的这一特征是如何成为俄国南下的一个政策和东正教外交的一种武器的。在志田看来,边境对于沙俄帝国来说,既是统合的对象,同时也是扩张的工具。而且,更为重要的是,有时帝国的扩张要优先于边境的统合,但边境却没有成为统合的对象。[89]我们知道,比萨拉比亚当地的罗马尼亚居民之间,使用的法律是以拜占庭法为法理来源。1345 年萨洛尼卡(希腊中北部港口城市)法官君士坦丁·哈尔梅诺普鲁斯(Contantine Harmenopulos)编纂的《法学六卷》成为摩尔多瓦公国时代继承拜占庭帝国的重要遗产。摩尔多瓦公国和瓦拉几亚公国在拜占庭帝国解体之后,继续根据拜占庭法编纂了独立的法典,为拜占庭法的发展与普及发挥了巨大作用。《法学六卷》是参考马其顿王朝时期的《法律手册》和《帝国法典》制定的法律便览。在拜占庭帝国解体后,《法学六卷》不仅对多瑙河两公国、还对诸如奥斯曼帝国、希腊王国等产生了不小的影响。此外,拜占庭法律还渗透到塞尔维亚、保加利亚、阿尔巴尼亚和格鲁吉亚等国。

在沙俄合并比萨拉比亚时,亚历山大一世并没有废止当地的法律而是予以保护,但在 1843 年比萨拉比亚发生了复杂的民事诉讼时,当地法院向圣彼得堡提出申诉,要求废除当地法律,采用帝国通用的法律。俄国法官主导的当地法院提出的理由是,基于拜占庭法的比萨拉比亚的当地法律已经落后于时代,有许多矛盾和无法解释的地方,不能保证审判的公正。但另一方面,当地的贵族则反对废除当地的法律,因为已经习以为常、情结很深。但最终圣彼得堡于 1847 年做出决定,废除比萨拉比亚当地的法律。当时参与大臣会议的法务大臣 V.P.帕宁提出:"……让比萨拉比亚的当地法律与帝国的法律接轨,还要慢慢进行……应该随顺当地居民的习俗和习惯逐渐改变……决不能忘记比萨拉比亚与多瑙河两公国、欧洲的土耳其与亚洲的土耳其等所有基督教民族之间的紧密精神维系。比萨拉比亚的法律补充与修正,要遵循其传统基础,不要激进,而是一点一点地、在不破坏与其联系的基础上逐步加强司法改革。"[90]虽然无法断定帕宁的意见是否成为废除当地法律的直接原因,但原本主张立刻在帝国全境普及共同法律的法务大臣,却有这样一番意见,是值得关注的。

志田认为,从帕宁的意见可以看出,比起比萨拉比亚司法制度的俄国化,更为重要的是比萨拉比亚与国外"拜占庭法律文化圈"的连带意识。毋庸置疑,这不是司法问题,而是基于这样一种政治判断,即对于自居为世界东正教盟主的沙俄来说,为了对抗奥斯曼帝国与列强,推进南下政策,同巴尔干东正教民族的友好是不可或缺的。因此,比萨拉比亚当地法律的废止,既是边境地区司法改革的问题,同时也必须纳入具有相同法律文化的后拜占庭帝国世界的文脉中加以探讨。这个案例说明,有必要进行帝国内外的融合分析,同时也说明比起边境地区的俄国化,对外关系更受到重视。[91]

同时,志田还观察到一个现象:对于沙俄帝国来说,扩张与统合不是个别的功能,而是根据不同情况,有时会出现必须优先一方而牺牲另一方的背反关系,甚至会出现边境的统一因帝国的扩张而受到妨碍的情况。[92]

我们知道,近年来在沙俄帝国的研究中,苏联时代学者所描述的"各民族的牢狱"等受帝国压迫的叙述已成为少数派,但多数学者基本倾向于沙俄对边境的统一与俄国化并不很成功。譬如研究沙俄西部郡县的学者爱德华·撒登认为,"沙俄政府既没有大力改变地方的社会结构和习惯的钢铁意志和决断力,也缺乏人力和财政上的资源"[93]。乌克兰学者亚历山大·米拉也认为,俄国化失败的原因在于,"与西欧列强相比,沙俄是社会和经济落后的国家,铁路、工业化和城市化进程缓慢,进行同化政策非常困难。初等教育作为很有效果的同化政策,沙俄政府却不能理解,只能说明同化政策机构的低能"[94]。的确,比萨拉比亚跟乌克兰一样,教育并不普及,当地罗马尼亚裔居民的识字率很低,在1897年进行的国情调查中,对母语摩尔多瓦语的识字率,男性为10.6%,女性为1.7%。[95]但是,志田却提出疑问,假如沙俄政府有充足的资金,就能更有效地推行比萨拉比亚的俄国化政策吗?这种推断似乎有一些草率。

在志田看来,其根本原因在于,虽然沙俄政府从比萨拉比亚的外国修道院领地得到了巨大的资金收入,却将其用于中东和近东以及巴尔干的东正教外交。也就是说,比萨拉比亚的俄国化政策没有彻底进行,并不是因为沙皇政府的同化能力低下,而是因为比起同化政策,沙俄政府更加重视扩张政策。这种观点与以往的观点——沙俄即使想同化民族地区也无法做到——完全不同。譬如,比萨拉比亚多次向圣彼得堡请愿,提出为了当地居民,要把领地收入用于学校建设,请求公开关于领地收入的用途和让渡修道院领地的管理权。但是1911年的大臣会议却认为,如果把外国修道院领地所有权让渡给当地政府,"其结果会极度恶化圣地与外国修道院的经济状况,同时也很容易动摇近东沙俄国家权力的精神权威"。因为这种政治上的理由,大臣会议最终驳回了当地的申请。[96]这个事例清楚地说明,比萨拉比亚外国修道院领地这一后拜占庭帝国的遗产,被用作沙俄东正教外交的工具,同时,沙俄以边境的统合为跳板,优先推行扩张政策。为了对抗列强,沙俄牺牲了比萨拉比亚的地区发展,向巴尔干、近东和中东扩展势力。尽管当地为学校不足而诉苦,但沙俄政府却并没有在比萨拉比亚建俄语学校,反而在叙利亚等地建立了教会学校。这就说明在东正教外交面前,比萨拉比亚的俄国化政策是被轻视的。换言之,在帝国的扩张优先之际,边境地区甚至已不是统合的对象了。因此,志田的分析对以往重视统合的倾向提出了质疑,强调必须将目光转向帝国的扩张与统合两方面的功能。

从志田的分析中我们可以看出,沙俄不是仅仅考虑如何统合边境地区,而是考虑如何把从他国吞并的边境的历史与文化活用在扩张方面。譬如前面提及的当地法律的例子,当沙俄判断绥靖政策有利于国家利益时,甚至会控制其俄国化。同时,对于俄国来说,与比萨拉比亚的俄语化相比,中东和近东的东正教外交更为重要。沙俄帝国虽然具备了统合与扩张两种功能,但并非无限制的使用,有时会考虑到两者的分配。在比萨拉比亚地区是扩张优先于统合,在其他地区则可能相反。因此,志田做的工作不是考虑帝国如何统合边境以及取得多大的成功,而是将目光转向帝国的境外,采用跨境研究的方法来处理帝国扩张的问题,并发掘出以往未被注意到的两者之间的关系。

志田的研究为我们展示了帝国研究的跨境方法,并证明跨境研究方法是一种适用于帝国边境统合问题的普遍方法。充分利用跨境研究方法,把分割的事物联系起来,融合边境线的内与外,会看到以往未被发现的事实,并将沙俄帝国的历史研究从狭窄的视野中解放出来,这应该是志田跨境研究的精髓所在。

## (四)俄罗斯的空间意象

如果从地理学(自然地理、人文地理)、文化人类学、语言学、宗教学、政治史等学科背景出发,来研究俄罗斯的国家形象和空间意象,会推导出以下几个关于空间与时间等地方主义的问题：(1)俄罗斯是什么样的国家？(2)俄罗斯应该是什么样的国家？(3)哪些地区更像俄罗斯？(4)哪个时代更能代表原来的俄罗斯？(5)从思想史、文学、艺术或者新闻报道以及游记等表现体裁上，俄罗斯是如何看自己的？别人又是如何看待俄罗斯的？这些问题不算是新问题，完全可以使用心理学上的认同理论来进行分析和阐述，但是北海道大学斯拉夫研究中心的望月哲男教授却尝试着通过形象地理的理论框架来重新归纳俄罗斯文化所表达的渊源、历史结构与逻辑。

望月教授的核心观点由以下四个要素构成：第一，俄罗斯的国土区划和地区形象的总貌；第二，俄罗斯综合而有代表性的空间意象结构；第三，俄罗斯意象中的方位要素；第四，俄式风景的构建历史。[97]也就是说，望月教授注意到了俄罗斯景观意象的分析性层面和综合性层面，以及俄罗斯与欧洲和亚洲的关系等空间想象力的存在，进而又发现了俄罗斯人通过文学艺术对风景进行自我认同并获得固定表现方式的过程。当然，望月教授也没有忽略今天在俄罗斯本土这类研究的发达以及东方学、后殖民主义思想和全球主义等要素。

首先，望月教授对俄罗斯的地域区划及其意象进行了分析。

一般来说，把东西横跨约一万公里、南北纵长约四千公里、如此广大辽阔的俄罗斯国土进行分类，可以有两种分类方法：一种方法是把国土分为若干部分，再把各部分总和起来，形成俄罗斯的形象；还有一种方法是使用象征性的意象来代表俄罗斯国土的表情。[98]国土地域区划可以根据地形、气候、土壤和植被等自然地理的方法进行划分，也可根据综合的自然条件和国家形成发展历史的人文地理方法进行区分。其中又有几种类型，譬如日本学者原晖之在瓦西里·库柳切夫斯基的研究基础上，把对俄罗斯形成过程起重要作用的河川流域和俄罗斯历史的时代划分综合起来进行地区划分，很有参考价值。

根据原晖之的研究，可将俄罗斯划分为16世纪莫斯科大公国版图的"莫斯科维亚区域"、在其周围形成第二层次的"伏尔加·乌拉尔·高加索区域"以及"西伯利亚·远东区域"等三类。这三类地区又可继续往下划分，譬如莫斯科维亚区域又可细分为：西北部、北部、中央部、中央黑土地带等部分；伏尔加·乌拉尔·高加索区域可细分为伏尔加沿岸地区、乌拉尔、高加索等地的城市和共和国;西伯利亚·远东区域可细分为西西伯利亚、东西伯利亚和远东等州、共和国、自治区和城市。[99]望月教授认为,地区分类既能适当地区分国土的意象,同时又能凸显各地区的特征。譬如莫斯科维亚区域的北部、中央部、中央黑土地带,作为东斯拉夫人的居住地和他们心目中俄罗斯平原的本质部分,被认为是最"俄罗斯化的地方",但其中又存在各自不同的景观。从景观构成要素来看,该区域的北部地区是以针叶林、湖沼以及北方的大海为地貌特征,自然空间辽阔,人烟稀少,偶尔可见修道院和教会的木结构建筑。伏尔加河及其支流的中央部的自然景观,则从针叶林过渡到混合林,其中遍布着大城市莫斯科以及周边的古城、商业城市和工业城市。而中央黑土地带,森林草原开阔,让人联想起富饶的田园风光。"森林深处"、"莫斯科的农家"、"弗拉基米尔街道"等油画作品所展现出的不同地带各具特色的自然风光,更是一目了然。[100]

　　在望月教授看来,地域的差异同时也是历史文化上的差异。譬如北部地区在中世纪处于蒙古和突厥族统治之外,这一地区是保留着纯粹的斯拉夫·俄罗斯文化的地区,没有受到"亚洲之风"文化的影响。故而这一地区成为俄罗斯英雄叙事诗的一大宝藏,也是 19 世纪以来俄罗斯民俗学研究的重要地域。[101]我们知道,在 17 世纪以前,对于俄国人来说,从沃洛格达经由大乌斯秋格抵达白海的阿尔汉格尔斯克港,这一条北方河流的交通要道构成了俄国与欧洲进行交易的主轴,该地区也因此成为开发的对象。但是到了 18 世纪,在芬兰湾沿岸建设的新都圣彼得堡垄断了对欧贸易通道,之后不久,北俄罗斯就从开发和文明化的进程中剥离,只是加强了修道院与朝圣通道、分离派教徒的隐居地等意象,反而为文化古城的保护作出贡献。从北部到中央部,地质上是以沙石为主,农业收益要比南部地区恶劣得多,所以当地国有土地上的农民,想方设法经营农业以外的生业。因此,如何应对北方严酷的自然条件成为当地文化形成的一个要素。当地的木结构建筑、刺绣的花纹和色调,也能反映出不同于其他地区的北方风格。20 世纪初的俄国作家米哈伊尔·普里希文就以朝拜圣地的生活和隐城基特日的传说为题材,对北方的风土、景观、文化历史记忆以及创造了各种人物的时空进行过特写。[102]

　　而中央黑土地带在俄罗斯打破鞑靼之轭获得独立之后,从 17 世纪到 18 世纪,一边与南方的游牧国家抗争,一边以要塞为单位构筑据点进行防卫。北部国有土地上的农民独立性较强,而南部"农奴"的土地则归属于逐渐进驻的大大小小的地主们,成为以地主领地和农民集体农庄为生活单位的地域。奥廖尔、沃罗涅日、坦波夫等地区是典型的肥沃黑土地带,成为当地农民信仰与习惯的生活区域,而且,在其周围还居住着以逃亡农民为主体的哥萨克人。在望月教授看来,这一地域为人们提供了舒适的、优越于北部地方的自然居住环境,给人的印象是"母亲般润泽的大地",培育了人们神话和诗歌式的世界观。[103] 然而,从 19 世纪后半叶到 20 世纪之初,由于城市化的发展和农业政策的不完善,该地域的农村为文明所抛弃。譬如,顿河河畔的沃罗涅日,在彼得大帝时代作为造船厂建造挺进黑海的俄罗斯舰队而繁华一时,但在 19 世纪后半叶则因识字率和居民流动性较低而成为落后的象征。俄国许多作家都描写过中央黑土地带农民们的世界,然而作品中存在着讽刺肥沃土地上的贫穷等意味,这一点在沃罗涅日出生的作家伊万·布宁的作品《乡村》(1910 年)中表现得栩栩如生。同时,这里也成为近代俄式修辞学的摇篮地,因为陷入贫困的农民身上,孕育着基督教式的谦虚、利他精神以及拯救世界的原动力。

　　望月教授由此认为,如果欧洲部分的俄国南北部显示出"俄式空间"原生意象的变异,那么其周边俄罗斯,像西北部的圣彼得堡地区、伏尔加河中下游流域、高加索以及乌拉尔以东的地区,它们在与欧洲和亚洲等外部世界接触的过程中,其俄式意象被不断地提及,并在上述地区得到了验证。特别是圣彼得堡、高加索以及西伯利亚等地区,在文学方面对拓展俄罗斯意象所起的作用,值得大书一笔。[104] 也就是说,圣彼得堡在向欧洲学习和靠拢的过程中,同时也作为新的北部欧洲(北方的威尼斯)而生产出俄罗斯意象,通过不同于莫斯科式的自我差异性,创造出俄国内部欧洲对亚洲的一种对抗图像。而高加索地区通过与山地民族的战斗历程,则成为俄国版东方学的现场,对于"想象帝国"的形成起到了一定作用。从帝国主义的构想到被称为俄国版的"秘鲁"、"墨西哥"以及"东印度"的西伯利亚,不仅因为拥有壮阔且未被开发的自然而发挥着俄国"内部东方"的功能,还在其后对创造与欧洲·俄罗斯对抗的"欧亚帝国的俄罗斯"意象作出了自己的贡献。

总之,周边地区在国家身份认同的构筑中,其独特的景观要素成为各自本质性的构成要素,对国家意象的形成起到巨大作用。譬如,由于极地寒流与大西洋暖流的汇合,造就了引发暴风雨和洪水的北方海洋性气候,而圣彼得堡这座人工都市,给人的意象恰如浮在水中的石造舞台;高加索的意象则是在俄罗斯平原上看不到的高山与激流;西伯利亚的意象是超越了人力所及的大河湖泊、冻土地带等自然景观。在望月教授看来,北部和中央部赋予了"俄国性"的本原风景,而周边地区则在本原风景之外,提供了别有意味的"他者的视角",提供了异国情绪的诗情画意,以及内省式的自我定义的动机。[105]当然,望月教授特别强调,与他者视角邂逅的场合,并不专属于特定的周边地区。许多俄罗斯知识分子内省式的自我定义的巨大动机,往往是欧洲社会的体验。其体验的形成契机可能是旅行、战争、书籍和报纸、艺术、学问,抑或是个人的邂逅。同样,对于个人体验来说,无法替代的"俄国式场景"并不一定是地理学意义上的单位,可能是首都或地方、修道院或者学校,也可能是森林、河流或道路,或者是在农家的壁炉边。[106]

其次,在上述论述的基础上,望月教授进一步分析了俄罗斯的国家意象。

在望月教授看来,国家的空间意象并非定型为各地区意象信息的总和,而是由意象的客体空间与主体人类之间的互动而构成的富于变化的组合。据此来思考俄罗斯国土的整体意象,就会发现采取诗歌式的修辞学态度更有说服力。换言之,与其对俄罗斯国土的整体意象采用分割与合计的散文式手法,莫如以某种象征性的意象来代表整体意象,并网罗与其相关的其他意象,同时也要强调多样性和差异性。譬如,通过列举地理上的名称来夸张地表现俄罗斯的巨大是非常普遍的取向,从 18 世纪的颂诗到 19 世纪以后的爱国诗歌都继承了这一点。[107]像罗蒙诺索夫在 1748 年为女沙皇叶丽萨维塔·伊丽莎白即位之日所写的颂诗、丘特切夫于 1848 年写的《俄国地理》、尼古拉斯·古米廖夫在 1917 年写的《冈察洛夫与拉里奥诺夫》等诗歌,都在一种夸大妄想式的表现中展现俄国意象以及构成其背景的世界意象,使得意象的俄罗斯地图与世界地图交错起来。从 18 世纪到 20 世纪初期,有十余位俄国近代诗人都把个体的俄国地图等同于世界地图来加以推介。这也说明意象的俄罗斯地图根据各个时代的世界情势、信息环境、个体经验和思想信念等而变得愈发生机勃勃。

按照国民文明历史的共同体验来对俄罗斯地图进行分类,或许可以得出国家意象的基本模式(意象地图的类型)。望月教授采用了地理学家拉迪斯·克里斯托夫对国民及国家的理想意象映射于地区的类型,也就是所谓四种"俄罗斯基本意象"的类型,包括:(1)基辅·罗斯,"俄罗斯的各都市之母",是以中世纪"欧洲之子"基辅(现乌克兰首府)为中心发展起来的东斯拉夫人的国家。基辅·罗斯沿着第聂伯河、南布格河、北顿涅茨河展开,西部与欧洲文化圈相连接,北部与黑土地带的南部接壤,地处气候温暖的农业文化圈。因此,克里斯托夫将其形容为"被有机地整合于基督教的欧洲内部,是民主的联邦的罗斯"。(2)莫斯科公国,莫斯科维亚区域除却西北部的其他地区,以伏尔加河以及北德维纳河流域为中心,从白海向里海扩展的地域。母亲河伏尔加河把欧洲和亚洲分开,同时把泰加森林的民众和草原上的民众联结起来,为民众在严峻环境下的生存创造了条件。这一地域不属于欧洲部分,而是属于同欧洲对抗的另一个世界,成为拥有该类意象人们的认同之地。(3)圣彼得堡,作为18世纪建构的面向西欧的窗口都市,成为同莫斯科抗衡的认同欧洲的象征。(4)欧亚国家俄罗斯,其认同是建立在把从喀尔巴阡山到太平洋的广大区域看作是一个有机整体的基础之上的,如此形成了"俄国是继游牧民族蒙古帝国之后又一个连接欧洲和亚洲的欧亚国家"这样一种地缘政治学上(超民族性)的意象。[108]在望月教授看来,上述的本原意象群体使得现实与理想、事实与神话混淆在一起。最初的前两种意象是在地理上和历史上与俄罗斯的国家及其文化源泉等概念联系在一起的,而后两者却从更广大的远景来理解在时间和空间上比俄罗斯本身更为深广的俄罗斯。但无论是哪一种意象,都与具体的人、土地、精神遗产以及国家志向存在着联想关系,并与某种景观意象结合起来,形成了"祖国的肖像"并发挥着作用。更为有趣的是,无论是地理或历史上的根据,无论是浓厚的意象,抑或是稀薄的意象,在俄罗斯的时空认同主张中,总是反映出跟欧洲的位置关系意识。[109]

同样是地理学家的马克·巴辛则提出要在欧洲和亚洲结合部的研究等具体相位中,来把握俄罗斯自我认同与欧洲的关系。关于俄罗斯与欧洲结合部的观念随着近代俄国自我意象的变化而发生了根本性的改变,因此,有关西伯利亚和亚洲的意象也随之发生了巨大的变迁。[110]也就是说,在莫斯科等于第三罗马这种自我意象之下,俄国也把欧洲跟鞑靼和匈奴的世界同等看待,这种轻视的态度持续到 17 世纪。对于莫斯科公国来说,两个世界(两个大陆)的结合部问题本身不是它所关心的问题。因此,对于欧洲自古以来把亚速海和顿河作为欧亚大陆地峡的划分,俄国不加任何思考就照搬过来。但是这种状况由于 18 世纪初期彼得大帝的欧化政策而完全改变。从俄国把欧洲文化和社会生活作为典范并努力统一国家意志这方面来看,俄国的国家规模从东欧平原拓展到太平洋沿岸,具有某种象征性的优势。换言之,同当时的西班牙和英国一样,俄国既存在属于欧洲文明的主体或首都部分,又有欧洲之外的领土,具备了培养一个大殖民帝国意象的基础。对于同处欧亚两大陆的国家意象来说,两者结合部的定义愈发显得重要。最终的结果是,从北冰洋沿岸向南伸展到乌拉尔山脉,延伸到南部的伏尔加河、顿河,再经亚速海到黑海一线,成为欧亚大陆的界线,把俄国均等地划分为两个部分。

望月教授注意到,俄国是欧洲大国,以这一主张为前提的乌拉尔界线学说在 19 世纪以后受到斯拉夫主义者和泛斯拉夫主义者的反驳。对于泛斯拉夫主义者尼古拉·达尼列夫斯基来说,欧洲和亚洲是连续的大陆,欧洲只是亚洲的附属物或者是个半岛而已;俄国不属于欧洲,是不同于欧洲和亚洲而独立自足的地理世界;俄罗斯的国土形成方式也是特殊的,向西伯利亚发展也不同于欧洲的暴力,而是有机且自然的殖民开拓的结果。[111]同样,另一个泛斯拉夫主义者弗拉基米尔·拉曼斯基也主张乌拉尔东西两侧的政治与文化上的统一性,存在着同一种信仰、同一种语言、同一种国民性。[112]而跨越欧洲和亚洲、拥有单一而自足的文化生活的国家意象,被 20 世纪的欧洲主义者继承,形成了更为积极的"欧亚国家的俄罗斯"意象。譬如,从第一次世界大战到俄国革命时期,他们对显现出弱势和自私自利的西欧各国感到失望,强调俄国不仅是地理上,而且是人种、历史、社会经济等多个世界混同的国家,从而孕育出混同了俄罗斯·斯拉夫、芬兰·乌戈尔、鞑靼·突厥、蒙古等多种要素的混合国家(成吉思汗帝国的继承者)的意象。[113]

因此,以俄罗斯为舞台的文明至少有两个明显特征:其一,方位上的特征是东西方文明,而不是南北方文明;其二,根据意象地理的变动,受到意象影响的地域,与其说是乌拉尔以西所谓欧洲部分的俄罗斯,不如说是西伯利亚。在望月教授看来,西伯利亚既是冰雪覆盖的原野,又是资源丰富、前途有望之域;既是犯人的流放地,又是自由的冒险场;西伯利亚给欧洲·俄罗斯的自我意象附加了条件,并且正面反映出这种意象,成为改变自我形象的内在他者。[114]

第三,望月教授指出,关于俄罗斯是东方俄罗斯还是北方俄罗斯的方位意象问题,对国家的意象风景来说,也具有重要的反论性格。[115]

一般来说,某一地域南北纵轴的方向,往往受到自然地理条件的影响,特别是受到气候要素等绝对条件的影响;而东西横轴的方向,相对来说无法避免先进文明的影响。俄罗斯文明进程也基本上是沿着东西横向方位轴展开的,无论是从以西欧为基点的地缘政治学出发,还是从东正教的宗教立场来看,历史上都是如此。但话又说回来,俄罗斯的自我方位认同并不一定总在东方,甚至可以说,俄罗斯无法将自己认同为具体的东方和亚洲国家的这种意识,造成了有关东西方横轴的无休止的辩论,并且创生出俄罗斯的逻辑和修辞学。其实,这种意识有一个历史发展过程。对中世纪之前的俄国来说,作为东方国家的自我意识是比较容易理解的。基督教文化圈通常把日出之地跟伊甸园联想起来,而且在 15 世纪东罗马帝国灭亡之后,俄国作为第三罗马的观念也促进了东方俄罗斯的这种自我认同。在文化上的两极参照系较为彻底的俄罗斯世界观中,东方世界是避免世俗的西欧世界染污的神圣之地。[116]在望月教授看来,俄国的这种文明观念的逻辑,恐怕一直影响到 20 世纪后半叶的冷战时代。[117]

然而,彼得大帝的现代化和欧化改革却动摇了俄罗斯的上述自我认同,导致东西文明价值观的逆转、国家通过废除总主教和建立宗务院制度来管理东正教以及贵族知识分子阶层脱离民众等现象。作为以往非欧洲俄罗斯的民族象征的"东方"失去了绝对价值。以彼得大帝时代为分界,俄国的自我认同发生了自东向北的变迁。关于从 18 世纪到

19世纪初俄国自我认同发生变迁的动因,望月教授比较欣赏奥特·贝尔采用俄国符号学所做的研究及其撰写的《俄罗斯浪漫主义文学中的北方》一书。该书将俄国自我认同变迁的原因归纳为五点。

一是源于俄国自身的定位。彼得大帝的改革不仅是重新审视东西横轴,而且是积极地向北方拓展,尤其是迁都圣彼得堡和通过北方战争战胜瑞典,更是向国内外宣告了北方俄国的存在。二是源于西欧对于北方俄国的评价。以莱布尼茨为代表的西欧知识分子把彼得大帝之后的俄国赞誉为北方一支具有未知可能性的年轻力量。伏尔泰等反天主教主义者则对未受罗马天主教影响的北方俄国抱有"良知"上的期待。三是源于北方的人性学说和北方的诗话世界。受到孟德斯鸠关于风土与人性关系学说的影响,俄国萌生出勇猛、具有男性特征并且感情真挚的"北方人"的意象类型。而凯尔特·斯堪的纳维亚的北方神话和爱尔兰诗人奥西恩诗歌的流行,也促使"北方式的诗情"和世界观得以形成,并具有一种自由与独立的志向,且夹杂着些许忧郁与悲伤的气质。四是源于对拿破仑战争的胜利。1812年发生的卫国战争,北方俄国巧妙利用了气候风土条件,击退了拿破仑军队,成为北方俄国勾画爱国主义自画像的绝佳事件。五是源于浪漫主义和文化上自我肯定的欲求。随着浪漫主义的流行,俄国民众对历史和大众文化的关注度高涨起来,并且排斥当时贵族阶层普遍存在的艳羡法国的思想,由此引发了重新评价俄国北方风俗和诗情画意的觉悟。[118]

由于上述诸多因素的推动,从18世纪到19世纪初,北方俄国的自我意识及其表现得到了启蒙。这种身份认同不管东西文明的发展趋势如何,都作为某种普遍的结构而得以保留。譬如,创造了19世纪东西文化对抗学说版本的彼得·恰达耶夫在《疯子的辩护》中是这样定义的:俄国人既不属于东方,也不属于西方,而是纯粹的北方国民。[119]而且,俄国会根据不同的场合使用若干种"北方"意象。一种用在横亘于欧亚大陆、当前俄联邦的北部地区,还有一种是把俄国欧洲部分(莫斯科维亚区域)的北部地域限定为北方;甚至有时候,圣彼得堡代表着北方,而在其他场合,整个俄国的全境都被称为北方。[120]

在望月教授看来,北方俄国的自我认同并非一目了然,而是文化上的建构物。有时它被用作外在的标签,有时它又被内化为极其隐微的表现。在 18 世纪的圣彼得堡,巴洛克文化得到了应用,于是,与北方城市结合的各种美称,譬如北方的帕尔米拉[121]、北方的罗马、北方的品达[122](指罗蒙诺索夫)、北方的塞米勒米斯[123](指叶卡捷琳娜二世)等等,与历史上典型的人物和自然结合起来,制造出一种浅薄的、仿佛"北方伊甸园"招牌一样的意象。[124]而在 19 世纪浪漫主义以后的文学中,北方俄国的意象又被内化为表达者的精神,作为一种自我投影,反映出一种审美意识和世界感觉。俄国南北幅员辽阔,无论是从最北部的冻土和针叶林地带到南部的大平原和沙漠地带,还是从卡累利阿的湖沼地带到第聂伯河以及顿河流域,其实际自然景观的差异非常大。但是,这些差异并没有动摇"北方俄国"的自我认同。甚至可以说,这些差异性反倒被理解为北方俄国自然条件丰富多彩的一个指标。

望月教授指出,俄国北国意象的成熟,绝不是单纯的个人经验的反映,而是与国家集体的意象变迁与深化发生着连锁反应。因此,望月教授最后尝试通过文学艺术这种体裁,来把握北方意象是通过何种过程内化于俄式的自然表现之中的。

他首先考察了俄国人对北方美景的发现。在近代俄国知识分子眼中,祖国的自然环境非但不是严酷贫瘠,反倒成为一种奇妙异质的景色,与欧洲风格的自然美景不甚相符,这也许在外国人眼中无法感知。在欧洲人的眼中,俄国北方的广大空间,形状与颜色单调如一,生物和静态物体既不宏伟又缺乏力度,完全欠缺构图要素。但正是这种平坦而空寂的广大空间意象,才成为望月教授提出的"空虚的俄国"意象的原型。有趣的是,19 世纪后期的俄国画家们也对这种"非美术的"自然景观给予了集中而排他性的关注。譬如,以俄国北部针叶林为绘画题材的伊凡·希施金曾对学生说:"将来出现创造奇迹的画家,一定是俄国画家。因为俄国是一个风景国家。"[125]而擅长以梦幻般的色彩来描画伏尔加河流域风光的列维坦更有一番感怀:"没有谁能战胜俄国! 只有在俄国,人才能成为真正的风景画家。"[126]

对同一自然的态度与评价的差异,反映出俄国艺术家的视觉、审美意识、表现手法、精神状态等综合性的变化。而这种变化是从 18 世纪到 19 世纪较短时期内产生的,完全改变了俄国风景在文学与美术作品中的描绘。我们知道,一个地方的风景要想成为被描绘的对象,作者首先必须对那个地方的具体存在感兴趣,或者更准确地说,必须把作者心中的关心与艺术的关心完美地统一起来。俄国艺术家至少在 18 世纪以后,在描绘俄罗斯的时候,具备了充足的兴趣和目的意识。但是,面对本国的自然环境,将其描绘成"俄式景观"的动机和手法,却是在 18 世纪末到 19 世纪初期以后形成的。俄国艺术家们认为,其主要原因在于,在此之前的 18 世纪,俄国的自然是被本国的诗人们发现的,他们运用欧洲的文学观和自然观来审视和发现了"未曾见过的景观",并使用欧洲的"伊甸园式的语言"记述下来。在 18 世纪的欧洲,理想之乡的意象和描写自然美的牧歌文体风靡一时。尽管俄国的景观与意大利、英国以及瑞士的景观各异,但牧歌体也适用于俄国。新古典主义认为,大自然被理想化才能够被理解,俄国艺术家的使命就是参照欧洲的理想景观,把本国的自然与其进行调适规范。引进欧洲之美的工程表现在首都圣彼得堡巴洛克式的庭园和地主领地的英式庭园中,同时也在鸟瞰帝国名胜古迹和风土游记的颂诗中得到表现。

在向 19 世纪变迁的节点上,俄国人开始直接关注本国的景观。在若干原因中,有奥特·贝尔阐述的对"北方俄国"自我认同的深化和叠加的因素。也就是说,以北方风格的"奥西恩诗歌"流行为契机,在绘画美的规范中加入了非牧歌体的"崇高"概念。以文艺形式来说,就是从新古典主义和感伤主义向浪漫主义变迁的过程中,譬如加比里拉·德尔加宾描绘卡累利阿的地方景观"瀑布"(1794 年),其中就融入了广大、荒凉、空虚、神圣和敬畏等概念,将北方的恶劣天气和空寂的森林景象通过视觉印象和表现手法,展现出它们的崇高之美。此外,拿破仑战争之后,俄国的国民意识高昂,也促使他们通过本国的国民性来观察非欧洲式的大自然。可以说,国民性和自然观的连锁反应,造成了国家自我认同投射在风景之中,其结果是为俄国的风景美开启了一种有别于西欧的规范追求。[127]

望月教授认为,在确立俄式景观描写的过程中,强调南北部多样性的周边地区,譬如,容易让人联想到奥西恩世界的北方芬兰和卡累利阿地区,以及能跟瑞士阿尔卑斯山媲美的高加索山岳风光,曾起到巨大作用。但是,对于国民自我认同具有更大意义的是中央俄罗斯(包括莫斯科维亚区域的中央部和中央黑土地带)的自然景观。在这里,俄式之美

被内化,成为不言自明之爱和艺术表达的对象。在此过程中,一系列的
"让步"和"反论"等修辞技巧得到了展现。[128] 长期以来,俄国人都将本
国的自然与外部南欧世界的自然进行比较。平坦的景观、低云笼罩的
天空、寒冷的气候等令人郁闷的自然条件,使得俄罗斯(北方)在南北参
照系之下毫无疑义地处于劣势。俄国诗人站在这种立场上,虽然承认
他们向往南方,但仍要表明对于北方的热爱。或者更进一步,他们在坦
言北方自然的冷寂和严酷之后,马上来一个反说式的定义,"正因为这
样,所以"俄国是美丽的。这种让步和反说等修辞技巧,在俄国作家维
阿泽姆斯基的《初雪》,瓦西里·托曼斯基的《怀念北方》,果戈理《涅夫
斯基大街》、《死魂灵》,丘特切夫的诗歌等文学作品中都得到了
表现。[129]

　　在望月教授看来,既然"让步的修辞技巧"和"奇妙的爱"等表现方
式与爱国主义情感和意识形态结合起来,为了表现出比对自然景观更
为率真的情感,两大要素在从浪漫主义向现实主义的发展过程中发挥
了重要作用。一个要素是积极关注民众及其文化,另一个要素就是向
往童年的乡愁。一般来说,普遍主义的教养阶层对于国民文化的承担
者——民众的关心,当然有一半是出于意识形态上的动机,但在艺术方
面却促进了对民众的生活场所——农村的研究。从 19 世纪 30 年代的
抒情诗到 19 世纪 40 年代自然派作家以农村为题材的文学作品,在向
现实主义变迁的过程中,农民与他们的文化以及农村的自然环境,都成
为作家的关注焦点。而所谓的乡愁因素,则是地主和贵族们对他们的
童年时期和他们领地的自然风土的回忆。在这一浪漫主义的视角下,
相对于人工的都市生活,牧歌式的田园精神就与以家族为单位的血缘
共同体的理念结合起来。伊凡·冈察洛夫的《奥勃洛莫夫的梦》(1849
年)、列夫·托尔斯泰的《童年》(1852 年)、谢尔盖·阿克萨科夫的《家
庭纪事》(1856 年)等作品,都把农村地主领地的自然风光作为一种和
平、安逸、美丽的空间来描写,反映了童年时期的意象。随着对民众的
关注和对自然景观的情感移植以及人道主义、自然主义与社会批判的
感情浑然一体,19 世纪中叶的叙景精神既不需要 18 世纪国外的审美
规范,也不需要果戈理风格的夸张表现。俄国作家能够直率地面对俄
国农村的自然风光,并感受其中的美。而从"让步的修辞技巧"和"奇妙

的爱"等歪曲的表现方式中解放出来,成为俄国自然描写的典范,则是屠格涅夫的《猎人日记》(1852 年)。[130]

在望月教授看来,屠格涅夫从步行者的视角描绘了人间的动态近景,而丘特切夫则描绘了圣像的静态远景,使得 19 世纪中期的俄国意象呈现出两极化现象。但是,俄国风景画家们走上类似的风景构筑和内化进程,要比俄国作家们晚几十年。而成为后现代作家和思想家重新评价和解构对象的,也正是这种俄式意象风景背后的俄式视觉。[131]

正如前文所论述的那样,在当前日本的俄国史研究中,帝国研究非常兴盛,不仅对沙俄帝国,对苏联时期也尝试着使用帝国的概念来进行分析。日本对于俄罗斯帝国研究的一个重要特征是非常关注民族和宗教问题的研究。[132]此外,通过"意象地理"等词汇来进行意识形态的分析研究也比较兴盛,但却不太注重像英帝国研究中常见的经济与金融视角的分析。即便是有关行政和立法方面的研究,也侧重于从民族和宗教的视角进行切入,其他方面的问题则不太关注。

我们也看到,日本斯拉夫学界的学者于 2008 年底开始启动的新学术领域研究项目"欧亚地区大国的比较研究",其中把"帝国的解体重构与世界体系"作为一个研究课题,目的是在对欧亚大陆近代各个帝国历史进行实证式的比较研究的基础上,弄清帝国的过去对于现在的地区大国给予了怎样的影响,在各个时代的帝国秩序中,各个帝国之间以及大国与小国之间处于何种地位。日本学者研究的对象非常广泛,几乎囊括了近代的英帝国、日本帝国、俄帝国、苏联帝国、美帝国以及欧亚大陆历史上出现的所有帝国。可以说,日本学者从事的是基于历史的视角来构筑国家理论的工作,对中国国内的斯拉夫研究有较大的启发,必将拓展国内俄苏研究的视角。

# 第五节　关于苏联解密档案的研究

如果按照资料的公开方式来分类的话,苏联的资料大致可分为:(1)当时发布的资料;(2)当时苏联未公布而通过各种渠道从欧美传入日本的;(3)戈尔巴乔夫改革时期以及苏联解体后在"重新审视历史"过程中公开的资料;(4)至今尚未公开、必须到俄罗斯档案馆中查询的资料。其中,最后一种尤为受到关注。

苏联解体后,由于实地调查的机会迅速增加以及政治限制条件的大幅放缓,进入档案馆查询原始资料的工作终于能够普及了。而对历史学来说,这本是从事研究工作的一个基本条件。于是,日本的俄苏学者开始编辑、出版一些资料集和珍本,可供使用的资料数量由此成倍增加。不过,也并非在苏联解体之前完全看不到原始资料,只有在苏联解体之后才一下子全面公开。在戈尔巴乔夫改革之前,苏联有时也向外国研究者提供参阅原始资料的机会。当然,文件公开会受到诸多限制,到了戈尔巴乔夫时期出现松动,苏联解体之后才大大缓解,但仍存在一些限制,主要是有关规定时常出现摇摆不定的变化。[133]

由于领土纠纷等问题,直到 1989 年之前,日苏两国都没有政府间交换留学的制度。因此,直到 20 世纪 80 年代,年轻学者为撰写博士论文想使用原始档案文件、进行实地调查的可能性都不存在。当然,即便是能进入档案馆进行实地调查,也受到当时苏联的诸多限制。欧美的年轻学者留学苏联,在条件允许的范围内可以收集第一手资料,但对日本学者来说却非常不便。当时的日本学者由于不能利用档案馆资料展开工作,就通过缩微胶片从头到尾细致地阅读苏联的公开史料和报纸上的内容。彻底阅读公开史料在当时来说有其优点,但问题是缺乏一种思想将各种史料综合运用于研究之中。在调查方法上受到很大限制的日本学者,好像并不懂得充分利用各种题材的史料,包括档案文件、公开史料、二次文献、采访报道等来撰写引人入胜的论文。就在 10 多年前,学界还流行着一句谬论"精读公开史料之后才能进档案馆"[134]。

当前,进入苏联的档案馆收集资料的工作已经方便可行,但是日本的俄苏研究者又意识到他们将面临一个严峻的问题,就是如何与俄罗斯本土学者展开学术竞争。在戈尔巴乔夫改革之前,苏联的研究者由于条件限制,无法发挥他们的能力。譬如,苏联学者即使掌握很多史料,也无法自由发表,结果造成欧美和日本的历史学者一度处于领先状态。但是,一旦俄罗斯的历史学者从束缚中解放出来,充分利用原始资料来推进他们的研究,那么欧美和日本等国外学者是否能与俄国的学者展开竞争呢?[135]因为在苏联解体之后,无论在使用母语来阅读本国的资料方面,还是在进行实地调查方面,俄罗斯学者都具有绝对优势。

而且,苏联解体之后,言论自由了。撇开理论和方法论不谈,在阐述历史事实关系等知识方面,俄罗斯学者要远胜于外国学者。此外,盐川伸明教授还提出一个警告,就是研究原始资料,并非要直接产生轰动性的发现,而是通过知识的不断积累,与自己以往所拥有的知识和见识进行细致的对接。日本德国史专家栗原优也发出逆耳之言:需要警惕"突如其来的史料主义"[136]。日本的俄苏学者在研究条件大为改观的情况下,仍然保持着一份危机与警觉意识。

对于苏俄档案史料的收集内容和方向,日本的俄苏学者主要是结合本人的研究方向"各取所需"地进行收集,然后发表各自的研究成果。譬如,东京大学出版会1996年出版了奥田央的《伏尔加的革命——斯大林统治下的农村》,岩波书店1996年出版了富田武的《斯大林主义的统治结构》等。这两本书可以说是20世纪90年代日本俄苏学者利用原始资料研究俄苏问题的代表作品。两位学者都是花费了大量时间阅读档案文献,扎扎实实地推进着历史研究工作。奥田央将研究重点置于地方苏维埃政府如何履行苏联的农业政策方面,而富田武则是广泛地探讨苏共中央政治局的相关文件,希望弄清苏共中央高层的政策决策机制。[137]在此意义上,两本书恰巧形成一种对照关系,起到了相互补充的作用。

而相对来说,史料收集主题较为集中的是一桥大学加藤哲郎教授于1997—1998年进行的前苏联档案馆所藏与日本有关秘密文件的调查工作,取得了较为丰硕的成果。加藤哲郎教授原本是想查询国崎定洞、胜野金政等被前苏联清洗和镇压的日本人的相关资料而访问了莫斯科。俄罗斯的档案馆关于日本史料的数据整理不完备,散见于各个文件之中。在调研中,除了国崎定洞的文件之外,加藤哲郎教授还发现了许多"副产品",而这些"副产品"之中,有许多资料足以让"20世纪的神话"崩溃。[138]其中一些资料已陆续刊登在日本法政大学日本社会运动史研究中心的刊物——《大原社会问题研究所杂志》上。其中已经刊登或计划刊登的文章有:《在莫斯科发现的河上肇的书信》(大原社会问题研究所杂志,1998年11月)、《1922年9月日本共产党纲领》(大原社会问题研究所杂志,1998年12月,1999年1月)、《第一次共产党的莫斯科报告》(大原社会问题研究所杂志,1999年8月,1999年10月)、

《第一次共产党"解党"的秘密》(计划)、《再建共产党"27年纲领"的外围情况》(计划)、《"非常时期共产党"的真实——1931年给共产国际的报告》(大原社会问题研究所杂志,2000年5月),计划发表的还有《再论"32年纲领"周边情况与影响》《"间谍审讯"致死事件与"多数派"问题》《"反法西斯统一战线"与日本人总清洗的共存》等。加藤哲郎教授本人发表的相关文章有:《历史的善意与清洗——从国崎定洞的死于非命来读〈暗夜男子　野坂参三的一百年〉》(《窗》第19号,1994年)、《铺满无数善意的地狱之路》(《在莫斯科被清洗的日本人——30年代共产党与国崎定洞、山本悬藏的悲剧》序言与后记,1994年)、《人　国崎定洞》永久保存版(《人　国崎定洞》的前言、第19—21章及第二部,1995年)、《政治与情报——关于苏联的秘密文件》(《社会与情报》创刊号,1996年)、《"32年纲领"和山本正美的周边》(《山本正美审判资料论文集》解说,1998年)、*The Japanese Victims of Stalinist Terror in the USSR*(英语版,1998年)、《跨越边境的梦和反梦》(《月刊百科》采访,1994年)等。此外,作为共同研究者富山大学教授藤井一行的研究室也编辑了《日俄文化关系史》"清洗记录编",收录了《关于逮捕野坂龙》、《被清洗的日本人日语教师》、《揭发斯大林体制的先驱者胜野金政》等文章。

此外,金成浩则使用苏联解密档案研究苏联领导层对入侵捷克斯洛伐克(1968年)和阿富汗(1979年)、波兰危机(1981年)以及从阿富汗撤兵(1988年)等问题的认识。

而有系统地收集俄苏史料的主要机构是东京大学史料编纂所和日本防卫研究所战史部。东京大学史料编纂所的任务是搜集和研究国内外残存的从古代至明治维新的有关日本历史的史料,在此成果基础上编纂和出版史料集,为日本史研究工作服务。该史料编纂所于2009年6月被日本文部科学省认定为"关于日本史史料研究资源化的研究基地",由此,该所自2010年起,与日本全国、世界各地的研究人员加强了共同研究工作,并根据设定的课题推进国内外史料的系统调查工作。譬如,该所承担文部省2007—2010年度的课题——"东亚国际环境与中国、俄罗斯现存关于日本史料的综合研究",其中关于俄罗斯史料的调查和研究工作有:(1)俄罗斯史料的调查收集与共同研究:将对收集有沙俄中央政府史料的俄罗斯国立历史文件馆、俄罗斯国立海军文件馆、圣彼得堡国立图书馆等进行调查,商议重启有关日俄关系史料的共同研究;(2)翻译俄罗斯国立历史文件馆与日本相关的史料目录和进行史料学的分析工作,做好出版准备;(3)与俄罗斯科学院东洋古籍文献研究所(原东洋学研究所)开展共同研究,根据与该研究所达成的协议,作为共同研究的一环,已经开展了 19 世纪初期北方冲突关系史料《俄国人再掠虾夷事件》的翻刻工作。[139] 日本防卫研究所战史部对俄罗斯史料收集工作的范围较窄,主要是调查收集俄罗斯有关日本的战史资料,希望发现新的史实,并尽量采取国际比较研究,扩展调查研究工作的广度。

　　日本的俄苏学者在如何利用史料馆收集资料方面,也有细致的方法介绍。譬如,富田武的《莫斯科档案馆情况》(《窗》1995 年第 3 号)、涩谷浩一的《关于沙俄帝国外交文件馆的中国相关文件》(《满族史研究》2002 年第 1 号)、岛田贤的《莫斯科的共产国际史料——西班牙内战相关文件的现状》(《大原社会问题研究所杂志》第 525 号)、丰川浩一的《回顾在俄罗斯的一年》(《俄罗斯会会报》2006 年第 13 号)等。东京大学教授滨本真实于 2006 年 9 月至 10 月和 2010 年 3 月两次赴莫斯科出差,调查和收集关于 18 世纪处于俄罗斯东正教政策和东方政策夹缝中的鞑靼人的相关史料和文献,[140] 其调查报告写得较为细致,具有很强的可操作性,值得初次去莫斯科调研的学者一读。这些文章虽然不是日本学者对史料的研究,但是从中可以看出他们对学术调研的认真态度以及为后人研究积累的宝贵经验。

## 第六节　关于社会文化史的研究

　　社会文化史研究涵盖的内容丰富多样,绝非只言片语可以阐释清楚,因此,为了便于把握日本学者对俄苏社会文化史的研究,下文主要针对日本俄苏学者最为关注的民族史问题和宗教史问题进行阐述,并以阐述日本学者分析问题的角度和方法为主。

　　本书在第三章第一节对冷战后日本俄罗斯历史研究进行了数据分析,得出的结论之一是:冷战后《俄罗斯史研究》刊载的社会文化史类的

54篇文章中,主题较为集中在两个方向,一是关于民族史的研究,有10篇文章,二是关于宗教史的研究,有6篇文章;当然还有其他多样化的研究,比如关于农民问题、家庭问题和城市等课题的研究,但都不如民族史和宗教史的研究集中。同样,注重基础研究和跨学科研究的《斯拉夫研究》杂志,在其刊载的社会文化方向的32篇文章(冷战后的文章)中,民族类有6篇,宗教类有8篇,这两个主题也较为集中。由此可以说明,选择民族史和宗教史这两个方向,可以代表日本俄苏学者在社会文化史研究领域的主流方向。

首先,通过《俄罗斯史研究》与《斯拉夫研究》这两份杂志刊载的具体文章来观察一下日本学者对俄罗斯民族史问题的关注点。

**表 3.2　冷战后日本学者关于俄罗斯民族史研究的主要文章**

| 文 章 题 目 | 发表刊物 |
| --- | --- |
| 斯大林时期苏联史学界的民族史争论:以评价历史上的英雄为中心 | 《俄罗斯史研究》,第 78 期 |
| 赫鲁晓夫秘密报告与民族强制迁徙:克里米亚·鞑靼人、德意志人、朝鲜人的遗留问题 | 《俄罗斯史研究》,第 75 期 |
| 苏联的犹太人问题:关于斯大林的"最终解决"的考察 | 《俄罗斯史研究》,第 69 期 |
| 远东地区的中国人和日本人:884—1903 年的移民接收政策 | 《俄罗斯史研究》,第 69 期 |
| 俄罗斯犹太自治州的解剖:斯摩棱斯克犹太人的人口学侧面 1870 年—1914 年 | 《俄罗斯史研究》,第 68 期 |
| 关于"沙俄帝国西部各州的民族和信教关系" | 《俄罗斯史研究》,第 68 期 |
| 18 世纪 60 年代外国人迁移伏尔加地区 | 《俄罗斯史研究》,第 67 期 |
| 19 世纪后半叶侨居海外的亚美尼亚人团体在亚美尼亚民族运动中的作用 | 《俄罗斯史研究》,第 67 期 |
| 苏联德意志人自治区复兴运动与奔赴西德:以战后的哈萨克斯坦为中心 | 《俄罗斯史研究》,第 66 期 |
| 关于 1881 年屠杀犹太人之后的沙俄犹太人问题的考察:以"关于犹太人的临时条例"为中心 | 《俄罗斯史研究》,第 61 期 |
| 沙俄的民族政策:18 世纪的伏尔加河流域和乌拉尔地区 | 《斯拉夫研究》,第 39 期 |
| 19 世纪到 20 世纪初期右岸乌克兰的波兰要素 | 《斯拉夫研究》,第 45 期 |
| 俄罗斯远东的朝鲜人——苏维埃民族政策与强制移民 | 《斯拉夫研究》,第 45 期 |

| 文 章 题 目 | 发表刊物 |
| --- | --- |
| 从民俗学到苏联的民族文化:"哈萨克民族音乐"的成立(1920—1942) | 《斯拉夫研究》,第 46 期 |
| 伏尔加乌拉尔地区新的鞑靼知识分子:以第一次俄国革命后的民族学说为中心 | 《斯拉夫研究》,第 50 期 |
| 战后苏联物理学界的反抗和犹太人问题:知识分子反犹太现象的一个侧面 | 《斯拉夫研究》,第 50 期 |
| 关于苏联后期加告兹民族自治政府的诸多问题 | 《斯拉夫研究》,第 53 期 |
| 苏联后期民族问题的马特留什卡结构分析:立陶宛、波兰人问题的案例 | 《斯拉夫研究》,第 54 期 |
| 从"接受洗礼的鞑靼"到"克莱森鞑靼人":现代俄罗斯民族复兴的一种样式 | 《斯拉夫研究》,第 56 期 |

  表 3.2 统计了《俄罗斯史研究》与《斯拉夫研究》刊载的有关民族史问题的 19 篇文章,对上述文章作进一步分析,有如下发现:一是日本学者倾向于研究"异族人"的问题,即主体非俄罗斯本土的民族和外国人问题。譬如,对苏联地区的犹太人、中国人、日本人、德国人、朝鲜人等外国人给予较多的关注,尤其是《俄罗斯史研究》杂志这一倾向更为明显。这容易使人联想到第二次世界大战结束后,日苏恢复外交谈判的一个重要内容就是要求苏联释放日本战犯和调查下落不明者,即解决被扣留的日本人回国问题。二是日本学者尤其对俄罗斯的犹太人甚为关注,共有 4 篇该类文章,时间跨度为沙俄时期、斯大林时期和第二次世界大战之后。俄罗斯境内分布着 130 多个民族,而日本学者却对犹太人问题情有独钟,也容易让人产生一种对比,即历史上日本人对于犹太人的善待,而俄罗斯的犹太人却有着被屠杀、被敌视的苦难经历。三是日本学者较为关注俄苏的民族政策,尝试通过沙俄时期和斯大林时期的具体案例来阐释俄苏的民族政策。四是在研究方法上从历史学、音乐学、人类学等视角来研究问题,具有较强的跨学科性。

  在对表 3.2 的内容进行分析之后,这里需要着重强调一点,就是沙俄和苏联时期的民族政策。在 19 世纪中叶以前,沙俄政权与前近代帝国具有类似的倾向,并非强力推行同化政策,而是以民族多元性为前提。但是,当欧洲的"国民国家"的观念传入之后,特别是自 19 世纪末以后,沙俄开始强力推行"俄罗斯化"政策。比如,公用语言和教育用语只限定为俄语,通过 1863 年内务大臣巴尔耶夫的秘密指令以及 1876年的《爱姆斯法》,使用乌克兰语的印刷出版、舞台表演、音乐演出、公开讲演、学校教育等活动都被禁止。[141] 在波罗的海地区,从 19 世纪末以后,也采取俄语化政策来对抗之前一直占优势的德语。[142] 日本学者由此而关注 19 世纪末以后的俄罗斯化政策,并得出一个一般性的结论,认为沙俄帝国自古以来实行的民族政策,其特征都是"民族的牢狱"。不过,近年来日本学界批评这一观点流于简单化的倾向也开始增加。[143] 其论据是,前近代帝国并非都是强力推行同化政策的,但从 19世纪后半叶到 20 世纪初,俄国经历了从前近代帝国向近代帝国的转变,包含着曲折过程,而其采取的俄罗斯化政策,也走了一条之字形道路;此外,俄国幅员辽阔,民族多样性强,要在整个领土贯彻统一的政策极为困难,因此,不能仅凭几个代表性的政策来推断当时的实际状态。[144]

　　俄罗斯史研究会 1998 年的年度大会,其主题是"俄罗斯与苏联帝国的秩序",其中一场讨论会的议题是关于帝国与民族的"正统"问题。与会学者普遍认为,所谓帝国,就是将周边民族同化于核心民族的文化之中,也就是在"文明"的名义下,使自我统治正当化的"正统"。由此,帝国剥夺周边民族的文化,对其进行非人道的压制。而为了抵抗压迫,各民族又将努力恢复本民族文化,这个过程就是自决、自治或者文化自治的民族运动。本来,对苏联是否涵盖在"帝国"之内是有争议的,但是当时却迅速成为一个无可争议的常识,即沙俄帝国=苏联帝国,这种学说现在已成为一种"通论"和"常识"了。对此,盐川伸明教授表达了他的看法:沙俄帝国以及苏联的一个显著特征是"核心"为俄罗斯人,但未必看不起国内各少数民族,有些方面甚至是"高"看他们的。[145] 盐川伸明的论据是,一般来说,西欧以外的发展中国家都对上下等级观念抱有怀念之情,对于"上"存在羡慕和抗拒两种感情,而对于"下",又有瞧不起和庇护的倾向。而将"上"的对象纳入自己的政治统治之下的例子,除了沙俄帝国和苏联以外并不多见。在这种意义上,通常所说的在"文明"的名义下统治,或者"中心与周边"的关系未必适用于沙俄帝国和苏联,[146] 因为犹太人在帝国中占有特殊地位。盐川伸明接着从语言学方面进行论证:只要看一下 1897 年的人口普查,就知道意第绪语和犹太教具有很高的相关性。母语为意第绪语的人,宗教为犹太教的比例高达 99.8%。沙俄对犹太人的基本政策是,与其使其同化为俄罗斯人,莫如使其固定在犹太教徒=意第绪语说话者的地位,并将其封闭在固定的居住区。[147]

接着,盐川伸明教授又采取比较法做进一步阐述:相对于对待国内的西方各民族,沙俄帝国对待东方各民族具有很强的蔑视感,但又不能一概而论。比如,对于拥有被蒙古族—鞑靼帝国统治记忆的俄罗斯人来说,鞑靼人或者穆斯林不是容易轻侮的对象,从某种意义上说是"可怕的敌人"。叶卡捷琳娜时期,鞑靼人促使游牧的哈萨克人伊斯兰化,被认为是哈萨克人的"文明化"手段,这一事实也说明了鞑靼人的特殊地位。其后,哈萨克人"鞑靼化"的政策被放弃,又尝试过让穆斯林改信东正教。虽然没有确切数据表明这种宗教上的同化具有多大规模,但是促使这些民族的多数派大规模地改信东正教的情况,在自古以来就信奉伊斯兰教的民族当中几乎没有,而主要方式是伊斯兰教和东正教通过相互竞争来争取取代传统民间宗教(楚瓦什、摩尔多瓦、乌德穆尔特等共和国)。

而盐川伸明观察到一个饶有趣味的问题是,沙俄帝国对待"异族人"的政策摇摆不定。"异族人"不用服从帝国的一般法律,保持着地方的风俗习惯和传统的领导地位,享受免除服兵役等待遇。需要关注的是,这种"待遇"和"蔑视"、"差别"构成了内外一体。斯罗库姆认为,"异族人"最初的含义是"尚未被同化"的各民族,后来逐渐演变为"无法被同化"的各民族的含义了。[148]对于前者的理解,他们是能够被同化的对象,一旦同化结束,就不再是"异族人"了;而对后者的理解,沙俄帝国则必须永远背负着异质的要素。这当中既有对"异族人"的不容和蔑视,也潜藏着不能同化他们的无力感。沙俄帝国与苏联在其疆域和民族构成上多少有些出入,但是具有连续性,俄罗斯人统治其他民族的问题被继承下来。沙俄帝国是一个特殊的帝国,即帝国"核心"的俄罗斯人将其内心认为"高于自己"的民族置于统治之下。这一点苏联也是一样。在共性的基础上,苏联又存在显著特征,即:苏联原则上倡导民族自决、各民族平等、奖励落后民族的民族发展。

日本有学者认为,苏联倡导的民族自决、民族平等的原则只停留在语言上,并无实质事实。对此,盐川伸明教授认为,一个未被注意的严重问题是,假如上述原则在某种程度上实现了,其本身就蕴含着两难困境。以往对于苏联民族政策的讨论,往往是在民族自决是否得到尊重,或者民族同化(俄罗斯化)政策是否还在继续这两者中选择。喜欢苏维埃体制的论者会强调前者,而对其否定的人(最近剧增)会强调后者,这两种看法都不正确。问题在于,苏维埃政权的民族政策,原则上是非同化政策,但是非同化政策并不等于解放政策。[149] 会上有日本学者指出"大民族"和"小民族"的区别,目的在于提出"同化或者尊重民族性"这个重要问题。对此问题,盐川伸明也作了回应:"同化或者尊重民族性"这个问题,从戈尔巴乔夫改革时期到俄罗斯独立以后,各共和国的语言法规都被政府承认。独立后的爱沙尼亚和拉脱维亚对当地俄罗斯人的政策被理解为侵犯人权的案例。但是,不能机械切割戈尔巴乔夫时期的独立运动是进步的,而独立后对待少数民族政策的差别性存在问题。从某种意义上说,各共和国的民族运动将"民族自决"置于至高无上的地位,完全是继承列宁的思想,并以讽刺的形式来证明它们是在苏联体制中成长的。这种民族自决的连续性,相对来说使得各共和国较为顺利地实现了独立,但同时也必须承担民族自决中所蕴含的两难困境的结果。[150]

接着,我们再来探讨日本学者关于俄罗斯宗教史的研究特色。请先参见表3.3整理的冷战后日本学者关于俄罗斯宗教史的研究文章。

表 3.3　冷战后日本学者关于俄罗斯宗教史研究的主要文章

| 文　章　题　目 | 发表刊物 |
| --- | --- |
| 19 世纪卡尔梅克僧侣的种痘活动:沙俄的佛教政策和预防医疗政策的结合点 | 《俄罗斯史研究》,第 86 期 |
| 从"接受洗礼的布里亚特"到"俄罗斯人":布里亚特共和国一村落所见的沙俄末期东正教政策及其结果 | 《俄罗斯史研究》,第 76 期 |
| 俄罗斯东正教会的 20 世纪初期异端争论"赞名派"问题 | 《俄罗斯史研究》,第 76 期 |
| 1581 年版"奥斯特洛夫圣经"的出版经过与天理图书馆的收藏本 | 《俄罗斯史研究》,第 67 期 |

| 文 章 题 目 | 发表刊物 |
| --- | --- |
| 俄罗斯东正教会开展的对异端的对策:以 15 世纪的 Strigol'niki 异端对策为中心 | 《俄罗斯史研究》,第 67 期 |
| 17 世纪前半叶的俄国与教会:尼康的教会改革前史 | 《俄罗斯史研究》,第 66 期 |
| 14 世纪的斯特里戈尔尼克派"异端"与正统教会 | 《斯拉夫研究》,第 46 期 |
| 俄罗斯圣经协会与圣经俄语翻译事业——有历史地位的备忘录 | 《斯拉夫研究》,第 50 期 |
| 希腊、保加利亚教会问题和"奥斯曼国民"理念 | 《斯拉夫研究》,第 51 期 |
| 17 世纪俄罗斯的非俄罗斯东正教徒精英政策 | 《斯拉夫研究》,第 52 期 |
| 高加索山脉的苦行僧依拉里奥的"荒野"修道思想 | 《斯拉夫研究》,第 53 期 |
| 作为实践的认知再建构——楚瓦什的传统宗教与占卜 | 《斯拉夫研究》,第 56 期 |

表 3.3 统计了《俄罗斯史研究》与《斯拉夫研究》上刊载的有关俄国宗教史问题的 12 篇文章。对上述文章进行分析,一个总的印象是:日本学者对俄国宗教史研究的关注点很多,问题意识较为发散,这说明日本俄苏学者对俄国宗教史的研究尚未形成系统,不像民族史问题那样形成了较为完善的体系。作为此观点的另一佐证,在查阅冷战后日本俄苏学者的研究著述之后,笔者发现关于宗教问题的研究专著较少,只有 5 部左右,即中村喜和的《追求神圣的俄罗斯:旧教徒的乌托邦传说》(平凡社,2003 年)、高桥保行的《迫害下的俄罗斯教会:无神论国家的东正教 70 年》(教文馆,1996 年)、广冈正久的《俄罗斯东正教的千年:在圣与俗之间》(日本放送协会书库,1993 年)、山内昌之的《伊斯兰与俄罗斯》(东京大学出版会,1995 年)与《伊斯兰的经济改革》(中央公论社,1992 年)。其中,京都产业大学法学部教授广冈正久信仰东正教,对俄罗斯的东正教研究较为深入,除了前面提及的专著外,他还撰写了《苏维埃政治与宗教——被咒语束缚住的社会主义》(未来社,1988 年)。

对于俄国东正教的历史,东京大学教授川端香男里有如下认识。

自基辅王公弗拉基米尔于 988 年将基督教定为国教以来,基督教一直在俄罗斯具有持久的重大影响力。俄罗斯从一个以基辅为中心的小国不断扩张,同时,国内民族越发增多,俄罗斯帝国也愈发成为一个多宗教国家。俄国在取得波罗的海地区之后又增加了新教,合并波兰之后增加了天主教和犹太教,征服中亚之后又扩大了伊斯兰教的成分。但是,东正教始终占据绝对主体的地位,据说在 20 世纪初期一度达到人口总数的 71%,虽然这个数字有些夸张,但是这说明东正教的影响很大。而且,无论过去还是现在,东正教会始终是俄罗斯爱国主义的大本营,即使在封建分裂时期也是俄国统一的坚决拥护者,成为以莫斯科为中心的中央集权国家的心理和精神支柱,号召打败外敌瑞典人和鞑靼人入侵的宗教领导人被称为圣人。在"莫斯科是第三罗马"这种观念的强烈影响下,俄罗斯东正教会虽然拥有民族主义的政治理念,但却没有民族主义的排他行动。只要是以俄语为第一语言、信奉东正教的沙皇的臣民,都被认为是俄国人。也可以说,俄语成为东正教统一俄帝国的黏合剂。[151]

川端教授继续指出,共产主义体制也是原封不动地继承了这种结构,以此来黏合各个民族。因为东正教会服从帝国政府的要求已是常态,所以对政治抱有不满的知识分子自 19 世纪后叶强化了无神论的主张,并且有着强烈的反教权、反教会的倾向。例如,苏联时代的书籍目录中没有宗教这一条目,而代之以"无神论"条目。不过,抹杀宗教的政策还是经历了一番迂回曲折的过程,实行新经济政策时期得到了缓和,1930 年尚有 3 万多所教会、几千万人的信众。但是,随着斯大林体制的强化,教会被强行关闭,修道院遭到破坏。然而,当面临德军入侵时,东正教会遵循爱国主义的传统,明确表明保卫祖国的态度。于是,斯大林又采取绥靖政策,撤销了反对东正教会的政策。不过,得到庇护的只是忠于共产主义体制的那部分,对待热心宗教活动、被认为是妨害苏联的宗教人士则采取严厉的镇压措施。川端教授认为,赫鲁晓夫时代是"安静的迫害期"。非斯大林化必然使马列主义的世界观倒退,苏维埃的道德体系也逐步失去依据。在赫鲁晓夫眼中,东正教是个巨大的威胁。教会、修道院和教会学校相继关闭,残存的教会其主导权也掌握在克格勃派遣的执事长手中。对于苏联时代采取的抹杀宗教政策,高桥保行的《迫害下的俄罗斯教会:无神论国家的东正教 70 年》(教文馆,1996 年)以及广冈正久的《俄罗斯东正教的千年:在圣与俗之间》(日本放送协会书库,1993 年)这两部书中均有详细的描述,比如"对于无神论的共产主义者来说,教会和寺院等成为爆破和破坏的对象,对僧侣进行无神论教育、思想改造和强制劳动,将教会和寺院改成舞厅和博物馆。对东正教信徒的迫害从镇压到肃清,非语言能够形容"。[152]

苏联政府对东正教的镇压和压制到了戈尔巴乔夫改革时期终于得到了缓和。当 1988 年举行俄罗斯东正教千年受洗仪式时,情况发生戏剧性的变化。戈尔巴乔夫对于共产党过去实行的宗教镇压政策公开道歉,其后的叶利钦也经常参加教会活动。因为从教会那里争取对改革的支持至关重要。

俄罗斯东正教会的爱国主义传统,使得国家在面临危机的时刻,人们都会想到东正教,从东正教中得到拯救,这在俄罗斯历史上数次得到证明。当俄罗斯社会处于政治上空白、经济上混乱的局面时,东正教会作为主张秩序正当性的组织,更是得到了人们的信赖。不过,川端教授认为,精神层面和宗教层面的复活以及权威的恢复,未必能够提高文明社会的道德和伦理。俄罗斯的"民粹"思想和感情上的"古老层面"的部分复活,恐怕会导致俄罗斯今后的混沌。[153]

当然,东京大学川端香男里教授个人对于俄罗斯东正教历史的研究不能代替整个日本俄苏学界对俄罗斯东正教历史的研究。但是,如果将其观点与广冈正久教授等人的东正教研究结合起来,应该能够反映出日本俄苏学界对东正教历史研究的某种倾向。

**注释**

1. [日]溪内谦:《学习现代史》,岩波新书 1995 年版,第 3 页。
2. [日]金井浩司:《活在当代的苏联史》,http://www5b.biglobe.ne.jp/~kanay/history.htm。
3. [俄]安·康·索科洛夫:《当代俄罗斯史学界研究本国现代史的基本趋势》,王奇译,载《史学史研究》2009 年第 4 期。
4. [日]盐川伸明:《日本的俄罗斯史研究 50 年》,载《俄罗斯史研究》2006 年,总第 79 期。
5. 同上文。
6. [日]盐川伸明:《现存的社会主义——怪兽的本来面目》,劲草书房 2004 年版,第 247—248 页。
7. 参见盐川伸明:《思考〈20 世纪史〉》中的"新的历史学"一文,劲草书房 2004 年版。
8. [日]盐川伸明:《日本的俄罗斯史研究 50 年》。

9.〔日〕日本外务省:《外交蓝皮书》,第三章第 4 节"前苏联"部分,1992 年版。

10.〔日〕不破哲三:《关于修改党纲的报告》,日本共产党中央机关报《红旗报》,2004年 1 月 15 日。

11.〔日〕细川正:《苏联社会主义为何崩溃——帝国主义的干涉与苏共的错误》,载《社会主义理论》2005 年 6 月号,总第 87 号。

12.〔日〕坂牛哲郎:《人类解放的科学——马克思·列宁主义》,载社会主义协会会刊《苏联·东欧社会主义崩溃的原因与教训》,1993 年,第 60 页。

13.〔日〕小林晃:《关于苏联·东欧形势的理论问题》,载《社会主义》1990 年 8 月号。

14.〔日〕坂牛哲郎:《现存社会主义国家的变质》,载《社会主义》1990 年 10 月增刊。

15.〔日〕细川正:《苏联社会主义为何崩溃——帝国主义的干涉与苏共的错误》,载《社会主义理论》2005 年 6 月号,总第 87 号。

16.〔日〕原野人:《苏联解体的根本原因》,载《社会主义理论》2008 年 3 月号,总第119 号。

17.〔日〕重田澄男:《上岛教授的苏联社会主义论》,载《大阪经大论集》,第 54 卷第 2号,2003 年 7 月。

18. 上岛武教授关于苏联解体的研究有:《受挫的戈尔巴乔夫战略》,载《比较经济体制学会会报》1993 年,总第 30 期;专著《苏联解体史——戈尔巴乔夫改革的教训》,窗社1996 年版;这里主要依据《苏联为何解体?》,载《劳动通信》2003 年 11 月号等。

19.〔日〕盐川伸明:《作为历史经验的苏联》,载《比较经济体制研究》2002 年第 9 号。

20.〔日〕盐川伸明:《从苏联史(现有的社会主义的历史)的观点阐释》,在 2002 年度日本政治学会大会的共同论题"20 世纪如何改变了政治学"中的发言,2002 年 10 月5 日。

21.〔日〕藤原帰一:『デモクラシーの帝国——美国·戦争·現代世界』岩波新書、2002 年、31 頁。

22.〔日〕松里公孝:「帝国と心象地理、そして跨境史」松里公孝編:『講座 スラブ·ユーラシア学 第 3 巻 ユーラシア——帝国の大陸』、15 頁。

23. Dominic Lieven,"Empire on Europe's Periphery: Russian and Western Comparisons," in *Imperial Rule*, ed. Alexei Miller and Alfred J.Rieber(Budapest: CEU Press,2004),p.146.

24.〔日〕松里公孝:「帝国と心象地理、そして跨境史」松里公孝編:『講座 スラブ·ユーラシア学 第 3 巻 ユーラシア——帝国の大陸』、15 頁。

25.〔日〕鈴木董:『オスマン帝国の解体——文化世界と国民国家』ちくま新書、2000年、11 頁。

26.〔日〕松里公孝:「帝国と心象地理、そして跨境史」松里公孝編:『講座 スラブ·ユーラシア学 第 3 巻 ユーラシア——帝国の大陸』、16 頁。

27. 同上、17 頁。

28. 同上。

29.〔日〕杉山正明:「帝国史の脈絡——歴史の中のモデル化にむけて」山本有造編『帝国の研究』63 頁。

30.〔日〕松里公孝:「帝国と心象地理、そして跨境史」松里公孝編:『講座 スラブ·ユーラシア学 第 3 巻 ユーラシア——帝国の大陸』、19—20 頁。

31. 同上、22 頁。

32.〔日〕望月哲男:「ロシアの空間イメージによせて」松里公孝編:『講座 スラブ·ユーラシア学 第 3 巻 ユーラシア——帝国の大陸』講談社、2008 年、143 頁。

33.〔日〕松里公孝:「境界地域から世界帝国へ——ブリテン、ロシア、清」松里公孝編:『講座 スラブ・ユーラシア学 第3巻 ユーラシア——帝国の大陸』講談社、2008年、41頁。

34. 同上、42頁。

35.［日］浅野豊美、松田利彦編:『植民地帝国日本の法的構造』信山社、2004年、85—108頁。

36.［日］松里公孝:「境界地域から世界帝国へ——ブリテン、ロシア、清」松里公孝編:『講座 スラブ・ユーラシア学 第3巻 ユーラシア——帝国の大陸』、42頁。

37.［日］鈴木董:『オスマン帝国の解体——文化世界と国民国家』、20—23頁。

38.［日］塩川伸明:『国家の構築と解体(多民族国家ソ連の興亡Ⅱ)』岩波書店、2007年、10頁。

39.［日］松里公孝:「境界地域から世界帝国へ——ブリテン、ロシア、清」松里公孝編:『講座 スラブ・ユーラシア学 第3巻 ユーラシア——帝国の大陸』、43頁。

40. 同上、44頁。

41. 参見片岡一忠:『清朝新疆統治研究』雄山閣出版、1991年;王柯:『二重の中国——1930年代中国人の辺疆認識の構造』『思想』第853号、1995年、35—55頁。

42. J.G.A.Pocock, "British History: A Plea for a New Subject," *The Journal of Modern History* 47:4(1975), p.605.

43. Ibid., p.45.

44.［日］井上浩一、松里公孝共著:『ビザンツとスラブ(世界の歴史Ⅱ)』中央公論社、1998年、426頁。

45. 同上、48頁。

46.［日］高橋哲雄:『スコットランド 歴史を歩く』224—226頁。

47.［日］松里公孝:「境界地域から世界帝国へ——ブリテン、ロシア、清」松里公孝編:『講座 スラブ・ユーラシア学 第3巻 ユーラシア——帝国の大陸』、65—68頁。

48. 同上、68—69頁。

49. 同上、69頁。

50. J.G.A.Pocock, "British History: A Plea for a New Subject," p.605.

51.［日］宇山智彦:「帝国の弱さ——ユーラシア近現代史から見る国家論と世界秩序」宇山智彦編:『比較地域大国論集 第7号』SRC、2012年1月、3頁。

52. 同上、4頁。

53. 同上、4—5頁。

54. 同上、6頁。

55. 同上、7頁。

56. 同上、7—8頁。

57. 同上、8—9頁。

58. 同上、10頁。

59. 同上。

60. 同上、11頁。

61. 同上、12頁。

62. 同上、13頁。

63. 同上、14頁。

64. 同上。

65. 同上、14—15頁。

66. 同上、15頁。

67.［日］山本吉宣:『「帝国」の国際政治学:冷戦後の国際システムとアメリカ』東信

堂、2006 年、376—383 頁。

68.［日］宇山智彦編:『比較地域大国論集　第 7 号』SRC、2012 年 1 月、16—17 頁。

69.［日］志田恭子:「ベッサラビアからみるロシア帝国研究と跨境論」松里公孝編:『講座　スラブ・ユーラシア学　第 3 巻　ユーラシア——帝国の大陸』講談社、2008年、81 頁。

70. 余伟民:《从"比萨拉比亚问题"到摩尔多瓦独立——原苏联诸国民族问题的个案研究》,载于《华东师范大学学报(哲学社会科学版)》1994 年第 3 期。

71.［日］志田恭子:「ベッサラビアからみるロシア帝国研究と跨境論」松里公孝編:『講座　スラブ・ユーラシア学　第 3 巻　ユーラシア——帝国の大陸』、82 頁。

72. 同上、84 頁。

73. Nicolae Lorga, *Byzantium after Byzantium*(Jassy 2000).

74.［日］志田恭子:「ベッサラビアからみるロシア帝国研究と跨境論」松里公孝編:『講座　スラブ・ユーラシア学　第 3 巻　ユーラシア——帝国の大陸』、84 頁。

75. 同上、84 頁。

76. 同上、87 頁。

77. 同上、88 頁。

78. 同上、89 頁。

79. 同上。

80. 同上、90 頁。

81. 沙俄在比萨拉比亚设立的地方自治机构,根据 1864 年 1 月 1 日的法令设立,1918 年十月革命后废除。

82.［日］志田恭子:「ベッサラビアからみるロシア帝国研究と跨境論」松里公孝編:『講座　スラブ・ユーラシア学　第 3 巻　ユーラシア——帝国の大陸』、90—91 頁。

83. 同上、92 頁。

84. 同上、83 頁。

85.［日］豊川浩一:「ロシアの東方植民と諸民族支配」原暉之、山内昌之編『スラブの民族(講座スラブの世界 2)』弘文堂、1995 年、30—32 頁。

86. John P.LeDonne, "The Geopolitical Context of Russian Foreign Policy: 1700—1917," Acta Slavica Iaponica 12(1994), pp.6—7.

87.［日］志田恭子:「ベッサラビアからみるロシア帝国研究と跨境論」松里公孝編:『講座　スラブ・ユーラシア学　第 3 巻　ユーラシア——帝国の大陸』、93 頁。

88. 同上、94 頁。

89. 同上。

90. 转引自 Derzhavnyi arkhiv Odes'koi oblasti(DAOO), f.1, op.215, spr.11, ark.78—81.

91.［日］志田恭子:「ベッサラビアからみるロシア帝国研究と跨境論」松里公孝編:『講座　スラブ・ユーラシア学　第 3 巻　ユーラシア——帝国の大陸』、96 頁。

92. 同上。

93. Edward C.Thaden, "Russification in Tsarist Russia," in Thaden, *Interpreting History: Collective Essays on Russia's Relations with Europe*(New York, 1990), p.218.

94. A. Miller, "Russifikatsii: klassifitsirovat 'i poniat'," Ab Imperio 2(2002), pp.133—148.

95. *Pervaia vseobshchaia perepis' naseleniia Rossiiskoi imperii 1897 g.*, Vol.3, "Bessarabskaia guberniia"(St.Petersburg, 1905), p.XX.

96.［日］志田恭子:「ベッサラビアからみるロシア帝国研究と跨境論」松里公孝編:

『講座 スラブ・ユーラシア学 第3巻 ユーラシア——帝国の大陸』、97頁。

97. ［日］望月哲男:「ロシアの空間イメージによせて」松里公孝編:『講座 スラブ・ユーラシア学 第3巻 ユーラシア——帝国の大陸』、144—145頁。

98. 同上、145—146頁。

99. ［日］原暉之:「ロシア連邦の地理的外観」加賀美雅弘、木村汎編:『東ヨーロッパ・ロシア(朝倉世界地理講座10)』朝倉書店、2007年、241—251頁。

100. ［日］望月哲男:「ロシアの空間イメージによせて」松里公孝編:『講座 スラブ・ユーラシア学 第3巻 ユーラシア——帝国の大陸』、145—146頁。

101. 同上、148頁。

102. 参见米哈伊尔·普里希文著、太田正一译:『巡礼ロシア——その異端のふところへ』平凡社、1994年。

103. ［日］望月哲男:「ロシアの空間イメージによせて」松里公孝編:『講座 スラブ・ユーラシア学 第3巻 ユーラシア——帝国の大陸』、151頁。

104. 同上、151—152頁。

105. 同上、152頁。

106. 同上、152—153頁。

107. 同上、153頁。

108. Ladis K.D.Kristof, "The Russian Image of Russia: An Applied Study in Geopolitical Methodology," in *Essays in Political Geography*, ed. C. A. Fischer (London: Mathuen, 1968), pp.345—387.

109. ［日］望月哲男:「ロシアの空間イメージによせて」松里公孝編:『講座 スラブ・ユーラシア学 第3巻 ユーラシア——帝国の大陸』、156頁。

110. Mark Bassin, "Russia between Europe and Asia: The Ideological Construction of Geographical Space," *Slavic Review* 50:1(1991), pp.1—17.

111. N.Ia.Danilevskii, *Rossiia i Europa: Vzgliad na kul'turnye i politicheskie otnosheniia Slavianskogo mirak Germano—Romanskomu* (5—e izd.) (St, Petersburg, 1895), pp.21—22, 58—59.

112. V. I. Lamanskii, *Tri mira Aziiskogo—Evropeiskogo materika* (2—e izd.) (Petrograd, 1916), pp.9—20.

113. I. P. (N. S. Trubetskoi), *Nasledie Chingiz—Khana* (Berlin, 1925); Georgii Vernadskii, *Opyt istorii Evrazii* (Berlin, 1934).

114. ［日］望月哲男:「ロシアの空間イメージによせて」松里公孝編:『講座 スラブ・ユーラシア学 第3巻 ユーラシア——帝国の大陸』、158頁。

115. 同上、158頁。

116. Viacheslav Ivanov, Vladimir Topolov, *Slavianskie iazykovge modeliruiushchie semioticheskie sistemy* (Moscow, 1965), pp.110—111; Jurii Lotman, *Universe of the Mind. A Semiotic Theory of Culture* (London-New York: St.Martin's Press, 1993).

117. ［日］望月哲男:「ロシアの空間イメージによせて」松里公孝編:『講座 スラブ・ユーラシア学 第3巻 ユーラシア——帝国の大陸』、159頁。

118. Otto Boele, *The North in Russian Romantic Literature* (Amsterdam—Atlanta: Rodopi, 1996), pp.17—43.

119. ピョートル・チャアダーエフ「狂人の弁明」(外川継男訳・解説)『スラブ研究』第25号、1980年、160頁。

120. 望月哲男:「ロシアの北/北のロシア」望月哲男編:『現代文芸研究のフロンティア(Ⅳ)(スラブ研究センター研究報告シリーズ93)』北海道大学スラブ研究センタ

一、2003 年、89—100 頁。

121. 今天叙利亚境内的帕尔米拉古城。

122. 品达(公元前 522—公元前 442),古希腊的合唱抒情诗人。

123. 塞米勒米斯,古代传说中的亚述女王。

124. 〔日〕望月哲男:「ロシアの空間イメージによせて」松里公孝編:『講座　スラブ・ユーラシア学　第 3 巻　ユーラシア——帝国の大陸』、161 頁。

125. 同上、163 頁。

126. A. A. Fedorov—Davydov, *Isaak Il'ich Levitan, Zhizn'i tvorchestvo 1860— 1900*(Moscow, 1976), p.45.转引自〔日〕望月哲男:「ロシアの空間イメージによせて」松里公孝編:『講座　スラブ・ユーラシア学　第 3 巻　ユーラシア——帝国の大陸』、163 頁。

127. 〔日〕望月哲男:「ロシアの空間イメージによせて」松里公孝編:『講座　スラブ・ユーラシア学　第 3 巻　ユーラシア——帝国の大陸』、164 頁。

128. 同上、164—165 頁。

129. 同上、165—168 頁。

130. 同上、170 頁。

131. 同上、171—172 頁。

132. 〔日〕松里公孝:「ソ連崩壊後のスラブ・ユーラシア世界とロシア帝国論の隆盛」山下範久編『帝国論』講談社、2006 年、145—166 頁。

133. 〔日〕盐川伸明:《日本的俄罗斯史研究 50 年》,载《俄罗斯史研究》2006 年,总第 79 期。

134. 此段论述主要来自笔者向日本北海道大学斯拉夫研究中心松里公孝教授请教日本学者进行的关于解密档案资料的研究问题时,松里教授给予的答复。

135. 〔日〕盐川伸明:《日本的俄罗斯史研究 50 年》。

136. 〔日〕栗原优:《1995 年的史学界回顾与展望》,载《史学杂志》1996 年,第 105 编第 5 号。

137. 该书使用的史料包括:《исторический архив》, 1992, No 1, с.125—128;《Московские новости》, 1992, No 25(21 июня), с.19;《Известия》, 4 декабря 1934 г., с.1;《Правда》, 4 декабря 1934 г., с.1;《Известия ЦК КПСС》, 1989, No 3, с.138;《Правда》, 5 декабря 1934 г., с.1;《Собрание законов СССР》, 1934, No 64, ст.459;《Сборник документов по истории уголовного законгдательства СССР и РСФСР. 1917—1952 гг.》. М, 1953, с.347;《История второй мировой войны 1939—1945》. в 12 томах. т.1, М., 1973, с.283—284;《Документы внешней политики СССР》, т. XVI, М., 1970, с.876—877;《История внешней политики СССР》. т.1, М., 1976, с.308—309;《История внешней политики СССР》. т.1, М., 1980, с.302—303 等。

138. 〔日〕加藤哲郎:《前苏联秘密资料解读》,载于"加藤哲郎网络工作·专科图书馆"。

139. 〔日〕:保谷徹承担的文部省课题——"东亚国际环境与中国、俄罗斯所有日本相关史料的综合研究",东京大学史料编纂所网站,"编纂、研究、公开"栏目。

140. 〔日〕滨本真实:《俄罗斯出差报告》(2006 年、2010 年),伊斯兰地区研究东京大学基地主页,http://www.l.u-tokyo.ac.jp/tokyo-ias/centraleurasia/report/index.htm。

141. 〔日〕松里公孝:《19 世纪到 20 世纪初期右岸乌克兰的波兰要素》,载《斯拉夫研究》1998 年,总第 45 期。

142. 〔日〕石田雄:《作为"同化"政策与创造观念的"日本"(上、下)》,载《思想》1998 年,第 10、11 月号。

143. ［日］小熊英二：《差别即平等》，载《历史学研究》1994 年 9 月号。

144. ［日］盐川伸明：《苏联语言政策史再考》，载《斯拉夫研究》1999 年，总第 46 期。

145. ［日］盐川伸明：《帝国的民族政策的基本是同化吗》，该文是盐川伸明教授在 1998 年度俄罗斯研究会年度大会的主旨演说，载于盐川伸明教授的个人主页，http://www.shiokawa.j.u-tokyo.ac.jp/。

146. ［日］石田雄：《作为"同化"政策与创造观念的"日本"（下）》，载《思想》1998 年 11 月号。

147. ［日］盐川伸明：《帝国的民族政策的基本是同化吗》。

148. John W.Slocum，"Who，and When，Were the Inorodtsy? The Evolution of the Category of 'Aliens' in Imperial Russia，" *Russian Review*，Vol.57，No.2（April 1998）. 转引自［日］盐川伸明：《帝国的民族政策的基本是同化吗》。

149. ［日］盐川伸明：《帝国的民族政策的基本是同化吗》。

150. 同上。

151. ［日］川端香男里：《混沌中的宗教界》，载《俄罗斯东欧学会年报》1993 年第 22 期。

152. ［日］广冈正久：《俄罗斯东正教的千年：在圣与俗之间》，日本放送协会书库 1993 年版，第 111 页。

153. ［日］川端香男里：《混沌中的宗教界》。

# 第四章

# 冷战后日本的俄罗斯转型政治发展研究

　　冷战后日本的俄罗斯转型政治发展研究是一个宏大的主题,绝非通过一个章节就能够阐释清楚的,因此,笔者在阐述该问题时,力求将范围尽可能地缩小,但同时又能够反映出日本学者的研究特色。本章首先对冷战后日本的俄罗斯政治研究的成果,主要是论文成果进行分类汇总,通过最具观点性的论文成果来把握日本学者对俄罗斯政治研究的问题意识与研究特色,同时对俄罗斯·东欧学会、日本国际问题研究所、日本防卫研究所以及日本外务省等民间与政府研究机构的研究方法与特色进行横向的比较研究。其次,按照历史发展的脉络,对冷战后日本学者研究俄罗斯政治问题的研究路径进行归纳概括,力求初步弄清日本学者对俄罗斯政治问题的研究方法。最后,以个案分析的方法,对日本学者最为关注的俄罗斯政治体制转型,尤其是俄罗斯中央和地方、特别是各共和国对政治体制改革的认识,从微观的地区视角进行阐述。同时,也将阐述日本研究机构对"梅普二人体制"的研究分析情况,这是为世界各国所关注的一个课题。

## 第一节　冷战后日本俄罗斯政治
### 研究的成果与研究特色分析

　　冷战结束后,日本学者对俄罗斯政治问题抱有极大的研究兴趣。日本从事俄罗斯问题研究的第二大学会——俄罗斯·东欧学会(第一大学会是俄罗斯文学研究会),其会刊《俄罗斯·东欧学会年报》刊载的有关文章多维度地反映出日本学者对俄罗斯政治问题的关注;作为日本国际问题的研究重镇——国际问题研究所的专家们,更是按照一种独特的研究思路,对俄罗斯的政治问题进行了综合的深入分析,并通过《俄罗斯研究》展现他们的研究成果;此外,防卫研究所和日本外务省的相关研究机构,也从政策决策的角度对俄罗斯政治问题展开了调查研究,并通过刊物或研究报告发表了他们的调研成果。

本节拟以《俄罗斯·东欧学会年报》(年刊)和《俄罗斯研究》(年刊)刊载的论文为分析样本,进行量化分析,力求发现日本学者对俄罗斯政治研究的问题意识和主要观点;然后,再对日本国际问题研究所、防卫研究所以及日本外务省等研究机构的学术成果、研究方法与研究特色进行横向比较研究,力求对日本学界的俄罗斯政治研究做出较为全面的阐述。

## 一、关于俄罗斯政治研究的学术论文成果分析

本部分对《俄罗斯·东欧学会年报》(1992—2008 年)刊载的论文进行了统计,在全部 245 篇论文中,185 篇论文是关于俄罗斯问题的文章。在这 185 篇论文中,政治类论文数量排在第 2 位,共 39 篇,所占比例为 21%。图 4.1《俄罗斯·东欧学会年报》(1992—2008 年)政治研究的论文分类,对《俄罗斯·东欧学会年报》政治类论文进行了具体的分类汇总。

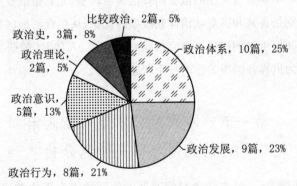

**图 4.1** 《俄罗斯·东欧学会年报》(1992—2008 年)政治研究的论文分类

对于《俄罗斯·东欧学会年报》刊载的政治类论文,图 4.1 的分类方法主要参考杨光斌主编的《政治学导论》(中国人民大学出版社 2000 年版)中的分类方法,即按照政治权力、政治意识、政治体系、政治行为

和政治发展等类别,对 39 篇论文进行了大致归类。其中,将《叶利钦
"过渡期"政权的政治体系——探索俄罗斯政治研究的新视角》《关于俄
罗斯国家利益的讨论》《关于俄罗斯寡头集团》《政治家普京的个人素质
解读》等 10 篇论文归为政治体系类;将《俄罗斯体制变迁的逻辑与过
程》《俄罗斯改革的反复、利益分化与政治整合》《俄罗斯革命的两难困
境》《俄罗斯联邦制改革与宪法政治》等 9 篇论文归为政治发展类;将
《当代俄罗斯中央和地方的关系》《俄罗斯联邦制的现状——从远东的
视角》《超越中央和地方二元论》《俄罗斯传媒的现状与 2000 年总统选
举》等 8 篇论文归为政治行为类;将《后共产主义政治思想的动向》《俄
罗斯自由主义的历史与含义》《意识形态、体系、行为方式的变化和相似
性》《俄罗斯国家认同危机与主权民主主义的争论》等 5 篇论文归为政
治意识类;将《什么是社会主义的现实主义?——斯坦尼斯拉夫斯基体
系的命运》和《关于俄罗斯的"马克思·韦伯·文艺复兴"》等两篇论文
归为政治理论类;将《苏联解体的机制——历史的黑暗部分》《重新审
视苏联解体后的历史——以拉脱维亚共和国成立史为例》《"斯大林
笔记"与冷战 1950—1952 年——关于德国统一问题的德国社会主义
统一党(SED)的动向》等 3 篇论文归为政治史类;将《无法动员的动员
体制——从比较政治体制的视角》与《总统制与议会内阁制的选
择——1990—1993 年的苏联·俄罗斯》归为比较政治学类。上述论
文只是大致的分类,无法做到精准,是便于阐述下面的观点而采用的
一种方法。

　　分析上述论文会发现如下特点:第一,关于政治体系、政治发展和
政治行为类的论文数量较多,直接表明日本学者对于俄罗斯政治的关
注热点所在,反映出苏联解体后俄罗斯重建国家结构、政治制度和经济
制度的过程。在此过程中,俄罗斯逐步完成由原来统一的联盟国家转
变为独立的国家,由一党制的苏维埃制度转变为多党制的宪政制度,由
单一所有制的高度集中的计划经济转变为多元经济成分的市场经济,
并在意识形态上抛弃了马克思主义。此类论文数量最多,说明日本学
者抓住了俄罗斯制度变迁的脉搏。第二,对俄罗斯政治领导人较为关
注。比如,中泽孝之的《叶利钦总统的政治风格》、月出皎司的《政治家
普京的个人素质解读》、下斗米伸夫的《探索普京之后的俄罗斯》等文

章,较为详尽地分析了俄罗斯政治领导人的执政能力和执政风格。第三,《俄罗斯·东欧学会年报》刊载论文的一大特点是紧密围绕俄罗斯·东欧学会成立之初的宗旨,即"紧密地将国际形势与日本的经济政治的实际状态相结合"[1],密切关注俄国政治、经济形势及外交安全形势的变化,及时反映日本俄苏学界的基础研究和应用研究的成果,并自觉做到学术研究服务于日本的国家利益。此外,该刊物每期必定刊载俄苏学界代表人物的文章,以凸显刊物的办刊水平和特色。譬如,下斗米伸夫、袴田茂树、盐川伸明、上野俊彦、宇多文雄、永纲宪悟等学者的文章经常出现。

日本国际问题研究所同样对俄罗斯政治问题表现出极大的研究兴趣。请参见图 4.2《俄罗斯研究》政治研究的论文分类。

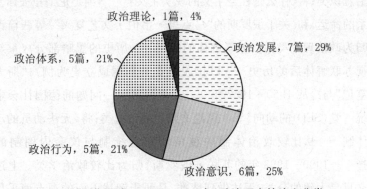

**图 4.2 《俄罗斯研究》(1995—2004 年)政治研究的论文分类**

根据图 4.1 的分类方法,图 4.2 对日本国际问题研究所的《俄罗斯研究》(1995—2004 年)上刊载的 24 篇政治类论文进行了分类汇总。其中,将《普京政治改革与地方权力结构的变迁——以斯维尔德洛夫斯克州、鞑靼斯坦共和国、库尔斯克州为中心》《俄罗斯远东地区的政治动向——以二次转型时期的沿海地区为中心》《俄罗斯总统选举——意义与评价》《俄罗斯体制变迁的现阶段》等 7 篇论文划为政治发展类;将《俄罗斯的伊斯兰习俗和分离派的习俗》《民族认同的摸索》《回归"民族主义路线"的俄罗斯东正教会》《"我们的家园——俄罗斯"党与帝国式的政治文化》等 6 篇论文划为政治意识类;将《叶利钦时代——一种评价》《当代俄罗斯中央和地方的关系——从联邦中央看联邦主体的分离主义》《两种乌托邦——俄罗斯的政治秩序与社会秩序》等5篇论文划为政治行为类；将《俄罗斯国家权力结构的联邦制原理》《尝试把握苏联地区的整体情况》《车臣政治对立要素——地区·部落与氏族·信仰团体》《当代俄罗斯政治中的工会》等5篇论文划为政治体系类；1篇政治理论的文章，即《"俄罗斯式理念"的复活》。

《俄罗斯研究》刊载的政治类论文具有下述特点：第一，与《俄罗斯·东欧学会年报》相比，《俄罗斯研究》的论文更为重视俄罗斯的政治发展研究，对实行宪政制度的俄罗斯，既关注其政治发展的过程，又展望其政治变迁的前景。第二，《俄罗斯研究》更为重视从政治意识与政治文化的视角来探讨俄罗斯的政治问题。俄罗斯在社会、经济和政治发展的过程中，逐渐形成自己的政治意识，对俄罗斯当前和未来的政治行为起着重要作用。帝国统治的历史传统、东正教的意识形态、民族的认同等，无疑是研究俄罗斯政治问题的钥匙。第三，《俄罗斯研究》自1995年以来，直至2004年停刊，其办刊最大的一个特点是每期内容只设立一个主题，然后围绕该主题从不同角度撰写文章展开学术探讨，以求全方位地阐释该主题。譬如，1996年第23期的主题是"改革的反作用"，围绕该主题，日本学者撰写了《俄罗斯总统选举——意义与评价》《叶利钦总统的再次当选与政权特征》《俄罗斯体制变迁的当前阶段》《哈萨克斯坦的威权主义体制》《苏维埃中央和地方关系——产业部门整合的限度与后遗症》等9篇论文，不仅分析了俄罗斯的政治、经济问题，还对波兰以及一些独联体国家的问题进行了论述，最终形成一幅完整的、全景式的分析图。图4.2的论文都是围绕相关主题进行的政治角度的阐释，出于本部分论述需要，将其提取出来分类研究。

## 二、主要研究机构的研究特色分析

《俄罗斯·东欧学会年报》刊载的政治类论文情况反映的是日本俄苏学界学者个人的研究特色与关注点，同时也代表了俄罗斯·东欧学会的研究动态与倾向。而斯拉夫研究中心作为实体学术研究机构，其研究杂志《斯拉夫研究》冷战后所刊载的政治类文章绝大多数是政治史类的文章，本书在第三章第一节已经对其进行过分析，从中可以明显看出斯拉夫中心与现实政治保持距离、追求纯学术的风格，在此不再赘言。

### (一) 日本国际问题研究所

有着日本外务省背景、定位介于学界与政府之间的日本国际问题研究所，是由日本前首相吉田茂发起成立的，成立的主要目的是研究中长期的国际问题。2010 年 1 月，宾夕法尼亚大学的"智囊机构·市民社会计划"(TTCSP)研究组织发表了"世界智囊机构调查"的结果，在全世界超过 6 300 家的智囊机构中，日本国际问题研究所被评为亚洲智囊机构的第一位。日本国际问题研究所设有亚太、中国与朝鲜半岛、美国、欧洲、俄罗斯与独联体、中东与非洲等多个研究方向，其中，该所于 1984 年 6 月成立了"苏联研究中心"，对当时的苏联以及原东欧社会主义国家的体制、内政、外交、军事、经济、社会等问题进行全方位、综合性的研究。1992 年 2 月，中心改名为"俄罗斯研究中心"(Center for Russian Studies)。该所认为，自东欧剧变、苏联解体以来，原苏东地区的国家开始了民主化和市场经济的进程，经过十余年的时间，不仅改革道路不尽相同，就连民主化与市场经济的到达点也是形形色色。有的国家的经济改革卓有成效，加入了世界贸易组织，又想加入欧盟；有的独联体国家终于摆脱了长年的民族纠纷，开始了真正改革；中亚国家在"9·11"事件之后，其地缘政治的重要性再次得到确认。[2]因此，对于重要性愈发凸显的原苏东地区，俄罗斯研究中心希望与国内外的大学和研究机构有效合作，积极开展研究活动。关于俄罗斯与独联体国家的研究，该中心最大的研究特色是合理组织社会上的优势资源，集中力量开展专题研究，最终形成研究报告或政策建议，提供给有关政府部门作决策参考。譬如，2000 年承担外务省委托项目《俄罗斯远东地区的形势研究》，2001 年承担外务省委托项目《普京政权下俄罗斯的内政动向——普京政权第二年的总结》等。最新提交的一份研究报告是 2010 年 3 月形成的《俄罗斯的政策决策——各种力量与过程》。该研究报告由庆应义塾大学横手慎二教授牵头，上智大学上野俊彦教授、亚细亚大学永纲宪悟教授、防卫研究所兵头慎治主任研究官，以及瑞穗综合研究所、东北大学、京都大学等研究机构及大学的专家参与撰写,研究队伍堪称当前日本俄罗斯问题研究的核心团队。该报告目标是最大限度地接近俄罗斯政策决策机制的内幕,从俄罗斯的内政、外交、军事、经济等多角度对其政策决策过程进行分析,试图描绘出各种组织和人物在各个领域中,是以怎样的形式参与政策决策之中。日本各领域的专家从俄罗斯的反恐怖法的制定、总统办公厅政策决策的机制、安全保障政策与军队的作用、军需产业政策、对待非政府组织政策、加入世界贸易组织的政策转变、地下资源法的制定过程、关于历史认识的争论、对亚洲召开亚太经济合作组织会议的配合等视角展开研究,是一个目标远大的项目。俄罗斯研究中心相信,这项研究成果一定会有助于提高日本俄罗斯政治研究的水平。[3]俄罗斯研究中心集中力量进行课题攻关的这一研究特色也同样反映在《俄罗斯研究》中,前面已经有过论述,不再重复。此外,该中心除了开展有针对性的课题研究之外,还对苏联的地区人名、俄罗斯联邦法律名称以及总统命令进行整理,并制成数据库,得到很高的评价。自1992年起,该中心开始接收原苏东地区国家和蒙古的青年访问学者与客座研究员。

### (二) 日本外务省

日本外务省隶属的内部机构,如国际情报综合机构(下设第一至第四国际情报官室)、欧洲局、北美局等5个方向局以及经济、国际合作等4个功能局,都有收集和分析对象国的政治、经济、军事、社会等情报的职能,其过程称为调查研究。与学者从事学术研究的最大不同在于,政府部门非常注重实时情况的调查研究,重视务实的应用分析,轻视学理上的梳理和阐述,而且调研成果直接服务于政府部门的决策过程。虽然无法具体了解负责俄罗斯方向的部门是如何开展调查研究工作的,然而,其调研成果的一个具体表现却反映在《外交蓝皮书》之中。因此,笔者将通过冷战后至今的《外交蓝皮书》(1992—2010年)来分析和阐述日本外务省对俄罗斯政治问题的调研特色。

第一,关注每一位俄罗斯政治领导人的施政方针与施政风格,以此作为观察俄罗斯社会变迁的一个重要视角。自苏联解体以来,叶利钦、普京和梅德韦杰夫先后登上俄罗斯政坛。对于叶利钦,《外交蓝皮书》认为,其就任总统之初,在宣告与共产主义诀别的同时,指出了新生俄罗斯的前进道路,即强调尊重民主、法治、人权和基本自由,采取激进的经济改革措施,将俄罗斯从中央统制经济转变为市场经济,在对外政策方面提出"人类共同的价值"、"遵守文明世界的规范"、"法律和正义"等口号。叶利钦之所以能够推行上述政策,源于他在"8·19"事件之后获得大多数国民的支持,其地位、权威与人气卓越无比。[4]叶利钦积极致力于民主和经济改革,加快共产党的解体……表达了俄罗斯领导层对于经济改革的热情。[5]对于叶利钦执政初期,日本非常关注,同时又寄予某种期待。俄罗斯向发达的民主国家靠近,不再彼此对立,西方发达国家也愿意看到俄罗斯成为国际社会中的建设性伙伴。因此,包括日本在内的发达国家支持俄罗斯的改革。日本对于叶利钦执政初期的某种期待体现在《外交蓝皮书》之中,其中关于叶利钦时代的俄罗斯部分篇幅较长,而其后的普京和梅德韦杰夫时代,描述篇幅则较为简短。譬如,对于普京在 2000 年当选总统,《外交蓝皮书》的描述是:选举之初就被视为必定当选的普京总理,在第一轮投票中就获得 53% 的选票,超过了所需(50%)选票。由于得到了国民的有力支持以及国家杜马对政府的妥协,普京就任总统之后实施了"强国"政策,作为"后叶利钦"时代的新领导人,发挥了领导作用。[6]对于梅德韦杰夫的当选,篇幅也较简短:2008 年 3 月的总统选举,普京总统指定的接班人、第一副总理梅德韦杰夫以 70% 的得票率大胜,5 月就任总统。同月,普京就任总理,实现了平稳的政权交替。梅德韦杰夫总统继承了普京路线,提出了依法行政、司法独立、报道自由、保护非政府组织、重视民主与自由价值等政策;指出贪污是民主最大的敌人,将对其采取积极措施;他还严厉批判官员贪污和漠视法律的行为阻碍了经济和民主发展。[7]对于俄罗斯三位政治领导人的个性,《外交蓝皮书》主要观察了他们具体的施政态度。譬如,叶利钦对待改革路线是固执己见,普京在车臣问题上是态度坚决,梅德韦杰夫对待格鲁吉亚进攻南奥塞梯是措施果断。

第二,重视研究俄罗斯三位政治领导人任职期间的内政问题。如果用关键词概括的话,叶利钦时代是"改革与稳定"、"民族问题"以及"健康问题"。《外交蓝皮书》认为,叶利钦是在国家和民族面临大动荡时期执政的,他必须找到一条正确的道路,解决全社会规模的一系列的政治、经济和社会难题,将俄罗斯从一种社会政治和经济形态转变为另一种形态。叶利钦选择的道路是推进改革路线,对国家权力和经济体系进行全面而激进的变革,确立宪政制度,并通过新宪法赋予总统极大的权力,待权力稳固之后,再寻求社会和睦以及政党斗争的合法化。关于民族问题,《外交蓝皮书》认为,俄罗斯生活着 100 多个民族,民族问题对俄联邦的政治稳定极为重要。苏联解体的后果之一就是出现了民族间的对立、敌对和歧视,加上俄罗斯在实施经济改革过程中,国民生活水平急剧恶化,造成了一些民族不满,加速了脱离俄罗斯的倾向。苏联解体后,俄罗斯国内除了车臣的独立运动之外,印古什人与北奥塞梯人之间的领土纷争发展为武力对抗。鞑靼斯坦共和国也在谋求扩大主权的民族运动。由于鞑靼人对俄罗斯内部的土耳其·伊斯兰系民族有着巨大的文化和政治上的影响力,俄政府对其动向极为关注。[8]关于车臣问题,《外交蓝皮书》指出:由于俄军造成包括平民在内的大量人员伤亡,日本等国严厉批评了俄罗斯政府。1995 年下半年,俄政府与车臣杜达耶夫通过和谈达成军事协议,并缔结了给予车臣共和国更多自治的政治协议。但是,车臣的恐怖活动导致军事协议停滞不前、武力冲突不断,车臣问题将久拖不决。[9]关于叶利钦的身体健康,1996—2000 年的《外交蓝皮书》连续提到叶利钦的健康问题。1995 年,叶利钦两次因心脏病住院疗养,国内外对此非常关注。1996 年甚至发生了由于叶利钦心脏病恶化而出现的权力斗争。在叶利钦第二个任期内,健康问题成为影响俄罗斯政局的一个重要因素。

普京时代的关键词是"高支持率"、"经济状况良好"、"政权稳定"与"车臣问题"。自普京当选总统的 2000 年起,每年的《外交蓝皮书》中必定提到普京的"高支持率",认为由于普京得到了国民大力支持,趁势强化了总统权力,增强了对人事、议会、地方和财界的影响力。普京执政时期,国际油价上涨,依赖出口能源原材料发展模式的俄罗斯经济获得了较快增长,《外交蓝皮书》的评价是俄罗斯经济状况良好。普京在高支持率和经济状况良好的背景下,实现了政权的稳定运行。自 2001 年度的《外交蓝皮书》起,"高支持率"、"经济状况良好"、"政权稳定"等关键词一并出现过多次。普京时期最大的内政问题是车臣问题,解决车臣问题以及与车臣非法武装进行斗争贯穿了普京的整个执政时期。《外交蓝皮书》连续 8 年给予关注,只是在普京即将卸任的 2009 年度,没有提及车臣问题。

梅德韦杰夫执政时间不长,对其执政时期的关键词不妨暂且使用"普京路线"与"提高国民生活"来描述日本对俄罗斯政治的认识。《外交蓝皮书》指出,梅德韦杰夫之所以能够当选,一个重要的因素就是得到了普京的提名。他就任总统之后,内政上最大的特点就是继承和切实执行了"普京路线",而且梅德韦杰夫总统和普京总理的双头体制运行得较为平稳。[10] 当然,《外交蓝皮书》(2009、2010 年版)也指出了梅德韦杰夫本人的施政特色,如重视司法独立与报道自由等民主化政策,打击国内官员腐败,改革选举制度等。特别是在社会层面,他将提高国民的生活水平作为一个重要课题,致力于发展"优先的国家项目",实行了保障国民住宅供给、增加养老金、医疗保健等稳定社会的政策。

第三,对俄罗斯内政局势的发展方向作出预测。作为政府的外交部门,对重要对象国的内政与外交局势的发展作出预测是其基本职能,日本外务省也是如此。譬如,在叶利钦执政初期,面对俄罗斯国内诸多问题,特别是总统与人民代表大会[11]、总统与政府之间的对立日益激化。对此,外务省的判断是"叶利钦政权前途多艰"[12];对 1993 年举行的全民公投和新议会选举,他们的预测是:国家杜马在国民不满和民族主义高涨的背景下,共产党等前保守势力全力以赴,极右民族主义政党飞跃发展。由于反对改革的势力抬头,总统与新议会之间的困难关系将持续下去。[13] 关于总统接班人问题,1997、1998 年度的《外交蓝皮书》在密切关注叶利钦的健康问题之后认为,"今后俄罗斯政局的最大焦点是总统继承人问题"。然而,其预测功能也未必准确。譬如,1996 年度的《外交蓝皮书》预测车臣问题会"久拖不决",而 1997 年度的《外交蓝皮书》则认为,车臣形势虽然孕育着不稳定因素,但整体朝着和平的方向推进。这显然是前后矛盾的。

当然,《外交蓝皮书》总体上是以阐述对象国的对外政策、外交事务以及日本的对外政策和外交事务为重点的,首先是为日本外交服务的。但是,外交作为内政的延续,不可能孤立存在,必须同时研究对象国的政治、经济、社会等内政问题。

（三）日本防卫研究所

同样关注俄罗斯政治形势的官方机构还有日本防卫研究所。防卫研究所是日本防卫省在安全战略方面进行决策分析的智囊机构,被称为日本的"兰德"公司,主要负责日本安全政策的决策调研工作,是日本最高军事科研机构;同时,也负责培训日本自卫队的高级干部和其他省厅官员,担负着战略大学的教学功能。总体来说,防卫研究所对俄罗斯内政与外交方面的分析目的是服务于日本安全事务的,因此对俄罗斯政治问题关注的角度与日本外务省有所不同。下面拟以防卫研究所重要的学术研究刊物——《东亚战略概观》(1996—2010 年)[14]为例,简要阐述防卫研究所对俄罗斯政治研究的特色。

第一,防卫研究所对俄罗斯内政问题的研究,完全是根据自身职能的需要,为日本安保政策提供决策参考。有着军人身份的防卫研究所的研究人员,他们撰写的《东亚战略概观》,与《外交蓝皮书》风格迥异。譬如,在体例上,《外交蓝皮书》在描述俄罗斯问题时,通常是按照内政、经济、外交的顺序来写,语言较为精炼,问题点到为止,不做过多分析。而《东亚战略概观》对俄罗斯进行阐述时,首先是详细分析俄罗斯政局的重要变化,其次是分析俄罗斯的对外政策与国际战略环境,最后是分析俄军的军事战略、军事部署等军事问题,然后指出对日本安全保障的影响。例如,《东亚战略概观》(2002 年)的分析首先认为普京总统由于获得国民的高度支持并且与国家杜马关系更加稳定,因此稳固了政权基础;其次,普京的两大外交目标是追求经济利益和确保战略稳定。在国际上,既牵制美国的"单极统治",同时又在反导问题上推进与美国的谈判,显示出灵活的姿态;"9·11"事件促使俄美接近,加强了国际反恐合作,俄罗斯借机改善与美国以及与欧洲各国的关系。最后,在军事方面,大量调整军队干部,采取措施致力于叶利钦时期未能推进的军队改革。同时指出,俄罗斯对亚洲国家扩大武器出口是日本较为关注的安全问题。[15]《东亚战略概观》名义上是研究人员的个人观点,不代表防卫研究所的军方观点,因此问题分析得更为全面透彻,这一点完全不同于《外交蓝皮书》点到即止的风格。

第二,防卫研究所对俄罗斯的政治、经济和外交的研究构成了对俄罗斯军事问题研究的背景。譬如,《东亚战略概观》(2010 年)认为,2008 年 9 月的全球金融危机结束了俄罗斯持续 10 年的经济增长,"双头"体制的梅德韦杰夫总统和普京总理面临着摆脱资源依赖型经济结构的问题。为确保政治稳定,普京总理加强了"手动统治",很可能于2012 年再次当选总统。在此背景下,2009 年 5 月批准的"2020 年国家安全保障战略"显示俄罗斯将向传统的安全观回归,在开展核裁军的同时,追求与美国的战略对等关系。俄罗斯 2009 年的新"军事学说"作出首先使用核武器的规定,在安全上加大对核武器的依赖。根据俄军改革计划,俄军部队旅团化与快速反应取得进展,并实施大规模的演习来检验改革效果。[16]虽然《概观》的重点是安全问题,但是对俄罗斯政治、外交与战略环境的分析也是鞭辟入里。

第三,防卫研究所对俄罗斯远东地区的政治、经济与军事形势更为密切关注。远东地区位于东北亚,直接关系到日本的周边安全环境,自然是防卫研究所关注的重点地区。《东亚战略概观》从其诞生之日起就重点关注俄罗斯远东地区的内政、外交和军事形势。譬如,《东亚战略概观》指出,俄罗斯远东地区的政治、经济和社会呈现出混乱局面,对俄军也造成了不良影响,成为东北亚安全环境的不稳定因素。比如,远东的俄军在太平洋不负责任地处理含有放射性的有害军事废弃物就是一个问题。[17]此外,历年的《东亚战略概观》还会详细论述俄罗斯远东地区的安全问题,分析对日本安全保障造成的影响与威胁。

## 第二节　冷战后日本的俄罗斯政治研究的问题领域

自 1985 年戈尔巴乔夫推行改革以来,日本的苏联研究学者下大力气跟踪研究苏联政治的现实动向,但是一个普遍存在的问题是:对于苏联政治的分析往往停留在问题表面,非常依赖现成的分析视角。譬如,往往采用所谓的"克里姆林宫学"、"克里姆林宫内部权力斗争"的历史观点、保守与改革二分法理论等老套的分析视角,结果造成无法从学理上对苏联的政治进行有效的分析,更不用说能够预测苏联政治的发展状况了。苏联的突然解体,给日本的政治学界和社会科学界带来莫大的冲击,因为学界没有预测到这种变动。[18]日本俄苏学界痛感需要好好进行反省,认真探讨俄罗斯政治研究的方法、分析视角和如何开展俄国研究等问题了。因此,本节重点阐述冷战后日本俄苏学者是通过何种研究路径来研究俄罗斯政治问题,并且在研究过程中是如何不断地调试研究路径的。

## 一、俄罗斯政治问题研究的几种模式

苏联解体之后,日本俄苏学者及时进行了学术反省,探讨以何种路径来深化俄罗斯政治问题的研究。一些学者如盐川伸明的《苏联"威权主义"的再次浮现》(斯拉夫研究中心研究系列报告 38 号,1992 年 3 月)、岩田贤司的《俄罗斯政治体系的变迁——总统制国家与议会制国家之间》(《俄罗斯研究》第 15 号,1992 年 10 月)等论文,还有斯拉夫研究中心组织学者参与撰写的《探索苏联政治体系的诸多问题》(1992 年 3 月)等研究报告,都是对俄罗斯政治问题研究路径进行探讨的成果。在这一动向中,时任日本国际问题研究所的上野俊彦研究员的观点较为集中地代表了当时日本俄苏学界的主流认识,[19]故这里对其俄罗斯政治研究的分析路径予以归纳阐述。

第一,全能主义[20]体制向威权主义转型的模式。上野俊彦认为,最先提出"体制转型模式"的学者是俄罗斯的政治学者 A.尼古拉扬。盐川伸明教授对 A.尼古拉扬的观点解释道:一般来说,社会直接从全能主义过渡到民主主义较为困难,在此过渡期,确立权威主义体制不可避免。苏联解体之际,人们对叶利钦政权抱有一定期待,在此背景下,一方面对向民主主义过渡的叶利钦政权的威权主义体制持肯定看法,但是另一方面,其威权主义体制又与俄罗斯国家主义相结合,具有产生"俄罗斯法西斯主义"或者是"民族社会主义"体制的危险性。[21]当然,也有学者对尼古拉扬的观点持批判态度,像 L.巴德金就强调这种威权主义体制具有"逆行倒施"的危险性,并且批评对叶利钦的威权主义抱有期待是一种幻想,无论如何都必须坚持民主主义体制。总之,威权主义的视角是将俄罗斯当时的状况看作是从全能主义体制向民主主义体制转型的过渡期,威权主义体制虽然是较为宏观的视角,但是它较好地解释了当时俄罗斯的政治状况。

第二，政治制度的"制度化过程"理论或者政治体系转型理论。岩田贤司认为，以"权力斗争史观"或者"保革二分法理论"来分析俄罗斯的政治是不充分的，作为其补充或改善，需要以新政治制度的"制度化过程"这一认识来分析当时俄罗斯的政治状况。[22]制度化过程理论是针对苏联解体之初俄罗斯进行的权力斗争而思考的问题，也就是在俄罗斯应该建立何种政治制度的问题。即，俄罗斯总统的目标是确立总统实权的强有力的"总统共和制"，而俄罗斯议会则希望建立议会实权的强有力的"议会主导型总统制"。这种对立的结果导致了首次政治危机，在 1992 年 4 月俄罗斯第六次人民代表大会上，人民代表大会对政府工作进行了严厉批评。当时俄罗斯两种新宪法草案成为对立的标志，两种对立的实质是关于官员的任命权到底是掌握在总统手中还是掌握在议会那里。岩田贤司当时的预测是后者取得胜利，即俄罗斯政治体系将从总统制向议会内阁制半总统制转型。尽管后来的事实证明该预测并不准确，但是毕竟提供了一种分析视角。

第三，有关政府人事变化的模式，特别是俄罗斯政府首脑人事变化的视角。上野俊彦指出，该模式是从一种模式向另一种模式转变的模式，即从政府领导人的背景经历模式向人事问题掌握在谁（哪个机关）手中的模式转变。在叶利钦执政初期，俄罗斯政府领导人（副总理以上）是由政治活动家型的理论家和学者型的经济学家组成，但很快一些副总理就像走马灯似的不断地被更换，而新任的领导人都是企业家出身，政府也由此演变为由企业家型的务实人士与学者型的经济学家组成的联合政府。最初的模式主要是以政府领导人的履历为基础来说明政府功能的变化；而任用企业家型的务实人士作为政府领导人的人事安排，则是为了迅速克服由于激进的改革给政府带来的诸多困难。许多俄罗斯的企业与政府的中层领导，尽管当时尚未摆脱过去的工作方式与思维模式，但像盖达尔等人恐怕是不熟悉前苏联政府领导人通行而典型的行事风格的。不过，像切尔诺梅尔金等人，则是原共产党的二线领导人，又是俄罗斯能源生产等部门的高管人物，他们深谙苏联政府领导人通行而典型的行事风格。由于 1992 年 1 月以后的经济改革（"休克疗法"）引起了严重的通货膨胀，并且俄罗斯重工业等大型企业、能源生产以及机械生产等基础产业部门，没有从根本上成功地解决提高生产力、扩大生产量以及军企转民企等问题,因此政府领导层希望通过新的人事安排,即引入既能理解生产与企业管理者的想法、又能够考虑到他们利益的新人来实行经济改革的战术转型。或者说,俄罗斯政府在最初阶段,完全是政治活动家型的理论家发挥作用的阶段,接着是拟定经济改革方案,即学者型经济学家发挥作用的阶段,这都处于"进攻"阶段。苏联解体后,则进入了"防守"阶段,同时进入一边修正经济改革的轨道,一边实施经济改革,即企业型务实人士发挥作用的阶段。

第四,安全保障会议=政治局的模式。当时,俄罗斯的部分媒体将俄罗斯联邦安全保障会议比拟为苏联的中央政治局,对其强大的权力表示出警惕,于是日本部分学者也采纳了这种模式。并且,一些日本学者认为由于俄罗斯保守派在安全保障会议上反对叶利钦访日,致使叶利钦不得不听从他们的主张,所以采纳这种模式更有说服力。简而言之,最高政策的决策是在密室中,只在范围极为有限的人物之间进行,在其他任何公开场合不会进行实质性的审议。这一点是戈尔巴乔夫改革之前苏联政治的一个特征。而这个密室决策机关就是政治局。从安全保障会议审议的内容非公开这一点上,的确类似于政治局。但是,在其他一切方面,上野俊彦认为俄罗斯联邦安全保障会议与政治局迥然不同。例如,安全保障会议的主持人是总统,他是由国民直接选举产生,而政治局的主持人是党的总书记,是由前任死亡或者下台后,由政治局自身选出的。非民主的一党制时代与各种政治势力在议会内部合法活动的时代,情况完全不同。因为,无论是总统也好,或是安全保障会议也罢,很难单方面地将其决定强加于国民。在形式上,例如在组成人员方面,政治局成员拥有决议权,但是俄罗斯联邦安全保障会议只有总统、副总统等常任成员才拥有决议权,像外长、国防部长等其他重要阁僚都没有决议权。在最终决定权方面,总统在最后阶段拥有事实上的否决权。当总统的见解与安全保障会议的多数派意见不同时,即使对总统进行了说服工作,但是让总统采纳绝对不接受的决定非常困难。所以,安全保障会议具有政策咨询机构的性质。因此,认为叶利钦延期访日是由于安全保障会议的保守派反对而致使叶利钦不得不听从他们的主张的看法是不合适的。

第五,政治势力的配置模式。在苏联解体之前,日本学者论述苏联政治的时候,往往使用保守派与改革派对立的模式(也有学者使用中道派或者是稳健改革派,这与保守派与改革派并无本质的不同),这种模式称为"保革二分法"。"保革二分法"通俗易懂,对于说明苏联的政治形势非常方便,但是在苏联共产党解体之后,就不太适合用来描述俄罗斯的政治形势了。因为上野俊彦认为,原本是反苏联共产党的、主张反犹太主义、保皇派复古主义以及超国家主义等政治团体已经与原共产党合流,作为"保守派"共同反对叶利钦政权了。苏联解体之际,俄罗斯政党政治的历史很短,很不成熟,政党对政府的政策很难构成直接的影响力。上野俊彦当时的看法是,政党为了通过议会形成直接的影响力,必须在多党制的前提下进行选举,各政党对国民清楚地表明本党的政策,让国民来决定支持哪个政党的政策。上野还认为,按照西欧派和斯拉夫派的标准来对俄罗斯的政治或思想潮流分类,这种方法较为传统,有其相对的稳妥性。[23]这些看法在 1993 年 12 月议会选举和新宪法通过生效之后,基本得到了证实。1993 年 12 月之后,俄罗斯多党制的发展逐步摆脱了混乱状态,议会道路成为政党参政议政的唯一途径,各政党只能通过议会斗争对政府的构成和国家的决策产生影响,俄罗斯政党出现了左、中、右和民族主义的政治力量格局,俄罗斯基本确立了西方式的政党政治。

上野俊彦等大多数日本的俄苏学者的研究风格主要是对细小的事实关系进行实证研究,因此,当他们阐述较具前瞻性的问题时,就自觉认识到有些冒险的意味,准备接受批评。不过,在苏联解体之后,俄罗斯政治正处于一种流动状态的过渡期,如果没有一种新的视角来观察俄罗斯的政治问题,采取静观其变的态度,也不是他们希望的表现。日本的俄苏学者当时似乎有一种使命感,希望接受以往对苏联政治研究的失败教训,跟踪俄罗斯政治发展动态,对俄罗斯政治进行纵向的时间比较和横向的空间比较,将其作为"政治学"来进行研究。

## 二、对俄罗斯政治研究路径的反思

在苏联解体后 8 年多的时间里,日本的俄苏学者颇有兴趣的是从比较政治学、区域理论的视角来解释苏联相关的问题。相对来说,日本社会科学的整体研究特点比较冷静。所谓的苏联学研究多数都分化为地区研究，其研究内容为俄罗斯周边的小国发展。尽管如此，日本的俄苏研究机构许多时候都打着比较政治学的名义来举办讲座。对这种现象又如何解释呢？换言之，如何看待这种研究思路的转换呢？在美国，对于苏联地区的变动过程，不仅是通过以往的苏联学、国际政治学、国际经济学，尤其是比较政治学的角度对其进行观察，还积极参与政府的项目，出现了策划援助方案、给政府献计献策等积极参与政府决策的学派；大学也开设课程，从国际政治学、国际金融等观点来研究苏联和东欧地区。在此知识背景下，特别是有了国际金融援助的背景，哈佛大学的萨克斯教授、瑞典的奥斯兰德等国际货币基金组织系统的人士提出了向市场经济变迁的改革方案。于是，"变迁"（transition）成为一个关键词。当然，狭义的"变迁"指的是新古典派经济学的经济自由与稳定带来宏观平衡的恢复，在制度设计上指的是微观平衡。从广义上讲，"变迁"指的是从指令型经济向市场经济、从全能主义向民主主义总体变迁的过程。当时欧美学者通过变迁理论来研究苏联和东欧等从"第二世界"向"第一世界"过渡的国家。他们认为俄罗斯自戈尔巴乔夫改革，特别是从1991年"8·19"政变到苏联解体，以及随后的发展，向市场和民主化"变迁"的过程是在动态变化中进行的。欧美的部分媒体以及俄罗斯国内盖达尔等叶利钦政策的支持者都认为，虽然变迁中的曲折不可避免，但是方向已定，剩下的就是静待实施的过程了。1996年7月叶利钦总统对共产党政治上的胜利也被认为是向民主化和市场变迁的证明。但是，1998年8月，俄罗斯发生了剧烈动荡，卢布贬值、银行倒闭、基里延科政府辞职。在俄罗斯，一种强有力的声音认为"自由主义改革的时代"结束了。1998年8月之后的进程是美国模式的终结。[24]美国学界进行了深刻的学术讨论，认为变迁理论只是"没有俄罗斯的俄罗斯理论"，是美国人的利己主义。但也有学者认为，8月危机证明了苏联的历史影响巨大，向市场过渡的变迁理论是正确的，戈尔巴乔夫的渐进主义改革是不可能的。[25]

在社会科学、比较政治学之中，一般与个别、全体与特殊、理论与现实等相互间的关系是相互发生作用的。换言之，对于变迁理论抽象的结构，一开始就存在来自区域理论和实地考察的批判，这也是比较政治学自身存在的一般性与特殊性的矛盾使然。那么，如何看待苏联解体以后的变化？是否只能解释为向民主化与市场化过渡时的现象，即除了变迁理论之外，难道再没有其他观察这种变化的视角了吗？上文所述的研究路径是日本学者在叶利钦执政初期时形成的观察俄罗斯政治问题的研究视角，到了叶利钦执政末期，日本学者又是以怎样的研究路径来观察俄罗斯政治问题的呢？法政大学的下斗米伸夫教授对前面一系列问题作了解答，在日本政治学界比较具有代表性。

下斗米伸夫教授分析视角的最大特征是将政治与经济结合起来分析俄罗斯问题。在20世纪90年代中期，他对俄罗斯问题分析的核心观点是：作为另一种视角来观察俄罗斯政治经济的变动，可以从"寡头制"这一政治经济上的威权主义体制的确立过程、金融寡头制的成立过程来进行思考。也就是说，在俄罗斯诞生的是少数精英对银行、巨大的产业资本等的支配，即寡头制的统治。[26]这种分析视角对于分析1998年8月之前的俄罗斯是适合的，而1998年8月之后分析俄罗斯政治经济的变动，可以用混合模式的视角加以分析。

下斗米伸夫教授认为，苏联进行的市场化与民主化的争论因为戈尔巴乔夫改革而浮出水面，最终导致苏联解体和共产党统治的终结。在探索后社会主义的过程中，广义的比较政治学的变迁理论得到了证明。在这一"变迁"过程中发生了双重"变迁"，即政治上从共产党领导的政治体制向民主主义的变迁，经济上从社会主义计划经济向指令经济的市场经济的变迁。后社会主义尝试的市场经济与民主，在原理上并不是什么新鲜事物，俄罗斯在1917年革命以前就作为课题提出过。通常，多以民主化与市场化来表述"变迁"这一概念，但是从政治经济变动的观点来观察苏联解体之后的俄罗斯会出现许多问题。俄罗斯激进改革派的教义是，民主化与市场化的关系已经讨论得非常充分，没必要再讨论原则性的问题了。今后凡遇到不符合变迁理论的新问题，都作为例外处理，将问题全部推给"社会主义"、"全能主义"，然后盖棺定论。总之，他们设计的课题是不需要弄清社会结构和问题的，而是直接讨论一般的"变迁"理论，认为只要实施了"休克疗法"就万事大吉了。[27]他们对以往苏联社会的遗产对民主化与市场变迁理论的影响以及相关问题视而不见。即在俄罗斯革命性的变化之中，旧体制的精英们在经济观念上发生了转变,但在政治观念上还存在相当的惯性。对此,下斗米伸夫教授多次强调,俄罗斯的精英们对体制内部的政治结构与改革的尝试,即所谓的经济改革以及整体变迁的理解,在认识思路上存在缺陷。无论是苏联问题专家还是"变迁"理论专家,对于苏联以往的体制特质、解体与改革以及变迁的相互关系都不清楚,甚至无视一个国家的解体本身对于民主与市场变迁功能的巨大作用。变迁理论是不能与俄罗斯的革命理论以及解体理论结合起来阐述的。在国家制度弱化的状态下,市场变迁和民主一定不同于正常状态。变迁理论多数研究的是中南美洲国家向市场和民主化的变迁,但是苏联与东欧的革命是从旧体制的问题和改革过程中产生的。单纯地将中南美洲的改革与苏联、东欧的改革视为一体而进行比较研究,完全是解释不清的。[28] 俄罗斯发生的革命性的解体,产生了不同于东欧国家的变化特征,而市场经济和民主本身只是一般性的理论,其具体形态由于历史、制度和主体的发展脉络不同而大相径庭。也就是说,对于苏联的变迁,不存在具体的变革理论与指导理念。民主化理论过于一般性,与俄罗斯的特殊变化的关联性很不明确。

下斗米伸夫教授继而强调,如果以革命的范畴来看待俄罗斯的变动,其中最难解释清楚的问题是苏联政治经济方面的精英基本上没有变化就直接进入新社会。特别是苏联解体后,促进了苏联官僚体制的自立,地方与共和国的第一书记们变为州长和总统,各省厅的官员们也成为公司和财团的总裁。向市场变迁理论的最大问题是如何评价民营化及其归宿。而在俄罗斯,其民营化就是将国有资产部分或者全部移交给私人部门。在叶利钦执政期间,尤其是从1995年开始,金融流通领域等新兴部门的金融寡头急剧抬头,加大了对政治的影响力。当时,欧美的学会开始重新审视俄罗斯的市场变迁与民主化,而下斗米伸夫教授则直接提出将俄罗斯政治经济的变动看成是金融寡头体制的成立过程,也就是少数银行集团行使垄断政治权力的过程。日本学者盐原俊彦在其专著《现代俄罗斯的政治经济分析》中也强调指出,从金融产业集团确立的角度来看,寡头制是操纵俄罗斯政治的巨大权力。甚至可以说,寡头制对于俄罗斯政治来说,是独立存在的要素。在寡头制抬头被过高评价的背景下,一个直接的影响就是政府失去了征税能力,再加上激进的经济政策与政府缺乏控制能力的互相作用,造成俄罗斯社会严重的贫富两极分化,出现了大量腐败现象,俄罗斯甚至被嘲讽为从事"犯罪革命"的"犯罪国家"。

但是,经过 1998 年 8 月的金融危机,俄罗斯金融系统几乎崩溃,主张银行对政治有着巨大影响力的寡头体制也站不住脚了。因此,将俄罗斯的政治经济体制看成是民主化和市场化的变迁以及金融寡头体制的确立这种单一模式绝对不适合了。于是,日本就出现了一种观点,认为俄罗斯政治经济是具有复杂变数的混合模式。这一观点的来源是:俄罗斯政治学者利里亚·切夫茨奥巴认为叶利钦体制是民主主义、威权主义、平民主义、寡头主义、裙带主义的"混合"体制;叶利钦总统在 1999 年初的国情咨文中也指出,俄罗斯经济具有从指令经济向市场经济发展的混合特征;同时,美国的分析人士也指出俄罗斯政治中存在由少数金融产业集团构成的"家族"。[29]

下斗米伸夫教授也将俄罗斯的政治经济体制理解为:是在苏联解体的国家危机中,苏联的社团官僚体制在国际化与市场化背景下进行重组的过程。当共产党这一庞大的国家管理机构解体时,在中央和地方、各行业和各地区的各级管理体制也都纵向或横向地解体了。而存在下来的是庞大的国家管理的企业系统,特别是军工产业复合体、农工复合体以及燃料能源复合体这些官僚制系统。俄罗斯政府在一种无政府状态的指导下,经济迅速自由化、民营化与脱国家化,结果导致了社团利益不断分解,政治权力也被分化并向经济权力转移。另一方面,在加强国际经济合作的过程中,各部门的资源影响力发生了变化,从而带来政治权力序列的转变。例如,天然气、石油、镍铝等有色金属、钻石行业等具有国际优势;而农业部门则愈发处于劣势,为寻求保护和获得补贴不得不政治化。由此,在与国际经济整合的过程中,叶利钦体制内的政治经济势力也进行了重组。苏联时代的优先顺序是军工产业部门、农工部门、燃料能源部门,到了叶利钦时代顺序就逆转过来。而且,作为新的精英集团,寡头制的银行集团也加入进来。银行集团的契机是,1995 年的总统令要求担保债权民营化,它们由此参与了石油与天然气、交通与通信等战略部门的民营化。同时,作为混合模式的重要因素还有地方上的权力。操纵俄罗斯政治的核心人物们几乎都是苏联地方上的领导人和执行机构的长官。于是,在叶利钦时代,宪法的众多权力集于总统个人一身,由此产生了诸多复杂的政治变动。下斗米伸夫教授批评说,变迁论者将叶利钦的政治权力看成是政治民主化与市场经济体制的确立,这种观点极端简单化,或者是市场经济意识形态的产物。不过,看到金融寡头体制的影响力就判断是寡头统治的模式也略显夸张,因为仅仅经过两三年就显现出了它的片面性。因此,俄罗斯的政治在当时虚弱的国家权力、变形的国际化与市场化的相互关系中是一种不稳定的混合体制,充分说明俄罗斯政治的理论模式尚未发现。[30]

俄罗斯进入普京时代之后,下斗米伸夫教授又从俄罗斯的权力与所有制关系的视角阐述了他本人的认识。他认为,俄罗斯的权力与所有制问题这一命题,远到列宁,近到当代的一些理论家,都是各自站在不同的立场上予以研究。最近以研究精英人物出名的社会学者奥尔加·克里斯塔诺夫斯卡娅提出,在俄罗斯,所有制经常与国家相分离,是不存在的。[31]所有制度并没有在俄罗斯得以确立,所以得到国家与权力的保护程度也很低。因此,俄罗斯发生政治动荡的同时也会导致经济的转变,而经济的变化又会引起权力的变动。下斗米伸夫教授在俄罗斯·东欧学会等场合多次指出,俄罗斯患上了"被出卖的革命"综合征[32]。也就是说,即使将西欧的发展模式用于俄罗斯,俄罗斯也会出现不同于欧洲模式的过程。卡尔·考茨基和列夫·托洛茨基等人将布尔什维克体制称之为"兵营共产主义",接着是卡尔·希尔法丁将苏联解读为全能主义,而20世纪90年代的新自由主义经济学者和"变迁"理论的学者都梦想在俄罗斯实现美国式的市场改革,结果发现所有设想的模式都被俄罗斯的现实给出卖了。正如1917年的俄罗斯是"没有工人的工人革命"一样,20世纪90年代的叶利钦革命是"没有资本家的资本主义化"。其空白被新老实权阶层填补,出现了"特权阶层的民营化"、"共青团民营化"等现象。苏联总统戈尔巴乔夫造成共产党机构解体,原共产党的权力被细分化,这种权力成为向所有制转换的媒介,产生了从苏联经营"管理者"向俄罗斯型市场经济的"所有者"转换的过程。而普京总统面临的历史课题是通过法律来保障20世纪90年代民营化的成果,实际上普京也基本维持了"家族"企业等民营化的利益。[33]

## 第三节　冷战后日本的俄罗斯政治研究的个案分析

研究冷战后俄罗斯政治的关键是研究俄罗斯政治制度的转型,即对俄罗斯从议行合一的苏维埃制度转型为分权与制衡的宪政制度进行研究。俄罗斯的政治转型过程在人类政治思想史和政治运动史上未曾有过,在俄罗斯的历史上也没有先例。因此,把握俄罗斯政治转型的总体进程成为国内外研究俄罗斯政治的一个重要研究路径,日本学者也在这方面投入相当精力,取得了不少成果,这一点前文已经提及。笔者拟在本节以个案分析的方法,一是阐述日本学者关于俄罗斯地方的政治体制转型研究,包括俄罗斯中央和地方关系的研究;二是阐述日本研究机构对俄罗斯政治的最新动向——"梅普二人体制"的研究情况。

### 一、日本学者对俄罗斯地方政治体制转型的研究

俄罗斯地方(共和国、边疆区和州)的政治体制转型与俄罗斯中央和地方关系这两者之间存在着关联。比如,在 20 世纪 90 年代的地方政治进程几乎完全由地方政治精英控制,还建立起封闭的"地方专制",地方政治精英成为俄罗斯政治转轨的重要角色,并能够在联邦选举中发挥"否决集团"的作用,迫使中央在去中央化过程中作出让步,使得中央对地方政治转轨的杠杆影响作用弱化甚至丧失。但是,进入新世纪以来,特别是普京总统执政之后,俄罗斯出现了中央再集权倾向,俄联邦通过一系列制度法规来对地方权力进行实质性限制,加强了中央对地方权力机构的行政和政治监督,削弱了地方精英对当地经济的控制,使得各地方与中央以及相互间的政治地位逐渐平衡。日本学者在 20 世纪 90 年代中后期,较为敏锐地抓住了俄罗斯地方政治体制转轨的发展动向进行跟踪研究,随着俄罗斯形势的变化,进入新世纪后,日本学者将注意力又转向中央和地方关系的研究。

日本学者对俄罗斯地方政治转轨的研究主要集中在 20 世纪 90 年代中后期到世纪之交的这段时期,代表性的论文有兵头慎治的《俄罗斯远东地区主义》(《俄罗斯・东欧学会年报》1995 年第 24 期)、藤本和贵

夫的《俄罗斯远东地区的政治动向——以再转轨时期的沿海地方为中心》(《俄罗斯研究》1997 年第 24 期)、堀内贤志的《俄罗斯联邦制秩序的现状——从远东的视角》(《俄罗斯·东欧学会年报》1999 年第 28 期)、松里公孝的《鞑靼斯坦共和国政治体制的特质及其形成过程(1990—1998)》(《斯拉夫研究》2000 年第 47 期)等文章。随着俄罗斯政治的发展,进入新世纪,日本学者对俄罗斯地方政治转轨研究发展为对俄罗斯中央和地方关系的研究。比如,兵头慎治的《当代俄罗斯中央和地方的关系——以划分权限条约为中心》(《俄罗斯·东欧学会年报》1999 年第 28 期)、桥本あかね的《叶利钦时代的中央和地方关系——以调停纠纷为视角》(《俄罗斯研究》2001 年第 32 期)、袴田茂树的《普京政治改革与地方权力结构的变迁——以斯维尔德洛夫斯克州、鞑靼斯坦共和国、库尔斯克州为中心》(《俄罗斯研究》2001 年第 32 期)、中马瑞贵的《俄罗斯中央和地方关系的政治过程——以划分权限条约的综述分析为例》(《斯拉夫研究》2009 年第 56 期)等文章。此外,日本外务省有关机构和日本防卫研究所的研究人员也在《外交蓝皮书》《东亚战略概观》等报告中对俄罗斯地方的政治转轨有所涉及。

从地区的视角来看,俄罗斯远东地区毗邻日本,无论是在历史上还是在现实中,俄罗斯都是日本重要的周边邻居,构成了影响日本周边安全战略的重要因素。因此,对于擅长微观研究的日本学者来说,俄罗斯远东地区的政治转轨自然是其非常关注的问题领域。其中,兵头慎治提出的"远东地区主义"和堀内贤志提出的"远东分离主义"等观点较具代表性,故在下文中予以阐述。

兵头慎治是日本防卫研究所的主任研究官,有着自己独特的俄罗斯观。他认为日本应该尝试着从毗邻日本海这种地区性的视角来重新定义与俄罗斯的关系,特别是在远东地区,俄罗斯与日本是相邻的亚洲国家,是无法搬家的邻居。[34] 20 世纪 90 年代中期,他秉承一贯的俄罗斯观,通过地区主义的视角考察了俄罗斯远东地区的滨海边疆区、哈巴罗夫斯克边疆区和萨哈林州等南部三个地区。[35]他认为,"地区"这一概念本身是相对的、多层的、可变的,同样,远东地区的概念也不是客观地理上的范围,而是用来考察对于俄罗斯这个"国家"来说,远东作为主体上的"地区",今后具有何种意义。一般意义上的地区主义指的是"将特定地区的利益作为第一要义而提出来的思想、政策与运动",但是俄罗斯的地区主义是在苏联中央集权体制发生地区全面多元化的过程中产生的,不能简单将其指责为分离主义或者是地方分权等目的性很强的现象。或者可以说,俄罗斯的地区主义是指曾经是"国家"的一部分、其独立性被显著排斥的"地区"开始主张自己的利益,并且能够与"国家"对峙、作为这样的一种利益主体而产生的现象。这种地区主义是相对于"国家"的自立,未必是伴随主权分离的过激现象,而且随着地区主义的发展,国家无视特定"地区"的利益而将追求国家利益作为第一要务变得较为困难。而远东地区的地区主义,指的是为了保障地区经济生存的"经济地区主义",争论点在于为了当地的经济发展需要得到国家的经济援助。在苏联中央集权指令经济时代,远东地区不得不进行极端的生产分工和专业化,没有自力更生发展经济的能力。而20世纪90年代初期,陷入财政困难的俄罗斯也没有实力来发展远东的经济。因此,远东地区对国家的不信任高涨起来,走向政治权限和经济主权的相对自立。国家想通过总统任命地方行政长官的方式来掌控地区自立倾向,但是随着地方权力重组的混乱,总统任命的地方行政长官的权力却膨胀起来,出现了强力地方领导人,反而加速了地区主义的活动。这样,本来是国家与地区中介者的地区领导人,却将国家政治权力斗争带入地区主义之中,成为导致国家与地区关系不稳定的一个因素。[36] 作为预测,兵头慎治当时(1995年)提出,除非远东地区的经济出现显著好转、居民生活水平不断提高,否则远东地区的地区主义仍将持续下去,而地区主义的进一步发展,很可能导致已经陷入认同危机的俄罗斯联邦的凝聚力和国家一体化愈发低下、主权功能愈发不健全。虽说地区主义未必带来主权分离,但恐怕会逐渐侵蚀国家的各项机能。[37]

早稻田大学的堀内贤志副教授也对俄罗斯远东地区很感兴趣。他认为,俄罗斯远东地区长期以来都是以资源开采业和军需产业为主,对国家补贴和国家内部的经济往来依存度很高。但是,苏联解体之后的混乱局面,使得地区间与区域内的经济联系断绝,国家补贴和军需产品的订购锐减,粮食和消费品不足,能源成本暴涨,致使远东地区陷入深刻的危机。同时,边境贸易一步步扩大,远东的"国际化"导致资源的零售和非法入境外国人的大量增加。在这种背景下,远东地区出现了强烈的排外主义和反中央倾向,"分离主义"的势头也在形成。不过,堀内贤志认为,远东地区非常依赖国家的支援,所以在地方领导人层面上,"分离主义"实际上是地方与中央进行讨价还价的筹码。比如,沿海边疆区和哈巴罗夫斯克边疆区的州长,其基本主张都是由国家来管理经济与社会、恢复国内经济,他们谴责中央进行经济上的条块划分,对待危机束手无策,致使"分离主义"抬头,他们对待分离主义持坚决反对的姿态,但却暗示局部支持战略性的分离主义。可以说,远东的"分离主义"与其说是现实的"分离",不如说是远东的主体行为愈发地非正式和分化,进一步降低了中央的权威,以此来威胁联邦制的秩序。1996 年以来,俄罗斯中央对远东关系进行了制度化的尝试,最终结果却失去了哈巴罗夫斯克地方的支持,落得个敷衍了事的局面;沿海边疆区也对中央不信任,提高了警惕。同时,在远东地区也出现了克服主体间分极化的动向。即为了应对中央加强控制、经济与社会危机,以及来自社会和地方自治体的压力,沿海边疆区、哈巴罗夫斯克边疆区和萨哈林州构筑了协调体制。1998 年 8 月的金融危机之后,普里马科夫总理明确表示要根本解决中央的地方政策的问题,而地方领导人也表示出前所未有的配合中央的态度,可以说是向克服"远东分离主义"的方向发展。堀内贤志认为,依靠中央领导层的努力,可以预见"远东分离主义"是能够克服的。即中央对地方能否采取合理的、注重原则的统一领导权,并根据各地方主体的长期利益来采取措施,将是稳定联邦秩序的关键。[38]

斯拉夫研究中心的松里公孝教授考察的是俄罗斯联邦中一个较为特殊的共和国——鞑靼斯坦共和国的政治转轨情况。之所以选择鞑靼斯坦共和国作为研究样本,是因为鞑靼斯坦共和国在俄罗斯各民族共和国中处于一种卓越的地位:(1)与俄罗斯联邦处于一种事实上的国家联合的关系;(2)是石油产地,而且可以独立于俄罗斯联邦出口石油,直接获取外汇;(3)军事产业集中,可以不受莫斯科的管控而独自出口武器;(4)曾是农业发达的地区,1992 年以后,在沙米耶夫政府的特殊保护政策下,农业生产力保持着相当高的水准;(5)以喀山大学和独立的科学院为代表,鞑靼斯坦拥有在学术和科技上的潜力。[39]

松里公孝在 1999 年间对鞑靼斯坦共和国进行了两次实地考察之后,撰写了四万余字的论文《鞑靼斯坦共和国政治体制的特质及其形成过程(1990—1998 年)》,对鞑靼斯坦共和国的政治体制及其形成过程进行了三方面的考察。第一,1996 年共和国的总统选举,沙米耶夫获得了 97.1%的选票,其得票率之高令西方国家大为惊愕,仿佛又回到了苏联时代,所以都在考虑鞑靼斯坦共和国的政治体制是独裁体制还是典型的威权主义体制。不少研究鞑靼斯坦共和国政治体制的论文都从比较政治学的视角出发,认为"鞑靼斯坦＝独裁体制"。而松里公孝认为,从中层精英即郡市级的政治领导发挥着重大作用的意义上说,鞑靼斯坦的政治体制是寡头体制。第二,在比较政治体制方面,相对于俄罗斯联邦中权力分散的俄罗斯人占主体的地方州的政治体制和中亚各国单一主权的政治体制来说,鞑靼斯坦的政治体制属于中间类型,可将这种中层精英暗中发挥影响力的体制称为"集权型的地方政界寡头统治体制"。第三,关于鞑靼斯坦与俄罗斯联邦的关系,一般学者的观点可用"作为俄罗斯反对者的鞑靼"来形容,认为双方对立严重。但是,松里公孝却认为,这是由于对俄罗斯混合文明圈的理解偏差产生的问题,也是对叶利钦体制构成要素的地区权力没有充分理解,并且无视鞑靼斯坦政治中对莫斯科"外交"与内政(尤其是民族间关系的政策)之间紧密的联系而产生的看法。通过严密的分析之后,松里公孝认为,使用"民族波拿巴主义"和"集权型的地方政界寡头统治"这两个概念来说明鞑靼斯坦政治的现状较有说服力。此外,鞑靼斯坦不完全的中央集权体制相比前苏东国家来说,有点类似人体的肚脐部位。

关于鞑靼斯坦地区主义的发展,松里公孝也提出了一个有趣的观点:1994 年叶利钦与沙米耶夫签署了《关于划分权限和互派全权代表的条约》,条约赋予鞑靼斯坦税收等方面的自主权,鞑靼斯坦表示放弃"国家主权"的提法和独立的要求,俄罗斯联邦中央与联邦主体通过签订协议而确定了相互关系,该模式被称为"鞑靼模式",并被推广到俄罗斯全境。"鞑靼模式"在将俄罗斯定位于非对称的联邦制方面起到了导向作用,并引导"集权型地方政界寡头统治体制"的形成,从而保障叶利钦于 1996 年取得了历史性的胜利。这样,开始想与俄罗斯联邦平起平坐的鞑靼地区主义,通过为叶利钦政治体制提供核心理论而得以完成。不论结果好坏,俄罗斯的政治体制是从鞑靼斯坦那里学到并且取得发展的。

松里公孝还对鞑靼斯坦政治体制的发展作出了预测。他认为，1994 年的划分权限条约缩小了鞑靼斯坦政治中亲莫斯科民主派与鞑靼斯坦激进民族主义者之间的距离，但也不能否认其领导层采取了干涉选举等压制措施。与 1990 年成立的议会相比，1995 年成立的议会简直就是替代品。从 1994 年的《划分权限条约》到 1995 年的国家会议选举，"民族波拿巴主义"衰退了，而沙米耶夫体制得以确立。支持该体制的是精英社团的一致性、强大的单一集票机器和首长任命制等三位一体的体制。因此，精英以外的党派，即鞑靼民族主义者、亲俄民主派、俄罗斯共产党等势力的挑战使三位一体的体制土崩瓦解，促使鞑靼斯坦政治体制发展成为多元主义的体制，这在当时是无法想象的。而该体制存在的问题是，随着沙米耶夫逐渐走向高龄，在稳健的经济政策愈发艰难的状况下，统治精英自身是否会发生分裂。

在 20 世纪 90 年代中后期，日本学者集中指出了俄罗斯政治发展中出现的地方分离主义问题，似乎扮演着俄联邦的智库角色。世纪之交，他们开始关注俄罗斯如何解决中央和地方的关系问题。其中，庆应义塾大学的中马瑞贵博士撰写的《俄罗斯中央和地方关系的政治过程——以划分权限条约的综述分析为例》一文具有一定的代表性。

首先，中马瑞贵将关注点集中于《划分权限条约》的变迁和消亡过程，以此来分析俄罗斯中央和地方关系的变化以及俄联邦如何解决地方分离主义问题。《划分权限条约》是指俄联邦自 1994 年至 1998 年与 46 个联邦构成主体之间分别缔结的《关于俄罗斯联邦国家权力机关与联邦构成主体国家权力机关之间的管辖事项及划分权限条约》的简称。苏联解体后，俄联邦宪法对俄罗斯不稳定的中央和地方的关系作出了一定规范，并且通过缔结《划分权限条约》来分别处理与部分联邦构成主体之间的关系。缔结《划分权限条约》的联邦构成主体的目的是，在编制预算、人事政策、法律规定、国际与对外经济关系等领域提高自主性，促进本地区的社会和经济发展。但是，未必一切尽如人意，只有鞑靼斯坦、巴什科尔托斯坦、萨哈共和国等获得了财政方面的特权而取得成功，更多的构成主体并没有因为缔结条约而给地区发展带来良性影响。因此，自 20 世纪 90 年代后半叶起，区别对待的中央和地方的关系被作为一个问题加以重视起来。

其次,中马瑞贵认为,俄联邦中央谋求构筑统一的中央和地方的关系,以加强对整个地方的统治,并由此制定了重新评估划分权限的结构和手续的《划分权限原则法》以及为建立统一的中央和地方的关系而制定的《2003 年联邦法修正法案》。在此过程中,联邦构成主体基本都赞成制定上述法律。比如,在由联邦构成主体代表组成的联邦会议中,代表们积极讨论制定的《划分权限原则法》中就反映出联邦构成主体的意见。当然,也有的联邦构成主体对制定上述法律持反对意见。但最终结果则是采取了在联邦法律框架内解决中央和地方的关系问题。20 世纪 90 年代后半期,特别是普里马科夫就任总理以后,俄联邦确立的中央集权型的中央和地方关系的政策,到了普京执政时期得到了具体落实。2000 年 5 月,普京就任总统后,在改革联邦体制的过程中,成功废除了《划分权限条约》。而具体操作这项工作的是 2001 年 6 月以总统令设立的"关于联邦中央、联邦构成主体和地方自治体权力机关之间的管辖事项及划分权限条约的提案准备"总统直属委员会。通过该委员会,联邦中央如愿以偿地废除了《划分权限条约》。

最后,中马瑞贵观察到,令人颇感意外的是,在废除条约和起草修正法案之际,联邦构成主体并没有表示出明显的抵抗或者反对,甚至出现了联邦构成主体主动撕毁《划分权限条约》的动向。同时,虽然废除了《划分权限条约》,但是联邦构成主体依然拥有当地的政策执行权力,甚至其权限比以前更大。联邦构成主体权限的扩大未必是他们所期待的。因为根据新的联邦法,联邦构成主体的专管权限与共管事项等主体权限必须将构成主体的预算作为财源。这就意味着,联邦中央迫使各个构成主体实行自己出钱的社会和经济政策。如果这种状况发展下去的话,财源不足的构成主体将会愈发依赖联邦中央,这一点也是日本学者今后需要研究分析的课题。[40]

本案例考察了日本学者对于俄罗斯中央和地方政治转型的研究,从中可以看出日本学者几个层次的考察:兵头慎治、堀内贤志对俄罗斯远东地区的政治变迁进行了考察,分别提出了"远东地区主义"和"远东分离主义"。两人的观点较为接近,但兵头慎治较为担心地区主义的负面作用,而堀内贤志则乐观地认为远东分离主义可以克服。而松里公孝则希望构建一种理论模型来对俄罗斯地方共和国以及原苏东地区的政治转型进行阐释。通过长期考察和分析,他发现在当前的政治制度变迁研究中,对"法理制度的认知"(cognitive jurisprudence)关注不够,没能充分认识到宪政制度在国际社会演进过程中的原动力和参与性,而且不同国家的政治精英之间也在相互学习和相互模仿。在此基础上,松里公孝最终提出了"权力分散的半总统制"这一新概念,并确信这一概念将来会成为非常重要的理论模型。[41]

## 二、日本研究机构对梅普二人"双头体制"的研究

2008 年 5 月,梅德韦杰夫总统和普京总理这两位强力领导人共同执掌俄罗斯政权,俄罗斯诞生了史无前例的"双头体制"。对这一政治现象,日本俄苏学者较少有人研究,而有关研究机构,如外务省和防卫研究所等研究机构则对"梅普二人体制"极为关注,它们积极组织力量撰写研究报告并向政府提交政策提案。其中,最具代表性的研究报告是防卫研究所于 2009 年 7 月完成的政策提案——《双头体制的俄罗斯——日本应有的对策》(以下简称"提案报告")。提案负责人是国际日本文化研究中心的木村泛教授。下文以该提案报告为主线,简要阐述日本研究机构对"梅普二人体制"的研究。

"提案报告"开门见山地指出,当前的俄罗斯政治是由"强力派"把权的"共有"体制。[42]"强力派"一词源于俄语的"sila",日语没有相应的译词,勉强可译为"武斗派",指那些重视使用"力"来作为解决纷争手段的人。在俄罗斯的政治体制中,曾经或现在就职于前克格勃(秘密警察)、军队、检察厅、内务省等"权力省厅"的人被称为"强力派"。普京曾在克格勃工作 16 年,所以当他就任俄罗斯总统时,"强力派"非常高兴。因为前克格勃的要员们是不甘居于政坛二流地位的。普京在他八年(2000—2008 年)任职期间,将能源资源以及武器出口相关企业作为俄罗斯重要的基础战略产业,再次实行国有化,而这些战略性国有企业的领导人都是普京安排的"强力派"或是他在圣彼得堡市政府工作期间的同僚和部下。而所谓"共有"体制,是指"强力派"将战略性国有企业作为他们的政治基础,从中取得巨大的经济利益,并在他们之间进行垄断性的分配的体制。普京离任后,这些"强力派"非常害怕之前获得的特

权地位就此终结,所以即使在普京离任后,他们也在想方设法摸索如何将曾经享受八年的"最好时期"继续下去。

按照俄罗斯宪法的规定,总统任满两届八年之后必须辞职,当时困扰普京的问题是今后如何保持自己的发言权。因为按照俄罗斯的政治传统,后任政权必定要批判前任政权及其政策。即便是普京自己推荐的梅德韦杰夫,也很难断言其永远不会批判普京实施的政策。普京自己也是因为叶利钦总统的钦点而成为继任者,但他在事实上几乎否定了叶利钦的路线和政策,因此无法保证梅德韦杰夫不做类似的事情。为避免这种事态的发生,普京最终想出一条苦肉计,即实行"双头(tamdem)体制"。所谓"tamdem"是双座自行车、飞机的意思。具体来说就是,普京辞去总统职务后不是从政界完全退出,而是作为总理留任。

根据俄罗斯宪法规定,总理的地位和权限相比总统来说是脆弱的。譬如,总统可以指名罢免总理;总统的权限是负责"外交和安全"事务的,而总理主要负责"内政和经济"事务。但是,"提案报告"的观点是,俄罗斯的政治尚未充分实现制度化,个人扮演着重要的角色。同时,由于普京还兼任在俄罗斯杜马中现居绝对优势地位的执政党——统一俄罗斯党——的党首,可以对梅德韦杰夫提出不信任总统动议案,只要得到国家杜马三分之二的多数支持,就可以弹劾与罢免总理。但也不能因为上述缘由就轻易断定俄罗斯的政权形式是"双头政权=梅德韦杰夫+普京"这种双重权力的结构。因为两人实力不同,双座自行车的方向盘及脚蹬事实上掌握在普京那里,而非梅德韦杰夫。"提案报告"用了一个辛辣的比喻就是,梅德韦杰夫只是一个坐在后面车座上的"后座驾驶员"而已。

"提案报告"认为,"个人领导统治"(edinovlastie)是俄罗斯的政治传统,为矫正其缺陷,俄罗斯曾多次尝试向集体领导体制移交权力,但是每次的"集体领导体制"(kollektivnoe rukovodstvo)都不能很好地发挥作用,最终还是回归个人领导体制。譬如,戈尔巴乔夫虽然批判斯大林个人崇拜的弊端,但结果他也是排除了贝利亚、莫洛托夫、马林科夫而实行个人领导体制。按照俄罗斯的政治传统,集体领导体制未必是具有正面意义的词汇,甚至可以说是负面的。因此,不能轻易断言"双头政权"="双重权力"(dvoevlastie)。"双重权力"是集体领导体制的一种形态,但在俄罗斯是带有消极语感的词汇。而"双头政权"则是继承了俄罗斯个人领导传统的政治体制,说白了就是掩盖普京个人领导的树叶。[43]

"双头政权"自 2008 年 5 月发足,在其度过一周年之际,"提案报告"对此间"双头体制"的运行提出了看法。报告认为梅德韦杰夫总统几乎没有打出"自由主义"的色彩,而是实施着普京主导的各项政策。梅普二人顺利度过了协调彼此关系的一年。但也有一种尖锐的声音,认为这一年是"普京政权的第九年"。还有人认为,随着梅德韦杰夫在政治上慢慢成熟,将会强化其权力基础,在内外政策方面发挥他的特色。"提案报告"对此批评说,这种乐观的估计是不准确的,其证明就是 2008 年 8 月俄罗斯对格鲁吉亚的军事进攻。按照俄罗斯现行的政治制度,"外交与安全"事务是由总统专门负责的,但是无法否认进攻格鲁吉亚是由普京总理主导的,梅德韦杰夫是听命于普京的。而且,梅德韦杰夫于 2008 年末提出修改俄罗斯宪法,将总统任期从四年延长至六年。而修改宪法对现总统梅德韦杰夫自身的任期不适用,所以被看成是为下届总统,即为普京准备的,是为下届普京政权的长期化(6 年×2 届=12 年)开辟了道路,这一点也证明梅德韦杰夫是普京忠实的部下。

"提案报告"认为,"双头政权"明显失误并造成消极后果的,是对 2008 年夏天以来严重经济危机的应对不足。但另一方面,在"双头政权"的头一年,也有一件好事,就是 2009 年 1 月美国民主党候选人奥巴马就任总统。在小布什总统执政末期,俄美关系恶化,让人产生"重启冷战"之感。奥巴马政府像是要凸显与上届政府的不同,与俄罗斯展开了密切的核裁军磋商。这一事态发展是受到俄罗斯欢迎的。因为俄美之间在经济和科技方面差距很大,俄罗斯已无法与美国开展军备竞赛,而与美国在对等的立场上进行谈判,其本身就有助于提升俄罗斯的形象。

关于总统任期延长的问题,"提案报告"认为,梅德韦杰夫总统于 2008 年 11 月就任后,在就职演说中提议将总统任期从四年延长至六年,立刻得到俄罗斯联邦委员会和国家杜马的表决通过。当时流传着许多揣测,"普京总理是不是想在 2009 年就早早回到总统的位子上呢"? 这种揣测并没有充分了解普京的想法。普京于 2008 年 12 月 4

日曾表示过不否认参选下届总统,关于是否提前复职的回答是"要看
2012 年的情况"。其话语深思熟虑,表态也很高明。如果普京愿意,他
随时都能回到总统位子,还会将想法告诉梅德韦杰夫,促使其"主动"辞
职。但是普京并不着急,因为选择时机最为重要。对于是否尽早复出,
普京是有节制的,并将其态度展现给世人。这样一来,不仅可以牵制梅
德韦杰夫,还可以向外界展示普京绝非无能之辈。还有一个重要的因
素是,普京当前完全按照自己的意志实施着统治,与何时夺回总统一职
没有关系。与其让梅德韦杰夫尽早下台,不如让他任满四年更为高明。
因为最终普京将在总统的位子上干的时间更长。除上述理由之外,一
个现实的因素是俄罗斯愈发严重的经济危机。俄罗斯的经济危机到底
何时见底平息,谁都不敢断言。俄罗斯经济与世界经济互动紧密,未必
能够通过自己的努力就摆脱危机。若如此,普京提早返回总统位子就
非高明之策,甚至是火中取栗的危险举动。因为经济危机持续下去的
话,可能会出现寻找替罪羊的局面,届时会将处理危机对策不力的责任
推到某个具体人物身上,以安抚国民和财团的不满。而替罪羊的有力
候选人之一就是梅德韦杰夫总统。如果让扮演如此重要角色的梅德韦
杰夫尽早辞职,普京就任总统,简直愚蠢至极。[44]

关于普京 2012 年重新当选总统的问题,"提案报告"认为,普京如
果愿意可以随时回来,即使不当总统,也能按照自己的意志实行统治,
但这并不意味着他会无限期向后延长。因为按照俄罗斯的宪法和政治
体制,处于下级的普京总理一直领导梅德韦杰夫总统是不自然,也是不
合理的。即使他们本人都认可这种不合常态的规则,恐怕周围的人也
不会答应的。总统和总理的亲信们会以种种理由争夺自己的优势地
位。此外,世界各国都会按照国家元首的外交礼节对待梅德韦杰夫总
统,而普京总理只能是二号人物。基于以上理由,2012 年 3 月,普京将
会参加总统选举。同时,下述理由将更有说服力:第一,2012 年,梅德
韦杰夫第一个任期结束,所以没有必要让他在此之前提出辞职要求。
或许梅德韦杰夫和普京只是交换一下总统与总理的职位,继续维持他
们二人的"双头政权"。即使不是这样,还是可以期待普京与梅德韦杰
夫两人的合作。这样做的好处是,给人的印象是一切都按照法律有条
不紊地来实施,外界的批评较少。但是,如果让梅德韦杰夫续任第二个

任期,那么年长13岁的普京再想重回总统之职就很勉强了。其间,梅德韦杰夫政治上会愈发成熟,政权禅让难度将加大。第二,普京本人也打算最迟于2012年出任总统。首先,普京本人如果没有再任总统的打算,为何要让梅德韦杰夫就任之后立刻修改宪法,将总统任期延长至六年呢? 普京恐怕不会为别人采取此番举措吧! 这让人想起了普京当年担任总统时期,对两次活动的举办工作非常热心。即2012年在符拉迪沃斯托克举办的亚太经济合作组织会议和2014年在索契召开的冬季奥运会。普京对上述活动在俄罗斯举办倾注了异常的热情,可以推测他是抱有由他来主持的愿望的。还有,普京对"2020年俄联邦发展计划"和"2020年俄罗斯安全保障构想"的完成工作倾注了心血。如果普京2012年重新当选总统,干满两届12年,那么他将主持所有集会,并能亲眼看到他的成果。

根据上述分析,"提案报告"对俄罗斯今后的内政发展作出三种预测:[45]

第一,维持现状。换言之,继续实行"普京主义"。具体来说就是仍然维持以原克格勃派为核心的"强力派"把权的"共有"体制。这种情况对由谁担任俄罗斯总统并不重要。因为在当前双头体制下,握有实权、主导俄罗斯内外政治的不是梅德韦杰夫总统而是普京总理。如果普京于2012年重新当选总统,并任满两届12年,到2024年他就71岁了。届时,58岁的梅德韦杰夫继普京之后任满一届6年的任期,2030年64岁时引退。如果该预测得以实现,那么,到2030年之前,俄罗斯将出现长达20多年的"普京王朝"(梅德韦杰夫3年→普京12年→梅德韦杰夫6年)。在此期间,如果梅德韦杰夫打出"自由主义"的色彩,被普京及"强力派"冠以不够格的烙印,也不乏代替者,比如当前有实力的、比梅德韦杰夫大1岁的乌拉基斯拉夫·斯尔科夫和大5岁的谢钦等人。

第二,进行若干修正,但大体维持现状,也就是"修正版的普京主义"或"梅德韦杰夫主义"。像前总统普京那样实施长达八年的"垂直统治"或者威权主义的政治体制,今后继续下去的可能性越来越困难。在此期间,梅德韦杰夫及其以"自由主义"经济专家为核心的亲信们,将会增加与普京及其"强力派"的对立。其结果是,双头体制将由事实上的"个人统治"显示出"双重权力"体制的征兆。同时在政策上,单是"普京色彩"已经不能适应时代的变化,必须加入梅德韦杰夫的"自由主义"的色彩,在政策上将是普京主义＋梅德韦杰夫主义的混合体。

第三,否定"普京主义"。第二种预测走到极限,结果将是普京及其"强力派"推行的"共有"体制破绽百出,很难维持下去。虽然在西方国家看来尚不充分,但是俄罗斯的经济慢慢走向"民主化"道路,俄罗斯开始更为认真地探索与欧美国家及日本之间发展友好合作的关系。

由于俄苏学者对于梅普二人"双头体制"的研究很少,正如松里公孝教授指出的,日本很少有学者关注普京和梅德韦杰夫,这是日本与中国的俄罗斯研究最大的不同。但是日本俄苏研究的政府机构则是政府决策的智库,必须对现实的政治问题跟踪研究并作出分析判断,以供政府决策参考。因此,前文重点阐述了防卫研究所关于梅普二人"双头体制"的"提案报告。"

### 注释

1. [日]俄罗斯·东欧学会:《俄罗斯·东欧学会新闻纪事》第 20 号,2010 年 4 月。

2. [日]请参见日本国际问题研究所"俄罗斯研究中心"网页。

3. [日]日本国际问题研究所:《俄罗斯的政策决策——各种力量与过程》的前言部分,2010 年 3 月。

4. [日]外务省:《外交蓝皮书》(1992 年版),第三章第 4 节"前苏联"部分,日本外务省网页。

5. [日]外务省:《外交蓝皮书》(1992 年版),第三章第 1 节"过渡时期的国际形势"部分,日本外务省网页。

6. [日]外务省:《外交蓝皮书》(2001 年版),第三章"主要地区形势"部分,日本外务省网页。

7. [日]外务省:《外交蓝皮书》(2001 年版),第二章第 5 节"俄罗斯、中亚与高加索",日本外务省网页。

8. [日]外务省:《外交蓝皮书》(1992 年版),第三章第 1 节"过渡时期的国际形势"部分,日本外务省网页。

9. [日]外务省:《外交蓝皮书》(1996 年版),第三章"主要地区形势"部分,日本外务省网页。

10. [日]外务省:《外交蓝皮书》(2010 年版),第二章第 5 节"俄罗斯、中亚与高加索",日本外务省网页。

11. "人民代表大会"是 1989 年 5 月—1991 年底原苏联的最高国家权力机关,存在时间短暂。

12. [日]外务省:《外交蓝皮书》(1992 年版),第三章第 4 节"内政"部分,日本外务省网页。

13. [日]外务省:《外交蓝皮书》(1993 年版),第一章第 2 节第 4 项"俄罗斯"部分,日本外务省网页。

14.《东亚战略概观》1996年开始出版,就东亚地区的战略环境和安全保障等重要事态,刊登防卫研究所研究人员的相关见解,是该所最重要的学术研究成果,也是该所研究人员学术观点的集中体现。《东亚战略概观》重点关注的国家和地区是:朝鲜半岛、中国、东南亚、俄罗斯、美国和日本。

15.[日]防卫研究所:《东亚战略概观》(2002年),防卫省防卫研究所2002年3月版,第6章,第197—217页。

16.[日]防卫研究所:《东亚战略概观》(2010年),防卫省防卫研究所2010年3月版,第6章,第158页。

17.[日]防卫研究所:《东亚战略概观1996—1997年概要》,防卫研究所1997年版,第3页。

18.[日]下斗米伸夫:《俄罗斯改革研究的一种视角——超越转型论》,载《日本比较政治学会年报》1999年。

19.参见[日]上野俊彦:《叶利钦"过渡"政权的政治体系——探索俄罗斯政治研究的新视角》,载《苏联·东欧学会年报》1992年第21期。

20.所谓全能主义,"日本大百科全书"的解释是:根据有全体存在才有个体存在的逻辑,为实现国家利益至上的权力思想、国家体制等运动的总称。历史上看,指的是20世纪20年代到40年代中叶,意大利、德意志、日本等国出现的法西斯思想。但是,第二次世界大战后,在冷战结构激化的年代,美苏之间互相攻击对方的政治体制(美国攻击苏联为"斯大林体制",苏联攻击美国为"麦卡锡主义")为全能主义。

21.[日]盐川伸明:《前苏联"威权主义"的再次浮现》,载于斯拉夫研究中心研究系列报告38号,1992年3月。

22.[日]岩田贤司:《俄罗斯政治体系的变迁——总统制国家与议会制国家之间》,载《俄罗斯研究》第15号,1992年10月。

23.[日]上野俊彦:《叶利钦"过渡"政权的政治体系——探索俄罗斯政治研究的新视角》,载《苏联·东欧学会年报》第21期,1992年。

24. Julietto Kiezza, *Proshchai Rossiya*, 1997.转引自[日]下斗米伸夫:《俄罗斯改革研究的一种视角——超越转型论》,载《日本比较政治学会年报》1999年。

25. *New York Times*, 27, March, 1999.

26.[日]下斗米伸夫:《俄罗斯改革研究的一种视角——超越转型论》,载《日本比较政治学会年报》1999年。

27.[日]下斗米伸夫:《俄罗斯政治》,筑摩书房1999年版,第二章。

28. E.F.Saburov, *Reformy v Rossii: Pervyi etap*, 1997, 17.转引自[日]下斗米伸夫:《俄罗斯改革研究的一种视角——超越转型论》。

29.[日]下斗米伸夫:《俄罗斯改革研究的一种视角——超越转型论》。

30.同上。

31. Olga Kryshtanovskaya, *Anartomiya Rossiiskoi Elity*, M., 2005, p.291.转引自[日]下斗米伸夫:《探索普京之后的俄罗斯》,载《俄罗斯·东欧学会年报》2005年第34期。

32.[日]下斗米伸夫:《俄罗斯世界》,筑摩书房1999年版,第34—35页。

33.[日]下斗米伸夫:《探索普京之后的俄罗斯》,载《俄罗斯·东欧学会年报》2005年第34期。

34.[日]兵头慎治:《作为邻居的俄罗斯》,载环日本海经济研究所网页。

35.[日]兵头慎治:《俄罗斯远东地区主义》,载《俄罗斯·东欧学会年报》1995年第24期。

36.同上。

37. 同上。

38. ［日］堀内贤志：《俄罗斯联邦制秩序的现状——从远东的视角》，载《俄罗斯·东欧学会年报》1999 年第 28 期。

39. ［日］松里公孝：《鞑靼斯坦共和国政治体制的特质及其形成过程（1990—1998）》，载《斯拉夫研究》2000 年第 47 期。

40. ［日］中马瑞贵：《俄罗斯中央和地方关系的政治过程——以划分权限条约的综述分析为例》，载《斯拉夫研究》2009 年第 56 期。

41. ［日］松里公孝：《半总统制的逻辑原理和后共产主义政治》，载《俄罗斯研究》2010 年第 5 期。

42. ［日］防卫研究所：《双头体制的俄罗斯——日本应有的对策》，2009 年 7 月 10 日。

43. 同上。

44. 同上。

45. 同上。

# 第五章

# 冷战后日本的俄罗斯经济转轨研究

与俄罗斯政治转轨研究密切相关的是俄罗斯经济转轨的研究。同样,冷战后日本学界关于俄罗斯经济转型的研究也是一个庞大的主题,绝非一个章节能够阐述清楚,笔者只好非常主观地按照目前的学识与能力进行一番取舍和梳理,选择能够为日本俄苏学界所关注、富有特色的研究方向给予阐述,许多未尽之处留待将来解决。

本章首先对冷战后日本俄苏学界关于俄罗斯经济转轨研究的成果进行分类汇总,以期对日本学界关于俄罗斯经济转轨研究有一个宏观的初步认识,通过整理较具代表性的成果来把握日本学者对俄罗斯经济研究的问题意识与研究特色,同时对比较经济体制学会、日本国际问题研究所、日本贸易振兴机构等民间与政府研究机构的研究方法与研究特色进行横向比较研究。其次,对冷战后日本学者研究俄罗斯经济转轨的研究路径进行归纳概括,力求阐释清楚日本学者对俄罗斯经济问题的研究方法。最后,以个案分析的方法,对日本学者较为关注的石油天然气与俄罗斯经济问题、梅德韦杰夫政府的现代化政策进行阐述。

## 第一节 冷战后日本俄罗斯经济研究的
## 成果与研究特色分析

冷战结束后,较之俄罗斯政治问题,日本学者对俄罗斯的经济问题更感兴趣。这一点从冷战后有关俄罗斯经济研究的专著和论文数量的总体比例均高于政治问题的成果数量(参见本书第二章第三节的图 2.2、图 2.3、图 2.5)就已经明确反映出来。本节拟以日本学界关于俄罗斯经济问题研究的最权威组织——比较经济体制学会为例,对其会刊《比较经济研究》上刊载的论文进行分类汇总,之后再作归纳分析,尽可能如实地反映日本学者对俄罗斯经济问题的关注方向;同时,还将参考《俄罗斯·东欧学会年报》上刊载的经济类论文和有关俄罗斯经济研究的专著来进行辅助说明分析。在关注学者个人研究的同时,也将从政策决策的角度对有关研究机构,如日本国际问题研究所、日本贸易振兴机构和日本外务省等研究机构的成果和特色进行分析,力求较为全面地阐述日本学界对俄罗斯经济问题研究的主要观点和特色。

## 一、有关俄罗斯经济研究的学术成果分析

研究俄罗斯经济问题最有影响力的学会首先是比较经济体制学会(JACES),该学会发起于 1963 年 11 月,当时的名称是"社会主义经济研究会",1966 年 11 月改为"社会主义经济学会"。学会当时的目的是致力于社会主义经济研究,规定凡是研究社会主义经济理论或者苏联·东欧·中国等社会主义经济动态的研究人员都可入会。1993 年 5 月,学会更名为"比较经济体制学会",目的也变为致力于经济体制的研究。截至 2010 年 6 月,会员人数为 289 名。该学会加盟日本经济学会联合会,每年召开一次全国大会。会刊为《比较经济研究》(*Japanese Journal of Comparative Economics*),为半年刊。《比较经济研究》也几度更名,2000 年前为《比较经济体制学会会报》,2005 年前为《比较经济体制学会年报》。[1]

笔者对比较经济体制学会的会刊——《比较经济研究》(1992—2010 年)所刊载的论文进行了分类汇总,在全部刊载的 281 篇论文中,直接与俄罗斯有关的文章有 102 篇(包括俄罗斯经济类 59 篇,俄日两国间经济关系类 5 篇,俄罗斯社会类 14 篇,俄罗斯问题书评书介类 24 篇),占全部文章比例为 36.3%;其他的文章是:经济理论方面的论文 41 篇,前(当今)社会主义国家(不含苏联)的经济类论文 92 篇,书评书介类论文(包括关于俄罗斯的在内)70 篇。从上述统计中可以看出该学会的办会宗旨和办刊思路,正如学会 1993 年更名时所指出的那样:第一,"比较经济体制学会"通过强调"比较"二字,既是继承以往的社会

主义经济研究的传统,又谋求获得突破和发展;第二,以"经济体制研究"为研究目的,可以刺激包括"社会主义"在内的各种"经济体制"研究的多样化;第三,期待着学会的活动适应世界形势的发展,内涵更加充实与深化。[2]

如果对《比较经济研究》刊载的论文内容进一步梳理,就会发现该刊物办刊的一个最大特色是以问题意识为导引,力求从理论和实证方面来多维度地阐释清楚具体的问题领域。实施办法是围绕学会每年举办的大会主题来进行论文撰写,择优录用。这样办刊的优点是:一是主题集中,每期刊物的文章都围绕着共同的主题来撰写;二是集众人之智来解决问题领域,推动学术研究的进步;三是引导会员的研究方向,保障会员共享最新的学术信息。具体的研究问题领域请参见表5.1。

**表 5.1 比较经济体制学会全国大会的共同主题(1992—2010 年)**

| 时间<br>(单位:年) | 全国大会的共同主题 | 刊载卷号 |
| --- | --- | --- |
| 1992 | 苏联与东欧社会主义的解体——其根源·现状·展望 | 第 30 期 |
| 1993 | 体制变迁的现状与展望——苏联(俄罗斯)·中东欧·中国的比较分析 | 第 31 期 |
| 1994 | 比较经济体制理论的过去和未来<br>市场经济化过程中的政策转换 | 第 32 期 |
| 1995 | 中国与俄罗斯的比较政治经济分析 | 第 33 期 |
| 1996 | 国有企业改革的现状与课题 | 第 34 期 |
| 1997 | 体系变迁中的国际关系 | 第 35 期 |
| 1998 | 体制变迁国家的政府作用 | 第 36 期 |
| 1999 | 国际经济·国际金融与过渡经济 | 第 37 期 |
| 2000 | 向市场过渡经济和引入外资导入<br>向市场过渡经济与安全网络 | 第 38 期 |
| 2001 | 过渡经济的各种类型 | 第 39 期 |
| 2002 | 体制变迁国家的产业结构转换 | 第 40 期 |
| 2003 | 从历史视角观察现代过渡经济 | 第 41 期 |
| 2005 | 市场经济的各种类型——发展中的经济与过渡经济 | 第 43 期 |
| 2006 | 比较经济研究的地平面:理论与实证 | 第 44 期 |
| 2007 | 东亚的开发与环境<br>变迁结束了吗 | 第 45 期 |

| 时间<br>（单位：年） | 全国大会的共同主题 | 刊载卷号 |
|---|---|---|
| 2008 | 体制比较的各种探讨、社会主义经济体制理论的布鲁斯与科尔奈：回顾·评价·展望、家庭经济与贫困的过渡经济理论 | 第 46 期 |
| | 独裁体制的经济分析：过去和现在 | |
| | 过渡经济体制的政府与企业的关系 | |
| 2009 | 世界金融危机与变迁国家（紧急座谈会） | 第 47 期 |
| | 世界金融危机与同时不景气一年后的比较经济分析 | |
| 2010 | 世界经济中的新兴经济 | 第 48 期 |

表 5.1 中清晰反映出《比较经济研究》刊载论文主题的发展脉络，即以前（当今）社会主义国家经济体制的发展变迁为主线，从比较经济研究的研究路径来对发生经济体制转型的国家进行实证分析，并将此种分析置于整个国际环境背景之中，同时结合一国之内的宏观与微观经济领域内的各种要素来进行考察。这样形成的论文成果自然构成了一个有机体，可以较为全面透彻地深入问题领域。

在对《比较经济研究》的办刊特色和研究主题有了整体上的认识之后，再来具体阐述该期刊对俄罗斯经济问题的研究成果。笔者首先对关于俄罗斯经济类的 59 篇论文进行了分类，然后再进行归纳分析。需要说明的是，关于经济学的分类标准，"智库百科"（全球最大的中文经管百科）指出了不同的分类标准：譬如，从研究的范围来看，分为宏观经济学、中观经济学和微观经济学；从历史发展来看，分为家庭经济学和政治经济学；从政府参与经济发展的方式看，分为市场经济和计划经济；从经济的主体来看，分为政府经济（又称公共经济或公共部门经济）和非政府经济（包括企业经济等）；从经济的研究对象来看，分为金融经济学、产业经济学等等。[3] 本节根据论述的需要，并没有采取较为宏观的视角，而是针对俄罗斯经济的具体情况，参考了冯绍雷和相蓝欣教授主编的"转型时代丛书"的《俄罗斯经济转型》（上海人民出版社 2005 年版）一书，以及潘德礼研究员主编的《俄罗斯十年——政治·经济·外交》下卷中关于俄罗斯经济研究的分类，将两书的分类进行一定的融合,形成下文的俄罗斯经济研究的分类。请参见图 5.1:《比较经济研究》(1992—2010 年)关于俄罗斯经济研究的论文分类:

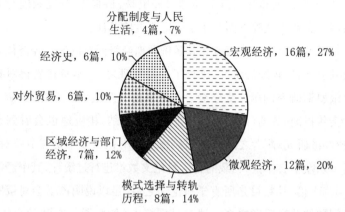

分配制度与人民生活,4篇,7%

宏观经济,16篇,27%

经济史,6篇,10%

对外贸易,6篇,10%

区域经济与部门经济,7篇,12%

微观经济,12篇,20%

模式选择与转轨历程,8篇,14%

**图 5.1 《比较经济研究》(1992—2010 年)关于俄罗斯经济研究的论文分类**

从图 5.1 可以看出,在《比较经济研究》刊载的 59 篇俄罗斯经济研究的论文中,按照数量由多到少排列,依次是宏观经济、微观经济、模式选择与转轨历程、区域经济与部门经济、对外贸易、经济史、分配制度与人民生活。需要说明的是,从研究范围上说,经济学可分为宏观经济学、中观经济学和微观经济学,而图 5.1 的宏观经济类 16 篇论文分类范围很窄,内容较少,仅仅包括金融与财政体制改革 9 篇、税制改革 1 篇和就业与工资 6 篇文章;而微观经济类的 12 篇论文也只是包括私有化问题 4 篇、会计制度改革与企业管理 4 篇和市场化问题等 4 篇文章。由于图 5.1 无法更为细致地反映出来,故予以说明。

从《比较经济研究》论文主题的关注点来说,一是较为关注俄罗斯经济转型的模式选择与转轨历程,发表了包括中山弘正的《俄罗斯体制变迁的停滞》、沟端佐登史的《俄罗斯经济政策与市场化的现状》、袴田茂树的《俄罗斯的政治·社会形势与市场化的展望》等 8 篇文章;二是较为关注俄罗斯的金融与财政体制改革,发表了包括大野成树的《俄罗斯银行各类资金的运用状况(1992—1998 年初)》、杉浦史和的《俄罗斯的还贷问题与银行系统——以企业对银行的超期信贷为中心》、横川和穗的《俄罗斯的中央集权化与地方自治体财政》等 9 篇文章;三是对俄罗斯区域经济与部门经济也较为关注,发表了沟端佐登史的《俄罗斯的

产业政策与资本重组》、山村理人的《俄罗斯农村非集团化的可能性与
条件》、久保庭真彰《产业空洞化与商业肥大化》等7篇文章。此外,《比
较经济研究》的文章还对俄罗斯的对外贸易、私有化、分配制度与人民
生活以及企业管理等方面给予了一定程度的关注。

在对专门研究经济问题尤其是俄罗斯经济问题的比较经济体制学
会及其会刊《比较经济研究》进行了一番梳理之后,本章接着再对日本
从事俄罗斯研究的第二大学会——俄罗斯·东欧学会的《俄罗斯·东
欧学会年报》刊载的经济类论文进行一些归纳,相应地也会看到它与
《比较经济研究》两者之间的不同风格。本书在第二章第三节曾对《俄
罗斯·东欧学会年报》刊载的各学科论文数量进行过统计,其中经济类
文章共51篇,其数量是所有学科论文之最,足以说明该学会对俄罗斯
经济问题的关注程度之高。请参见图5.2:《俄罗斯·东欧学会年报》
(1992—2008年)关于俄罗斯经济研究的论文分类。

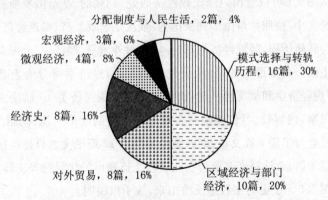

**图5.2 《俄罗斯·东欧学会年报》(1992—2008年)
关于俄罗斯经济研究的论文分类**

从图5.2可以看出,《俄罗斯·东欧学会年报》(1992—2008年)刊
载的51篇俄罗斯经济研究的论文,按照数量由多到少递减排列,依次
是模式选择与转轨历程、区域经济与部门经济、对外贸易、经济史、微观
经济、宏观经济、分配制度与人民生活。这种数量上的递减变化与《比
较经济研究》论文的递减变化差异较大。《比较经济研究》的递减顺序
是宏观经济、微观经济、模式选择与转轨历程、区域经济与部门经济、对
外贸易、经济史、分配制度与人民生活。这两份刊物对俄罗斯经济问题

关注度的差异,其主要原因似乎在于两份期刊的办刊模式不同。《俄罗斯·东欧学会年报》的文章是学者在一种自发的、无序的状态中,凭着各自的研究兴趣和研究领域撰写发表的,反映的是一种自由学术研究的结果;而《比较经济研究》的文章则是学者在一种研究主题被规定的、有序的状态中,结合各自擅长的研究领域而撰写发表的文章,反映的是一种有组织、有计划地研究的结果。这很容易使人联想起比较经济体制学会和俄罗斯·东欧学会的形成背景:比较经济体制学会的前身是冷战年代建立的社会主义经济学会,当时其成员主要是由马克思主义学派的学者构成,而俄罗斯·东欧学会的前身——苏联·东欧学会也是冷战年代建立的,但其成员是由研究美国现代化理论的学者构成的。虽然冷战后二者之间意识形态的对立几乎消失殆尽,但是在研究风格上似乎还保留着过去的印记,即前者更注重组织性和计划性,而后者更重视个人发挥和自由创作。这里绝没有论断孰是孰非的问题,只是强调一下两者不同的研究风格。

但是,如果对《俄罗斯·东欧学会年报》中关于俄罗斯经济类文章的主题作进一步分析,就会看出该学会研究人员的主要问题意识:一是非常注重研究俄罗斯经济的模式选择与转轨历程,发表了沟端佐登史的《俄罗斯的社会与经济结构的变化与经济政策的选择》和《俄罗斯的市场变迁:变迁 10 年的教训与展望》、上垣彰的《俄罗斯经济恢复的原因与今后展望》、宫本胜浩的《俄罗斯与东欧体制变迁与外部环境:俄罗斯的经济》等 16 篇文章,其文章数量与所占总数比例均高于《比较经济研究》的同类文章。但是,正如前文所提及的那样,《比较经济研究》也同样非常关注俄罗斯经济转型的模式选择与转轨历程研究,在这方面,二者可谓殊途同归,英雄所见略同。从两种不同的研究路径同时关注到同一个问题,可见俄罗斯经济转型的路径选择研究其分量之重。二是非常关注俄罗斯区域经济与部门经济的研究,发表了中津孝司的《俄罗斯石油公司的结构改革》和《俄罗斯企业的新经营形态——金融产业集团的成立与经营》、加藤幸广的《俄罗斯远东煤炭产业的现状与前景》、德永昌弘的《城市与企业的市场变迁——关于俄罗斯企业城市变迁的考察》等 10 篇文章。按照经济学通常的分类标准,区域经济与部门经济应归属微观经济学范畴,而本节则借鉴了冯绍雷和相蓝欣教授主编的"转型时代丛书"的《俄罗斯经济转型》一书的分类,专门作为俄罗斯经济研究的一个领域进行梳理。与《比较经济研究》对比之下发现,二者都不约而同地对该领域予以重点关注。三是较为关注俄罗斯对外贸易的研究,发表了加藤幸广的《俄罗斯远东水产业与日俄贸易》、杉本侃的《石油管道对两国和多国间关系的影响》、酒井明司的《俄罗斯原油与天然气的出口政策》、封安全的《中俄边境贸易——以黑龙江省的对俄边境贸易为中心》等 8 篇文章。《比较经济研究》将关注点更多地集中于俄罗斯的金融与财政体制改革,重视俄罗斯金融秩序的研究,而《俄罗斯·东欧学会年报》却极少予以关注,只发表了齐藤哲的《过渡时期俄罗斯的经济管理机构》与横川和穗的《俄罗斯的财政改革与地方自治体财政的变迁——以"俄联邦 2005 年以前的财政联邦主义发展项目"为中心》两篇文章。这一点似乎又是前面所说的由于两个学会研究风格的不同所致。此外,《俄罗斯·东欧学会年报》还发表了井泽正忠的《俄罗斯市场经济的现状与展望——以私有化的评价为中心》等 4 篇文章阐述俄罗斯的私有化问题,这点与《比较经济研究》类似。

　　笔者还对 1992—2010 年日本出版的俄罗斯经济研究的专著进行了统计,据不完全统计,日本学者共出版 44 部专著(编著),其中 7 部是译著。在这 44 部专著中,关于俄罗斯经济的模式选择与转轨历程的专著有:大野喜久之辅的《俄罗斯走向市场经济的征途》(有斐阁,1993 年)、中山弘正的《俄罗斯　疑似资本主义的结构》(岩波书店,1993 年)、盛田常夫的《体制变迁的经济学》(新世社,1995 年)、西村可明的《从社会主义到资本主义》(日本评论社,1995 年)、沟端佐登史和吉井昌彦主编的《市场经济变迁》(世界思想社,2002 年)、二村秀彦等人的《俄罗斯经济 10 年的轨迹》(密涅瓦书房,2002 年)、西村可明主编的《俄罗斯·东欧经济:市场经济变迁的到达点》(日本国际问题研究所,2004 年)、上原一庆主编的《跃动的中国和恢复的俄罗斯:探索体制变迁的实像与理论》(高菅出版,2005 年)等 17 部作品,占到全部专著的三分之一还多。其次是关于俄罗斯区域经济与部门经济的专著,主要有:山村理人的《俄罗斯的土地改革:1989—1996 年》(田贺出版,1997 年)、盐原俊彦的《俄罗斯的"新兴财阀"》(东洋书店,2001 年)、《俄罗斯的军需产业》(岩波新书,2003 年)和《俄罗斯资源产业的"内部"》(亚洲经济研究所,2006 年)、沟端佐登史等的《俄罗斯的大商业》(文理阁,2003 年)、田畑伸一郎主编的《石油·天然气与俄罗斯经济》(北海道大学出版会,2008 年)等 8 部作品。第三位是经济总论类的著作,有中山弘正、上垣彰、栖原学、辻义昌的《现代俄罗斯经济》(岩波书店,2001 年),大津定美与吉井昌彦编著的《俄罗斯·东欧经济》(密涅瓦书房,2004 年),盐原俊彦的《俄罗斯经济的真实》(东洋经济新报社,2005 年)等 8 部作品。接着是研究俄罗斯微观经济的著作,有久保庭真彰、田畑伸一郎编著的《过渡时期的俄罗斯 市场经济与统计系统》(青木书店,1999 年)、山口秋义的《俄罗斯国家统计制度的建立》(梓出版社,2003 年)、加藤志津子的《市场经济变迁时期的俄罗斯企业——戈尔巴乔夫、叶利钦、普京时代》(文真堂,2006 年)等 4 部作品。研究俄罗斯对外贸易的专著有:富山荣子的《俄罗斯市场参与战略》(密涅瓦书房,2004 年)、上垣彰的《经济全球化条件下的俄罗斯》(日本评论社,2005 年)、栢俊彦的《股份公司俄罗斯——从混沌中苏醒的商业系统》(日本经济新闻社,2007 年)等 3 部作品。剩下的 4 部专著中,一部是保坂哲郎的《俄罗斯地方自治预算》(高知大学经济学会,2004 年),另外三部是坂口泉·莲见雄的《能源安全保障——俄罗斯与欧盟的对话》(东洋书店,2007 年)、酒井明司的《天然气项目——俄罗斯资源外交的背景》(东洋书店,2008 年)以及轮岛实树的《围绕里海资源的攻防》(东洋书店,2008 年)等。

在大致了解了关于俄罗斯经济研究的专著出版情况之后,如果对其关注点加以归纳的话,可以发现日本学者对俄罗斯经济问题最为关注的仍然是模式选择与转轨历程和区域经济与部门经济。这与上文对比较经济体制学会及其会刊《比较经济研究》和俄罗斯·东欧学会及其会刊《俄罗斯·东欧学会年报》进行梳理之后得出的结论完全一致,可以说通过对论文和专著成果的整理归纳,就基本掌握了日本学界对俄罗斯经济研究的脉搏。

## 二、主要研究机构的研究特色分析

《比较经济研究》和《俄罗斯·东欧学会年报》刊载的经济类论文反

映的是日本俄苏学界学者个人的研究特色与关注点,同时也分别代表了比较经济体制学会俄罗斯·东欧学会的研究动态与研究特色。而作为实体学术研究机构的斯拉夫研究中心,其《斯拉夫研究》在冷战后所刊载的 20 篇经济类文章则主要集中在微观经济学领域,以研究俄罗斯及中亚等国家的产业经济为主,尤其是农业领域的文章最多,有 6 篇。这也明显反映出该中心追求纯学术研究的理念,注重基础研究和微观研究的特色。此外,作为民间机构的"公益财团法人环日本海经济研究所"(ERINA)自 1993 年成立以来,致力于东北亚国家的经济发展动向的调查研究和经济交流促进活动。譬如,该研究所积极组织国际共同研究,并将其研究成果在 2010 年第 20 次东北亚经济发展国际会议上发表;该研究所还全方位开展日本与东北亚地区间的经济交流促进活动,服务于工商业。具体到俄罗斯经济问题的研究,目前主要致力于两方面的研究:一是俄罗斯远东地区的发展战略研究,主要内容是围绕2012 年在符拉迪沃斯托克召开的亚太经济合作组织首脑会议,努力掌握俄罗斯在远东地区的基础设施和能源运输等开发项目的进展状况。同时,针对俄罗斯在 2009 年 12 月出台的"2025 年前的俄罗斯远东以及贝加尔湖地区的社会经济发展战略",跟踪研究俄联邦政府的开发政策动向。二是致力于俄罗斯能源部门的研究。针对俄罗斯政府新制定的"2030 年前的俄罗斯能源战略",跟踪研究俄罗斯能源部门的动向,探讨东北亚多国间合作的可能性以及对日本的政策意向。[4]此外,"社团法人俄罗斯和独联体国家贸易会"(Japan Association for Trade with Russia & NIS)中设有"俄罗斯和独联体国家研究所",是日本唯一专门研究俄罗斯和独联体国家经济的智库,为了促进日本与俄罗斯及独联体国家的经济关系,广泛地开展调查研究、出版和各种集会等活动。

下文主要以日本国际问题研究所、日本贸易振兴机构和日本外务省等研究机构为代表,粗略地阐述一下日本政府(或有着政府背景)的研究机构对俄罗斯经济问题的关注点和研究特色。

日本国际问题研究所的总体学术研究特色,本书第四章第一节中已经提及,即组织社会上的优势资源,集中力量开展专题研究,最终形成研究报告或建议,并提供给有关政府部门作决策参考。具体到俄罗斯的经济领域,主要通过两种具体形式得以体现:一是该研究所的学术刊物《俄罗斯研究》,二是接受政府委托的研究项目。

关于《俄罗斯研究》的办刊特点,前文也已提及,即每期内容只设立一个主题,然后围绕该主题从各个角度撰写论文展开探讨,以求全方位地阐释该主题。比如,《俄罗斯研究》自 1995 年 4 月第 20 期至 2004 年 10 月第 36 期停刊为止,共发行 17 期,其中专门研究俄罗斯经济问题的有三期,分别是:"市场经济的新展开:多样化的俄罗斯与东欧"(1998 年 4 月第 26 期)、"俄罗斯经济的恢复是真的吗?"(2000 年 10 月第 31 期)和"俄罗斯与东欧——市场经济变迁的到达点"(2004 年 10 月第 36 期)。在这三次探讨中,最为全面的是第 31 期的讨论:围绕着"俄罗斯经济的恢复是真的吗?"这个主题,分别从普京时代的"市场经济"(佐藤经明)、"俄罗斯的宏观经济动向"(西村可明)、"日俄经贸关系的展望"(吉田进)、"俄罗斯的金融情况"(黑坂昭一)和"俄罗斯促进银行业的法律"(菅野哲夫)等五个方面进行阐述,不仅论述全面,还有理论深度。同时,国际问题研究所还召集驻俄罗斯的日本工商界人士举行座谈会,以工商界人士的亲身经历和感受来阐明对俄罗斯工商业现状的看法,并将其内容予以发表。可以说,整个主题从内容设计到具体实施可谓理论与实际相结合,全面立体地阐述了俄罗斯的经济问题。

关于接受政府委托的研究项目,作为有着外务省背景的智库,自然是其分内的工作。关于俄罗斯经济问题的研究项目,根据目前的资料只能看到 2002 年度的外务省委托研究项目《俄罗斯企业制度改革的现状》,其主要内容包括"普京政府的俄罗斯企业制度改革"(笠井达彦)、"俄罗斯的企业形态以及国家与企业间的关系"(沟端佐登史)、"俄罗斯的破产制度"(藤原克美)、"俄罗斯企业的所有与分配以及全体管理"(沟端佐登史)、"天然垄断领域的结构改革"(坂口泉)和"俄罗斯小企业的制度改革"(小西丰)等方面,报告最后向政府提出了建言。

日本贸易振兴机构(JETRO)是日本经济产业省管辖的独立行政法人,于 2003 年 10 月 1 日设立,现任理事长林康夫是日本原通商产业省中小企业厅长,职员人数在日本国内约有 830 名,日本国外约 850 名。其历史沿革为:1951 年设立了财团法人海外市场调查会,1954 年扩编为财团法人海外贸易振兴会,1958 年改组为特殊法人日本贸易振兴会,1998 年合并了亚洲经济研究所,成为贸易、投资与地区开发研究的综合机构,2003 年成为独立行政法人,更名为日本贸易振兴机构。其主要业务是:(1)收集海外经济情报与资料并准确迅速地提供给国内相关单位、进行贸易投资洽谈;(2)通过国际间的人际交流以及参加国外典型城市的活动等,开拓和支持中小企业的出口;(3)支持、调查和研究发展中国家的经济以及贸易振兴;(4)配合促进进口与开放市场;(5)促进海外企业的对日投资与企业招揽等相互交流活动。最近的重点是第(2)项和第(5)项。为开展上述活动,日本贸易振兴机构以东京和大阪的本部为中心,设立了 38 个国内事务所和 72 个海外事务所。[5]依托国内外事务所,日本贸易振兴机构对世界主要国家和地区的政治与经济动向有着准确而及时的跟踪把握,尤其对经济情况的把握可用"全面准确、扎实细致"来形容。譬如,对于俄罗斯经济情况,设立了"世界通商广报"、"商业活动信息"、"基础数据"(包括俄罗斯概况、政治动向、经济动向等内容)、"贸易汇率制度"、"投资制度"、"统计"、"贸易与投资洽谈咨询"、"调查报告"、"知识产权信息"、"各产业信息"(包括食品与农林水产、传统产品、机械设备)等非常具体的数据库,[6]无论是研究俄罗斯的经济问题还是从事具体的商贸活动,其数据库收集的内容足以满足不同群体的需要。

日本贸易振兴机构对俄罗斯经济研究的最大特点就是非常注重务实的调查研究,调研成果直接服务于日本企业的经贸活动。如上文所述,该机构设置了"基础数据"等十多个数据库,对俄罗斯经济的基础数据和动态情况展开全面的调研工作,投入的人力和财力也非一般民间研究机构可比。以对俄罗斯经济的"调查研究"为例,目前能够看到的47 份调研报告中,自 2006 年以来至 2010 年 6 月就有 35 份报告,平均每年 7 份报告;而此前平均每年只有 2 份报告。关于调研报告的主题内容,以最近 5 年的报告为例,定期发表的报告是年度"俄罗斯远东的经济、贸易与外国投资概况"、"欧洲投资相关成本一览"和"世界与日本主要自由贸易协定一览"(2009 年至今)。其余的报告主题每年虽有不同,但是所有的报告都是围绕着俄罗斯的市场环境展开调研、围绕着如何促进日本出口的调研成果。最近 5 年调研报告的主题是:2006 年的"俄罗斯的投资环境与风险——俄方的观点"、"关于俄罗斯西北部的工业基地·制造设施的调查报告"、"俄罗斯哈巴罗夫斯克地区老人护理情况的调查报告"以及关于"京都议定书"各国反应的报告等；2008 年的"俄罗斯珍珠养殖的市场动向调查"、"加入世界贸易组织与资本市场的诞生——以俄罗斯和越南为例"、"俄罗斯远东地区食品市场的现状与日本食品进入的可能性"以及"美国的金融危机对商贸的影响"等报告；2009 年的"美国金融危机对日本企业国外商贸的影响——关于2008 年度日本企业的海外事业的问卷调查"、"农水产品·食品出口尝试调查（对俄）项目报告第 1—3 部"、"俄罗斯食品进口制度法令手册"、"俄罗斯的餐具、家具以及窗帘市场"以及"超越反保护主义——金融危机后亚太经济合作组织在世界经济与贸易投资中的作用"等报告；2010 年的"俄罗斯远东地区的建材市场调查"、"农水产品·食品出口尝试调查——远东通关出口到莫斯科和西伯利亚地区的运输（铁路与航空）"、"俄罗斯的劳务洽谈"、"与俄罗斯签订合同和办事方面的注意要点"以及"美国金融危机对经济和商贸的影响　国别·地区篇"等报告。上述报告的主题反映出，日本贸易振兴机构关于俄罗斯经济问题的调研报告，针对性与时效性较强，并以远东地区为主向西扩展至整个俄罗斯，可谓极具实用性的调研成果。

日本外务省内部机关，如国际情报官统括机构、欧洲局等对俄罗斯经济的研究成果基本可以通过《外交蓝皮书》得以反映。虽然外务省每年还会发表四期的"外务省调查月报"，就重要国际问题进行深入分析，不过 2000 年以来关于原苏东地区的经济问题仅发表过一个调研报告，即《苏联解体后里海的伊斯兰资源地区：阿塞拜疆——能源新生国家的体制变迁 10 年的过程》（2003 年第 4 期）。虽然"外务省调查月报"对俄罗斯关注度较低，但却是研究日本外务省调研工作的重要文本，故本书在此提及。下文仍以《外交蓝皮书》为例，阐述日本外务省对俄罗斯经济的关注点和研究特色。

以下将按照历史发展的脉络，或者说是按照冷战后俄罗斯历届总统执政时期的经济政策为主线，对《外交蓝皮书》（1992—2010 年）的俄罗斯经济部分进行阐述。

首先是俄罗斯第一位总统叶利钦任职期间进行的新自由主义的激进改革阶段。叶利钦在改革之初就认识到，俄罗斯社会转型的根本任务就是将社会改革继续推行下去。因此，他采取"突变式"的激进改革模式,通过经济自由化和国有资产私有化的手段来彻底摧毁原来的国家政治制度和计划经济体制。

苏联解体后,俄罗斯的经济状况日趋恶化。对此《外交蓝皮书》认为,叶利钦当时面临的最大课题是在"8·19"事件后迅速完成俄罗斯民主化和市场经济体制的转型,但是当务之急是想方设法恢复日趋恶化的经济形势。可以说,当时的经济状况危在旦夕,作为政府的对策,叶利钦认为只有进行彻底的经济改革这一条路了。[7]在此背景下,叶利钦于1991年10月在第五次俄罗斯临时人民代表大会上提出激进的经济改革方案,否定了渐进式的改革方案。其改革方案由两根支柱组成,一是施行以价格自由化和财政金融紧缩政策为中心的宏观经济的稳定措施,二是施行企业民营化、土地改革等经济结构的改革措施。为一举将俄罗斯引入市场经济,叶利钦采取了1990年波兰实行过的"休克疗法"。由于"休克疗法"会带来国民生活水平降低、企业破产和失业等政治上的高风险,当初戈尔巴乔夫总统最终未能下决心实施。

为了实施激进的经济改革,叶利钦于1991年11月起用经济学家盖达尔担任副总理,又任命几位年轻的经济学者作为经济官员,组成所谓的"盖达尔团队"的改革政府,于1992年1月开始实施价格自由化等一系列根本性的改革措施。除了能源和基本食品等部分商品外,价格全部放开,结果导致物价暴涨。相比1991年12月,消费物价指数到1992年6月已上涨约10倍,而工资和养老金的增加远远低于通货膨胀,比如1992年6月的平均工资只有1991年12月的4倍左右。由于价格上涨,导致商品大量上市,可是普通民众买不起,尤其是依靠养老金等生活的社会弱势群体受影响最大。生活水平的降低导致了国民的不满情绪,以煤炭工人罢工为开端,要求提高工资等的反政府游行频繁发生,但仅限于局部地区,并未爆发当初担心的大规模社会动乱。其理由除了俄罗斯国民传统的忍耐精神之外,其实早在1991年之前经济混乱的时候,民众已经做好了生活水平降低的思想准备。而且,在放开价格的同时,实施财政金融紧缩政策的结果是:投资额较上年降低一半,企业相互间的负债以及拖欠银行的债务剧增,1992年3月为7 800亿卢布,到了7月则达到3万亿卢布。许多企业陷入资金不足、停产和缩小规模的处境,强制性休假等"隐形失业"增加。再加上居民购买力降低,企业生产愈发低下,1992 年上半年工业生产总值较上年同期减少了 18%。[8]

在上述背景下,1992 年 4 月召开了第六次俄罗斯人民代表大会,代表们对政府的经济政策提出批评。为了强化政权基础和渡过会议难关,叶利钦向国营企业势力作出了让步,决定向工业及农业部门追加投资、允许国营企业代表进入政府等。5 月以后,俄罗斯政府开始调整财政金融紧缩政策,向缓和的方向发展;7 月以后,为消除企业负债,开始了巨额融资,大幅增加货币发行和信用贷款。9 月以后,盖达尔表明要再次恢复财政金融紧缩政策,但是不仅国营企业势力,对政府的改革政策持批判态度的最高苏维埃以及在其监管下的俄罗斯中央银行都持反对态度。而且,依托国企势力创立的市民同盟也跟政府唱对台戏。为了调整激进的改革路线,俄政府于 1992 年 6 月制定了中长期"经济改革深化计划",目的是采取一定程度的微观政策,但结果却在 10 月召开的最高苏维埃会议上被搁置起来,并代之以短期的"摆脱危机计划"。在此前后,市民同盟批评政府的激进改革路线,并提出重视社会取向、国家管制以及微观经济政策的渐进而独立的改革路线。围绕"摆脱危机计划",政府与市民同盟针锋相对。叶利钦命令政府制定双方妥协的方案,结果未能出台。于是,改革路线之争就被带到人民代表大会上。

1992 年 12 月召开的第七次人民代表大会通过了"关于经济改革进展情况的决议",严厉批评了政府之前的改革政策,要求采取重视社会取向、国家管制以及微观经济的改革政策。大会选举国营企业势力的代表切尔诺梅尔金为总理,组成新内阁。但是,1993 年俄罗斯的经济状况依然非常严峻,虽然相比 1992 年多少有些改善,但通胀率仍高达 900%,国民生产总值增长率为－12%。为构筑冷战后的和平与稳定的结构,确保俄罗斯实现民主化和市场经济,西方七国决定通过国际货币基金组织、世界银行以及欧洲复兴开发银行来支援俄罗斯的经济改革。切尔诺梅尔金政府也对经济政策进行了调整,在宏观政策上采取"适度紧缩"的政策,推行稳健的财政政策,控制物价上涨,压缩财政赤字。由于出口情况出现好转,工矿企业的生产开始复苏。到了 1995 年,贸易制度改革有了一定进展,但是税制改革、土地私有制、外国投资相关法律等方面的进展并不令人满意。[9]1996 年,一直推进的紧缩性财政政策收到了成效,通胀率明显降低,汇率也较为稳定,外贸持续上升,俄罗斯经济出现了好的征兆,但仍未摆脱困难局面。到了 1997 年,俄罗斯通胀率为 11%,国民生产总值终于出现 0.4% 的增长,工矿业生产也增加了 1.9%,汇率较为稳定。但是,投资低迷、巨额的企业债务、企业不纳税等财政难题依然继续,拖欠养老金以及军人和公务员工资的问题引起关注,俄罗斯的经济仍处于困境之中。1998 年,俄罗斯经济又面临严峻情况。在以新兴市场国家为中心的世界经济动荡中,国际原油价格的回落导致经常收支盈余缩小、财政赤字增大、经济基础恶化。俄罗斯的信用持续低迷,外资流入停滞,并且外资开始撤离,5 月底发生了金融动荡。国际货币基金组织、世界银行与日本于 7 月发表对俄罗斯追加 226 亿美元金融支持的一揽子计划之后,形势开始企稳。但是进入 8 月,俄罗斯经济的信用愈发低下,国内银行系统陷入混乱,最终爆发了 8 月 17 日俄罗斯政府和央行宣布卢布贬值和延期偿还短期国债为标志的金融危机。[10]普里马科夫总理于 11 月发表了一系列克服经济危机的措施,并为重建经济继续与国际货币基金组织谈判。然而,到了 1999 年,出乎人们的预料,俄罗斯经济状况出现了整体好转。通胀率较上年度降低,卢布出现企稳迹象,工矿业生产增长,贸易出现约 300 亿美元的盈余,税收情况好转,国内生产总值也增加了,金融系统趋向稳定。支持俄罗斯经济走好的因素是国际原油价格的上涨和高价位的维持,以及由于 1998 年卢布贬值带动了俄罗斯国内的进口替代产业。1999 年夏,国际货币基金组织以及世界银行重启融资,债权国会议也同意延长俄罗斯的债务。而且下一年度的联邦预算案也顺利通过,向国内外展示了俄罗斯政治和经济的稳定局面。1999 年,俄罗斯经济摆脱了恶劣的局面,算是为叶利钦的经济改革画上了句号。[11]

纵观日本《外交蓝皮书》(1992—2010 年)关于俄罗斯经济问题的阐述,对于叶利钦时代的经济问题论述文字最多,从经济改革、宏观经济、微观经济到存在的问题都细致地予以指出。更耐人寻味的是,《外交蓝皮书》对 1992 年度和 1999 年度的俄罗斯经济分析着墨最多,而这两个时间节点也恰好是叶利钦改革的开始和结束的时间,似乎包含着日本对叶利钦改革的关注程度和期待。

其次是俄罗斯第二位总统普京实施的"第三条道路"的经济改革阶

段。普京于 2000 年当选俄罗斯历史上第二位总统,其任职期间俄罗斯经济保持了连续九年的增长。2008 年度的《外交蓝皮书》写道:俄罗斯经济保持着连续九年的增长(增长率为 8.1%),外汇储备达到历史之最,投资、建设、加工等行业顺利发展。对于俄罗斯经济增长的原因,《外交蓝皮书》认为,经济状况良好主要得益于原油价格的暴涨。例如,2001 年由于美国发生"9·11"恐怖袭击事件,世界经济放缓,国际原油价格走低,俄罗斯经济增长立刻放缓,国内财政也受到很大影响。直到 2002 年春天,国际原油价格上涨,俄罗斯才恢复了增长(2002 年经济增长率为 4.3%)。[12]《外交蓝皮书》连续九年都提及,俄罗斯经济的发展得益于国际原油价格的暴涨,俄罗斯对能源出口的依存结构始终没有改变。虽说如此,俄罗斯经济在普京执政期间获得良性发展却是事实。因此,普京在 2004 年 5 月的总统第二任期就职演说中提出,俄罗斯政府在今后十年要实现国内生产总值翻番目标和消灭贫困等课题,并寻求积极的经济政策。[13]

普京执政期间,《外交蓝皮书》对俄罗斯经济问题最为关注的是普京的经济改革问题。普京从第一个任期开始,就着手进行经济结构改革。2000 年值得一提的是,由于实施了制定社会经济计划和统一所得税的税制改革,俄罗斯历史上第一次采用了均衡预算制(2001 年度)。其次是普京与叶利钦时代的企业巨头划分界限,开始探索与金融界的关系问题。2001 年,普京继续推进经济结构改革,放宽限制,改革天然气、铁路、电力等垄断行业,推进土地、就业、养老金、社会保障等方面的制度改革。2002 年,俄罗斯继续致力于 2001 年开始的结构改革。在悬而未决的垄断行业(天然气、电力、铁路等垄断企业)的改革中,电气及铁路的改革法案提交给国会。为尽早加入世界贸易组织,俄罗斯进行了一系列的改革努力,但在金融制度、行政制度等方面,改革较为迟缓。2003 年,普京继续推进经济结构改革,出台了改革电力等国营垄断企业的一系列法律。在加入世界贸易组织方面,虽然俄罗斯进行了执着的谈判,但未能实现目标。2004 年,社会上出现指责经济结构改革停滞的声音。俄罗斯当局强制征收石油巨头"尤科斯"偷逃的巨额税款,迫使其濒临破产,并将拍卖其核心子公司"尤甘斯克石油天然气公司",引起了国际社会的关注。2005 年,为了加强经济基础、培育以加工业、高科技为中心的国内产业和开发地方经济,俄罗斯制定了《经济特区法》,划定六个经济特区。此外,俄罗斯还加强了国家管控经济的倾向,譬如通过修改地下资源法来限制外国势力进入,通过国有天然气工业公司收购西伯利亚石油公司,以及对"尤科斯"总裁定罪等。2006年,俄罗斯经济连续八年增长,因此开始启动了六个经济特区加工业和高科技领域等项目,以此来强化俄罗斯的经济基础。此外,在石油及天然气领域,在核、有色金属、制造业、运输业等领域,俄罗斯加强了国家管控的倾向。2007年,俄罗斯经济继续发展,不仅继续致力于发展加工业以及高科技,通过经济特区来培育产业也取得了一定成效。同时,俄罗斯不仅对天然资源,也对飞机、造船等制造业加强了管控。

第三个阶段是俄罗斯第三位总统梅德韦杰夫以高新科技带动经济结构调整的阶段。2008年5月,梅德韦杰夫担任总统后,俄罗斯经济受到国际金融危机和石油价格回落等影响,货币、股价、外汇准备金等都大幅下降,实体经济也出现了生产规模缩小、企业裁员等现象。虽然政府采取了向金融机构提供资金等一系列措施,但是俄罗斯经济开始减速,全年国内生产总值增长率低于上年度的8.1%,只有5.6%。12月,各地爆发反对提高汽车关税、物价上涨等游行示威,甚至部分民众要求普京总理下台。而俄罗斯经济面临的课题是摆脱"资源依赖型"结构和进行远东与西伯利亚东部地区的基础建设,为此,梅德韦杰夫总统提出了"四个'I'"(制度、基础设施、创新、投资)。2009年,受到2008年金融危机的影响的货币和股价在年初触底后迅速恢复,但是由于汽车等大型企业压缩了生产与投资规模,所以国内生产总值增长率创下过去15年的最大跌幅。俄罗斯政府除了采取支持金融机构和企业、保障国民生活、创造就业等危机对策之外,还较为重视长期的经济"现代化",提出了今后的五个发展方向(医疗、能源效率、核聚变、宇宙与通信、IT),俄罗斯经济出现了复苏迹象。[14]

日本外务省的研究机构对俄罗斯经济问题的研究,按照时间顺序划分为叶利钦时期、普京时期和梅德韦杰夫时期。其中,对于叶利钦时期最为关注,既有对俄罗斯经济改革的期待,也存在日俄两国关系趋暖的背景。对于普京时期,虽然也关注其经济改革,但用墨较少。既观察到普京时期较快的经济增长,同时又指出俄罗斯经济结构处于不均衡状态,过度依赖石油与天然气出口。对于梅德韦杰夫时期,主要关注其经济现代化政策,因为正处于改革进行时,所以用墨不多,多是政策解读类的语言。

## 第二节　冷战后日本的俄罗斯经济研究的路径

苏联解体后,日本学者对于俄罗斯经济问题的研究相比政治研究兴趣更浓,从事研究的人员更多,成果也非常丰富。为了从总体上较为准确地把握日本学者研究俄罗斯经济问题的脉络,本节先从研究成果入手,通过研究成果归纳出日本学者、学术团体以及政府相关研究机构的问题意识和研究特色,然后以此为基础,再对其研究路径归纳分析,力求更深入地接近日本对俄罗斯经济问题研究的本质规律。下文主要从两个方面对日本研究俄罗斯经济问题的研究路径进行分析,一是日本学者对俄罗斯经济问题研究路径的反思,二是关于俄罗斯经济研究的几种研究路径。

### 一、日本学者对俄罗斯经济问题研究路径的反思

苏联解体后,日本从事俄苏经济研究的权威机构——比较经济体制学会——用了三四年时间,对自身的发展历程特别是对俄苏经济的研究历程进行了深刻反思,而他们的反思也是围绕着学会每年全国大会的共同主题展开的(参照表5.1)。也就是说,这种反思绝非一两个人的行为,而是有组织的行为。的确,对一个学术问题的反思需要的是一批人的努力,尤其是代表着这一批人的学术团体的反思更具说服力。从该学会全国大会的主题来看,其反思线索一目了然。譬如,1992年的主题是"苏联与东欧社会主义的解体——其根源、现状、展望",1993年的主题是"体制变迁的现状与展望——苏联(俄罗斯)、中东欧、中国的比较分析",1994年的主题是"比较经济体制理论的过去和未来、市场经济化过程中的政策转换"。尤其是1994年的全国大会,全面总结了学会的发展历史,同时为学会的未来发展和研究方向定下了基调。如果横向比较日本国内的其他俄苏研究机构,在苏联解体之后,对俄苏

经济问题的研究历史真正进行过彻底反思的,只有比较经济体制学会这一家。因此,下文主要以该学会为代表,对其反思俄苏经济问题研究的历程进行归纳阐述。

比较经济体制学会成立于 1963 年 11 月,第一阶段的研究课题是从"早期的社会主义研究"开始的,并且直接指出苏联和东欧当时进行的经济改革中包含着需要改善的诸多矛盾,其体制不是马克思主义的体制。不过,佐藤经明认为其中的矛盾不是体制内的矛盾,而是苏联东欧社会残留的后进资本主义的"歪曲"。[15]佐藤经明是为了避免学会第一代学者根据马克思主义经典来争论苏东体制是否接近理想的社会主义等问题。后来,学会立足于对苏联、东欧和中国等国家的现状分析,开展了独立的研究活动,并取得一定成果。不过,关于社会主义体制内在矛盾的研究则束之高阁,避而不谈。20 世纪 60 年代后期,学会进入第二个时期。由于对苏联经济改革展望的研究退潮,研究焦点转向介绍和分析引入市场经济的东欧改革。一批新的学者开始研究匈牙利社会主义参数控制模式、南斯拉夫工人自主管理模式等,对社会主义的改造寄予了期望。"社会主义中的市场"成为一个严肃的主题,他们开始正式提出对马克思主义经济学中"中央计划"的疑问。但是,关于"体制内在的矛盾"的研究非常孤立。对于东欧,多数学者的意见是"希望改革与调整"。同时,由于对苏联期待的破灭,他们又开始对中国的直达共产主义模式寄予希望,但最终也因"文化大革命"的失败而消退。此时,西方经济持续增长,不断进行技术革新,而东欧却处于动乱之中、苏联的经济发展停滞,学者们对社会主义体制的幻灭情绪扩大,摆脱意识形态的倾向增加。这可以说是该学会发展的第三阶段。该阶段的研究集中在各国经济史、现状分析和计量分析等方面,既没有分析"体制内在的矛盾",也没有与体制拥护论或者体制期待论等观点发生碰撞。对于戈尔巴乔夫的改革,学者们都持欢迎立场,积极评价其为"改革的第三波"。当时,学会几乎被一种"狂热"的情绪所支配,幻想着实现社会主义的民主、计划与效率的结合。

而对于苏联的解体,无论是从民族理论还是从经济分析的角度来说,在苏联解体以前是不存在关于解体的学术分析的,存在的只是预测而已。[16]正如该学会于 1991 年 5 月召开全国大会时就讨论过将原来的

"社会主义经济学会"的名称改为现在的名称,但却被大会否决了。佐藤经明在 1994 年总结说:之所以否决更名,原因有多方面,一是该如何把握原社会主义体制,二是之前的研究始终以苏联为中心,从比较研究的视角对中东欧的研究较弱,三是 20 世纪 80 年代以后发生的经济改革的"第三波"正在侵蚀着传统的社会主义等。1991 年 5 月的全国大会时,"许多人都认为还很难说",也就是说主张"苏联仍会存在下去的"这种声音令人印象深刻,但是仅仅过了 3 个月就发生了"8·19"事件,学者们由于苏联解体而最终改变了观点。[17]同时,佐藤经明也对自己的研究历程进行了深刻反思:他 1968 年 5 月的论文、20 世纪 70 年代发表的专著、1989 年 3 月在莫斯科国际会议的论文以及同年 8 月撰写的《经济改革比较的考察》等文章,都是在"东欧革命"前发表的。不过,却一次都没有参与 1989 年至 1990 年媒体盛行一时的"社会主义崩溃论"的讨论。他一贯的考虑是,作为"经济体制"的"社会主义"虽然运转不灵,但是作为驾驭市场经济的思想乃至理念的"社会主义",市场经济越普遍就越有存在的必要性。[18]这一观点在 1989 年 3 月莫斯科国际会议上也提过。

　　法政大学的冈田裕之教授在反思自己的研究历程时认为:[19]他对自己的观点较为执着,即发现"社会主义体制存在内在矛盾",苏联、东欧等国家的矛盾是社会主义固有的矛盾。他不同意只要社会主义生产力发展了,其矛盾就会消灭这一"早期的社会主义"观点,同时也不接受"引入市场经济改革"的观点,即不改变共产党国家所有制而通过引入市场经济就会使社会主义体制充满活力。他用马克思批判资本主义体制的方法来批评社会主义体制,对两种体制持同时对等的批判立场,可以说既批判了肯定资本主义而否定社会主义的新古典经济学,同时又批判了肯定社会主义而否定资本主义的马克思主义经济学。但是,其观点在学会里既没有反对的声音,也没有赞同的声音。苏联解体之后,冈田裕之也对自己的研究作了反思:第一,虽然"体制内在的矛盾"可以说明解体的必然性,但没有想到苏联解体是从戈尔巴乔夫改革这种宫廷革命开始的。苏联解体不是体制的反对势力"掘墓人"搞的,而是从统治阶级上层自毁的。第二,资本主义世界体制由于俄国革命和中国革命而解体,社会主义世界体制也同样分崩离析,所以对两种体制的对等批判姑且成立。但是，社会主义的解体是两种体制竞争失败的结果。在体制比较中，当代资本主义的相对优势明显，对等批判不成立。第三，尽管如此，完全不能保证新古典经济学和资本主义无条件处于优势。市场经济是不完善性占统治地位，而不是完善性占统治地位，而且世界市场是不对称性占统治地位。分析上述问题需要从新古典经济学独立出来的经济学来考量。第四，在体制变迁中，立足于对生产过程中社会关系的分析的经济学要比新古典经济学更有效。关键不在于"市场"，而是"生产方式"，是承担生产方式的社会阶层的形成。这绝非复活原来的马克思主义经济学，而是学习新古典经济学的假设思考来继承马克思主义经济学中值得传承的部分，但首先必须从反思马克思主义经济学的角度出发。

比较经济体制学会还对自身的理论基础进行了反思。该学会以应用经济学研究为主，主要研究对象是社会主义经济以及苏联、东欧、中国等地区研究。学会从日本经济理论学会独立出来之后，将马克思主义经济学作为会员的共同理论基础，核心观点是：从资本主义过渡到社会主义是必然的，资本主义与社会主义是历史上相继出现的事物。但是，1989 年至 1990 年苏联、东欧等社会剧变，社会主义世界体制解体，20 世纪在两种世界体制之间的对立和竞争在成败评判中结束了。这一历史事实的发展，明显与该学会的共同理论基础对立，因此在面临研究对象自身的解体、变形以及向市场体系变迁之际，学会首先将名称由"社会主义经济学会"改为"比较经济体制学会"。接下来的问题是：学会的理论基础是什么？以经济体制的比较为主题时，如何涵盖资本主义国家的研究和发展中国家的研究？学会的专业特点如何定位？对此，冈田裕之教授发表的看法是：虽然要对原来的马克思主义经济学进行否定和革新，但在某种意义上这也意味着某种继承，学会应该建立非新古典经济学的经济体制理论。[20]

其理由在于：1989 年至 1990 年的东欧剧变清楚表明资本主义体制的优势和社会主义体制的劣势，意味着新古典派的胜利和马克思主义经济学的失败。20 世纪 80 年代，资本主义享受着政治自由和相对的经济繁荣，而社会主义无论是从经济、政治、社会等各方面来说都处于劣势，必须对体制进行根本的变革，但是戈尔巴乔夫改革却导致苏联共产党专政瓦解、社会统合崩溃。新古典派的"市场＝资本主义合理性"的观点得以证实,而马克思主义经济学的经由社会主义向"完全共产主义"发展、实现政治自由和经济繁荣的理论失去了根据。但是,冈田裕之认为,如果根据体制间对立的变化发展来观察 20 世纪经济学的历史,那么新古典经济学的优势与马克思主义经济学的劣势都是相对的。新古典经济学派由于局部失败而进行了反思、调整与发展,而马克思主义经济学派的部分成功(社会主义体制的建立)又造成僵化与失败。马克思主义经济学因为成功而导致的失败是:第一,生产手段的社会所有通过无产阶级专政得以实现和维持。第二,苏联中央集权式的工业化取得了阶段性成功,这对于在经济危机和失业中挣扎的战争期间的资本主义来说,显示出社会主义的优越性,但却使得全能主义的独裁和中央集权计划制度的缺陷在社会主义内部扎根。第三,受到体制间竞争的冲击,资本主义国家加强调整力度,实行完全雇用和社会保障政策,又通过技术革新实现了第二次世界大战后经济的长期增长。第四,20 世纪 70 年代以后,随着贸易、资本和技术转移的全球化发展,封闭的中央集权下的工业化失败,到了 60 年代已失去魅力,而发展中国家的追随式工业化开始成功,苏联依赖资源出口与技术进口、东欧通过资本借入的工业化都宣告失败。

　　但是,冈田裕之教授同时强调,在确认马克思主义经济学结束之后,还必须指出新古典经济学的界限,即其优势的相对性,应该对统治世界并向世界普及资本主义的矛盾进行重新分析。新古典经济学的缺陷是:第一,在于通过设定市场的一般均衡、供需主体均衡来实现资源的最佳分配。然而,自由市场从各种意义上来说都是因为不完善才具有合理性,因此,相对于社会主义的计划经济,显示了其优越性。在市场经济中,相互竞争的当事者、参加者无法得到最佳的商品结构、供给量、购买量以及其他完整信息,也无法事先知道最佳生产方法、各种要素结合方式,只好在竞技场的信息流通中进行试错,寻找近似值。市场的激烈竞争通过当事人在需求对策、供给对策、节约投入、结合要素等方面的摸索和优胜劣汰中创出供需平衡。这还只是从静态角度来观察,而处于生产力动态的发展中,市场所要求的提高产品质量、完善价格竞争、革新商品流程等都会带来重复投资、销售不畅、负载要素过剩等诸多浪费。市场经济相对的合理性在于其不完善性，而其完善性是无法保证的。第二，市场的动态性不在于市场本身，而在于其背后，在于其与市场联动并决定市场发展的生产体系和直接生产过程中的社会关系。决定市场的生产关系，按照新古典理论来说就是要素结合方式，是阶级或阶层对立的核心。由无数个最小的生产者构成的市场只是商品生产者的临时社会而已。经济学不是将市场分解成单纯的最小个体生产者的最佳行动，而是必须探明其背后的非市场关系、直接生产过程中的生产关系。新古典经济学不观察市场的不完善性，只是将其作为例外（市场失败论）处理，将直接生产过程中的社会关系、阶级阶层结构还原成"黑箱"，只是投入转化为产出而已。因此，弄清市场背后的非市场关系的历史特性就成为传统的马克思主义经济学的任务，而不是新古典经济学的工作。[21]

冈田裕之教授进一步说明，无论是力求说明世界市场的非对称性、发达国家与发展中国家生产体系的差距，还是力求说明发达国家之间的差距，或者是社会主义国家的体系变迁问题，依靠将市场合理性作为抽象问题的新古典经济学是应对不了的，必须依靠直接追问经济体制差异的经济体制理论来解决。而这种经济体制理论或许可以继承失败的马克思主义经济学的有效方面。对理论的否定会转化为新的肯定，这种"辩证法式"的相关性虽然具有讽刺意义，却在马克思主义经济学的失败中得以明示。具体来说就是苏联的生产方式在 20 世纪后半叶、特别是 70 年代以后，不能适应生产力的发展和世界相互依存的全球化，从而转化为一种桎梏而导致失败。这种体制的失败，并不是因为社会主义体制一开始就不能作为经济体系存在，而是其自身虽然具备维持和再生产的功能，但其历史使命行将终结，自然危机四伏。[22]

苏联解体后，日本比较经济体制学会对俄苏经济的研究历程进行了深刻反思，这种反思是一种组织行为，非学者的个人行为。冷战后对俄苏经济问题的研究历程真正进行过彻底反思的，只有比较经济体制学会。该学会的佐藤经明教授和冈田裕之教授都是学会的元老级人物，他们的观点具有一定的代表性，都强调学术研究虽然不能准确预测苏联社会主义经济的解体，但仍具有重要价值。而比较经济体制学会则希望在彻底总结过去的经验和教训之后，在日本重新构建非新古典经济学的经济体制理论，以此合理地阐释苏东社会主义国家的市场经济。

## 二、关于俄罗斯经济问题的研究路径

东欧剧变、苏联解体之后，日本俄苏经济研究的学者以及比较经济体制学会等研究团体进行了深刻反思之后，开始探索如何从理论和实证方面构建一种研究框架，来研究考察苏东社会主义国家开展的市场经济。下文按照历史发展脉络，对日本学者探索俄苏经济的研究路径作一阐述。

其实，早在东欧剧变之际，日本学界就对社会主义国家的市场经济予以强烈关注。比如，《立命馆经济学》杂志 1991 年 2 月发表的专辑"关于社会主义市场经济的讨论"，就探讨了各种观点和逻辑方法；《苏维埃研究所广报》也于 1990 年 10 月和 1991 年 2 月探讨了苏联市场经济的各种构想。但是，当时对苏联经济的研究，正如日本著名转型问题专家青木国彦所说：当时，如果按照马克思的观点，必须是真正的商品经济或者共产主义，以此为立足点来考虑社会主义经济的走向，选项是只能走两者折中的复合经济这一条路。但事实的发展却更加迅速，结果是社会主义折中（商品经济与共产主义原理的"社会主义折中"）方案无法实现。[23] 于是，日本一些学者又将目光投向国外学者对于市场经济问题的研究。比如，立命馆大学的芦田文夫认为，关于"经济改革"过程的"市场经济"现实与理论问题，阐述得最为清晰的是 W. 布鲁斯（W. Brus），其核心观点是，"在改革派经济学中，将资本市场导入体系之内，是从修正主义走向实用主义的重要阶梯"。而匈牙利的 Gy. 裴托兹在回答社会主义与市场经济问题时，为研究经济体系与经济改革的学者们提供了由三部分构成的图式：第一大部分是按照传统的社会主义价值以及真正的社会主义理念进行的改革实验。一方面是重视社会主义的价值，另一方面为了促进经济效率，引入市场经济、企业自主、多种所有制形态、竞争等民主主义制度的各种要素。但是这种模式的问题在于缺乏相互对立的作用力的关系和矛盾的现实主义分析。第二类存在于其他的质疑中，将"市场社会主义"与发达的福利国家（如瑞典）视为同一事物,认为社会主义是高效的市场经济发展的结果,社会主义价值的提出为期尚早。这是一种效率优先的改革实用主义。第三类是引进严格强调个人、自由、民主主义等价值,实现民主主义与自由企业的经济体系(市场经济),并为达此经济目的而追求的有效方法。如果在生产手段(资本)和工作上彻底追求效率,就走向资本主义体系。[24]当以前所谓的"同时并立理论",即"商品生产"与"市场机制"的折中理论无法成立时,受到法国贝特尔海姆的研究路径——主张在社会主义生产力、生产关系、精神状态和社会知识经济的当前阶段,市场信号不得不普及到生产手段(资本)和劳动之间——的影响,芦田文夫提出,"市场经济"与社会主义相互关系的新的理论框架应该追求的是:企业按照市场机制发挥自主性和提高效率,经济功能必须依据生产手段(资本)的价值规律和效率原理,整个社会必须从上到下通过彻底的民主主义方式来统括和规范,满足劳动者和国民的需要,实现劳动主体的进步。

当戈尔巴乔夫改革急速展开,以及其后俄罗斯在激进的改革派主导下实施从计划经济向市场经济的经济转型战略之际,日本学者又将关注的焦点集中在这些问题领域。这些问题领域中的一个问题是关于实体经济的"渐进的"转型(创造性的破坏),另一个问题是关于计划和市场"两种不均衡"视角带来的"两个方向"转型的理论框架。也就是说,从计划经济变迁为市场经济这一混沌时期的研究路径是否存在。当时,国际上已经将从计划经济变迁为市场经济这一方向性的转型课题作为研究对象,但是从世界史和全球性的角度观察,从体制内或体制间的比较经济体制、制度经济学以及政治经济学的领域观察,究竟是否有效呢? 新潟大学的犬饲钦也提出的研究路径是:两种相互对立的体制(理念·理论·制度·现实)各自存在固有的不均衡状态,如果一种体制的不均衡进入绝境,就会产生向另一种体制转型的冲动,两种体制是相互学习的。犬饲钦也从这一假设出发,提出两种不均衡的、并且是双向转型的研究框架。[25]

犬饲钦也关于两种不均衡视角导致的双向转型的研究框架,首先是借助 A.W.菲力普斯的"失业率与货币工资率上升"之间的"菲力普斯曲线"(Philipps Curve)和 J.科尔奈的观察计划经济下"不足与怠工"这一不均衡现象的"科尔奈曲线"(Kornai Curve),并在"科尔奈曲线"的基础上,将"不足轴"与"怠工轴"用"私有制不均衡观测轴"和"国有制不均衡观测轴"来表示。这两个单纯的坐标轴构成了双向不均衡分析的框架,成为转型过程的分析框架。当时,能够借助双向转型框架进行分析的案例只有德国,而对于俄罗斯接受国际货币基金组织的标准宏观经济的处方"休克疗法",则感觉是"听天由命"了。俄罗斯的转型目标选择何种类型(例如,美国型、日本型、战后复兴型、混合型等)具有决定性意义。关于比较经济体制的标识,在变迁·转型还未结束的情况下,双向分析框架在一段时间内将不可避免。并且,该框架适用于考察俄罗斯的"休克疗法"及其不彻底乃至混乱的局面。因为"休克疗法"明确意味着从某种计划的不均衡状态一举达到某种市场的不均衡状态,所以在现实中,只要考虑将"不足与怠工"替换成"通货膨胀和倒闭失业"就可以解决。[26]

　　1994 年,日本比较经济体制学会召开全国大会,在反思过去的俄苏经济研究的同时,也提出了俄罗斯经济问题的研究路径问题。当年出版的《比较经济体制学会会报》发表了藤田整的《我的比较经济体制观》、竹下公视的《制度经济学与经济体制论》、长砂实的《比较经济体制研究的当代课题》、王守海的《关于社会主义(中国)的市场经济》、田中宏的《匈牙利的体制转型与经济政策项目》、吉井昌彦的《罗马尼亚向市场转型及政策转变》、家本博一的《波兰走向宏观经济稳定的道路》等一批关于前(现存)社会主义国家经济转轨的文章,共同探讨经济体制转型的研究路径等诸多问题。其中,长砂实的《比较经济体制研究的当代课题》较具代表性,故以下对其主要观点予以阐述。

　　关西大学的长砂实教授认为,社会主义国家进行的体制转型虽然具备"民主化与市场经济"、即资本主义的共同基本特征,但决不相同。体制转型的方式存在以东德为代表的激进型和以中国为代表的稳健型的差异,其他国家则位于两者之间。对一些特定的国家,其转型方式将会呈现出不同的变化。譬如,关于"休克疗法"的彻底性,各国从一开始就出现差异,时至今日(1994 年),几乎没有人相信"休克疗法"的有效性,各国都在探索其他符合本国国情的改革路线。必须认识到,转型是一个长期的过程。今后,体制转型的方式和时间的变化还将扩展,因此深入挖掘不同国家的体制转型问题、进行比较研究依然重要。关于体制转型的目标最终是何种类型的社会经济体制,将在直接吸收当代资本主义经济的东德型和以社会主义市场经济为目标的中国型之间出现诸多差异。"设定的目标"将大致分为资本主义道路和社会主义道路两大类,前者可又分为新自由主义的资本主义与社会民主主义的资本主义类型,而后者又可分为社会主义的混合经济体制与社会主义市场经济类型。在理论上,市场经济化与资本主义经济化不是同一事物。选择哪条道路取决于各国人民,但是各国的选择极富变化。体制转型是非常艰难而长期的任务,还要负载着从原体制继承的正负两方面的巨大遗产。像"休克疗法"那样的重大政策性失误已然发生,今后也在所难免。而且,"设定的目标"本身也是不明确和变动的。不能轻易断言只有复辟资本主义这一条道路,必须对前社会主义国家进行跟踪研究。总之,苏联型的社会主义体制的解体不能避免,但是其后出现的体制转型未必是资本主义化,其他成本较低的选项也还存在,今后仍将继续出现。即使都走向资本主义,也无法避免何时又重新开始探索"新的社会主义"道路。这种选择与探索将成为前社会主义国家的人类命题,对于发达资本主义国家中希望进行民主社会主义变革的人民来说,也绝非与己无关。对于科学社会主义来说,原体制解体与体制转型提出的问题,绝不是过去时,而是现在进行时,还是将来时。[27]

1995 年,青山学院大学袴田茂树教授开始质疑:俄罗斯转型为市场经济了吗?虽然数字上显示俄罗斯的市场化在推进,比如国家登记的 24 万家企业,有 104 000 家实现了民营化,国内生产总值的一半以上来自民营部门,商业部门的民营化率达到 75.4%。但是,国内生产总值自 1991 年至 1994 年下降 47%,在此期间几乎没有生产投资。店里的商品增加了,但是本来石油天然气的出口资金应该用作投资,却被用来进口消费物资。俄罗斯出现了一批富裕阶层,但大部分国民的生活水平较苏联时代下降了三四成,贫富差距明显扩大。对俄罗斯专家的问卷调查也显示,他们对市场化予以严厉批评。针对俄罗斯经济出现的上述症状,袴田茂树教授认为,问题在于俄罗斯的经济还处于"集市经济"状态,尚未确立现代意义的市场经济。[28]"集市经济"是指欠缺契约、信用精神,使用一切手段(不正当、非法、谎言、欺骗等手段)谋取眼前利益的最大化,受此心理支配的经济关系。换言之,这是一种缺少以信用关系为基础的现代经济秩序，与市民社会尚未成熟有着密切关系。这不是说俄罗斯的实体经济系统或经济组织处于"集市经济"状态，而是俄罗斯经济行为的精神状态，与其经济行为方式有关。即使是中东、近东的"集市经济"社会，其经济行为在共同体内还以持续性和反复性为前提。[29] 袴田茂树教授强调说，"集市经济"中的"集市"应该作为一种理念来理解。俄罗斯的"集市经济"表现在经济犯罪与腐败贪污增大、黑手党统治、生产投资低下、国民工作态度恶化等方面。俄罗斯民营化的实质是官僚和企业管理者对国家资产的抢夺行为。苏联曾是国家风险率最低的国家之一，但苏联时代的企业行为是国家通过威信进行统制的政治行为，不是企业本来意义上的经济活动。苏联解体后，俄罗斯成为国家风险率最高的国家就表明了这一点。[30]

　　关于俄罗斯由"集市经济"转型为现代市场经济的条件和转型时间，袴田茂树教授阐述了自己的看法。第一，俄罗斯的集市经济是市场经济初期的状况，也是转型过渡时期的情况，不久的将来，经济逻辑的本身会产生市场经济的各种必要条件。其理由在于：(1)市场经济的逻辑、利润的逻辑基本上是世界共同的；(2)为了利益，为了保护资产，不能不重视契约、信用和规则；(3)通过紧缩财政来抑制通胀，只要社会稳定，还会进行生产投资；(4)当前的混乱小于预期，没有发生饥荒和暴乱；(5)国民基本上支持市场化，忍受着困苦；(6)私人企业迅速增加，从中诞生了企业意识和商业精神。第二，"集市经济"的现状深受俄罗斯的历史和社会诸多因素影响，需要几十年甚至几代人才能克服。其理由如下：(1)重视契约、信用的社会心理和文化不会短期内形成；(2)没有控制个人利己主义的心理、社会和文化机制；(3)俄罗斯的新法律助长了个人与组织的利己主义；(4)中东的历史表明，"集市经济"不会自动产生现代产业社会；(5)俄罗斯缺少市民社会的传统；(6)俄罗斯也欠缺中国商业社会的传统和日本秩序社会的传统。诚然，俄罗斯的新一代也有工作热情，并出现了优秀人才和国际通用的企业，所以经济逻辑的本身将产生新的经济逻辑。袴田茂树教授最后进行了大胆的预测：俄罗斯社会要部分确立市场经济体系至少需要几十年时间。沙俄时代，清教徒式的分离派教徒是工业化与产业化的中坚力量；当前，俄罗斯正以新的国家主义为基础探索新的精神原理。这种国家主义和威权主义在俄罗斯的市场化和民主化过程不可避免,但是必须学会阻止其往危险的方向发展,以现实主义的方法来应对。[31]

俄罗斯在向市场经济转轨过程中,其经济政策反复在紧缩和缓和之间徘徊。关于俄罗斯经济政策,京都大学的沟端佐登史教授指出其特征是:地方各自为政、各地区经济差距较大、银行界及企业界巨头的影响力超强、经济主体缺乏自我约束等。他进而指出,俄罗斯 1998 年 8 月的经济危机,是由于受到国际石油价格回落和东亚金融危机的影响,加之国内诸多因素导致。其国内因素主要是:1995 年以后,俄罗斯通胀告一段落,依靠非通胀财源,即短期国债来填补财政赤字,政治性的财政动作很大。国家财政收入不足,非货币决算比例增加,依靠国债弥补财政收入的效果不明显。1996 年,国债向境外居住者开放,国内商业银行的对外负债由于期货交易而大幅度增加,而国家财政支出在国内生产总值中所占比例也增加了。过高的财政赤字、政府的弱化、实体经济的不稳定、外资(短期贷款)影响力的增大,诸多因素的合力作用,终于导致了危机。[32]以此为契机,沟端佐登史教授以微观经济的视角,从俄罗斯的经济主体及其行为方式的角度,探讨俄罗斯市场转型的路径依赖问题。沟端佐登史教授认为,俄罗斯经济主体对市场转型的反应,不是基于"市场转型的失败",而是针对"政府转型的失败"和"不稳定的所有权制度",立足于社会主义时代的遗产,采取相对稳定的运转措施。

沟端佐登史教授认为,俄罗斯经济主体的特殊行为方式构成了俄罗斯经济行为的特征。政府、企业、银行及家庭经济随着市场经济的发展,形成了独立的交易关系和交涉关系,但充分表现出俄罗斯经济主体的利益与行为特征的有三点:第一,企业加强了寻租行为,其行为不仅包括经济主体的院外活动,还包括通过政治上的介入来限制竞争者参与市场,其行为伴随着贪污和钻法律漏洞。寻租行为是企业针对市场环境主动采取的调整策略,一旦采用,就会不断加以完善,形成制度。于是,政府既不是市场中"看不见的手",也无法提供有效的引导政策来促进经济增长,而是成为支持潜规则的主体,一些非正式经济、黑市经济、贪污腐败与各种潜规则都会取代政府的功能并得到强化。因此可以说,俄罗斯市场转型政策的失败,不如说是政府功能转型的失败。第二,未付款随着市场的转型而累积。未付款 1997 年约占国内生产总值的 30%、1998 年增加到 47%。未付款问题不能仅从货币供给量方面寻找原因,它也是经济主体在市场转型政策及银行信用缺乏的背景下,自发产生的生存对策。第三,与未付款问题同时存在的,还有易货贸易比重增加的问题。在市场转型之初,为应对高通胀,不使用货币结算,而使用易货贸易等非货币结算。易货贸易是企业为降低交易成本而出现的合理行为,然而,产业集团却在通胀降低、货币稳定之际仍然积极支持易货贸易。[33]上述三种企业行为方式紧密结合,产生下述问题:第一,在市场转型的背景下,企业的经济交易形式依然继承着社会主义企业的行为、网络和惯性。例如,寻租行为在戈尔巴乔夫改革时期就已出现,易货贸易也是市场转型前形成的。第二,经济交易方式是基于政府、企业、家庭(工人)等当事人的利害关系形成的,与政府的失败、所有权制度的不稳定和不透明紧密相关,进而形成一种连锁关系和恶性循环。

因此,俄罗斯市场具有既不同于其他发达国家、又不同于其他市场转型经济体的特征。俄罗斯的经济主体得到了传统的行为方式和关系网的支持,采取非货币交易和寻租等"适应市场的行为",加之缺少政府的支持与所有权保护制度,导致了俄罗斯经济动荡,减少了对实体经济的投资,加重了从"转型不景气"中脱身的困难,实体经济的行为与劳动生产持续恶化。这样,俄罗斯在市场转型中,企业重组被推迟了,企业的自我约束降低了,但其特殊的"适应市场的行为"却得到了经济主体与不透明的市场环境的支持,工人们对企业的行为也表示默许。即使失业有所增加,但工人们的不满只是部分的或是潜在的。因此,在俄罗斯的市场转型过程中,尽管俄罗斯的经济政策具有政治方面的不稳定因素(总统、政府、议会、政党之间存在严重的对立,政治不稳定导致经济危机),但其经济主体却存在某种程度的稳定。不过,其稳定中暗含四种风险:(1)通货膨胀的风险;(2)丧失西方国家支援的风险;(3)商业失败的风险;(4)经济主体安全丧失的风险。由此,沟端佐登史教授指出,与其对俄罗斯市场转型政策是否失败进行质疑,不如从经济主体是如何应对市场转型政策这个角度来评价俄罗斯的市场化更为有效。[34]

2009 年,西南学院大学的上垣彰教授提出,使用比较法来分析经济转型问题更为有效。上垣彰教授比较分析法的研究路径是:(1)首先要认识到"市场逻辑"(商品、货币和资本的逻辑)具有强大的浸透力,如果出现"妨碍因素",就会从中出现无法预料的诸多表象,应该对此予以关注、进行比较。(2)"妨碍因素"包括政治、劳动与资源的分配、国际经济关系、国际政治军事体系等因素。(3)上述"妨碍因素"中,政治活力的因素非常有趣,在转型之初,政治活力的些许不同会导致结果的巨大差异。其理论源于杰勒德·罗兰(Gerard Roland),需要从理论和实证方面对民营化、自由化和产业结构转换等进行比较研究,这是一种短期理论。(4)需要另辟蹊径挖掘"历史要素",这比政治活力因素更为深刻。要以更广阔的视野,譬如将"东欧"这一历史领域作为一个整体来进行"比较发展"的理论分析。(5)这种广阔视野中的"比较发展"必须通过具体的地区分类进行补充,明确"比较发展"的真相。根据上述思路,上垣彰教授尝试着以俄罗斯为例,开辟出一条新的研究路径。[35]

关于如何评价俄罗斯的经济转型问题,日本国际问题研究所在 2004 年发表的第 36 期《俄罗斯研究》中,以"俄罗斯与东欧经济:市场经济转型的到达点"为主题,刊载了 9 篇文章。其中,田畑伸一郎和盐原俊彦撰写的《俄罗斯:依赖石油、天然气的粗野的资本主义》一文,将俄罗斯经济定义为"粗野的资本主义"。所谓"粗野的资本主义"就是资本所有者产生后,通过资本的移动来分配资源,进行资本主义生产关系的再生产,推进货币经济化;但同时导致俄罗斯的贸易、财政和经济增长非常依赖石油和天然气,从而导致腐败和经济次危机的蔓延。上垣彰教授同意用"粗野"来解释俄罗斯的经济问题,但是他认为俄罗斯经济的"粗野",是由于俄罗斯特殊因素阻碍了"市场逻辑"的贯彻而产生的。其特殊因素首先就是对石油和天然气等资源的严重依赖。在资源依存型经济中,企业家不是努力改善自身的合理经营,而是与政治家结成特殊关系,千方百计地搞到采掘权,这才是生财之道,租金争夺的政治斗争也是必然的。同时,也不能否认是政治状况造成了如今的经济形态,诸如叶利钦权力不稳而与地方势力妥协,企业无法消除工人的意识形态而实施的内部凭证民营化,其间又转为担保民营化,由于民族主义声音的高涨而不能向外国资本开放国内企业等等诸多因素的复合作用造成了俄罗斯经济的目前状态。在俄罗斯,是何种政治活力发生作用、采用的是大众民营化还是内部民营化、一些利益攸关方对企业资产的篡夺是否产生寡头、是否会发生国家再次征收部分企业的风险等问题,上垣彰教授强调还是要通过比较分析来研究清楚。同时他还认为,企业家的比较研究符合他的比较研究的框架,是今后值得期待的研究领域。[36]

上垣彰教授提出,可以利用他的分析框架将俄罗斯置于长期的展望中进行比较分析。通过与东欧及西欧的比较来确定俄罗斯的历史坐标,通过与东中欧、南东欧的比较来明确俄罗斯处于"发展中"的实际情况。譬如,可将乌克兰与俄罗斯进行比较研究。乌克兰与俄罗斯的相似程度、乌克兰是否为欧洲文明的一员、没有资源的乌克兰为何与俄罗斯同样出现了寡头,通过弄清上述问题来划定俄罗斯的历史边界,这种工作极为有趣,有助于勾画出俄罗斯经济体制的本质。还有,考虑到俄罗斯历史的特点,对当前转型经济的类型进行比较分析也并非不可能。例如,对所有权法、合同法的比较研究。从新经济政策末期到斯大林体制确立时期,在苏联常常是中央委员会的通告和"书信"要高于法律。这种法律系统的偏差既是苏共造成的,又有其深刻的历史根源。即使在勃列日涅夫时代,大家都知道在国家机构之外存在真正的权力,那就是苏共组织和秘密警察。苏联解体意味着这种"真正权力"的消灭和权力真空状态的出现。而俄罗斯却在这种状况下实行了民营化。民营化本来是基于现代法律体系来确定所有权。但是,在有关所有权和合同的法律基础都不完备的情况下,民营化却独自前行,这是俄罗斯市场经济转型最初几年的真实状况。[37]上垣彰教授提出,可将俄罗斯与东欧的民营化进行比较研究,在所有权法及合同法的关联中对其再次评价。重要的不是比较民营化法律的内容,而是强制法律的体系是否存在、民众有无法律意识而不是高层权力的意识等内容。

早在东欧剧变之际,日本学界就开始强烈关注社会主义国家的市场经济,并探讨了当时苏联市场经济的各种构想。比如,日本著名转型问题专家青木国彦提出走商品经济和共产主义折中的复合经济道路。当社会主义折中方案无法实现时,日本一些学者又将目光投向国外学者对于市场经济问题的研究。比如,芦田文夫对 W.布鲁斯的"经济改革"过程的"市场经济"现实与理论问题的研究。当戈尔巴乔夫改革急速展开，以及其后俄罗斯在激进的改革派主导下实施从计划经济转型为市场经济的经济转型战略之际，日本学者又将关注的焦点集中在一些问题领域，譬如从计划经济变迁为市场经济这一混沌时期的研究路径是否存在等问题。对此，犬饲钦也提出两种不均衡的并且是双向转型的研究框架，认为两种相互对立的体制各自存在固有的不均衡状态，如果一种体制的不均衡进入绝境，就会产生向另一种体制转型的冲动，双重体制是相互学习的。[38] 日本比较经济体制学会则召开全国大会，在反思过去的俄苏经济研究的同时，也提出了俄罗斯经济问题的研究路径问题。因此，深入挖掘不同国家的体制转型问题进行比较研究依然重要。[39] 袴田茂树则认为，经过几年的改革，俄罗斯的经济还处于"集市经济"状态，尚未确立现代意义的市场经济。[40]

针对俄罗斯在向市场经济转轨过程中，其经济政策反复在紧缩和缓和之间徘徊的状况，沟端佐登史认为，俄罗斯经济主体对市场转型的反应措施不是基于"市场转型的失败"，而是针对"政府转型的失败"和"不稳定的所有权制度"、立足于社会主义时代的遗产来采取寻租行为等相对稳定的运转措施。[41] 上垣彰同样提出使用比较法来分析经济转型问题更为有效。上垣彰同意田畑伸一郎和盐原俊彦提出的将俄罗斯经济定义为"粗野的资本主义"，认为俄罗斯经济的"粗野"是由于俄罗斯的特殊因素阻碍了"市场逻辑"的贯彻而产生的，其特殊因素主要是对石油和天然气等资源的严重依赖。[42] 上垣彰进而提出，通过与东欧及西欧的比较来确定俄罗斯的历史坐标，通过与东中欧、南东欧的比较来明确俄罗斯处于"发展中"的实际情况，并希望今后能从历史学、政治学、社会学或者是民族学和人类学中汲取营养，开辟更为广阔、更为丰富的比较研究领域。[43]

## 第三节　冷战后日本的俄罗斯经济研究的个案分析

《第一财经日报》于 2010 年 12 月 24 日发表了华东师范大学俄罗斯研究中心主任冯绍雷教授的文章《俄罗斯：重新现代化》。该文指出：俄罗斯在经济上过度依赖资源出口型的经济难以在短期内消失，但经历了国际金融危机的沉重打击之后，俄罗斯经济正从"资源依赖"向"多样化结构"艰难调整。受到该文的启发，本节个案分析拟从石油天然气与俄罗斯经济、梅德韦杰夫的现代化政策这两个角度，进一步阐述日本学界对俄罗斯经济转轨研究的关注点和研究特色，了解日本学界的最新研究动向。

## 一、石油天然气与俄罗斯经济

俄罗斯石油的生产量、储藏量和出口量居世界第二，天然气居世界第一。进入 21 世纪以来，俄罗斯经济的兴盛得益于 2003 年以来世界原油和天然气价格的暴涨。苏联经济也曾一度受益于 20 世纪 70 年代原油价格的暴涨，而 20 世纪 80 年代后期苏联经济陷入功能障碍，以及俄罗斯经济在市场经济转轨之初深陷危机的一个原因就是原油价格回落。不过，国际市场石油价格暴涨以看得见的形式对俄罗斯经济产生影响，这还是第一次。日本学者对石油天然气与俄罗斯经济问题较为关注，譬如村上隆的《俄罗斯的石油与天然气产业的私有化过程》(《比较经济体制学会会报》1997 年第 34 期)、中津孝司的《俄罗斯石油公司的结构改革》(《俄罗斯·东欧学会年报》1999 年第 28 期)、小森吾一的《石油与天然气产业结构变化》(《比较经济体制学会会报》2003 年第 40 期)、金野雄五的《俄罗斯石油与天然气出口制度与加入 WTO 问题》(《比较经济研究》2006 年第 43 期)、酒井明司的《俄罗斯的原油天然气出口政策》(《俄罗斯·东欧学会年报》2007 年第 36 期)、大野成树的《俄罗斯的石油天然气企业和银行》(《斯拉夫研究》2007 年第 54 期)等文章，从不同角度阐述了俄罗斯的石油天然气问题。不过，本节将根据斯拉夫中心的田畑伸一郎教授主编的《石油天然气与俄罗斯经济》(北海道大学出版会 2008 年版)一书，对石油天然气与俄罗斯的经济问题进行重点阐述。之所以选择该书，主要基于：第一，该书是斯拉夫研究中心召开的"石油天然气与 CIS 经济"研讨会的最新研究成果；第二，该书不仅阐述了俄罗斯的石油·天然气产业是如何运营的，而且分析了石油天然气价格的暴涨对俄罗斯宏观经济以及对外关系的影响，全面综合阐述了俄罗斯经济的特点；第三，该书的撰写人员几乎都是俄罗斯经济问题研究的权威学者。

《石油天然气与俄罗斯经济》一书共由三部分十一章构成,第一部分是"俄罗斯的石油天然气产业"(第1—3章),第二部分是"石油天然气对俄罗斯经济的影响"(第4—8章),第三部分是"石油天然气与俄罗斯的对外经济关系"(第9—11章)。下面分别对各章主要内容进行评述,由于第三部分主要涉及俄罗斯的对外关系,在此暂不介绍,留待本书第七章予以提及。

该书第一章是有关"生产和流通"问题。本村真澄阐述了俄罗斯石油天然气的生产现状、俄罗斯与通过石油管道连接的独联体各国以及中国。文章指出,俄罗斯石油天然气的生产状况,在20世纪80年代达到高峰,20世纪90年代以后减产,但2000年以后又开始增产,今后的趋向是逐渐增加。关于石油管道问题,第一章不仅阐述了从俄罗斯国内和中亚各国输往欧洲的管线,也阐述了输往中国管道的现状与未来。文章评价了东西伯利亚-太平洋输油管道的动向,称是对日本能源安全作出重大贡献的基础建设。此外,第一章还阐述了石油·天然气产业在俄罗斯整个经济中的地位、国内消费和价格问题的动向、民营化的动向等。可以说,第一章较为全面地把握了俄罗斯石油天然气产业的全貌。

该书第二章是有关"石油企业"问题。小森吾一将俄罗斯石油企业的再次重组划分为四个时期,即私有化和垂直统合石油企业的成立期、私有化进程的继续期、大型石油企业间的再次重组与集约化进展时期,以及再次重组和重新国有化的意识增强时期,并介绍了主要石油公司的经营战略。俄罗斯卢克石油公司与国外七个国家开展了原油上游项目合作等国际合作,而俄罗斯石油公司也通过"尤科斯事件"不断扩大项目规模。然而,与欧美同行相比,俄罗斯的项目主要依靠原油,天然气项目较少而且规模较小。

该书第三章是有关"天然气项目"问题。盐原俊彦认为,俄罗斯天然气项目的特征是从开采到运输和销售几乎都由国家垄断。在股东构成方面,政府占有一半以上的股份。天然气的国内价格由国家规定,而在围绕加入世界贸易组织的问题上,俄罗斯在与欧盟协商的过程中达成意向,将分阶段提高价格,对独联体国家的出口价格也将提高,通过相对略高的价格对欧洲出口获得盈余,这种战略也在不断调整。第三章最后指出,天然气项目存在如何与国家分配租金,以及对国营企业如何管理等问题。

该书第四章是关于"经济对石油天然气的依赖"问题。田畑伸一郎明确指出,石油天然气对俄罗斯经济近年来的增长具有相当的影响。第一,按照正式统计,石油天然气部门占国内生产总值份额只有7%,这是因为生产价格低的缘故,但如果加上商业和流通领域统计的石油天然气的附加值,其所占份额则高达约20%。石油天然气部门对国内生产总值增长的实际贡献率,2003年高达23.6%。此外,石油天然气对国家财政收入的增加也起到巨大作用,2005年国家财政收入的30.1%是依靠石油天然气的收入增加而获得的。而且,俄罗斯还将世界原油价格暴涨的利润计入国家预算,设立了稳定基金,该基金对偿还外债、控制通胀作出了贡献。第四章运用扎实的数据分析,阐述了俄罗斯经济增长对于石油和天然气的依赖。

该书第五章是关于"石油天然气产业的利润和资本"问题。久保庭真彰首先根据国民经济计算(SNA)统计,得出结论:首先,俄罗斯的劳动分配率在国际上较低,资本分配率较高,然而投资率却很低,只有18%左右。其次,他运用产业相关报表来推算俄罗斯石油天然气产业的利润和资本,结果发现与石油天然气有关的附加值多数都藏身于商业领域,2003年俄罗斯石油天然气的附加值为国内生产总值的19.8%。最后,久保庭真彰对石油天然气产业的增长进行了会计分析。第五章的分析非常有趣,但是话题有些跳跃。

该书第六章是关于"石油热对经济的影响"问题。中村靖针对俄罗斯经济是否患上"荷兰病"[44]和"资源魔咒"的问题,运用国民经济计算矩阵(NAM)对由于石油天然气产业的增长而引起需求增加的效果大小和类型进行了分析。其分析结果是,俄罗斯石油天然气产业的需求增加效果相对于贸易产业程度要更深一些。石油天然气产业的扩大增加了国际贸易需求,对国家贸易产业的增长也作出了贡献。关于需求扩大的类型,相比贸易产业而言,石油天然气产业的扩大对非贸易产业而言创造了更多的需求。他的结论是,没有特别充分的理由来阻止俄罗斯石油天然气产业的扩大。本章是利用国民经济计算矩阵来分析在生产、所得、支出等经济的各个环节中，石油天然气产业增长的影响，是较有创意的分析。

该书第七章是关于"俄罗斯的资本出逃"问题。上垣彰通过精确分析国际收支报表，探讨了俄罗斯资本出逃的严重程度及其行为原理。他认为，俄罗斯持续的资本出逃是由国内流通外币现金的净增、未收缴的出口货款、误差遗漏等三个渠道引起的。从国内流出的出逃资本，其总量相当于贸易赤字与合法流入资本的总和。资本出逃与风险投资的动向并不相关，不能说资本出逃是合理的经济活动引发的。2003年以后，俄罗斯居民增加了合法的对外直接投资，同时，各种半合法、非法的资本加大了向俄罗斯的流入等。这些迹象表明，持续的资本出逃已经形成完整的体系。第七章如果能进一步说明石油天然气的出口收入与资本的持续出逃具有何种关联将更有说服力。

该书第八章是关于"石油天然气企业与银行"的问题。大野成树的研究目的就是要弄清俄罗斯的银行与石油天然气企业的资金筹措、存款与借贷等相互的关系。作为整体特征，石油天然气企业的资金筹措对象是外国银行和国际金融市场，俄罗斯的银行只起到货币结算的作用。按照类型来说，与国有企业（天然气工业股份公司、俄罗斯石油公司）以及政府保有率较低的地方企业关系密切的银行，对石油天然气部门的依存度较高。然而，与政府·银行保有率较低的跨国企业（卢克石油）有密切关系的银行，它们从石油企业筹措的资金较少，财阀系统的银行虽然取得了石油企业的经营权，然而却在金融危机中破产。第八章的分析是按照每个企业进行阐述的，导出的结论有些牵强。此外，俄罗斯的银行规模较小，石油天然气企业的资金筹措虽然主要依赖外国银行和国际金融市场，但也应该对其股市融资渠道进行一定的分析。

总之，《石油·天然气与俄罗斯经济》一书综合分析了石油与天然气对俄罗斯经济的影响，是该研究领域的一部优秀著作。学者们不仅观察了俄罗斯公布的正式统计数据，还回归其产生原理，重新计算石油天然气产业的附加值和持续的资本外逃数额，并运用国民经济计算矩阵来计算石油天然气产业的地位等，称得上是具有开创性的研究成果。

## 二、梅德韦杰夫政府的现代化政策

提起现代化,原来的意思是从近代社会向现代社会发展,容易使人联想起产业革命时期的欧洲、明治维新时期的日本等向工业化和国民国家迈进的国家。回顾俄罗斯的历史,18世纪初期彼得大帝的欧化政策和斯大林时代的工业化可以说是一种现代化进程。而"现代化"这个词语为何在21世纪的俄罗斯又出现了呢? 其发端于2009年9月梅德韦杰夫总统发表的文章《前进,俄罗斯!》以及2009年11月他在联邦议会上的年度咨文演说。当时,梅德韦杰夫指出俄罗斯的问题在于:第一,依赖资源出口的原始经济结构;第二,慢性贪污的蔓延;第三,俄罗斯社会中存在家长意识,即国民不是自己解决问题,而是表现出依赖国家和外国等他者的态度。梅德韦杰夫总统坚定地表示:为克服上述问题,俄罗斯需要再次进行"现代化",其能否成功关系到俄罗斯在世界中的生存。[45]这一问题意识是俄罗斯经历了2008年金融危机之后产生的。进入21世纪,俄罗斯借助世界原油价格暴涨实现了经济的高速增长,但2008年金融危机暴露出俄罗斯依赖资源的经济结构在应对世界市场变化中的脆弱性。俄罗斯政府重新意识到,为了实现俄罗斯经济长期稳定的发展,现代化和产业结构的多样化必不可少。

俄罗斯对资源的依赖问题不是今天才出现的,不过,梅德韦杰夫总统的现代化政策的内容是以经济为中心,涉及教育改革、强化民主主义制度、消灭贪污、更新军备、制定新的外交政策等,关系到社会方方面面的内容。经济是重点,其优先发展的领域是:(1)医疗技术、设备和制药产业;(2)改善能源效率;(3)原子能;(4)航天技术与通信技术;(5)战略IT技术。这五个领域都是当前世界前沿的技术革新领域,俄罗斯谋求在这些领域赶上世界水平。譬如在药品领域,当前的状况是进口药品席卷俄罗斯国内市场,需要提高国产药品的市场份额;在提高能源利用效率领域,针对以前电力和天然气的无限制使用,将在各家庭安装计量器,使用节能灯替代白炽灯,有效利用石油采掘中的天然气;在原子能领域,开发下一代反应堆,并积极向海外市场进军;在航天技术和通信领域,普及宽带网和数字电视、研发第4代手机,引入卫星传输信息的交通运输公害监视系统;在战略IT技术领域,开发超级计算机以及安装超级计算机的飞机和宇宙飞船,采用电子政务等。

对于上述政策,日本国际问题研究所的横川和穗研究员认为,梅德韦杰夫总统在"现代化"这一词汇上有些新意,但在向革新型经济转型方面,实际上是继承了前总统普京的课题。只是在国家对经济的管理方面,其方针是继续缩小,表示出要重新考虑普京时期设立的"国家股份公司",对国家负担没有现代化前景的企业与资产持否定态度。此外,与外国的关系也需要重新定义,着重追求现代化给俄罗斯带来的国家利益。也就是说,俄罗斯新的外交方针极为重视实用主义,将重点置于积极从外国引进有利于实现现代化的资金和技术方面。欧洲、美国、日本等国将被作为追求经济合作的主要伙伴。[46]

俄罗斯的现代化有实现的可能吗?对此,横川和穗研究员指出,俄罗斯擅长制定计划,但是其执行能力令人怀疑。现代化的发展途径可以举出很多,譬如缩小国有产业的规模进行重组、创造世界水平的研发环境、缩短投资项目的行政许可期限,以及为促进革新而进行法律制度的改革、实施优惠税率等。值得一提的是,为了促进研究和开发,俄罗斯政府正在推进项目开发,在莫斯科郊外设立俄国版的硅谷,汇集国内外 3 万—4 万优秀人才,开发新科技来参与全球市场竞争,还通过减免税收等措施,积极引进外资。为了对梅德韦杰夫政权表示支持,欧美等国的企业已开始进驻。[47]

不过,对外资的巨大期待也从反面证明了俄罗斯国内缺少具有现代化意识的主体。俄罗斯的石油天然气等资源产业占据绝对性的地位,近三成的国内生产总值、近五成的财政收入、约 65% 的出口都是依赖石油天然气产业,可以用"资源魔咒"来形容。对于俄罗斯来说,最强大的资源存在反而成为其现代化的妨碍因素。首先,是所谓的"荷兰病"问题,即资源国通过增加出口资源提高了汇率,结果国内其他部门却丧失了竞争力。俄罗斯也受此影响,在中端及高端产品出口方面尚不及巴西和中国等其他新兴市场国家。其次,不仅是从资源产业中受益的精英层,就连国民也对经济危机前那种依靠资源价格暴涨而实现的经济增长抱有很大期待。与俄罗斯总统的满腔热情相反,俄罗斯的现代化缺少社会的支持。[48]资源价格回落时会有一时的强烈危机感,但是当价格一恢复,国民和精英们对维持现状的倾向要远远大于伴随着痛苦的改革。为了实现现代化,俄罗斯需要产业结构多样化,将资源产业获得的财富转移至其他部门。但是,资源部门获得的超额利润,或者转移到国外或者进行收购来获取短期利益,或者是政府用来建立防止原油价格回落的准备金,并没有投向设备和制造业方面。

横川和穗研究员最后指出,俄罗斯历史上的改革都是自上而下进行的,梅德韦杰夫的现代化政策也必须如此,否则无论声势多么浩大,如果没有企业和整个社会的响应和促成的话,其效果最终是有限的。通过招揽外国企业而实现的技术转移,其成功的关键也在于俄罗斯的员工和企业有无能力将学到的技术应用到生产和项目之中。考虑到上述因素,现代化是一个很高的跨栏,关键在于俄罗斯能否改变自己。至少,俄罗斯在中短期内是无法达成现代化的。对俄罗斯现代化的前景进行预测,在关注俄罗斯政府政策方针的同时,重要的是将视线移至企业与工人的行为、俄罗斯社会各种制度的运作等方面。[49]

苏联解体之后,俄罗斯经济始终没有摆脱对于丰厚资源的严重依赖,没有摆脱对于外部市场和国际资本的依附。学界普遍认为,俄罗斯的能源依赖型经济还将持续至少 8—10 年或者更长一段时间。对此,日本学者以及国外学者的普遍看法是:俄罗斯需要下大力气改革能源依赖型的经济模式。在此背景下,梅德韦杰夫亲自推动建立"斯考尔科瓦"高新科技园区计划,希望以高新技术带动经济产业结构的调整。然而,俄罗斯经济发展模式转型的前提是进行大量的投资,从依赖能源、资源部门转向发展加工工业,至少需要投入相当于国内生产总值 25％ 的内部积累基金。因此,在可预见的时期内,俄罗斯难以迅速实现经济结构的调整。[50]

## 第四节　日本对俄罗斯远东地区的经济研究[51]

在 20 世纪 90 年代,日本对俄罗斯的社会转型寄予了较多关注,准确地指出俄罗斯内政外交存在的问题,像是在为俄罗斯体制转型把脉,并为其开出疗病药方。进入 21 世纪,日本对于普京的执政更是表现出一种赞许的态度。日本似乎对俄罗斯寄予某种期待,或许想趁着俄罗斯在社会体制转型、经济一度陷入困境之际,利用其迫切期望得到经济和技术援助的心理,顺利解决横亘在两国之间的北方四岛领土归属的难题。自 2006 年起,日本《外交蓝皮书》第一次将"北方领土问题与和平条约谈判"列入"日俄关系"的首要问题进行阐述:"关于日俄间最大悬案的北方领土问题,在迎来战后 60 年的今天,两国的立场存在隔阂。日本政府坚持一贯方针,即解决日本固有领土北方四岛的归属问题之后,再缔结和平条约,以此实现日俄关系的完全正常化;日本将继续与俄方进行不屈不挠的谈判。"[52]其后,俄罗斯总统的登岛视察愈发加剧了两国间这一结构性障碍。然而,正如中日关系一度处于"政冷经热"的状态,目前的日俄关系也可以用"政冷经热"来形容,尤其是日本向俄罗斯远东地区出口二手车堪称一个典型案例。

日俄两国虽然存在领土争端,然而日本与俄罗斯远东地区的二手车贸易并没有因此受到影响,反而在 21 世纪的最初几年犹如迸发的火焰直冲云霄。2008 年,日本更是创造了对俄出口 56.3 万辆二手车的年度最高纪录。其后,由于全球金融危机以及俄罗斯采取提高进口二手车关税的措施,日本对俄出口的二手车数量骤减,导致 2009 年当年的交易量只有 5.3 万辆,不足 2008 年交易量的 1/10。近年来,日本每年向俄罗斯出口二手车的数量均在 10 万辆以上。虽说昔日的辉煌早已成为不可复制的美好回忆,但是目前的状态亦可谓是回归到了一个可持续发展的理性阶段。

当前,为了实现国内汽车产业的现代化,俄罗斯也采用了当初日本汽车产业发展的路径,积极引进外资以及美欧日等先进的汽车技术,并采取政府补贴、贸易保护、提高关税等手段来限制日本等国的二手车进口,发展本国的汽车产业。然而,俄罗斯能否顺利完成经济上的"结构改革",实现包括汽车产业在内的现代化目标,是一个值得长期关注的课题。

本节内容主要由以下部分构成:第一部分是对日本二手车的海外出口所作的综述研究,包括日本最初向苏(俄)出口二手车的基本情况。第二部分阐述日本对俄出口二手车的市场变迁以及对俄出口骤减的背景因素。第三部分重点分析日本二手车对俄出口的市场前景,包括日本二手车的俄罗斯远东和西伯利亚市场、俄罗斯汽车产业现代化以及日本二手车对俄出口的最新形态和动向。第四部分从日俄两国现代化的相似经历来预测俄罗斯汽车产业的现代化前景及其对于日本二手车出口的影响。

## 一、日本二手车的海外出口

### (一)日本二手车出口简史

日本是汽车生产大国,新车生产数量一度占据世界新车产量的三成,而且日本汽车的性能、质量和节能环保已得到世界公认,几乎所有国家和地区都在大量使用日本品牌的汽车。同时,日本二手车在国际市场上也颇受欢迎,主要原因是其良好的性能为世人认可。譬如,同一品牌的日本汽车,比起海外工厂生产的汽车,人们更认可在日本国内经日本工人之手组装起来的汽车。而且,日本人使用汽车较为爱护,与欧美国家的二手车相比,日本二手车受损较少,品质更优。[53]此外,日本二手车价格便宜,车内配置更为丰富,状态良好,车龄不长。比如乘用车的使用年限,日本是 9.96 年(2000 年),[54]美国是 14.5 年(1997 年),瑞典约 17 年。因此,日本二手车更受海外市场的欢迎,出口到全世界160 多个国家。

表 5.2 日本汽车评定协会出口二手车检查数量变迁(1975—1994 年)

| 年 度 | 检查数量(辆) | 年 度 | 检查数量(辆) |
|---|---|---|---|
| 1975 年 | 14 605 | 1985 年 | 42 227 |
| 1976 年 | 14 802 | 1986 年 | 29 699 |
| 1977 年 | 24 596 | 1987 年 | 36 260 |
| 1978 年 | 50 264 | 1988 年 | 77 984 |
| 1979 年 | 39 243 | 1989 年 | 135 550 |
| 1980 年 | 58 666 | 1990 年 | 167 980 |
| 1981 年 | 42 966 | 1991 年 | 163 293 |
| 1982 年 | 47 752 | 1992 年 | 180 362 |
| 1983 年 | 48 304 | 1993 年 | 166 960 |
| 1984 年 | 58 789 | 1994 年 | 187 496 |

资料来源:作者根据财团法人日本汽车评定协会(http://www.jaai.or.jp/)的统计数据自制。

然而在日本,直到 1995 年 5 月之前,凡是价值超过 5 万日元的二手车,都会成为出口贸易管理规定的指定商品,只有根据有关规定,接受日本汽车评定协会的检查,并获得该协会认可的二手车出口检查标准合格证之后,才能得到通产省的出口许可。观察该协会的二手车检查数量(参照表5.2)可以看出,自1975—1987年,日本二手车的出口最多不到6万辆,而在1988年之后剧增,到1990—1994年,每年有16万—19万辆的二手车接受出口检查。其中,1988年以后出口倍增的原因是其对新西兰的出口迅速增长。新西兰与日本一样,汽车都是左侧通行(右方向盘)。1988年,新西兰进口关税降低,日本出口新西兰的二手车也随之剧增。此外,当时正值日本步入泡沫经济的繁荣时期,仅1990年新车的销售数量就有近1 350万辆,以旧换新淘汰下来的二手车数量也自然大为增加。

1995年5月之后,日本放松了出口管制,多数二手车不再需要出口认可,也就没有必要接受日本汽车评定协会的检查,结果导致在该协会检查的二手车数量骤减。必须接受检查的二手车,是超过5万日元的车辆,而5万日元以下的、出国人员携带的以及船舶和飞机乘务人员的私用车辆,都不包括在检查对象之内。同时,5万日元以下的二手车,有不少被当成零部件出口。据说还有利用货船走私出口二手车的现象,其数量大约为15万—20万辆。

表5.3　1995—2011年度日本二手车出口数量统计

| 年　度 | 出口数量(千辆) | 年　度 | 出口数量(千辆) |
|---|---|---|---|
| 1995年 | 223 | 2004年 | 835 |
| 1996年 | 359 | 2005年 | 940 |
| 1997年 | 438 | 2006年 | 1 137 |
| 1998年 | 474 | 2007年 | 1 229 |
| 1999年 | 597 | 2008年 | 1 347 |
| 2000年 | 700 | 2009年 | 676 |
| 2001年 | 545 | 2010年 | 838 |
| 2002年 | 604 | 2011年 | 856 |
| 2003年 | 713 | 2012年 | 129 |

资料来源:作者根据日本二手车海外市场研究会、财团法人日本汽车评定协会(http://www.exguide.jp/)的统计制作。注:2012年的数据为1月和2月的统计数据。

自1995年起(参照表5.3),通过正规手续向海外出口的二手车数

量每年递增 10 万辆,到 2000 年已经达到年出口约 70 万辆,接近日本
当年报废车辆的 14%。也就是说,日本当时每 7.3 辆报废车中就有一
辆用于出口。2006—2008 年,由于向俄罗斯远东地区出口的二手车数
量激增,使得日本二手车出口数量突破百万大关,2008 年更是创下了
近 135 万辆的历史纪录。2009 年,由于多种消极因素的作用,出现了
近 50%的大幅回落,当年出口约 68 万辆(参见图 5.3),之后几年逐渐
有所恢复。

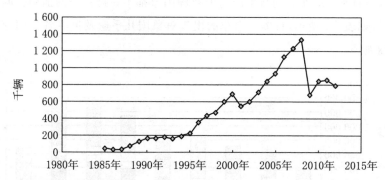

资料来源:作者根据日本二手车海外市场研究会、财团法人日本汽车评定
协会(http://www.exguide.jp/)的统计制作。

**图 5.3 日本二手车出口数量变迁(1985—2012 年)**

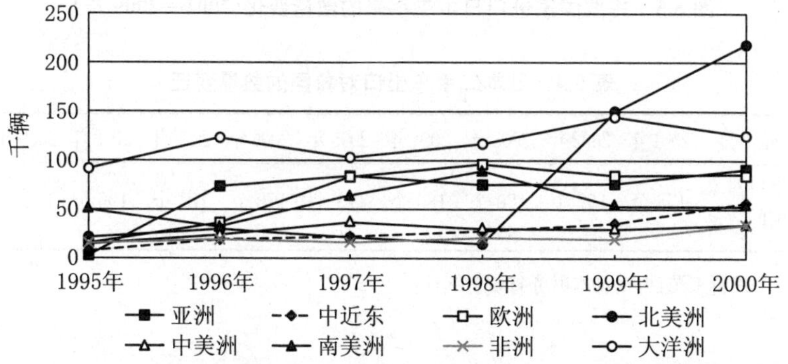

资料来源:中古車輸出海外マーケット研究会,http://www.exguide.jp/。

**图 5.4 从地区看日本二手车出口的数量变迁(1995—2000 年)**

图 5.4 显示的是 2000 年之前日本向世界各地出口二手车的数量
变化。出现巨幅增长势头的是北美洲地区,日本向该地区的二手车

出口量从 1998 年以前的 1.5 万—2.9 万辆增加到 1999 年的大约 15 万辆,到了 2000 年,更是跃升为 22 万辆。出口数量较多的是大洋洲地区,一直保持在 10 万—15 万辆之间。而对近邻亚洲地区的出口为 7 万—9 万辆,向欧洲出口约为 10 万辆。进入 21 世纪以后,日本二手车出口的数量和对象均发生了显著变化。如图 5.5 所示,俄罗斯、新西兰和阿联酋成为日本二手车出口的重要对象国,三国的交易量占到全部数量的 50％左右。其他国家如智利、南非和肯尼亚等,也大量进口日本二手车。而日本周边的亚洲国家都不在排行榜的前列。同时,如表 5.4 所示,日本二手车的出口对象国几乎遍及世界各个国家和地区。

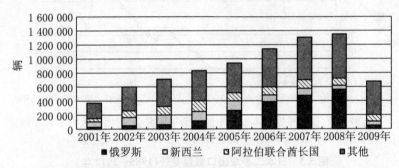

资料来源:根据日本财务省贸易统计。

**图 5.5　主要国家进口日本二手车的数量变化(2001—2009 年)**

**表 5.4　日本二手车出口对象国的数量变迁**

| 年　度 | 2001 年 | 2002 年 | 2003 年 | 2004 年 | 2005 年 | 2006 年 | 2007 年 | 2008 年 | 2009 年 |
|---|---|---|---|---|---|---|---|---|---|
| 出口对象国的数量 | 158 个 | 167 个 | 180 个 | 180 个 | 173 个 | 178 个 | 181 个 | 196 个 | 182 个 |

资料来源:根据日本财务省贸易统计。

### (二) 日本二手车对苏(俄)出口之初

进入 20 世纪 80 年代,日产二手车的出口势头迅猛,遍及世界各地。但是,80 年代中期签署的《广场协议》导致日元升值,使得日本二手车在海外失去价格优势,陷入了停滞状态。如表 5.2 所示,1985 年的出口量为 42 227 辆,《广场协议》签署后的 1986 年,骤减为 29 699 辆,

1987 年只有 36 260 辆,都未恢复到以前的水平。但是,1988 年以后出现了两大新变化:其一,对新西兰的出口量剧增,而在 1980 年以前都没有向新西兰的出口记录,1986 年仅有 415 辆,1987 年也不过 1 168 辆,然而到了 1988 年剧增为 27 988 辆,1989 年为 63 828 辆,1990 年为 78 157 辆。其后,新西兰一直在进口日本二手车的排行榜上保持着第 2—4 名的位置。其二,随着戈尔巴乔夫在苏联推行改革,日本二手车对苏联的出口开始增加。在 1988 年以前,几乎没有对苏出口的车检记录,但是到了 1989 年,突然冒出 1 302 辆,1990 年达到 11 477 辆,1991 年为 20 936 辆,其后的出口数量一路攀升。自 2005 年起,俄罗斯跃升为日本二手车的第一大进口国,除了 2009 年跌至第 4 位,其他年份一直雄踞日本二手车出口对象国排行榜的榜首。

自从日本开展二手车对苏(俄)出口贸易之后,除了前面介绍的通过出口车检之后开展的正常出口业务以外,还有一个不能忽视的方面,就是作为携带行李的二手车出口,即"携带出口"。所谓"携带出口",就是苏(俄)船员等外籍人员将二手车作为携带行李带回本国时,按照规定只要向海关提交车辆注销登记证明和发票,5 万日元以下的二手车就可以免检出关。向苏联出口的日本二手车中,这种"携带出口"占有非常大的比例。关于这一点,可以通过当时日本的新闻报道来做一下了解。[55]

1988 年 9 月 28 日的《日本经济新闻》报道:"日本二手车在苏联备受欢迎,从新潟港个人进口——5 万日元以下、车检到期——的车占多半。"根据这则报道,当时从日本新潟港驶往苏联的货船上,装载的几乎都是 5 万日元以下、车检到期的二手车,买家多数是苏联船员。报道还说,当时新潟市内的某个二手车经销商处,自 1987 年 10 月左右开始有苏联船员来购买二手车,当初每月只销售一二辆,到了 1988 年 8 月就卖到 20 辆。这是日本国内第一次报道关于向苏联出口二手车的情况。随后,1989 年 6 月 15 日的《朝日新闻》以《苏联船员乐购二手车,卖家真心欢迎》为题,报道了当时小名浜港的苏联船员购买二手车和二手车的出口情况。根据横滨海关小名浜分部的信息,苏联船员购买二手车是从 1988 年秋天开始的,当初每个月仅销售几辆,但是进入 1989 年以后数量剧增。总体来说,可携带出口的二手车受到苏联船员的欢迎,价格在 1.5 万—2 万日元的二手车最为畅销。

关于向苏联出口二手车的动向,日本的《日经流通新闻》《北海道新闻》《读卖新闻》以及《北日本新闻》等多家报纸均有相关报道。根据日本媒体的这些新闻报道大致可以推断出,北海道和新潟地区是自 1987年,横滨是自 1988 年,开始向苏联出口二手车的。关于日本二手车开始销往苏联以及随后急速增长的理由,日本北海学园大学的阿部新和浅妻裕总结出以下三点原因。[56]

第一,当时戈尔巴乔夫的改革使自由化得以发展,人们对乘用车的需求显著提高,而苏联国产乘用车价高量少的状况一直没有得到有效改善。当时苏联国产车的价格普遍很高,譬如小型"莫斯科人"大约6 000 卢布(当时约合 130 万日元),"伏尔加"大约 8 000 卢布(约 172 万日元),而且乘用车的生产数量根本无法满足民众日益旺盛的需求。绝大多数情况下,人们从订购到提车需要等上一年时间。因此苏联海员购回的二手车很容易在国内市场上顺利成交。

第二,苏联国内的关税制度发生了变化。1988 年之前,国外车辆入境要按照汽车排量每毫升缴纳 5 卢布(约 1 100 日元)的关税,如排量是 1 500 毫升的汽车就要缴纳 7 500 卢布(约 161 万日元)的关税。从 1988 年开始,关税降为原来的两成,同样 1 500 毫升排量的汽车只需缴纳 1 500 卢布(约 32 万日元)。

第三,日本国内的二手车和报废车市场出现了变化。1985 年以后,由于日元升值,日本二手车的出口数量也受到牵连,一度出现萎缩。恰在此时,苏联作为一条新的销售渠道,开始受到日本二手车出口商的重视。

此外,日本经济当时正处于鼎盛时期,以旧换新淘汰下来的汽车数量大增,1989—1991 年报废车辆增加了 15%,仅 1991 年的报废汽车就高达 530 万辆。随之而来的是报废汽车的处理成本增加,以及废铁收购价格的回落。这些现实问题促使日本人开始思考:这些迅速被淘汰下来的汽车与其在国内作为废品处理,莫如作为二手车向海外出口,岂不更能合理有效地利用资源? 同时,人们也意识到,无论多么有效地利用,二手车终将有一天会变成废品,这是现代化带来的一个严峻课题。

日本向苏联(俄罗斯)出口二手车之初,一个最为重要的特征就是旺盛的"携带出口"。从区域经济的视角来看,岛国日本与苏(俄)远东地区隔海相望,严重缺乏工业原料和燃料,却拥有发达的工业基础和技术力量,而俄罗斯远东地区拥有丰富的木材、水产和矿产资源,但工业基础和技术力量却严重落后。所以日苏(俄)之间具有基本相适的贸易结构,即日本对苏(俄)出口机械设备和钢铁产品,而苏(俄)对日出口工业用原料和燃料,这种相互补充的贸易结构基本形成了日苏(俄)贸易结构的主体。在这种互补型贸易结构的作用下,20世纪80、90年代,日本对苏(俄)出口机械设备和钢铁产品,并从苏(俄)进口大量的木材和水产资源。这样一来,位于环日本海经济圈的日本各大城市与俄罗斯远东地区间的海上物流通道日益繁忙。而且,从地理位置来说,日俄之间的贸易利用濒临日本海的小樽、新潟、富山等港口,相比利用太平洋沿岸的港湾更为便利。但是相对来说,当时日本从苏(俄)进口的物资更多,而苏(俄)的货船多数是空舱返回。于是,日本二手车的"携带出口"也就受到了关注。

日本学者浅妻裕对1990—1992年间的日本4家经济类报纸进行了调查,发现日本向苏(俄)出口二手车的初期,伴随着交易量的增长,日本国内相关地区的新闻报道数量也增加了。譬如在有关调研对象的19篇报道中,新潟县有6篇,北海道有5篇,富山县和石川县各2篇,青森县、神奈川县、岛根县和福冈县各1篇。结果不言而喻,从苏(俄)进口木材和水产资源较多的日本海一侧的地区,对于向苏(俄)出口二手车的报道更多,也就意味着"携带出口"二手车的兴盛。[57]

二手车的"携带出口"数量在日本并没有现成的全国数据或者各港口的统计数据。日本学者阿部新和浅妻裕根据富山港(富山县)和小樽港(北海道)的相关新闻报道中的数据,制成了图5.6。从图5.6可以看出,日本开始向苏(俄)出口二手车之际,富山县的出口非常旺盛。不过,北海道小樽港的"携带出口"数量在1993年为18 693辆,到1994年就已经超过了富山港的"携带出口"数量。主要原因是俄罗斯萨哈林州对日本北海道地区开展了"二手车购入之旅"的活动,使得俄罗斯游客直接涌向北海道一些城市的二手车交易中心。

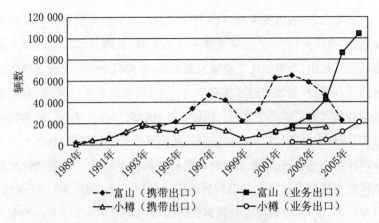

资料来源：引用日本学者阿部新、浅妻裕的统计图表。

**图 5.6　富山港和小樽港的携带出口与业务出口**

　　而且，日本也有灵活的应对措施。譬如，虽然规定为 5 万日元以下的二手车才能"携带出口"，但在实际成交中有相当数量的 10 万日元左右的二手车都得到了放行。俄罗斯萨哈林州的日本购车之旅，使得大量二手车涌向俄罗斯，促使俄罗斯海关不得不于 1994 年提高了二手车的进口关税，由以往每毫升 13 日元提高到 657 日元，使得由北海道地区"携带出口"的二手车数量持续低迷。到了 2004 年，由观光客"携带出口"的二手车份额几乎消失殆尽。据北海道函馆海关统计，2004 年 1—6 月，虽然俄罗斯的船舶入港持续增加，但是船员和旅客"携带出口"的二手车却较上年同期减少了一成。但是，自从 1994 年俄罗斯提高关税以后，富山县反而成为向俄罗斯出口二手车的重要据点。譬如《北国新闻》2003 年 4 月 4 日报道，当时日本"携带出口"的二手车有三四成是经由富山县出口的。

　　有趣的是，在俄罗斯提高二手车进口关税的翌年，日本就出台了放宽出口贸易管理的规定。有关二手车出口贸易的规定有两点变更：一是废除出口车检制度，二是关于"携带出口"，以往的规定是一人只许携带一辆不超过 5 万日元的二手车，而且在出口时必须提交报废车辆销户登记证明和金属车牌的归还手续。修改后的规定为，只要合计不超过 30 万日元就没有数量限制，而且登记证明、购买收据以及购买数量等只需要口头确认即可。因此，在 1995 年 5 月日本放宽了出口管理规定之后,富山港携带出口的二手车数量大幅增加,在小樽港也出现了一定程度的恢复。

由于向苏(俄)"携带出口"二手车的价格都在 5 万日元以下,在日本国内等同于废品,这类二手车的大量出口也给当时北海道地区从事报废汽车解体工作的从业者带来了危机感。因为"携带出口"的二手车增加意味着他们收购二手车的费用也会水涨船高,极有可能危及业界的生存。因此,业界决定团结一致,改变策略,以对苏(俄)出口二手汽车的零配件为今后的主攻方向。

## 二、日本二手车的对俄出口

### (一) 从统计数据看日本二手车的对俄出口

日本于 2001 年 4 月 1 日起,在对外贸易统计上设置了二手车统计商品序号,由此可以区分是新车还是二手车的出口,也就可以汇总出二手车的出口数量。日本向俄出口的二手车数量及其所占日本二手车出口的市场份额如表 5.5 所示。从中可以看出,自 2001 年至 2008 年,日本向全世界出口的二手车数量逐年激增,2008 年达到创纪录的 1 346 742 辆,2009 年以后数量骤减,目前正处于恢复阶段。具体来看对俄罗斯的出口情况。2001 年大约 2.6 万辆,在全日本二手车出口的市场份额中尚不足 5%。随后几年,日本向俄罗斯出口的二手车数量剧增,2004 年超过 10 万辆,2005 年的市场份额超过 20%,到了 2008 年,向俄罗斯出口的二手车占到二手车出口总量的 41.8%,数量达到 563 296 辆。上述统计数字有一点需要追加说明,由于在 2005 年 7 月之前,日本向俄罗斯出口的二手车很多都是"携带出口"的,而作为随行行李携带出关的二手车是正常贸易统计数据无法涵盖的。直到 2005 年 7 月,日本出台了"配合汽车回收法的出口贸易管理条令修正案",不允许二手车作为随行行李携带出口。自此,"携带出口"的二手车便销声匿迹了。至此,日本出口二手车的统计数据方才与实际情况基本吻合。而 2005 年 6 月以前统计的对俄出口的二手车数量以及所占市场份额,由于没能包括"携带出口"的数据,因此实际数字应该高于表 5.5 所显示的数据。

表 5.5　日本向俄罗斯出口的二手车数量及其所占出口市场份额

| 年　度 | 向俄罗斯出口<br>（千辆） | 向全世界出口<br>（千辆） | 出口市场份额<br>（百分比） |
|---|---|---|---|
| 2001 年 | 26 | 545 | 4.8 |
| 2002 年 | 43 | 604 | 7.1 |
| 2003 年 | 68 | 713 | 9.5 |
| 2004 年 | 120 | 835 | 14.4 |
| 2005 年 | 269 | 940 | 28.6 |
| 2006 年 | 390 | 1 137 | 34.3 |
| 2007 年 | 479 | 1 229 | 39.0 |
| 2008 年 | 563 | 1 347 | 41.8 |
| 2009 年 | 53 | 676 | 2.8 |
| 2010 年 | 105 | 838 | 12.5 |
| 2011 年 | 111 | 856 | 13.0 |

资料出处：根据日本二手车海外市场研究会（http://www.exguide.jp/）提供的数据统计制作。

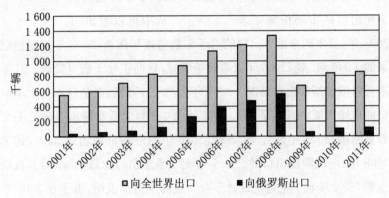

资料来源：根据日本二手车海外市场研究会（http://www.exguide.jp/）提供的数据统计制作。

**图 5.7　日本向全世界和俄罗斯出口二手车的数量变迁（2001—2011 年）**

此外，最引人注目的是 2009 年的动向。日本 2009 年对俄出口的二手车，无论是数量（约 5.3 万辆），还是所占市场份额（约 2.8%），都有超大幅度的萎缩。通过图 5.7 更能直观地看出日本对俄出口二手车的数量变迁以及所占市场份额的情况。

日本对俄出口二手车的单价也随着出口数量的增加而出现了大幅

攀升。2001 年的出口单价近 30 万日元,到了 2007 年已达到 50 万日元,几乎上涨了一倍。以富山县射水市的出口商调研信息为例,日本对俄出口的二手车平均价格在 65 万日元左右,其波动幅度在 40 万—100 万日元之间,几乎没有 20 万、30 万日元的二手车出口。[58] 同一时期日本二手车的进口大国新西兰,也是从 2001 年不足 30 万日元的单价上涨到近 50 万日元。可以说,截至 2008 年夏季,以俄罗斯为首,日本向全世界出口的二手车单价都出现了暴涨,达到了一个峰值。但是,同年秋季以后,形势急转直下,日本出口的二手车单价开始回落。当然,二手车的出口单价是由多种因素决定的。直接因素包括:拍卖二手车的国内市场动向、进口国的汽车市场动向、关税以及汇率等因素。间接原因有:废旧钢材的市场动向、国内新车市场动向、运费等因素。因此,2008 年夏季之前的单价暴涨是多种因素综合作用的结果。同样,其后二手车单价的回落也是由于多种因素的综合作用造成的。但是,俄罗斯本身进口二手车的环境发生了剧变,成为其中的主要因素。稍后将对此作进一步剖析。

**表 5.6　日本二手车重要出口对象国的位次变迁**

| 位次 | 2011 年 | 2010 年 | 2009 年 | 2008 年 | 2007 年 | 2006 年 | 2005 年 | 2004 年 |
|---|---|---|---|---|---|---|---|---|
| 1 | 俄罗斯 | 俄罗斯 | 阿联酋 | 俄罗斯 | 俄罗斯 | 俄罗斯 | 俄罗斯 | 阿联酋 |
| 2 | 阿联酋 | 阿联酋 | 新西兰 | 智利 | 阿联酋 | 阿联酋 | 新西兰 | 新西兰 |
| 3 | 智利 | 智利 | 南非 | 阿联酋 | 新西兰 | 新西兰 | 阿联酋 | 俄罗斯 |
| 4 | 新西兰 | 新西兰 | 俄罗斯 | 新西兰 | 智利 | 智利 | 智利 | 英国 |
| 5 | 南非 | 南非 | 智利 | 南非 | 肯尼亚 | 哈萨克 | 英国 | 南非 |
| 6 | 肯尼亚 | 肯尼亚 | 肯尼亚 | 肯尼亚 | 南非 | 巴基斯坦 | 南非 | 菲律宾 |
| 7 | 斯里兰卡 | 孟加拉 | 孟加拉 | 秘鲁 | 秘鲁 | 南非 | 菲律宾 | 智利 |
| 8 | 巴基斯坦 | 斯里兰卡 | 菲律宾 | 孟加拉 | 菲律宾 | 秘鲁 | 秘鲁 | 秘鲁 |
| 9 | 蒙古 | 菲律宾 | 秘鲁 | 蒙古 | 新加坡 | 斯里兰卡 | 肯尼亚 | 塞浦路斯 |
| 10 | 乌干达 | 马来西亚 | 马来西亚 | 新加坡 | 英国 | 英国 | 斯里兰卡 | 斯里兰卡 |
| 11 | 吉尔吉斯 | 乌干达 | 泰国 | 乌干达 | 巴基斯坦 | 肯尼亚 | 马来西亚 | 肯尼亚 |
| 12 | 马来西亚 | 坦桑尼亚 | 乌干达 | 马来西亚 | 孟加拉 | 菲律宾 | 哈萨克 | 牙买加 |

资料出处:日本二手车出口海外市场研究会(http://www.exguide.jp/)的统计。

关于俄罗斯在日本二手车出口市场中的重要性,在表 5.6 日本海外二手车市场的排名变化中可以一览无余。从表 5.6 可以看出,自从

2005 年俄罗斯跃居日本二手车重要出口对象国第一位之后,除了 2009 年以外,俄罗斯始终是进口日本二手车最多的国家。更为重要的是,其进口数量在 2005—2008 年超过第 2 位国家 2—5 倍。但是到了 2009 年,俄罗斯已骤降至第 4 位,2010 年至今虽然重新登顶,但是进口数量的领先优势已不再明显。因此,无论表 5.5、图 5.7 还是表 5.6 都反映出 2009 年对于日本的二手车市场来说是一个重大的转折年,不仅出口俄罗斯的二手车数量有了巨大回落,其销售总量也回到 2004 年的水平,至今仍处于恢复的过程中。

### (二)日本二手车对俄出口数量骤减的背景

在日本向俄罗斯出口二手车的历史上,出现过两次较大的波动,第一次是 1998 年,第二次是 2009 年。实际上,两次波动的大背景都是受到全球经济危机的冲击,导致日本出口俄罗斯二手车数量减少,以 2009 年为甚。

1998 年出现的第一次波动,是 1997 年亚洲金融风暴造成的全球性经济危机所引起的。对于俄罗斯来说,危机加剧了政府长期债务与预算赤字,而与危机相伴的是其国内领导人的继承问题。[59]结果,1998 年的经济危机导致卢布大幅贬值,卢布兑美元汇率由 6.2∶1 跌至 20.65∶1。当卢布突然贬值时,危机前成功渗透到俄国内市场的进口消费品首当其冲,受到了致命打击,进口量暴跌。[60]于是,俄罗斯国内的经济危机很快就影响到日俄二手车的交易方面。譬如,就日本对俄出口的主要地区富山县来说,该地区自 1998 年 3 月起就受到卢布贬值的影响,9 月以后的出口数量更是大幅度回落,只维持在上一年度同月出口数量的 10％左右。[61]该县的二手车出口商也由危机前的 180 家减少到 1999 年的 70 家左右。[62]当地办理对俄出口二手车的"富山县对俄车辆管理协会"的会员也由 1997 年的 56 个减少到 2000 年的 42 个。此外,北海道小樽市的出口商也由鼎盛时期的 100 家左右减少到 20 家左右。[63]不过,到了 2001 年,由卢布贬值危机造成的影响就宣告结束了。

关于 2009 年出现的第二次大幅度波动的主要原因,日本《通商白皮书》中的分析最为言简意赅:"受到世界经济危机的影响,再加上俄罗斯政府大幅度地提高关税和对国产车采取优惠措施,导致日本出口俄罗斯的汽车数量在 2009 年大幅回落。"[64]

俄罗斯经济历经制度变迁所伴生的低迷,虽然自 1998 年的财政和金融危机之后呈现出连续 10 年增长的势头,然而到了 2008 年上半年,俄罗斯再次经历原油价格暴涨带来的经济困境。随后的原油价格下跌以及同时发生的"雷曼风暴"给俄罗斯经济造成超乎想象的冲击。俄罗斯经济由原先 7%—8%的增长率陡然陷入低谷,2009 年的增长率骤降为—7.9%。当然,由于这是一场全球性的经济危机,受到影响的国家不只是俄罗斯。但问题在于,俄罗斯经济的大起大落在世界上十分罕见。而且,更为根本的问题在于,同为金砖国家(BRICS)的中国和印度却维持了坚实的经济增长,2009 年的国内生产总值分别增长了 9.1%和 5.7%,而与俄罗斯一直并驾齐驱的巴西也尚能稳住阵脚,仅下降了0.2%。此外,一些依靠原油出口的国家,如沙特阿拉伯、挪威、哈萨克斯坦等,即使遭遇原油价格大幅下跌,其衰退程度也不及俄罗斯那般严重。唯有俄罗斯呈现急剧衰落之势,因此自然会产生忧惧心理,担心从赶超(catch—up)军团中掉队甚至遭到孤立。[65]受到 2008 年金融危机的严重打击之后,俄罗斯依赖石油资源的经济结构在应对世界市场变化中的脆弱性充分暴露出来了。俄罗斯政府再次意识到,为了实现经济长期稳定的发展,现代化和产业结构的多样化必不可少。作为推进现代化的一种手段,俄罗斯像其他国家一样,也对国内汽车制造厂商加以保护,同时对进口乘用车实施严厉的关税措施。[66]

根据普京 2008 年 12 月发布的"关于改变某些机动车关税"的命令,2009 年 1 月 12 日,俄罗斯为了保护国内汽车企业,对进口车辆实施为期 9 个月的暂定汽车进口关税,提高征税额度。世界舆论认为,这是俄罗斯贸易保护主义的象征。此次关税提高的车辆有:重型车辆(拖拉机)、卡车以及乘用车。以排量 2 000 毫升的乘用车为例,采取这项措施后,二手乘用车的关税平均提高了大约 2 倍,而卡车大约是原来的3 倍。与新车相比,二手车被课以更高的关税。对于二手车来说,有三点强化措施:一是提高了税率,二是大幅增加了针对排量的关税额度,三是提高了规定车龄的课税起点(从 7 年提高到 5 年)。[67]虽然税率根据汽车的品种和车龄的不同而有所差异,但是总体的上涨幅度达到

10％—120％,也就是说,一辆二手车要涨价几万甚至100多万日元。

其实,为了保护国内的汽车制造企业以及国外品牌汽车的组装企业,俄罗斯联邦政府于2008年12月出台了一揽子的支持计划,主要包括国家担保、资金支持、降低车辆运输费用等。俄罗斯对国内汽车制造业的支持总额达200亿美元,包括价值115亿卢布的"石油换旧车"的计划。对于汽车运输成本高昂的远东地区,俄罗斯政府决定取消国内汽车的铁路运费,甚至为居民支付部分购车费来刺激消费国产车。[68]譬如,自2008年12月起,利用银行车贷购买俄罗斯生产的35万卢布以下的汽车(含国外企业),国家将负担部分利率。2008年12月时,俄罗斯联邦中央银行的利率为13％,国家负担三分之二(约为8.7％)。2009年3月,俄罗斯政府会议根据普京总理的提案,决定筹措20亿卢布用于支付俄罗斯铁路向远东地区运输国产车的费用,相当于为每辆国产车支付8万卢布的运费。以往在远东地区购买俄罗斯欧洲地区生产的国产新车,因为运输成本等原因,购车费用要高出俄罗斯其他地区。这一政策的出台,使远东地区的居民可以用与俄罗斯其他地区居民相同的支出来购买国产车。

然而,俄政府提高进口汽车关税的措施却导致俄罗斯远东沿海多个地区从2008年12月至2009年1月相继发生民众示威游行。示威民众抗议政府提高进口二手车的关税。2009年1月12日,在符拉迪沃斯托克大约有100名市民参加了抗议集会,他们主要是日本二手车进口行业的从业者。当地治安当局以集会未得到许可为由拘留了其中大约10人。而最激烈的抗议行动发生在2008年12月14日。当时,符拉迪沃斯托克的市民听说政府打算出台针对日本车的禁止进口右置方向盘汽车的法案,于是大约有6 000名市民走上街头举行抗议游行,并用几百辆汽车封锁了高速公路的出入口,导致城市交通一度陷入瘫痪。根据日本外务省驻符拉迪沃斯托克的日本中心统计,当地大约60万人口中有4万人从事二手车进口业务。提高二手车关税,直接受到冲击的便是这些从业人员。在日本二手车占行驶车辆9成多的萨哈林州首府南萨哈林斯克市,2008年12月21日也发生了反对提高二手车进口关税的抗议集会。当然也有例外,远东的阿穆尔州州长就在同一天表态,号召政府职员们卖掉进口车换购国产车。[69]

另一方面,对于俄政府出台的国产汽车保护措施,俄罗斯多数的汽车企业都欣然表示支持,并期待这些措施能够实实在在地帮助到他们。为了抗衡该措施的反对者,他们也举行了集会游行,用以支持联邦政府的决定。

在俄罗斯远东地区,由于日本车的性能良好,很受当地人追捧,大街上行驶的车辆 95％都是日本车。但是,由于关税的提高,日本汽车的进口数量锐减。2009 年 3 月俄罗斯远东海关公布的数据表明,日本汽车的进口数量骤减为上年同期的大约 20％,二手车交易受到"毁灭性的打击",甚至出现了失业人员。[70] 2009 年,由于关税的提高和内需的减弱,俄罗斯的汽车进口与 2008 年相比大幅回落,2009 年 1—8 月乘用车的新车进口只有 33 144 辆,与上年度同期相比减少了 70.6％,二手车进口只有 11 710 辆,减少了 95.5％。但是,通过提高关税来进行保护的国内汽车生产并没有因此而振兴起来。据俄罗斯联邦国家统计局统计,2009 年 1—8 月,俄罗斯乘用车的生产数量只有 369 000 辆,较上年同期减少 62.6％。[71]

2009 年 10 月 9 日,根据俄罗斯联邦政府第 805 号决定——"延长对特定汽车进口关税的施行期限",上述提高进口汽车关税的临时措施到期后不但没有停止执行,反而又延长了 9 个月。而且,由于俄罗斯车市规模继续缩水,本土车企经营状况起色不大,俄罗斯工业贸易部汽车产业主任拉赫玛诺夫表示,该国对进口车辆征收的高额关税在 2014 或 2015 年之前不会降低。[72]这也就意味着日本对俄出口二手车的环境依然严峻。

其实,2009 年日本向俄罗斯出口二手车数量骤减还有一个重要背景,就是从 2008 年 11 月 14 日起,俄罗斯对进口车体开始征收最低 5 000欧元的税款,导致分解二手车出口(constructor)的进口费用大增。所谓分解二手车出口,就是将二手车分解后作为零部件出口、在进口国再组装的方式。2003 年,俄罗斯提高了汽车进口关税(参见表 5.7),以车龄是否超过 7 年为界,没有超过 7 年的二手车(除特别医疗车辆),不管汽缸容积多大,一律按 25％征税;超过 7 年的二手车,则根据汽缸容积来征税。例如,1 800 毫升价格为 100 万日元的二手车,7 年以下只需 25 万日元的关税,超过 7 年的就要缴纳 48 万日元的关税。于是,日本业界就掀起了分解二手车出口的热潮。就是将车龄高的二手车在日本分解为车体、发动机、变速器等多个部件后出口,在俄罗斯按照关税较低的零部件办理通关手续,然后在当地组装成二手车进行交易。根据日本学者阿部新的调查,在 2007 年的时候,符拉迪沃斯托克市内有十四五家分解二手车的组装工厂。[73]但是到了 2008 年 11 月,由于俄罗斯设置了最低课税额,削弱了分解二手车出口优势,也导致了日本二手车出口数量的减少。阿部新于 2008 年 12 月对富山县进行了调查,发现在关税设置前的 11 月上旬还有分解二手车出口的紧急出口业务,其后就消失不见了。[74]

表 5.7　俄罗斯汽车进口关税的变化

|  | 旧关税(2002 年) | 新关税(2009 年) |
| --- | --- | --- |
| 2 000 毫升乘用车(新车) | 25％,但每毫升不低于1.8欧元 | 30％,但每毫升不低于 2.15 欧元 |
| 2 000 毫升乘用车(二手车,不超过 5 年) | 25％,但每毫升不低于0.55欧元 | 35％,但每毫升不低于 2.15 欧元 |
| 2 000 毫升乘用车(二手车,超过 5 年) | 25％,但每毫升不低于0.55欧元 | 每毫升为 4 欧元 |
| 2 000 毫升乘用车(二手车,超过 7 年) | 每毫升为 2.2 欧元 | 每毫升为 4 欧元 |

资料来源:Ernst & Young(CIS), "An Overview of the Russian and CIS automotive industry", February 2012, http://www.ey.com/Publication/vwLUAssets/Russian_and_CIS_automotive_industry/ $ FILE/Russia%20Automotive_2012.pdf.

最后一个原因,是由于 2008 年 8 月以后严重的经济危机造成汽车市场的迅速萎缩,导致俄罗斯国内的汽车需求减少,日本二手车的出口自然受到了波及。特别是俄罗斯的经济严重依赖一次性能源的出口,加上石油等资源行情骤跌,引起了卢布的贬值,也就导致日本出口环境的恶化。图 5.8 显示了汇率与出口数量的关系。[75]但是我们发现,此次卢布的持续贬值与日本出口俄罗斯二手车的数量减少并没有直接的联系,因为俄罗斯提高关税的措施导致了日本二手车的紧急出口,增加了出口数量,从而抵消了卢布贬值的影响。

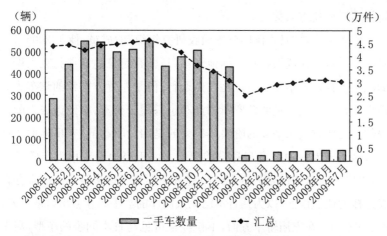

资料来源：根据日本学者竹内启介、浅妻裕的统计图表。

**图5.8　卢布对日元汇率与日本二手车出口数量的变化**

## 三、日本二手车对俄出口展望

### （一）俄罗斯远东与西伯利亚地区的日本二手车市场

俄罗斯远东地区占到俄罗斯国土面积的1/3多，然而在这片广袤的土地上生活的居民却不足700万，市场规模比较小。对于俄罗斯人来说，远东地区并不是他们向往的地方，有许多俄罗斯人一辈子都没有到过这个地区。但是日本人认为，远东地区距离日本很近，该地区的居民非常了解日本，对日本产品的品质和安全性给予了很高评价。为此，日本以北海道等濒临日本海的地区为中心，向俄罗斯远东地区出口二手车、农产品、日用品等商品，开展双边贸易。[76]虽然日本人对俄罗斯抱有亲近感的不多，但是根据日本内阁2005年8月进行的"外交舆论调查"，俄国人对日本抱有好感的人较多，他们认为日本是一个技术先进、具有丰富传统文化的国家。尤其是远东地区的俄国人，对日本具有更高的认可度。

日本二手车绝大多数是通过俄罗斯远东地区的符拉迪沃斯托克或者纳霍德卡港进口的。在苏联时期，符拉迪沃斯托克是苏联海军太平洋舰队的基地，禁止外国人进入，所以苏联与日本的贸易往来都是经由纳霍德卡进行的。1991年苏联解体后，这种限制随之解除，纳霍德卡港的地位慢慢被符拉迪沃斯托克所取代，从日本进口的二手车多数由符拉迪沃斯托克入关。

中谷勇介是"日本国际汽车回收研究组织"的成员,他于 2006 年 6 月考察了符拉迪沃斯托克。据他观察,行驶在符拉迪沃斯托克大街上的汽车多数是日本车。当地是右侧通行,但是左置方向盘的汽车为数很少。曾经随处可见的俄罗斯国产车也只限于公车,早已退居为配角地位。当地收入水平高的阶层最偏爱的是四轮驱动的"丰田陆地巡洋舰",这已成为一种财富和身份的象征。由于当地有丰田汽车的经销商,左置方向盘的雷克萨斯 LX470 也并不罕见。许多日本人一直存在着这样的认识误区,以为在日本已无人问津的二手车才会出口俄罗斯,然而实际上,在家用轿车方面,不仅经常可见与日本同步的车型,甚至还能看到最新款的丰田品牌汽车。这一现象说明,随着石油、天然气价格走高,俄罗斯经济快速回暖,民众的购买力自然得到提升。中谷勇介同时还发现,虽然富裕阶层的队伍在不断地扩大,但是当地的基础设施却没有得到相应的改善。市中心的道路上经常出现交通滞行及拥堵现象,有的地区大气污染也比较严重。虽然苏联时代的道路建设取得了一定的进步,但是道路维护远远没有跟上。路面坑洼不平处得不到及时的修补,过往车辆不得不减速慢行。因此导致交通堵塞频发,令当地政府头痛不已。面对这样糟糕的路况,四轮驱动的日本车自然成为不二之选,理所当然地备受欢迎。[77]另一位学者浅妻裕在该市调研时也得出相同的结论,认为当地大街上行驶的车辆有 9 成以上是日本车。在符拉迪沃斯托克市郊外还有一个叫"green—corner"的二手车销售市场,通常有上万的日本二手车在此待售。[78]实际上,在俄罗斯远东地区,像符拉迪沃斯托克、哈巴罗夫斯克、萨哈林等城市,大街上行驶的车辆有八九成都是从日本进口的二手车。

不仅俄罗斯远东地区的日本二手车大量增加,2005 年以后,每年有超过 20 万辆的日本车由滨海边疆区向西伯利亚输送,导致西伯利亚地区的车辆也大大增加,甚至还发生了因为金属车牌数字不足,而将原来的地区号码由 25 升为 125 的情况。[79]新西伯利亚是俄罗斯第三大城市,拥有多所大学和研究机构。日本二手车在符拉迪沃斯托克登陆后,经过西伯利亚大铁路向西输送到这里。中谷勇介 2006 年 11 月对新西伯利亚市调研后发现,这座城市的大街上行驶的车辆,日本二手车的比例接近五成,其他的多为"拉达"、"莫斯科人"等俄罗斯国产车。他在街头亲自做了现场统计,结果表明日本二手车约占 46%,其后他又咨询了当地的二手车业者,得到的回答是 40%多,两组数据间得到了相互印证。而且,该市的日本二手车过半数为丰田品牌。当地的二手车零部件业者和二手车业者认为,丰田车品牌号召力强,许多俄国人就是专奔二手丰田车而来的。不仅是二手车市场,从日本进口的左置方向盘"丰田花冠"和 RAV4 等新车也非常热销。当然,在该市欧美品牌的汽车也同样受欢迎。关于卡车方面,虽然能看到中小型右置方向盘的二手卡车,但数量远不如远东地区。而大型卡车,则主要是沃尔沃和MAN 等欧洲品牌形成领军优势,俄罗斯国产的卡车也很多。[80]对此,中谷勇介作出分析,认为这是由于新西伯利亚的地理位置决定的。因为新西伯利亚位于俄罗斯中部,西伯利亚铁路大动脉将远东地区的日本二手车输送到这里,同时也将莫斯科及其以西的欧洲左置方向盘的二手车和新车运达这里。当地二手车业者认为,新西伯利亚以西的车里雅宾斯克是日本二手车的终点线。也就是说,车里雅宾斯克以东地区是喜好日本二手车的地区。[81]确实,在莫斯科街头几乎看不到日本二手车。

在符拉迪沃斯托克,大型二手车及零部件销售商不仅货源充足,而且业务精熟。从汽车装潢到汽车零部件以及二手车的零部件应有尽有,而且所有商品都通过电子数据管理。每个零部件都有条形码,上面标有车型、年代、型号等,一目了然。此外,搁放零部件的货架也标有条形码和数字,商品完全实现了电子化。销售时,只要用扫描仪读取条形码就可以实时确认库存情况。这种高水平的系统化,绝不次于日本。[82]同时,市内大型销售商都可通过互联网来检索在库数据和订购商品。多数二手车以及零部件都有照片,让顾客感到放心。经营该网站的是俄罗斯最有实力的日本二手车信息情报网站 Japancar.ru 公司。Japancar.ru 公司成立于 2001 年,为销售日本车和日本车二手零部件的业者提供网络服务。与该公司签订合同后,可以为销售商设立独立网址,从互联网上检索商品的在库信息。在 2006 年的时候,已有 15 家日本销售商与该公司签订了合同,然而真正运作的只有 9 家左右。

2009 年是日本对俄出口二手车最不景气的一年。当时,俄罗斯滨海边疆区还有其他几个港口从事日本二手车的进口业务,但仍以符拉迪沃斯托克港的进口量最多。日本学者浅妻裕在当年 4 月底考察了该市日本二手车的进口情况。当他看到港口周边的保税仓库之后，立刻认识到严酷的现实。在符拉迪沃斯托克商业港周边有 6 个保税仓库，其中一个是因为汽车进口数量的增加而于 2008 年刚刚建成的。在往昔，这些立体式的保税仓库，任何时候放眼望去，都是密密麻麻的日本二手车。但是在这次考察中浅妻裕发现，仓库顶层已经不见了汽车的踪影，唯有底层还残存着相当数量的被扣押的汽车。这些车辆是在俄罗斯提高汽车关税之前进口的，因为没有缴税而遭到扣押。一般来说，车辆进口两个月后还未办理规定手续，远东海关就对车辆进行拍卖。可见有不少车辆都没有办理相关手续。[83]浅妻裕又考察了距离该市约 3 公里的大型二手车市场"green—corner"。该市场位于丘陵地带，不仅出售乘用车，还出售卡车、吊车和叉车。现在，场地上停放着 11 000—12 000 辆车，但是顾客稀少，以至于连场内的通道都显得格外宽阔，完全不同于以往车水马龙的热闹场面。当地的销售商认为，在当前严峻的经济形势下，销售前景很不乐观，有赚头的是排量 1 500 毫升的二手车，每辆大概有 200—300 美元的利润，高于这个排量的二手车均无利润可言。由于以往的库存很多，销售商必须尽早将车卖出，回笼资金。为此，多数二手车都开始降价甚至是亏本促销，降价幅度平均为 2 000 美元左右。因为在世界金融危机影响最盛之时，俄罗斯不仅提高了进口车关税，而且当地银行也提高了购车贷款利率，在这种双重打击下，商家采取这样的应对方式也是不得已而为之。该市场以往还有众多的西伯利亚大买家光顾，使得其同时兼具强大的批发功能。但是目前该市场的业务 95% 都是依靠零售。因为西伯利亚的买家担心，俄罗斯政府为了限制日本二手车，会将右置方向盘的汽车改为左置方向盘。由于转手西伯利亚经销商的渠道已日益收窄，符拉迪沃斯托克的部分销售商只得自己直接将车运往西伯利亚去销售。"规模小的销售商在清理了库存之后离开了，销售巨头们也在逐步收缩退却，网络销售也同样低迷。当地利用网络销售的二手车销售商，多数开始转变销售策略，改为进口和销售二手车零部件以及建设机械。"[84]

进入 2010 年以后，日本向俄罗斯远东地区出口的二手车开始出现恢复迹象。在 2010 年 6—7 月间，俄罗斯再度跃升为日本二手车出口对象国的第一位。2010 年夏天，"日本 Russia & NIS 贸易会"的调研人员来到符拉迪沃斯托克，他们看到的是停满日本车的场地以及保税仓库完全饱和的景象，不由得感叹道："日本车在远东地区确实深受当地民众的欢迎，可以确信日本二手车贸易在俄罗斯远东地区复活了。"[85] 在俄罗斯对进口汽车提高关税过了一年十个月之后，日本二手车的进口基地符拉迪沃斯托克恢复了活力。尽管世界经济依然不景气，但日本对俄罗斯远东地区出口的二手车却一扫 2009 年的颓废之气，显示出有力度的复苏和光明的前景。出口数量已经恢复到最盛时期四分之一的水平，并且二手车分解出口也有了新的方式，带动了出口数量的提升。同时，日本业者也在积极谋划在俄罗斯远东地区开拓新的基地。虽然二手车多在符拉迪沃斯托克港卸货，但是日本业者根据俄罗斯远东地区的环境和当地消费者的喜好变化，开始在远东地区进行长远的布局。譬如，日本的"札幌本田集团"已将目光转向了萨哈林州，并在南萨哈林斯克市设立驻在员事务所。[86] 而日本海沿岸的日本地方自治机构，像新潟县（2009 年 7 月，联络员事务所）、岛根县（2009 年 9 月，岛根县商务支援中心）、鸟取县（2010 年 2 月，鸟取县俄罗斯商务支援中心）、富山县（2010 年 5 月，富山县商务支援办公室）、秋田县（2010 年 5 月，秋田县俄罗斯商务支援中心）等，都在符拉迪沃斯托克市设立了商务办事机构，为包括二手车出口在内的日本对俄贸易提供更为坚实的保障。

　　然而，危机意识强烈的日本业者仍然对 2009 年的情形心存余悸。虽然 2010 年夏天以后，日本二手车的对俄出口出现了恢复景象，但他们仍然担心俄罗斯国内的商务环境。他们认为对俄出口二手车的环境已日趋严酷，俄罗斯国内任何的风吹草动都令他们备受煎熬。譬如，"2010 年俄罗斯出台了汽车登记新标准，令日本业者普遍担忧俄是否会禁止日本二手车的进口。俄罗斯政府明确表示将分阶段提高进口汽车的关税，再次加深了日本业界的忧虑"。[87] 当前，日本二手车出口业者可谓处于喜忧参半的状态之中，一方面为景气恢复带来的出口数量的增加而高兴，另一方面又为俄罗斯国内将限制二手车的传言而担忧。总而言之，虽然 2008 年的盛况恐难再现，但是自 2010 年至 2012 年上半年，日本二手车对俄罗斯远东地区的出口数量却在稳步增长。

（二）俄罗斯汽车产业的现代化战略

影响日本二手车对俄出口的另一大"对手"就是俄罗斯国内汽车产业的发展。俄罗斯政府已认识到本国经济过多依赖石油和天然气的出口、对国际油价波动过于敏感的缺点。为克服自身经济的缺陷,俄罗斯政府将培育高附加值、能对抗国际油价波动的产业作为一个重要课题提出。为达成这一战略目标,俄罗斯政府对国内汽车产业寄予厚望,并从十多年前就采取各种优惠扶持措施,一心要帮助汽车产业实现现代化。首先,俄罗斯政府对来俄投资生产汽车的外资企业提供进口关税方面的优惠措施,寄希望于由外资主导达成国内汽车产业的现代化。由于迟迟达不到理想效果,俄罗斯政府为此几番调整优惠措施的内容。

1998年2月5日,俄罗斯总统签署关于"发展本国汽车工业吸引外资"的第135号令,为生产现代交通工具以及汽车零部件的工程项目、包括有外国投资者参与的大型工程项目提供国家支持,并颁布"投资合同制度"。该措施的主要内容有:(1)投资额在最初5年内超过15亿卢布的汽车或者汽车零部件生产项目,只要投资者与俄罗斯政府签订投资合同就享受优惠措施;(2)在项目实施期间(最长7年内),俄罗斯国内的项目生产基地作为保税仓库,生产的产品享受俄罗斯自产商品同等待遇;(3)签订投资合同的投资者有义务使零部件本地化水平在5年内达到50%。

在上述措施面前,国外许多汽车企业显示出跃跃欲试的参与热情,但最终都因为零部件本地化5年内须达到50%的条款过于苛刻而止步不前。最后,只有福特公司一家与俄罗斯政府签订了合同,并在列宁格勒州建厂,于2002年7月开始生产福特"福克斯"汽车。然而,合同规定的"生产开始后5年内零部件本地化水平达到50%"却无法实现。在俄罗斯国内难以采购零部件的主要理由是:(1)俄罗斯当地的原材料和零部件企业的技术水平低下;(2)福特当地工厂最初的生产能力为每年25 000台,规模太小,外资零部件企业不愿追随福特公司进入俄罗斯市场。[88]

在此期间,随着俄居民消费能力的提高,他们对汽车的需求快速增长,但是俄罗斯国产车的技术仍停留在较低水平。于是自2002年起,俄罗斯市场再度出现二手车进口热,其价格与俄罗斯国产车相当,成为俄罗斯生产者的主要竞争对手。为此,俄罗斯规定对二手车实行统一的 25％的关税,为期 7 年,来保护国内汽车产业的发展。其实,为了振兴国内的汽车产业,俄罗斯政府曾多次对进口二手车采取了一些限制措施。譬如:(1)要求所有上路行驶的车辆,包括乘用车、巴士、卡车、拖拉机的技术规格以及检查方法和安全规格标准必须符合俄罗斯的国家规格标准;(2)从 2002 年 12 月起,禁止尾气排放不符合"欧 1"标准的巴士和卡车的进口。尤其是 2002 年 10 月的提高进口关税、2003 年 7 月废除个人进口二手车享受的低关税措施,导致日本二手车进口数量的降低以及二手车价格的暴涨,一度引发了俄罗斯滨海边疆区居民的抗议游行。俄罗斯政府担心的是,民众选择了日本车,就不会再考虑开国产车了。不管怎样,日本二手车已经深深影响了俄罗斯远东地区的经济和社会生活。[89]

与此同时,俄政府认识到"投资合同制度"不符合现实国情,没能对汽车产业现代化作出贡献。因此,从 2004 年开始降低零部件本地化的标准,实施了新的优惠措施——"工业组装措施"。所谓工业组装措施,就是满足一定条件的整车工厂以及零部件工厂(包括俄资与外资),享受零部件以及原材料进口关税优惠。2005 年 3 月 29 日,俄罗斯政府颁布第 166 号令,"为保障工业组装项目,调整进口汽车零部件的关税"。同年 4 月中旬,俄罗斯联邦工业和能源部以及相关部门下达了具体规定的共同指令。根据该指令,认定为工业组装的工厂必须达到三个条件:(1)准备期限,即生产准备就绪所需时间,如焊接、油漆、车身组装等,在产工厂为 18 个月,新建工厂为 30 个月;(2)生产能力,若为两班制生产,每年生产不低于 2.5 万辆;(3)配套自给率,组装生产过程调试完毕后,经过 24 个月,进口零部件数量降低 10％,42 个月后再降 10％,54 个月后再降 10％(即 10 年内减少 30％的进口零部件)。不过,这并不意味着必须增加零部件本地化,也可以支付正常的关税,进口所需的零部件。关税的降低标准根据零部件种类不同而有所差异,像发动机、变速箱、消音器、车座等 60—70 种零部件的税率为零,其他零部件关税从高于 10％降为 3％—5％。再加上零部件本地化的限制大幅降低,2003—2004 年以后,俄罗斯乘用车市场以倍增之势发展。许多外资整车企业决定在俄罗斯投资生产。2011 年之初,符合俄罗斯工业组装措施并在当地投资生产的外国整车企业除了福特之外,还有丰田、日产、通用、大众、标致雪铁龙/三菱汽车、雷诺、现代等汽车厂商。此外,外国零部件企业,像丰田纺织、江森自控、博萨尔、麦格纳等,也与俄罗斯政府签订了有关工业组装措施的协定。

为了振兴国内汽车产业,保障工业组装措施的落实,俄罗斯政府对于进口二手车的限制也日益升级。自2006年10月29日起,进口二手车必须符合"欧2"标准。2008年1月1日起执行严格的"欧3"标准,2010年1月1日起,"欧4"标准开始适用,并计划自2014年1月1日起采用"欧5"标准。尤其是针对日本二手车的进口,俄罗斯政府向来持反对态度,2006年普京政府准备对日本二手车的流入采取限制措施,却激起了远东地区居民的强烈抗议。因为二手车的改装工业是该地区重要的产业之一。[90]俄罗斯政府曾酝酿过两项限制措施:一是禁止右置方向盘汽车的进口,这项措施至今尚未实施;二是拟于2009年9月起规定,禁止没有VIN编号(Vehicle Identification Number,17位的车辆识别号)的车辆通行,这就意味着只有11位车辆识别号的日产二手车将被挡在国门之外。不过,该措施于2010年9月在俄罗斯政府高官会议上被撤销。[91]俄政府的上述限制措施曾一度对日本的二手车出口业界,尤其是俄罗斯远东和环日本海地区的进出口商造成一定程度的恐慌。由于上述措施并未正式实施,因此对于日本二手车的出口数量没有造成实际上的负面效果。

作为工业组装措施的实施效果,有众多的外国汽车企业开始在俄罗斯生产汽车,但外国汽车企业的俄罗斯工厂零部件本地化率并未达到预期的效果。譬如,大众汽车在2010年秋天时,零部件本地化率只有39%,大众途观为22%,明锐约为9%。[92]而且,国内采购的零部件多为座椅、车灯、减震器、车用玻璃、轮胎、蓄电池等低端产品,像发动机、变速箱、电子元件等复杂的高价零部件几乎没有在当地采购。零部件本地化率没有达到预期增长的最大理由仍然是俄罗斯当地的原材料和零部件企业的技术水平太低,特别是原材料的品质很差。以钢板为例,俄罗斯国内竟然没有一家钢铁厂能生产令外国汽车企业满意的钢板。虽然也有外资零部件企业进入俄罗斯,但数量太少,无法促进零部件本地化率大幅提升。也就是说,工业组装措施确实吸引了外国整车企业和一次性零部件企业,对俄罗斯汽车产业上游的现代化作出了一定贡献,但对其下游产业的现代化并没有产生贡献。

为此,2009 年下半年至 2010 年初,俄罗斯工业和贸易部开始酝酿新的工业组装措施。2011 年 2 月,关于新工业组装措施的多部门共同指令公布生效。新工业组装措施协定(有效期 8 年)的缔结条件较以往严格很多,主要内容包括:(1)协定生效后 4 年内必须年产 30 万辆汽车;(2)零部件本地化率在协定生效后第 4 年达到 30% 以上,第 5 年 40% 以上,第 6 年60%;(3)整车的 30% 必须装备国产发动机以及变速箱;(4)除组装、喷漆、焊接生产线之外,协定生效后 4 年以内必须安装冲压生产线;(5)协定生效后 4 年内设置研发中心。满足上述条件的汽车生产企业可与旧工业组装措施规定的一样,享受组装用零部件的进口关税优惠。此外,新工业组装措施也适用于零部件企业。零部件企业根据适用条件有所差异,但多数零部件企业必须在 2015 年或 2018 年之前完成零部件本地化率 45% 的要求(电器零部件、电子元件、安全带等在 2015 年之前达到30% 即可)。目前,已有拉达/IzhAvto/雷诺日产联合、福特/索勒斯联合、大众、通用等 4 组企业按照新工业组装措施与俄政府达成了协议。

对于新工业组装措施,坂口泉研究员认为:通过新工业组装措施来实现俄罗斯汽车产业现代化的可能性不高,该措施只是将汽车产业的顶端(整车组装部门)以及最靠近顶端的产业纳入现代化视野,与其下游部门的现代化并无联系。再综合考虑其他因素,也只能得出相同的判断。[93]其他的因素主要有:(1)俄罗斯乘用车市场一直处于不稳定状态。2000 年至 2008 年,俄罗斯国内汽车销售势头迅猛。然而,2008 年9 月之后受到金融危机的影响,俄罗斯国内汽车销售市场一改以往的热销局面,2009 年的销售数量只有 2008 年的一半左右。当时,由于油价低迷、经济危机等信息的泛滥给消费者心理带来很大不安,限制了购买乘用车等高价耐用消费品的热情。而且,俄罗斯联邦的财政预算过度依赖石油领域,对于油价低迷的感受远远超出一般人的想象,因此无法保证俄罗斯的汽车市场今后不再出现 2009 年那样的诡异波动。(2)加入世界贸易组织之后市场的变化。2012 年 8 月 22 日,俄罗斯正式加入世界贸易组织之后,乘用车(新车)进口关税将由现在的 30% 降为 25%,经过 7 年时间的过渡,最终降到 15%。而俄罗斯乘用车市场本来的特点就是车型丰富、小量销售。关税降低之后,进口车非常容易适应俄罗斯乘用车市场的特点,将对俄国内的外资企业构成巨大挑战。

此外,在俄投资的外国企业,像拉达和雷诺日产、索勒斯和福特等,在俄生产面临的最大问题都是筹措资金问题,没有巨额资金的支持,它们很难实现既定的生产计划。[94] 在一段时间内限制俄罗斯汽车产业发展的,还有国内道路的问题。日本学者认为,俄罗斯患上了"不合格道路病症"。虽然俄罗斯道路全长 53.7 万千米,但柏油路只占 67.4%,由俄联邦政府管理的仅有 5 万千米,各都市管理的近 50 万千米。这种客观情势必然限制国内汽车产业的发展。为此,俄罗斯政府制定了道路特别发展规划,计划在 2015 年以前出资 50 兆卢布整修老路,并将道路延长至 60 万千米。[95]

最近一两年来,在俄罗斯政府的大力推动下,其国内汽车行业出现了较好的发展势头。根据俄罗斯欧洲商业协会(AEB)的统计(2012 年 1 月 12 日),2011 年俄罗斯国内新车,包括乘用车与小型商用车(LCV)的销售数量比上一年增加了 38.7%,达到 2 653 408 辆,虽然没有达到历史上最高年份 2008 年 290 万辆的纪录,但却超过了 2011 年初预想的 240 万—250 万辆。而且,俄罗斯国内的汽车业者普遍认为,到 2015 年,俄罗斯国内汽车销量将达到 300 万辆。请参考图 5.9。[96] 2011 年 9 月,普京总理在俄罗斯沃洛格达州出席统一俄罗斯党的会议时表示,他完全赞同专家关于到 2015 年至 2016 年俄罗斯有能力成为欧洲最大的汽车市场的预测。[97]

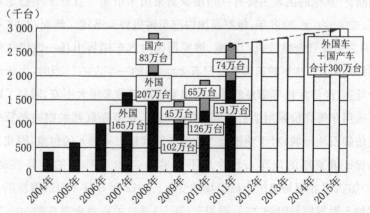

说明:2007 年前只含国外品牌汽车,2008 年后含国产车;2012 年以后是预测值。
资料来源:https://www.jetro.go.jp/world/russia_cis/ru/reports/07001016.

**图 5.9　俄罗斯外国与国产乘用车销售业绩与展望(2004—2015 年)**

俄罗斯为解决国内经济过度依赖石油和天然气的局面,一项重要战略举措是发展国内的汽车产业,并制定了一系列的政策措施来为国外汽车企业在俄罗斯生产创造良好的环境。可以说,俄罗斯发展国内汽车产业的政策具有长期的战略性,不会轻易动摇。而且,俄罗斯又是一个军需产业大国。长期来看,它很有可能在汽车生产技术方面发挥出自己的优势,但是从短期来看,技术落后的局面较难改变。由于发展国内汽车产业已经成为俄罗斯的一项国家战略,在这一形势下,俄罗斯必然要采取提高关税等措施来限制包括二手车在内的汽车进口。有鉴于此,对于俄罗斯不断延长提高汽车关税的时间也就不难理解了。不过,俄罗斯加入世界贸易组织后,关税必然相应降低(参照表5.8),但对于二手车进口市场来说,恐怕还会出台新的措施加以限制。

**表5.8 俄罗斯"入世"后轻型车辆进口关税的变化**

| 2011年 | 2012年 | 2013年 | 2014年 | 2015年 | 2016年 | 2017年 | 2018年 |
|--------|--------|--------|--------|--------|--------|--------|--------|
| 30.0% | 25.0% | 25.0% | 25.0% | 22.5% | 20.0% | 17.5% | 15.0% |

资料来源:Ernst & Young(CIS),"An Overview of the Russian and CIS automotive industry",February 2012,http://www.ey.com/Publication/vwLUAssets/Russian_and_CIS_automotive_industry/ $ FILE/Russia%20Automotive_2012.pdf.

## (三)日本二手车对俄出口的新形态

在俄罗斯远东地区,受到关税提高和全球经济危机等因素的影响,日本二手车的销售一度出现大幅回落,目前正处于恢复阶段。然而,该地区组装日本二手车与二手零部件的进口却一直处于相对坚挺的状态,这为日本二手车的对俄出口提供了一条新的出路。

早在1990年俄罗斯伊尔库茨克州与日本石川县领导人会谈时,俄方就指出:"最近从日本进口的二手车,一旦发生故障,因为没有维修零部件,就成为大件垃圾。我们不喜欢路上跑的车辆都是不能维修的。"[98]因此,日本北陆地区和俄罗斯远东地区决定举办产业展示会,并于1991年7月在伊尔库茨克市体育中心举办了大规模的展示会,日本二手车以及二手零部件也在会上展出。其后,日本二手车零部件慢慢扩大了销路,不仅在远东、西伯利亚和黑海地区,就连莫斯科也有销售网络。

随着日本二手车零部件市场的逐渐成熟，俄罗斯远东地区的汽车解体产业也逐渐形成规模。该地区的汽车解体业者可分为三类：第一类是收购当地的报废汽车进行解体的业者；第二类是从日本进口二手车零部件的业者；第三类是从日本进口分解的二手汽车在当地进行解体的业者。但是，2009年以后，第一类业者也开始从日本进口解体汽车拆解后出售二手零部件。[99]因为日本业界有一个判断，认为经济低迷反而有利于提升低价位的二手车零部件和翻新零部件的需求。[100]其实，最直接的动因是近年来俄罗斯汽车零部件市场一直呈现两位数的增长。虽然也受到金融危机的冲击，但是二手车零部件市场因为保有车辆的长期使用和车辆维修的需要，仍呈现出活力。这对于日本的汽车零部件业者而言（包括二手零部件业者）是一个长期的利好（请参考表5.9）。况且俄罗斯道路情况很糟，建设迟缓，所以对于维修零部件的需求更多。

**表5.9 2007—2011年俄罗斯国内汽车零部件销售额**

| 年 份 | 国内品牌销售额<br>（亿美元） | 外国品牌销售额<br>（亿美元） | 销售总额<br>（亿美元） | 变动<br>（％） |
|---|---|---|---|---|
| 2007年 | 145 | 105 | 250 | — |
| 2008年 | 140 | 148 | 288 | 15.2 |
| 2009年 | 130 | 191 | 321 | 11.5 |
| 2010年 | 120 | 260 | 380 | 18.4 |
| 2011年 | 110 | 327 | 437 | 15 |

资料来源："The Emerging Component Market in Russia"，http://www.pwc.ru/en_RU/ru/automotive/assets/pwc_automotive_component_suppliers_database.

此外，一个更为重大的利好条件是：随着俄罗斯国内汽车产业的现代化发展，特别是在俄罗斯政府颁布的工业组装措施中，对外资汽车企业的零部件本地化率有着硬性规定，同时也通过降低关税（由以往的5％—20％降为0—5％）等措施，为汽车零部件市场提供发展契机。在这一背景下，日本汽车厂商纷纷开始在俄投资生产汽车，譬如丰田自2007年12月、日产自2009年6月，开始在圣彼得堡组装生产汽车。接着,三菱、五十铃等汽车厂商也进驻俄罗斯西部。日本汽车企业(包括日本二手车出口业者)有一个基本的判断,认为俄罗斯远东地区战略地位非常重要,必须长期关注俄罗斯政府对于远东地区的战略举措。由于当地从事日本二手车交易的人口众多,俄罗斯政府对于进口二手车的限制措施将带来他们的失业,给当地经济的发展造成较大的负面影响。因此,最稳妥的方式是培育当地的汽车产业。同时,日本汽车企业也看到,2011 年 12 月世界贸易组织已经承认了俄罗斯的世界贸易组织成员国地位,2012 年 8 月俄罗斯正式加入世界贸易组织以后,必然会下调汽车关税,这对包括日本二手车出口在内的日本汽车业者是一个利好因素。

2011 年,丰田、五十铃、马自达等日本汽车厂商相继准备在符拉迪沃斯托克设立生产基地。丰田汽车计划在远东地区,利用日本进口的零部件,组装人气很高的运动型多用途汽车(SUV)。[101] 当日本知名汽车厂商纷纷进驻俄罗斯之际,有着强烈团队精神的日本汽车以及汽车零部件业界当然不会单打独斗,他们会共同参与俄罗斯国内汽车市场,形成日本汽车品牌在俄罗斯的整体影响力。

# 第五节 结 语

普林斯顿大学西里尔·E.布莱克教授曾经牵头组织多位美国学者,对日俄两国的现代化模式进行了比较研究。他们认为,日俄两国的共同特征是:为了实现现代化,领导人拥有通过公私机构进行社会动员的能力,包括集中进行政治控制和协调的能力、管理资源并支持经济增长的能力、鼓励社会互相依赖的能力以及通过研究和教育来产生和分配知识的能力。[102] 罗伯特·吉尔平则认为,"发展型国家资本主义"是日本政治经济体系的本质特性,在这个体系当中,政府官僚、执政的自民党和大企业三方组成的统治联盟,为实现赶超西方的目标,采取了贸易保护、出口导向和其他政策来迅速实现工业化。尤其是日本通产省和其他政府部门,为支持重点产业、特别是高科技产业,提供了诸如进口保护、政府大量补贴和低成本融资等产业政策,迅速推动了工业化和高科技部门的发展。再加上日本的高储蓄率和高投资率、卓越的企业管理和创业精神以及杰出的教育体系，一并构成了日本现代化成功的主要原因。[103]

借助布莱克、吉尔平等人的理论来分析日俄两国汽车产业的现代化历程就会发现，日本汽车产业现代化的成功显然是受益于国家实施的产业政策。日本自20世纪50年代初期就提出发展日本自主品牌的政策，鼓励日本汽车企业引进欧美技术来发展自己的企业。结果到了50年代末期，就形成了自主生产、技术开发的模式，到了1980年就取代美国成为世界最大的汽车生产国，并打造了丰田、日产、本田等世界知名的汽车品牌。正是有了这些基础，才使得日本二手车也同样受到世界多数国家和地区的欢迎。

同样，当前的俄罗斯为了实现汽车产业现代化，也采用类似于当初日本汽车产业发展的路径，积极引进外资以及美欧日等国先进的汽车技术，并采取政府补贴、贸易保护，通过提高关税等手段来限制日本等国的二手车进口，发展本国的汽车产业。然而，处于后金融危机时代的俄罗斯经济转型，面临着内外两个方向的挑战：来自外部的挑战包括世界范围各大经济体的增长减速、欧洲主权债务危机的延续以及美国的"页岩气"革命，直接冲击着俄罗斯最可依赖的能源贸易；来自内部的挑战包括政治与社会的稳定、总体治理水平的下降、商业环境亟须改善等，而首要任务是完成经济的现代化。[104]

从世界范围来看，汽车产业正出现结构性危机。譬如，当今全世界汽车生产能力达1亿辆，而需求只有五六千万辆，巨大的过剩压力使得汽车产业面临着优胜劣败的选择。同时，全球能源的枯竭和环境保护政策，又迫使汽车产业必须开发下一代的汽车，到底是选择混合动力汽车还是选择电动汽车还没有答案，而且今后研发的主体也许是电机产业或者是能源产业以及其他产业。这些不确定因素都构成了俄罗斯汽车产业发展的不确定性。俄罗斯最终能否顺利完成经济上的"结构改革"，实现包括汽车产业在内的现代化战略目标，是值得长期关注的一个课题，需要在今后的研究中，利用政治经济学等理论加以阐释和证明。然而，也正因为有这些不确定因素的存在，在俄罗斯尚未成长为汽车大国之前，日本二手车（包括二手车零部件）在俄罗斯依然存在一定的市场，但是2008年那样的辉煌恐怕已一去不复返了。

## 注释

1. 参见日本比较经济体制学会的网页，http://www.soc.nii.ac.jp/jaces/，"概要"部分。

2. ［日］长砂实：《从"社会主义经济学会会报"到"比较经济体制学会会报"》，载《比较经济体制学会会报》1993 年第 31 期。

3. 参见"智库百科"网 http://wiki.mbalib.com/wiki，关于"经济学"的条目。

4. 参见日本"公益财团法人环日本海经济研究所"网页内容，http://www.erina.or.jp/jp/Ec/ecoc.htm。

5. 参见"日文雅虎百科事典"，《日本大百科全书》中的"日本贸易振兴机构"词条。

6. 参见"日本贸易振兴机构"网站 http://www.jetro.go.jp/indexj.html 的"俄罗斯"部分。

7. ［日］外务省：《外交蓝皮书》(1992 年版)，第三章第 4 节"前苏联"部分，参见日本外务省网页，http://www.mofa.go.jp/mofaj/gaiko/bluebook/。

8. 同上。

9. ［日］外务省：《外交蓝皮书》(1996 年版)，第三章"主要地区形势"部分，参见日本外务省网页，http://www.mofa.go.jp/mofaj/gaiko/bluebook/。

10. ［日］外务省：《外交蓝皮书》(1998 年版)，第三章"主要地区形势"部分，参见日本外务省网页，http://www.mofa.go.jp/mofaj/gaiko/bluebook/。

11. ［日］外务省：《外交蓝皮书》(1999 年版)，第一章"综述"部分，参见日本外务省网页，http://www.mofa.go.jp/mofaj/gaiko/bluebook/。

12. ［日］外务省：《外交蓝皮书》(2003 年版)，第二章第 5 节"俄罗斯及独立国家联合体(NIS)国家"，参见日本外务省网页，http://www.mofa.go.jp/mofaj/gaiko/bluebook/。

13. ［日］外务省：《外交蓝皮书》(2004 年版)，第二章"各地区的外交"，参见日本外务省网页，http://www.mofa.go.jp/mofaj/gaiko/bluebook/。

14. ［日］外务省：《外交蓝皮书》(2010 年版)，第二章第 5 节"俄罗斯、中亚与高加索"，参见日本外务省网页，http://www.mofa.go.jp/mofaj/gaiko/bluebook/。

15. ［日］佐藤经明：《关于东欧各国的经济机构改革》，载《社会主义经济研究会会报》1965 年第 4 期。

16. ［日］冈田裕之：《社会主义世界体制解体：之前与以后》，载《比较经济体制学会会报》1994 年第 32 期。

17. ［日］佐藤经明：《经济体制的展望与学会名称变更问题》，载《比较经济体制学会会报》1994 年第 32 期。

18. 同上。

19. ［日］冈田裕之：《社会主义世界体制解体：之前与以后》，载《比较经济体制学会会报》1994 年第 32 期。

20. ［日］冈田裕之：《从马克思主义经济学向经济体制理论发展》，载《比较经济体制学会会报》1992 年第 30 期。

21. ［日］冈田裕之：《社会主义世界体制解体：之前与以后》。

22. 同上。

23. ［日］青木国彦：《体制转型》，载《社会主义经济学会会报》1992 年第 29 期。

24. ［日］芦田文夫：《"市场化"与经济体系》，载《社会主义经济学会会报》1992 年第 29 期。

25. ［日］犬饲钦也：《关于考察从计划向市场体制转型的理论框架》，载《比较经济体制学会会报》1993 年第 31 期。

26. 同上。

27.［日］长砂实：《比较经济体制研究的当代课题》，载《比较经济体制学会会报》1994年第 32 期。

28.［日］袴田茂树：《俄罗斯的政治·社会形势与市场化的展望》，载《比较经济体制学会会报》1995 年第 33 期。

29. 同上。

30.［日］袴田茂树：《俄罗斯的集市精神与分离派的精神》，载《俄罗斯研究》1995 年第 21 期。

31. 同上。

32.［日］沟端佐登史：《俄罗斯的市场变迁：变迁 10 年的教训和展望》，载《俄罗斯东欧学会年报》1999 年第 28 期。

33. 同上。

34. 同上。

35.［日］上垣彰：《关于比较的意义：从经济学的立场》，载《比较经济研究》2009 年第 46 期。

36. 同上。

37. 同上。

38.［日］犬饲钦也：《关于考察从计划向市场体制转型的理论框架》。

39.［日］长砂实：《比较经济体制研究的当代课题》。

40.［日］袴田茂树：《俄罗斯的政治·社会形势与市场化的展望》。

41.［日］沟端佐登史：《俄罗斯的市场变迁：变迁 10 年的教训和展望》。

42.［日］上垣彰：《关于比较的意义：从经济学的立场》。

43. 同上。

44. 所谓"荷兰病"是指资源国通过增加出口资源，提高了汇率，结果国内其他部门却丧失了竞争力。

45. 参见 http://www.kremlin.ru/news/5413；http://www.kremlin.ru/transcripts/5979。

46. 参见 http://www.runewsweek.ru/country/34166/。

47.［日］《日本经济新闻》，2010 年 7 月 11 日。

48. V.Mau (2010) Ekonomicheskaya politika 2009 goda：mezhdu krizisom i modern-izatsiyei，*Voprosy Ekonomiki*，No.2.转引自［日］横川和穗：《梅德韦杰夫政权的现代化政策》，载日本国际问题研究所网页，2010 年 10 月 7 日。

49.［日］横川和穗：《梅德韦杰夫政权的现代化政策》。

50. 冯绍雷：《俄罗斯：重新现代化》，载《第一财经日报》，2010 年 12 月 24 日。

51. 本章节的材料和数据得到日本二手车海外市场研究会阿部新、浅妻裕先生的无私帮助，在此深表谢意。

52.［日］外务省：《外交蓝皮书》(2006 年版)，第二章"地区国别外交"部分，参见日本外务省网页，http://www.mofa.go.jp/mofaj/gaiko/bluebook/。

53.［日］日本横滨贸易株式会社"海外市场"主页，http://www.jpucar.com/export/market.html。

54. 在日本，二手车一般要根据车龄来分类。依据新车上牌登记后的使用年限，分为老年式(1—3 年)、中年式(3—6 年)、低年式(6—9 年)。使用年限越长，市场价值越低。除了人气车型之外，低年式的二手车在日本没有市场，因此，对于低年式的汽车通常都作解体处理。但是，低年式二手车对于发展中国家来说，仍可继续使用，存在着市场价值，因此，也就没做解体处理而是向海外出口。中年式的二手车虽然存在国内市场，但是出口海外利润更高，所以也向海外出口。

55.［日］浅妻裕：新聞報道に見る中古車輸出事業の歴史，『月刊整備界』38 卷 13

号,2007 年 12 月,第 68—72 頁。

56.〔日〕阿部新・浅妻裕:中古車輸出市場の形成と発展に関する予備的考察,『北海学園大学経済論集』第 55 巻第 3 号,2007 年 12 月,第 75—76 頁。

57.〔日〕浅妻裕:新聞報道に見る中古車輸出事業の歴史,『月刊整備界』,第 68—72 頁。

58.〔日〕阿部新・浅妻裕:中古車輸出市場の形成と発展に関する予備的考察,『北海学園大学経済論集』第 55 巻第 3 号,2007 年 12 月,第 65 頁。

59.〔美〕T.科尔顿:《后苏联时期的俄罗斯政治领袖》,载《俄罗斯研究》2012 年第 2 期,第 26 页。

60.〔瑞典〕斯蒂芬・赫德兰:《金融危机后的俄罗斯》,载《俄罗斯研究》2010 年第 6 期,第 73 页。

61.〔日〕北日本新聞,1998 年 10 月 31 日,1999 年 3 月 19 日。

62.〔日〕北日本新聞,1999 年 2 月 28 日。

63.〔日〕北海道新聞,1999 年 8 月 12 日。

64.〔日〕『通商白書 2012』,第 1 章世界経済の動向,第 144 頁。

65.〔日〕久保庭真彰:《俄罗斯经济的转折点与"俄罗斯病"》,载《俄罗斯研究》2012 年第 1 期,第 41 页。

66.〔瑞典〕斯蒂芬・赫德兰:《金融危机后的俄罗斯》,第 82 页。

67.〔日〕竹内啓介・浅妻裕:急変する日ロ間中古車・中古零部件流通——俄罗斯の政治経済情勢に着目して,『北海学園大学経済論集』第 57 巻第 2 号,2009 年 9 月,第 50—51 頁。

68.〔日〕俄罗斯通信社:ロシア、外国車の輸入関税引き上げに,2009 年 12 月 1 日,http://jp.rian.ru/analytics/economics/20090112/119433751.html。

69.〔日〕サハリンでも輸入中古車の関税上げ反対集会,北海道新聞,2008 年 12 月 22 日。

70.〔日〕共同社:口極東、輸入車関税引き上げに抗議　日本の中古車激減,2009 年 4 月 19 日。http://condominium.at.webry.info/200904/article_4.html。

71.〔日〕日本貿易振興機構:自動車関税引き上げを9ヵ月延長,通商弘報,2009 年 10 月 13 日。

72.田雪冬:《俄国汽车进口高关税可能松动　有望年内入世》,载《中国汽车报》,2011 年 1 月 18 日。

73.〔日〕阿部新:俄罗斯向け分解中古車の輸出について,『月刊整備界』39 巻 9 号,2008 年 9 月,第 30—33 頁。

74.〔日〕阿部新:貿易統計から見る中古車輸出市場の動き,『月刊整備界』40 巻 4 号,2009 年 4 月,第 28—32 頁。

75.〔日〕竹内啓介・浅妻裕:急変する日ロ間中古車・中古零部件流通——ロシアの政治経済情勢に着目して,『北海学園大学経済論集』,第 50 頁。

76.〔日〕『通商白書 2012』,第 1 章第 2 節 6(1)ロシア経済。

77.〔日〕中谷勇介:ロシア極東地域での中古車をめぐる動き,『月刊整備界』37 巻 10 号,2006 年 9 月,第 38—41 頁。

78.〔日〕浅妻裕:ロシアの乗用車市場と関税政策の動向,『月刊整備界』37 巻 9 号,2006 年 8 月,第 42—45 頁。

79.同上。

80.〔日〕中谷勇介:ロシア内陸地域における中古車をめぐる動き,『月刊整備界』38 巻 4 号,2007 年 4 月,第 42—45 頁。

81.同上。

82. 日本劳动成本很高，较为重视市场价值较高的二手车零部件的销售。为了获得利润，必须提高产品的附加值，为提高附加值，必须提高二手车零部件的认可度，而提高认可度的关键在于通过电子化来提高库存商品的管理效率。

83. ［日］浅妻裕：ロシア極東地域における中古車・中古零部件輸入の現状，『月刊整備界』40 巻 6 号，2009 年 6 月，第 24—28 頁。

84. 同上。

85. ［日］齋藤大輔：悩める極東中古車ビジネス－アクセルとブレーキの間で，『ロシアNIS 調査月報』2010 年 11 月号，http://www.rotobo.or.jp/publication/monthly/m201011.html。

86. ［日］後藤正弘：サハリンから見えてくるロシア自動車市場の将来，『ロシアNIS 調査月報』2010 年 11 月号，http://www.rotobo.or.jp/publication/monthly/m201011.html。

87. ［日］齋藤大輔：悩める極東中古車ビジネス－アクセルとブレーキの間で。

88. ［日］坂口泉：ロシアの自動車産業の近代化，『ロシアの近代化・エネルギー・環境』，日本国際問題研究所，2012 年 3 月，第 144 頁。

89. ［日］相田裕之：ロシア極東マイクロビジネス支援，経済産業省ロシア・NIS 室，2003 年 9 月，www.rotobo.or.jp/events/micro/No.6.htm。

90. 《俄罗斯报》：《俄罗斯人喜欢日本二手汽车》，2006 年 8 月 1 日，http://www.crc.mofcom.gov.cn/crweb/scoc/info/Article.jsp?a_no=38888&col_no=238。

91. ［日］日本貿易振興機構：中古車の現地輸入規則および留意点：ロシア向け輸出，2010 年 11 月，http://www.jetro.go.jp/world/russia_cis/ru/qa/01/04A—041114。

92. RBCdaily, 7 Sep.2010, http://www.rbcdaily.ru.

93. ［日］坂口泉：ロシアの自動車産業の近代化，『ロシアの近代化・エネルギー・環境』，日本国際問題研究所，2012 年 3 月，第 149—153 頁。

94. 同上，第 153 頁。

95. ［日］吉田信美：ロシア自動車市場の推移と現状、そして今後，JAMAGAZINE，2008 年 11 月号，http://www.jama.or.jp/lib/jamagazine/200811/04.html。

96. ［日］日本貿易振興機構：ロシアの自動車部品産業，調査レポート，2012 年 7 月，https://www.jetro.go.jp/world/russia_cis/ru/reports/07001016。

97. 新华网莫斯科 2011 年 9 月 5 日电：《普京预计五年后俄将成为欧洲最大汽车市场》。

98. ［日］平岩幸弘：中古車・中古部品輸出ビジネスの先駆け，『月刊整備界』第 37 巻 13 号，2006 年 12 月，第 46—48 頁。

99. ［日］浅妻裕：ロシア極東地域における中古車・中古部品輸入の現状，『月刊整備界カーメンテナンスマネジメント』，第 24—28 頁。

100. ［日］中谷勇介：自動車のハイテク化と中古部品の可能性，『月刊整備界』第 40 巻 7 号，2009 年 7 月，第 24—27 頁。

101. ［日］阿部新：最近の中古車輸出市場の動きについて，『月刊自動車リサイクル』第 12 号，2012 年 3 月，第 56—65 頁。

102. ［美］西里尔・E.布莱克：《日本和俄国的现代化》，周师铭等译，北京：商务印书馆 1991 年版，第 34—43 页，第 436—437 页。

103. ［美］罗伯特・吉尔平：《全球政治经济学：解读国际经济秩序》，杨宇光、杨炯译，上海：上海人民出版社 2006 年版，第 142—145 页。

104. 余南平、李秋悦：《后金融危机时代俄罗斯经济转型评估》，载《俄罗斯研究》2012 年第 3 期，第 170 页。

# 第六章

# 冷战后日本的俄罗斯社会转型研究

　　俄罗斯政治经济转型的空间与载体是俄罗斯社会,而俄罗斯社会也是俄罗斯制度变迁的对象与结果。笔者非常欣赏冯绍雷和相蓝欣教授主编的"转型时代丛书"中的《转型中的俄罗斯社会与文化》(上海人民出版社 2005 年版)对苏联解体后俄罗斯社会转型问题的分析。该书分为转型中的俄罗斯社会结构、转型期俄罗斯的社会问题和政策、俄罗斯文化的发展等三大部分,全面而详细地阐述了冷战后的俄罗斯在社会与文化领域产生的激荡与演变、各项改革的得失与趋势等内容。笔者从中得到的一个启示是,将日本俄苏学界对俄罗斯社会文化问题的研究统括于社会转型研究之中,因为有关俄罗斯社会文化问题都是在俄罗斯社会转型的大背景中发生的。然而,考虑到本书的特点,难以在有限的篇幅与时间内全面阐述日本学者对俄罗斯社会转型的研究,所以仍然按照本书的思路,根据笔者目前的学识与能力对其进行一番梳理,选择为日本俄苏学界所关注并具有特色的研究方向给予阐述,许多未尽之处留待将来解决。

　　本章首先对冷战后日本俄苏学界关于俄罗斯社会转型研究的成果进行分类汇总,通过较为全面地整理较具代表性的学术成果来把握日本学者对俄罗斯社会转型研究的问题意识与研究特色,同时将以斯拉夫研究中心、俄罗斯·东欧学会等研究机构为重点,对其研究方法与研究特色进行横向比较研究,并对日本研究机构和日本学者对转型阶段俄罗斯的社会问题的研究路径进行归纳论述。最后,以个案分析的方法,对袴田茂树教授所提出的极具代表性的观点——"砂子社会"进行阐述分析。

## 第一节　冷战后日本的俄罗斯社会转型研究综述

俄罗斯社会转型问题是冷战结束后日本俄苏学者较为关注的一个研究领域。本书第二章第三节的图2.2、图2.3、图2.5、图2.6分别对冷战后日本俄苏研究专著(东京大学盐川伸明教授的"俄罗斯东欧文献目录")、早稻田大学图书馆有关俄罗斯问题藏书(2000—2010年)、《俄罗斯·东欧学会年报》(1992—2008年)和《斯拉夫研究》关于俄罗斯研究的论文进行了分类汇总。本节拟以日本俄苏学界关于俄罗斯社会文化研究的最权威组织——斯拉夫研究中心为代表,对其会刊《斯拉夫研究》上刊载的论文进行分类汇总,之后再作归纳分析,尽可能如实反映日本学者对俄罗斯社会转型问题的关注方向;同时,还将分类汇总俄罗斯·东欧学会的《俄罗斯·东欧学会年报》所刊载社会文化类的论文、参考比较经济体制学会的《比较经济研究》刊载的有关论文以及俄罗斯社会转型研究的有关专著,进行辅助说明分析,力求较为全面地阐述日本学界对俄罗斯社会转型问题研究的主要特色和研究路径。

### 一、冷战后日本的俄罗斯社会转型的研究成果

《斯拉夫研究》1992—2010年刊载的关于俄罗斯社会文化类的论文共有32篇,在所有类型的论文中居第二位。关于《斯拉夫研究》刊载的俄罗斯社会文化类论文的具体分类情况,请参见图6.1:《斯拉夫研究》(1992—2010年)社会文化研究的论文分类。

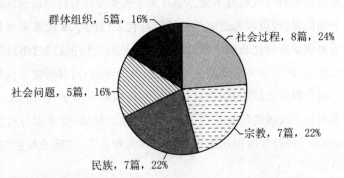

**图6.1　《斯拉夫研究》(1992—2010年)社会文化研究的论文分类**

关于《斯拉夫研究》刊载的俄罗斯社会文化类论文,图6.1的分类方法主要参考郑杭生主编的《社会学概论新修》(中国人民大学出版社2009年版),按照社会学的主题将论文分为群体组织、社会制度、社会过程、社会问题等类别内容,同时注意到日本学者的研究重点,将社会制度中的宗教问题和群体组织中的民族问题单独作为一个类别提出。在总计32篇文章中,将城野充的《戈尔巴乔夫时代的电视媒体:信息公开的媒体》(第43号,1996年)、冢崎今日子的《赛马及其现代功能——对阿尔汉格尔斯克州的调查》(第49号,2002年)等8篇论文划分为社会过程类;将藤原润子的《现代俄罗斯呪术的能量、传记调查、见闻、法规、程序》(第49号,2002年)、渡边圭的《高加索山脉的隐士苦行僧伊拉里奥的"荒野"修道思想》(第53号,2006年)、后藤正宪的《作为实践的知识重构——楚瓦什的传统宗教与占卜》(第56号,2009年)等7篇论文划为宗教类;将樱间瑛的《从"受洗的鞑靼"到"Kriashens"——现代俄罗斯民族复兴的一种形态》(第56号,2009年)、佐藤圭史的《苏联末期民族问题的母权结构分析:立陶宛·波兰人问题的事例研究》(第54号,2007年)等7篇论文划分为民族类;将杉浦史和的《俄罗斯的拖欠工资问题再研究》(第50号,2003年)、武田友加的《1990年代俄罗斯的贫困状态——贫困者差异性的把握》(第51号,2004年)等5篇论文划为社会问题类;将青木恭子的《外出打工、财产与家庭分割:关于从农奴解放到革命的俄罗斯农民家庭的最新研究》(第45号,1998年)、伊贺上莱穗的《结婚仪式反映的沙俄末期俄罗斯农民的亲戚关系——对记述资料的分析》(第49号,2002年)等5篇论文划为群体组织类。

有了上述的分类之后,再进一步对《斯拉夫研究》刊载的社会文化类论文加以分析,会发现如下特点:第一,在32篇论文中,绝大多数的论文是关于社会文化史类的论文,共有22篇,约占论文总数的69%;其中10篇是关于沙俄时代的论文,6篇是关于苏联时代的论文。这一数量上的特征,反映出《斯拉夫研究》追求纯学术研究的办刊风格,强调学术研究的历史厚度,注重史论结合而不刻意强调实时性。同时,沙俄时代和苏联时代的论文居多,并且沙俄时代的论文略多于苏联时代的论文,这也反映出日本俄苏史学界的一种研究倾向。第二,宗教问题是《斯拉夫研究》刊物较为关注的一个研究领域。从图6.1可以看出宗教问题是《斯拉夫研究》的重点研究领域,论文数量在各分类项目中居前。截至 2010 年,俄罗斯国内东正教会的信众为 9 000 万人,拥有世界最大的独立教会组织。苏联时代曾经一度标榜无神论,教会受到打压,大多数的教堂遭到破坏,教会首领、修士、修女、信徒等受到迫害;苏联解体后,东正教作为俄罗斯人精神上的归宿开始复活,势力不断增大,对转型社会的影响也在日益增强。日本俄苏学者较为敏锐地抓住了俄罗斯社会转型过程中的代表事物——东正教的复兴与宗教的多元化,并将研究成果公开发表。第三,民族问题也是《斯拉夫研究》关注的重点研究领域。2002 年 10 月 30 日,俄罗斯国家委员会公布了 2002 年全俄人口普查数据:俄罗斯联邦共有 160 多个民族。人口超过百万的民族有七个,分别是俄罗斯、鞑靼、乌克兰、巴什基尔、楚瓦什、车臣和亚美尼亚。其中,俄罗斯族人口最多,约为 1.16 亿,占全国居民总数的 80%。俄罗斯独立后,苏联时期遗留的民族关系的复杂性和民族矛盾一度不断升级。经过一段时间的转型改革之后,俄罗斯各民族之间正处于艰难的磨合时期,各民族情况差异大,民族分离主义现象严重,对俄罗斯的统一构成巨大威胁。[1]《斯拉夫研究》虽然认为民族问题是俄罗斯转型过程中的一个重点课题,但并没有紧密跟踪研究车臣问题等热点的民族问题,仍然恪守着一贯的纯学术研究的原则,与热点和政治问题保持距离,注重从历史的视角来研究俄罗斯的民族问题。第四,关于转型时期的俄罗斯社会问题,论文数量虽然不多,只有 5 篇,但关注的问题却是关系到俄罗斯社会普通居民的民生问题,如拖欠工资、社会不平等、弱势群体等问题。

图 6.2 对《俄罗斯·东欧学会年报》刊载的俄罗斯社会文化研究的论文进行了分类,分类方法与图 6.1 的分类方法来源相同,但由于《俄罗斯·东欧学会年报》与《斯拉夫研究》两份期刊的办刊风格不同,因此在具体的分类上,《俄罗斯·东欧学会年报》刊载的社会文化类论文并没有群体组织和社会制度方面的论文,但却出现了文化思想方面的论文。从图 6.2 可以看出,关于《俄罗斯·东欧学会年报》1992—2008 年刊载的俄罗斯社会文化类论文,将五十岚德子的《关于俄罗斯女性的家庭与工作意识——以圣彼得堡的调查为中心》(1997 年第 26 期)、粟田聪的《1998 年经济危机以后的俄罗斯失业问题》(2000 年第 29 期)、藤

原克美的《关于转型时期俄罗斯劳动市场的性别问题》(2003 年第 32
期)、村井淳的《通过犯罪统计来观察当代俄罗斯的社会变动——从戈
尔巴乔夫改革时期至 2002 年》(2003 年第 32 期)、田畑朋子的《俄罗斯
各地区人口变动的社会与经济要素分析(1989—2002 年)》(2005 年第
34 期)等 9 篇文章划分为社会问题类论文;将阿部军治的《俄罗斯东正
教的复兴及其各种问题》(1995 年第 24 期)、广冈正久的《从东正教看
新"千年"——以俄罗斯东正教为中心:清算悲剧的 20 世纪和展望新的
千年王国》(2000 年第 29 期)、宫川真一的《关于当代俄罗斯公共教育
的宗教教育——开设"东正教文化基础"课程》(2005 年第 34 期)等 7
篇文章划分为宗教类论文;将村井淳的《关于列宁的民族问题的思想与
现状》(1993 年第 22 期)、宫川真一的《极右团体"俄罗斯民族统一"的
思想——以亚历山大·巴尔卡乔夫的学说为中心》(1999 年第 28 期)
等 4 篇文章划分为民族问题类论文;将铃木康雄的《叶利钦政权下的俄
罗斯与媒体》(1994 年第 23 期)、五十岚德子的《关于体制转型中的俄
罗斯人社会意识的现状——以社会意识调查的结果为中心》(1994 年
第 23 期)等 4 篇文章划分为社会过程类论文;将龟山郁夫的《关注狂
热——20 世纪俄罗斯文化的"全体性"》(2001 年第 30 期)、平手贤治的
《关于卡罗尔·奥伊提娃的传统自然法与体制伦理——自由主义的暴
力》(2007 年第 36 期)等 4 篇文章划分为文化思想类论文。

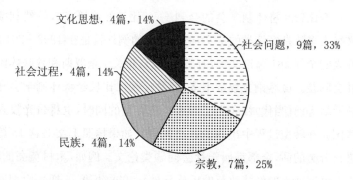

图 6.2　《俄罗斯·东欧学会年报》(1992—2008 年)社会文化研究的论文分类

在对《俄罗斯·东欧学会年报》刊载的俄罗斯社会文化类论文进行
上述分类之后,再做进一步的分析就会发现如下特点:第一,《俄罗斯·

东欧学会年报》刊载的俄罗斯社会文化类论文密切跟踪热点和现实问题,尤其关注俄罗斯在社会转型过程中出现的社会问题,该类论文在所有分类论文中数量最多,主题集中在俄罗斯社会转型中出现的民生问题方面。涉及的民生问题有女性问题、失业问题、健康问题、职业问题、人口移动及犯罪问题等方方面面。这一特点与《斯拉夫研究》大相径庭,明显反映出两者的办刊宗旨与学术风格的差异。《斯拉夫研究》刊载的俄罗斯社会文化类论文数量最多的是社会过程类论文,主题较为分散,而且多数文章都是历史类题材。当然,《斯拉夫研究》刊载的社会问题类论文虽然数量较少,但同样反映的是俄罗斯社会转型过程中的民生问题,在这一主题上两者较为接近。第二,《俄罗斯·东欧学会年报》较为关注俄罗斯的宗教问题,特别是东正教问题。该类文章共有 7篇,其中关于东正教的文章为 4 篇,另外 3 篇中有两篇是综述性文章,一篇是关于伊斯兰教的论文。而《斯拉夫研究》刊载的 7 篇宗教类文章,阐述的是教会问题、巫术、传统宗教、占卜等与传统的宗教信仰相关的边缘问题,没有一篇文章直接阐述东正教问题,主题非常分散,这一点又反映出两种刊物的不同风格。第三,《俄罗斯·东欧学会年报》与《斯拉夫研究》一样,都较为关注俄罗斯的民族问题。第四,《俄罗斯·东欧学会年报》刊载的 4 篇社会过程类文章反映的是俄罗斯社会转型过程中的社会意识与国民性等问题,相比《斯拉夫研究》同样题材的文章,主题更为集中。

日本比较经济体制学会的会刊——《比较经济研究》,虽然刊载的论文绝大多数是经济类的论文,但是其中的例外就是在 1992—2010 年所发表的全部 281 篇论文中,有 13 篇文章是关于俄罗斯和独联体国家的社会问题。虽然论文数量不多,但是反映出比较经济体制学会在研究俄罗斯等前(当代)社会主义国家经济转型的同时,也将目光投入到这些国家在转型过程中出现的社会问题。如果按照上文对这 13 篇文章进行分类的话,全部都属于社会问题类论文。例如,木村英亮的《关于中亚俄罗斯人的经济改革的民族条件》(1998 年第 35 期)、田畑朋子的《俄罗斯不同地区的人口动态——以 1990 年代为中心》(2004 年第 41 期)、云和广的《俄罗斯地区间的人口移动:重力模型的应用》(2004 年第 41 期)等文章,对处于社会转型背景下俄罗斯的社会问题,从不同的视角进行了论述。不过,这 13 篇文章的前提背景都与俄罗斯的经济转型相关。

在对《斯拉夫研究》、《俄罗斯·东欧学会年报》以及《比较经济研究》有关俄罗斯社会文化类论文进行分类汇总以及特点分析之后,再对有关专著进行大致的统计与分析。从日本学者撰写的俄罗斯问题专著的总体数量上看,关于俄罗斯社会文化研究的专著数量占有很大比例。在本书第二章第三节,笔者根据东京大学盐川伸明教授的"俄罗斯东欧文献目录"进行了统计,在所有专著当中,社会文化类专著(22 部)与民族·宗教·地域类的专著(17 部)合并统计的总数为 39 部,仅次于日苏·日俄关系的专著数量(42 部),在各类著作中居第二位;笔者又对早稻田大学图书馆有关俄罗斯问题的藏书(2000—2010 年)进行了统计,社会文化类图书共 123 部,在所有类别中的数量居于第一位。前文已经有过说明,早稻田大学图书馆有关俄罗斯社会文化类的书目数量远多于盐川伸明教授整理的"俄罗斯东欧文献目录"的数量,主要原因在于进入 21 世纪后,为满足社会民众的需求,日本出版了大量俄罗斯社会文化方面的图书,其中艺术类、旅游类占有很大比重;同时语言文学,尤其是俄语教学方面的图书较多。这一类的书籍毕竟不是纯粹的研究专著,无法成为专业参考书目。

## 二、主要研究机构关于俄罗斯社会转型的研究特色和研究路径分析

处于转型阶段的俄罗斯社会关系与社会问题呈现出诸多令人关注的特点。那么,日本学者和有关研究机构是如何把握转型阶段俄罗斯的社会问题的呢? 下文主要阐述有关研究机构关于俄罗斯社会转型的研究特色与研究路径,特别是斯拉夫研究中心的问题意识与研究路径。至于日本学者的研究特色和研究路径,将以个案分析的模式在本章第二节中予以阐述。

上一部分通过《斯拉夫研究》、《俄罗斯·东欧学会年报》以及《比较经济研究》三份学术刊物,对日本学者关于俄罗斯社会转型问题的论文成果进行了分类汇总,同时也通过比较研究阐述了《斯拉夫研究》与《俄

罗斯·东欧学会年报》这两份期刊的论文风格,其风格特点基本符合斯拉夫研究中心和俄罗斯·东欧学会的研究特色。下文以日本北海道大学斯拉夫研究中心为例,重点分析日本研究机构对俄罗斯社会问题的问题意识与研究路径。

北海道大学斯拉夫研究中心是日本俄苏学界最为重要的实体研究机构,本书在第二章对此已经有过重点介绍,故不再重复。关于转型阶段的俄罗斯社会问题研究,斯拉夫研究中心处于日本学界领头羊地位,其学术地位主要通过召开有影响的国际学术研讨会、发表有分量的学术成果以及涌现出一批有代表性的学者而得以体现。

首先,斯拉夫研究中心每年夏季和冬季都会定期举办国际性专题研讨会(关于会议总体情况,本书第二章第三节已有具体介绍),该研讨会称得上是日本俄苏学界最具国际影响力的学术会议。关于会议的主题设计,在1992—2010年召开的39次国际专题研讨会中,涉及俄罗斯社会转型的研讨会超过10次,例如先后举办了"欧亚变动:社会与历史的诸多方面"(1995年冬季)、"斯拉夫地区的变动:社会与文化百相"(1996年冬季)、"追求共存模式:斯拉夫·欧亚变动而出现的民族问题"(1997年夏季)、"俄罗斯的文化:站在新世纪的门口"(2000年夏季)、"回归与扩散:地区大国的人口移动与跨境问题"(2010年冬季)等主题研讨会。斯拉夫研究中心对会议主题经过精心设计之后,便会广泛邀请与会人员,美国、俄罗斯、欧洲国家、中国、韩国等国的俄罗斯问题最高水平的专家和学者经常应邀与会。会议结束之后,该中心几乎都会使用英语或俄语结集出版高水平的论文集,出版过 *Slavic Eurasian Studies No. 17 "Beyond the Empire: Images of Russia in the Eurasian Cultural Context"*(2006年冬季)、*Русская культура на пороге нового века*(2000年夏季)等论文集,充分体现该中心学术成果的国际性与前沿性。

其次,斯拉夫研究中心还出版了《讲座 斯拉夫的社会》等在日本国内具有广泛影响的学术专著,通过该著作可以把握该中心对俄罗斯社会问题的研究路径。《讲座 斯拉夫的社会》(弘文堂,1994年12月),是斯拉夫区域研究文集《讲座 斯拉夫世界》(8卷本)中的一部,是日本最早阐述斯拉夫地区社会问题的专著。该书由5部分共13章

构成,其中有 7 章阐述转型阶段俄罗斯的社会问题,而且每一部分都有
关于俄罗斯社会问题的文章。该书按照斯拉夫研究中心对斯拉夫地区
特别是对俄罗斯在社会转型过程中最为关注的 5 个方面的社会问题构
建了全书的框架。这 5 部分以及关于俄罗斯社会问题的章节标题分别
为,第一部分(体制转型与社会变迁)第 1 章:俄罗斯的社会变迁与国民
性;第二部分(社会与人的形成)第 4 章:俄罗斯的教育改革、第 5 章:俄
罗斯的逃逸行为与犯罪情况;第三部分(职场与工作)第 6 章:后社会主
义过程中的劳资关系——俄罗斯与苏联国家;第四部分(家庭与女性)
第 9 章:苏联的家庭与社会;第五部分(地域与生活)第 11 章:俄罗斯农
村的传统世界、第 12 章:俄罗斯地方领导人的职业模式——以特维尔
州为例。上述章节的设置,反映出日本学者对俄罗斯社会问题的关注
角度与问题意识。

那么,该书是通过何种研究路径来把握俄罗斯以及前苏东国家的
社会问题的呢? 作为该书主编之一的石川晃弘教授认为:斯拉夫地区
的社会相当难以把握,主要原因有三点:第一,该地区的社会,传统上是
远离国家逻辑而存在的。即便是强大的俄罗斯帝国,在其专制统治下
的民众也对国家持有一种刻意疏远的态度。民众在远离国家逻辑的地
方过着自己的生活,他们形成的社会逻辑也不同于国家逻辑。即使国
家政权发生更迭,民众的生活和社会也没有多大变化,依然保持着自身
的关系模式和社会秩序。苏联共产党掌权之后,其原来的社会特征依
然保持着。因此,按照国家逻辑而构建的公共制度理论无法充分对该
地区的社会进行解释,必须追溯到民众生活的本源,根据民众在生活中
构建的各种非正式关系及结构来观察和分析该地区的社会问题。[2] 但
是,在 20 世纪 90 年代初期,由于苏联是意识形态优先的社会,完全忽
视社会自身的逻辑,关于社会研究的科学信息非常不足。而且,社会学
者对该地区展开社会调查时,无论是选择的主题或是公布的结果,都不
能违背国家的逻辑。因此,即便想要致力于该地区的社会问题研究,也
会面临数据不足的问题。第二,该地区民众的生活方式和社会构成多
样化,而且是由不同成分构成的,因此不能泛泛而谈该地区的社会或者
斯拉夫民族的社会。第三,该地区在第二次世界大战后实行了统一的
社会主义体制。由于社会主义革命始于国家政权的交替,然后再人为

而有意识地构建社会,因此对于没有做好接受社会主义准备的社会来说,国家就意味着强力挑战和改造原来的社会,其结果往往会在国家的变革和社会的惰性之间产生龃龉,必然引起社会对于国家的抵抗。但是,这一点并没有纳入马克思列宁主义的视野之中。于是,在社会主义制度框架中自然产生出两种社会领域,一种是像家庭生活和宗教生活那样,国家很难对其产生影响的领域,在该领域维持并形成社会基本的人际关系与规范,这一领域也被称为第一集团;二是像企业、学校、公共机构、地方行政机关、工会、青年组织等,社会主义的影响力能够直接作用的领域,该领域也被称为第二集团。社会主义的影响力可以对第二集团进行重组,但是很难深入到第一集团内部,对人生的态度、信念和价值观产生影响。第一集团得到了各民族和地区的传统生活方式的支持,并且不断发展,人们也在第一集团的个人网络中维系着生活。于是,第一集团的逻辑逐渐渗透到第二集团的社会关系中,尤其对近代官僚体制产生了影响。因此,前苏东地区的社会主义社会具有民族性和地方性等多种特性,无法做到整齐划一。[3]冷战结束后,社会主义体制在前苏东地区消失,社会摆脱了国家而获得自立。但是,对于完全没有市民社会经验的前苏东国家来说,这是一种全新的情况,挣脱了国家束缚的社会不得不进行自我组织的构建。在这种情况下,前苏东地区会形成何种社会,会衍生出何种社会问题,成为日本学者非常关注的问题。总而言之,《讲座 斯拉夫的社会》的核心问题意识就是:在社会主义体制消失的前苏东地区,从国家的逻辑中解放出来的第二集团和未曾涵盖国家逻辑中的第一集团,它们各自以何种逻辑立足于社会?并且,在此过程中,前苏东地区又将经过怎样的结构变化和再次构建来重新获得整合?在上述认识和问题意识的基础上,日本学者通过体制转型与社会变迁、社会与人的形成等5个部分展开了对俄罗斯等国的具体的社会问题的研究。

最后,斯拉夫研究中心拥有较为完整的俄罗斯问题研究的团队,形成了俄罗斯部门、西伯利亚与远东部门、中亚部门、东欧部门和地域比较部门等5大研究方向,为学术研究打下了坚实的物质基础。在俄罗斯研究方向,有望月哲男教授(俄罗斯文化与文学研究)、山村理人教授(转型经济的比较制度和俄罗斯东欧农业问题研究)、田畑伸一郎教授

(俄罗斯经济:体系与经济成长的分析研究)、松里公孝教授(俄罗斯帝国和前社会主义国家的政治研究)等为代表的研究团队;在西伯利亚与远东研究方向,有荒井信雄教授(俄罗斯远东地区经济研究)、岩下明裕教授(俄罗斯外交和东北亚地区研究)等为代表的研究团队。具体到俄罗斯社会问题的研究,基本上是以望月哲男教授为代表,汇集了重点项目的特聘研究员和博士后等从事研究。比如,在新学术领域研究的后藤正宪研究员的研究方向是文化人类学、宗教以及科学认知与实践;学术振兴会的博士后佐藤圭史的研究方向是苏联的民族问题等。当然,以俄罗斯社会问题为研究方向的博士与硕士研究生也是研究团队的重要研究力量。上述研究人员学术影响力的重要体现就是多次获得日本文部省以及学术振兴会的学术立项。关于俄罗斯社会问题研究,该中心近期获得的国家级项目有:望月哲男的"关于伏尔加文化圈及其表象的综合研究"(2009—2011 年度)、松里公孝的"俄罗斯的宗教复兴:公共机能、生活故事、空间动态"(2009—2011 年度)、后藤正宪的"俄罗斯楚瓦什的占卜历史的人类学研究"(2009—2011 年度)、青岛阳子的"俄罗斯帝国各民族的统合政策:关于边疆·教育管区的教育政策的比较研究"(2009—2012 年度)等。

对日本学者关于转型阶段俄罗斯社会问题的研究进行总体归纳之后会发现,日本学者当前主要通过以下研究路径展开对俄罗斯社会问题的研究:第一,人口动态的研究,主要关注出生率的下降与死亡率的上升、人口负增长、平均寿命的降低与婴儿死亡率的上升、人口与人口年龄结构、婚姻·离婚·出生、死亡率上升与平均寿命降低的原因(经济生活水平下降、转型时期社会动乱造成的事故·中毒·致残、保健与医疗体制的恶化等)等方面;第二,社会差距的研究,主要关注苏联社会主义体制的收入差距与贫困、体制转型时期的收入差距的扩大与贫困、差距扩大与贫困的原因、收入差距的固定化、20 世纪 90 年代俄罗斯的贫困问题、体制转型后的社会结构(富裕层、中间层、低收入层、赤贫层)等问题;第三,当代俄罗斯的社会与性别研究,主要关注苏联社会主义与女性解放及男女平等政策、体制转型与女性的意识动向等方面;第四,犯罪与逃逸行为的研究,主要包括犯罪发生率的绝对增加与逮捕率的低下、恶性与残忍犯罪案件的增加、吸毒·酗酒以及流氓行为等问题;第五,俄罗斯的社会意识研究,主要关注俄罗斯的同一性与国家的研究(其中包括俄罗斯国民的形象:好客、直率、坚忍、热情、爱好和平、勤劳等;关于俄罗斯国民的认识;俄罗斯发展的道路:欧化还是俄化、发展与走俄罗斯自立之路;俄罗斯国家:民族、俄罗斯人的位置、社会主义、大国、民主制等方面的研究)、政治意识与政党·政治家的研究(其中包括俄罗斯的政治体系与经济体系:是苏联体制还是民主国家、是计划经济体制还是私有化与市场经济;俄罗斯政治与强力领导人;对总统和政府的信任度以及对总统的支持率)、转型时期的社会意识变化的研究(其中包括对过去十多年变化的评价:变化程度、对体制转型的评价、体制转型过程中的衍生物;国家与个人的关系:国家对个人的义务与个人对国家的义务)、日本与俄罗斯相互的认知以及对两国关系现状的认识等研究视角。

关于转型阶段俄罗斯社会问题研究路径的分析,较具代表性的成果是日本防卫研究所 2009 年 7 月提交的政策提案——《双头体制的俄罗斯——日本应有的对策》。该提案指出,转型阶段的俄罗斯在社会文化方面正面临着四个严重危机:第一,人口减少的危机。这是当前俄罗斯所面临的社会问题中最令人头疼的一个问题。人口减少的原因包括少子化、平均寿命缩短、出国人数增多等。第二,人口分布失衡的危机。在俄罗斯领导层希望人口增加的地区,特别是西伯利亚和俄罗斯远东地区,却出现了人口密度显著降低的趋势;而车臣人、印古什人等,相比斯拉夫系民族来说出生率较高的南部伊斯兰系民族,其人口却在剧增。第三,言论自由的危机。据几个具有国际影响力的非政府组织的年度报告,譬如"无国界记者团"(总部位于巴黎)2008 年的年度报告指出,在世界 173 个国家中,俄罗斯的"言论自由"排名第 141 位;美国"自由之家"对世界 195 个国家进行了"言论自由"的排名,认为俄罗斯是"完全不自由"的国家,排在第 174 位(2009 年 5 月)。"世界报纸协会"(总部位于巴黎)在莫斯科召开第 59 届大会时,在 110 个国家 1 700 人的与会人员面前,该协会会长批评了俄罗斯对媒体的管制。第四,社会文化软实力的危机。历史上的俄国和苏联都具有一定的软实力。19 世纪俄国卓越的文学、美术、音乐、芭蕾舞等吸引着全世界的知识分子。苏联时期高举着追求取代资本主义模式、实现社会主义的理念,在航空航天等领域也吸引着一批知识分子的关注。但是在大众文化发展的今天,俄罗斯曾经吸引部分知识分子的软实力丧失殆尽,现在的俄罗斯缺乏吸引年轻人和平民化的人们的魅力。此外,俄罗斯的国家形象在外部世界也较为负面,这当然是西方媒体的操纵和阴谋,俄罗斯在对其批判的同时,也在努力改善国家的形象。[4]

## 第二节 "砂子社会"——袴田茂树眼中的俄罗斯社会转型

青山学院大学袴田茂树教授是日本俄罗斯问题的权威学者,作为日本外务省的智囊人士,对日本的对俄政策决策具有影响力。本节拟以袴田茂树教授在 20 世纪 90 年代对转型阶段俄罗斯的社会问题的研究为代表,重点分析他对俄罗斯社会问题的研究路径。

20 世纪 90 年代中期,随着俄罗斯激进改革派自由化改革的失败,俄罗斯社会各种批评和反思的声音日益强烈。同时,俄罗斯的学术界也从社会角度评价和衡量各项改革措施的成效与得失。对于俄罗斯的社会变动,日本学者是以何种研究路径为突破口来研究俄罗斯社会问题的呢?日本俄苏学者也是见仁见智,较有代表性的人物是袴田茂树教授,他提出的观点是从俄罗斯构建市民社会的可能性来考察俄罗斯的社会问题。[5]

对于苏联解体后的俄罗斯社会,一位美国学者提出,在全能主义国家的日本和德国,当其全能主义体制解体之后,它们通过美国的支持建立起民主主义体制,发展成为和平国家。因此,俄罗斯的全能主义体制解体之后,如果有发达国家的支持,也会建立民主体制,发展成为和平国家。在俄罗斯以及世界各地发生的混乱,就是因为没有充分尊重民主和人权。[6]对此,袴田茂树教授认为,苏联解体及其民主化过程不同于德国和日本的民主化过程。因为苏联面临的问题除了在政治上存在从独裁体制向民主体制过渡的课题之外,还面临着从没有强权就不能维持秩序的社会,向不需要强权而形成稳定秩序的社会过渡这一课题。独裁社会的民主化问题与稳定的社会秩序形成的问题,是不同维度的问题。德国和日本,在建立全能主义和军国主义之前,其社会就已形成稳定的秩序，但俄罗斯却不是。德国与俄罗斯的全能主义的形成条件恰好相反，即俄罗斯因为不存在现代工业社会所必需的基本秩序，因此才需要斯大林体制；而德国却是因为有了发达的国民教育和秩序水准，才使得纳粹的全能主义统治更为彻底。[7]德国的普鲁士时代和日本的江户时代对其近代市民社会秩序的建立起到重要作用，而俄罗斯因为没有上层强有力的统治和强力领导人，时至今日尚未形成有秩序的社会、社会心理、文化和道德等条件。

袴田茂树教授提出一个假说，认为转型阶段的俄罗斯社会与第二次世界大战后的德国和日本有着本质的不同。俄罗斯虽然没有强权统治，但是其自发调节社会各种利害关系的社会、文化、心理以及道德等因素并不存在。自戈尔巴乔夫改革以来，俄罗斯的政治自由在一定意义上已经实现，甚至超过欧美国家；在经济与社会方面，重视个人权利与利益的理念也得到了普及。然而，俄罗斯市民社会的另一个侧面却是，自发维持社会和经济秩序的各种条件尚不成熟。如果没有强力领导人和威权主义以及自上而下的强制力，俄罗斯就无法维持社会的基本秩序。这种秩序既不是对各种利益的认可，又非自下而上的自律。袴田茂树教授进而又提出一个问题：难道俄罗斯在70余年的苏联政权时期，就没有形成像日本在封建时代形成的那种社会秩序的感觉吗？或者说，俄罗斯社会秩序的感觉在今后的市场化和民主化的过程中会形成吗？袴田教授认为，第二次世界大战结束后的日本，如果没有占领军的绝对权力不会断然实行解散财阀、农地改革等改革政策。但是，日本社会无论是在战时还是在战后，其重视纪律和旺盛的工作态度、重视契约和信任关系的道德并没有被破坏而依然存在，德国也是如此。这就是日本和德国较为平稳地摆脱战后全能主义体制，并在短期内向民主社会过渡的重要的社会条件。但在俄罗斯，究竟在多大程度上形成了市民社会的条件，对于这一问题，许多政治学者和社会学者都尝试着从不同角度进行探讨。

袴田教授认为，20世纪90年代初期的俄罗斯在政治方面处于一种没有法律的状态，或者是一种权力真空的状态，而且行政体制也没有形成，尚未确立稳定的政治制度。因此，从政治视角来看，俄罗斯距离市民社会还很遥远。在经济方面，个人与团体的经济活动比苏联时期有了大幅度进步,但是国家在经济方面仍处于一种软弱状态,国民必须对自己的生活负责,根本无暇顾及立足于市场经济之上的市民社会。企业的活动和经济行为增加了,但是土地私有制不充分,经济产业处于垄断状态,没有展开自由竞争,守合同、重信用、保护资产和所有权等基本规则尚未确立,经济活动处于一种无政府的战国状态。在国有资产民营化的过程中,苏联的特权阶层与少数富人合伙进行"掠夺式的民营化"。上述情况都与全能主义解体后的德国和战后的日本有着本质的不同。在社会方面,苏联时期全能主义式的管理体系之所以能在以往发挥作用,是因为国民的文化与意识水平以及生活水平低下的缘故。俄罗斯一些改革派知识分子也坦率地指出,苏联的社会主义体制较为适应国民意识与文化处于较低阶段的时期。然而,在戈尔巴乔夫改革时期,共产党失去了权威,国民对权力的恐惧感降低了,开始提出个人、社会团体、单位以及地区的利益优先于国家利益。依靠国家权力来进行统一的管理已不起作用,懂得利害关系的社会使得全能主义的管理模式不再可能。虽然苏联时代的国民教育水平和文化水平较高,但是无法断言俄罗斯由此产生了自下而上的社会心理和机制。斯大林式的全能主义解体了,但市民社会的基本条件,即自发地调整个人之间、社会集团与组织之间、地区之间的利害关系的机制尚未形成。

在对俄罗斯社会经过上述认知之后,袴田教授提出的观点是:俄罗斯社会是"砂子社会"。其含义是,俄罗斯社会具有砂子那种无法黏合的特质,如果将砂子四周用挡板围住(即如果存在社会主义和俄罗斯帝国主义等"伟大的规范",那么它就像一块坚硬的岩石)。但是,当四周的挡板撤掉时,它又散落为七零八落的砂子。[8]袴田教授的基本论据是,俄罗斯社会由于权力真空而产生了社会无序化、社会治安恶化、犯罪增加、黑社会统治等一系列问题,成为国民最为关注的问题。甚至一度广泛流传着"无论什么样的独裁都比无秩序要好"的声音。这也成为酝酿强权体制产生的危险土壤,同时也是威权主义体制在俄罗斯无法回避的论据。20世纪90年代中期,在俄罗斯国民之间具有积极象征的理念是"秩序"、"稳定"或者是"伟大的俄罗斯"、"大国"等。据此,袴田教授将西欧的个人主义社会比喻成"石头社会",将俄罗斯社会比喻成"砂子社会",将日本社会比喻为"黏土社会",将中国社会比喻为"泥土社会"。如果按照个人主义程度由强到弱的顺序排列的话,依次是"石头社会"、"砂子社会"、"泥土社会"、"黏土社会"。"石头社会"与"黏土社会"是相反的两极,但是,即使没有牢固的外框(强硬的政治制度)也能够成型(秩序),两者在这一点上类似。如果将俄罗斯(砂子)与中国(泥土)相比较,两者之中的"泥土"一方更接近"黏土",容易成型。[9]

那么,20 世纪 90 年代中期的俄罗斯是否产生了现代市民社会呢?袴田教授认为,90 年代的俄罗斯社会,历史上第一次拥有相对于国家而自立的经验。言论与政治自由、社会摆脱国家而自立等条件是现代市民社会的基本要求,从这方面来看,可以说俄罗斯在一定程度上形成了市民社会。但是,"砂子社会"的俄罗斯还缺乏市民社会的另外一个基本条件,就是自立的秩序。即哪怕没有强力的高层统治,社会本身也存在自立的秩序,这是市民社会的必需条件。因此,由于缺乏这一点,还不能说俄罗斯已经形成市民社会。

进入 21 世纪之后,袴田教授认为,俄罗斯当前面临的最严重或者说最紧要的课题,就是在苏联解体之后确立俄罗斯国家的自我认同,也就是建立俄罗斯的政治、经济、社会方面的形态,或者构建"稳定的秩序"。[10]其理由是:俄罗斯社会依然是"砂子社会",但同时却要在市民社会秩序和民主主义体制方面保持发达国家的体面。也就是说,共产主义体制、威权主义体制、独裁体制、宗教国家等制度或许会给"砂子社会"带来秩序,但是发达国家是否定这些制度的。这对于俄罗斯来说构成了严重的两难课题。自戈尔巴乔夫改革以来,俄罗斯努力要跻身发达国家行列,也就是说,俄罗斯保持着民主化和市场化的姿态,却没能成为真正的发达国家。在俄罗斯人的意识当中,民主化路线造成严重的混乱。比如,"被统制的民主主义"要优先于"主权民主主义",就是政权正当化的逻辑,同时也是应对两难困境的一种理论上的解释,或者说是建立俄罗斯式的自我认同的一种策略。袴田教授指出,除非俄罗斯以一种强硬态度否定民主主义,否则,无论以何种辞藻来装饰民主主义都不能消弭两难困境,只能是自欺欺人。[11]

## 第三节　日本学界关于俄罗斯正教会的研究

对于俄罗斯正教会的研究,松里公孝教授首先澄清了一种认识,就是把俄罗斯正教会理解为培养"俄罗斯特质"(俄罗斯人的自我形成)的思想支柱,这从根本上来讲是错误的。这种意愿主要是从世俗知识分子中派生出来的,而莫斯科大主教不会采取这样的态度。从理论上说,东正教的教会理论(ecclesiology)和所有的帝国理论一样,是非民族性的、公式化的理论。在确定东正教原则的大公会议时代的 4—8 世纪,那时还没有民族国家这个概念。[12]

我们知道,全世界正式的东正教[13]之间早已划分了管辖区域。根据划分合约,俄罗斯东正教对一定的教区负责管理,并且它的教区基本上是沙俄和苏联的领地,比当今俄罗斯的领土范围要大得多,有相当一部分在今天的乌克兰、白俄罗斯、摩尔多瓦、中亚国家、爱沙尼亚等地。由于这些地区的教徒有很多并不是俄罗斯人,并且司祭也是从当地的年轻人中招募来的,所以松里教授指出,把俄罗斯正教会与"俄罗斯的特质"扭结在一起的做法,对于俄罗斯正教会来说等同于自杀式的行为。譬如,以基辅总主教会的名义在乌克兰成立独立教会的尝试,以及把摩尔多瓦教区移交罗马尼亚正教会的尝试,至今尚未成功,两国的教区大多数依然归属俄罗斯正教会。这也是俄罗斯正教会为防范自身被俄罗斯民族理论渗透的过程中所取得的成果。

当然也有学者调查证实,莫斯科总主教会特别是像教会间关系局这样的上级部局,同俄罗斯国内各个主教会的领导层之间,想法上存在分歧;后者跟当地的政府、军队、检察和治安机关有着良好的关系,并且一直在助推着俄罗斯民族主义和大国主义。[14]此外,虽然苏联解体前,有相当一部分俄罗斯正教会的干部是从苏联西部的非俄罗斯人聚居区,像波罗的海国家、白俄罗斯、乌克兰、摩尔多瓦等国招募来的,但近几年主要是从俄罗斯本地招募干部,俄罗斯正教会正在一步步失去其国际性质。但是,在松里教授看来,现在断定俄罗斯正教会已经被民族化还为时尚早。现任大牧首基里尔就是从教会间关系局的领导岗位上升任的。自从教会间关系局 1946 年创设以来,俄罗斯正教会中最优秀的精英们都服务于这个部局。松里教授也不认为现在俄罗斯国内担任主教或副主教的人都能成为牧首基里尔的继任者。因为他在摩尔多瓦同一位调任罗马尼亚正教会任职的一位司祭面谈时，对方跟他说："只要离莫斯科稍远一些，就会看到好些个荒废的教堂。为什么俄罗斯人不好好光大自己本土的东正教，偏偏要来干涉别国的东正教呢?"但是，帝国教会似乎理所当然地对于自己管辖范围的腹地较少操心，却将更多的资源投送到领地边界的外围地区。

我们知道，在东正教的历史上，基辅·罗斯首府主教区[15]在中世纪拜占庭世界(君士坦丁堡教会)中地位排名 72 位。[16]这是根据设立时间的先后顺序进行的排位，但即便是当时，实质上的权力也不是按照这个排位来的。尽管如此，莫斯科总主教会却是 16 世纪被君士坦丁堡承认的最初 5 个古代教会[17]之一，同时又在东正教传统上位居第五，这件事有着非同寻常的意义。再者，排在俄罗斯正教会之前的 4 个牧首区，虽然有着神圣的历史权威，但由于教区的居民受到伊斯兰教的影响，现在的教区和信徒都已不多了，所以俄罗斯东正教事实上雄踞东正教世界的首位。

在松里教授看来，俄罗斯正教会丝毫没有要摒弃世界第五(实际第一)的地位，而去像格鲁吉亚和罗马尼亚正教会那样成为民族教会的意思。要知道，俄罗斯正教会是因为继续管辖着乌克兰、摩尔多瓦、爱沙尼亚等教区而享受着世界第五的地位，而不是因为跟俄罗斯总统及州长们保持着良好关系才获得这种地位的。因此，俄罗斯世俗权力和俄罗斯正教会之间的关系是同盟关系，然而，当两者发生利害冲突的时候，俄罗斯正教会也不会服从于俄罗斯政府的利益。譬如，在 2008 年第二次南奥塞梯战争之后，俄罗斯政府承认了南奥塞梯和阿布哈兹，但俄罗斯正教会仍坚持上述两个地区属于格鲁吉亚正教会管理，使得这两个地区的东正教领导者和俄罗斯外交部非常失望。在俄罗斯和格鲁吉亚断绝外交关系的过程中，俄罗斯正教会和格鲁吉亚正教会之间的关系却非常良好。倘若俄罗斯正教会把南奥塞梯和阿布哈兹的教会列入自己的管辖范围，那么格鲁吉亚正教会很可能第二天就会承认基辅首府主教会，这对于俄罗斯正教会来说，就意味着丧失了帝国教会的地位。俄罗斯是罗马教皇迄今为止尚未访问过的东正教国家，普京拼命想要实现罗马教皇访问俄罗斯。在松里教授看来,基里尔当上大牧首之后,基本上能够实现罗马教皇的访俄。与前任大牧首对天主教的扩张主义保持警戒的态度不同,基里尔一直在推动教会和解的大公合一运动,他认为这样做才真正有利于俄罗斯东正教自身的利益,这并不是俄罗斯正教会屈服于俄罗斯政府的行为。[18]

接着,松里教授又对一般人所理解的、似乎已经成为常识性的说法——"东正教是国王兼教宗的宗教"、"俄罗斯正教会和世俗政府想把莫斯科变成第三罗马",进行了批判和指正。因为现如今,上述两种说法已被多种语言载入维基百科当中,甚至还被写进日本高校的教科书里。但另一方面,像亚历山大·施梅曼(Alexander Schmemann)、唐纳德·W.特雷德戈尔德(Donald W. Treadgold)、迪米特里·奥布伦斯基(Dimitri Obolensky)、约翰·梅耶铎夫(John Meyendorff)等教会史专家们,则多次表明对上述两种说法的批判态度。[19]如此一来,我们就会发现在这个话题上,社会大众的普遍共识与专家的观点出现巨大的背离。为什么会产生如此巨大的背离呢?松里教授指出,上述的世俗说法不单单是因为缺乏知识而产生的,它们的传播还有着更深层的政治动机在其中。"东正教=国王兼教宗主义"这个命题,是同"俄罗斯、乌克兰、塞尔维亚、罗马尼亚等国的人民不可能通过自身的能力达到民主和自由,民主和自由只能自然产生于西欧和北美社会,所以西欧和北美社会必须把民主传授给东正教世界的国家"这种偏见联系在一起的。"莫斯科=第三罗马"的说法,对于宣传"俄罗斯本质上是崇尚扩张主义的侵略性国家,所以要警惕它"的人来说,非常有利。对此,松里教授希望着重通过探讨"东正教=国王兼教宗主义"和"莫斯科=第三罗马"的说法,来说明为什么俄罗斯正教会作为东正教世界忠诚的一部分,今天依然还能保持它的权威性。

## 一、东正教在教义层面上的分界线

我们知道,基督教世界经历过三次大分裂,分别是公元451年的迦克墩大公会议上的分裂、公元8世纪到11世纪的东正教与天主教的分裂,以及公元16世纪的天主教与新教的分裂。其中,第一次和第二次的分裂划分出了东正教在教义层面上的分界线。

首先,松里教授从历史的视角重新梳理了迦克墩大公会议。我们知道,在一般的宗教信仰里,先知的身份非神即人,两者必居其一。然而另一位先知——耶稣——则被理解为既是神又是人,这种理解成为基督教特有的活力之源,也是其他宗教所没有的。如果耶稣仅仅是个凡人,那么就无法解释处女怀孕和复活之类的非科学现象和他所创造的种种奇迹;如果他单纯是个神,那么他为人类承担所有的罪恶,在历经酷刑和被钉在十字架上等极度的痛苦后死去的恩泽也就淡化了。所以在早期的基督教中,基督教论(Christology),也就是耶稣身上的神性和人性是一种什么样的关系问题理所当然地成为最大的争论点。可以说,从4世纪到8世纪一共召开过的7次世界大公会议中,除去最后一次的第二尼克亚大公会议(主要是讨论破坏神圣画像的问题)之外,其余的6次会议全都纠结在此问题上。当时的大公会议就像影片《达·芬奇密码》开场所描述的那样,如同野蛮人的氏族集会一般,谁的嗓门大,甚至是谁的力气大,谁就能在会议上获得胜利。

迦克墩大公会议虽然暂时对基督的问题做出了决议,但是结论中却采用了这样一种说法:耶稣身上的神性和人性并没有融合在一起。于是,不同意此说法的教徒便分离出去,形成了后世的亚美尼亚使徒教会、叙利亚东方正教会(反迦克墩派)以及科普特教会等。虽然正式的东方正教会曾将反迦克墩派称为"单性论派",但由于该称谓是曲解他们教义的标签,所以在推进与反迦克墩派的历史和解进程中,如今的正统正教会已经不使用这个称呼了。在松里教授看来,迦克墩大公会议上的定论与其说是在教义上探究的结果,不如说是受拜占庭皇帝的介入、安提(叙利亚)教会和亚历山大(埃及)教会的角逐、罗马教会主张严格区分基督的神性与人性的观点等诸多因素绑架的政治性决定,因而并不具备正当性。此后,罗马天主教也脱离正教会,于是自拜占庭以来,东正教的领导层开始幡然醒悟:原来"迦克墩大公会议是失败的,把不是异端分子的人当成异端并赶跑了他们。与罗马天主教相比,单性论派更接近东方正教的教义啊!"并且这样的反思一直代代相传。

继俄罗斯正教会1961年加入世界基督教联合会(WCC)之后,又有其他社会主义国家相继加入该组织,于是东正教和反迦克墩派的和解自此有了进展,特别是苏联解体后的 20 世纪 90 年代以来,双方和解的进程愈发加快了,如中东与俄罗斯、亚美尼亚之间的关系。2010 年 3 月 27 日,松里教授在同叙利亚安提牧首区普世教会运动局长萨姆尔·拉哈姆(Samer Laham)面谈时,该局长指出:中东面临着诸如巴勒斯坦难民等严重的社会问题,而极少数的基督教徒却在为"基督身上的神性和人性"等对于现代人来说无关宏旨的问题闹分裂,这是极为愚蠢的。因为中东地区的基督教各教派多达两位数以上,倘若还不能共享圣礼的话,自然会给基督教徒的婚丧嫁娶带来诸多不便。俄罗斯正教会和亚美尼亚使徒教会的和解,实际上自沙俄时期的普世教会运动就已开始了,所以苏联解体后的新动向不过是该和解进程的再次重启。当发生了卡拉巴赫战争之后,双方的和解便成为精神上强有力的支持。因为其他一些教派,譬如叙利亚正教会(反迦克墩派)尽管在教义上接近,却不能在卡拉巴赫战争中支持亚美尼亚,[20] 所以与俄罗斯正教会的和解对于亚美尼亚而言,具有有关乎国家存亡的重要意义。

我们知道,东正教与天主教的分裂存在着教义、政治(帝国)、教会三方面的问题。从教义层面上看,罗马天主教在强调耶稣(圣子)的独立性上有很强的倾向,譬如东正教认为圣灵是从"父=神"中产生的,而天主教却认为圣灵是从父与子两者之中产生,这种倾向成为分裂的原因之一。从政治层面上看,罗马教皇于公元 800 年将西罗马皇帝的皇位授予查理曼,该事件成为政治上分裂的标志。在封建社会,各个宗教的势力范围是一个完整的世界,一个世界只能有一个皇帝。然而,在基督教的世界里却出现两位宗教领导人(君士坦丁堡普世牧首和罗马教皇)以及两位皇帝并立的局面。当然,认为这类异常的事件应该被避免的观念也一直延续至拜占庭帝国灭亡的 15 世纪。从教会层面上看,天主教形成了以罗马教皇为最高领袖的集权性的官位阶层制,而东正教无论是在地方教会之间的关系上,还是在地方教会的内部运营上均采取集体商议的原则。因此,随着时代的推移,这两个教会之间的再次融合已经不现实了。

## 二、拜占庭共同体在地理层面上的形成

松里教授又从拜占庭共同体的形成过程来考察俄罗斯东正教。我

们知道,东正教世界也被称为拜占庭共同体。所谓"共同体"具有如下含义:到 10 世纪之前,拜占庭帝国意识到从领土上收回东罗马帝国已不复可能,所以一直借软实力来聚合东欧诸多族群而构建帝国。拜占庭共同体(东正教世界)大体上是由原来的拜占庭帝国与俄罗斯帝国的领土构成。除去巴尔干地区,旧拜占庭帝国的领土已经完全被伊斯兰化,所以为了让东正教得以延续,借道古罗斯加以传播,这件事本身具有决定性的意义。如果没有这条途径,东正教也许会沦为一个规模不过与亚美尼亚使徒教会和叙利亚教会(反迦克墩派)程度相当的、使用希腊语的民族教会了。

古罗斯建立于公元 9 世纪。在它之前,拜占庭帝国一直在强化自己对北高加索地区的影响力。为了防止亚欧大陆中部草原地区的游牧民族对帝国核心地区的入侵,有必要构建一条由里海延绵至黑海的防线。为此,拜占庭帝国驯服了阿巴兹格人(今天阿布哈兹人的祖先)和阿兰人(当今奥塞梯人的祖先),传播东方教。这条防线同时也阻挡了伊斯兰教的北上。公元 737 年,由哈扎尔、拜占庭、阿巴兹格组成的联军迎击倭马亚王朝的阿纳科普战役堪与早其 5 年的图尔、普瓦捷战役相提并论。很难想象,若是法兰克人在图尔、普瓦捷战役中落败的话,其后的欧洲会是怎样的格局;同样,若是穆斯林在阿纳科普战役中获胜的话,今天的俄罗斯、乌克兰地区会是怎样一番面貌。松里教授特别强调,阿布哈兹的国家认同不是通过宗教,而是通过一些根深蒂固的家庭关系和历史形成的行为规范得以维系。阿布哈兹人以功利性、工具性以及折中主义来对待宗教。阿布哈兹官方认为,阿布哈兹的宗教历史可分为前基督教阶段、基督教阶段(14 至 15 世纪)、伊斯兰教阶段(15 至 19 世纪)、伊斯兰教基督教并存阶段(19 世纪后半期到 1993 年)以及现在的基督教主导阶段(1993 年以后)。在阿布哈兹,基督教和伊斯兰教保留着许多异教徒的传统。阿布哈兹人对待宗教的这种工具性特征的一个典型例子就是 18 世纪一些"阿布哈兹土著居民"为摆脱"拜占庭的控制"而皈依伊斯兰教,这种转变宗教信仰的现象在今天更加普遍。独立战争之前,大多数阿布哈兹人宣称自己是穆斯林或异教徒,完全是因为当时的东正教是将他们格鲁吉亚化的工具,而一旦阿布哈兹人创立起自己的东正教主教管区之后,即使还未被承认,但由于被同化的威胁已经消除,他们又重新改宗基督教。[21]

历史上,由于穆斯林在 8 世纪获得地中海的制海权,为了代替地中海,开辟一条新的连接欧洲与拜占庭帝国的通商路,就形成了通过涅瓦河、伏尔加河、西德维纳河、第聂伯河等河流来连接波罗的海和黑海的通道。这条新通商路有时与诺曼人的迁移路线重叠,于是以这种通商经济为背景,诺曼人与斯拉夫人的联合国家即基辅罗斯国诞生了。虽然基辅罗斯于公元 860 年攻打过君士坦丁堡,强烈地震撼了拜占庭帝国,但在 14 年之后,它与拜占庭帝国缔结和约,接受了最初的大主教。其后,在经历异教徒回迁之后,基辅罗斯大公弗拉基米尔大约在公元 988 年终于皈依了东正教。与地理位置上距离君士坦丁堡很近的保加利亚和塞尔维亚不同,由于保加利亚和塞尔维亚的国王僭称自己为皇帝,从而遭到来自拜占庭的军事惩罚,而古罗斯与拜占庭帝国保持适度的距离,因此古罗斯的大公做梦也没有想过要给自己加上皇帝的封号。与此同时,拜占庭皇帝把君士坦丁堡教会基辅全罗斯主教当成唯一的斡旋者来对古罗斯施加影响力,可以说是通过纯粹的软实力进行统治。这种方式在蒙古人的统治时期也有重要意义。12 世纪,鞑靼人称霸黑海北岸,阻断了波罗的海与黑海的通商道路。此外,在这个充斥着十字军与意大利商人频繁活动的世纪,欧洲从某种程度上收回了地中海的制海权,于是依赖河道交通的基辅罗斯王朝衰退了。

我们知道,1204 年十字军占领君士坦丁堡之后建立了拉丁帝国,从 1223 年起到 1240 年,蒙古帝国践踏了南东欧以及古罗斯,但这两件事并没有削弱拜占庭共同体,反倒赋予其新的生命。学界一般认为,是蒙古帝国把拜占庭帝国的寿命又延长了 200 年。事实上,在消灭威胁拜占庭的塞尔柱帝国、打击在圣俗两方面都强求从拜占庭脱离出来的保加利亚和塞尔维亚、保护由马可·波罗而出名的热那亚商人的欧亚贸易、阻止罗马天主教势力即波罗的海的德意志人和波兰人进入古罗斯等若干问题上,两个帝国有着共同的利益。甚至在统治古罗斯问题上,两个帝国都在同盟中找到了共同的利益。在松里教授看来,对于将大本营设在里海北岸区域萨莱的金帐汗国来说,它们对君士坦丁堡教会基辅全罗斯首府主教区这个统治组织垂涎已久,而这个组织在诸多公国林立的俄国是囊括喀尔巴阡山脉至乌拉尔山脉、大诺夫哥罗德至里海的唯一行政组织。假设金帐汗帝国仅仅是通过古罗斯对自己的进贡以及操控公国间的争斗来支配古罗斯,那将是一种不安定的因素。[22]为了整合古罗斯,尊重对西部地区天主教化起到屏障作用的东方正教,14世纪之后,基辅全罗斯府主教堂迁到莫斯科城,即使金帐汗国被伊斯兰教化也没有改变。对于君士坦丁堡教会来说,与其听从亲近天主教势力的立陶宛大公的请愿,采取建立古罗斯第二首府主教区这种策略,不如让置于金帐汗王国支配下的基辅全罗斯首府主教区继续单独管辖古罗斯,显得更为安全。如此一来,君士坦丁堡普世牧首与金帐汗王国的圣俗二重统治体制便应运而生,这与欧洲的罗马教皇与神圣罗马皇帝的圣俗二重体制有着形态上的类似。金帐汗国的首都萨莱,不仅作为斩断莫斯科与特维尔大公之间倾轧的舞台,而且是古罗斯各个大公向金帐汗国谄媚的场所。1261年以后,东正教的主教堂设在萨莱,古罗斯、金帐汗、君士坦丁堡之间的宗教外交活动在此蓬勃地开展着。[23]

## 三、是"第三罗马",还是拜占庭共同体?

松里教授认为,把莫斯科变为"第三罗马",是对大公会议[24]特别是对迦克墩公会议决议的露骨践踏,因此正统的正教会不可能作出这样的主张。倘若任性为之,必将被正统的正教世界驱逐。"第三罗马"的论调,从其最初倡议者普斯科夫修道士开始,皆是纯粹个人的主张。要想在最小限度违反教会法的同时,成功地把莫斯科变为"第三罗马",唯有君士坦丁堡普世牧首本身作出决定,把大本营从伊斯坦布尔迁移至莫斯科城,并召开大公会议或是规模与其相当的会议,让全世界的东方正教会都予承认之后才名副其实。

在松里教授看来,俄国人仅有两次机会进行此种尝试。第一次是1588年普世牧首耶利米亚二世访问俄国时,当时的莫斯科大公国政府向普世牧首建议,与其回到伊斯坦布尔被穆斯林管理,莫如永远留在弗拉基米尔。耶利米亚二世虽然没有同意这个建议,却承认了1448年以后事实上独立的莫斯科教会总主教会的地位,而且给予其正教世界第五的席位。假设俄国人觊觎"第三罗马",他们应该提出:"为什么才第五位! 比起你们处在奥斯曼帝国的统治下,我们教会的地位不是应该排在你们(君士坦丁堡教会)前面吗?"俄国人当然没有提出此主张,由于格鲁吉亚和基辅罗斯东方正教会的历史更悠久、更具较高权威,而普世牧首却无视它们,直接将第五的位次赋予俄国人,因此俄国人很是欢天喜地的。[25]第二次尝试是在 1948 年,时任苏共中央总书记斯大林强力推动此事,但由于处于冷战状态而最终失败。[26]

　　就算现实中普世牧首区迁移至莫斯科难以办到,但在宗教领导人的私人信件中为表明自己已经是正教世界的实际领导者这层意思而自称"第三罗马",这种事情有可能吗? 松里教授的答案是,只要君士坦丁堡普世牧首区已经软弱堕落、并且是危机重重的这种看法没能在整个正教世界形成共识,这种事情就是不可能的。虽然世人常常会误解,但是"第三罗马"论的出现,并非因为拜占庭帝国被奥斯曼帝国消灭,而是由于在拜占庭的末期,君士坦丁堡普世牧首企图借助与罗马天主教之间的协议(普世教会运动)从奥斯曼帝国的攻势下得以自保,为了抗议这种软弱堕落的行为,"第三罗马"论才应运而生。假设普世牧首没有沉溺于普世教会运动,那么俄罗斯教会应该会倾尽全力去帮助在拜占庭帝国末期及奥斯曼帝国统治初期苟延残喘的普世牧首吧! 所幸的是,奥斯曼帝国并未采取压制东正教的愚蠢行为,反而帮它重建普世牧首区和正教世界,将其作为实现对巴尔干的统治以及助推对欧政策的道具。也正因为如此,初露端倪的"第三罗马"论才草草收场。

　　到了 19 世纪,情况发生了变化。曾经作为普世牧首区庇护伞的奥斯曼帝国也已四分五裂,于是又有人开始议论纷纷,形成了"第三罗马"论卷土重来的背景。具体说来就是,由于受到泛斯拉夫主义的影响,在俄罗斯正教会的宗教活动家当中,许多人主张支持保加利亚正教会等从君士坦丁堡普世牧首区独立出来。但是,他们的主张势必受到来自俄罗斯正教会内部的批判,"倘若格鲁吉亚正教会也开始提出同样的主张,那么我们该如何应对"? 因此,这类主张没能成为主流。[27]

## 四、"国王兼教宗"抑或"和谐交响曲"

　　在松里教授看来,正教会自身并未采用所谓的国王兼教宗制度作为教义和方针。在东正教中,规定教会和国家关系的用词是"和谐交响曲"（和声，圣俗分工与协作的意思）。这同天主教中的国家与教会的关系几乎没有什么不同。"和谐交响曲"一词由6世纪拜占庭帝国皇帝查士丁尼一世首先使用，在10世纪被写入利奥六世时代编纂的《巴西尔法典》。由于这部法典有关部分的起草人是弗提乌斯普世牧首，因此可被作为教义采用。其后，这部法典在规定斯拉夫裔各族群的东正教关系方面产生了很大影响。

尽管国王兼教宗制度并不是整个东正教世界的法规，但是俄罗斯正教会确实发生过不得不称其为"国王兼教宗"的案例。第一次是1722年彼得大帝发动教会改革，结果是莫斯科牧首区被废止，其后的200年间一直到二月革命，俄罗斯正教会都处于一个名为宗教事务局的世俗机构的管理之下。第二次是1927年，苏联国内的俄罗斯正教会最高领袖谢尔盖（斯特拉戈洛德斯基）发出呼吁，要求信众支持苏维埃政权。

1722年的教会改革发端于彼得大帝游历欧洲之际，受到新教徒的国家宗教制度的吸引。尽管俄罗斯这套宗教事务管理体制存在了近两个世纪，但终究缺乏正当性。1905年革命时期，希望重建牧首区的呼声甚至在许多主教当中蔓延。[28]处于主教公会制之下的两个世纪对俄罗斯正教会来说是一段屈辱的历史，以至于2009年7月基里尔牧首访问基辅期间，仍要在电视辩论中极力批判彼得大帝的教会改革，认为其试图引进"对俄罗斯来说是异质的、西欧绝对主义的模型"[29]。

作为1917年二月革命的一个成果，莫斯科牧首区终于得以重建，但是它却再度受到布尔什维克政权的压制。在1925年吉洪（别拉文）牧首去世后，布尔什维克政权不允许召开推选继任牧首的地方公会议。1927年，正教会意图暗中秘密召开地方公会议并选出新牧首，此事被执政当局获悉。结果，在执政当局的威胁下，出现了前面提到的谢尔盖（斯特拉戈洛德斯基）宣言。在宣言中，谢尔盖不仅向苏联人民，甚至向流亡海外的俄国人发出呼吁，要求他们支持苏维埃政权，被称为"谢尔盖主义"，它直接导致了国内出现地下教会，在国际上也造成与境外俄罗斯正教会的分裂对抗。在松里教授看来，相较于发生在久远的中世纪或近代的种种案例，如今批判俄罗斯正教会是"国王兼教宗"制度的人们，更多的是对"谢尔盖主义"耿耿于怀。而另一方面，渎神体制下留给那些希望至少要坚持个人信仰的人们的选择空间并不那么大。苏联的俄罗斯正教会和社会主义波兰的天主教会之间的形态并无多大差异。[30]

我们知道,1943年,苏联为了在苏德战争中动员人民,推行与国内各宗教教派间的和解政策,甚至允许俄罗斯正教会召开地方公会议选举牧首。而另一方面,出于对格鲁吉亚的绥靖政策,又强迫俄罗斯正教会承认1917年单方面发表独立(autocephaly)宣言的格鲁吉亚正教会。缓和时期,俄罗斯正教会极大推进了事实上的独立自主。其核心人物是1960年至1972年间担任各教会关系局局长的尼科季姆(罗托夫)。在他的领导下,俄罗斯正教会在对待普世教会运动的问题上实现了大逆转,从严厉批判转向积极推进,并于1961年加入世界基督教协进会。社会主义国家的正教会也紧随其后。至此,作为新教徒组织的世界基督教协进会演变成新教·东正教组织,向真正的普世教会运动迈进了一步。作为后生晚辈的基里尔(现俄罗斯正教会牧首)和菲拉列特(杰尼先科,1991年背弃俄罗斯正教会,不久后成为基辅牧首区的牧首)自不必说,就连同龄人阿列克谢(后来的阿列克谢二世)也被称作是尼科季姆的弟子。总之,在尼科季姆的领导下,涌现出一群风格强硬的宗教政治家,他们同虽然具有高尚精神品格却是政治白痴的吉洪和谢尔盖等人截然不同。1978年,年仅49岁的尼科季姆在做弥撒时,因心脏病发作客死梵蒂冈,有人将此事注解为太过激进的普世教会运动遭到了神的惩罚。如同《教父Ⅲ》一书中所描写的那样,在那两周后,教皇约翰·保罗一世也因为几乎相同的原因猝死。因此,亦有人谣传他们是被同一个人下了同一种毒。

东欧剧变、苏联解体之后,俄罗斯正教会真正恢复了自主性,于2000年发表了《俄罗斯正教会的社会性概念的基础》一文,规定了教会与世俗政治之间的合理关系。文中写道:"国家不应当介入教会生活及其运作、教义、礼仪、宗教戒律等。教会以法人身份活动,因而除了同国家及其立法、权力机关不可避免地存在关联的领域之外,遵循教会法而进行的普通教会活动国家也同样不得介入。教会期待国家尊重教会法的规范及其内部法则。"[31]

## 五、正教会的分立与管辖领域的划分

尽管时常会被误解，但是我们知道，世俗国家的独立并不会自然而然地保证正教会的独立。当今世界有 15 个正式的正教会，[32] 然而东正教徒人数占据国民多数的国家却远远多于这个数字。这便表明，仍有很多国家，譬如白俄罗斯与摩尔多瓦，虽然已经取得政治独立，但仍未获得教会的独立。罗马尼亚作为一个独立的国家于 1878 年就在柏林会议上获得了承认，然而罗马尼亚正教会的成立却在 1925 年。若说这中间为何耽搁如此之久，原因就在于作为母教会的君士坦丁堡普世教会牧首区当时拒绝承认它的自主地位。但作为一种补偿，普世教会牧首区授予罗马尼亚教会一个首府主教区的地位。这与苏联解体后，俄罗斯正教会通过授予乌克兰、白俄罗斯、摩尔多瓦首府主教区地位来维系彼此的关系如出一辙。因而就罗马尼亚而言，可谓是历经原庇护者奥斯曼帝国的衰亡，再到普世教会牧首区自身日趋衰落的漫长等待，其教会才最终取得了自主地位。如前文所述，基辅全罗斯首府主教区在拜占庭帝国末期就反对过君士坦丁堡普世教会牧首区的普世教会运动倾向，并于 1448 年召开地方公会议，改名为莫斯科首府主教区，从而在事实上与君士坦丁堡教会实现了分离。但是直到 1589 年，君士坦丁堡教会才承认莫斯科首府主教区的地位，并将其升格为牧首区。也就是说，到与曾经的母教会达成和解，莫斯科首府主教区实际上经过了 141 年之久。

在松里教授看来，东正教中教会分立之所以异常困难，是因为需要具备集结一定数量的主教与教区这种必要的资格条件，像现在正处于谋求独立的黑山和马其顿并不符合这些必要条件，同时又要获得母教会对其独立的祝福（承认）。在上述要求不被满足的情况下，全部正式的正教会不但不会认可这类僭称教会，还会孤立这些教会，它们的圣礼也被视为无效。实际上，虽然并不存在那种在基辅牧首区受过洗礼的人因各种理由在进入俄罗斯正教会后还被要求重新受洗的情况，然而"即使让孩子在那个教会接受洗礼，他也不能成为基督教徒"、"即便在那个教会举行婚礼，也不被认为是基督徒的婚姻"、"即使在那个教会举行过葬礼也去不了天国"等诸如此类的论断，对阻止信徒前往非正式的教会,仍具有十足的威吓作用。[33]

松里教授进一步指出,东正教世界的这种保守性,与世俗外交有很大的不同。譬如,塞尔维亚或是巴基斯坦尚未得到承认之时,国际社会已经承认了克罗地亚、斯洛文尼亚和孟加拉国的独立,抑或承认科索沃的独立却不承认阿布哈兹的独立。然而,诸如此类的双重标准在东正教外交中很难出现。由此或可断言,东正教外交要比世俗外交更具道德感,若是再考虑到恰恰是因为国际社会对克罗地亚与斯洛文尼亚独立的承认而导致南斯拉夫陷入冲突泥潭这一点,那么可以说东正教外交更具有和平倾向。这种保守性特征虽然亦有教会法方面的规定使然,但其产生的真正主因还是在于大多数的正教会自身内部也存在着分离主义的势力,所以很难对其他教会的独立予以声援。松里教授在调查中发现,基辅牧首区和南奥塞梯教会(隶属于希腊东正教旧历派中的抵抗主教公会)等已经强行独立的教会领导者是这样考虑的:翻开东正教的历史就会发现,其实根本不存在所谓客观的教会独立的标准。岂止如此,独立往往都是采用充满痛苦的方式,经过一定的时间,成为既成事实之后再向母教会摊牌,最终获得承认。俄罗斯正教会也是使用这个方法得以从君士坦丁堡教会中独立出来的。格鲁吉亚正教会甚至是杀害俄罗斯正教会的司祭之后而僭称独立的。即便如此,在斯大林的干涉下,俄罗斯正教会不也是在 1943 年承认了格鲁吉亚正教会的独立了吗? 如果一件事已然成为所有人的共同目的,这件事还会有什么错呢?[34]

我们看到,谋求独立的教会经常使用的理论就是,独立是为了恢复已经失去的正义。在一般人的观念中,宗教是教条式的,因此随着时代的变化与发展,被歪曲的正义状态常常会得到恢复。伊斯兰教中的萨拉菲主义[35]就是其中的典型代表。曾经的新左翼运动提出"重返列宁主义"之类的标语口号,也可看出同样的思想脉络。举例来说,格鲁吉亚正教会在东格鲁吉亚(姆茨赫塔)被沙俄吞并后不久(1811 年)即被俄罗斯正教会合并。作为对格鲁吉亚正教会的补偿,俄罗斯正教授予第比利斯(旧称梯里弗里斯)督主教的崇高地位,这一地位甚至在基辅和喀山教区都享受不到。然而 1905 年革命之后,格鲁吉亚民族主义兴盛,恢复独立成为格鲁吉亚宗教领导者的夙愿。1917 年僭称独立的格鲁吉亚正教会虽未得到俄罗斯正教会的认可,但凭借前文所述的原因,最终还是于 1943 年获得了承认。由于这只是一个政治性的决定,所以全世界的正教会对格鲁吉亚正教会的独立均不予承认。格鲁吉亚正教会就一直保持着半承认状态。戈尔巴乔夫改革开始后,格鲁吉亚正教会伊利亚二世与君士坦丁堡普世教会牧首展开谈判,最终于 1990 年作出了决定——"格鲁吉亚正教会自五世纪后一直就是独立教会"。这一决定溯及 1811 年,指出当时俄罗斯正教会对格鲁吉亚正教会的吞并其实是对教会法的违背,从而意味着这一吞并举动完全无效。原本的格鲁吉亚正教会,据传现在其领地内曾是"最初的使徒"安德烈和"奋锐党"西门布教之地,因而获得了使徒教会的荣誉。

在松里教授看来,由一个半承认教会成为使徒教会,格鲁吉亚正教会这种华丽的名誉恢复,也刺激着其他未被承认的教会,他们期待着同样的事情也能发生在自己身上。如前文所述,阿布哈兹与南奥塞梯主张要复活中世纪的比尊达主教和阿兰教会,基辅牧首主教区也宣称 14世纪基辅首府主教区移往莫斯科是违反教会法的。但是,"恢复正义状态"这一主张的弱点在于它会使得母教丧失颜面,进而导致母教会变得更为顽固不化。譬如,若是 14 世纪基辅首府主教区向东北罗斯的迁移本身违反教会法的话,那么承认今天的基辅牧首主教区的独立,就意味着对俄罗斯正教会整个历史的全盘否定。恐怕也正是由于这个原因,基辅牧首主教区才一直保持缄默的。[36]

我们知道,苏联和南联盟在 20 世纪 90 年代初解体后,均产生了大量的正教会分立的问题。这些问题包括:如何处置乌克兰正教会的分裂(分为继续追随莫斯科牧首主教区,还是基辅牧首主教区)、摩尔多瓦教会究竟应该归属俄罗斯正教会还是罗马尼亚正教会、爱沙尼亚的东正教徒应该归属莫斯科牧首主教区还是君士坦丁堡普世教会、既绝不从属于格鲁吉亚正教会又不被俄罗斯正教会所接纳的阿布哈兹和南奥塞梯的东正教徒将何去何从、主张从塞尔维亚教会中独立出来的黑山和马其顿正教会该怎样处理等等。为了解答这些问题,君士坦丁堡普世教会准备召开泛正教会会议。但是,松里教授认为,普世教会似乎是为了缩小俄罗斯正教会的管辖范围,才提出"无需亲国祝福"这一新方针的,俄罗斯正教会势必拼尽全力来反对,所以很难想象普世教会的想法能够顺利实现。

正如众多的主权国家与其国内的正教会不可能同时实现独立一样,正教会的管辖区域也未必与世俗国家的国界相吻合。甚至在很多情况下,就东正教政治而言,正是因为世俗国家的国界与正教会管辖领域不同才更具重要意义。譬如,罗德岛在政治上属于希腊领土,但在东正教上却处于君士坦丁堡普世教会的管辖之下。自使徒时代[37]以来,安提俄克牧首区(查尔西顿派)所处的安提俄克(安塔基亚)在 1939 年被强行纳入土耳其。该地区属于叙利亚,然而此时"保护"叙利亚的法国却由于担心土耳其会屈从于轴心国而没有采取必要的阻止措施。结果,安提俄克牧首不得不搬迁到大马士革,使得该牧首区越过了世俗国家的边境线,不仅不能继续管理安塔基亚,而且使安塔基亚成为没有主教的牧首直辖地。这是针对土耳其这个从不保障基督教少数派人权的国家的一种无声抗议。松里教授在调研中还发现,近年来,格鲁吉亚正教会通过与君士坦丁堡普世教会以及土耳其政府的交涉,把土耳其东北部的塔奥地区(历史上曾归属南格鲁吉亚)纳入了格鲁吉亚正教会的管辖地域。但这一地区已经几乎完全伊斯兰化,正教会之间管辖界线的变更实际上已失去意义。不过,对格鲁吉亚正教会而言,能够在格鲁吉亚共和国领土之外拥有一块"教会法规定的领域"是非常必要的。在松里教授看来,以斯大林划分的界线为基础,主张"教会法规定的领域"不可侵犯,并以此批判南奥塞梯和阿布哈兹教务上的分离主义,是一件滑稽而可笑的事情。[38]

通过松里教授对于"东正教＝国王兼教宗"制度和"莫斯科＝第三罗马"这两个命题的探讨,我们对于东正教政治与俄罗斯正教会的特征进行了研究。首先应该明确的是二者均没有教义上的根据,特别是"莫斯科＝第三罗马"更是违反了大公会议。其次,再从史实来看,彼得一世进行教会改革以来的两个世纪间,俄罗斯正教会被置于世俗权力的直接管理之下,后来还协助维系了苏维埃政权,也因为这两件事而不得不面对"俄罗斯正教会难道不是国王兼教宗制度吗"这样的质疑。2000年发表的《俄国正教会的社会概念基础》旨在消除世人的这一疑虑。与此相对,"莫斯科＝第三罗马"则毫无历史事实依据,它给人的印象不过是一种"广为传播"的普遍常识,而它之所以得以传播,是因为那些批评俄罗斯正教会的人们不厌其烦地盲目引用罢了。从俄罗斯正教会是具有使徒继承性的共同体的一部分来看，它的确显示出权威性和正统性，但它并不是利用世俗权力的帮扶而获得这一权威的。如若一种宗教必须依附世俗权力才能获得权威，那么对世俗权力而言，它也就失去了存在价值。最后，通过探讨正教会分立与管辖区域（教会法规定的领域）划分的问题，进一步得出了它与世俗国家的独立、国界线未必一致的结论。东正教不得不在世俗政治面前保持自律，而这正是国王兼教宗制度难行其道的根本原因。若把新教徒的国家教会制度视为与主权国家体系同时产生，且二者形成双胞胎般的关系的话，那么东正教就是生于罗马帝国，并始终作为帝国宗教而存在至今的。

**注释**

1. 常喆：《俄罗斯为何有很多民族》，载《环球时报》2005 年 2 月 18 日第 14 版。

2. ［日］石川晃弘等：《讲座 斯拉夫的社会》，弘文堂 1994 年版，第 3—4 页。

3. 同上，第 4—6 页。

4. ［日］防卫研究所：《双头体制的俄罗斯——日本应有的对策》，政策提案，2009 年 7 月 10 日。

5. ［日］袴田茂树：《俄罗斯的社会变动与国民性》，载《讲座 斯拉夫的社会》，弘文堂 1994 年版，第 13 页。

6. ［日］袴田茂树：《与一个美国人的对话——关于"人权"》，载《前瞻》1992 年 11 月号。

7. ［日］袴田茂树：《俄罗斯的社会变动与国民性》，第 16 页。

8. ［日］袴田茂树：《沉沦下去的大国——俄罗斯与日本的世纪末期》，新潮选书 1996 年版，第 219—228 页。

9. ［日］袴田茂树：《俄罗斯的政治·社会形势与市场化的展望》，载《比较经济体制学会会报》第 33 期，1995 年。

10. ［日］袴田茂树：《俄罗斯国家自我认同的危机与"主权民主主义"的争论》，载《俄罗斯·东欧研究》第 36 期，2007 年。

11. 同上。

12. ［日］松里公孝：「正教世界の一部としてのロシア正教会」，此文是松里教授尚未发表的作品，先提供给作者作为参考使用，在此谨向松里教授表示感谢。

13. 与天主教以教廷为领导中心的形式不同，东正教由一些称为"自主教会"或"自治教会"的地方教会组成。自主教会是东正教最高级别的独立教会，所有自主教会均不受其他教会的管辖。东正教最早的四个自主教会位于罗马帝国的四个重要的东方城市，即君士坦丁堡、亚历山大、耶路撒冷和安提阿。后来，俄罗斯正教会也取得了与它们同等的地位。比自主教会低一级的是东正教自治教会，它们由某一自主教会的领袖管辖。现在东正教共有 15 个自主教会。这些教会完全承认君士坦丁堡教会的君士坦丁堡牧首为普世大牧首的地位，但是在大公会议中普世大牧首除了充当主席以及整个正教会的发言人之外权力并不高过在场其他牧首，与其保持完全的共融。东正教的各个教会彼此在管理上独立,但皆有着共同的信仰并且在圣礼上完全共融。再者,正教会认为圣灵领导着整个正教会主导的大公会议的论点走向,亦在信道的人之间形成上帝在尘世的代表,所以不需要有一个教宗。

14. O. K. Shimanskaya, "Nizhegorodskaya eparkhiya russkoi pravoslavnoi tserkvi: istoriya i sovremennost'," 第 10 回国際学術・実務者会議「良心の自由:国際標準とその国家ごとの実現の経験(ロシア極東とアジア太平洋諸国)」(2010 年 4 月 19—20 日、ブラゴヴェシチェンスク)に提出されたペーパー。

15. 东正教否认天主教"只有'使徒教区'即由使徒建立的教区有权成为牧首区"的观点,认为应根据实际情况,如根据国家或城市在经济、政治方面的重要性设立牧首区。牧首区(大主教区)下辖数个首府主教区。主教区首脑为主教,主教的人选必须是高级修士(修士大司祭)或领圣职后保证效法修士生活的司祭。主教以下的位次是:修士大司祭(或司祭)、修士司祭(或司祭)和修士辅祭(或辅祭)。再以下的助祭、诵经士等教职人员无神品。

16. John Meyendorff, *Byzantium and the Rise of Russia: A Study of Byzantino—Russian Relations in the Fourteenth Century* (Crestwood, NY: St Vladimir's Seminary Press, 1989), pp.77—78.

17. 由于已经同罗马教会分离,虽说是 5 教会,实际上只有君士坦丁堡、耶路撒冷、安提阿、亚历山大里亚等 4 大主教区。

18. [日]松里公孝:「正教世界の一部としてのロシア正教会」,未发表文稿。

19. Alexander Schmemann, *The Historical Road of Eastern Orthodoxy* (Crestwood, NY: St Vladimir's Seminary Press, 2003), pp.164—168; Donald W. Treadgold, *A History of Christianity* (Belmont, MA.: Nordland Pub., 1979), p.81; Dimitri Obolensky, *Byzantium and the Slavs* (Crestwood, NY: St Vladimir's Seminary Press, 1994), pp.98—103; John Meyendorff, *Rome, Constantinople, Moscow: Historical and Theological Studies* (Crestwood, NY: St Vladimir's Seminary Press, 2003), Ch.8.

20. 松里教授于 2010 年 3 月 18 日同叙利亚正教会(反迦克墩派)阿勒颇主教的面谈。

21. [日]松里公孝:《未获承认地区阿布哈兹和德涅斯特的政治认同:东正教内部关系及跨界少数民族问题》,载《俄罗斯研究》2008 年第 2 期。

22. [日]松里公孝:「正教世界の一部としてのロシア正教会」,未发表文稿。

23. Meyendorff, Byzantium, pp.44—46.[日]杉山正明:「モンゴル帝国と長いその後」,『興亡の世界史 9』講談社、2008 年。

24. 大公会议(或称公会议、普世公会议、普教会议)是传统基督教中有普遍代表意义的世界性主教会议,咨审表决重要教务和教理争端。其中对基督教教义有深远影响的基督教早期会议是尼西亚会议、第一次君士坦丁堡公会议、以弗所公会议和造成日后东西分裂的卡尔西顿会议。公元 1054 年,东西方教会大分裂。自此之后,东正教(即希腊正教)只信守前七次大公会议所确立的大公会议信条。虽然第四次君士坦丁堡会议是在教会大分裂之前举行,却不获东正教承认。故此,今天的东正教只承认七次大公会议。

25. John Meyendorff, *Rome, Constantinople, Moscow: Historical and Theological Studies*, pp.137—138.

26. Mikhail Shkarovskii, "Stalianskaya Religioznaya Politika I Russkaya Pravoslavnaya Tserkov'v 1943—1953 gg," *Acta Slavica Iaponica* 27, pp.1—27.

27. Paul Werth, "Georgian Autocephaly and the Ethnic Fragmentation of Orthodoxy," *Acta Slavica Iaponica*, Tomus 23, 2006, pp.74—100.

28. John Meyendorff, "Russian Bishops and Church Reform in 1905," Robert L.

Nichols and Theofanis George Stavrou, *Russian Orthodoxy under the Old Regime*(Minneapolis: University of Minnesota Press, 1978), pp.170—182.

29. http://www.patriarchia.ru/db/text/706055.html.

30. [日]松里公孝:「正教世界の一部としてのロシア正教会」,未发表文稿。

31. http://www.mospat.ru/ru/documents/social—concepts/iii/.2010 年 6 月 5 日。

32. 目前东正教 15 个自主教会:各自主教会实际上都是平权的,然而按历史荣誉顺序排序如下:君士坦丁堡正教会、亚历山大正教会、安提阿正教会、耶路撒冷正教会、俄罗斯正教会(建于 1589 年)、格鲁吉亚正教会(建于 466 年)、塞尔维亚正教会(建于 1219 年)、罗马尼亚正教会(建于 1925 年)、保加利亚正教会(建于 927 年)、塞浦路斯正教会(建于 434 年)、希腊正教会(建于 1850 年)、阿尔巴尼亚正教会(建于 1937 年)、波兰正教会(建于 1924 年)、捷克和斯洛伐克正教会(建于 1951 年)、美国正教会(建于 1972 年,尚未被广泛承认为自主教会)。在东正教 15 个自主教会之下,又划分自治教会。譬如,君士坦丁堡正教会下设芬兰正教会、爱沙尼亚正教会;耶路撒冷正教会下设西奈山正教会;俄罗斯正教会下设拉脱维亚正教会、摩尔多瓦正教会教化 60%的摩尔多瓦东正教徒、乌克兰正教会、西欧正教会、韩国正教会、日本正教会、中国正教会;罗马尼亚正教会下设巴撒拉比亚正教会教化 23%的摩尔多瓦东正教徒,该教会 1812 年比萨拉比亚被沙俄合并后,始终皈依于罗马尼亚正教会之下;塞尔维亚正教会下设垩栗大主教正教会。

33. [日]松里公孝:「正教世界の一部としてのロシア正教会」,未发表文稿。

34. Kyivs' kyi patriarkhat—pomisna ukrains' ka pravoslavna tserkva: istoryko—kanonichna deklaratsiya(Kyiv, 2007);松里教授在基辅同基辅总主教信息出版局局长面谈,2009 年 12 月 28 日。

35. 众多伊斯兰主义者坚持萨拉菲主义(Salafism),它是一种复古主义意识形态,旨在通过重返第一代穆斯林宗教教诲或萨拉菲方式来设法清除西方对伊斯兰的影响以及不适当的法律。

36. [日]松里公孝:「正教世界の一部としてのロシア正教会」,未发表文稿。

37. 基督教最初是由很少的犹太裔信徒开始的,后来才逐渐在其他民族中传开。这些基督徒自发组成了教会,而初期教会的领袖,是那些跟随过耶稣的十几位"使徒"(原意是奉差遣的使者)。他们都曾经历不同程度的逼迫,而且大多数最后都为信仰受苦甚至殉道。其中活得最久的一位使徒是耶稣最亲近的门徒——约翰,著名的《约翰福音》及《启示录》即出自他的手笔,他大约死于耶稣之后 95 至 100 年左右。因此基督教发展的第一个阶段称为"使徒时代"。

38. [日]松里公孝:「正教世界の一部としてのロシア正教会」,未发表文稿。

# 第七章
## 冷战后日本的俄罗斯对外战略研究

苏联解体之后的俄罗斯对外战略,既是其国内政治、经济、社会乃至人文思想变迁的一种延续;同时,俄罗斯对外关系的调整也为国内体制的变化不断输入动力,并提供了空间。[1]从一般意义上说,内部的体制转型势必与外在的对外政策和战略发生某种关联性。问题在于,第一,内部的体制变迁是在怎样的程度上影响对外政策;第二,通过怎样的管道使这两者之间得以互动;第三,未来的宏观国际格局在多大程度上受到体制变迁因素的作用。[2]带着这样一种问题意识,再来分析冷战后日本学者对俄罗斯对外战略的研究,力求尽可能发掘日本学者对转型时期俄罗斯的制度变迁与对外关系的相关性研究。

本章首先对冷战后日本学者对俄罗斯对外战略的研究成果进行分类汇总,对日本学界的俄罗斯外交战略研究形成一个宏观的初步认识,通过代表性的成果来把握日本学者对俄罗斯外交战略研究的问题意识与研究特色,同时对俄罗斯·东欧学会、日本国际问题研究所、日本防卫研究所等学会与政府研究机构的研究方法与特色进行横向比较研究。然后,通过分析俄国现代化进程中对外战略的连续性与非连续性、俄国的自我认知对其对外政策的路径选择的作用、俄国目前的国内体制对其对外决策的影响要素等问题,力求阐释清楚日本学者对转型时期俄罗斯的制度变迁与对外战略的相关性研究。

## 第一节　冷战后日本俄罗斯对外战略研究的
## 成果与特色分析

本节首先对日本学者在俄罗斯对外战略方面的成果进行宏观上的

考察,主要目的是弄清日本学者和一些研究机构在俄罗斯对外战略方面取得的研究业绩、他们的关注点和问题意识是什么。需要指出的是,本节对日本学者有关俄罗斯对外战略方面的成果考察,包括对外政策、对外关系、安全保障以及外交史等方面的内容。

## 一、日本学者关于俄罗斯对外战略研究的主要成果与问题意识

本书第二章第三节已经对东京大学盐川伸明教授的"俄罗斯东欧文献目录"与早稻田大学馆藏图书(2000—2010 年)收录的有关俄罗斯外交与安全方面的图书数量以及所占比例作过介绍,因此不再重复介绍。北海道大学斯拉夫研究中心的《斯拉夫研究》(1992—2010 年),有15 篇文章对俄罗斯外交与安全问题进行了研究,虽然文章有着较为严谨和深厚的历史学功底,但由于仅限于考察历史问题,与本节重点探讨冷战后转型阶段俄罗斯的对外战略问题不相吻合,故不予阐述。因此,下文重点以俄罗斯·东欧学会的会刊《俄罗斯·东欧学会年报》的有关论文为例进行重点分析。

笔者对《俄罗斯·东欧学会年报》(1992—2008 年)刊载的对外战略方面的论文进行了考察分析,在刊载的 25 篇论文中,关于俄罗斯安全保障方面的论文最多,共有 8 篇,较有代表性的论文有:兵头慎治的《普京第二任期安全保障政策的立案与形成过程——以安全保障会议的改编和"国家安全保障概念"的修订为中心》(2004 年第 33 期)、乾一宇的《面向 21 世纪的俄罗斯安全保障——以新安全保障构想以及军事学说为中心》(2000 年第 29 期)和《俄罗斯国家与军队——对新生俄罗斯军队的疑虑与忧虑》(1995 年第 24 期),以及中野润三的《俄罗斯军事学说的形成》(1992 年第 21 期)等;关于俄罗斯对外战略的论文有 7篇,较有代表性的文章是:下斗米伸夫的《俄罗斯·东欧的动向与国际关系》(1995 年第 24 期)、齐藤元秀的《双头体制下的俄罗斯外交——以"美国因素"和"中国因素"为中心》(2008 年第 37 期)、松井弘明的《华约组织解体后的俄罗斯外交与安全保障政策》(1994 年第 23 期)、加藤美保子的《苏联/俄罗斯的外交政策与亚太地区主义》(2005 年第

34 期)、中村裕的《俄罗斯"大国性"的摸索》(1995 年第 24 期)等;关于俄罗斯与大国及周边关系的论文有 7 篇,代表性的文章有:角田安正的《北约东扩与俄罗斯的反应》(1998 年第 27 期)和《围绕车臣问题俄罗斯与外部世界的关系》(2002 年第 31 期)、小泽治子的《俄罗斯的外交战略与美国的单边主义——以围绕伊拉克战争的美俄关系为中心》(2004 年第 33 期)、岩下明裕的《从远东俄罗斯看中国(1996—1997 年)——"水面下"的边境划界谈判》(1998 年第 27 期)、藤森信吉的《从天然气管道看乌克兰与俄罗斯的关系:相互依存还是从属》(2000 年第 29 期)以及专门召开研讨会——"展望新世纪的日俄关系"(2000 年第 29 期);其余 3 篇是外交史类的文章。

通过《俄罗斯·东欧学会年报》刊载的有关俄罗斯对外战略类文章有如下特点:第一,关注的主题是俄罗斯的安全保障、对外战略以及俄罗斯与大国及周边国家关系,尤其是对安全保障问题格外关注。日本学者之所以对俄罗斯的安全保障问题予以格外关注,最主要的原因在于:处于转型阶段的俄罗斯内政和社会局面的混乱对军队产生了直接的负面影响,使得日本担心军心不稳的俄军将会成为东北亚安全环境的不稳定因素。日本防卫研究所乾一宇研究员在观察了 20 世纪 90 年代前期俄罗斯的社会转型状况之后认为,不能断言新生俄罗斯的政治经济状况会朝着好的方向发展,虽然是向新体制转型阶段的无法避免的局面,但是政府官僚对政治经济大权的掌控、恶化的经济状况、黑手党的横行……以及国民对政治的冷漠、生活水平降低、社会治安的恶化,使得国民对未来逐渐失去希望。这些社会现象对军队也产生了影响。军队面临着诸多问题,如国防预算的减少、工资发放的拖延、住房不足问题、部队武器的流失、参与毒品走私等。[3]也正因为如此,《东亚战略概观 1996—1997 年》对俄罗斯远东安全形势的判断是:政治、经济、社会全面陷入混乱局面的状况对俄军也产生了影响,也是东北亚安保环境令人忧虑的成分。第二,无论是安全保障问题还是对外战略问题,日本学者较为关注其政策决策的过程分析。譬如,防卫研究所兵头慎治研究员认为,在频繁发生的车臣恐怖主义之后,俄罗斯在安全保障政策的立案和形成过程方面,安全保障会议开始发挥其原本的功能。而以往在安全保障政策的立案和形成方面,军队(国防部、总参谋部)起着主导作用,安全保障会议只是总统的咨询机构,对具有最终决策权的总统担负着背后支持的职能。但是到了普京第二次执政时期,对安全保障会议进行了一系列的改编,并在安全保障会议上推进《国家安全保障概念》的修订工作,俄罗斯的安全保障会议还是发挥了一定的决策功能。[4]第三,关注俄罗斯与美国、中国、欧盟以及日本等大国的双边关系。正如杏林大学齐藤元秀教授所指出的那样,双头体制的俄罗斯外交,可以用大国主义、积极的实利主义、全方位、零和思维等词汇来形容。双头体制下俄罗斯外交的优先顺序是:在军事·安全保障领域最关注超级大国美国的动向,有时要看美国的脸色开展外交行动;在地缘政治上最重视约有2 500万俄罗斯人居住的前苏联地区;作为经济·贸易伙伴,最重视欧盟;在亚太地区最重视崛起的中国。[5]

《俄罗斯·东欧学会年报》从创刊之初,就体现出对现实问题的敏锐嗅觉与洞察力,俄罗斯·东欧学会的研究人员也在追求学术研究能够跟上时代的发展,当一个国家的政治、经济、外交等领域出现新问题时,能够即时予以跟踪研究并进行合理的学术分析。应该说,《俄罗斯·东欧学会年报》的有关论文,体现了日本学者关于俄罗斯对外战略方面研究的成果特色与问题意识。

## 二、日本主要研究机构关于俄罗斯对外战略研究的研究特色

日本外务省对重点对象国的调查研究是其重要职能之一,其相关机构对俄罗斯对外政策的研究成果主要体现在《外交蓝皮书》之中,通过对冷战结束至今的《外交蓝皮书》的研读,可以看出日本外务省对俄罗斯对外政策的分析脉络。

首先,《外交蓝皮书》在编排体例上明显反映出日本外务省研究人员的一种分析思路,即密切关注重点对象国的内政问题与对外政策的关联。具体到俄罗斯问题,《外交蓝皮书》清晰地反映出俄罗斯内部的制度变迁与对外政策的密切关系。在编排体例上,1996年之前《外交蓝皮书》在描述重点对象国家时一般采用:首先介绍对象国的内政情况,其次是对象国的经济情况,最后是对象国的对外关系情况,最后一

项包括对象国与日本的外交关系。譬如,1995 年版《外交蓝皮书》对俄罗斯的描述,第一段是对俄罗斯总体形势的判断,认为"1994 年的俄罗斯努力在确保社会稳定的基础上发展经济,在新宪法的基础上进一步推进改革。"[6]然后,分为三个部分对俄罗斯的内政、经济、外交以及日俄关系进行阐述。第一部分是"维持改革路线和探索稳定",第二部分是"经济改革与经济现状",第三部分是"对外关系",重点是日俄关系的阐述。自 1997 年之后,《外交蓝皮书》的体例编排出现了变化,日本的对外关系单独作为一节,不再纳入地区国别章节中进行阐述。不过,自 2003 年至今又将日本与对象国的双边关系内容放回地区国别的章节中,但位置变成了该章节的第一部分。譬如,2008 年版《外交蓝皮书》在"俄罗斯"一节中分为两部分进行阐述:第一部分是日俄关系,包括北方领土问题与和平条约的谈判、日俄经济关系、日俄各领域的合作等 3 个问题;第二部分是俄罗斯形势,包括俄罗斯内政、俄罗斯经济与俄罗斯外交等 3 个问题。总体来说,《外交蓝皮书》编排体例的框架本身,就决定了其对重点国家对外战略的分析必须建立在充分的内政分析的基础之上。

其次,整个 20 世纪 90 年代直至普京总统的第一个任期,相比而言,《外交蓝皮书》对俄罗斯情况的阐述,不仅文字篇幅较长,而且在内容上也表现出对俄罗斯进行社会体制转型的支持态度。《外交蓝皮书》对俄罗斯描述的篇幅在整个 90 年代远远超过对中国的描述。譬如,1993 年版的《外交蓝皮书》不仅将俄罗斯单独作为"国际形势分析"的一个专项进行阐述,文字篇幅达到 46 行,还配有 4 幅插图;而同年对中国的描述只有 6 行文字。这种情况直到 2001 年才开始转变,对中国描述的篇幅开始略多于俄罗斯。到 2009 年版的《外交蓝皮书》,对俄罗斯的总体描述仍然较多,有 95 行文字和 4 幅图表,但对中国的描述却高达 123 行文字和 9 幅图表,2010 年版的《外交蓝皮书》也同样如此。从日本《外交蓝皮书》的篇幅变化上,也能看出日俄与日中关系的此消彼长以及中俄两国国力变迁的情况。其实,日本通过《外交蓝皮书》篇幅长度等细节的把握,有一种主动向俄罗斯示好的态度。通观整个 90 年代的《外交蓝皮书》,日本对俄罗斯社会转型寄予了较多关注,同时也准确地指出俄罗斯内政外交存在的问题,有一种感觉好像是日本在为俄罗斯体制转型进行把脉，并为其开出疗病药方。进入 21 世纪，日本对于普京的执政，更是表现出一种赞许的态度。日本对俄罗斯似乎寄予某种特别的期待，或许想趁着俄罗斯在社会体制转型、经济一度陷入困境之际，利用其迫切期望得到日本经济和技术援助的心理，顺利解决横亘在两国之间北方四岛领土归属的难题。

最后，自 2006 年至今，《外交蓝皮书》第一次专门将"北方领土问题与和平条约谈判"作为一项列入"日俄关系"部分的第一个问题，充分表明该问题不仅成为日俄两国缔结和平条约的障碍，也是两国关系全面长期发展的最大障碍。实际上，历年的《外交蓝皮书》都表达出日本政府坚持优先解决北方领土主权归属问题的要求。20 世纪 90 年代中后期，通过俄日间的密切互动，日本人较为乐观地认为，自 1993 年 10 月叶利钦总统访日签署了《东京宣言》，为推进领土问题的解决建立了谈判基础，并且俄罗斯还做出一系列的示好动作，或许会在领土问题上作出某种妥协。譬如 1997 年《外交蓝皮书》中就有如下表述："作为日本来说，将基于《东京宣言》解决北方领土问题，缔结和平条约，并付出最大努力达成日俄关系的完全正常化；同时，将支持俄罗斯的改革努力，谋求在各领域加强合作与双边关系，并以此作为对俄外交的基本方针。关于最为重要的领土问题，将视归属问题与营造解决问题的环境这两方面为车之两轮，同时付诸努力。"[7] 1998 年 11 月，小渊惠三首相访俄，双方达成《莫斯科宣言》（以下称《宣言》），《宣言》重申，双方将尽一切努力争取在 2000 年前签订日俄和约，两国正式建立"建设性伙伴关系"。[8] 日俄之间也因此在政治、外交和军事领域进行了富有成效的接触互动。进入 21 世纪，日俄两国领导人都发生了更替，俄罗斯总统普京极力想在经贸领域拓展俄日两国的合作空间，但却不能无视国内政治力量特别是国家杜马对领土问题的强硬立场；而日本又坚持《东京宣言》的立场，即先解决北方四岛归属问题，然后缔结和平条约，最后实现两国关系完全正常化。在多年努力都没取得任何实质性进展的情况下，日本的态度出现了转变。2006 年的《外交蓝皮书》第一次将"北方领土问题与和平条约谈判"列入"日俄关系"的首要问题进行阐述："关于日俄间最大悬案的北方领土问题，在迎来战后 60 年的今天，两国的立场存在隔阂。日本政府坚持一贯方针，即解决日本固有领土北方四岛的归属问题之后,再缔结和平条约,以此实现日俄关系的完全正常化;日本将继续与俄方进行不屈不挠的谈判。"[9]从此,日本的《外交蓝皮书》都沿用该体例,明确表明解决北方领土问题对日本的重要性、艰巨性和长期性。

此外,日本外务省还通过《外务省调查月报》等刊物对俄罗斯等国的对外战略进行诸多方面的深入分析。由于《外交蓝皮书》是日本政府的正式文书,绝大部分内容是形势介绍,分析语言较少。譬如,关于普京时期俄罗斯对外战略的表述是:普京政权积极开展首脑外交,重视经济等务实的合作,与欧美保持着基本关系,并促进与亚太、中东、中南美等所有地区的关系。[10]关于梅德韦杰夫时期俄罗斯对外战略的表述是:在外交上,梅德韦杰夫继承了普京路线,如联合国中心主义、国际法优先。[11]同时,其外交也表现出"现代化"的志向。2009年在联合国总部演讲(9月)和年度咨文演说(11月)中,梅德韦杰夫总统都强调,必须推行"明智的外交",抛弃落后于时代的想法,重新推进实利主义外交。在年度咨文演说中他还表明,俄罗斯要推行实现经济现代化的外交。[12]充分表达出俄罗斯外交是为其内政、特别是为实现国内经济现代化服务的。不过,由于《外交蓝皮书》事实阐述的语言多,条理分析的语言少,所以需要参考《外务省调查月报》等刊物,来全面了解日本外务省调查研究的具体分析。《外务省调查月报》就是一份较有代表性的刊物。譬如,该刊物关于俄罗斯问题刊载的最近一份报告是2005年度第3期发表的《俄罗斯对欧安会(OSCE)的政策变迁及其要因分析》,整理和分析了俄罗斯对欧安会的政策变迁及原因,并对今后俄罗斯对欧安会的政策进行了展望。该报告的主要观点是,由于欧安会在决策程序中排挤俄罗斯,增加了对俄罗斯的否定影响力,但是俄罗斯与北约和欧盟改善了关系,对欧安会的关注度开始降低,这种倾向将持续下去。同时,如果脱离欧安会,也就意味着俄罗斯主动放弃参与欧洲安全保障问题以及前苏联地区的纷争,因此,俄罗斯将开展合理行动,不脱离欧安会,并努力将欧安会否定性的影响降至最低。

日本国际问题研究所对俄罗斯等国家和地区问题的研究,最大的特色是围绕着一个主题,从不同的视角进行阐发;而群策群力、集体攻关则是其课题水平得以保证的组织保障。这一研究体制的特色,本书前面已多次提及,不再过多地予以评述。本节中拟通过日本国际问题研究所近年来发表的有关俄罗斯的报告尤其是对外战略报告,简略分析一下该所对于俄罗斯对外战略的研究机制与研究重点、特别是关于国内因素与对外战略之间关系的研究情况。

首先,日本国际问题研究所充分发挥了日本外务省的智库功能,提交了许多有分量的调研报告。譬如,2000 年以来承担外务省下达的有关俄罗斯研究的项目主要有:"俄罗斯远东地区形势的研究"(2000 年)、"普京政权下俄罗斯的内政动向——普京政权第二年的总结"(2001 年)、"俄罗斯的外交——从俄罗斯与欧洲、美国关系的视角"(2001 年)、"俄罗斯企业制度改革的现状"(2002 年)、"普京政权的俄罗斯社会与劳动法的改革"(2002 年)、"伊拉克战争后普京政权的中亚政策"(2003 年)、"伊拉克战争后普京政权的对外政策全貌"(2003 年)以及"俄罗斯的政策决策——各种力量与过程"(2008 年)等。作为日本外务省的智库,日本国际问题研究所核心职能是开展国际关系与外交问题的基础研究,同时进行国际形势的调查研究,为制定外交政策企划案服务。而其接受的外务省委托课题,更是直接成为日本外交决策的参考。

其次,日本国际问题研究所在关注俄罗斯对外战略的同时,同样关注俄罗斯内政问题的研究。或者说,日本外务省较为重视俄罗斯的内政问题。2000 年以来,该所承担外务省下达的有关俄罗斯研究的 8 个项目,关于俄罗斯内政问题的项目和对外战略的项目各有 4 项,其中关于内政问题提交的报告有 13 篇,关于对外战略问题提交的报告有 15 篇。在 2002 年之前,比如 2000 年围绕外务省委托的"俄罗斯远东地区形势的研究"项目,只提交了《远东地区地方领导人选举的结果与评价》这一篇调研报告(野口秀明)。而自 2002 年以来,该所的研究体制发生了巨大变化,针对外务省的委托项目,不再由单个研究人员独立完成,而是由多名研究人员各自从其擅长的领域进行研究,最后综合形成一份全面的调研报告。譬如,2002 年承担的"俄罗斯企业制度改革的现状"项目,由沟端佐登史、笠井达彦等 5 名专家从"普京政权的俄罗斯企业制度改革"、"俄罗斯企业形态以及国家与企业的关系"等六个方面分别撰写文章进行论述,最后形成提案报告。而 2008 年承担的"俄罗斯的政策决策——各种力量与过程"的项目,该所更是组织了横手慎二、上野俊彦等 11 人的研究团队(包括 1 名助手),从 9 个方面撰写文章展开论述,横手慎二教授撰写总论,最终形成长达 186 页的调研报告。日本国际问题研究所对俄罗斯的内政外交并重的研究思路值得参考。

最后,日本国际问题研究所组织社会优质资源联合进行项目攻关,既保持了自身机构的精简,又有效整合了社会优质资源为政府所用。同时,经常参与项目的学者,如横手慎二、上野俊彦、沟端佐登史、岩下明裕等人,不仅通过参与项目贡献了自己的智力成果,而且可通过官学互动,深化自己的学术研究,称得上是一种双赢的研究模式。其实,这种研究模式并非日本国际问题研究所独有,也在日本政府、企业界和社会研究机构中普遍被采用。在外交方面,较有影响的事例是日本外务省于 1999 年邀请了日本国内著名的国际问题学者——猪口孝(东京大学)、北冈伸一(东京大学)、国分良成(庆应义塾大学)、田中明彦(东京大学)、袴田茂树(青山学院大学)、山内昌之(东京大学)、山影进(东京大学)等 7 位教授,共同撰写了提案报告——"面向 21 世纪的日本外交的课题",在日本国内外产生了巨大影响。时任日本外务大臣高村正彦对此评价道:"外务省与学界的有识之士关于外交政策进行密切的意见交流,获得了有益的建议……这些建议非常富于启发性,正值思考新世纪的日本外交方针之际,请充分参考这些建议,进一步加深探讨。"[13]

如果说日本外务省对俄罗斯的对外战略研究、特别是通过《外交蓝皮书》反映出来的相关内容几乎都是情况介绍,而日本国际问题研究所又多是针对外务省下达的具体课题展开研究,致使人们无法看清日本研究俄罗斯对外战略的全貌,那么,日本防卫研究所对俄罗斯问题的研究,完全可以弥补前面两家机构的种种不足。甚至可以说(以俄罗斯为例),从公开的资料来看,关于俄罗斯现实的政治、经济、外交以及安全保障等问题的分析,日本防卫研究所的调研水平是日本政府研究机构中最高的。之所以作出这个结论,主要根据有以下三点。

第一,防卫研究所的体制设置与日本诸多研究机构不同,在很大程度上决定了其综合调研能力的卓越。防卫研究所是日本防卫省直属的智库机构,是一个实体的政府机构,这一点与日本国际问题研究所等其他研究机构有所不同。也正是因为这一点,防卫研究所首先有了组织体制上的保障。防卫研究所下设计划室、总务处、研究部、战史部、教育部和图书馆等部门。尤其是研究部，基本职能是负责自卫队的管理与运用方面的基础调研工作，目的是为日本制定相关政策以及为该所的教育训练提供理论支持。研究部下设第1至第7研究室，主要负责研究安全保障理论及政策、国防经济与国防工业、军事战略理论、军队编制体制和军队建设、国际关系以及世界与地区形势等调查研究工作。组织结构决定着研究功能，在国际问题研究方面，其他任何官方研究机构都没有防卫研究所那样齐全的编制体制，调查研究也就无法得到组织上的保障。具体到俄罗斯问题研究，防卫研究所的研究人员完全有能力从政治与经济、对外政策与双边关系、军事战略与武器装备等多个角度展开论述和分析，而其他俄罗斯研究机构无法做到这一点。

第二，防卫研究所的调研成果，总体上具有全面综合的特点，调研成果直接应用于政府决策分析。作为日本防卫省的智囊机构，防卫研究所负责日本安全保障政策的研究与分析，发挥着政策制定者的功能。其任务之所以能够遂成，靠的是自由的学术、弹性的思维与长远的眼光。在进行课题调研时，防卫研究所重视跨学科研究，依靠具有丰富学术背景的资深专家进行调研。此外，还广泛接触学界、防卫省与自卫队、其他省厅、商界机构等展开课题研讨。调研的具体措施包括：出版发行《东亚战略概观》、《防卫研究所纪要》、《情况简报》等报告和学术杂志，发布研究成果，供探讨日本防卫政策使用。为了让研究成果产生更大效益，还频繁与美国、韩国、中国、俄罗斯等国开展双向研究交流，与东南亚各国开展多国间研究交流，也会邀请海外著名的研究人员参加研讨会，举行公开的"安全保障国际研讨会"等国际性学术会议。此外，自1999年以来，防卫研究所邀请政府部门以外的著名学者和专家，主办"防卫战略研究会议"，目的是预测未来全球的战略环境，思考日本防卫战略的各种选择。

第三，防卫研究所对于俄罗斯的对外战略与安全保障问题有着自己独特的分析视角。譬如，通过该所最重要的学术研究成果——《东亚战略概观》(以下略称"概观")对普京政权历年的持续分析，俄罗斯对外战略与安全保障政策的发展脉络清晰可见。普京总统执政伊始，"概观"的判断是：叶利钦总统在推翻旧体制方面有很大功绩，但没能结束向新体制转型的混乱局面，也没能消除国民不稳定的经济生活。俄罗斯国民对于普京寄予的期望是结束混乱和经济稳定。普京考虑的最优先课题是解决内政问题，否则俄罗斯不会复苏为强国。在对外政策上，普京同样重视有利于解决内政问题的对外政策，将尽量避免与西方出现摩擦，以免影响到经济关系的发展。在国防与安全保障方面，优先课题是装备一支高效率的、与当前俄罗斯经济实力相匹配的军事力量。[14]

普京执政的第二年，在其内权基础稳固之后，开始积极致力于内政、外交以及国防与安全保障方面的诸多课题。[15]普京政权借助"9·11"事件，谋求强化与美国和欧盟的关系，但该做法遭到了军队内部的反对。[16]在普京即将完成第一任期之际，"概观"的评价是：普京政权最大的成绩是在苏联解体后俄罗斯政治出现了最为稳定的局面，并且克服了严重的经济混乱状况；普京得到了国民的高度支持，执政党也在国家杜马选举中获胜，确保了普京的连续当选。不过，普京当初承诺的市场经济和民主化达到西方国家的水平，尚需时日。[17]从上述分析中可以看出，防卫研究所的研究人员对俄罗斯内政与外交的发展脉络把握得较为精准。而关于俄罗斯的对日政策特别是对北方领土问题的分析，要比外务省的分析更为直接并切中要害。该所研究人员认为，普京执政之初就明确对外政策的目标是促进国内经济问题的解决，因此俄方也希望推进俄日关系的发展。然而，作为普京来说，他很难为了得到日本大规模的经济援助而在领土问题上妥协。判断的依据是：（1）普京反复传达着坚决保卫领土完整的信息，不同意任何归还领土的要求；（2）反对归还领土的军队是普京的主要支持基础；（3）领土问题既是莫斯科中央政府的问题，同时也是有关地方的问题。在领土问题上与外国之间的任何协议，不仅要得到联邦议会的批准，而且必须得到有关联邦构成主体的承认。而管辖千岛列岛的萨哈林州的领导人坚决反对在领土问题上让步。[18]于是，"概观"的结论是：围绕北方领土问题，日俄两国立场上的差异非常尖锐。俄日关系处于停滞状态，看不到打开局面的头绪。甚至直接批评道：日本外务省一片混乱，根本不能提出改善日俄关系的有效政策。[19]的确，如果将"概观"对俄罗斯情况的分析与日本外务省的分析相比较，孰优孰劣一目了然。

## 第二节 日本对俄罗斯国内体制变迁与
## 对外战略的互动研究

中国学者近年来较为关注俄罗斯的制度变迁与对外政策相关性的研究,因为无论是当年的十月革命还是今天的转型过程,俄罗斯都表现出内部的制度变化与对外政策的密切关联。因此,将内部过程和外部取向相互脱离的研究方式,在面对俄罗斯问题这样一个宏大进程的时候,是不甚适宜的。[20]中国学者的一个基本判断是,当代俄罗斯的外交政策制定是与其内部体制转型进程相伴相生的,在很大程度上受到内部改革进程和政治斗争的影响。因此,分析当代俄罗斯外交政策的首要条件是考察俄罗斯国内政治进程的发展。[21]在上述研究的影响下,本节拟对日本学者开展的有关俄罗斯国内体制变迁与对外战略的相关性问题进行梳理分析。

### 一、俄罗斯现代化进程中的对外战略

俄罗斯在梅德韦杰夫总统的主导下,其外交路线发生很大变化,与欧美展开了协调外交。日本学者敏锐地注意到了这一动向,开始提出:为什么梅德韦杰夫总统现在改变了外交路线?外交路线的转变对俄罗斯内政、特别是民主化问题以及与普京总理之间的关系会产生怎样的影响?[22]

2010年,决定俄罗斯外交方向的"外交政策构想"的制定工作迎来了尾声,这是自2000年普京执政初期制定的外交方针之后又一部新的"外交政策构想"。日本学者认为,2000年美国正处于全盛期,因此普京时期外交方针的目标主要有两点:一是阻止美国的单极统治,二是实现世界多极化。而2010年7月,梅德韦杰夫总统在俄罗斯驻各国使馆工作人员和外交部官员的全体会议上发表了外交演说,清晰地阐述了他的新的外交方针:为了现代化,必须构筑特殊联盟。最重要的联盟是与德国、法国、意大利等欧洲国家,还有美国的联盟。将欧洲和美国置于俄罗斯主要伙伴的位置,这一点与普京时期有很大不同。

俄罗斯外交路线的改变表现在自 2010 年 4 月以来,俄罗斯与欧美之间的关系出现了显著变化,取得了丰富的成果。譬如,俄罗斯与波兰的关系出现大幅度改善,达成了历史性的和解;跟挪威之间划定了海上边境线;赞成联合国对伊朗进行制裁的决议;欧盟表示支持俄罗斯的现代化;特别是在俄美关系方面,梅德韦杰夫总统与奥巴马总统于 2010 年 4 月成功签署了《削减战略核武器条约》,6 月访问美国时,奥巴马表示支持并参与俄罗斯的现代化进程。然而,在梅德韦杰夫成功访美之后发生的间谍案,几乎将一切成果付之东流。日本学者认为,如果换在普京时期,美俄双方一定会互相驱逐外交官,从而导致两国关系的冷却。好在梅德韦杰夫与奥巴马早就达成协议,不给美俄关系的改善泼冷水。于是,双方约定通过互相交换间谍,迅速解决了"间谍危机"。然而,在日俄关系方面,虽然俄罗斯表示期待着经济上的合作,但由于北方领土问题,而且日本的政治也处于不稳定状态,所以几乎没有进展,处于停滞状态。日本记者还注意到一个细节,梅德韦杰夫在外交演说中,对尚未摆脱苏联世界观的外交官们呼吁:不要将自己困在定式思维之中,有时必须"摘掉眼罩"。[23]

叶利钦政权的课题是破坏旧体制,建立宪政主义和市场经济的基本框架,换言之,就是建立现代宪法与市场经济体系。普京政权的课题是继承叶利钦政权的方针,解决残留问题,稳定俄罗斯的政治与经济体制。而对于稳定的目标来说,就必须将俄罗斯建设为"强国"。[24]而当前,俄罗斯外交政策变化的关键词就是"现代化和技术革新"。对于梅德韦杰夫总统来说,俄罗斯外交最大的使命是有助于解决俄罗斯的内政和国内问题,这要比确保对外的权威和威信更为重要。所谓的国内问题就是经济、社会、政治的现代化。梅德韦杰夫总统之所以改变外交路线,主要背景是:第一,俄罗斯经济严重依赖石油和天然气的出口,非常脆弱,在 2008 年的金融危机中受到了沉重打击。据世界银行 2010 年 1 月发表的《世界经济预测 2010》指出,2009 年俄罗斯的经济增长率预计为-8.7%,自 1999 年起连续 10 年的正增长被画上了句号。2009 年 11 月,梅德韦杰夫和普京先后发表演讲,强烈呼吁:为了使受到全球金融·经济危机重创的俄罗斯经济复苏,必须走可持续发展的道路,必须摆脱资源依存型经济和实现经济的现代化。[25]第二,俄罗斯的人口构成出现了严重问题,出生率低下,年轻人稀少。贫困的扩大、社会的混乱、看不到未来的希望等因素对俄罗斯的人口结构产生破坏性的影响。在人口持续减少的状况下,为了占据世界经济大国的地位,俄罗斯只有实现产业技术高度现代化,大幅度提高劳动生产率。梅德韦杰夫决定在莫斯科近郊建立科技城,美国和欧盟都明确表示支持并参与俄罗斯的现代化路线。西门子、波音等欧美的大公司也表示将参与其中。这可以说是梅德韦杰夫的想法获得了成功。

然而,日本认为,俄罗斯现代化的实现存在巨大的障碍。也就是说,与外交相比,其内政改革与民主化处于落后状态。在外交方面,可以说梅德韦杰夫总统拥有主导权,可是在内政方面,普京总理有着巨大的影响力。前任总统普京为了摆脱混乱局面,构筑了垂直领导体系式的中央集权的强权体制。而继任者梅德韦杰夫自上任以来,也表明要继续威权体制的民主化。但是,对梅德韦杰夫有所期待的知识分子现在发出失望的声音,"感受到了春风的暖意,但是严酷寒冷的现实没有改变"。对于现代化、特别是技术革新经济来说,自由是不可欠缺的。但是,至今还有记者、人权活动家遇袭身亡,因经济案件被关押的商人和律师在狱中死亡的事件,这在发达国家中是无法想象的。梅德韦杰夫打算通过与外国的合作来激发俄罗斯的学术水平和创造力,产生世界水平的新技术和新发明。但是,俄罗斯著名的评论员尤利亚·拉托尼娜认为:"在学术界也有一种很盛的风潮,如果与外国合作或者自由交换学术意见,会被看成是利敌行为。在这样一种缺乏自由空气的情况下,不会产生技术创新,新科学城也只是画中的饼。"[26]美国和欧洲也知道这一情况,但还是决定支持梅德韦杰夫推进的现代化路线,并参与其中。它们不是放弃了俄罗斯的民主化,而是希望通过参与俄罗斯的现代化,从俄罗斯内部来推进其民主化进程。

对于俄罗斯 2011 年 12 月举行的议会选举和 2012 年 3 月举行的总统选举,[27]日本媒体认为,梅德韦杰夫与普京哪一位当选下届总统,早就成为 2012 年的中心政治问题。两位领导人都没有隐瞒竞选总统的积极性。梅德韦杰夫如果真正要实现俄罗斯经济的现代化,创造技术革新经济,必须在俄罗斯确立民主主义和依法治国。俄罗斯是走向停滞不前的道路,还是走向进步与发展的道路,梅德韦杰夫与欧美的合作是否真诚,其试金石可以说就是在俄罗斯国内扎实推进民主化进程吧!

有日本学者指出,近代以来,非西欧世界遇到现代西欧文明而受到冲击,这些国家一方面全力学习和模仿西欧的技术与制度,同时,也会通过国家主义的武装来解决本国的认同性问题。然而,对于俄罗斯来说,不仅在地理上,在精神上也是反复追问自己,到底是采取亚洲模式还是欧洲模式? 这一特征导致俄罗斯的外交行为常常通过强烈的自尊心来掩饰对于欧洲列强的劣等与顽固的心理,其截然相反的情感有时甚至会走上极端。也就是说,如果在武力或艺术思想上超过了欧洲,俄罗斯会感到极其满足,获得了一种精神上的安定,而且往往在国内酝酿出保守主义的情绪;相反,如果意识到输给了欧美,又会产生劣等心理,并要想办法去应对。战胜拿破仑与输掉克里米亚战争、日俄战争败北与 1905 年革命、第一次世界大战失败与 1917 年革命等战争之后的俄罗斯,其国内对于欧美的双重情绪始终如影随形,直到勃列日涅夫时代达到最高潮,因为当时与世界最强大的美国保持了军事上的均衡地位。[28] 日本学者认为,戈尔巴乔夫推行"新思维外交"之后,俄罗斯的外交姿态发生了变化,但却无法抹掉它的传统性格,即传统上对于欧美的自卑感,无论是对于戈尔巴乔夫还是叶利钦时代的外交都会产生影响。以此类推,俄罗斯对于欧美的自卑感,无论对于普京还是梅德韦杰夫的外交都将产生影响。同时,俄罗斯国内的双重情绪还会继续发挥作用。

## 二、俄国的自我认知对其对外政策路径选择的影响

日本学者对冷战后俄罗斯对外政策的研究,首先开始于对俄罗斯调整和重建对外政策背景因素的追问。日本国际文化研究中心木村泛教授认为,冷战后俄罗斯调整和重构对外政策的理由有四点;第一是地缘政治环境的变化。最为重要的一点是独联体成员国对俄罗斯来说成为"外国",但又非完全意义上的"外国",将其称为"近邻外国";而且,从严格意义的地缘政治来说,俄罗斯由于苏联的解体与欧洲产生了一定距离,反倒是接近了亚洲。第二是政治经济的转型带来心理上的变化。以俄罗斯为主体的苏联,在意识形态的战争中,共产主义输给了民主主

义;在经济战争中,社会主义败给了资本主义。但是,这种战败方式是抽象层次上的失败,不同于日本和德国在第二次世界大战时的战败。因此,俄罗斯人之中存在并不承认自己是个完全失败者的心理。这种心理导致俄罗斯人对待西方奉行的价值和体制有一种复杂的矛盾情绪,于是产生了一种心理,即并不认为西方的价值和体制是百分之百的正确而予以完全接受。而且,在俄罗斯人的信仰体系之中,共产主义意识形态解体后,填补空白的是民族主义。第三是俄罗斯外交第一次面临安全保障上的难题,即在没有外敌的情况下证明自己存在的理由。第四是与过去断绝关系到何种程度。撇开理论层次不谈,单从现实角度来说,任何国家都存在过去与现在的连续性和非连续性的问题,关键是如何进行整合。[29]

有了上述认识之后,俄罗斯在叶利钦时代出现了两条外交路线或模式,一条路线是"大西洋主义",另一条路线是"欧亚主义"。

提倡"大西洋主义"的代表人物是俄罗斯外长科济列夫。科济列夫认为,冷战结束后的国际社会与以前的世界有了质的不同,国家间关系已经不是敌我双方决斗式的零和模式了。在构建冷战后的世界新秩序方面,俄罗斯与西方国家是平等的伙伴,不再是互相威胁的关系了。俄罗斯具有与西方国家同样的价值观,已经成为西方国家的同盟。新生俄罗斯的模式必须走民主政治、市场经济以及尊重人权的道路,而西方的欧美国家是先行者。俄罗斯需要尽快回归"欧洲"文明圈,实现与欧洲国家的统一。因此,俄罗斯外交最优先的伙伴是美国、西欧等西方发达国家和日本。俄罗斯必须加入西方发达国家成立的各种组织机构之中,如七国集团、欧洲议会、北约组织、世界贸易组织、国际货币基金组织、世界银行等。

而提倡"欧亚主义"的代表人物主要有俄罗斯总统政治问题顾问、原俄罗斯最高会议议长、原俄罗斯议会外交对外经济关系委员会议长以及前驻美大使等人。他们认为,科济列夫等人提出的俄罗斯与西方建立紧密的同盟是错误的,鉴于俄罗斯独特的地理位置、政治、经济、文化等发展情况,是无法迅速走上西欧化的道路的。俄罗斯承担的使命应该是作为连接欧亚洲之间的桥梁。因为俄罗斯假使想在政治和思想上同化为西方国家,恐怕也会被独联体其他成员、伊斯兰国家以及中国所疏远；即便是想参与西方资本主义经济圈，恐怕也没有竞争力。总之，俄罗斯处于"西""北"的发达国家与"东""南"的发展中国家之间，应该扮演二者中介人的角色。在东西之间与南北之间发挥平衡的作用，是俄罗斯外交政策追求的最重要的价值。

20世纪90年代初期，除了上述两大潮流之外，还有一些变形的思潮的存在，主要有"孤立主义"与"帝国主义"。两者都拒不认可西欧比俄罗斯优越的"大西洋主义"，都认为俄罗斯具有西欧所不具备的独特而原创的价值，俄罗斯完全没有必要将西欧作为自己的模式而西欧化。其中，"孤立主义"强调，俄罗斯不管朝"东"还是朝"西"，都要使与外部世界的接触最小化，应该专心致力于国内问题和能源问题，过去的衰亡就是因为对外过度扩张而引起的，现在要回归国内问题。该理念可以说是俄罗斯版的门罗主义，亚历山大·索尔仁尼琴持有类似立场。与"孤立主义"相反，"帝国主义"主张俄罗斯应积极进行对外干预，俄罗斯具有向外部世界传播自己独特而卓越价值的使命。苏联解体是一个悲剧，必须将现在的独联体国家更加紧密地再次统合起来。此理念从提倡将俄罗斯、伊斯兰、欧亚联合起来的角度来看，可以说是广义"欧亚主义"的一种变形。原副总统鲁茨科伊的主张接近这一立场。

叶利钦执政初期，俄罗斯的对外政策采取亲西方的"大西洋主义"路线，后期虽然调整为全方位的多元外交，但是无法掩盖西方中心主义；普京时期，由于美国忽视俄罗斯的利益，俄罗斯的西方中心主义走向欧洲中心主义，并促使俄罗斯展开务实的全方位外交，提出俄罗斯对外政策的优先任务是为国内社会经济发展创造外部安全环境。到了梅德韦杰夫时期，俄罗斯外交出现了新的特点：第一，以俄罗斯的现代化为目标，以国家利益为基础，加速提升外交水平；第二，进一步抛弃意识形态成见，与所有可能成为俄罗斯现代化外部源泉的伙伴搞好关系；第三，以实用和创新的态度，使外交能够解决俄罗斯面临的各种问题。在这样一种外交思想的指导下，俄罗斯无论是对欧洲、美国还是对北约的态度，都有了较大幅度的调整。[30]俄罗斯的对外政策似乎又开始向西方靠拢，或者说，俄罗斯是首先意识到西方的存在而制定其对外政策的。

日本学者认为，冷战后俄罗斯对外政策中的"大西洋主义"与"欧亚主义"的对立，容易使人联想起19世纪中叶的"西欧派"与"斯拉夫派"

之间的争论。只要俄罗斯通过与西欧国家的对比,努力探索自我认同与自身价值,就会发现"西欧派"与"斯拉夫派"两者拥有共同的价值。正如当时西欧派的赫尔岑在斯拉夫派的创始人阿克萨科夫等人去世时所说:他们和我们一直都怀有对俄罗斯人民的热爱这一共同感情,正如双头鹰一样,我们虽说关注着不同的方向,但是,我们拥有同样怦怦跳动的心。[31]但是,日本学者同时指出,冷战后俄罗斯"大西洋主义"与"欧亚主义"之间完全没有对话,只存在对决的架势。两者之间互不尊重对方的立场,很少互相融合,多是互相对骂。其实,两者之间的对立并非完全排他的对立,是关于着力点不同的争论。也就是说,"大西洋主义"者并非主张轻视或无视俄罗斯与独联体成员国、亚洲以及"南方"国家,这是由俄罗斯的地理、政治与外交环境决定的;同时,"欧亚主义"者也并非反对与当今世界具有举足轻重地位的西方发达国家形成和保持良好的关系。总之,"大西洋主义"过于强调与西方发达国家的合作,而轻视其他地区的外交,这种倾向不容否定;然而,正视与纠正"大西洋主义"缺陷的,也正是"欧亚主义"。

冷战后俄罗斯对外政策的取向反映出俄罗斯自我认同尚未完全确立。对此,袴田茂树教授尖锐地指出,俄罗斯当前面临最严重或者说最紧要的课题就是在苏联解体之后确立俄罗斯国家的自我认同。[32]俄罗斯显然已经认识到问题的严重性,并为此提出了俄罗斯主义或者是新斯拉夫主义的"主权民主主义"的理念。该理念是普京总统办公厅副主任乌拉基斯拉夫·斯尔科夫于 2005 年首次提出的,并于 2007 年 6 月在科学院演讲时阐述了"主权民主主义"理念的具体内容。他强调说,俄罗斯民主主义的新建筑是构建在民族国家历史的基础上的。其主要特征是由俄罗斯历史、国家的自我意识、文化的基本概念与模型结构决定的。新政治制度是从欧洲文明和特殊的俄罗斯式的理解当中产生的。他重点强调了俄罗斯的特殊性。同时,他还引用俄罗斯思想家伊万·依琳的观点来进一步阐述其理念。伊万·依琳认为,俄罗斯是整体性的直观文化,也就是相对于重分析、重功利、重逻辑的西欧文化认知来说,俄罗斯的文化认知是综合的、直觉的和有机的。他还将俄罗斯文化看成是"宿命"论的,认为俄罗斯人无论是现在还是将来,都只能是俄罗斯人。[33]对于俄罗斯确立自我认同的问题,袴田茂树认为其目的是维持"砂子社会"的稳定。斯尔科夫的"主权民主主义"理论既是政权自我正当化的逻辑,也是稳定"砂子社会"的一种策略。而令日本学者感兴趣的是,围绕当今俄罗斯意识形态的争论,今天的"斯拉夫派"与"西欧派"都以自己的理解来引用同一个俄罗斯思想家的观点,"西欧派"也不是借助国际思想家的语言,而是引用俄罗斯思想家的观点来强调俄罗斯的思想传统和爱国主义。今天的俄罗斯,其自由主义的主张本身已经变成不得不借助国家主义这个术语了。因此,袴田茂树教授认为,与其关心俄罗斯自由主义的主张,还不如将眼光更多地投向它的侧面。

## 三、俄罗斯国内政治精英对政策决策的参与——横手慎二教授的视角

日本学者认为,俄罗斯双头体制的外交目标与普京时代一样,都是"复兴大国俄罗斯",并且该目标也得到了大多数俄罗斯国民的支持。在双头体制下,梅德韦杰夫总统是普京团队的一员,普京总理是俄罗斯外交政策与安全保障政策的舵手。但是,日本学者还发现,虽然俄罗斯政治领导层看起来像一个整体,但还是存在一些分歧。譬如,关于俄罗斯与格鲁吉亚战争结束问题,有种说法是梅德韦杰夫主张尽快实现和平。[34] 还有一个重要动向是,俄罗斯媒体宣传说,在摆脱资源依赖型经济以及为此构筑与欧美国家关系的问题上,普京与梅德韦杰夫的理解不同。2009 年 6 月,对于加入世界贸易组织问题,普京在讲话中提出今后通过关税同盟来加入;而 7 月,梅德韦杰夫更正为"俄罗斯单独加入是更加方便而现实的选择"[35]。按照普京模式,俄罗斯在疏远欧美国家,而梅德韦杰夫则认为当前最紧要的问题是经济现代化面临着困难。因此,日本学者判断:围绕如此重要的政策问题,如果权力中枢存在理解分歧的话,那么在次一级的对外政策方面,俄罗斯领导层内部也会出现种种争执。为了能够分析和掌握这种情况,不仅需要分析梅德韦杰夫与普京的领导人个性,而且要加深对参与决策的各种势力的认知。日本庆应义塾大学横手慎二教授以俄罗斯的政治精英为线索来研究俄罗斯的对外决策问题,[36] 对日本外务省以及日本学术界产生了一定影响。

横手慎二教授注意到俄罗斯学者对政治精英的看法与西方学者的观点不同,他们是将范围非常狭窄的一些人士定义为精英。他非常认可俄罗斯学者的这种视角,特别是科瑞西塔诺夫斯卡娅(O. Kryshtanovskaia)对俄罗斯精英参与政策决策的研究非常具有代表性。根据科瑞西塔诺夫斯卡娅的研究,所谓俄罗斯的精英是指位于国家金字塔顶端、管理着基础性与战略性的权力资源、进行国家级决策的人。具体指的是,最高领导层、政府、联邦议会、地方(联邦构成主体)领导人以及利用财力影响政治的商界实力派人士。据她统计,精英人数在1981年为1 811人,1990年为2 523人,1993年为778人,1999年为826人,2002年为1 048人。她将包括上述人数在内、拥有权力资源的人统称为"政治阶级",包括官员、自治体领导人、各个立法机构议员等,其人数1981年为40万人(人口的0.1%)、2000年为120万人(人口的0.8%)。这些少数人垄断了权力资源,实行着政治统治。[37]科瑞西塔诺夫斯卡娅的定义更为重视精英与政治阶层在体制内的地位,而非他们的社会功能,但有时情况会与实际发生背离。譬如,按照政治影响力来说,总统身边的人物有时是没有官方地位的精英,然而,考虑到当代俄罗斯政治研究的真实信息很难得到,因此首先限定对象之后,再补充说明例外情况的研究方法对俄罗斯政策决策的研究更为有效。

横手慎二教授按照上述研究方法,对叶利钦与普京时期的政策决策进行观察,发现与当时政策决策过程的真实状况非常吻合。

叶利钦执政前期,由于苏联时期的人才储备体系破坏殆尽,于是各色人等纷纷加入精英行列。如1992年初被提拔的经济学者盖达尔推行激进的市场化政策,结果造成社会混乱,受到议会强烈批评。叶利钦又在政府内部起用了负责管理燃料与能源部门的切尔诺梅尔金为总理,转而实行稳健的经济改革。在对外政策方面也能看到类似的事例,比如对待摩尔多瓦政府与当地俄罗斯人的问题就反映出俄罗斯政策的转变。1991年摩尔多瓦走向独立之际,俄罗斯国内媒体热炒当地俄罗斯人处于极端不利的地位,需要俄罗斯帮助。叶利钦当时并不关注苏联各加盟国的动向,还要看西方人的脸色,就采取了不干涉政策。但是,在舆论的高潮中,强硬派"救世主"鲁茨科伊副总统登场,与议会协调一致,发挥了当地驻军的作用,促使叶利钦与科济列夫外长改变了不干涉政策。通过上述内外两个事例的观察发现，叶利钦时期推行的政策屡次屈服于利用社会不满而上台的政治家的压力，最终只好改变政策方向。同时会发现，参与俄罗斯政策决策的人物除了叶利钦之外，还有副总统、议会、外交部（外长）。虽然最终决定权在叶利钦手中，但其决策却常因受到其他势力的影响而大大改变。上述事例中的鲁茨科伊与科济列夫等人就是偶然获得精英地位并在短时间内对决策产生影响的人物。

叶利钦执政后期，其政策统合能力低下，政权运作呈现出由他的亲信们进行政策准备和决定的状态，似乎叶利钦的决策地位就要被取而代之了。例如，俄罗斯对于当时最为头疼的北约东扩问题的反应就反映出叶利钦缺乏政策统合的能力，其标志性事例就是"科索沃事件"。在关于科索沃问题的政策决策过程中，俄罗斯决策层内部出现了种种不一致，政策决策出现反复。决策层的政治精英，除了叶利钦之外，总理、总统代表、议会、国防部、外交部都参与其中。尽管舆论当时是清一色的反美，但决策层并未因此而改变政策。然而，参与政策决策过程的人却在美国和芬兰代表团面前自曝内部对立。有些人认为那是俄罗斯人故意在美国人面前扮成好人和坏人来演戏，但横手慎二教授并不同意上述说法，认为只是俄罗斯代表团的一些人言行失当。他认为，这是由于叶利钦的政策决策迷失了方向，总统代表失去了权威，精英人士才在外国人面前不想掩盖对立的状态。最终，外界也可以借此看清俄罗斯政策决策的过程。

为了克服上述状态，普京总统必须恢复政治权威。他通过两大措施来巩固政权基础：第一是弱化新兴财阀、媒体、议会、地方等政治势力；第二是建立以他本人为中心的政策决策系统。普京设立三个核心班子来讨论和决定内外政策：第一个班子是每周六在克里姆林宫的总统办公室召集总统办公厅主任、联邦安全局局长、国家安全会议秘书、国防部长、有时还有内务部长和外交部长参加的会议；第二个班子是每周一将半数以下的部长召集到克里姆林宫开会；第三个班子是不固定时间召集普京的朋友（原来的工作伙伴）举行非正式会议。关于三个班子的特征是：第一，三个班子中都有梅德韦杰夫与国防部长谢尔盖·伊万诺夫。因此推测他们与普京的关系最为密切。第二，同时参加周六与周一会议的人物,除了前两人之外,还有总理弗拉德科夫(M. Fradkov)、外交部长拉夫罗夫(S. Lavrov)、内务部长努尔加利耶夫(R. Nurgaliev)。第三,周六召开的会议除了国防会议成员外,一般来说,总统助理伊瓦诺夫(V. Ivanov)、总统办公厅副主任谢钦(I. Sechin)、检察总长维斯提诺夫(V. Ustinov)也会参加。会议不仅讨论国防与国家安全保障问题,还对内外政策的诸多问题进行研究。[38]可以看出,普京总统创建的政策决策系统,是在他担任总统以前建立的人脉关系基础上发展而成的,其中当然汇聚了前克格勃出身和圣彼得堡时期的部下与同事。不难想象,通过这些人的力量来推行普京两大加强权力的措施非常有效。与叶利钦时代不同,在普京总统的领导下,安全保障会议的成员和总统办公厅的领导人参与政策决策的机会增大了。前者是以"强力派"人士为中心,也就意味着"强力派"与总统办公厅的影响力增大了。

为了进一步分析参与对外决策的势力,横手慎二教授对普京时期的决策过程进行了一番考察。

普京时期,"强力派"与总统办公厅领导人的影响力显著增强,而与此形成对比的是,外交部和议会的存在感却在削弱。特别是外交部,从普京2000年访问英国时对待伊万诺夫外长的态度就可以得到某种启示。当时,布莱尔首相身边的官员看到了这一情景:"我看到普京以奇怪的方式嘲弄着伊万诺夫外长,吃了一惊。伊万诺夫看上去受到了打击,显得惴惴不安。而普京的眼神就如真正的刺客,以一个摄人心魄的眨眼动作,就从机敏的魂魄变成难以对付的人。"[39]普京的态度于2001年1月在外交部集会的讲话中也表露出来。他说,促进俄罗斯令人欢迎的印象是外交部和驻外机构的"中心课题之一",外交部不是为制定对外政策而工作的机构,而是对外宣传的机构。普京的这一态度还表现在2004年3月任命拉夫罗夫为外长时的变化。与亲欧派的伊万诺夫不同,拉夫罗夫出任大使期间就因批判美国而出名。他与普京有着相同的对外观,所以被普京提升为外交部长。从拉夫罗夫执行普京对外路线的强硬表现,可以看出他对决策的参与。

其次是议会。普京时期的议会与政府的关系与叶利钦时期大不相同。1999年的国家杜马选举,亲总统派成为议会多数派。因此,普京上台后一年半的时间里,议会就批准了《第二次削减战略核武器条约》、

《全面禁止核武器条约》和《开放太空协定》等三个条约与协议,帮助普京改善了对美、对北约的关系。从当时议会的结构来看,决不是议会的单独行动,而是作为普京的执政党采纳了普京的意向而行动的结果。普京想利用议会中的政府支持派来修复因科索沃问题而恶化的与北约国家的关系。

　　军队的地位完全不同于外交部和议会,因为它拥有实力部队,而且军队整体上对政治领导层抱有很强的不信任。为此,普京一方面要修复与北约的关系,同时还要安抚军队。普京与北约的关系改善始于2000年2月与北约秘书长罗伯逊的会谈。当时,关于科索沃事件,俄罗斯军队批评北约,强烈反对罗伯逊访俄。但是普京仍然举行了会谈,在与北约构筑务实的关系方面向前迈出了一步。但是,2001年1月当选的布什总统一开始根本不把俄罗斯放在眼里,直到发生"9·11"事件之后,布什政府的态度才完全改变,因为美国需要俄罗斯的帮助。普京更是第一个给布什打电话,表示要与美国合作,并立即召开安保会议。会议内容目前还不清楚,但决定对美协调的可能性很大,因为普京抓住了与美国和解的大好机会。但是,其后一段时间,普京并未阐述具体的对美援助政策,恐怕是未能充分把握军队的意向。因为军队几乎没人同情美国,就连政治家中也有人认为是美国的霸权招致恐怖主义的报复。在这种状况下,国防部长伊万诺夫(2001—2007年)于9月14日发表讲话,认为北约的军事行动不会在中亚国家展开。不知道这番讲话是对美国还是对国内的军队,但是普京却利用了国防部长谢尔久科夫(2007—2012年)与总参谋长科瓦西尼(A.Kvashnin)在军事战略上的对立,将政治领导层的意思强加给军队。之后,普京前往索契,与中亚各国交换意见,共同应对美国的军事行动。这可能也是他去做军队工作的时间。19日,美国国务卿访俄,正式提出使用中亚军事基地的要求,说明普京已经作好了说服军队的准备。实际上,普京于22日将军队领导人召集到索契,提出与美国合作的方案,并进行了说服工作。24日,普京通过电视讲话,宣告俄罗斯要为打击恐怖主义作出贡献。这并不表示他说服了所有军队干部,但是表明除此之外并无他策。上述事例说明,普京时期在安全保障问题上,军队仍然拥有参与对外决策的强大实力。普京任职期间,将军队与军事研究开发费用的预算从

2000 年到 2007 年增加一倍以上，也是对军队的安抚政策。

总之，普京时期的政策决策过程并不透明，但是可以看到军队参与决策的连续性。不透明的是"强力派"与总统办公厅领导人如何参与决策过程。

梅德韦杰夫总统上台之后，俄罗斯对外政策的决策过程变得非常复杂。因为可能产生普京与梅德韦杰夫两人决策的决策核心，为了把握俄罗斯的外交政策，当然不能无视两人的言行举止。然而，横手慎二教授却强调，在安全保障问题上，不仅是总统与总理两人，所有具有参加安保会议资格的力量都参与了政策决策；而且，后者的言行要比"黑箱化"的总统办公厅的动向更容易掌握。当然，如果不是安全保障问题而是对外经济问题，那么，作为在制度上具有参与决策过程权限的势力，即对经济相关省厅代表的言行进行分析也是重要的，但没有必要将这些势力的范围考虑得太广。除了限定的势力之外，都是不能参与政策决策的政治系统在发挥着作用。作为研究俄罗斯参与对外决策势力的出发点，对政治精英的研究方法很有效果。横手慎二教授指出，由于俄罗斯的政治状况不断变化，日本不能再像苏联时期那样通过关注媒体的评论来研究俄罗斯外交的动向，而应该关注各机构代表精英的言行举止，以此来分析俄罗斯外交的动态。

## 第三节　21 世纪前期的俄罗斯国家安全战略走向

2009 年 5 月 12 日，俄罗斯总统梅德韦杰夫签署命令，批准了《2020 年前俄罗斯联邦国家安全战略》（以下简称"新安全战略"）。这是时隔 9 年之后俄罗斯制定的又一部国家安全战略，不仅保持了俄罗斯国家安全政策的延续性，而且规划与设计了 21 世纪前期的俄罗斯国家安全战略。本节拟以日本学界的研究视角，同时兼顾中国学界的代表性观点，通过比较分析来梳理和认知俄罗斯的"新安全战略"，为把握21 世纪前期俄罗斯国家安全战略的发展脉络提供一种可资借鉴的分析框架。

对于俄罗斯出台的"新安全战略"，日本防卫研究所的报告分析认为，俄罗斯在经历了格鲁吉亚战争之后，开始回归传统的安全观，在美俄核裁军取得进展的同时,也在战略上追求对等的俄美关系。俄罗斯已经认识到当今的国际战略环境正处于多极化的世界格局,俄罗斯在东亚所处的地位,特别是与中国的关系正发生着微妙的变化。俄罗斯正在探索一条独立的东亚外交之路。在资源合作方面,俄罗斯开始强化与日本的关系。[40]而日本防卫研究所的军事专家们,在对构成俄罗斯国家安全战略牵引力的俄罗斯经济走向以及俄罗斯在东亚高度重视的中俄关系分析之后,直接作出如下阐述:"俄罗斯的国家安全战略转向重视东亚地区,虽然在外交的优先顺序方面依然高度重视中国,但是从中俄战略伙伴关系发展的最终结果来看,置身于东亚的俄罗斯恐怕会'疏离中国'。而且,中俄通过上海合作组织(SCO)等机构来牵制美国的战略合作意图也会降低,俄罗斯正在探索一条与中国保持一定距离的独立的东亚外交。因此,在思考日本的东亚战略环境之际,必须着眼于这种结构性的变化。"[41]而中国的军事和国际问题专家则普遍认为,俄罗斯"新安全战略"是随着世界局势的变化而发生转变,俄罗斯是以经济、政治、军事、社会和能源等多领域的综合安全观贯穿始终,比较符合国际战略学界推崇的"大安全观"思想,表明俄罗斯高层国家安全战略思想更趋成熟。[42]由此可见,中日两国学者对于俄罗斯安全观的变迁有着不同的认知,日本学者认为俄罗斯正向传统的安全观回归,俄中之间会出现疏离,而中国学者则认为俄罗斯始终贯穿着综合安全观,中俄双方都愿意在亚太地区努力构筑和平稳定的周边环境,为维护和加强亚太地区的安全、稳定与繁荣作出自己的贡献[43]。

## 一、"新安全战略"对于俄罗斯战略环境的认识

日本人先从俄罗斯制定国家安全战略的历史发展脉络来把握"新安全战略"的总体特征,换言之,也就是分析"新安全战略"出台的背景。我们知道,俄罗斯1997年制定了"国家安全概念"。12年之后,从名称到内容都进行了大幅度的修订,这就是现在的《2020年前俄罗斯联邦国家安全战略》。"新安全战略"在广义的国家安全问题方面已经形成系统的观点,它不仅包括军事领域,而且包括在经济、社会、技术、环境、医疗、教育、文化等所有政策领域都是俄罗斯最高层次的战略文件。根

据该文件,还制定了外交领域的"对外政策概念"、军事领域的"军事学说"等多个领域的政策文件。曾有一种意见认为,双头体制形成之后,梅德韦杰夫总统恐怕要展开独自的政策路线。但是,日本防卫研究所分析认为,俄罗斯仍会根据 2008 年 2 月普京发表的"俄罗斯 2020 年前发展战略"(通称"普京计划"),把"俄罗斯发展为多极世界中的一极"的普京路线坚持到 2020 年;普京依然有着巨大的影响力,而且,"新安全战略"的内容与"普京计划"的重叠也意味着时任总理的普京会继续以某种形式干预决策。[44] 当普京于 2012 年第三次出任总统时,我们看到日本人的分析确有独到之处。

2002 年 11 月发生莫斯科剧场人质事件之后,普京总统指示对"国家安全概念"进行修改,并于 2005 年完成了修正案,但是直到 2009 年才最终获得批准。所以把"安保概念"更名为"安全战略"绝不仅仅是变更一个概念性的文件,而是一改原来的政策,为俄罗斯制定一个国家政策基础的战略性文件,将中长期的内外政策目标和战略性的优先课题纳入其中。以前的文件多是纲领性和宣言性的内容,而新文件则列举了清晰的政策目标和衡量进展情况的具体指标,可以说在政策落实方面的可能性很高。

"新安全战略"共由五大部分共 112 条细则组成。开篇部分作了如下阐述:"俄罗斯已克服 20 世纪末系统性政治和社会经济危机的后果:遏制了俄罗斯公民生活水平和质量的下降,战胜了民族主义、分裂主义和国际恐怖主义的进攻,防止了对宪法制度的损害,维护了主权和领土完整,恢复了增强自身竞争力并作为形成中的多极国家关系的一个关键主体捍卫国际利益的能力。"[45] 俄罗斯未来长期的国家利益在于:"发展民主和公民社会,提高国民经济的竞争力;确保俄联邦宪法体制、领土完整及主权的稳固;把俄联邦变成一个世界大国,维护多极世界条件下的战略稳定和互利伙伴关系。"[46] "由于新经济增长和政治影响中心的加强,一种崭新的地缘政治格局正在形成",[47] 俄罗斯将致力于"从集团对抗转向全方位外交,发挥俄罗斯的资源潜力,使用务实的外交政策,使俄联邦的能力得以扩大,巩固在国际舞台的影响力"。[48] 对于国际战略环境,俄罗斯的基本认识是:美国的绝对影响力在衰退,中印等新兴国家在崛起,多极化世界已经到来。俄罗斯思考的多极世界是由美国、中国、印度、欧洲，还有俄罗斯构成。日本人据此判断，俄罗斯的外交基调是要成为多极世界中的一极。在"新安全战略"中，俄罗斯表示将加强同八国集团、二十国集团、RIC（俄、印、中）、金砖四国等多边框架内的协作。2009 年 6 月 16 日，"金砖四国"领导人在俄罗斯的叶卡捷琳堡举行了首次峰会，就国际金融与货币体制改革问题进行了磋商，并在《共同声明》中确认将定期举办领导人峰会。金融危机之后，俄罗斯经济持续低迷，欧美媒体认为俄罗斯将脱离"金砖四国"，但是，俄罗斯在战略上高度重视与中国和印度之间的多边合作框架，在金砖四国中，重视对中和对印的外交，俄罗斯已经认识到中国和印度是多极世界中的一极。[49]梅德韦杰夫总统在 2010 年 11 月的年度咨文演说中谈及俄罗斯为加入亚太经济圈，将借助亚太经济合作组织等国际平台扩大其活动空间和影响力。

而俄罗斯在时隔 10 年之后的 2010 年 2 月出台了"新军事学说"，其中对于俄罗斯面临的安全威胁的阐述是："现今阶段，国际社会发展的特点是意识形态领域的对抗减弱，部分谋求绝对领先地位的国家（国家集团）和联盟，其经济、政治和军事的影响力水平在下降，而另一些国家的影响力在增长，出现了多极化和不同进程的全球化。"[50]这些表述都反映出俄罗斯对于战略环境的基本认知，即美国单边主义行动正在降低，而"金砖四国"等新兴国家的影响力正在增大，多极世界已然到来。

日本防卫研究所的研究人员认为，"新安全战略"的出台，表明了俄罗斯向传统安全观的回归。因为制定"新安全战略"的一个背景因素是车臣武装力量造成的恐怖主义——这种"非传统威胁"到底在俄罗斯国家安全中处于何种位置？恐怖主义一度动摇了俄军的存在，因为俄军的本来任务是应对国家威胁这种"传统威胁"，并且导致掌管反恐对策的联邦保安厅（FSB）机构人员臃肿。然而，2008 年 8 月俄罗斯与邻国格鲁吉亚爆发的军事冲突，以及 2009 年 4 月持续近 10 年的第二次车臣战争宣告终结，使得"新安全战略"中明确表明：为防止同邻国争夺资源和边境冲突，要加强原苏联地区的边境以及北冰洋、远东、里海地区的边境管理。[51]日本人特别在意"远东地区"这个词汇，认为俄罗斯边境警备队会对中国和日本等边境地区实施更加严格的管理，这也意味着俄罗斯在安全上的关注重心正由反恐这种"非传统威胁"转移到边境冲突这种"传统威胁"上，从这个意义上可以理解为俄罗斯正在回归传统的安全观。在原"国家安全概念"的开篇部分，曾提及治安的恶化和恐怖主义的威胁，但在"新安全战略"中，国防问题又成为国家安全的核心，反恐地位下降。[52]此外，"新安全战略"还包括了主张对美强硬论的国家安全会议副书记、前总参谋长巴鲁耶夫斯基（Iurii Baluevskii）等军队保守派的部分意见，譬如最终批准了"军事学说"、放宽了核武器的使用标准等，说明在格鲁吉亚战争之后，军队在起草"新安全战略"方面的发言权有了提高。不过，在日本人看来，主张通过发展经济和社会领域，在国际社会上发挥影响力，以此来确保俄罗斯安全的普京路线并没有变化。从普京执政时期国防预算占国内生产总值的比重固定在2.6%左右来看，说明俄罗斯已经接受原苏联军事优先的教训，甚至可以说，正是因为经济危机的发生，使得俄罗斯更加清醒地认识到普京路线经济优先的重要性。[53]

## 二、"新安全战略"追求对等的俄美战略关系

俄罗斯制定"新安全战略"的一个理由就是缘于如何定位与美国的关系，因为俄美关系是俄罗斯安全的最大要素。在普京看来，伊斯兰激进组织制造的恐怖主义是美俄共同的威胁，俄罗斯无法独自应对。因此，他不顾军队的反对势力，在"9·11"事件发生后不久，就允许美军驻扎在俄罗斯的后院——中亚。其后，美俄在反恐领域进行了合作。但是，美国主导的北约东扩到原苏联波罗的海国家，并在加入北约的东欧国家部署反导（MD）系统，直至2008年8月俄罗斯与美国支持加入北约的格鲁吉亚之间爆发了军事冲突，导致俄美关系陷入冷战结束后的最低状态。因此，"新安全战略"中不接受北约东扩，认为美国的反导系统已构成军事威胁，并在对美关系上追求"战略上的对等关系"。但从"新安全战略"的内容上来看，俄罗斯并没有改变对于欧美各国的外交姿态。[54]

2009年7月6日美俄首脑举行会谈，双方签署了同意削减战略核武器的协议，奥巴马政府提出"无核世界"的理念，主张大幅度削减核武

器以减少财政负担,俄罗斯对此基本持合作态度。在日本看来,俄罗斯对于核裁军是赞成的,但对奥巴马提出全面废除核武器的主张多持怀疑态度,因为把战略核武器削减到 1 500 枚以下,俄军内部的反对意见较多。反对理由有三点:一是将导致与中国等其他有核国家的平衡被破坏;二是在俄罗斯全境无法维持第二次核打击能力;三是相对于北约,俄军的常规军事力量处于劣势,核武器可作为一种补充力量。[55] 从"新安全战略"的文本当中也能感受到,俄罗斯意图在核武器领域构筑与美国平等的战略关系。俄罗斯之所以表现出有恃无恐的对美姿态,是因为俄罗斯认为在金融危机以后,美国由于同时进行着伊拉克和阿富汗两场战争,导致其影响力不断衰退,在伊朗和阿富汗问题上更需要俄罗斯的合作。[56] 这一认识在 2008 年 8 月的格鲁吉亚战争之前就已存在,俄罗斯确信即便俄罗斯与格鲁吉亚发生军事冲突,美军也不会介入。美国在反导方面的让步对美俄关系有着积极影响,然而美国并没有放弃在欧洲部署反导系统,所以俄罗斯并未完全消除在反导方面的顾虑。

在日本人看来,当前的美俄关系正处于"传统安全问题上的对立"和"非传统安全问题上的合作"这种双重结构之下。北约东扩和美国在欧洲部署反导系统以及承认南奥塞梯和阿布哈兹的独立,是欧美与俄罗斯争夺势力范围的对立,属于冷战时代残存的传统安全问题,在这方面美俄接近的余地相当有限。而另一方面,围绕阿富汗和伊朗的国际恐怖主义、大规模杀伤性武器的扩散等问题,则属于冷战结束后暴露出来的新型非传统安全问题。俄罗斯无偿向美国开放领空,援助驻阿美军,这得到了奥巴马总统的感谢。这说明在"非传统安全问题"方面,美俄有着共同利益。既然美俄关系处于一种既对立又合作的双重结构之中,就不会出现冷战时代那种全面对抗的关系。因此,格鲁吉亚战争之后,虽然不会出现"新的冷战",但也无法想象美俄关系会出现戏剧性的改善。美俄当前这种既对立又合作的关系还会持续下去。而且,美俄两国对于安全问题的认识也是处于一种非对称状态。美国专注于非传统安全问题,所以对于关注传统安全问题的俄罗斯,关注度较低;而回归传统安全观的俄罗斯,则希望通过非传统安全方面的对美合作,从而在传统安全领域构筑战略上的对美平等关系。[57]

### 三、俄中战略伙伴关系正在失去对等性

其实,正如俄罗斯在 2008 年 7 月发表的"对外政策概念"中所明确的那样,俄罗斯外交的优先顺序并没有发生变化,其外交最优先的地区仍是地缘政治上最为重要的独联体国家,其次是它最大的贸易伙伴——欧洲地区,然后是安全方面最大的考虑因素——美国,这之后才排到亚洲地区。俄罗斯在亚洲地区重视的是中国和印度,日本排在印度之后,甚至在 2010 年 11 月梅德韦杰夫发表的总统年度咨文中,排列的顺序是中国、印度、韩国、新加坡、日本。[58] 因此,在日本人看来,亚洲在俄外交中的优先顺序本来就低,是在俄罗斯与欧美各国的外交关系稳定、得到了政治上的保障之后,为了维持经济上的增长,需要向亚洲地区出口资源,基于这种经济利益的考虑,俄罗斯这才开始将外交转向亚洲。[59]

基于上述背景,日本观察到,俄罗斯东亚战略最重要的俄中关系正在发生着微妙变化:表面看起来,中俄关系正式场合都表述为"历史最好水平",边境问题得到最终解决,联合军演也在 2005 年达到高潮。但在实际利益方面,俄罗斯向中国出口武器水平在下降,围绕资源出口价格问题的对立仍在持续。此外,日本人认为,在战略上,从对美牵制的观点来看,彼此的战略合作动机不大,甚至可以说,俄罗斯安全保障方面的重要课题在于如何应对成为多极世界一极的邻国——中国。[60]

日本人列举多个角度的事例来论证其观点。

首先是对"新安全战略"的文本内容的阐述。日本人发现,2005 年完成的"新安全战略"草案中提及,随着中国和印度影响力的增大,亚太地区整体的影响力也明显增大,但是最终文本中却没有出现两国的名称。关于上海合作组织的扩员问题,表述文字只出现"巩固上海合作组织的政治潜力,推动其框架内有利于加强中亚地区相互信任和伙伴关系的实际举措"[61] 而在 2009 年叶卡捷琳堡首脑峰会后的记者会上,梅德韦杰夫总统指出,"上海合作组织首脑宣言"中明确写入多极化倾向不可逆转。这也反映出中俄对于上海合作组织扩员问题的不同态度。

其次,日本人看到,中俄两国对于上海合作组织的运作想法并不一

致。相比军事合作,中国更为重视同资源丰富的中亚国家加强经济合作。相反,俄罗斯为了对抗"南方威胁",更重视同中亚国家进行军事合作。这里的"南方威胁",是指伊斯兰激进势力制造的恐怖活动有可能扩大,引发中亚军事冲突,以及包含贩毒在内的跨境犯罪通过中亚进行扩展。这种结果造成中俄两国围绕扩大在中亚地区的影响力方面,采取了截然不同的立场。[62]日本人通过中俄在上海合作组织框架内举行一系列的联合军演来观察两国的关系走向。在日本人看来,俄罗斯与中亚国家的关系以及对于地区安全问题的参与,给中俄战略关系造成巨大影响。俄罗斯通过各种措施巩固其在中亚的传统地位,把中亚各国和中国拉入联合军演,更是彰显这一目的。[63]在上海合作组织框架内,中俄举行了一系列代号为"和平使命"的联合军演,"和平使命—2005"是中俄两国首次举行的大规模联合演习。在日本人看来,虽然在公开名义上是反恐演习,但考虑到 2005 年的国际形势,这次演习可以判断是针对美国实施的。而关于演习地点,中俄两国传出的政治信息迥然不同。[64]自 2008 年以来,俄军进行了大规模的整编,经过整合之后,俄军在新指挥系统下实施了战略层次的军演。继西部战区的"高加索—2009"战略战役演习之后,又在东部军区举行了"东方—2010"军演。俄军整编改革目的是为了应对小规模的冲突,但是东部军区把中国和整个东部边境都置于同一指挥系统之下,并且该军区作战旅的数量要多于其他军区,很可能是针对中国而挑衅性地增强兵力。[65]同时,为了保持与中国的信赖关系,俄罗斯在"东方—2010"演习中只邀请了中国和乌克兰作为观察员观摩军事演习。

日本人还看到,在中部军区举行的"中央—2011"大规模军演,集体安全组织(CSTO)的成员国也参加了军演。与此同时,俄罗斯与白俄罗斯还举行了"同盟之盾—2011"军演以及独联体国家的联合防空演习,而中俄海军联合演习却被推延,没有在 2011 年举行。对此,日本人的解读是,2011 年俄罗斯重视独立以及在集体安全组织范围内军演,这种态度表明了中俄之间的距离。部分观察员还举例说明中俄关系中存在摩擦因素以及俄罗斯对中国崛起的担心。尽管如此,日本人认为,俄罗斯不会对中国采取敌对政策,也不会跟牵制中国的国家结成同盟。同时,俄罗斯的这种应对也会给脆弱的远东地区带来很大的危险。[66]在日本人看来,俄罗斯参加联合军演,是为了控制来自中国的风险。然而,强调中俄战略伙伴关系取得辉煌成果的时代已经结束。不过,中俄当前仍维持着小规模的具体合作,就像斯德哥尔摩国际和平研究所(SIPRI)在有关中国的报告中指出,中俄认为在教育训练领域的合作非常重要,就像在"和平使命—2010"演习中的中国战机进行的长距离飞行作战训练等合作。[67]日本人也看到,正如2011年8月发表的消息那样,俄罗斯舰队和中国海军于2012年4月在黄海举行了"海军联合演习—2012"。[68]

日本人看到中俄之间的武器贸易自2007年以后持续下降,但是同两国间的关系好坏并无直接关系。俄罗斯的军事产业部门虽然一直比较警惕中国人使用俄国人的技术制造武器,然后再出售给他国,但俄罗斯仍然通过向中国出售苏—35战机等最新产品来努力扩大双方的利益。不过,向中国提供的军事装备的种类和品质被控制在俄政府以及印度所能接受的范围之内,以确保俄罗斯的相对质量优势。[69]日本人也看到,克里姆林宫在部分军事领域努力保持俄罗斯相对优势的同时,也在避免跟中国出现紧张状态。他们引述德米特里·特立宁的观点,认为中俄关系虽然整体处于良好状态,但俄罗斯仍对中国抱有疑虑。"对于莫斯科的战略家来说,中国潜在的敌对性总是战略上的噩梦。原苏联在国力最强盛的20世纪六七十年代,为了加强中俄的边境线,投入了巨额费用,不留死角地加强了军事力量。但是,现在的中国在许多方面都比俄罗斯强大,如果重启敌对关系,对于俄罗斯来说,意味着遭受的重创将超过财政上的打击。考虑到中国崛起的速度及其新军事力量,莫斯科对中俄关系的现状感到非常满意。"[70]

日本人还将目光转向了国际谈判和国际会议。他们认为,美俄关于削减战略核武器的谈判,不将战略核武器削减到1 500枚以下的一个理由就是存在中国因素。在核裁军方面,对于未来中国核能力的估计,美俄之间存在认识上的分歧,俄罗斯主张全球废除中程核导弹(INF)。[71]还有,2009年7月在意大利召开八国集团首脑峰会时,日俄首脑达成协议,自2010年3月起,每年定期举办日美俄安全问题专家的三方会谈。在日本人看来,俄方提议的背后有中国因素的考量。因此,日本人的一个初步结论是,对于多极世界的中心力量——中国,俄罗斯在安全方面加大了忧虑。[72]

日本人的这番观察有其独到之处。我们看到，作为日美俄三国"第二管道"的民间对话，三国安全问题专家会议由俄罗斯科学院世界经济国际关系研究所（IMEMO）、美国战略国际问题研究所（CSIS）以及日本国际问题研究所（JIIA）共同发起，至今已经举办三次。第一次是2010年3月的华盛顿会议，第二次是2011年1月的东京会议，第三次是2012年6月的莫斯科会议。俄罗斯希望2013年之后的会议，日美俄相关政府人士也正式参与，把会议发展成为"第1.5管道"对话，并向各国政府提出更为具体的建议。从会议发表的共同声明和政策提议的内容来看，针对中国的倾向较为明显。譬如2012年莫斯科会议的共同声明共有7项内容，直接与中国有关的内容有两项——第一项和第三项。第一项的内容是："中国的影响力和国力的增强对于东北亚的战略环境是最为重要的展开因素，既是机会又是挑战。中国军事力量的增强，引发了（地区安全格局）深刻的变化。然而，对中国采取遏制政策既不恰当也非建设性。努力与中国加强整体合作的同时，也要考虑到止损措施，防止事态向不希望的方向发展。"而第三项内容则是："为了防止无法控制的因强化军备和意图不明所导致的冲突升级，必须努力使中国参与双边及多边协议。达成此项目标的关键在于更高的透明度和信赖培养措施。因此，双边防卫当局之间的热线、日美俄三边战略防卫对话和演习更加值得研究。"[73] 日、美、俄三边安全问题专家对话会议由俄罗斯人提议，再到三边对话发表的共同声明，确实可以从某个侧面论证日本人对于中俄关系看法的独到之处，俄罗斯人的一些考虑确有针对中国之意图。

日本人还通过观察俄军动向和军队现代化的举措，判断俄军是在意中国的崛起而提出东亚政策的。首先，关于俄军的改革，2010年底成立的东部军区扩大了原来远东军区的管辖范围，把整个中俄东部边境都置于该军区管辖之下，形成一元化的管理态势。其次，关于核力量，俄罗斯在削减战术核武器方面较为消极，在重新保有中程核武器方面较为积极，在日本人看来，这是因为俄罗斯考虑到将来中国核力量的增强因素。2010年2月新修订的俄"军事学说"中有这样的表述，认为大规模冲突的可能性较低，但俄罗斯在一系列正面方向却存在军事上的高风险，日本人认为后者指的是中国。

由于北冰洋海冰溶化、北方航线的诞生，日本人推测俄罗斯开始担心中国将来向北方海洋发展。支持其观点的一个重要论据是 2008 年 10 月，中国"现代"级导弹驱逐舰等 4 艘舰船通过津轻海峡，第一次从日本海进入太平洋，俄军由此受到了冲击。在日本人看来，俄罗斯人担心将来中国舰船会通过宗谷海峡进入俄罗斯人所认定的"内海"——鄂霍次克海。日本人看到俄罗斯国内外不少专家认为，从法国进口"西北风"级两栖攻击舰部署在远东，同时在北方领土增强军备，也有牵制中国的因素。[74] 1999 年以后，中国北极科考船"雪龙"号经由日本海前往北冰洋科考时，有两条航线可供选择，一条是通过津轻海峡穿越太平洋，另一条是通过宗谷海峡，经由鄂霍次克海驶向白令海。"雪龙"号经常利用的是后一条航线。在日本人看来，俄军把鄂霍次克海作为"俄罗斯的内海"，视为军事上的圣地，中国人的上述举动在俄军之间造成了影响。因此，俄军在远东地区举行的军演，既是检验军队改革的成果，又是意识到中国向海洋发展的动向的结果。[75] 俄军东部军区于 2011 年在鄂霍次克海举行了冷战结束以来的首次大规模军演，接着在 2012 年 6 月 28 日至 7 月 6 日，俄军集结了太平洋舰队的 60 艘舰艇、40 架飞机、大约 7 000 人在鄂霍次克海又举行了大规模的军演，并在演习的最后一天从萨哈林东海岸向距离 200 千米的海上标靶发射了岸舰导弹，这个时间节点刚好与"雪龙"号经由宗谷海峡通过鄂霍次克海的时间重合，此举又让日本人联想到俄军有牵制中国公务船进入鄂霍次克海的意图。日本人还观察到，"雪龙"号原来计划返航的路线是经由鄂霍次克海于 9 月底返回上海港，但突然中途改变预定航线，改由津轻海峡返回日本海。冷战时代的鄂霍次克海一直是俄军"搭载弹道导弹核潜艇的圣地"，现在又被赋予了新的战略价值，成为"防止成为北冰洋通道"之海。当然，日本人也看到，如果"鄂霍次克海圣地化"的意义得到强化，那么北方四岛中的国后与择捉两岛的军事价值也就相对提高，所以北极航线的出现，给俄罗斯的军事政策以及东亚的军事态势造成了不小影响。在日本人看来，表面上中俄两国上演着"政治蜜月"的戏码，但俄罗斯向中国出口武器下降、中俄围绕能源价格的争执以及预定 2011 年夏天举行的中俄"和平使命"联合军演的推迟等，都说明中俄战略伙伴关系内情复杂。[76]基于上述理由,日本方面认为,在理解俄罗斯的安全政策方面,中国因素的重要性日益增强。

不仅如此,日本人还观察到,俄罗斯对于中国的疏离,还表现在中俄对于朝鲜问题在政治上的不同态度。

实际上,朝鲜半岛的战略意义对于俄罗斯来说是次要的。在俄罗斯的"对外政策概念"中,朝鲜半岛的地位从俄罗斯的整个外交优先次序来说并不高。日本认为,从安全保障的角度来说,朝鲜半岛在俄罗斯安全战略中的地位与苏联时代相比,俄朝间的军事利害关系日益淡薄。我们知道,俄朝两国在 2000 年修改了《俄朝睦邻友好合作条约》,删除了旧条约中有事时自动军事介入的款项,俄罗斯对朝鲜停止了无条件军事援助。2008 年 7 月制定的《俄联邦对外政策概念》中,俄罗斯认为朝鲜半岛是"紧张与冲突的发源地","大规模杀伤性武器扩散的危险性较高",对于朝鲜半岛,俄罗斯的外交重点是"确保平等地参与解决朝鲜问题,同朝韩两国保持平衡关系"。[77]朝鲜 1993 年宣布退出《不扩散核武器条约》(NPT),俄罗斯配合美国和韩国,强烈要求朝鲜接受国际原子能机构(IAEA)的核查。但同时俄罗斯指出,朝鲜拥有核武器本身,对于拥有强大核武器的俄罗斯来说不构成安全上的直接威胁,反而是如果朝鲜崩溃,核武器失去管控,才会构成威胁。[78]

在日本人看来,中国担心朝鲜政权解体,但俄罗斯并没有中国那种深刻的感受。因为俄朝接壤的边境线大约只有短短的 17 公里,远远低于中朝边境线,即使朝鲜政权解体,发生难民涌入等事件,俄罗斯受到的波及也相当有限。而且,2003 年以后,俄军与边防警备队就把朝鲜难民的涌入作为假想,接连进行军事演习。近年来,为了防止伊斯兰激进势力进入俄罗斯,俄罗斯更是加强了整个边境的管理体制。2010 年6 月至 7 月,俄军在整个远东地区举行了代号为"东方—2010"、史上最大规模的军演,并在俄朝边境附近的哈桑区举行了海上登陆作战演习。日本认为,俄罗斯针对朝鲜难民涌入的军事演习,不仅从陆地上,而且从海上提高了对朝边境的管理态势。此外,俄罗斯在安全方面对朝鲜的有限关注,其中还存在美国因素。因为相比中东地区和阿富汗来说,美国对朝鲜半岛的关注也是有限的。俄罗斯的判断是,美国对于朝鲜的态度,首先是通过外交来解决问题,不像对待伊拉克那样,无视联合国就直接军事介入，这种可能性在朝鲜半岛非常低。俄罗斯外交上的优先次序，多数同美国安全上的关注地区成正比。就核武问题来说，与朝鲜相比，俄罗斯更加重视伊朗。因此，对于联合国针对朝鲜采取的制裁举措，俄罗斯希望不要与制裁伊朗联系起来，因为伊朗对于俄罗斯有着更重要的利害关系，所以俄罗斯一向都积极介入伊朗问题。[79]

在日本看来，在朝鲜问题上，俄罗斯的政治态度一直跟中国相近，都采取维护朝鲜的立场。但是，随着中俄关系的变化，俄罗斯在朝鲜半岛政策上开始寻找一条独立的路线。[80] 比如，2010 年 3 月下旬发生的"天安号事件"，以韩国为主的国际调查团公布的调查结果是韩国军舰遭到朝鲜的鱼雷攻击。然而，俄罗斯担心朝鲜半岛的紧张局势日益加剧，所以在 5 月底派遣 4 名军事专家赴韩展开了独立的调查。中国对联合国安理会主席声明直接谴责朝鲜表示反对，但俄罗斯外长拉夫罗夫同年 12 月却对到访的朝鲜外相朴宜春提出批评，指出延坪岛炮击事件、新的铀浓缩设施以及发展核武器都违反了联合国安理会的决议。这是俄罗斯第一次在公开场合直接指责朝鲜。其后，俄罗斯要求联合国安理会召开紧急会议，以缓和朝鲜半岛南北之间的紧张局势。俄罗斯的上述反应都与中国不同。

特别是 2011 年以来，俄朝两国出现迅速接近的动向。首先是 5 月，俄罗斯对外情报局（SVR）局长弗拉德科夫率团在平壤与金正日委员长举行了"亲切友好的"会谈。接着 6 月，俄罗斯天然气工业股份公司董事长米勒与朝鲜驻俄大使金英才会谈，双方协商了经由朝鲜铺设俄罗斯到韩国的天然气管道的问题。8 月，金正日委员长乘坐专列访俄，在东西伯利亚的乌兰乌德近郊的军事设施中与梅德韦杰夫总统举行了时隔 9 年的俄朝首脑会谈。在会谈中，关于政治议题，金正日再次表明不设前提条件重返六方会谈的态度，并在发言中表示，为了解决问题，准备冻结导弹与核武器的生产和试验。关于经济合作，两国一致表示，要实现从俄罗斯铺设经由朝鲜到达韩国的天然气管道的构想，俄朝两国天然气公司成立共同委员会，与韩国天然气公司一道进行协商，共同推进具体进程。几乎与此次首脑会谈同一个时期，俄罗斯东部军区司令访问平壤，双方达成从 2012 年起进行搜索与救助训练、朝鲜舰艇对符拉迪沃斯托克进行友好访问等协议，俄朝间的军事合作出现了重启迹象。此外,俄罗斯还计划减免朝鲜对俄 110 亿美元债务的 9 成,剩下的 1 成作为双方在朝鲜的共同事业使用。

俄朝迅速接近的动向,根据 2013 年 2 月出台的《俄联邦外交政策构想》也可得到证实,因为 2008 年以及以前出台的《俄联邦对外政策构想》中,关于朝鲜半岛问题的论述都是只言片语,而 2013 年的《俄联邦对外政策构想》中关于俄罗斯对朝鲜半岛的政策则有整段的论述:"俄罗斯致力于同朝鲜和韩国保持基于睦邻和互利合作原则的友好关系,更充分地挖掘这些关系的潜力,加快地区发展,为朝韩之间的政治对话和经济合作提供支持,这是维护地区和平、稳定与安全的最重要条件。俄罗斯一贯支持朝鲜半岛无核化,将在联合国安理会有关决议的基础上,通过包括六方会谈在内的框架,大力推动这一进程不断向前发展。"[81] 日本的结论是,俄朝上述接近的动向表明,朝鲜是在谋求降低对中国的依赖而向俄罗斯靠拢的,而俄罗斯也在探索一条独立的朝鲜半岛政策,因此俄朝双方采取了彼此呼应的措施,背景都存在"中国因素"。[82]

其实,日本对于俄朝关系的判断存在着明显偏差。因为在 2011 年,防卫研究所的研究人员,像兵头慎治、秋本茂树等人还认为俄罗斯对朝鲜多次进行核试验和发射导弹加深了忧虑,就连联合国都对朝鲜采取更加批评的态度。俄罗斯之所以忧虑是基于以下考虑:第一,俄罗斯与朝鲜共同边境线很短,即使朝鲜受到压力发生体制变动,俄罗斯受难民涌入的影响也要远小于中国;第二,俄罗斯对朝鲜的政治影响力有限,相比跟朝鲜关系密切的中国来说,俄罗斯批评朝鲜的态度是留有余地的。俄罗斯考虑到将来不仅在欧洲,在亚太地区也要构建多边安全框架,所以无论如何都想让六方会谈存续下去。俄罗斯较为在意六方会谈的理由是为了避免在朝鲜问题等事关东亚的安全问题方面过于突出美国、中国等特定国家的影响力。[83] 或者反过来说,正是由于俄罗斯重新认识到朝鲜问题的重要,才有了后来俄朝接近的一系列举措。

日本还看到,俄罗斯正在加强同印度和越南的关系,而中印之间存在历史上的竞争关系,中越之间存在南海主权领土争端,而俄罗斯发展同越南的关系仅次于中国和印度。在对华关系方面,俄越两国相互倚重的战略价值迅速提高。[84] 俄罗斯通过向越南出售 6 艘基洛级潜艇和援助建设核电站等,与越南加强了彼此的战略关系,而越南则支持俄罗斯参加南海资源的共同开发、亚欧会议(ASEM)以及东亚峰会(EAS),使俄罗斯在东南亚地区显示其战略存在,促使美国对该地区承担更多的责任。2012 年 7 月底,越南国家主席张晋创正式访俄,并在《关于强化俄越全面战略伙伴关系的共同声明》签字仪式上表示,越南除了把金兰湾提供给俄军作为补给基地之外,还考虑加入俄、白、哈三国关税同盟。2012 年 11 月上旬正式访越的梅德韦杰夫总理与越南总理阮晋勇举行了会谈,双方同意从 2013 年开始进行自由贸易协定(FTA)的谈判,继续深化在石油和天然气开发、军事以及太空领域的合作。

俄罗斯的东亚外交不仅致力于拓展两国间的关系,还致力于拓展多边关系。2012 年 9 月,俄罗斯以符拉迪沃斯托克召开亚太经济合作组织峰会为契机,谋求通过上海合作组织、六方会谈等多边外交,努力拓展俄罗斯在亚太地区的影响力。此外,俄罗斯从 2011 年起同美国一道正式参加东亚峰会(EAS)。这一举动也被日本解读为,已经加入东亚峰会的东南亚国家认可美俄两国同时加入,其背景包含着削弱中国日益突出的影响力的考量。在日本人看来,俄罗斯东亚外交的基轴是与中国保持着战略合作关系,然而东亚国家却期待俄罗斯发挥平衡中国的作用。无论是在对华合作还是对华平衡方面,俄罗斯的东亚外交都存在着矛盾和界限。俄罗斯虽然参加东亚峰会,然而俄总统 2011 年和 2012 年连续两年没有出席会议,只由外长代理参加,这被日本解读为具有政治上的考虑。[85]日本《每日新闻》指出,俄总统连续两年缺席东亚峰会,将不可避免地导致俄罗斯在东亚影响力的降低。[86]

综上所述,对于东亚地区的国际关系,特别是俄中两国的关系,日本的倾向性解读是俄中关系正在发生微妙的变化,俄罗斯认识到多极化世界已经到来,不会再像以前那样一味地追求与中国进行战略合作,正在开始摸索一条独立的东亚外交之路。俄罗斯在决定对华政策时,会根据在大国政治方面中国是西方国家的友好国还是对立国,在脆弱的俄远东地区是令其担心的邻国还是为俄国发展提供机会的国家等要素,来决定对华政策。日本基于这种视角来观察中俄关系,发现在大国政治方面,中俄关系有弱化倾向,俄罗斯加重了自我斟酌的成分,也存在一贯重视西方、希望同西方改善关系的倾向;中国同样也是重视中美关系,俄罗斯在中国的外交优先次序上没有美国高。上海合作组织只是一个预防性的机构,不会发展成为对抗美国的全球联盟;俄罗斯远东地区与中国的边境问题得到了解决,推进了双方的信赖关系,但是俄罗斯的中国观里仍存在中国是其长期军事威胁的观点,俄罗斯人对美俄核裁军、武器扩散等问题并不十分积极,其背景因素即存在对中国军力的戒备心理。[87]

## 四、俄罗斯追求与日本的安全合作

在日本看来,日俄之间虽然在资源上有合作空间,但日本未必受到俄罗斯的战略重视。日俄关系一直受到北方领土问题的影响,所以当前的日俄关系处于政治上冷淡、经济和能源领域关系密切的"政冷经热"的状态。[88]

自 2010 年 11 月俄罗斯总统梅德韦杰夫访问北方四岛中的国后岛以后,拉开了日俄"千岛群岛"争端的序幕,日俄政治上的关系陷入最差状态。日本看到,围绕北方四岛问题,俄罗斯方面除了政府官员们反复登岛现场视察之外,还制定计划,实现北方四岛驻军的现代化,从军事方面加强对北方四岛的实际控制权。俄罗斯以防卫北方四岛的名义在远东部署了从法国进口的"西北风"级两栖攻击舰,在东日本海大地震暂时停飞的俄战机又开始抵近日本领空飞行,俄军在日本周边的活动日趋活跃。特别让日本无法忍受的是,2011 年 9 月,俄军出动一万多兵力、50 余艘舰艇、50 余架飞机,在鄂霍次克海举行了大规模军演。这次军演被中国学者解读为"重振俄罗斯太平洋舰队的军威,彰显大国影响力,打压日美军事同盟战略空间"[89]。作为演习中的一环,9 月 8 日,两架可搭载核弹的图—95 战略轰炸机抵近日本领空,迫使日本航空自卫队战机几次紧急起飞进行拦截。[90]接着在 9 日和 10 日,俄海军 24 艘舰艇列队穿过宗谷海峡进入鄂霍次克海的演习场,如此众多的舰船一道穿过宗谷海峡也是近年来没有的。[91] 2012 年的鄂霍次克海军演,俄罗斯更是选在"第二次世界大战结束纪念日"——9 月 2 日开始举行。在日本看来,俄军在日本周边日益活跃的举动是一种政治手段,是冲着第二次世界大战时的敌国、同时还抱有领土争端的日本来的。然而,他们也注意到频繁的军事动作中也有不单单是冲着日本而来的部分。譬如,参加完鄂霍次克海演习的导弹巡洋舰"瓦良格"号一度停靠日本舞鹤港,与日本海上自卫队进行了常规搜救训练之后,又在马里亚纳群岛海域与美海军进行了联合演习,最后对加拿大进行了友好访问,其后才返回符拉迪沃斯托克。在日本看来,俄海军接连不断地与日本以及美国的军演,是俄罗斯方面促成的。[92] 2000 年的《俄联邦军事学说》把"对俄联邦及其盟友的领土要求"认定为"俄罗斯的军事威胁",而 2010 年重新修订的文件则将其降为"军事危险"[93]。尽管如此,2010 年 11 月梅德韦杰夫总统依然通过访问北方四岛来凸显对日的强硬姿态。在日本人看来,其目的应该是为了给 2012 年 3 月的总统选举造势。因为在 2008 年大选之际,俄现政权曾全面指明与欧美各国对立的方面,号召选民选出一位强有力的领导人。然而,由于美俄关系重启,俄罗斯为了经济现代化又与欧美采取了合作态度,由此便将强硬姿态的矛头指向了日本。[94] 2012 年 3 月普京选举胜利后,日本人的初步判断是,即便俄罗斯对日采取稳健的政策,但在北方四岛领土问题上是不会有进展的。[95]

日本人虽然对俄罗斯有着上述基本认识,但他们却认为俄罗斯人正在寻求与日本进行安全方面的合作,他们的判断理由如下。

2011 年 9 月普京表明竞选总统之后,在日俄两国举行首脑会谈和外长会谈之际,俄方曾不断要求与日本进行安全合作,特别是海上安全合作。2011 年 11 月 11 日在檀香山召开亚太经济合作组织峰会之际,日俄外长举行会谈,拉夫罗夫外长在发言中提出:"最近俄罗斯的军事演习没有刺激日本的意图,为了不产生误解,要在防卫当局之间建立紧密的联系。"[96] 在 12 日举行的日俄首脑会谈中,梅德韦杰夫总统指出,俄罗斯希望与日本加强安全保障领域的合作。[97] 俄罗斯曾提出日、美、俄三国进行安全对话的倡议,希望已经开启的"日、美、俄三国安全会议"未来提升至政府层面。在日本看来,俄罗斯在安全方面要求与日美进行合作,其背景存在"中国因素",他们看到俄罗斯的安全问题专家也有这样的议论,为了对抗中国的影响力,日俄或者日美俄应该进行合作。[98]

2012 年 9 月 8 日,日俄首脑会谈在符拉迪沃斯托克举行,双方根据亚太地区战略环境的变化,达成以北极合作为主,将"海上合作"具体化的方针。据此,当年 10 月下旬访日的俄联邦安全会议秘书帕特鲁舍夫同日本外相玄叶光一郎举行会谈,双方同意在防卫对话与交流、日本海上自卫队与俄罗斯海军的搜救(SAR)共同训练、阿富汗毒品问题等方面推进日俄合作。野田佳彦首相在会见帕特鲁舍夫时强调,希望以此为契机,真正启动日本与俄联邦安全会议间的合作。在与防卫长官森本敏的会谈中,双方认为亚太地区的安全协商较为重要,俄方邀请日本出席 2013 年 7 月在符拉迪沃斯托克举行的国家安全会议,期待今后通过部长级的互访促进两国的防卫交流。[99]

日本人之所以看重帕特鲁舍夫,是因为帕氏与普京在原苏联国家安全委员会共事时关系就很密切,并且继普京之后担任过 8 年的俄联邦安全局长,是唯一得到普京完全信赖的人物,而且他所领导的俄联邦国家安全会议对于国家战略的筹划与决定起着重要作用。在此期间,日俄双方签订《日本国外务省与俄联邦安全会议事务局之间的备忘录》。日本人希望通过与以前疏远的俄罗斯联邦安全会议、甚至跟帕特鲁舍夫本人加强联系,进而推动包括北方领土问题在内的日俄关系。在日本人看来,帕特鲁舍夫的访日是普京总统的意思,其政治目的是将日俄之间加强安全合作的姿态表演给面临国家领导人更新换代的中国人看。[100]尽管日本有着上述看法,但原定于 12 月上旬的野田佳彦首相正式访俄却因为种种原因没能成行。直至自民党总裁安倍晋三上台,日俄双方经过多次磋商之后,安倍晋三首相于 2013 年 4 月底访问了俄罗斯,这也是日本首相 10 年来的首次访俄。俄罗斯人认为安倍此次访俄的目的在于同普京总统就恢复日俄两国的和平谈判达成一致。[101]日本共同通讯社则援引俄罗斯塔斯社的新闻,认为 4 月 29 日的两国首脑会谈,第一优先的课题是培养两国首脑之间的信任关系。日俄两国陷入僵局的外交谈判将通过首脑间的政治主导获得重启,双方可能探索相互妥协的可能性。[102]实际上,安倍此次访俄最具实质性的成果在于,日本顺应了俄罗斯的要求,同意设立两国外交与国防部长级磋商的"2+2"会晤机制,扩大和加深安全保障领域的合作。我们知道,日本只跟美国和澳大利亚建立了"2+2"会晤机制,俄罗斯是第三个国家。日本感到当前在东海面临着中国"高压式的海洋挺进"态势,所以安倍本人很期待"从根本上提高日俄合作的水平",不仅要扩大经济合作,而且要提升安全合作的层次。同时,就在安倍与普京会谈的当天,日本防卫大臣小野寺五典与美国国防部长哈格尔在五角大楼举行了会谈,双方聚焦朝核与钓鱼岛等问题,美国表示反对有损日本行政管辖权的单边胁迫行为,重申《美日安保条约》适用于钓鱼岛。这就完全印证了日本防卫省有关官员的看法:日本有了美国的"背书",可以借助"对华遏制"战略,在澳大利亚和东南亚等"南方"和俄罗斯等"北方"构筑对华包围圈,同时通过共同训练等措施来提高相互信赖关系,照此逻辑发展,日俄"北方领土谈判的波及效果值得期待"[103]。

此外,日本还观察到俄罗斯谋求与美国的海上安全合作。2012 年5 月,普京总统签署"落实俄罗斯外交方针措施"的总统令,关于亚洲外交,除了强调与中国、印度、越南加强战略关系之外,同时还提出与日本、韩国、澳大利亚、新西兰等国家加强合作,而后几个国家都在安全方面与美国关系密切。日本认为,在俄罗斯外交正式文件中提及美国的4 个盟国,这非常少见。日本借用俄罗斯安全问题专家的话来解释说,因为俄罗斯认识到中国向海洋发展,将来会将北方纳入视野,所以才促使俄罗斯寻求与日、美的海上安全合作。[104]实际上,2012 年 6 月下旬,俄罗斯太平洋舰队第一次正式参加美国海军在夏威夷举行的环太平洋联合演习,可被视作美俄间海上合作的一个新阶段。而帕特鲁舍夫在访日之前,先在韩国跟李明博达成了俄韩安全合作的协议,然后又从东京飞往越南访问。2012 年 7 月,日俄外长在俄罗斯南部的索契举行会谈,双方同意把民间智囊举办的"东北亚安全问题日美俄三方智囊会议",自 2013 年开始提升为"第 1.5 管道对话",政府有关人士也将与会,今后日美俄三边安全问题的对话将日益活跃。而且,从这次会谈提案可以看出,俄罗斯对于中国、朝鲜等东北亚战略环境的认知与日美观点相近,认为俄、美、日三国存在诸多安全上的共同利益。对于俄罗斯主动提出三国组织联合军演,邀请三国在安全方面进行合作,下一步日美两国如何回应俄国的要求值得关注。

对于日、美、俄三国在安全方面的合作,日本防卫研究所指出了其中的问题:第一,俄罗斯不是日美的盟国,在安全合作方面显然存在界限。第二,目前认同俄罗斯、认为日俄关系良好的日本人少之又少,多数日本人对日俄安全合作都持谨慎态度,北方领土问题更会成为安全合作的主要障碍。第三,即使俄罗斯是针对中国而谋求同日美进行安全合作,但在多元复杂的中俄关系完全破坏之前,俄罗斯追求与日美的安全合作,取得进展的可能性很低。正如俄罗斯很多智囊指出的那样,普京本人当前还没有明确对华战略,仍在通过同美国和中国的交往来探索俄罗斯自身的位置。但不管怎样,日俄原来就有经济和资源上的合作,再加上新的安全领域上的合作,对于提高日俄关系的战略价值还是令人期待的。[105]

## 五、俄军改革与强化海军的动向

当前,俄军继续推进军事改革,内容涉及机关整编、大幅裁员、制定《2020 年前国家装备计划》和采购最新装备等多个方面。日本研究人员更为重视俄罗斯的海军改革。他们观察到,虽然俄海军跟其他军兵种一样,在机构和人员方面也面临着严峻的改革,所属部队数量从 240 个减少到 123 个,波罗的海舰队和黑海舰队也在进行着大幅度的精简。但是,俄罗斯出台了长期加强海军建设的构想,特别是 2012 年 5 月 7日,普京总统就职当天签署的"关于军队及国防产业现代化"的总统令,其中一个重要的课题就是为了重视北极和远东地区,采取措施加强海军建设。那么,俄罗斯加强海军建设的长期构想能否实现呢? 日本研究人员从如下几个方面进行了剖析。[106]

他们首先对俄罗斯的海洋战略文件进行了解读。俄罗斯明确的海洋战略文件主要有 2000 年 3 月出台的《俄联邦 2010 年前海军发展规划》和 2001 年 7 月制定的《俄联邦 2020 年前海洋学说》。上述两个文件提出,俄海军未来发展要具备四种主要能力:一是濒海防御能力,二是远洋攻击能力,三是核打击能力,四是灵活的地区军事存在能力。特别是在遏制侵略及威胁方面,不仅可动用常规力量,而且可使用战略核遏制力量。2010 年的"军事学说"也提出重视核力量的方针。关于保护海洋经济权益的问题,俄罗斯"军事学说"中军事政策部分提出的要求是"保障俄联邦在世界海洋从事经济活动的安全"[107]。文件特别提及北极问题。2008 年 9 月出台的《俄联邦 2020 年前北极基本政策》,

把北极地区视作俄罗斯最重要的战略资源基地,同时指出,北极地区围绕资源问题的高度紧张可能诱发军事冲突,这就暗示着预防上述冲突对于俄军特别是海军来说至关重要。

其次,日本高度关注俄海军改革中的军事装备建设。俄罗斯军事变革始于2008年10月,经过4年多的建设,装备现代化问题成为一个焦点。根据2010年底制定的"国家装备计划",俄军进行了最新装备的采购。"国家装备计划"在发展现代化战略核武器、开发和引进精确制导武器方面获得了高度优先权,其中也提到海军舰艇现代化是一个重要支柱。作为海军装备建设,未来几年将采购第四代核潜艇——8艘北风之神级战略核潜艇(SSBN),并为其配备"圆锥"洲际导弹,以此构成俄海上战略核力量的基础。在精确制导武器方面,将发展和引进最新海上发射巡航导弹。在舰艇现代化方面,计划在2020年前装备大约100艘各式新型舰艇,包括8艘北风之神级战略核潜艇、20艘多用途潜艇、35艘轻巡洋舰和15艘护卫舰。其中2艘北风之神级战略核潜艇、3艘多用途潜艇、1艘战斗舰现已列装完毕。俄罗斯高层极为重视北风之神级战略核潜艇的建造。2012年7月底,普京总统访问了建造北风之神项目的北德文斯克造船厂,阐述了"国家装备计划"中海军装备的采购方针,提出俄政府要在2020年前把国家装备计划总支出额的23.4%,相当于4兆4400亿卢布用于海军支出。

在日本看来,俄高层积极加强海军建设的背景源于北极和远东海洋形势的变化。近年来北冰洋海冰加快溶化,无论是海上通道还是海底蕴藏的丰富资源都事关沿岸国家的长期利益,北冰洋将成为一片"热海"。为了预防北冰洋成为新的北方正面战场,基于安全保障的视角,俄罗斯正在扩大和加强北极地区的军事存在。也就是说,为北冰洋成为俄罗斯第四个战场——北方正面战场——做好准备(其他三个分别是西面的欧洲、南面的中亚高加索以及特别针对中国的远东正面战场)。俄罗斯联邦安全保障会议秘书帕特鲁舍夫明确表示,俄罗斯正考虑在连接大西洋和太平洋的北冰洋沿岸建设海军以及边防警卫部队的基地。[108]

在日本看来,中国在远东地区军力迅速增强,海洋活动频繁,活动海域不断扩大,导致包括俄罗斯在内的周边国家加深了忧虑,所以俄罗斯除了在远东部署北风之神级战略核潜艇之外,还从法国购入 2 艘"西北风"级两栖攻击舰部署在俄太平洋舰队。同时,俄罗斯还在远东地区加强了海上演习,如 2010 年 6、7 月间的"东方—2010"军演,2011 年 8、9 月间的太平洋舰队从日本海、鄂霍次克海到堪察加半岛实施的大规模海陆联合军演,以及 2012 年 4 月中俄海军在黄海实施的"海上合作2012"联合军演等。在日本看来,俄罗斯是希望通过中俄海上联合军演,掌握中国海军的实力,并向国内外彰显其在远东的海军力量的存在。

日本进一步分析认为,普京为了实现海军的改革,必须克服下面几个问题。

一是俄罗斯国防产业现代化能否取得进展。俄罗斯"国家装备计划"目标是在 2020 年之前,把包括海军在内的俄军现有装备进行 70% 的更新,日本对俄罗斯国防产业能否适应这一要求表示怀疑。普京对于俄国防产业的现状很不满意,认为国防产业过去 30 年间在装备研发和生产上进展迟缓,只能生产老旧型号的装备,今后应致力于:(1)增加供应高科技的下一代装备;(2)形成面向未来的科技力量;(3)必须开发和掌握优先技术,生产有竞争力的装备;(4)改善高端装备产业的技术基础。为此,"国家装备计划"预算总额约 23 兆卢布中的 4 兆将用于国防产业现代化。充足的预算确实带来了一定效果,像北风之神级战略核潜艇的建造,第一艘耗时 12 年完成,而 2004 年开工的第 2 艘则缩短为 6 年,2006 年开工的第 3 艘则缩短为 5 年就建成了。虽然俄联邦财政部要求削减"国家装备计划"预算总额的 20%,但普京表示维持总预算的规模。因此,日本认为俄罗斯最新装备的采购和国防产业的现代化能否按照计划进展,存在不确定的因素。

二是最新装备的采购以及军事技术方面还无法摆脱对外国的依赖,特别是海军装备的采购要依靠法国。前文所说的从法国购买 4 艘两栖攻击舰的项目正在推进过程中。主要因为技术问题,俄罗斯生产的登陆舰远小于同类的法国军舰,却要消耗 3 倍于法舰的燃料,技术方面的劣势显而易见。在购买法国军舰的同时,俄罗斯统一造船公司与法国海军防卫集团(DCNS)也达成协议,强调不仅在民用船舶方面,而且要在军舰建造领域加强双方合作。在日本看来,此举虽可促进俄罗斯国防企业的改革,并关系到整个国防产业的现代化,但从长远来看,海军装备的采购也会受到影响。

三是能否确保拥有对于海军战略来说至关重要的海外基地。俄罗斯海军北方舰队和太平洋舰队这两大主力舰队分别处于欧洲和远东,确保军舰在这两大战场间顺畅通行的机动能力对于俄海军来说至关重要。海外基地不仅可以加强俄罗斯海外的军事存在,而且可维持俄海军高水平的备战态势。为此,俄罗斯必须在漫长的航线沿岸设立军舰补给基地。当前,俄罗斯只在叙利亚的塔尔图斯港拥有唯一的海外海军基地,但从印度洋到远东如此大范围的海洋航行,显然需要更多的海外基地。因此,俄罗斯正跟也门和越南谈判,希望重启苏联时代的亚丁和金兰湾海军基地。但是,如果谈判不顺利,俄海军在大洋的活动就会遇到障碍。

综上所述,在日本研究人员看来,只要俄罗斯领导层通过强烈的政治意志来贯彻军队和国防产业的现代化,国防预算能够得到保障,那么,包括海军在内的整个俄军的能力会提高。虽然俄罗斯在远东加强海军主要是针对中国活跃而广泛的海洋活动,但对日本安保来说也是需要考虑的一个因素,日本也必须密切关注俄海军在远东地区的发展动向。[109]

## 六、俄亚太地区的能源政策及对地区能源安全环境的影响

自 2009 年 9 月以来,随着全球金融危机和国际原油价格的下跌,资源依赖型的俄罗斯经济出现了问题,促使俄罗斯认识到培育新型战略产业和产业构造多元化的重要性。但是,产业构造多元化需要一个过程,俄罗斯经济当前只能在资源领域寻找出路。作为资源出口地的欧洲市场已处于饱和状态,而且还存在着管道铺设等政治性的难题。因此,作为资源出口地,俄罗斯正在关注东亚地区。当前,在俄罗斯能源的出口比例当中,亚洲地区仅占几个百分点,俄罗斯计划未来的石油出口,亚洲占到出口总量的 20%—25%,天然气扩大到 20% 左右。[110]梅德韦杰夫总统于 2008 年 11 月 21 日在互联网上发表文章,希望积极

参与亚太地区的经济活动,开发西伯利亚和远东地区,恢复俄罗斯经济的持续成长。在俄罗斯政府批准的《2030年俄罗斯的能源战略》中,也将东西伯利亚和远东地区指定为国家战略资源重点地区,成为未来面向亚太市场的出口供给源。2012年在符拉迪沃斯托克召开的亚太经合组织峰会,更是俄罗斯经济向亚太地区发展的一个标志。

我们知道,对于亚太地区来说,当前的能源需求相比其他地区增长得更为快速,特别是中国的需求增长明显。根据国际能源组织(IEA)预测,自2009年至2035年,中国的能源需求占世界能源总需求的份额将从11%增加到23%。[111]因此,满足以中国为中心的亚太地区的能源需求成为能源安全的主要课题。同时我们也看到,俄罗斯国内具有充足的能源资源,足以支持其参与亚太地区的市场战略,对于亚太地区来说,都期待着俄罗斯提供更多的能源。

俄罗斯的"新安全战略"指出:"能源安全是保障国家经济领域安全的一个长远的重要方面。保障国家能源安全和全球能源安全的必要条件是,建立符合世界贸易组织提出的能源市场原则,进行多边协作,深入研究前瞻性节能技术并进行国际交流,以及使用绿色安全、可替代的能源。"俄罗斯能源安全的主要内容是:"保质保量地稳定保障能源需求;通过提高本国厂家的竞争力有效利用能源;防止燃料动力资源可能出现的短缺;建立燃料、备用能力和成套设备的战略储备,确保能源—热力供应系统稳定运转。"[112]

从能源安全来说,目前主要有两种主流观点。第一种是确保供给稳定。国际能源组织把能源安全定义为任何时候都能获得价格合理、数量必要的能源。为了实现这一状态,能源安全政策的重点是:(1)确保能源地、采购地以及输送线路的多样化和安全性;(2)加强勘探与开发,同时提高效率;(3)采用各种手段建立合作储备体制和应急体制,降低能源供给中断和国际价格暴涨的风险。[113]为制定全球能源安全一揽子政策,国际能源组织正在推进短期能源安全保障模型的开发。这种对能源安全的定义是从非传统安全来分类的,不会因为哪个国家行使武力而对能源安全构成威胁,而且能源价格也不会因为特定的国家行为以及政策而受到影响。

第二种是确保需求稳定。德国学者弗兰克·昂巴克(Frank Umbach)指出,多数专家过多强调了供给安全,可是,能源安全会因为生产者和消费者的能源安全观的不同而意义有别。[114]也就是说,对于供给方和采购方来说,最大的问题是双方彼此处于不同的立场来理解能源安全的内涵。生产者往往关注的是确保能源消费国的需求和稳定的收益。从这方面来说,欧盟的能源政策会极大地影响俄罗斯的利益。因为俄天然气工业股份公司对欧盟各国的供给80%是长期合约,所以俄罗斯对于欧盟近期的能源政策感到非常忧虑,担心得不到欧洲的需求保障。欧洲内部主张摆脱对俄罗斯的依赖、寻求多元化的能源供给,在俄罗斯看来是一种威胁。而詹姆斯·亨德森(James Henderson)认为,俄罗斯在欧洲能源市场中的地位已成熟到无法再提升了,而亚太地区各国的快速成长则为俄罗斯带来能源利益方向转换的战略性契机,向亚太地区扩大能源出口、发挥俄罗斯资源潜力的经济性因素明显存在。[115]

此外,还存在"能源武器"的讨论。"能源武器"这一用语跟传统安全问题密切相关。一个国家如果加强资源管理,政治性的考虑就会影响到能源出口计划的决策过程。并且,能源对于市民生活必不可少,一旦成为"人质",特定的国家就有可能在事关主权的问题上作出违背自己意志的事情,被迫接受对方的意志。谁都不愿依赖把能源作为政治工具的国家,现实上去考证那种国家的意图也是不可能的。而且从经济效率的观点来看,许多实例表明,除了从政治上存在问题的国家进口能源之外,再没有其他选项了。因此,为了对抗把能源作为政治手段的现实措施,需要构建一个安全框架,保障交易当事人不把能源用于政治目的,同时也不把交易上的纠纷上升为政治问题,并且,在能源供给中断时能将影响控制在最低限度。反之,交易当事人无法采取措施降低对能源武器的恐惧,或者面临能源武器而无法采取对抗措施时,发生投资过少问题的可能性也就越大。

在日本看来,能源安全问题对东亚地区有着较大的影响。首先是对中国的影响。我们知道,中国目前是世界上最大的能源消费国,从1978年到2008年的30年间,中国的一次性能源消费的年平均增长率为5.5%,在此期间国内生产总值的年平均增长率为9.8%。为使能源消费翻番、国内生产总值达到增长4倍的目标,中国政府把增效节能作为中国经济发展的一个原则。自 20 世纪 90 年代前期开始推进优化能源结构政策以来,中国增加了石油及天然气的生产和消费。因此,中国对石油进口的依存度迅速提高,1993 年为 6％,2009 年为 54％,2011 年达到了 55.3％。同时中国国内天然气的消费总量也扩大到 2011 年的 1 亿 1 730 万吨,天然气在一次能源消费总量中所占份额从 2005 年的 2％上升为 2011 年的 4.5％。结果造成中国天然气的进口依存度从 2005 年几乎为零,跃升为 2011 年的 23.8％。日本学者看到,中国通过与新兴贸易伙伴国的双边合作来确保石油供给安全,并且一直把能源多元化和稳定的资源基地置于重要的位置。中国已经认识到,必须通过环境的可持续发展和控制能源消费来维持经济的快速发展。中国国内以煤炭为主的能源以及石油和天然气资源比较丰富,但是石油和天然气的储量在 2030 年之前无法充分满足需要。因此,中国政府一方面控制需求的增加,同时也在寻找多元化的供给源,并且确保对海外资源的优先获取权。中国从俄罗斯增加了石油和天然气的进口,尤其是 2010 年以后的石油进口因为 ESPO 管道的启用而剧增。中国从俄罗斯增加能源进口,一方面满足了日益增加的能源需求,另一方面也意味着在地理上实现了供给源头的多元化。换言之,从能源安全的视角来看,俄罗斯的能源供给确保了中国能源的稳定。而且,投资过少的问题目前还没有出现。[116]

其次是能源安全对于日本的影响。2008 年日本的纯进口量中,一次性能源供给占到 85％。由于日本国内能源有限,99％的石油和 96％的天然气依赖进口。2011 年日本进口的石油 78.9％来自中东,国内天然气几乎都是通过进口液化天然气来满足需求的,其中来自马来西亚 19.0％、澳大利亚 17.8％、卡塔尔 14.8％、印尼 11.8％、俄罗斯 9.2％、文莱 7.9％、阿联酋 7.2％、阿曼 5.0％以及其他地区。2011 年日本进口液化天然气占到世界液化天然气贸易总量的 32.3％。[117]我们知道,日本 2002 年通过的《能源政策基本法》,其中一个基本方针就是"确保供给稳定"。根据该法律,日本于 2003 年制定了战略能源计划。2006 年,日本根据世界能源状况确立了新的国家能源战略,其中包括 2030 年之前保障能源安全的重点行动计划。在此战略的基础上,日本 2007 年又对战略能源计划进行了修订,把确保石油及其他燃料的稳定供给和在能源及环境领域的国际合作置于重点位置。该计划于 2010 年进行了重新修订。[118]日本由于经历过石油危机，所以一直把减少对石油的依赖作为坚持的目标，这也导致其天然气的需求在近 20 年间快速增长。从 1980 年到 2007 年，日本天然气的需求每年以 5％ 的比例增长，在所有一次能源中的增长速度最快。今后这种刚性需求的增加还会持续下去。为此，日本把液化天然气的稳定安全的供给作为近年来最优先的课题，采取的主要手段是日本液化天然气买家签订长期购买"照付不议"（take or pay）合同，这也导致日本要比其他欧美买家付出更高的价格。日本从俄罗斯进口的石油和天然气稳步增长，特别是自 2009 年以来，俄罗斯的液化天然气出口增长迅速，主要是由于萨哈林 2 号开始供给液化天然气。在日本看来，这种动向意味着日本通过从俄罗斯增加能源进口，使得地理意义上供给源的多样化成为可能。换言之，从能源安全的视角来看，俄罗斯的能源供给为日本的能源安全作出了贡献。[119]

最后是对俄罗斯的影响。我们知道，截至 2011 年底，俄罗斯石油储量占世界全部储量的 5.3％，天然气储量约占四分之一（21.4％）。俄罗斯是世界第二位的一次能源生产国，也是第三位的能源消费国；石油出口居世界第二位（占世界石油贸易的 20％），天然气出口居世界第一（占世界天然气贸易的 21％）。[120]俄罗斯能源出口总量的 91％ 以上输往欧洲，近年来也在追求全方位向亚太地区出口。对俄罗斯经济来说，能源出口非常重要，俄罗斯联邦政府的预算越来越依赖高油价。2011年俄罗斯石油和天然气的出口占到出口贸易总额的三分之二（65.5％），石油和天然气部门的产值占国内生产总值的 10.4％，为联邦政府的财政收入作出一半的贡献。但是，在受到国际金融危机冲击的 2009 年，石油和天然气部门的产值降为国内生产总值的 7.6％，只为联邦政府的财政收入贡献了五分之二。俄罗斯联邦政府 2005 年以后的预算是基于石油价格每年会高于往年的设想而编制的，所以为达到联邦预算收支平衡，最为重要的是石油价格每年都向上攀升。如果实际油价与预算编制时的设想不同，联邦财政预算就会发生混乱。为了应对这一结构性的问题，2008 年 5 月，俄罗斯新设能源部，履行制定和落实燃料和能源综合领域的国家政策的职能。而 2003 年 8 月通过的

《2020年前俄罗斯的能源战略》则明确规定俄罗斯长期的能源政策以及实现机制,2009年11月通过了该政策的修订版,并将其有效期延长至2030年。

在日本看来,俄罗斯对外能源政策的战略目标是灵活有效地利用其能源潜力,在参与世界能源市场的同时加强俄罗斯的市场地位,使俄罗斯的经济从能源资源中获得最大收益。为达成这一目标,俄罗斯采取了诸多政策措施,其中一项就是出口路径的多样化,扩大向亚太地区的出口。2007年9月,俄罗斯联邦政府批准了"东方天然气项目",目标是建设主干天然气管道,在2030年之前大范围地开发东西伯利亚和俄远东地区的天然气田。该决策的背景是欧洲天然气市场的自由化动向,或者说,欧洲的举动促使俄政府及天然气工业股份公司获得更为有效地出售天然气的机会。俄天然气工业股份公司在国外市场最优先的目标是维持欧洲市场的占有率,同时通过销售天然气、入股发电行业以及争取最终消费者来提高效率。还有一个重要的方向就是销售市场的多样化,特别是谋求扩大对亚太地区的液化天然气供给。[121]为此,天然气工业股份公司把液化天然气的市场化作为最优先的项目,因此俄罗斯对亚太地区的石油和天然气的出口在稳步增长,在液化天然气方面尤为明显。在日本看来,上述战略对于俄罗斯来说意味着实现了能源出口地区的多样化,保证了收益。从能源安全的视角来看,俄罗斯参与新兴亚太地区的能源市场,为亚太地区能源市场的稳定和需求作出了贡献。[122]

关于未来东亚地区的能源安全问题,日本研究人员也阐明了自己的观点。他们根据国际能源组织的预测,到2035年,世界的能源需求相比2009年将增加40%,特别是天然气将快速增加54%。该预测是基于天然气对环境影响小、火力发电对天然气的需求增大以及日本由于核电站事故正在对核能发电进行重新评估的背景。

关于中国,他们认为中国的天然气需求将急速增长。因为中国经济增长极为迅猛,2011年的中国能源需求超过了美国,2035年将超过美国70%以上,到2035年,中国增长的能源需求将占整个世界的30%以上。2020年前后,中国的石油进口将超过美国,2030年将成为世界上最大的石油消费国,其规模相当于2009年消费量的两倍。中国的石油进口依存度在 2010 年是 54％,到 2035 年将达到 84％。[123]

日本研究人员注意到,中国 2011 年 3 月编制的"十二五规划"将能源政策的重点放在国内能源政策方面。中国在《能源发展"十二五"规划》中提出,"十二五"期间,要加快能源生产和利用方式变革,强化节能优先战略,全面提高能源开发转化和利用效率,合理控制能源消费总量,构建安全、稳定、经济、清洁的现代能源产业体系。[124]中国会提高清洁能源天然气和核能发电的比例,预计中国天然气的需求将以每年 6.7％的比例增长,需求量将从 2009 年的 780 万吨增长到 2035 年的 4 亿 2 000 万吨。中国在世界天然气总需求的比例将从 2009 年的 3％增加到 2035 年的 10.6％。据国际能源组织的预测数据,中国天然气的进口依存度将从 2009 年的 8％扩大到 2035 年的 42％,天然气的进口量从 2009 年的 900 万吨剧增到 2020 年的 1 亿 1 200 万吨、2035 年的 1 亿 9 000 万吨,占到世界天然气贸易总量的 35％。基于天然气进口依存度的上升预测,中国展开了天然气供给源多样化的政策,这对欧亚大陆天然气的出口方向造成重大影响。中国从俄罗斯以及里海地区进口天然气的数量,如果俄罗斯及里海沿岸国家根据中国增大的需求而出口天然气的话,将从 2010 年的 360 万吨增加到 2035 年的 1 亿 2 000 万吨。[125]

日本的研究人员认为,日本当前的能源政策并不可靠。由于受到 2011 年地震的影响,日本福岛第一核能发电站受损,导致日本的能源政策受到诸多因素的影响。实际上,近年来日本对于液化天然气的需求快速增长,液化天然气的进口量从 2008 年的 8 370 万吨增加到 2010 年的 8 640 万吨。由于 2011 年 3 月东日本海大地震造成核电站停止发电,导致 2011 年的进口较上年增加 13.5％,达到 9 580 万吨。日本政府目前还在为制定福岛核事故之后的能源政策殚精竭虑。其中,确保石油的稳定供给和价格稳定仍将成为日本能源安全保障政策的重点。但是,在东日本海大地震之后,随着核能发电站停止运转以及围绕液化天然气价格的亚洲溢价问题公开化,日本实行什么样的方针既实用又可行还会达到期望的效果? 这都需要重新慎重讨论,需要重新制定新的能源政策。[126]

日本看到了俄罗斯潜在的供给能力。在日本看来,预计中国的石

油进口从 2010 年到 2035 年间将增加 2.5 倍以上,达到 6 亿 2 700 万
吨,其规模相当于 2035 年俄罗斯石油出口两倍的数量。但是,预计俄
罗斯的纯石油出口将从 2010 年的 3 亿 7 350 万吨减少到 2035 年的
3 亿 1 870 万吨。这也意味着俄罗斯在石油市场上的谈判能力将逐渐
衰落。但俄罗斯国内的天然气需求将以每年 0.8% 的比例递增,从
2009 年的 4 亿 700 万吨增加到 2035 年的 5 亿 640 万吨,产量将从 2009
年的 5 亿 4 650 万吨增加到 2035 年的 8 亿 1 970 万吨。天然气产量的
增长超过国内需求的增加,因此,出口能力应该从 2009 年的 1 亿 3 950
万吨倍增为 2035 年的 3 亿 1 340 万吨。也就是说,俄罗斯具有明显的
天然气出口能力。考虑到欧洲和亚太地区的需求,到 2035 年,俄罗斯
可为这两个地区提供所需天然气的五分之二。

　　他们借助国际能源组织的研究成果,认为在欧洲天然气的进口总
量当中,俄罗斯所占的份额会逐渐减少,从 2010 年的 34% 减少到 2035
年的 32%。但是,当俄罗斯与中国关于天然气的谈判结束之后,如果
从 2015 年起开始出口,到 2020 年,中国进口天然气的 10% 来自俄罗
斯,到 2035 年,将快速增加到 35%。在欧洲和中国的天然气消费总量
中,来自俄罗斯的天然气占有很大比例,俄罗斯已成为世界天然气安全
保障的核心存在。特别是俄罗斯对中国的天然气出口,已成为一个世
界级的天然气贸易大动脉,俄罗斯在获得市场以及收益多样化的利益
的同时,中国也在描绘着令人期待的图景,因为可以利用东西伯利亚以
及俄罗斯远东的巨大的天然气资源。日本研究人员认为,这种令人期
待的图景也存在问题,就是俄罗斯野心勃勃的能源战略具有不确定性
和竞争压力。此外,令人期待的图景能否实现,还取决于连接中俄两国
天然气管道的谈判结果。如果当前的谈判进展顺利的话,东西伯利亚
新的天然气田就会得到开发。俄罗斯为了满足亚太地区国家的需求,
提供足够的天然气,必须开发新的供给源,建设完备的天然气输送
系统。

　　我们看到,日本人是从能源安全的视角来分析俄罗斯国家安全战
略特别是能源战略的。他们认为,由于俄罗斯参与亚太地区的市场,因
此促进了该地区的能源安全。亚太地区的能源需求是以中国为中心,
亚太地区的国家必须确保供给源的多样化和能源数量的充足,俄罗斯

为此作出了贡献。从能源需求安全的观点来看,这同时意味着俄罗斯也在推进能源出口数量的扩大和出口市场的多样化,实现着自身的能源战略。我们知道,国际能源组织也期待具有世界最大能源资源潜力的俄罗斯在能源需求剧增的亚太地区发挥重要作用。不过,20世纪初期开始的中俄天然气贸易谈判几度推延,现在仍处停滞状态。对此,他们提出了诸多疑问,譬如,为什么会发生这样的问题? 如果俄罗斯不充分参与亚太地区的天然气市场,会引发什么问题? 解决谈判停滞的手段是什么? 针对上述问题,日本认为,研究今后俄罗斯的能源安全政策,需要把研究重点放在亚太地区能源安全环境的形势研究上。譬如,在经济上如何实现合理的能源政策,从政治设想方面如何介入该地区的能源市场。解决上述问题,重要的是进行特殊的投资,为了不使能源交易被政治利用,应该构建一个稳妥的制度框架。[127]

## 七、俄罗斯重视东亚战略的历史和现实因素

对于俄罗斯国家安全战略相对转向并且重视东亚的原因,日本人首先对俄罗斯的对外政策思想进行了历史剖析,希望从中找到根本性的原因。

在日本人看来,俄罗斯历史上的对外政策在设定一个宏伟的目标时,往往具有较强的抽象要素,但在具体实施之际,又有很强的现实主义色彩。譬如,苏联解体之后,俄罗斯的国家体制和诸多领域都发生了剧变,在追求大的外交目标方面一度彷徨失措。于是,俄罗斯尝试着回归历史,向历史寻找答案。外长普利马科夫(Evgenii Primakov)学习1856年克里米亚战争失败后担任外相的冈察科夫(Aleksandr Gorcha-kov),在1998年4月的一次会上提出"正因为处境艰难,所以俄罗斯必须采取积极的外交而非被动的外交,来提升国家地位"[128]。历史上,俄罗斯人多次基于一种高度抽象的层次,提出具有历史模式的外交理念。因此,日本人在展望俄罗斯东亚政策的时候,首先会从俄罗斯设定外交大原则的背后考察其思想根源。

日本人看到,俄罗斯国家对外关系的历史性和本源性特征,既有跟欧洲的相近性,又有不同于欧洲的异质性。[129]我们知道,俄罗斯人作为

斯拉夫语系的一脉，本来跟波兰人等在语言和文化上就很相近，现今俄罗斯的大部分人口也聚集在相邻地域。但是，俄罗斯的国家形成与天主教广布的西欧社会不同，俄罗斯从东罗马帝国引进了东正教，并且认为自己继承了东正教的权威地位。莫斯科在脱离蒙古人的统治、统一俄罗斯的时候，俄国已经不同于西欧了。后来，俄罗斯受到波兰、瑞典等西方强国的压迫，彼得大帝不得不在 18 世纪采取了重新欧化的政策，实现了俄国的近代化，并且打败瑞典。自此，俄国作为一个强国参与欧洲的国际政治，并在 19 世纪的维也纳体系中成为"神圣同盟"的盟主，扮演着"欧洲宪兵"的角色，确立了"俄罗斯堪当世界政治大国"的自画像。但是，随着 1856 年克里米亚战争的失败，俄国失去了"作为秩序维护者的大国地位"，《巴黎和约》禁止俄国拥有黑海舰队的条款成为其战败的象征，而废除该条款成为俄国外交的最高命题。直到 1870 年，俄国宣布该条款无效，但其后并未组建舰队，所以黑海舰队更具一种象征意义。经过俄国革命之后成立的苏联，不是以东正教而是打出共产主义旗帜，继续谋求在世界政治舞台的显要地位，并在冷战期间获得了遍及世界各个角落的影响力。[130]

俄罗斯凭借跟欧洲的相近性和异质性，确立了自己的大国意识，并在苏联解体之后仍将这种大国意识作为传统的国家资源，在抽象层面继续坚守着大国外交的目标。[131]譬如，俄罗斯主张发挥联合国安理会的作用，灵活运用常任理事国的地位，或者谋求加强作为八国集团成员国的作用，都可以说是这种大国思维的例证。所以在日本看来，从历史上考察俄罗斯对外政策的根本特征就会发现，俄罗斯的目标指向在于作为大国来参与世界政治的愿望，重视既是近邻又是发达国家的西方国家的关系，而另一方面，因为具有不同于欧洲的异质性，又产生出坚持走独立大国的路线以及向非西欧国家靠拢的思想。

基于上述俄罗斯对外政策的思想，日本观察到，俄罗斯在跟东亚地区交往的时候，往往会根据它与最为关心的西欧国家的关系变化，间歇性地重视世界政治大国中国以及日本。[132]在日本看来，作为俄罗斯的思想潮流，"斯拉夫主义"和"欧亚主义"的发言权正在增大，俄罗斯人有时高喊着亲近亚洲，但是跟欧洲各国的文化文明和社会联系相比，俄罗斯跟亚洲之间的历史联系实在乏善可陈，没有根本的持续关系。基于

这种观察,日本认为,左右俄罗斯东亚政策的历史因素有以下三点：[133]

第一,俄罗斯谋求参与世界政治的视角。在欧美列强加大干涉中国的 19 世纪中叶,俄国也加入其中,并且试图维护和强化其主体地位。日本在中国东北进行殖民统治时期,斯大林最为关心的事项是对日绥靖或者对抗。中华人民共和国于 1949 年确立,莫斯科始终把中国作为大国或者主要疑虑国加以关注。

第二,俄罗斯认识到东方地域的脆弱性。19 世纪中叶,热衷于开疆拓土的东西伯利亚总督穆拉维约夫(N.N.Murav'ev)的最大忧虑是,如果不能确保利用黑龙江,那么贝加尔湖周边的东西伯利亚据点将岌岌可危,俄国必须选在英帝国向黑龙江及其下游地区扩张之前进行领土扩张。[134]从那以后,俄国与中国共有的一条漫长而不稳定的边境持续到今天。为此,俄国长期或多或少地对中国抱有疑虑,并投入种种资源,维护其防卫体系。20 世纪 60 年代发生的中苏边境冲突对苏联是一个巨大冲击,20 世纪 90 年代以后致力于解决边境问题的动机,就在于对边境威胁的认知。现今俄远东地区与相邻的中国东北地区相比,人口和产业都较为脆弱,俄罗斯对此存在种种担心情绪,俄罗斯政府也长年致力于当地的开发和经营,但都无法从根本上解决问题。

第三,俄罗斯将东亚作为替代西方的发展对象。每当向西方靠拢无望之际,俄政府就把关注点集中转向东方,这种现象历史上也能看到,不过,未必有着明确的因果关系。有时候是因为东方出现问题之后,才看到俄罗斯政府在背后的推动,从而加大了对东方的关注。19 世纪 50 年代俄国的领土扩张,基本上源于总督穆拉维约夫个人的扩张热情以及清朝国势的衰落。不过,当时在克里米亚战争受挫的俄国精英们,也都对向东方发展抱有某种巨大的期待。[135]俄国的东方政策导致了日俄战争,其中的一个背景就是俄国抱有向东方发展的诉求,开始亲近亚洲。[136]当代俄罗斯的发展是一个经济问题,特别是能源出口的问题,在莫斯科的国家发展计划中,不仅要向西方充分扩大出口,向东方出口的计划同样也占有重要地位,这样才能保持俄罗斯持续发展的热情。

因此,日本得出的结论是：对于俄罗斯来说,东亚与西方相比仍是第二层次的关注事项,但从俄罗斯的大国政治思想、远东的脆弱性认知、寻找替代西方的发展对象等视角来看，俄罗斯的外交方向会根据时代的不同而呈现出较大的变数。当前，亚太地区是世界发展的舞台，无论是从大国政治方面，还是从经济发展的前景来看，中国都是亚太地区的重要关注对象，也是俄罗斯谋求克服远东地区脆弱性的持续动机。通过举办2012年亚太经济合作组织会议、开发符拉迪沃斯托克，说明俄罗斯已经把向东亚发展的战略作为一种国家层次上的考量。据此，日本判断，俄罗斯向东亚发展的热情会持续下去。[137]

综上所述，我们可以看出，日本人认为俄罗斯政府2009年5月批准的《2020年前俄罗斯联邦国家安全战略》明确了俄罗斯国家安全战略的方向。日本看到，在美国绝对影响力减退、中印等新兴国家崛起、多极化世界到来的这一基本战略环境认知的基础上，俄罗斯的国家利益在于发展成为多极化世界中的一个世界大国，强化它在国际社会上的影响力。同时，在经历格鲁吉亚战争之后，俄罗斯在安全上的关注重心正由恐怖主义这种"非传统威胁"转向边境冲突这种"传统威胁"方面，俄罗斯正在回归传统的安全观。同时，在经历2008年的国际原油价格暴跌和同年9月的世界金融危机的打击之后，俄罗斯国内外的经济环境发生了剧烈变化，一般来说俄罗斯以往那种"独断式"（assertive）的对外政策已经行不通了。然而，如果通过"套牢问题"[138]（hold up problem）的框架来诠释金融危机之后俄罗斯实际的对外政策，或许可以认为俄罗斯依然可能选择独断式的对外政策。从俄外交方面观察，亚太地区虽然并不像欧美地区那样处于较为优先的外交次序，但是，当俄罗斯与欧美关系稳定的时候，俄国需要面对崛起的中国，从这个意义上可以说俄罗斯的外交关注点集中在亚太地区。不过，在日本人看来，俄罗斯虽然提出与中国进行战略合作，但是对华不信任的成分也在增加。而内情复杂的中俄关系对俄罗斯与亚洲其他国家的关系也会产生影响，这也是俄罗斯为什么希望在亚太地区建立多边框架之下的弹性外交的主要因素。

## 注释

1. 冯绍雷：“转型时代丛书”总序，上海：上海人民出版社2005年版。
2. 冯绍雷：《三十年中国改革开放与三个"十年"的俄国问题研究》，载《俄罗斯研究》

2008 年第 4 期。

3.［日］乾一宇：《俄罗斯国家与军队——对新生俄罗斯军队的疑虑与忧虑》，载《俄罗斯·东欧学会年报》1995 年第 24 期。

4.［日］兵头慎治：《普京第 2 任期安全保障政策的立案与形成过程——以安全保障会议的改编和"国家安全保障概念"的修订为中心》，载《俄罗斯·东欧学会年报》2004 年第 33 期。

5.［日］齐藤元秀：《双头体制下的俄罗斯外交——以"美国因素"和"中国因素"为中心》，载《俄罗斯·东欧学会年报》2008 年第 37 期。

6.［日］外务省：《外交蓝皮书》(1995 年版)，第三章"主要地区形势"部分，参见日本外务省网页，http://www.mofa.go.jp/mofaj/gaiko/bluebook/。

7.［日］外务省：《外交蓝皮书》(1997 年版)，第一章"综述"部分，参见日本外务省网页，http://www.mofa.go.jp/mofaj/gaiko/bluebook/。

8.［日］外务省：《外交蓝皮书》(1999 年版)，第一章"综述"部分，参见日本外务省网页，http://www.mofa.go.jp/mofaj/gaiko/bluebook/。

9.［日］外务省：《外交蓝皮书》(2006 年版)，第二章"地区国别外交"部分，参见日本外务省网页，http://www.mofa.go.jp/mofaj/gaiko/bluebook/。

10.［日］外务省：《外交蓝皮书》(2008 年版)，第二章"地区国别外交"部分，参见日本外务省网页，http://www.mofa.go.jp/mofaj/gaiko/bluebook/。

11.［日］外务省：《外交蓝皮书》(2009 年版)，第二章"地区国别外交"部分，参见日本外务省网页，http://www.mofa.go.jp/mofaj/gaiko/bluebook/。

12.［日］外务省：《外交蓝皮书》(2009 年版)，第二章的第五节"俄罗斯、中亚与高加索"，参见日本外务省网页，http://www.mofa.go.jp/mofaj/gaiko/bluebook/。

13.［日］日本外务省：《挑战 2001——面向 21 世纪的日本外交的课题》，"外交政策"部分，http://www.mofa.go.jp/mofaj/gaiko/index.html。

14.［日］防卫研究所：《东亚战略概观》(2001 年)，防卫研究所 2001 年 3 月版，"第 7 章"第 172 页。

15.［日］防卫研究所：《东亚战略概观》(2002 年)，防卫研究所 2002 年 3 月版，"第 6 章"第 196 页。

16.［日］防卫研究所：《东亚战略概观》(2003 年)，防卫研究所 2003 年 3 月版，"第 8 章"第 188 页。

17.［日］防卫研究所：《东亚战略概观》(2004 年)，防卫研究所 2004 年 3 月版，"第 6 章"第 142 页。

18.［日］防卫研究所：《东亚战略概观》(2001 年)，"第 7 章"第 187—188 页。

19.［日］防卫研究所：《东亚战略概观》(2003 年)，"第 8 章"第 200 页。

20.冯绍雷：《俄罗斯体制转型的路径依赖——从制度变迁与对外关系相关性视角的一项考察》，载《俄罗斯研究》2010 年第 6 期。

21.冯绍雷、相蓝欣：《转型中的俄罗斯对外战略》，上海：上海人民出版社 2005 年版，第 106 页。

22.［日］石川一洋：《现代化与俄罗斯外交》，载日本 NHK 电视台"时事公论"网页，2010 年 7 月 22 日。

23.同上。

24.［日］上野俊彦：《普京政权与俄罗斯国内形势》，载《俄罗斯·东欧学会年报》2000 年第 29 期。

25.［日］防卫研究所：《东亚战略概观》(2010 年)，"第 6 章"第 159—160 页。

26.［日］石川一洋：《现代化与俄罗斯外交》。

27. 本章节写作完成于 2011 年 3 月之前,为了呈现当时日本对于俄罗斯的发展趋势判断,故不再变动相关表述。

28. [日]横手慎二:《俄罗斯外交的连续性与非连续性》,载《斯拉夫的国际关系　讲座　斯拉夫的世界 7》,弘文堂 1995 年版,第 5—10 页。

29. [日]木村泛:《俄罗斯与世界——冷战结束后自我认同性的探索》,载《斯拉夫的国际关系　讲座　斯拉夫的世界 7》,弘文堂 1995 年版,第 332—336 页。

30. 冯绍雷:《俄罗斯:重新现代化》,载《第一财经日报》2010 年 12 月 24 日。

31. [日]木村泛:《俄罗斯与世界——冷战结束后自我认同性的探索》,第 340—341 页。

32. [日]袴田茂树:《俄罗斯国家自我认同的危机与"主权民主主义"的争论》,载《俄罗斯·东欧研究》2007 年第 36 期。

33. 同上。

34. [日]齐藤元秀:《双头体制下的俄罗斯外交——以"美国因素"和"中国因素"为中心》,载《俄罗斯·东欧学会年报》2008 年第 37 期。

35. http://eng.kremlin.ru/text/speeches/2009/07/11/1246_type82914type82915_219476.shtml.转引自[日]横手慎二:《俄罗斯对外政策的决策——参与的各种力量》,载《俄罗斯的政策决策——各种力量与过程》报告,日本国际问题研究所,2010 年 3 月。

36. [日]日本国际问题研究所:《俄罗斯的政策决策——各种力量与过程》报告,2010 年 3 月。

37. Ol'ga Kryshtanovskaia, Anatomiia Rossiiskoi Elity(Zakharov:Moskva, 2005),p.18, p.21, p.73.转引自[日]横手慎二:《俄罗斯对外政策的决策——参与的各种力量》。

38. Ol'ga Kryshtanovskaia & Stephen White, "Inside the Putin Court:A Research Note," Europe-Asia Studies, Vol.57, No.7(Nov. 2005), pp.1065—1075.转引自[日]横手慎二:《俄罗斯对外政策的决策——参与的各种力量》。

39. Alastair Campbell & Richard Stott, ed., The Blair Years(Arrow books:London, 2008), p.449.转引自[日]横手慎二:《俄罗斯对外政策的决策——参与的各种力量》。

40. [日]防衛研究所:「第 6 章ロシア——新しい国家安全保障戦略の策定」防衛研究所編『東アジア戦略概観 2010』,2010 年、158 頁。

41. [日]兵頭慎治、秋本茂樹、山添博史:「ロシアの国家安全保障戦略——ロシア経済、対中関係の視角から」防衛研究所編『防衛研究所紀要第 13 巻第 3 号』,2011 年 3 月、81 頁。

42. 参见杨思红、朱自强、余勇:《解读俄罗斯新版国家安全战略》,载《国防科技》2009 年第 3 期;薛兴国:《俄罗斯国家安全战略的演变》,载《军事历史研究》2010 年第 2 期;张晶:《〈2020 年前俄罗斯国家安全战略〉及其内外政策走向》,《俄罗斯中亚东欧市场》2010 年第 1 期等论文。

43. 华东师范大学俄罗斯研究中心:《共同参与地区的发展与治理:中俄关系与未来的亚洲地区秩序——"瓦尔代"国际辩论俱乐部俄中分组讨论用中方提纲》,载《俄罗斯研究》2012 年第 1 期。

44. [日]防衛研究所:「第 6 章ロシア——新しい国家安全保障戦略の策定」,165—166 頁。

45. 参见《2020 年前俄罗斯联邦国家安全战略》第 1 条。

46. 参见《2020 年前俄罗斯联邦国家安全战略》第 21 条。

47. 参见《2020 年前俄罗斯联邦国家安全战略》第 8 条。

48. 参见《2020 年前俄罗斯联邦国家安全战略》第 9 条。

49. ［日］兵頭慎治、秋本茂樹、山添博史：「ロシアの国家安全保障戦略——ロシア経済、対中関係の視角から」，84頁。

50. 参见《俄罗斯联邦军事学说》全文，http://home.cetin.net.cn/cetin2/servlet/cetin/action/HtmlDocumentAction?baseid=1&docno=412139。

51. 参见《2020年前俄罗斯联邦国家安全战略》第42条。

52. ［日］防衛研究所：「第6章ロシア——新しい国家安全保障戦略の策定」，166—167頁。

53. 同上，167頁。

54. 同上，167頁。

55. 同上，168頁。

56. Независимая газета，30 марта 2009 года.转引自［日］兵頭慎治、秋本茂樹、山添博史：「ロシアの国家安全保障戦略——ロシア経済、対中関係の視角から」防衛研究所編『防衛研究所紀要第13巻第3号』，2011年3月，86頁。

57. ［日］兵頭慎治、秋本茂樹、山添博史：「ロシアの国家安全保障戦略——ロシア経済、対中関係の視角から」，87頁。

58. "Address to the Federal Assembly," President of Russia, on the Internet: http://news.kremlin.ru/transcripts/9637(retrieved 2 December 2010).

59. ［日］兵頭慎治：「アジアに対するロシアの戦略的アプローチ」スウェーデン国防研究所、防衛研究所編『隣国からの視点：日本とスウェーデンから見たロシアの安全保障』，2012年11月，21頁。

60. ［日］防衛研究所：「第6章ロシア——中国を意識した東アジア外交の模索」防衛研究所編『東アジア戦略概観2012』，2012年、170頁。

61. 参见《2020年前俄罗斯联邦国家安全战略》第15条。

62. ［日］坂口賀朗：「ロシアの軍改革とロシア極東地域におけるロシア軍の変化」スウェーデン国防研究所、防衛研究所編『隣国からの視点：日本とスウェーデンから見たロシアの安全保障』，2012年11月，51頁。

63. ［日］山添博史：「中央アジアにおけるロシアの安全保障政策とテロ対策—上海協力機構および集団安全保障条約機構を通じた協力と課題」スウェーデン国防研究所、防衛研究所編『隣国からの視点：日本とスウェーデンから見たロシアの安全保障』，2012年11月、124頁。

64. Iurgens, Igor (ed)(2011), "ODKB: otvetstvennaia bezopasnost"(Moscow, Institute of Contemporary Development), on the Internet: http://www.insor-russia.ru/files/ODKB-0709.pdf(retrieved 21 October 2011), pp.10—11.

65. IISS(2011), "The Military Balance 2011"(London, International Institute for Strategic Studies), pp.174—175, 188—191.

66. ［日］山添博史：「中央アジアにおけるロシアの安全保障政策とテロ対策—上海協力機構および集団安全保障条約機構を通じた協力と課題」スウェーデン国防研究所、防衛研究所編『隣国からの視点：日本とスウェーデンから見たロシアの安全保障』，2012年11月、125頁。

67. Jakobson, Linda, Paul Holtom, Dean Knox and Jingchao Peng(2011), *China's Energy and Security Relations with Russia*(Stockholm: Stockholm International Peace Research Institute), p.25.

68. Le Mière, Christian,"United at Sea—China and Russia Demonstrate Naval Capabilities," *Jane's Intelligence Review*, 15 May 2012.

69. ［日］山添博史：「中央アジアにおけるロシアの安全保障政策とテロ対策—上海

協力機構および集団安全保障条約機構を通じた協力と課題」,2012 年 11 月、125 頁。

70. Trenin, Dmitri(2012), *True Partners? How Russia and China See Each Other* (London, Centre for European Reform), pp.9—10.

71. 日本防卫研究所教官山添博史也持类似观点,参见「ロシアの対中政策における歴史的要因から見た中露戦略的パートナーシップ」『防衛研究所ニュース』2010 年 2 月号。

72. [日]防衛研究所:「第 6 章ロシア——新しい国家安全保障戦略の策定」防衛研究所編『東アジア戦略概観 2010』、2010 年、173 頁。

73. [日]日本国際問題研究所:「北東アジアにおける安全保障上の課題に関する日米露三極有識者会合」,2012 年 6 月 21 日。

74. [日]防衛研究所:「第 6 章ロシア——中国を意識した東アジア外交の模索」防衛研究所編『東アジア戦略概観 2012』、2012 年、171 頁。

75. [日]防衛研究所:「第 7 章ロシア——第 2 次プーチン政権の対中認識とアジア重視」防衛研究所編『東アジア戦略概観 2013』、2013 年、259 頁。

76. [日]防衛研究所:「第 6 章ロシア——中国を意識した東アジア外交の模索」,171 頁。

77. 参见《俄罗斯联邦新版外交政策构想(全文)》,俄新社,2008 年 7 月 11 日。

78. [日]兵頭慎治:「アジアに対するロシアの戦略的アプローチ」,23—24 頁。

79. 同上,24 頁。

80. [日]防衛研究所:「第 6 章ロシア——中国を意識した東アジア外交の模索」,171—172 頁。

81. 参见《俄罗斯联邦新版外交政策构想(全文)》第 84 条,俄罗斯总统府网站,2013 年 2 月 16 日。

82. [日]防衛研究所:「第 6 章ロシア——中国を意識した東アジア外交の模索」、173 頁。

83. [日]兵頭慎治、秋本茂樹、山添博史:「ロシアの国家安全保障戦略——ロシア経済、対中関係の視角から」防衛研究所編『防衛研究所紀要第 13 巻第 3 号』、2011 年 3 月、89 頁。

84. [日]防衛研究所:「第 7 章ロシア——第 2 次プーチン政権の対中認識とアジア重視」防衛研究所編『東アジア戦略概観 2013』、2013 年、254 頁。

85. [日]防衛研究所:「第 6 章ロシア——中国を意識した東アジア外交の模索」、173 頁。

86. [日]《每日新闻》,2012 年 11 月 13 日消息。

87. [日]兵頭慎治、秋本茂樹、山添博史:「ロシアの国家安全保障戦略——ロシア経済、対中関係の視角から」,119 頁。

88. [日]防衛研究所:「第 6 章ロシア——新しい国家安全保障戦略の策定」、178 頁。

89. 宋立炜:《鄂霍次克海军演 俄罗斯意在何方》,载《中国青年报》2011 年 9 月 23 日。

90. 参见"日本統合幕僚監部"主页,http://www.mod.go.jp/jso/Press/press2011/press_pdf/p20110908_01.pdf(retrieved 3 October 2011)。

91. 同上,http://www.mod.go.jp/jso/Press/press2011/press_pdf/p20110910.pdf(retrieved 12 October 2011)。

92. [日]『日本経済新聞』,2011 年 9 月 1 日朝刊。

93. 参见《俄联邦军事学说(全文)》第 8 条之 5 款,2010 年 2 月 5 日。

94. ［日］兵頭慎治：「アジアに対するロシアの戦略的アプローチ」、26—27頁。

95. 同上，27頁。

96. ［日］外務省欧州局ロシア課プレスリリース「ホノルルAPECの際の日露外相会談（概要）」、2011年11月11日。

97. ［日］外務省欧州局ロシア課プレスリリース「ホノルルAPECの際の日露外相会談（概要）」、2011年11月13日。

98. ［日］「アルバートフ世界経済国際関係研究所国際安全保障センター長の談話」『ロシア政策動向』、2011年7月31日。

99. ［日］防衛研究所：「第7章ロシア——第2次プーチン政権の対中認識とアジア重視」防衛研究所編『東アジア戦略概観2013』、2013年、254頁。

100. 同上，261頁。

101. ［俄］"安倍晋三：签署和平条约可促进日俄关系飞跃发展"，俄罗斯之声，2013年4月25日。

102. ［日］「日露首脳の信頼醸成が優先」、モスクワ共同、2013年4月25日。

103. ［日］「中国にらみ安保協力強化 脅威が共通認識に」、産経新聞、2013年4月30日。

104. ［日］防衛研究所：「第7章ロシア——第2次プーチン政権の対中認識とアジア重視」、261頁。

105. 同上，262頁。

106. ［日］坂口賀朗：「ロシアの軍改革と海軍強化の動向」防衛研究所編『防衛研究所ニュース』2013年1月号。

107. 参见《俄联邦军事学说（全文）》第27条之13款，2010年2月5日。

108. ［日］坂口賀朗：「ロシアの軍改革と海軍強化の動向」防衛研究所編『防衛研究所ニュース』2013年1月号。

109. ［日］坂口賀朗：「ロシアの軍改革と海軍強化の動向」。

110. ［日］「最近の日露関係」外務省欧州局ロシア課、2009年9月。

111. IEA（2011a），World Energy Outlook 2011（Paris，OECD/IEA），p.80.

112. 参见《2020年前俄罗斯联邦国家安全战略》第60条。

113. IEA（2007），World Energy Outlook 2007：China and India Insight（Paris，OECD/ IEA），pp. 160—175.

114. Umbach，Frank（2011），"Energy Security in Eurasia：Clashing Interests," in Adrian Delleckerand Thomas Gomart（eds）*Russian Energy Security and Foreign Policy*（Oxon and New York，Routledge），pp.23—38.

115. Henderson，James（2011），The Strategic Implications of Russia's Eastern Oil Resources，WPM41，January 2011（London，OIES），p.1.

116. ［日］秋本茂樹：「アジア太平洋地域におけるロシアのエネルギー政策——地域のエネルギー安全保障環境に対する影響」スウェーデン国防研究所、防衛研究所編『隣国からの視点：日本とスウェーデンから見たロシアの安全保障』、2012年11月、80—81頁。

117. 参见《BP世界能源统计年鉴》2012年度报告。

118. 参见亚太能源研究中心（APERC）2011年度报告。

119. ［日］秋本茂樹：「アジア太平洋地域におけるロシアのエネルギー政策——地域のエネルギー安全保障環境に対する影響」、82—83頁。

120. 参见《BP世界能源统计年鉴》2012年度报告。

121. 参见俄罗斯天然气工业股份公司（Gazprom）2008年度报告。

122. 〔日〕秋本茂樹:「アジア太平洋地域におけるロシアのエネルギー政策——地域のエネルギー安全保障環境に対する影響」、86頁。

123. 参见《世界能源投资报告(IEA)2011》。

124. 参见《能源发展"十二五"规划》,2012年10月24日。

125. 参见《世界能源投资报告(IEA)2011》。

126. 〔日〕秋本茂樹:「アジア太平洋地域におけるロシアのエネルギー政策——地域のエネルギー安全保障環境に対する影響」、88頁。

127. 同上、90頁。

128. E.M.Primakov et al., eds., *Kantsler A.M.Gorchakov*: *200 let so dnia rozhdeniia*( 宰相A・M・ゴルチャコフ生誕200年)(Moscow: Mezhdunarodnye otnosheniia, 1998).

129. 〔日〕兵頭慎治、秋本茂樹、山添博史:「ロシアの国家安全保障戦略——ロシア経済、対中関係の視角から」、112頁。

130. Peter J.S.Duncan, *Russian Messianism*: *Third Rome*, *Holy Revolution*, *Communism and After*(London: Routledge, 2000).

131. Bobo Lo, *Russian Foreign Policy in the Post-Soviet Era*: *Reality*, *Illusion and Mythmaking*(Basingstoke and New York: Palgrave Macmillan, 2002).

132. 〔日〕兵頭慎治、秋本茂樹、山添博史:「ロシアの国家安全保障戦略——ロシア経済、対中関係の視角から」、113頁。

133. 〔日〕兵頭慎治、秋本茂樹、山添博史:「ロシアの国家安全保障戦略——ロシア経済、対中関係の視角から」、113—114頁。

134. 〔日〕山添博史:「ムラヴィヨフの対中対日外交:アムール川流域と樺太」『社会システム研究』第6号、2003年。

135. Mark Bassin, *Imperial Visions*: *Nationalist Imagination and Geographical Expansion in the Russian Far East*, *1840—1865*(Cambridge: Cambridge University Press, 1999).

136. David Schimmelpenninck van der Oye, *Toward the Rising Sun*: *Russian Ideologies of Empire and the Path to War with Japan*(DeKalb: Northern Illinois University Press, 2001).

137. 〔日〕兵頭慎治、秋本茂樹、山添博史:「ロシアの国家安全保障戦略——ロシア経済、対中関係の視角から」、115頁。

138. 所谓"套牢问题"是经济学上的术语。我们知道,依靠资源出口增强国力的路径,曾让俄罗斯人在2008年的世界金融危机中备尝苦果,导致"自信满满"的俄罗斯人难以达成大国对外政策目标。所以对俄罗斯来说,得到国际社会特别是西方国家的援助,是保障其经济增长不可或缺的外力。不过,俄罗斯人也清楚,美欧帮它解决经济难题,目的是将其拉入国际体系,通过援助来限制其对外政策的斟酌范围,而俄罗斯人的考量却是如何在国际社会中实现自己的利益最大化。俄罗斯人认为,最危险的"套牢游戏"莫过于,一旦借由欧美的特殊援助进行特殊的投资,并形成特殊的资产,那么这些特殊的资产就会沦为"人质",势必迫使俄罗斯必须与欧美保持良好的交易关系,如果美欧对其提出过分的政治要求,俄不牺牲掉"人质"难以拒绝。这对有着大国政治传统的俄国人来说简直是一种梦魇。

# 第八章

# 日本俄苏研究的新发展与"日本范式"

为了能够更为清晰地把握前苏东地区的时代变迁以及与其他地区关系的发展变化,经过冷战后十余年的探索研究,日本斯拉夫研究中心的学者提出了构建"斯拉夫·欧亚学"的学科体系,该机构的学者们站在日本斯拉夫研究界最新水平之上,试图以此来对前苏东地区正在发生的巨大变迁给予合理的理论阐释。"斯拉夫·欧亚学"代表了日本俄苏研究的最新成果,而创建"斯拉夫·欧亚学"的北海道大学斯拉夫研究中心更是牢固地坚守住了其在俄苏研究方向的权威地位,继续引领着日本俄苏研究的发展。本章在第一节将对"斯拉夫·欧亚学"进行阐述。

本书通过前面的章节,分别阐述了日本学者对冷战后俄罗斯(苏联)的历史、政治转型、经济转轨、社会变迁以及国内体制变迁与对外战略互动等的研究分析,尝试在前面研究的基础上归纳出日本俄苏研究的"日本范式",总结出"日本范式"的主要特征。同时笔者的希望是,如果这一研究能为中国的俄苏研究提供某种研究路径的借鉴,将是本书研究的最大价值所在。

## 第一节　日本俄苏研究的新发展
## ——"斯拉夫·欧亚学"的构建

斯拉夫研究中心于 20 世纪 90 年代中期推出《讲座　斯拉夫世界》8 卷本(弘文堂 1994 年版)之后,就开始提出要领先于世界,重新全面地建构前苏东地区研究。如果说《讲座　斯拉夫世界》代表着整个冷战时期(包括冷战结束之际)的日本前苏东地区研究的最高成果,那么该中心于 2008 年 1 月推出的最新研究成果——《讲座　斯拉夫·欧亚学》3 卷本,包括第 1 卷《开放的地区研究——中域圈与全球化》、第 2 卷《地区认识理论——多民族空间的结构与表象》、第 3 卷《欧亚——帝国的大陆》则全面地阐述了"斯拉夫·欧亚学"的构想,代表着日本斯拉夫研究的最新成果。

可以说,经过冷战后十余年的探索研究,斯拉夫研究中心终于构建了"斯拉夫·欧亚学"的学科体系,试图以此理论来对前苏东地区正在发生的巨大变迁给予合理阐释。而创建"斯拉夫·欧亚学"的北海道大学斯拉夫研究中心,更是凭借构建"斯拉夫·欧亚学"等重大项目的研究,愈发巩固了其在地区研究方向的权威地位,并继续引领着日本的斯拉夫·欧亚地区研究向前发展。

## 一、斯拉夫·欧亚学的构建背景

斯拉夫研究中心的学者们认为,进入 21 世纪以后,提到苏联东欧地区的研究,首先浮现出来的是"转型研究",也就是"从社会主义过渡到市场经济"或者是"共产党体制的民主化"等内容的研究。的确,转型研究对于前苏东地区来说是一个重要的研究课题,欧美学者一般将该地区的研究称之为"后社会主义研究"。这当中反映出欧美学者的自负,即改革的范例是欧美国家自身,这样一种欧美中心的世界观在其中起着作用。"后社会主义"这一名称也许对特别指定的研究对象较为方便。然而,关于前苏东地区的研究决不应只限定在政治与经济体制的转型研究。或者说,对于该地区来说,仅仅依靠单纯的转型或民主化研究无法把握其巨大的变化。因为该地区的变化形态多种多样,甚至深入到社会和文化的内部。前苏东地区无论是社会主义时期还是之前的历史时期,具有统治制度上的共同特征,如党国体制、沙俄体制等,但在宗教、语言和习俗等方面却不是一个整体,并且与相邻地区的边界频繁发生改变。与世界其他地区相比,欧亚大陆是极为复杂的马赛克式的地区。人们对于 20 世纪社会主义的记忆还非常强烈,也往往通过政治和经济方面来考察该地区。斯拉夫研究中心的学者并不是想用文化和历史来取代政治与经济,并尝试发现该地区的天然禀性,而是认为地区

的个性随着时代的变迁以及与其他地区的交往而发生了改变,得到了
重构。而欧亚大陆目前正处于重构过程之中。虽说如此,"后社会主义
国家"这一落伍的称谓过于受到社会主义的牵绊,远不能反映地区的整
体状况。所以,日本在半个世纪之前就呼吁"已经不是战后了","后社
会主义国家"也需要一个新的称谓。[1]其实,世界各国的学者对"后社会
主义国家"有着不同的叫法,比如,"俄罗斯·东欧"、"斯拉夫·东欧"、
"俄罗斯·欧亚"、"斯拉夫·东欧·欧亚"、"欧亚大陆"等,还有"俄罗
斯·东欧·中亚"等称谓。这些称谓本身就反映了对该地区的认识的
变化。日本学者称其为"斯拉夫·欧亚",反映的不是文明论的欧亚主
义,而是作为一个历史空间,斯拉夫各民族具有的比较优势。或者说,
是基于现代优势而采用了"斯拉夫·欧亚"这一名称。因此,"斯拉夫·
欧亚学"并不是将俄罗斯的统治和社会主义作为唯一的共同选项来进
行地区的认同,同时也并不认为现在的国境是严格的地区划分。而且,
从历史的经验来看,像匈牙利、格鲁吉亚等在语言上、民族上都不属于
"斯拉夫"的国家和地区也是斯拉夫·欧亚地区研究的重要构成要素。
也就是说,非斯拉夫的"异类分子"也是"斯拉夫·欧亚学"不可或缺的
考察对象。甚至可以说,正是由于纳入了"异类分子",才产生了斯拉
夫·欧亚地区。

斯拉夫研究中心松里公孝教授对创建日本"斯拉夫·欧亚学"的背
景因素阐述得更为直截了当。他在提出"斯拉夫·欧亚学"的核心概
念——"中域圈"时指出,实践的动机在于想要阻止前社会主义国家研
究的细分化倾向。[2]冷战结束后,是什么原因导致前社会主义国家的研
究越来越走向细分化呢?松里公孝教授认为主要原因有三个:其中最
大的原因在于,许多研究学者认为不存在斯拉夫·欧亚这个大区域,认
为那只不过是凭借社会主义的强制力而缔结的。因此,既然社会主义
体制解体了,对原来社会主义国家进行细分化的研究就理所应当。的
确,以往地区研究中的地区概念多少都是以地区的单层结构和相同结
构类型为前提,然而到了全球化时代,这种地区概念逐渐失去了分析的
有效性。对前社会主义国家进行细分化研究是墨守传统的地区概念的
结果。第二,冷战结束后,前社会主义国家研究陷入资金困难的境地。
日本的人文社会科学研究基本上是由国家提供经费,而在欧美国家,如

果没有民间资金的资助是无法开展研究工作的。比起抽象的大区域来说,民间出资人更愿意将资金投向与自己利益攸关的小区域,所以将研究机构化整为零更有利于得到资金的援助。第三,在斯拉夫・欧亚研究方面,俄罗斯学者以及从事俄罗斯研究的学者没有尽到应尽的责任。通常来说,在帝国解体之后,原宗主国对前殖民地的研究将起到重要作用。例如,越南独立后,法国在越南研究方面长期独占鳌头。但是,在今天的乌克兰研究和波罗的海研究方面,俄罗斯的主导权微不足道。据说就连圣彼得堡的科学院图书馆也正式停止了乌克兰语文献和白俄罗斯语文献的采购。令人不可思议的是,这种状态丝毫不妨碍俄罗斯历史学家批判乌克兰与白俄罗斯的"民族主义"史学,他们甚至连乌克兰语、白俄罗斯语都不懂,却没有丝毫担心。这里面除了俄罗斯人特有的自傲和民族偏见之外,还说明俄罗斯在今天还是没能克服苏联时期学术传统的后遗症,即大城市的研究与各联邦共和国以及地方的研究是严格区分的。

创建日本的"斯拉夫・欧亚学"的世界背景是:欧美国家在20世纪90年代也曾将研究对象细分为诸如波罗的海研究、中亚研究等,解体和分裂了前苏东地区的研究。但是,进入21世纪之后,从整体上研究前苏东地区的倾向增强了,直接因素就是俄罗斯作为地区大国的复活。而且,反恐战争也提高了欧亚整体战略地位的重要性。斯拉夫・欧亚地区被重新认识不仅是因为帝国主义的历史或者全球化的结果,还有两个要素:第一,日本和法国等国家,从苏联时代起斯拉夫・欧亚研究的基础就是历史文学等人文科学领域,政治与经济体制的变迁并没有导致研究对象和问题意识的消亡或改变。相反,由于体制变迁,研究工作正好摆脱了社会主义意识形态的束缚,地区研究获得了自由发展的可能性。第二,作为现实的发展动态,由于地区一体化和地区重组在斯拉夫・欧亚区域内外不断发展,迫切需要综合分析的研究框架。这就意味着作为地区研究的新空间,重构斯拉夫・欧亚地区研究的可能性与必要性自此诞生。[3]

对日本来说,与斯拉夫・欧亚地区关联最深的就是日本所属的北方诸岛、明治维新以后在军事上和政治上参与最深的从俄罗斯远东到西伯利亚这一区域。[4]但是,冷战结束后,俄罗斯远东地区和整个西伯利亚都在加深与东亚地区的联系。今天的西伯利亚和远东地区由于苏联的解体和相邻地区关系的变化,已经不是冷战时期的西伯利亚和远东了。因此,不仅需要重构该地区的研究体系,而且近年来的一个研究动向是将该地区与东北亚或东亚置于一个更大的研究框架下进行研究。整个东北亚地区成为一个"磁场",不仅是国家政策与权力角逐的场所,还是不同族群进行跨境往来的空间。这一新认识,还会由于"下一代俄罗斯历史研究者与亚洲史研究者之间的相互交流接触"而加深。[5]日本面临的课题是:如何超越日俄两国关系,作为东亚一员与西伯利亚和远东相处? 位于欧亚大陆南部的中亚,由于苏联解体而形成幅员辽阔的新区域。中亚与高加索和俄罗斯南部的伊斯兰地区渊源很深,也可以看成独立的空间。中亚地区对日本来说,自 1997 年桥本龙太郎首相提出"对丝绸之路地区的外交"之后引起了关注。特别是"9·11"事件之后,中亚成为美国全球外交的前沿基地,也成为日本外交"和平与稳定的走廊"[6]。东欧位于俄罗斯和西欧之间,正受到欧盟这个"标准帝国"[7]一体化的影响,形成了不同于其他欧亚地区的独立空间。日本与东欧之间不存在类似于日本与西伯利亚和远东地区或者是日本与中亚地区那样具有直接外交遗留问题或者是地缘政治上的联系。不过,日本曾将东欧视为俄罗斯(苏联)政策的工具。[8]目前,日本的东欧政策是以欧盟东扩为背景制定的。即,东欧对于日本外交来说不是一个独立因素,只是日本对俄、对欧政策的一部分。

其实,创建日本的"斯拉夫·欧亚学"还包含着斯拉夫研究中心谋求在世界斯拉夫问题研究领域拥有相当分量发言权的远大抱负。按照斯拉夫研究中心目前的综合实力,包括其拥有一支结构合理的高水平研究队伍、完善的资料保障体系、科学的学术管理、一流的硬件设施以及充足的经费来源等,足以保障其在世界斯拉夫研究领域作出成绩。因此,该中心创建出独具特色的学科体系也是合情合理,并且会愈发凸显其在全球斯拉夫研究界的学术地位和影响力。

## 二、斯拉夫·欧亚学的内涵

所谓斯拉夫·欧亚学是指继承了苏联·东欧地区研究的学问。[9]

研究对象是 20 世纪 80 年代之前被称为苏联·东欧社会主义圈的地区,包括继承了苏联的 15 个国家(俄罗斯、乌克兰、白俄罗斯、摩尔多瓦,中亚 5 国:乌兹别克斯坦、哈萨克斯坦、吉尔吉斯斯坦、土库曼斯坦、塔吉克斯坦,高加索 3 国:格鲁吉亚、亚美尼亚、阿塞拜疆,波罗的海 3 国:爱沙尼亚、拉脱维亚、立陶宛)以及原东欧地区 13 国(波兰、捷克、斯洛伐克、匈牙利、罗马尼亚、保加利亚、阿尔巴尼亚、塞尔维亚、黑山、斯洛文尼亚、克罗地亚、波斯尼亚和黑塞哥维那、马其顿)。

　　然而,日本学者并不是将上述研究对象置于封闭的地理疆界之内,而是将地区问题作为一个"开放的空间"加以阐释。所谓"开放的空间",一言蔽之,就是不将该地区作为一个整体来看待,而是将其作为复合多重的结构加以认识。复合性与多重性不仅是指该地区民族众多、文化多样的空间特征,还意味着全球化与相邻地区的一体化压力等区域外力量对该地区的构建产生的重要影响。来自外部的压力不仅包括政治与经济方面的力量,还包括规范性的力量,甚至是研究者的"视角"。同时,该地区人们的地区自我认同也是决定性的构成要素。因此,对斯拉夫·欧亚学可以这样认识:它不仅是研究对象在地理疆界上得以扩展的研究,而且是研究对象与研究者之间彼此处于开放状态下的研究。

　　设定了研究对象之后,日本学者将向心、离心、统合、认知、跨境、观察等研究路径作为突破口,来全面分析复合多重的斯拉夫·欧亚地区,最终目标是形成综合的"帝国理论"[10]。根据前面设定的课题,斯拉夫·欧亚学的论述通过三卷本的《讲座　斯拉夫·欧亚学》得以全面展开。第 1 卷《开放的地区研究——中域圈与全球化》,首先提出了"中域圈"(meso-area)这一个新概念。所谓"中域圈"就是斯拉夫·欧亚地区当前受到区域内外的各种综合作用的影响,产生了若干独具特色的空间组合,这种中等程度的空间组合就是"中域圈"。譬如,在整个斯拉夫·欧亚地区(前苏联东欧社会主义圈),西部受到欧洲一体化的影响而形成了"东欧中域圈";南部形成了与伊斯兰复兴运动联动的"中央欧亚中域圈";东部受到东亚经济发展吸引而形成了"西伯利亚与远东中域圈"。

　　不过,中域圈不仅包括如此广阔的地域,还可以根据课题需要设定地区范围。中域圈不仅是多种新旧统合力量层层作用的空间，而且人们对于地区空间的认识也是复合的。因此，中域圈是典型的"开放的空间"。在创建了中域圈概念之后，日本学者分别从政治、国际关系、历史、语言、经济等多个领域，对中域圈概念应用的可能性或分析范围进行了检验论证。进入全球化时代，地区研究不仅限于斯拉夫·欧亚地区，还不可避免地需要将地区外的各种规范与压力一并纳入考量之中。因此，斯拉夫研究中心的学者在第 1 卷中还有一个想法就是，提出全球化时代的地区问题研究方法论这一课题。"开放的空间"这个词汇，也是告诫地区研究不能步入"自己的地区"这一误区当中。

如果说第 1 卷是将焦点集中在区域内外施加的向心力和离心力、区域构建或者自我空间意识的形成方面，那么第 2 卷《地区认识理论——多民族空间的结构与表象》则对地区这一概念进行了深入分析，也就是从认识论的视角来阐述地区概念的问题。地区认识自身的内涵，从地区研究这门学问诞生之日起就是一个课题。在萨义德批判东方学之后，更成为无法回避的重要问题。斯拉夫·欧亚地区无论是历史上还是地理上都横跨欧洲和亚洲，还涵括伊斯兰这一构成要素，通过单纯的西方与东方的二元对立来分析该地区的方法根本就行不通。因此，斯拉夫中心的学者在《讲座　斯拉夫·欧亚学》第 2 卷中谋求积极而灵活地运用斯拉夫·欧亚地区所处的特殊空间位置来展开地区研究。他们认识到，俄罗斯帝国·苏联的东方学、语言和权力的关系远比萨义德所说的复杂；需要超越过去以欧美和中东特殊关系为背景而成立的批判东方学的界限，需要认识到权力与偏见的结构不是将谁简单定义为坏人就能够解体的，必须深入社会的各个角落。[11] 而对上述问题的追问，最适合的区域就是斯拉夫·欧亚地区了。所以，斯拉夫研究中心的学者们紧密契合斯拉夫·欧亚地区这一素材，同时与以往东西二元对立的世界观和地区认识相互比较，进而展开了超越批判东方主义的论述。《讲座　斯拉夫·欧亚学》第 2 卷具体考察的地区主要是中央欧亚地区，其目的是纠正第 1 卷中的分析材料有些倾向于东欧的问题，而第 3 卷则是将斯拉夫和俄罗斯以及远东作为分析的对象。这样，《讲座　斯拉夫·欧亚学》3 卷本就将斯拉夫·欧亚地区的主体部分全都囊括其中了。

《讲座  斯拉夫·欧亚学》第 1 卷和第 2 卷是通过周边地区来迂回地论证欧亚地区,而第 3 卷《欧亚地区——帝国的大陆》则是将具有地区向心力的俄罗斯帝国置于分析的核心地位,阐述斯拉夫·欧亚地区的各种构成要素是如何相互关联、如何被统括起来等有关整个俄罗斯帝国的问题。20 世纪 90 年代,在叶利钦的领导下,俄罗斯出现了地方分离主义的倾向,虽然到处是"从国家转向地方"的口号,但是如果只是将莫斯科的克里姆林宫与喀山的克里姆林宫换个位置,那么这样的研究不过是以往苏联研究的袖珍版而已;关键是要将空间相对化,将复杂而模糊的空间通过复杂而模糊的方式来理解。正是基于这种研究态度,才将第 3 卷中的帝国、空间表象和跨境这三个概念串联在一起。因为地区不是单纯而清晰的集合,而是被模糊可变的边界所包围的镶嵌图案。也就是说,地区不是同一性质构成的实体单位,而应该将其作为多种力量相互作用的磁场来分析。[12] 日本学者进一步分析认为,民族国家起源于 16 世纪的近代结构,这一点非常清楚,但人们却深信它是自然存在的;而帝国作为人类历史上最为普遍的国家形态,是天然存在的;帝国是坚信自己的建设性而实施政策的。也就是说,从"开放的空间"这一观点来分析帝国是可能的。[13] 近年来,帝国研究非常兴盛,俄罗斯帝国研究也构成了其中的一翼,而《讲座  斯拉夫·欧亚学》第 3 卷就是从理论和实证的角度来提出帝国研究的新方向。

斯拉夫研究中心的学者们认识到,斯拉夫·欧亚学并不是通过《讲座  斯拉夫·欧亚学》3 卷本就得以完成的,比如生态学和环境学的研究视角也应该给予高度重视,同时需要进行严格的学术批评和不断的修正,才能完善这门学问。

### 三、斯拉夫·欧亚学的构建意义

《讲座  斯拉夫·欧亚学》是斯拉夫研究中心完成日本文部科学省 21 世纪 COE 项目——"斯拉夫·欧亚学的建构:中域圈的形成与全球化"(2003—2007 年度)的最终研究成果。其实,斯拉夫研究中心从 20 世纪 90 年代中期,在出版《讲座  斯拉夫世界》8 卷本(弘文堂 1994 年版)之后,就开始提出要领先于世界,重新全面建构苏联东欧研究。如果说《讲座 斯拉夫世界》代表着整个冷战时期(包括冷战结束之际)的日本前苏东地区研究的最高成果,那么《讲座 斯拉夫·欧亚学》则代表着目前日本斯拉夫研究的最新成果。不仅如此,《讲座 斯拉夫世界》与《讲座 斯拉夫·欧亚学》两套研究丛书明显反映出日本斯拉夫研究的代际变化。斯拉夫研究中心更是借助地区研究兴盛的东风,在已经做出开创性的斯拉夫·欧亚学的基础上,进一步通过国家级重大课题的牵引,拓展新的研究空间,申报的课题"欧亚区域大国的比较研究"(2008—2012年度)一举获得日本文部科学省最高水准的"新学术领域研究"立项,标志着斯拉夫研究中心提出的超越地区的地区研究模式已经得到了日本学界的普遍认可,也说明斯拉夫研究中心对地区研究的范围从传统意义上的前苏东地区扩展到中国、印度乃至土耳其等大欧亚地区。

创建斯拉夫·欧亚学最重要的意义在于它为研究者提供了新的地区研究的分析路径,也就是跨越地区的研究路径和跨学科比较的研究路径。斯拉夫·欧亚学最初的目标就是不将研究视角只停留于地区内部,而是将普遍性、全球化以及来自相邻地区的诸多作用因素一并纳入研究对象之中加以综合分析。同时,还要关注斯拉夫·欧亚地区发生的事件对外部世界的影响。即始终重视跨越国境的相互作用的因素。冷战结束以来,很长时间都在叫嚷着无国界的全球化社会到来了,然而在现实中,国家和地区的边界依然存在,有时甚至存在感更强。在此基础上,国家与地区之间相互加深的依存关系也在不断扩展。这就意味着当今全球已经到了多样化地区通过跨越边境来加深相互渗透的"跨境"时代。因此,日本的斯拉夫·欧亚学将跨境研究作为一个重要的分析路径。斯拉夫研究中心的学者指出,跨境时代的地区研究必然要求与其他的地区研究相互借鉴,也就意味着跨境研究要求"研究的跨境"。[14]虽然目前在难民和移民等狭义的跨境问题上已经实现了地区研究之间的合作,但在东亚共同体、伊斯兰复兴等关系到众多地区一体化与分裂问题的综合研究方面,只是刚刚有个头绪。然而,日本却在这一方面领先于世界一步。日本已经成立了"地区研究联盟"(JCAS)和"地区研究相关学会协议会",在研究机构和学者层面上积极推进超越地区来进行合作研究,并在2005年日本学术会议改组之际,新成立了"地区研究委员会",使之成为 30 个学科领域分委员会中的一员,为推进整体的地区研究作好了制度上的准备。

地区研究的目的是综合分析研究对象,要求以跨学科研究为宗旨。但是,日本学者认为,在考虑"研究的跨境"、即地区研究之间的合作方面,根据地区不同,跨学科研究的开展状态也会有很大差异。这个课题非常大。然而,日本的斯拉夫·欧亚学却另辟蹊径,通过文学研究来推进地区研究,与其他国家的地区研究相比,这一研究方式起到了非常显著的效果。文学本身在任何地区都是重要的研究对象,但是,日本斯拉夫·欧亚学的重要特征却是以文学研究来深化跨学科的地区研究,同时文学研究本身也通过跨学科研究获得了新的意义。这一特征究竟是基于斯拉夫·欧亚学的语言与文学本身的状态,还是基于斯拉夫·欧亚研究者的观察,有待商榷。不过,包括研究对象与研究者之间的关系在内,地区研究的跨学科特性也具有地区上的特点。譬如,日本的东南亚研究是将生态学作为其研究的最大支柱,到底是生态学的分析对东南亚最为重要呢? 还是日本东南亚学者的观察是将生态学作为特殊的研究领域呢? 如果学者能有意识地提出这种问题,那么地区研究这门学问,会在跨学科的分析基础上得到更大的提高。

## 第二节　冷战后俄苏研究的"日本范式"

冷战结束以后,经过十余年的努力,日本学者终于以创建日本的"斯拉夫·欧亚学"为标志,开辟了地区研究问题的新路径,这也意味着冷战后的日本俄苏研究经过探索和发展,跃上了更高水平的研究平台,进入一个新的发展时期。日本今天的俄苏研究业绩绝非无本之木、无源之水,而是通过冷战前、冷战时、冷战后等几大发展阶段的积累、断层、重启、发展、完善、提升等过程得以形成。本书首先对冷战之前日本的俄苏研究进行了全部梳理,展现出以服务政府决策为目标的冷战前日本俄苏研究的平台;冷战时期则是因战败而一度中断的日本俄苏研究的重启与缓慢发展时期,虽然无法避免时代造成的意识形态的烙印,但是北海道大学斯拉夫研究中心却从小到大地发展起来,成为日本的"全国共同利用设施",构筑了冷战后日本俄苏研究腾飞的基础平台;接着,通过冷战后日本的俄罗斯历史研究、俄罗斯的政治转型、经济转轨、社会转型、国内体制与对外战略互动研究等不同的角度,简言之,就是以日本对俄罗斯社会全面转型的各种分析视角,来观察日本学者进行俄苏研究的若干重要特征,并尝试在此研究基础上提炼归纳出冷战后俄苏研究的"日本范式"。

## 一、关于日本俄苏研究的意义认识

在提出俄苏研究的"日本范式"之前,首先需要明确的是,冷战后日本学者从事俄苏研究的意义与价值何在。否则,归纳出所谓的"日本范式"也必然显得牵强附会。

对于日本从事俄苏研究的价值与意义,日本学者有不同的认识角度。譬如,北海道大学副校长、斯拉夫研究中心前主任原晖之教授从地缘政治的角度表明了自己的观点。他直截了当地指出:世界各国之中,无论对于过去的日本还是对于现在的日本,俄罗斯都是最具重要意义的国家,这一点谁都不会否认;将焦点聚焦于俄罗斯,最重要而又最单纯的理由就是俄罗斯是日本的邻国。日本与东欧国家的关系,绝没有日本与俄罗斯那样密切,甚至有时只是以邻国俄罗斯为中介的间接关系。但是,俄罗斯并不是一个简单的邻国,这一事实不容置疑。原晖之教授还指出,自"十月革命"以后,日俄两国实行了不同的制度,这一点也很重要,但在阐述两国不同的制度问题之前,必须抓住俄罗斯幅员辽阔这一地理上的特点。俄罗斯的政治与文化中心在欧洲,但是远东地区无论在过去还是现在都是日本与俄罗斯的直接接触点,这种地理上的特性是考察日俄关系的关键。[15] 从历史上看,明治维新后的近代日本,对外政策的根本是向亚洲邻国进行扩张,而横亘在日本面前的势力就是俄罗斯帝国。关于当时的日本安全保障政策,1890 年,山县有朋在第一届议会施政演说中提出"一要守卫主权线,不容他人之侵害;二要防护利益线,经常立足于形胜之地位。所谓主权线,乃是国家之疆土;所谓利益线,则是与邻国接触而与我主权线之安危紧密相关之地域。方今处于列国之间,仅只防守主权线已不足以维护国家之独立,还必须同时保卫利益线"[16]。而保卫外围利益线的背景是因为俄罗斯即将修建横穿西伯利亚大铁路,当时对此事的认识是,虽然西伯利亚大铁路是连接俄罗斯中心部与东部边境的国内铁路,但是,它将对"东洋和平"产生重大影响。由此危机感提出的"利益线"概念其后也在不断发生变化,形成了近代日本安全保障观的基础框架。因此,近代日本对俄国的关注就与对亚洲邻国的态度联系在一起,并直接关系到日本的安全保障问题,近代的负面遗产经过战后的冷战时期延续至今。[17]

东京大学盐川伸明教授则提出,从地区研究的学术视角来认识俄罗斯研究的价值。他指出,日本人对于世界的认识,传统上是由欧美世界和东亚世界这两根支柱构成,而一段历史时期紧随两者之后的"第三根支柱"还有俄罗斯·苏联。对其予以强烈关注的理由是苏联成为一个"世界超级大国",还是一个"社会主义"国家。但是,在苏联解体之后,日本对社会主义的关注极为低落,对从"超级大国"地位滑落的俄罗斯也不太关注。而中东伊斯兰世界则取而代之,成为"第三根支柱"。日本人对于世界认识的变化不可避免,近期也不会在整体上发生逆转。因此,盐川伸明教授提出,关于日本人的世界认识,欧美、东亚和伊斯兰世界占据着重要位置。然而,俄罗斯与前三者全部相互邻接,并保持着各种交流、摩擦、相互渗透的关系。从这个意义上来说,该地区构成了非常独特的空间。抓住这个特征来阐述俄罗斯与相邻地区的相互关系,是一个很有价值的课题。[18]

与侧重地缘政治因素与近代战争遗产研究的日本学者相比,欧美学者又有着不同的看法。美国普林斯顿大学西里尔·E.布莱克教授曾在斯拉夫研究中心讲学,由他牵头组织了普林斯顿大学、哈佛大学与宾夕法尼亚大学等8位美国学者从日本和俄罗斯现代化模式的比较研究来阐述俄苏研究的价值,也是颇为独特的一个视角。对于为何选择日本与俄国来进行比较,他们指出,日本与俄国有许多共同点:第一,两国都是较晚加入现代化国家的行列,在19世纪发展水平相差不多,而且两国都有决心、有能力赶上较早实现现代化的国家。第二,两国都自17世纪起存在有效的中央统治传统,都处于更高文化区域的中国和拜占庭的周围。第三,两国都有着牢固历史基础的价值制度,强调共同利益高于个人利益,强调中央政府应该在国家发展方面起主导作用以及权威政治人物确定的为国家利益献身和作出牺牲的道德。[19]他们根据日俄两国诸多的相似点,对两国的国际环境、政治结构、经济增长、社会依赖以及知识和教育等方面进行了比较分析,最后得出的结论是:日本和俄罗斯引进的政治体制和技术是成功的,但这种做法只在十分特殊的情况下才有可能。日本和俄国迅速实现现代化的先决条件,或者说实现现代化的共同特征模式是:为了实现现代化,领导人拥有通过公私机构进行社会动员的能力,包括集中进行政治控制和协调的能力、管理资源并支持经济增长的能力、鼓励社会互相依赖的能力,以及通过研究和教育来产生和分配知识的能力。[20]

俄罗斯也有学者从日俄两国面临着现代化这一共同课题来阐述俄日两国应该接近。比如,许多进行明治维新的日本人曾是彼得大帝的"狂热的追随者",对彼得大帝改革给予高度评价。[21]日本的明治维新是以彼得大帝改革为样本,这是众所周知的事实。在历法改革和留短发等方面,18 世纪初的俄国改革与明治维新之间也存在诸多共同点。日俄两国在达成现代化这一相同的目标方面有着相互理解的基础。因此,20 世纪初期俄国知识分子倡导的理想能在日本民众中引起很大反响,而俄罗斯文学深受日本人欢迎的秘密也源于此。日本知识分子将俄国知识分子的烦恼作为自己身上的事物加以认识。俄国文学中的主人公力求在不断欧化的浪潮中,确立俄罗斯人的认同身份,日本人也是从俄国文学作品中的人物身上发现自己。[22]因此可以说,在被迫走上"促成现代化"的道路方面,日俄两国形成了"日本人与俄国人类似"的意识。日本当时的文献资料,也有不少是以日俄两国的国民性相类似为主题阐述的,比如提倡国家主义的内田良平、宗教思想家内村鉴三、立宪国民党党首犬养毅就是其中的代表。当时日本学者的思想动向可以通过下面这段话反映出来,"日本和俄罗斯在文明发展史上都是新成员。这两个新的大国互相合作对于将来的世界文明具有重大意义……日本民族和俄罗斯民族还很年轻,富有朝气,将来大有可为。正因为是人类文明史上的未成品,所以将来的前途不可限量"[23]。

中国学者冯绍雷教授则从俄罗斯和日本对地区安全认知的视角强调对俄日关系问题研究的价值。冯绍雷教授指出,俄罗斯学者对于日本的认识是:日本凭借其经济、金融和技术力量优势在远东地区也占有一个中心地位,日本正刻意通过其实力和政策调整来改变"经济巨人、政治矮子"这样一种局面。这种努力既是远东地区国际合作的机会,同时也将带来挑战。形势的复杂性在于:一方面,日本与美国是战略盟友,而俄日之间存在悬而未决的领土问题。因此,俄罗斯学者认为,凭借与美国的战略盟友关系,日本能够通过接近中国来达到从俄罗斯获利的目的。而另一方面,日本也非常担心中国崛起,也有意愿与俄罗斯发展战略伙伴关系以抵制中国崛起的影响。[24]

总体来看,国外学者对日本从事俄苏研究的价值与意义分析要比日本学者的阐述更为丰富,视角也更广阔,但是日本学者的观点也不容忽视。

## 二、俄苏研究的"日本范式"

其实,本书并非有意要创造出一个所谓的俄苏研究的"日本范式",而是通过对冷战后日本的俄罗斯历史研究、俄罗斯的政治转型、经济转轨、社会变迁、国内体制与对外战略互动研究等方面进行较为全面系统的梳理之后,受到日本学者致力于创建"斯拉夫·欧亚学"的启发,才尝试着提出日本在冷战后的俄苏研究(也应该包含冷战期间的俄苏研究)方面,是否存在一种为日本学者所特有、而其他国家的学者并不具备或者为他们所忽视的研究方法上的特征? 又有哪些背景因素支持着这些特征的产生? 如果将日本学者从事俄苏研究的主要特征归纳起来,是否可以用一个简洁明快的"日本范式"来阐发? 其实解决上述问题的关键在于回答冷战后日本学者从事俄苏研究的主要特征是什么。因此,下面将围绕冷战后日本俄苏研究的主要特征进行阐述。需要说明的是,下文主要观点得到了日本北海道大学斯拉夫研究中心前主任松里公孝教授的当面和书面指导。

第一,通过国家级课题立项牵引,建设和完善地区研究的学科体系。

与冷战时期相比,冷战后日本俄苏研究的一个明显变化是非常重视国家级的课题立项,特别是国家级立项课题往往会起到某一研究领域牵引"火车头"的作用。这种研究机制是 21 世纪世界学术研究的一种大趋势,并非为日本俄苏研究领域所特有。国家级的重点研究课题,既有国家所需的应用研究,也有经过整体论证的基础性研究,较好地体现了基础研究与应用研究的结合,在研究方法上更是采用跨学科、多部门、集体攻关等方式,而且还有较为充足的经费支持,在学科领域内的学术影响也非常广泛,所以深受研究机构和学者的青睐。

冷战后日本的俄苏研究在国家级课题立项上不断出现重大突破。最有代表性的研究机构就是北海道大学斯拉夫研究中心了。进入 21世纪之后,日本文部科学省自 2002 年起实施"21 世纪 COE 项目",重点支持大学建设具有世界水准的研究教育基地,希望以此来打造具有国际竞争力的世界一流大学。2002 年、2003 年和 2004 年,日本文部科学省对全日本的大学实施了为期 5 年的"21 世纪 COE 项目",最终在日本 93 所大学建立起 274 个"卓越的研究教育基地",得到国内外有关大学和研究机构的高度赞赏,也引起媒体高度关注。"21 世纪 COE 项目"中,与国际关系专业相关的领域有"人文科学"、"社会科学"和"跨学科、复合、新领域"三类。最终,北海道大学"斯拉夫·欧亚学的构建"、早稻田大学"现代亚洲学的创建"和爱知大学的"国际中国学研究中心"等三个项目获得"跨学科、复合、新领域"的立项,九州大学的"东亚与日本:交流与变迁"获得"人文科学"的立项。斯拉夫研究中心能够在以欧美和亚洲研究为中心的日本国际问题研究领域获得立项,充分表明该中心在日本俄苏研究界的核心地位。也可以说,斯拉夫研究中心已经重新在日本国际问题研究学界树立了"第三根支柱"。正是通过该国家项目的牵引,斯拉夫研究中心才创建了日本的"斯拉夫·欧亚学",为地区问题研究提供了新的跨越地区的研究路径和跨学科比较的研究路径。

为充实和发展"21 世纪 COE 项目",自 2007 年起日本开始实施文部科学省的新项目——"全球 COE 项目",实施目的是进一步充实和加强日本大学研究生院的教育研究功能,重点支持日本大学的研究生院建成国际一流的教育研究基地,并且依托世界最高水平的研究基地培养出领导世界的创新型人才,以此推进具有国际竞争力的大学建设。[25]2007 年、2008 年和 2009 年,日本文部科学省相继对全日本的大学实施了为期 5 年的"全球 COE 项目"。其中,国际问题的立项课题只有两项:早稻田大学的"为整合亚洲地区而培养世界型的人才基地"(2007

年度)和北海道大学的"边境研究的基地建设:斯拉夫·欧亚地区与世界"(2009 年度)。这是斯拉夫研究中心获得的第二个国家基地建设项目。该课题负责人岩下明裕教授指出,项目的建设目标是将日本分散的边境研究组织起来,利用北海道的地理优势,将斯拉夫·欧亚地区的学术研究以及人文与社会科学领域的教育研究集中起来,建设一个综合性的复合型学术基地;并以北海道大学为基地,汇集全日本的边境研究力量,创建相关学会,按照国际标准向世界发出日本学者的声音;并与欧美相关学会合作,主导建立世界性的研究框架,利用这些平台来培养下一代学者以及从事具体业务的实干家。[26]该项目之所以能获得立项,重要的因素在于它充分借助已经结项的 21 世纪 COE 项目"斯拉夫·欧亚学的构建:中域圈的形成与全球化"的研究成果,并继续拓展新的研究领域,所以无论在人才培养方面还是在学术研究方面,都被寄予很高的期望。[27]

自 2008 年起,日本文部科学省又设立了"新学术领域研究"项目,成为日本又一类高级别国家项目。设立目的是:发现无法纳入现有研究领域框架中的新兴·融合领域,开展不同学术领域之间的合作,促进由于学术水平的提高而带来的研究领域的革新与挑战。[28]实际上,从立项结果来看,每年只有一个"人文·社会"类项目立项,其他几乎都是理工生物类项目。在如此严酷的竞争环境中,斯拉夫研究中心竟能脱颖而出,申报的课题"欧亚区域大国的比较研究"(2008—2012 年度)获得了 2008 年度"新学术领域研究"课题立项,这标志着斯拉夫研究中心研究范围已从传统意义上的斯拉夫·欧亚地区扩展到中国、印度乃至土耳其等大欧亚地区,试图运用跨学科的研究方法对冷战后的国际格局进行地区层次的剖析。而以欧美和亚洲研究为重心的其他大学的国际问题研究基地,目前还没有"新学术领域研究"的立项。

总之,无论是"21 世纪 COE 项目"、"全球 COE 项目"还是"新学术领域研究",都代表着日本学界的最高研究水平,而北海道大学斯拉夫研究中心能够三度获得立项,充分表明该中心在日本俄苏研究学界乃至整个日本国际关系学界已经建立起不可动摇的学术地位,引领着日本欧亚地区研究的发展方向。

同时,对于日本国际问题研究所、日本贸易振兴机构等有着政府背景的半官方研究机构来说,承担外务省、经济产业省等政府机构的委托课题当然是分内之事。譬如,作为日本外务省的智库,日本国际问题研究所的核心职能是开展国际关系与外交问题的基础研究,同时进行国际形势的调查研究,为制定外交政策服务。该所承担了多项日本外务省下达的有关俄罗斯研究的委托课题,像"俄罗斯远东地区形势的研究"(2000年)、"俄罗斯的外交——从俄罗斯与欧洲、美国关系的视角"(2001年)、"俄罗斯企业制度改革的现状"(2002年)、"伊拉克战争后普京政权的对外政策全貌"(2003年)以及"俄罗斯的政策决策——各种力量与过程"(2008年)等,这些课题的研究成果都直接成为日本对外决策的参考。

第二,学界研究机构的纯学术研究与政府研究机构的政策研究互为表里,相互交融,有力地促进了俄苏研究的发展。

作为实体研究机构,斯拉夫研究中心从1953年最初的研究室成立之日起就明确了以下三项功能,并使之成为此后50余年发展的基本原则:一是坚持多学科研究理念,从文学、历史、政治、经济、国际关系等人文与社会科学领域对斯拉夫区域进行研究;二是坚持开放性原则组建研究团队,斯拉夫研究中心可以超越北海道大学的范围,面向日本所有高校和从事斯拉夫·欧亚研究的学术机构招聘研究人员;三是坚持纯粹学术与共同研究的理念,即有意识地不从当时美国流行的决策学、战略学等视角进行研究,而以学术性为基本导向。[29]可以说,正是因为斯拉夫研究中心自创立之初就始终与政策研究和安全战略研究保持距离,将自身定位于跨学科的"地区研究"领域,形成了一个跨越院系和大学围栏的机构,再加上排斥左右两派意识形态的影响以及秉持自由的学术研究,因此才能从北海道大学校内的普通研究机构跃升为日本共同利用的研究机构。[30]斯拉夫研究中心的会刊——《斯拉夫研究》刊载的学术成果直接反映出该中心纯学术研究的理念,刊载的文章几乎没有政策研究类的文章,即使是政治经济等与时政问题密切相关的领域,也都是从实证研究的视角对问题进行学理上的分析。比如,《斯拉夫研究》将民族问题看作是俄罗斯转型过程中的一个重点课题,但并没有紧密跟踪研究车臣问题等热点问题,而是恪守一贯的纯学术研究的原则,与热点和时政问题保持距离,注重从历史、人类学等视角来研究俄罗斯的民族问题。

　　作为学会等学术研究机构,像俄罗斯史研究会、比较经济体制学会、俄罗斯·东欧学会等,研究风格不能一概而论。俄罗斯史研究会成立至今都保持着"在野精神",即有意识地拒绝被学院派的风气同化,保持着排斥恶劣的形式主义和权威主义的影响去追求高层次学问的志向,用这种精神去开创未来。[31]比较经济体制学会前身是社会主义经济学会,最初成员是由马克思主义学派的学者构成,学会会刊《比较经济研究》反映出该学会最大的研究特色是以问题意识为导引,力求从理论和实证方面来多维度地阐释清楚具体的问题领域。实施办法就是围绕学会每年举办的大会主题来进行论文撰写,择优录用。这样办刊的优点:一是主题集中,每期刊物的文章都围绕共同的主题来撰写;二是集众人之智来解决问题,推动学术研究的进步;三是引导着会员的研究方向,保障会员共享最新的学术信息。而俄罗斯·东欧学会前身是苏联·东欧学会,其成员由研究美国现代化理论的学者构成。学会会刊《俄罗斯·东欧学会年报》的文章是该学会的会员学者在一种自发的、无序的状态中凭着各自的研究兴趣和研究领域撰写发表的,反映的是一种自由学术研究的结果。而《比较经济研究》的文章则是学者在一种研究主题被规定的、有序的状态中,结合各自擅长的研究领域而撰写的文章,反映的是一种有组织、有计划的研究结果。这容易使人联想起比较经济体制学会和俄罗斯·东欧学会在冷战时期的形成背景,虽然冷战后二者之间意识形态的对立几乎消失殆尽,但是在研究风格上似乎还保留着过去的风格,即前者更注重组织性和计划性,而后者更重视个人发挥和自由创作。这里绝没有判断孰是孰非的问题,只是强调两者不同的研究风格。

　　与注重纯粹学术研究的民间研究机构相比,日本政府俄苏问题的研究机构则是以服务于政府的政策决策为其研究的根本宗旨。譬如,日本国际问题研究所是日本外务省进行对外决策的智囊机构,防卫研究所是日本防卫省在安全保障方面进行决策分析的智囊机构,日本贸易振兴机构是日本经济产业省在对外经济决策方面的调研机构,对世界主要国家和地区的政治与经济动向有着准确而及时的跟踪把握,尤其对经济情况的把握可用"全面准确、扎实细致"来形容。日本政府相关的俄苏问题研究机构,极为重视俄苏具体问题的调查研究,政策性强,可信度大,具有较强的说服力和权威性。

但是,学界研究机构的纯学术研究与政府研究机构的政策研究,两者之间绝不是相互孤立、平行地进行研究,而是通过本机构的研究人员共同参与对方的研究课题,来互相借助对方的专长,出台较有分量的学术成果,参与者本人的研究领域也会得到深化。在民间与政府研究机构的交流方面,往往是政府研究机构更重视借助民间学者的研究力量。譬如,日本国际问题研究所最新完成了调研报告——《俄罗斯的政策决策——各种力量与过程》(2010 年 3 月),该研究报告由庆应义塾大学教授横手慎二牵头,上智大学教授上野俊彦、亚细亚大学教授永纲宪悟、防卫研究所主任研究官兵头慎治,以及瑞穗综合研究所、东北大学、京都大学等研究机构与大学的专家学者参与撰写,代表了当前日本国际问题研究所对俄罗斯问题研究的最高水准。日本国际问题研究所相信,这项研究成果一定会有助于提高日本俄罗斯政治研究的水平。[32] 同样,防卫研究所自 1999 年以来,专门邀请政府部门以外的著名学者和专家,主办"防卫战略研究会议",目的是预测未来全球的战略环境,思考日本防卫战略的各种选择。当然,日本政府研究机构的研究人员也会参与民间学术机构的学术活动,比如防卫研究所主任研究官兵头慎治、日本国际问题研究所研究员横川和穗等经常参与斯拉夫研究中心、俄罗斯·东欧学会等民间研究机构的学术会议和科研项目。

松里公孝教授指出,与欧美和中国不同,日本在第二次世界大战结束之后,并不要求文科类的研究成果对现实社会和政府起到作用。这应该是民间研究机构纯学术路线的一个主要的背景因素,但是在实际研究工作中,民间与政府的学者与研究机构又做到了两者的融合贯通,在取长补短的过程中得以良性发展。

第三,通过人文科学与社会科学的交流和人员往来,带动了多学科、跨学科与比较研究的活跃。

关于这一看法,笔者向松里公孝教授请教过。他说,日本学术界之所以注重人文科学与社会科学的交流和人员往来,是因为日本学者总体人数较少,无法将人文科学与社会科学截然分开。例如,一个历史学者同时也是政治学者,有时还会进行现实问题调查研究,这对于掌握社会科学的方法论(比如利用统计学来对政治选举进行分析)是不利的。但是政治学者因为具有历史、宗教、语言、民族等人文科学的知识,因此在分析民族冲突等问题方面,要比欠缺人文素养的欧美的社会学者更容易发表优秀的见解。

其实,关于人文科学与社会科学的交流与学者的互动情形,观察一下斯拉夫研究中心是如何建设"全球 COE 项目"——"边境研究的基地建设:斯拉夫·欧亚地区与世界",就会做出基本的判断。该项目的总体建设思路是:作为世界水准的斯拉夫·欧亚地区研究基地,将斯拉夫研究中心积累的经验与北海道大学文学研究科的人文与社会专业的教学以及运作功能有机地结合起来,设立实况研究与表象研究两个大组,每组再各设斯拉夫·欧亚地区班与比较·大区域班两个班组,共设立4 个班组开展研究与教学。同时,由北海道大学的斯拉夫研究中心、文学研究科与博物馆等核心成员作为基地运营的业务中心,参与基地的教育项目。关于该项目的核心研究团队人员构成,请参考表 8.1:"边境研究的基地建设"项目的核心人员构成与研究方向。从表 8.1 可以看出,"全球 COE 项目"——"边境研究的基地建设"的研究人员构成及其研究方向完全体现出人文科学与社会科学的交流与合作,甚至是以文

**表 8.1 "边境研究的基地建设"项目的核心人员构成与研究方向**

| 实况研究 | | 表象研究 | |
|---|---|---|---|
| 斯拉夫·欧亚地区 | 比较·大区域 | 斯拉夫·欧亚地区 | 比较·大区域 |
| 松里公孝<br>俄罗斯/政治 | 铃木一人<br>西欧/全球化 | 望月恒子<br>俄罗斯/文学 | 中村研一<br>国际政治理论 |
| 宇山智彦<br>中亚/历史 | 村田胜幸<br>美国/移民 | 谷古宇尚<br>远东/边境表象 | 中岛岳志<br>亚洲/思想 |
| 山村理人<br>中亚与俄罗斯/经济与农业 | 守川知子<br>西亚/历史 | 桥本聪<br>中欧/语言文化 | 樽本英树<br>国际社会学 |
| 家田修<br>中欧/经济 | 渡边浩平<br>中国/信息 | 望月哲男<br>俄罗斯/文化 | 武田雅哉<br>中国/文学 |
| 岩下明裕<br>欧亚地区/国际关系 | 北村嘉惠<br>中国台湾地区/原住民 | 野町素己<br>斯拉夫词汇/语言 | 桥本努<br>帝国论 |
| 山崎幸治<br>北方/原住民 | | 荒井信雄<br>远东/边境居民 | |

学、哲学、语言学等人文科学来引领政治、经济、地区研究等社会科学的发展。如果考虑到斯拉夫研究中心始终坚持的多学科研究的理念,更容易体会到人文与社会科学互相交融对于斯拉夫·欧亚地区研究的意义。当然,表 8.1 也同时反映出"边境研究的基地建设"项目综合运用了文化人类学等跨学科研究以及对俄罗斯与中国等地区国家进行比较研究的研究方法。

需要强调的是,该项目非常重视文学研究,这种特征称得上是斯拉夫研究中心的一大特色。关于文学研究对于地区研究的价值,可以通过斯拉夫研究中心现主任、望月哲男教授从事的文学与文化研究体现出来。望月哲男教授认为,应该针对不同的研究领域分别采取相应的研究方法。在近代俄罗斯文学与文化思想研究领域,主要采取以 19 世纪俄罗斯文学及评论为题材,对近代俄罗斯文艺的模式特征、思想意义、社会文化的作用与功能等进行比较与综合研究。通过文学研究探寻近代俄罗斯社会与文化的特征及其文化思想史上的意义和重新诠释的可能性。对当代俄罗斯文艺的研究,则通过体制变迁后的俄罗斯文艺的研究,考察当代俄罗斯的文化状况、思想状况、文化与社会体制的相关性、作为表现历史意识与文化认同的文学的功能、文艺中的全球化与本土化的关系、20 世纪俄罗斯经验的世界史意义等。[33]他在综合研究现代俄罗斯文艺的时空意识后认为,俄罗斯社会在 20 世纪末的体制变迁过程中彻底体会到认同危机,至今仍处于世界观的过渡期与摸索期。因此,他提出了这样的命题:在现代俄罗斯人的意识当中,关于历史与未来的时间展望以及国家、社会与文化等空间展望具有何种特征与过程?对同样经历了世界观变化的现代世界有着怎样的启示?望月哲男教授希望通过文学、思想、舞台与电影艺术、造型艺术等时空形象的综合研究,对上述问题进行阐释。

第四,注重研究地区小国,通过周边小国来研究俄罗斯问题。

日本俄苏学界非常注重俄罗斯以外的苏联国家的研究,并且取得了较好的研究业绩。松里教授指出,与日本关注小国的研究倾向相比,中国与韩国的研究都是俄罗斯中心主义。然而,不仅日本的学者,俄罗斯本国的学者也多数是同时进行俄罗斯以外的国家研究的。英语国家的学者同样如此,比如他们会同时研究俄罗斯与乌克兰、俄罗斯与吉尔吉斯斯坦等问题。松里教授告诫说,在今天的学界,仅凭俄罗斯的知识很难有大的发展。非俄罗斯研究如果不纳入斯拉夫·欧亚地区研究这个框架之内,是无法把握日本俄苏学界的研究动向的。

在研究整理日本俄苏学界代表性的学术刊物,诸如《斯拉夫研究》《俄罗斯·东欧学会年报》《比较经济研究》《俄罗斯史研究》《俄罗斯研究》等刊载的文章的过程中,笔者发现除了《俄罗斯史研究》与《俄罗斯研究》(该刊物已于 2004 年之后停刊,似乎也是受到日本俄苏学界"小国志向"的影响)是专门研究俄罗斯问题的学术刊物之外,其余三份杂志都以前苏东地区的国家为研究对象,不局限于俄罗斯本国的问题研究。本书对《俄罗斯·东欧学会年报》(1992—2008 年)刊载的总计247 篇文章分类汇总之后发现,该杂志刊载的关于东欧与中亚地区的文章有 62 篇,占到全部论文比例的 25%;《斯拉夫研究》(1992—2010年)刊载的共计 199 篇文章中,关于东欧与中亚地区的论文为 23 篇,占全部论文比例的 12%;而《比较经济研究》(1992—2010 年)所刊载的全部 281 篇论文中,直接阐述俄罗斯问题的文章只有 102 篇,而论述前(当今)社会主义国家(不含苏联)的论文竟有 92 篇之多,大有凌驾于俄罗斯研究之势。日本之所以有注重前苏东地区研究的"小国志向",从比较经济体制学会 1993 年将会名由"社会主义经济学会"变更为现名时所强调的宗旨可以有所体会:第一,比较经济体制学会通过强调"比较"二字,既是继承以往社会主义经济研究的传统,又谋求获得突破和发展;第二,以"经济体制研究"为研究目的,可以刺激包括"社会主义"在内的各种"经济体制"研究的多样化;第三,期待着学会的活动适应世界形势的发展,内涵更加充实与深化。[34]

第五,设定的研究课题非常具体微观,对于宏大的课题也注重以具体的小问题作为突破口进行研究。

日本人普遍认为,是稻作文化造就了日本人的"纤细"性格。水稻栽培的劳作,从灌溉到插秧、收割、脱粒等整个过程都需要精细地作业和观察,稍有疏忽,一年的辛苦劳作就将付诸东流。为了不错过最佳的农耕时节,必须仔细体察一年四季的气候变化,并通过自然景物的变化来掌握季节变化的规律。于是,在漫长的稻作生活中,日本人对季节与自然景观的变化有着敏锐的感受性,造就了日本人独特的细腻性格。

其实,同为稻作文化的中国江南地区,民众的性格也非常细腻。日本人的细腻性格以各种具体的形式体现在日本的文学、艺术、日常生活中,造就了独具特质的日本文化。虽然无法详细探讨日本人的细腻性格对于学术研究有着怎样的力学作用,但日本人精细的产品设计却是最好的实例证明。

关于学术问题的设定具体而微观的特性,松里教授认为:总体来说,日本学者不大相信"民主化"、"市民社会"之类的抽象概念的有效性,这一点与欧美和中国的俄罗斯研究都不相同。日本学者是在具体的知识与中等距离的理论阐述方面相互竞争发展,而不是去创建一个宏大的理论。

不能说日本学者在研究前苏东地区问题时忽视从宏观的视角来考察地区问题。相反,斯拉夫中心近年来获得的"斯拉夫·欧亚学的构建"、"欧亚区域大国的比较研究"、"边境研究的基地建设"等三个日本文部科学省的重大项目,无一不是从宽广的视角来研究地区问题。但是,在每个大项目之下又设立了若干个具体微观的子项目。如果对《斯拉夫研究》《俄罗斯·东欧学会年报》《比较经济研究》《俄罗斯史研究》《俄罗斯研究》等杂志刊载的论文进行全面观察,更能切实体会到日本学者从事学术研究的细腻。譬如,他们对俄罗斯地方政治转轨的研究,代表性的论文有:藤本和贵夫的《俄罗斯远东地区的政治动向——以再转轨时期的沿海地方为中心》(《俄罗斯研究》1997 年第 24 期)、堀内贤志的《俄罗斯联邦制秩序的现状——从远东的视角》(《俄罗斯·东欧学会年报》1999 年第 28 期)、松里公孝的《鞑靼斯坦共和国政治体制的特质及其形成过程 1990—1998》(《斯拉夫研究》2000 年第 47 期)、兵头慎治的《当代俄罗斯中央和地方的关系——以划分权限条约为中心》(《俄罗斯·东欧学会年报》1999 年第 28 期)、桥本あかね的《叶利钦时代的中央和地方关系——以调停纠纷为视角》(《俄罗斯研究》2001 年第 32 期)、袴田茂树的《普京政治改革与地方权力结构的变迁——以斯维尔德洛夫斯克州、鞑靼斯坦共和国、库尔斯克州为中心》(《俄罗斯研究》2001 年第 32 期)、中马瑞贵的《俄罗斯中央和地方关系的政治过程——以划分权限条约的综述分析为例》(《斯拉夫研究》2009 年第 56 期)等文章,仅从文章题目来看,就基本可以观察到日本俄苏学者对俄罗斯政治转轨问题研究的细致程度。

不过,细致的微观研究带来的反面作用就是地区研究的细分化倾向。其实,早在冷战时期,随着俄苏研究的深入,就出现过各个专业领域的细分化倾向。对于这种倾向,当时苏联·东欧学会的发起人气贺健三教授给予了批评:出现细分化是一种必然趋势,但是,由此带来的障碍是很难从多个角度来全面认识社会、文化等各种现象。[35]冷战结束后,松里教授更是强调,创建"斯拉夫·欧亚学"的实践动机,在于想要阻止前社会主义国家研究的细分化倾向。[36]上述批评说明,日本学者对于微观研究的负面影响也始终保持着学术上的警惕。

第六,注重实地调查和田野调查,这是日本俄苏学界仅仅用了20年时间就追上欧美研究水平的最大理由。

实地调查和田野调查的研究方法广泛应用于注重实证主义的社会学领域,但是,日本的俄苏学界却将之大量应用在地区研究领域。冷战期间,由于受到国际关系和研究经费等诸多条件的影响,几乎无法进行真正意义上的实地调查研究。苏联刚解体时,各种政治制约松动了,实地调查和海外收集资料的机会大大增加,不仅是前往莫斯科和圣彼得堡,去其他地方访问和调查的机会也迅速增加。如今,充足的经费保障和便捷的交通条件以及网络技术的普及,走出国门前往研究对象国进行实地调查极为普遍,并成为研究工作的一个组成部分。松里教授之所以被誉为日本斯拉夫研究的第一人,除了他的论文质量、语言能力以及国外同行的评价高之外,当初他走访苏联档案馆的数量也被认为是在西方及日本学者中最高的。为了研究后共产主义各国的地方政治、投票地理学、地方政党政治等问题,他对俄罗斯的一些加盟共和国以及立陶宛、白俄罗斯等地方政治进行实地调查研究,还数次深入阿布哈兹、南奥塞梯、德涅斯特河左岸地区,走访当地民众、学者和政府官员,研究后苏联空间内的"不被承认的国家"。因此,正是由于日本俄苏学者秉持着日本学界一贯扎实的作风,极为重视第一手资料的占有,注重实证主义的实地调研和田野调查,从而确保了研究课题的深度和质量,迅速提升了日本俄苏学界在国际上的地位。

松里教授还对中国的学术界提出了自己的建议,他说:中国富裕了,为了推进地区研究的发展,最应该做的事情就是让地区研究的学者出国进行实地调查。不过,在中国,研究预算有平均分配的倾向,这似乎剥夺了优秀学者的实地调查和在海外学会发表的机会。研究预算是否可以根据学者的能力与业绩进行评价,采取倾斜分配的政策,而不是对预算进行"平均"分配呢? 一位优秀的学者一年进行两次实地调查要比大家平均三年一次的实地调查效果好得多。但是在日本,实地调查兴盛的背面就是关于克里姆林宫的学问较弱,很少有学者关注普京和梅德韦杰夫,这是日本与中国的俄罗斯研究最大的不同。

第七,坚持国际化的开放发展模式,开展多语种的全方位研究。

日本俄苏学界广泛与国外相关领域的学者进行合作,推进共同研究,目标是增强日本俄苏研究在国外的发言权。譬如,斯拉夫研究中心与哈佛大学的戴维斯研究中心、牛津大学的俄罗斯·欧亚研究中心、中国社会科学院俄罗斯东欧中亚研究所等海外研究机构缔结了学术交流协议。该中心还为北海道大学与萨哈林国立大学以及俄罗斯科学院远东分院远东诸民族历史·考古·民族学研究所缔结学术交流协议发挥了发起人的作用。为了与中国、韩国等相关学会合作建立东亚学者共同体,该中心组织召开了 2009 年第一届斯拉夫·欧亚研究东亚联盟会议。尤其是,该中心每年夏季和冬季举办的国际专题研讨会极具学术影响力。每年的夏季和冬季的国际专题研讨会自 1979 年开始举办,学术影响力逐渐由日本扩展到世界;美国、欧洲和亚洲的俄罗斯问题最高水平的专家和学者经常应邀与会,体现了会议的国际性和内容的高水准;会后经常会整理高水平的论文结集出版,1994 年之后的论文集几乎都用英语出版,充分体现了学术成果的国际性。

在语言方面,日本俄苏研究的学者都有着较高的语言素养。譬如,斯拉夫研究中心要求所有研究人员,不仅能够流利地使用英语和俄语进行写作和交谈,同时还要懂乌克兰语、鞑靼语、立陶宛语等次一级的语言,至少能读懂。该中心的学者精通英文与俄文两种语言,不少青年学者甚至通晓 3—4 种外语,确保了国际同行之间的无障碍交流。同时,为提高英语表达和写作水平,该中心每年都会组织为期两周的讲习班,聘请外国资深教授讲解英文发表技巧。为了使学术成果得到国际同行的认可,自 20 世纪 70 年代起,斯拉夫研究中心就逐步重视国际化,国际学术交流日渐频繁,在海外发表的文章数量日益增加。即便如此,日本俄苏学界仍有很强的危机意识,认为即使与韩国相比,日本学者在国际上发表的论文数量仍有差距,并且努力想要改善这种局面。这也是该中心致力于推动青年学者国际培训计划的重要原因。[37]

对于中国学术界,松里教授提出非常尖锐的建议,他说,中国从事地区研究的学者应有的语言能力水平非常低下。在国际性研究会议上配备翻译,说到底是为了帮助不懂英语和俄语的年长学者(因为受到"文化大革命"等影响无法学外语),但是一些英语和俄语水平很高的中国学者因为有同传人员,他们也用汉语发表。好像中国有一种观念,认为只有大人物说话时才应该配备翻译。其实,这对与会的外国学者来说是非常不礼貌的态度。如果是研究欧亚地区的学者,最低水平要能说会写英语和俄语,最好再会几门次一级的语言。

第八,注重研究资料的长期积累,奠定学术研究的资料基础。

日本俄苏学界非常注重资料的长期积累工作,为学术研究工作奠定了坚实的资料基础。譬如,斯拉夫研究中心的藏书,不仅推进了该中心学者的学术研究,而且为日本的斯拉夫·欧亚地区研究者系统地收集资料与数据,也为日本各地和世界范围内的专家提供了方便,获得了高度评价。该中心拥有丰富的藏书,截至 2009 年 3 月,约有 15.7 万册图书,6 万份缩微文献,1 600 种报纸和期刊出版物,其中含有大量有关俄国革命、日俄战争、共产国际问题的珍贵史料,以及以乌克兰语言学为中心可以填补斯拉夫文献学的资料等。截至 2008 年,该中心还收藏有 5 144 份美国和英国等西方国家出版的有关斯拉夫问题的博士论文。中心附属图书馆北方资料室,系统地收集整理了包含俄罗斯远东地区资料在内的日俄·日苏关系的贵重古老文件、古老地图等很多数据和资料。图书室还存有 4 504 张苏联的 20 万分之一的地图,这是1956 年至 1991 年苏联全境的陆地部分的地图。在苏联解体之前,一直限定用于军事目的以及政府使用,现在已为众多进行俄罗斯实地调查、经济学、生物学、冰雪学、考古学等研究的专家和学者广泛利用。该中心还保存着苏联制作的中国东北和内蒙古、朝鲜半岛的地图 430 张,19 世纪初制成的部分俄罗斯的古老地图最近也通过网络对外公开。[38]该中心收集的关于斯拉夫·欧亚地区的数据和资料,无论品质还是数量都是日本第一。与之相比,中国尚无任何一家地区研究机构拥有如此庞大的研究资源。

在对日本俄苏学界的学术研究特征进行一番梳理之后会发现,其与中国学界有着共性的特征,但是似乎日本学界做法更为深入,其个性化的特征是值得我们努力借鉴的。为了论述上的方便,姑且将其特征归纳为俄苏研究的"日本范式"。但是需要注意的是,本书归纳总结的俄苏研究的"日本范式",其着眼点是值得我们借鉴和学习的优点和长处,并非日本的俄苏研究没有不足,只是出于论述需要,本书并未将其不足专门列为一个问题进行阐述而已。

### 注释

1. [日]家田修:《面向开放的地区的地区研究——中域圈与全球化 讲座 斯拉夫·欧亚学》1,讲谈社 2008 年版,第 14—15 页。

2. [日]松里公孝:《关于中域圈的概念》,"地区研究与中域圈论坛",斯拉夫研究中心网页,参见 http://src-h.slav.hokudai.ac.jp/coe21/forum/forum01.html。

3. [日]家田修:《面向开放的地区的地区研究——中域圈与全球化 讲座 斯拉夫·欧亚学》1,第 29—30 页。

4. [日]原晖之:《出兵西伯利亚——革命与干涉 1917—1922》,筑摩书房 1989 年版,前言。

5. [日]原晖之:《俄罗斯当中的亚洲、亚洲当中的俄罗斯Ⅲ》,斯拉夫中心编,2004 年,第 17 页。

6. [日]麻生太郎:《将中亚作为和平与稳定的走廊》,2006 年 10 月,http://www.mofa.go.jp/mofaj/press/enzetsu/18。

7. [日]铃木一人:《作为标准帝国的欧盟——后国民帝国时代的帝国》,载山下范久主编的《帝国论》,讲谈社 2006 年版,第 43—78 页。

8. [日]百瀬宏:《战争期间日本东欧关系概观》,载日本东欧关系研究会编《关于日本与东欧文化交流的基础性研究》,1982 年,第 195—201 页。

9. [日]家田修:《面向开放的地区的地区研究——中域圈与全球化 讲座 斯拉夫·欧亚学》1,第 11 页。

10. 同上,第 16 页。

11. [日]宇山智彦:《地区认识理论——多民族空间的结构与表象 讲座 斯拉夫·欧亚学》2,讲谈社 2008 年版,序言。

12. [日]松里公孝:《欧亚地区——帝国的大陆 讲座 斯拉夫·欧亚学》3,讲谈社 2008 年版,第 12 页。

13. [日]家田修:《面向开放的地区的地区研究——中域圈与全球化 讲座 斯拉夫·欧亚学》1,第 20 页。

14. 同上,第 21 页。

15. [日]原晖之、外川继男:《讲座 斯拉夫与日本》,弘文堂 1994 年版,前言。

16. 引自沈予:《日本大陆政策(1868—1945)》,北京:社会科学文献出版社 2005 年版,第 52 页。

17. [日]原晖之、外川继男:《讲座 斯拉夫与日本》,前言。

18.〔日〕盐川伸明:《日本的俄罗斯史研究 50 年》,载《俄罗斯史研究》2006 年第 79 期。

19.〔美〕西里尔·E.布莱克:《日本和俄国的现代化》,商务印书馆译,北京:商务印书馆 1991 年版,第 34—43 页。

20. 同上,第 436—437 页。

21.〔俄〕梅切尼科夫:《流亡俄国人眼中的明治维新》,讲谈社学术文库 1982 年版,第 25 页。

22.〔日〕泽田和彦:《新潟与俄罗斯:1900—1944 年》,载《俄罗斯文化和近代日本》,世界思想社 1998 年版,第 191 页。

23.〔日〕升曙梦:《日本民族和俄罗斯民族》,载《日本评论》第 18 号,1916 年 10 月 1 日,第 78 页。

24. 冯绍雷:《远东地区:中国、俄罗斯、美国、日本的安全认知》,载《俄罗斯研究》2007 年第 5 期。

25.〔日〕日本文部科学省全球 COE 项目委员会:《2007 年度"全球 COE 项目"审查结果》报告,2007 年 6 月。

26.〔日〕岩下明裕:《"边境研究的基地建设"概要及采纳理由》,北海道大学"全球 COE 项目"网页。

27. 同上。

28.〔日〕日本文部科学省:《关于 2008 年度科学研究费补助金"新学术领域研究"(研究领域提案型)的新领域》的介绍,日本文部科学省网站"科学研究费补助金"。

29.〔日〕北海道大学斯拉夫研究中心:《斯拉夫研究中心 40 年》,1995 年 7 月。

30.〔日〕外川继男:《斯拉夫研究中心的回忆》(第 2 回),参见斯拉夫研究中心网页。

31.〔日〕盐川伸明:《日本的俄罗斯史研究 50 年》。

32.〔日〕日本国际问题研究所:《俄罗斯的政策决策——各种力量与过程》,前言部分,2010 年 3 月。

33.〔日〕望月哲男:《2001 年度检查评价报告》,载斯拉夫研究中心"研究斯拉夫中心"网页。

34.〔日〕长砂实:《从"社会主义经济学会会报"到"比较经济体制学会会报"》,载《比较经济体制学会会报》1993 年第 31 期。

35.〔日〕气贺健三:《苏联·东欧学会发起之际》,载《苏联·东欧学会年报》1972 年第 1 期。

36.〔日〕松里公孝:《关于中域圈的概念》,"地区研究与中域圈论坛",斯拉夫研究中心网页,参见 http://src-h.slav.hokudai.ac.jp/coe21/forum/forum01.html。

37. 华东师范大学俄罗斯研究中心副主任杨成副教授作为访问学者,于 2009—2010 年在斯拉夫研究中心访学,回国后讲述了他的访学体会,提出了"北海道经验",有关内容本书在此引用作为参考。

38.〔日〕斯拉夫研究中心:"斯拉夫研究中心介绍",北海道大学斯拉夫研究中心网页。

# 参 考 文 献

日文专著
**理论与现实分析**

岩田昌征『現代社会主義・形成と崩壊の論理』無改訂増補版,日本評論社,1993.

川原　彰編『ポスト共産主義の政治学』三嶺書房,1993.

コルナイ,J.『資本主義への大転換』日本経済新聞社,1992.

塩川伸明『社会主義とは何だったか』勁草書房,1994.

重田澄男『社会主義システムの挫折』大月書店,1994.

富森虔児『「市場」への遅れためざめ』社会思想社(現代教養文庫),1993.

西村可明『社会主義から資本主義へ』日本評論社,1995.

ブルス,W.『マルクスから市場へ』岩波書店,1995.

ボワイエ,R.,山田鋭夫共同編集『転換――社会主義』藤原書店,1993.

盛田常夫『体制転換の経済学』新世社,1995.

岩田昌征『社会主義崩壊から多民族戦争へ』御茶の水書房,2003.

小森田秋夫編『市場経済化の法社会学』有信堂,2001.

近藤邦康,和田春樹編『ペレストロイカと改革・開放―中ソ比較分析』東京大学出版会,1993.

佐藤経明『ポスト社会主義の経済体制』岩波書店,1997.

塩川伸明『現存した社会主義――リヴァイアサンの素顔』勁草書房,1999.

塩川伸明『《20 世紀史》を考える』勁草書房,2004.

柴宜弘,中井和夫,林忠行『連邦解体の比較研究――ソ連・ユーゴ・チェコ』多賀出版,1998.

『スラブの世界』全 8 巻,弘文堂,第 1 巻『スラブの文化』(川端香男里、中村喜和、望月哲男編)1994—1996.

第 2 巻『スラブの民族』(原暉之、山内昌之編).

第 3 巻『スラブの歴史』(和田春樹、家田修、松里公孝編).

第 4 巻『スラブの社会』(石川晃弘、塩川伸明、松里公孝編).

第 5 巻『スラブの政治』(木戸蓊、皆川修吾編).

第 6 巻『スラブの経済』(望月喜市、田畑伸一郎、山村理人編).

第 7 巻『スラブの国際関係』(伊東孝之、木村汎、林忠行編).

第 8 巻『スラブと日本』(原暉之、外川継男編).

東京大学社会科学研究所『現代日本社会・3・国際比較(2)』東京大学出版会,1992.

西村可明『社会主義から資本主義へ』日本評論社,1995.

藤田　勇『自由・民主主義と社会主義 1917—1991』桜井書店,2007.

ブルス,W.,ラスキ,K.『マルクスから市場へ』岩波書店,1995.

北海道大学スラブ研究センター監修『講座スラブ・ユーラシア学』全 3 巻,2008.

溝端佐登史,吉井昌彦編『市場経済移行論』世界思想社,2002.

盛田常夫『体制転換の経済学』新世社,1995.

レーン,D.ほか『国家社会主義の興亡——体制転換の政治経済学』明石書店,2007.

和田春樹『歴史としての社会主義』岩波新書,1992.

和田春樹,小森田秋夫,近藤邦康編『〈社会主義〉それぞれの苦悩と模索』日本評論社,1992.

小野　堅,岡本　武,溝端佐登史編『ロシア・東欧経済』世界思想社,1994.

近藤邦康,和田春樹編『ペレストロイカと改革・開放—中ソ比較分析』東京大学出版会,1993.

東京大学社会科学研究所『現代日本社会・3・国際比較(2)』東京大学出版会,1992.


## 媒体见闻

安達紀子『モスクワ狂詩曲』新評論,1994.

カイザー,R.G.『なぜゴルバチョフが』上・下,原書房,1992.

金平茂紀『ロシアより愛をこめて』筑摩書房,1995.

川崎　浹『カタストロイカへの旅』岩波書店,1993.

徳山喜雄『苦悩するロシア』三一書房,1995.

松浦信子『女の見た終末ソ連』岩波書店,1992.

江頭　寛『ロシア　闇の大国』草思社,1999.

江頭　寛『プーチンの帝国』草思社,2004.

カイザー,R.G.『なぜゴルバチョフが』上・下,原書房,1992.

川崎　浹『カタストロイカへの旅』岩波書店,1993.

木村　汎編『もっと知りたいロシア』弘文堂,1995.

下斗米伸夫,島田博編『現代ロシアを知るための55 章』明石出版,2002.

『ソヴェト連邦』(赤瀬川原平セレクション　復刻版岩波写真文庫)岩波書店,2007(オリジナルは1952 年刊).

袴田茂樹『プーチンのロシア——法独裁への道』NTT 出版,2001.

原　卓也監修『(読んで旅する世界の歴史と文化)ロシア』新潮社,1994.

月出(ひたち)皎司『ロシア〈通〉になるための常識15章』アーバンプロ出版センター,2001.

藤本和貴夫編『ロシア学を学ぶ人のために』世界思想社,1996.

松浦信子『女の見た終末ソ連』岩波書店,1992.

ユーラシア・ブックレット編集委員会『ロシアが分かる12章』(ユーラシア・ブックレット),東洋書店,2000.

横手慎二編『CIS[旧ソ連地域]』(国際情勢ベーシック・シリーズ),自由国民社,1995.

横手慎二『現代ロシア政治入門』慶応義塾大学出版会,2005.

## 通史

石井規衛『文明としてのソ連』山川出版,1995.

岩間　徹編『ロシア史(増補改訂版)』山川出版,1992.

コンクエスト,R.『スターリン』時事通信社,1994.

塩川伸明『終焉の中のソ連史』朝日選書,1993.

塩川伸明『ソ連とは何だったか』勁草書房,1994.

田中陽兒,倉持俊一,和田春樹編『世界歴史大系・ロシア史』全3巻,山川出版,1994—1997.

溪内　謙『現代史を学ぶ』岩波新書,1995.

溪内　謙『歴史の中のソ連社会主義』岩波ブックレット,1992.

外川継男監修『ロシア・ソ連史』朝倉書店,1992.

中澤精次郎『ソヴィエト政治の歴史と構造』慶應義塾大学法学会,1992.

横手慎二編『CIS[旧ソ連地域]』(国際情勢ベーシック・シリーズ)自由国民社,1995.

和田春樹『ロシア・ソ連(地域からの世界史・11)』朝日新聞社,1993.

下斗米伸夫『ソ連=党が所有した国家』講談社,2002.

デイヴィス,R.W.『現代ロシアの歴史論争』岩波書店,1998.

藤本和貴夫,松原広志編『ロシア近現代史』ミネルヴァ書房,1999.

松戸清裕『歴史のなかのソ連』(世界史リブレット)山川出版社,2005.

メイリア,M.『ソヴィエトの悲劇』上・下,草思社,1997.

リーベン,D.『帝国の興亡』上・下,日本経済新聞社,2002.

和田春樹『ロシア・ソ連(地域からの世界史・11)』朝日新聞社,1993.

和田春樹『(ヒストリカル・ガイド)ロシア』山川出版社,2001.

和田春樹,家田修,松里公孝編『スラブの歴史』(講座スラブの世界・3)弘文堂,1995.

和田春樹編『ロシア史』山川出版社,2002.

## 革命前俄罗斯史

ユスポフ,F.『ラスプーチン暗殺』青弓社,1994.

リーヴェン,D.『ニコライⅡ世』日本経済新聞社,1993.

レヴィツキー, S.『ロシア精神史』早稲田大学出版部, 1994.

ウェーバー, M.『ロシア革命論』I・II, 名古屋大学出版会, 1997—1998.

小野理子『女帝のロシア』岩波新書, 1994.

加納　格『ロシア帝国の民主化と国家統合』御茶の水書房, 2001.

加納　格『ニコライ2世とその治世──戦争・革命・破局』(ユーラシア・ブックレット)東洋書店, 2009

カレール=ダンコース, H.『甦るニコライ2世』藤原書店, 2001.

久保英雄『歴史のなかのロシア文学』ミネルヴァ書房, 2005.

栗生沢猛夫『ボリス・ゴドゥノフと偽のドミトリー』山川出版社, 1997.

志田恭子『ロシア帝国の膨張と統合──ポスト・ビザンツ空間としてのベッサラビア』北海道大学出版会, 2009.

杉浦秀一『ロシア自由主義の政治思想』未来社, 1999.

高田和夫『近代ロシア社会史研究』山川出版社, 2004.

高橋一彦『帝政ロシア司法制度史研究』名古屋大学出版会, 2001.

竹中　浩『近代ロシアへの転換』東京大学出版会, 1999.

田中良英『エカチェリーナ2世とその時代』(ユーラシア・ブックレット)東洋書店, 2009.

土肥恒之『ピョートル大帝とその時代』中公新書, 1992.

土肥恒之『ロマノフ王朝の大地』講談社, 2007.

トロワイヤ, H.『帝政末期のロシア』新読書社, 2000.

橋本伸也『帝国・身分・学校──帝政期ロシアにおける教育の社会文化史』名古屋大学出版会, 2010.

ペリー, M.『スターリンとイヴァン雷帝──スターリン時代のロシアにおけるイヴァン雷帝崇拝』成文社, 2009.

ラエフ, M.『ロシア史を読む』名古屋大学出版会, 2001.

和田春樹『テロルと改革──アレクサンドル二世暗殺前後』山川出版社, 2005.

## 俄罗斯革命(包括内战)

石井規衛『ソビエト政治史を読む』岩波ブックレット, 1992.

猪木正道『ロシア革命史』中公文庫, 1994.

池田嘉郎『革命ロシアの共和国とネイション』山川出版社, 2007.

ヴェルト, N.『ロシア革命』創元社, 2004.

梶川伸一『飢餓の革命』名古屋大学出版会, 1997.

梶川伸一『ボリシェヴィキ権力とロシア農民』ミネルヴァ書房, 1998.

サーヴィス, R.『レーニン』上・下, 岩波書店, 2002.

サーヴィス, R.『ロシア革命、1900—1927』岩波書店, 2005.

ショーロホフ, M.A.『静かなドン』(各種邦訳あり).

トロツキー, L.『ロシア革命史』(新訳)全5巻, 岩波文庫, 2000—2001.

パイプス, R.『ロシア革命史』成文社, 2000.

メドヴェージェフ,R.『1917年のロシア革命』現代思潮社,1998.

## 20世纪20—30年代

ヴォルコゴーノフ,D.『勝利と悲劇』上・下,朝日新聞社,1992.

ヴォルコゴーノフ,D.『トロツキー』上・下,朝日新聞社,1994.

デュークス,P.,ブラザーストーン,T.編『トロツキー再評価』新評論,1995.

ブルーエ,P.『トロツキー』全3巻,1993より刊行中.

奥田　央『ヴォルガの革命——スターリン統治下の農村』東京大学出版会,1996.

カー,E.H.『ロシア革命』岩波現代文庫,2000.

ギル,G.『スターリニズム』岩波書店,2004.

小島修一『二十世紀初頭ロシアの経済学者群像——リヴァイアサンと格闘する知性』ミネルヴァ書房,2008.

高尾千津子『ソ連農業集団化の原点——ソヴィエト体制とアメリカユダヤ人』彩流社,2006.

溪内　謙『上からの革命——スターリン主義の源流』岩波書店,2004.

富田　武『スターリニズムの統治構造』岩波書店,1996.

トロツキー,L.『裏切られた革命』岩波文庫,1992.

トロツキー,L.『文学と革命』上・下,岩波文庫,1993.

トロツキー,L.『わが生涯』上・下,岩波文庫,2000—2001.

中嶋　毅『テクノクラートと革命権力』岩波書店,1999.

長谷川毅『暗闘——スターリン、トルーマンと日本降伏』中央公論新社,2006.

フレヴニューク,O.『スターリンの大テロル』岩波書店,1998.

ペリー,M.『スターリンとイヴァン雷帝——スターリン時代のロシアにおけるイヴァン雷帝崇拝』成文社,2009.

ホロウェイ,D.『スターリンと原爆』上・下,大月書店,1997.

マクダーマット,K.,アグニュー,J.『コミンテルン史——レーニンからスターリンへ』大月書店,1998.

マストニー,V.『冷戦とは何だったのか』柏書房,2000.

松井康浩『ソ連政治秩序と青年組織』九州大学出版会,1999.

メドヴェージェフ,Z.,メドヴェージェフ,R.『知られざるスターリン』現代思潮新社,2003.

## 新经济政策时期

木村雅則『ネップ期国営工業の構造と行動』御茶の水書房,1995.

トロツキー,L.『社会主義と市場経済』大村書店,1992.

トロツキー,L.『文学と革命』上・下,岩波文庫,1993.

## 斯大林时代

下斗米伸夫『スターリンと都市モスクワ』岩波書店,1994.

トロツキー,L.『裏切られた革命』岩波文庫,1992.

原　暉之『インディギルカ号の悲劇』筑摩書房,1993.

平井友義『30年代ソビエト外交の研究』有斐閣,1993.

ブルラッキー,F.『赤い帝国崩壊への道』東京新聞出版局,1992.

メドベージェフ,R.,メドベージェフ,Z.『ソルジェニーツィンとサハロフ』現代思潮新社,2005.

## 第二次世界大战至赫鲁晓夫时期

永岑三千輝『ドイツ第3帝国のソ連占領政策と民衆』同文舘,1994.

ブルラッキー,F.『赤い帝国崩壊への道』東京新聞出版局,1992.

ベレズホフ,V.[正しくはベレシコフ]『私は、スターリンの通訳だった』同朋舎出版,1995.

## 当代

東井(あずまい)ナジェージダ,井桁貞義『ロシア・インターネットの世界』(ユーラシア・ブックレット),東洋書店,2001.

アバルキン,L.『失われたチャンス』新評論,1992.

イレッシュ,A.『赤い反乱』読売新聞社,1992.

イーレシュ,A.,マカーロフ,Y.『核に汚染された国』文芸春秋社,1992.

上野俊彦『ポスト共産主義ロシアの政治』日本国際問題研究所,2001.

宇多文雄『グラースノスチ』新潮社,1992.

内田明宏編著『変わるソ連のマスメディア』インパクト出版会,1993.

江畑謙介『ロシア——迷走する技術帝国』NTT出版,1995.

江頭　寛『ロシア　闇の大国』草思社,1999.

江頭　寛『プーチンの帝国』草思社,2004.

エリツィン,B.『エリツィンの手記』上・下,同朋舎出版,1994.

エリツィン,B.『ボリス・エリツィン　最後の証言』NCコミュニケーションズ,2004.

大崎平八郎編『体制転換のロシア』新評論,1995.

小川和男『ソ連解体後』岩波新書,1993.

小川和男『ロシア経済事情』岩波新書,1998.

ガイダル,E.T.『ロシアの選択』ジャパンタイムズ,1998.

カガルリッキー,B.『迷走する復古ロシア』現代企画室,1996.

栢(かや)　俊彦『株式会社ロシア——混沌から甦るビジネスシステム』日本経済新聞社,2007.

河東哲夫『意味が解体する世界へ』草思社,2004.

川崎　浹『権力とユートピア』岩波書店,1995.

木村　汎『プーチン主義とは何か』角川書店,2000.

コッツ，D. M.，ウィア，F.『上からの革命——ソ連体制の終焉』新評論，2000.

ゲヴォルクヤン，N.ほか『プーチン、自らを語る』扶桑社，2000.

サプチャーク，A.『民主主義のロシアへ』サイマル出版会，1992.

塩川伸明『ペレストロイカの終焉と社会主義の運命』岩波ブックレット，1992.

下斗米伸夫『独立国家共同体への道』時事通信，1992.

ジュガーノフ，G・A.『ロシアと現代世界』自由国民社，1996.

シュテュルマー，M.『プーチンと甦るロシア』白水社，2009.

ジリノフスキー，V.『ロシアからの警告』光文社，1994.

スハーノフ，L.『ボスとしてのエリツィン』同文書院インターナショナル，1993.

ソルジェニーツィン，A.I.『廃墟のなかのロシア』草思社，2000.

『ソ連と呼ばれた国に生きて』JICC，1992.

ソロヴィヨフ，V.，クレピコヴァ，E.『エリツィンの選択』文芸春秋社，1992.

チェルニャーエフ，A.『ゴルバチョフと運命をともにした2000日』潮出版社，1994.

ツィプコ，A.『コミュニズムとの訣別』サイマル出版会，1993.

中澤孝之『資本主義ロシア』岩波新書，1994.

中澤孝之『エリツィンからプーチンへ』（ユーラシア・ブックレット），東洋書店，2000.

中澤孝之『オリガルヒ』東洋書店，2002.

中澤孝之『現代ロシア政治を動かす50人』（ユーラシア・ブックレット），東洋書店，2005.

長砂実，木村英亮編『「どん底」のロシア』かもがわ出版，1993.

中村逸郎『東京発モスクワ秘密文書』新潮社，1995.

永綱憲悟『大統領プーチンと現代ロシア政治』（ユーラシア・ブックレット），東洋書店，2002.

中村　裕『ロシアの議会と政党』（ユーラシア・ブックレット），東洋書店，2000.

袴田茂樹『プーチンのロシア——法独裁への道』NTT出版，2001.

バカーチン，V.V.『最後のKGB議長』講談社，1992.

袴田茂樹『ロシアのジレンマ』筑摩書房，1993.

月出（ひたち）皎司『ロシア・亡国の権力』日本経済新聞社，1996.

ハズブラートフ，R.I.『ソ連8月　陰謀の夏』時事通信社，1992.

プトコ，A.『新ロシア革命』共同通信社，1992.

プリマコフ，E.『クレムリンの5000日』NTT出版，2002.

フリーランド，C.『世紀の売却——第二のロシア革命の内実』新評論，2005.

ペトラコフ,N.『砂上の改革』日本経済新聞社,1992.

ポリトコフスカヤ,A.『プーチニズム』NHK 出版,2005.

ポズネル,V『ソ連邦解体 運命の3 日間』文芸春秋社,1992.

メドヴェージェフ,R.『ロシアは資本主義になれるか』現代思潮社,1999.

メドヴェージェフ,R.『プーチンの謎』現代思潮社,2000.

モリソン,J.『ボリス・エリツィン』ダイヤモンド社,1992.

山内聡彦『ドキュメント・プーチンのロシア』NHK 出版,2003.

ヤーギン,D.,グスタフソン,T.『ロシアの時代』二見書房,1994.

ヤコヴレフ,A.『歴史の幻影』日本経済新聞社,1993.

ヤーノフ,A.『ロシアの挑戦』彩流社,1995.

ヤロシンスカヤ,A.『チェルノブィリ極秘』平凡社,1994.

ユーラシア研究所編『情報総覧 現代のロシア』大空社,1998.

横手慎二『現代ロシア政治入門』慶応義塾大学出版会,2005.

横手慎二・上野俊彦編『ロシアの市民意識と政治』慶応義塾大学出版会,2008.

ライン,R.,タルボット,S.,渡邊幸治『プーチンのロシア』日本経済新聞社,2006.

ラカー,W.『ジリノフスキーがヒトラーになる日』徳間書店,1994.

リガチョフ,E.『ゴルバチョフの謎』東京新聞社,1993.

ルツコイ,A.『クーデター前夜』実業之日本社,1995.

レベジ,A.『憂国』徳間書店,1997.

レーン,D.,ロス,C.『ロシアのエリート』窓社,2001

コッツ,D.M.,ウィア,F.『上からの革命──ソ連体制の終焉』新評論,2000.

ゴルバチョフ,M.S.『ゴルバチョフ回想録』上・下、新潮社,1996.

塩川伸明「ペレストロイカ・東欧激動・ソ連解体」歴史学研究会編『講座 世界史』第 11 巻,東京大学出版会,1996.

中澤孝之『ベロヴェーシの森の陰謀』潮出版社,1999.

パラシチェンコ,P.『ソ連邦の崩壊』三一書房,1999.

月出(ひたち)皎司『ロシア・亡国の権力』日本経済新聞社,1996.

ブラウン,A.『ゴルバチョフ・ファクター』藤原書店,2008.

皆川修吾編『移行期のロシア政治』溪水社,1999.

皆川修吾『ロシア連邦議会』溪水社,2002.

## 总论类

石郷岡建『ユーラシアの地政学』岩波書店,2004.

塩川伸明『民族と言語──多民族国家ソ連の興亡Ⅰ』岩波書店,2004.

塩川伸明『国家の構築と解体──多民族国家ソ連の興亡Ⅱ』岩波書店,2007.

塩川伸明『ロシアの連邦制と民族問題──多民族国家ソ連の興亡Ⅲ』岩

波書店,2007.

　　ソビエト史研究会編『旧ソ連の民族問題』木鐸社,1993.

　　徳永晴美『ロシア・CIS 南部の動乱——岐路に立つプーチン政権の試練』清水弘文堂書房,2003.

　　中井和夫『多民族国家ソ連の終焉』岩波ブックレット,1992.

　　ナハイロ,B.,スヴォボダ,V.『ソ連邦民族＝言語問題の全史』明石書店,1992.

　　原暉之,山内昌之編『スラブの民族』(講座スラブの世界・2)弘文堂,1995.

　　藤村　信『ユーラシア諸民族群島』岩波書店,1993.

## 分论

　　嵐田浩吉『オデッサ——黒海に現われたコスモポリス』(ユーラシア・ブックレット),東洋書店,2007.

　　伊東孝之,井内敏夫,中井和夫編『ポーランド・ウクライナ・バルト史』山川出版社,1998.

　　岩崎一郎,宇山智彦,小松久男編『現代中央アジア論』日本評論社,2004.

　　植田　樹『コサックのロシア』中央公論社,2000.

　　宇山智彦『中央アジアの歴史と現在』(ユーラシア・ブックレット),東洋書店,2000.

　　宇山智彦編『中央アジアを知るための60 章』明石書店,2003.

　　北川誠一,前田弘毅,廣瀬陽子,吉村貴之編『コーカサスを知るための60章』明石書店,2006.

　　ギテルマン,Z.『ロシア・ソヴィエトのユダヤ人 100 年の歴史』明石書店,2002.

　　黒川祐次『物語ウクライナの歴史』中公新書,2002.

　　小松久男『革命の中央アジア』東京大学出版会,1996.

　　小松久男編『中央ユーラシア史』山川出版社,2000.

　　小森宏美『エストニアの政治と歴史認識』三元社,2009.

　　小森宏美,橋本伸也『バルト諸国の歴史と現在』(ユーラシア・ブックレット),東洋書店,2002.

　　酒井　裕『コサックの旅路』朝日新聞社,1994.

　　志摩園子『物語バルト三国の歴史』中公新書,2004.

　　高尾千津子『ソ連農業集団化の原点——ソヴィエト体制とアメリカユダヤ人』彩流社,2006.

　　高橋巌根『ウズベキスタン』創土社,2005.

　　田中哲二『キルギス大統領顧問日記』中公新書,2001.

　　中井和夫『ウクライナ・ナショナリズム』東京大学出版会,1998.

　　ナザルバーエフ,N.『我々の家ユーラシア』NHK 出版,1999.

　　西谷公明『通貨誕生——ウクライナ独立を賭けた闘い』都市出版,1994.

西山克典『ロシア革命と東方辺境地域』北海道大学図書刊行会,2002.

野村真理『ガリツィアのユダヤ人──ポーランド人とユダヤ人のはざまで』人文書院,2008.

蓮見　雄『琥珀の都　カリーニングラード』(ユーラシア・ブックレット),東洋書店,2007.

服部倫卓『不思議の国ベラルーシ──ナショナリズムから遠く離れて』岩波書店,2004.

服部倫卓『歴史の狭間のベラルーシ』(ユーラシア・ブックレット),東洋書店,2004.

早坂真理『ウクライナ』リブロポート,1994.

半谷史郎・岡奈津子『中央アジアの朝鮮人──父祖の地を遠く離れて』(ユーラシア・ブックレット),東洋書店,2006.

廣岡正久『ロシア正教の千年』NHKブックス,1993.

廣瀬徹也『テュルク族の世界──シベリアからイスタンブールまで』(ユーラシア・ブックレット),東洋書店,2007.

プジョル,C.『カザフスタン』(文庫クセジュ),白水社,2006.

ポリトコフスカヤ,A.『チェチェン──やめられない戦争』NHK出版,2004.

前田弘毅編『多様性と可能性のコーカサス』北海道大学出版会,2009.

間野英二編『アジアの歴史と文化⑧中央アジア史』同朋舎,1999.

吉村貴之『アルメニア近現代史──民族自決の果てに』(ユーラシア・ブックレット),東洋書店,2009.

ラシッド,A.『よみがえるシルクロード国家』講談社,1996.

## 外交与国际关系

秋野　豊『偽りの同盟──チャーチルとスターリンの間』勁草書房,1999.

伊東孝之,木村汎,林忠行編『スラブの国際関係』(講座スラブの世界・7)弘文堂,1995.

伊東孝之,林忠行編『ポスト冷戦時代のロシア外交』有信堂,1999.

岩下明裕『「ソビエト外交パラダイム」の研究』国際書院,1999.

岩下明裕『中・ロ国境4000キロ』角川選書,2003.

木村汎・袴田茂樹編『アジアに接近するロシア』北海道大学出版会,2007.

金　成浩『アフガン戦争の真実』NHKブックス,2002.

『国際問題』(日本国際問題研究所)1998年11月号(特集:南部ユーラシア空間の再編成).

斉藤治子『第二次世界大戦を見直す』(ユーラシア・ブックレット),東洋書店,2005.

酒井明司『ガスプロム──ロシア資源外交の背景』(ユーラシア・ブックレット),東洋書店,2008.

坂口泉・蓮見雄『エネルギー安全保障——ロシアとEUの対話』(ユーラシア・ブックレット)、東洋書店、2007.

下斗米伸夫『アジア冷戦史』中公新書、2004.

田畑伸一郎、末澤恵美編『CIS:旧ソ連空間の再構成』国際書院、2004.

徳永晴美『ロシア・CIS南部の動乱——岐路に立つプーチン政権の試練』清水弘文堂書房、2003.

パラシチェンコ、P.『ソ連邦の崩壊』三一書房、1999.

平井友義『30年代ソビエト外交の研究』有斐閣、1993.

廣瀬徹也『テュルク族の世界——シベリアからイスタンブールまで』(ユーラシア・ブックレット)、東洋書店、2007.

プリマコフ、E.『クレムリンの5000日』NTT出版、2002.

マクダーマット、K.、アグニュー、J.『コミンテルン史——レーニンからスターリンへ』大月書店、1998.

マストニー、V.『冷戦とは何だったのか』柏書房、2000.

松井弘明編『9.11事件以後のロシア外交の展開』日本国際問題研究所、2003.

横手慎二編『東アジアのロシア』慶応義塾大学出版会、2004.

輪島実樹『カスピ海エネルギー資源を巡る攻防』(ユーラシア・ブックレット)、東洋書店、2008.

## 日苏与日俄关系(包括俄罗斯以外的苏联加盟共和国)、俄罗斯远东

岩下明裕『北方領土問題』中公新書、2005.

宇山智彦、クリストファー・レン、廣瀬徹也編『日本の中央アジア外交——試される地域戦略』北海道大学出版会、2009.

枝村純郎『帝国解体前後』都市出版、1997.

小田切利馬『世界共同体参入めざすエリツィン大統領』国書刊行会、1994.

吉川元『ソ連ブロックの崩壊』有信堂、1992.

木村汎『総決算ゴルバチョフの外交』弘文堂、1992.

木村汎『日露国境交渉史』中公新書、1993.

栗原俊雄『シベリア抑留——未完の悲劇』岩波新書、2009.

小松久男『イブラヒム、日本への旅——ロシア・オスマン帝国・日本』刀水書房、2008.

佐藤優『国家の罠』新潮社、2005.

斉藤治子『独ソ不可侵条約』新樹社、1995.

スドプラトフ、P.、スドプラトフ、A.『KGB衝撃の秘密工作』上・下、ほるぷ出版、1994.

末澤昌二、茂田宏、川端一郎編著『日露(ソ連)基本文書・資料集(改訂版)一八八五年—二〇〇三年』ラヂオプレス、2003.

スラヴィンスキー、B.『考証日ソ中立条約』岩波書店、1996.

スラヴィンスキー，B.『日ソ戦争への道──ノモンハンから千島占領まで』共同通信社，1999.

田中克彦『ノモンハン戦争──モンゴルと満洲国』岩波新書，2009.

田中孝彦『日ソ国交回復の史的研究』有斐閣，1993.

タルボット，S.，ベシュロス，M.『最高首脳交渉』上・下，同文書院，1993.

丹波　實『日露外交秘話』中央公論社，2004.

中村喜和，ライマー，T.『ロシア文化と日本』彩流社，1995.

名越健郎『クレムリン秘密文書は語る──闇の日ソ関係史』中公新書，1994.

東郷和彦『北方領土交渉秘録』新潮社，2007.

富田　武『戦間期の日ソ関係，1917─1937』岩波書店，2010.

長塚英雄ほか編『ガイドブック日本のなかのロシア』（ユーラシア・ブックレット），東洋書店，2001.

長谷川毅『北方領土問題と日露関係』筑摩書房，2000.

長谷川毅『暗闘──スターリン、トルーマンと日本降伏』中央公論新社，2006.

日本国際政治学会『ソ連圏諸国の外交（国際政治 81）』有斐閣，1986.

原　暉之『ウラジオストク物語』三省堂，1998.

原　暉之，外川継男編『スラブと日本』（講座スラブの世界・8）弘文堂，1995.

バールィシェフ，E.『日露同盟の時代　1914─1917 年──「例外的な友好」の真相』花書院，2007.

藤盛一朗『日ロ平和条約への道』（ユーラシア・ブックレット），東洋書店，2003.

藤原　浩『シベリア鉄道──洋の東西を結んだ一世紀』（ユーラシア・ブックレット），東洋書店，2008.

ボンダレンコ，O.『北方四島返還のすすめ』NHK 出版，1994.

望月喜市『ロシア極東と日ロ経済』（ユーラシア・ブックレット），東洋書店，2001.

森まゆみ『女 3 人のシベリア鉄道』集英社，2009.

毛利和子『中国とソ連』岩波新書，1989.

モロジャコフ，V.『後藤新平と日露関係史』藤原書店，2009.

横手慎二『日露戦争史』中公新書，2005.

ラジッチ，B.，ドラチコヴィチ（前出 25128，後出 5009）.

ロシア史研究会編『日露 200 年』彩流社，1993.

和田春樹『北方領土問題』朝日新聞社，1999.

和田春樹『日露戦争──起源と開戦』上・下，岩波書店，2009─2010.

## 法律

上田寛，上野達彦『未完の刑法──ソビエト刑法とは何であったのか』

成文堂,2008.

　　上野達彦『ペレストロイカと死刑論争』三一書房,1993.

　　大江泰一郎『ロシア・社会主義・法文化』日本評論社,1992.

　　大江泰一郎『ロシア・社会主義・法文化』日本評論社,1992.

　　河合義和編『情報の自由と脱社会主義』多賀出版,1994.

　　北村一郎『アクセスガイド外国法』東京大学出版会,2004(小森田秋夫「ロシア法」の章).

　　小森田秋夫『ソビエト裁判紀行』ナウカ,1992.

　　小森田秋夫『ロシアの陪審裁判』(ユーラシア・ブックレット),東洋書店,2003.

　　小森田秋夫編『市場経済化の法社会学』有信堂,2001.

　　小森田秋夫編『現代ロシア法』東京大学出版会,2003.

　　高橋一彦『帝政ロシア司法制度史研究』名古屋大学出版会,2001.

　　竹森正孝『ドキュメント・ロシアの「憲法革命」を追う』日ソ図書館(発売:ナウカ書店),1992.

　　「どこへいく社会主義法」(複数の筆者が交代で執筆)『法学セミナー』1992年4月号から1993年3月号まで連載.

　　藤田勇,杉浦一孝編『体制転換期ロシアの法改革』法律文化社,1998.

　　森下敏男『ポスト社会主義社会における私的所有の復活』多賀出版,1997.

　　森下敏男『現代ロシア憲法体制の展開』信山社,2001.

## 経済

　　アバルキン,L.『失われたチャンス』新評論,1992.

　　大野喜久之輔『ロシア市場経済への遠い道』有斐閣,1993.

　　岡田　進『ロシア経済図説』(ユーラシア・ブックレット),東洋書店,2001.

　　小川和男『ソ連解体後』岩波新書,1993.

　　大野喜久之輔『ロシア市場経済への遠い道』有斐閣,1993.

　　小川和男『ソ連解体後』岩波新書,1993.

　　上垣　彰『経済グローバリゼーション下のロシア』日本評論社,2005.

　　栢(かや)俊彦『株式会社ロシア——混沌から甦るビジネスシステム』日本経済新聞社,2007.

　　ゴールドマン,M.I.『強奪されたロシア経済』NHK出版,2003.

　　坂口泉・蓮見雄『エネルギー安全保障——ロシアとEUの対話』(ユーラシア・ブックレット),東洋書店,2007.

　　佐藤経明『ポスト社会主義の経済体制』岩波書店,1997.

　　酒井明司『ガスプロム——ロシア資源外交の背景』(ユーラシア・ブックレット),東洋書店,2008.

　　左治木吾郎『ソ連の体制転換と経済発展』文眞堂,1992.

塩原俊彦『ロシアの「新興財閥」』(ユーラシア・ブックレット),東洋書店,2001.

塩原俊彦『ロシアの軍需産業』岩波新書,2003.

白鳥正明『ロシア市場経済化10年』(ユーラシア・ブックレット),東洋書店,2002.

中山弘正『ロシア　擬似資本主義の構造』岩波書店,1993.

中山弘正,上垣彰,栖原学,辻義昌『現代ロシア経済論』岩波書店,2001.

西村可明『社会主義から資本主義へ』日本評論社,1995.

パッペ,Y.,溝端佐登史『ロシアのビッグビジネス』文理閣,2003.

二村(ふたむら)秀彦,金野雄五,杉浦史和,大坪祐介『ロシア経済10年の軌跡』ミネルヴァ書房,2002.

ブルス,W.,ラスキ,K.『マルクスから市場へ』岩波書店,1995.

野部公一『CIS農業改革研究序説』農文協,2003.

ペトラコフ,N.『砂上の改革』日本経済新聞社,1992.

溝端佐登史,吉井昌彦編『市場経済移行論』世界思想社,2002.

望月喜市,田畑伸一郎,山村理人編『スラブの経済』(講座スラブの世界・6)弘文堂,1995.

盛田常夫『体制転換の経済学』新世社,1995.

森本忠夫『ロシア経済改革の失敗』ダイヤモンド社,1995.

メドヴェーヂェフ,Z・A.『ソヴィエト農業1917—1991』北海道大学図書刊行会,1995.

ヤブリンスキー,G.他『ロシア・CIS経済の真実』東洋経済新報社,1992.

山村理人『ロシアの経済改革』岩波ブックレット,1992.

山村理人『ロシアの土地改革:1989—1996年』田賀出版,1997.

『ロシア産業の現状』東海大学出版会,1993.

ラヴィーニュ,M.『移行の経済学——社会主義経済から市場経済へ』日本評論社,2001.

輪島実樹『カスピ海エネルギー資源を巡る攻防』(ユーラシア・ブックレット),東洋書店,2008.

## 民族、宗教与地区

木村英亮『スターリン民族政策の研究』有信堂,1993.

小杉末吉『ロシア革命と良心の自由』中央大学出版部,1992.

酒井　裕『コサックの旅路』朝日新聞社,1994.

サブロン,C.『ロシア民族紀行』図書出版社,1995.

鈴木敏督、塩田長英『崩壊か再生か—ロシアとカザフスタン』新評論,1994.

ソビエト史研究会編『旧ソ連の民族問題』木鐸社,1993.

デューク,N.,カラトニッキー,A.『ロシア・ナショナリズムと隠されていた諸民族』明石書店,1995.

中井和夫『多民族国家ソ連の終焉』岩波ブックレット，1992.

中村泰三『CIS諸国の民族・経済・社会』古今書院，1995.

B.ナハイロ，V.スヴォボダ『ソ連邦民族＝言語問題の全史』明石書店，1992.

西谷公明『通貨誕生—ウクライナ独立を賭けた闘い』都市出版，1994.

早坂真理『ウクライナ』リブロポート，1994.

廣岡正久『ロシア正教の1000年』NHKブックス，1993.

藤村　信『ユーラシア諸民族群島』岩波書店，1993.

山内昌之『イスラムとロシア——その後のスルタンガリエフ』東京大学出版会，1995.

山内昌之『イスラムのペレストロイカ』中央公論社，1992.

山内昌之編『中央アジアと湾岸諸国』朝日選書，1995.

## 社会文化

相原次男『ソビエト高等教育の社会政策的研究』風間書房，1994.

岩田　貴『街頭のスペクタクル』未来社，1994.

岩本和久『情報誌のなかのロシア——文化と娯楽の空間』（ユーラシア・ブックレット）東洋書店，2008.

イワンチク，I．イワンチク，A.『混乱するロシアの科学』岩波書店，1995.

ウォーターズ，E.『美女/悪女/聖女』群像社，1994.

梅津紀雄『ショスタコーヴィチ——揺れる作曲家像と作品解釈』（ユーラシア・ブックレット）東洋書店，2006.

ヴラディ，M.『ヴィソツキー』リブロポート，1992.

エリオット，D.『革命とは何であったか——ロシアの芸術と社会』岩波書店，1992.

亀山郁夫『終末と革命のロシア・ルネサンス』岩波書店，1993.

亀山郁夫『ロシア・アヴァンギャルド』岩波新書，1996.

亀山郁夫『磔のロシア——スターリンと芸術家たち』岩波書店，2002.

川端香男里，中村喜和，望月哲男編『スラブの文化』（講座スラブの世界・1）弘文堂，1996.

桑野　隆『夢みる権利』東京大学出版会，1996.

木村　浩『ロシアの美的世界』岩波書店，1992.

佐藤正則『ボリシェヴィズムと〈新しい人間〉』水声社，2000.

関　啓子『クループスカヤの思想史的研究』新読書社，1994.

沼野充義『スラヴの真空』自由国民社，1993.

沼野充義『モスクワ－ペテルブルグ縦横記』岩波書店，1995.

袴田茂樹『文化のリアリティ』筑摩書房，1995.

プジコフ，A.『日常と祝祭——ソヴィエト時代のある編集者の回想』水声社，2001.

ブシュネル，J.『モスクワ・グラフィティ』群像社，1992.

森田稔、井上道義ほか『ショスタコーヴィチ大研究』春秋社，1994.

## 文学作品

熊野　洋『遙かなる大地──イリヤーの物語』全2部，草思社，2002.
グラーニン，D.『ズーブル』群像社，1992.
プリスタフキン，A.『コーカサスの金色の雲』群像社，1995.
ブルガーコフ，M.『白衛軍』群像社，1993.
ブルガーコフ，M.『巨匠とマルガリータ』上・下，群像社，2000.

日文期刊
《俄罗斯・东欧学会年报》论文
政治
エリツィン「過渡期」政権の政治システム─ロシア政治研究の新しい視覚の模索　上野 俊彦
ロシア自由主義の歴史と意味　鈴木 肇
ポスト共産主義の政治思想の動向　中村 裕
エリツィン大統領の政治スタイル　中澤 孝之
ロシアにおける体制転換の論理と過程　森下 敏男
─新ロシア共産党はなぜ「共産」党であり、「愛国」党であったか　永綱 憲悟
イデオロギー・システム・行動様式の変化と類似性　横手 慎二
ロシアの1995年国家会議議員選挙と1996年大統領選挙の結果の分析　上野 俊彦
ソビエト連邦解体のメカニズム─歴史の暗黒部分　中澤 孝之
ロシア改革の循環─利益分化と政治統合　下斗米伸夫
体制転換の見取り図（梗概）　塩川 伸明
動員しきれなかった動員体制─比較政治体制論の視点から　伊東 孝之
社会主義リアリズムとは何か？─スタニスラフスキー・システムの命運─　中本 信幸
「社会主義とは何であったのか：社会主義体制崩壊のアポリア」討論　宇多 文雄
ロシアにおける「マックス・ウェーバー・ルネッサンス」をめぐって　袴田 茂樹
ロシア・マスメディアの現状と二〇〇〇年大統領選挙　鈴木 康雄
ロシア革命のジレンマ　勝田 吉太郎
ソヴィエト体制の崩壊と伝統的政治文化「ナショナル・ボリシェヴィズム」をめぐって　廣岡 正久
エリツィン大統領弾劾について　中澤 孝之
ロシアにおける「国益」論議について　高山 英男

現代ロシアにおける中央と地方の関係～権限区分条約を中心として～　兵頭 慎治

ロシアにおける連邦制秩序の現状―極東からの視点　堀内 賢志

「ノメンクラトゥーラ」浸透指標によるロシア統治エリートの分析：閣僚を中心に　湯浅 剛

コムソモールの組織の遠心化と機能転換：1987―1988 年　森 美矢子

ソ連崩壊後の歴史の見直し―ラトヴィヤ共和国成立史を例にして―　志摩 園子

プーチン政権とロシア国内情勢　上野 俊彦

ロシアにおけるオリガルヒヤについて―その形成期における権力との癒着を中心に　中澤 孝之

政治家プーチンの個人の資質を読む　月出 皎司

中央・地方の二元論を超えて―政治間関係論とその比較分析の可能性　岡山 裕

ロシアにおける連邦制改革と憲法政治　樹神 成

新生ロシアのネオナチ思想―人民民族党の暴力的排他主義　大矢 温

ポチョムキン・デモクラシー―プーチンの限界か　永綱 憲悟

プーチン後を模索するロシア？　下斗米 伸夫

権力中枢の除去―ゴルバチョフ政権下における共産党官僚機構の改組　大串 敦

大統領制と議院内閣制の選択―1990～1993 年のソ連・ロシア　津田 憂子

ロシアにおける国家アイデンティティの危機と「主権民主主義」論争　袴田 茂樹

現代ロシアの経済投票―1999 年と2003 年の下院選挙における地域間比較　笹岡 伸矢

「公正ロシア」の誕生なぜ中道左派政党が必要とされたのか　長谷 直哉

「スターリン・ノート」と冷戦 1950―1952 年―ドイツ統一問題をめぐるドイツ社会主義統一党（SED）の動向　清水 聡

## 経済

戦後の日本経済復興政策と現在のロシア経済改革の比較　宮本 勝浩

CIS 経済改革の現状と課題　川浦 孝恵

ロシア経済安定化のための処方箋―ネップ期を教訓として　中津 孝司

ソ連の崩壊と食糧問題　細川 隆雄

ロシア石油部門の株式化・民営化　加藤 幸廣

旧ソ連工作機械工業の品質改善策―ゴルバチョフ時代を中心にして　五十嵐 則夫

ロシア・東欧を援助すべきか

ロシアにおける市場経済化と経営者形成の現段階　溝端 佐登史

ロシアにおける地下経済とマフィアー社会学的考察　寺谷 弘壬

ソ連官僚貿易人とロシア新ビジネスマン　恩田 久雄

「移行期（ソ連からロシアへ）における新たな品質改善策」―工作機械工業を中心にして　五十嵐 則夫

社会主義経済計算論争の再検討　吉田 靖彦

ロシア；市場経済化の現状と展望―民有化の評価を中心に　井沢 正忠

過度期におけるロシアの経済管理機構　斉藤 哲

CIS（独立国家共同体）経済再統合と通貨問題　中津 孝司

ソ連「ネップ」期における国民所得勘定と賃金動向―大きな謎の数量経済史的解明　丹羽 春喜

20世紀末のスムータ―「資本主義ロシア」以後の状況を検証する　中澤 孝之

ロシア企業の新経営形態―金融・産業グループの成立とその経営　中津 孝司

クロアチアにおける自主管理企業の民営化　藤村 博之

ロシア極東の水産業と日露貿易　加藤 幸廣

ロシアにおける社会・経済構造の変化と経済政策の選択　溝端 佐登史

ロシアにおける労働市場の変質と人口移動パターンの変化　雲 和広

ロシア極東の石炭産業の現状と見通し　加藤 幸廣

ロシア移行期経済の比較分析と諸問題　吉井 昌彦

社会主義経済計算論争の発展―ミーゼス派対ハイエク派論争を中心として　吉田 靖彦

ソ連型命令経済体制とは何であったのか―スターリンの成功とゴルバチョフの失敗　丹羽 春喜

ロシア・東欧の体制移行とその外的環境：ロシアの経済　宮本 勝浩

Industrial Location and Regional Productivity Differentials in the USSR: Estimating the Production Function Kazuhiro Kumo

ロシア市場経済移行の戦略と日ロ経済経力の課題―資本主義ロシアの選択と日本

ロシアの市場移行：移行10年の教訓と展望　溝端 佐登史

グローバリゼーションとロシア移行経済　酒井 正三郎

社会主義経済計算論争の展望、分裂か収束か―ミーゼス派対ハイエク派論争　吉田 靖彦

ロシア石油会社の構造変革―ルークオイルの新経営戦略―　中津 孝司

ロシア市場における需給斉合と日本の家電製造企業のマーケティング・チャネル戦略―輸入自由化以降、ロシアの家電取扱ディストリビューターが果たした役割　富山 栄子

## 外交与军事

公開討論会「新『千年』を迎えての日ロ関係の展望」
チェチェンをめぐるロシアと外部世界の関係　角田 安正
ロシアの安全保障政策決定機構―安全保障会議を中心に　乾 一宇
ロシアの外交戦略と米国のユニラテラリズム―イラク戦争をめぐる米ロ関係を中心に　小澤 治子
第2期プーチン政権における安全保障政策の立案・形成過程―安全保障会議の改編と「国家安全保障概念」の改訂を中心に　兵頭 慎治
ソ連/ロシアの外交政策とアジア太平洋の地域主義　加藤 美保子
フランス軍主導によるウクライナ侵攻作戦(1918―1919)のベオグラード軍事境界線修正への影響　吉田 裕季
ロシアの化学兵器廃棄をめぐる外交と内政　岡田 美保
1970年代日ソ関係におけるエネルギー政治―相補性と対立　ヴァシリューク スヴェトラーナ
Roy Allison, Margot Light and Stephen White, Putin's Russia and the Enlarged Europe　兵頭 慎治
双頭体制下のロシア外交―「米国要因」と「中国要因」を中心に　斉藤 元秀
ロシアの政軍関係―プーチン政権期を中心として　工藤 仁子
ロシアのバルカン進出とキュチュク・カイナルジャ条約(1774年)―その意義についての再検討　黛 秋津

### 社会、宗教、民族、文化
「混沌の中の宗教界」　川端 香男里
レーニンの民族問題についての思想と現状　村井 淳
ロシア・東欧の民族問題　会議討論
エリツィン政権下のロシア・マスコミ　鈴木 康雄
スターリンの民族問題についての思想と政策　村井 淳
体制移行下のロシア人の社会意識の現状について―社会意織調査の結果をもとに　五十嵐 徳子
ロシア正教会の復活と諸問題　阿部 軍治
文献に見るロシア人の国民性と社会意識の調査結果　五十嵐 徳子
ロシア人女性の家庭と労働に関する意識―サンクト・ペテルブルグでの調査を中心に　五十嵐 徳子
視聴覚化資料からペレストロイカを〈読む〉―身体の記号性を中心に　城野 充
極右団体「ロシア民族統一」の思想―アレクサンドル・バルカショフの言説を中心に　宮川 真一
98年経済危機以降のロシアの失業問題　粟田 聡
カトリック教会より見た新「千年」　家本 博一
正教より見た新「千年」―ロシア正教会を中心に：悲劇的な20世紀の清

算と新ミレニアムの展望　廣岡 正久

熱狂を見つめて―20 世紀ロシア文化における「全体性」　亀山 郁夫

ロシアの体制移行に伴う人命の損失―適応症候群の観点から　小崎 晃義

現代ロシアにおける「ロシア正教ファンダメンタリズム」　宮川 真一

1990 年代ロシアにおける人口移動と地域格差の諸特徴　保坂 哲郎

犯罪統計を通して見る現代ロシアの社会変動―ペレストロイカ期から 2002 年まで　村井 淳

現代ロシア社会の職業評定基準―モスクワとウラジオストクの若年層に対する調査から　松本 かおり

移行期ロシアの労働市場におけるジェンダー問題　藤原 克美

ゾーシチェンコと精神分析　岩本 和久

Shireen T.Hunter, Islam in Russia: The Politics of Identity and Security (Armonk: M.E.Sharpe, 2004)　稲垣 文昭

ロシアの地域別人口変動の社会・経済要因分析(1989―2002 年)　田畑 朋子

第二次世界大戦直後の西ウクライナにおける女性―ソ連型母性主義と「子だくさんの母」を中心に　光吉 淑江

現代ロシアの公教育における宗教教育―「正教文化の基礎」コース導入をめぐって　宮川 真一

カロル・ヴォイティワをめぐる伝統的自然法論と体制倫理論―リベラリズムの暴力性　平手 賢治

『フニュ』の解釈に基づくダニイル・ハルムスの世界観の考察―古代エジプト神クヌムと関連させて　本田 登

## 法律国際法

ソビエト国際法学界の光芒―戦後の理論上の展開を中心に

ロシアの憲法問題　松下 輝雄

国際法から見た日本人捕虜のシベリア抑留　白井 久也

## 地域

ユーラシア主義の復活　中本 信幸

環日本海経済圏を目指して―ロシア極東との経済・地域交流の現状と展望

ロシア極東地域主義　兵頭 慎治

環日本海経済圏開発の意義　信國 眞載

ロシア・バイカル湖地域開発の展開と公害・環境問題　徳永 昌弘

ソ連西方地域のソヴィエト化―西ウクライナを中心に　柳沢 秀一

コソヴォ問題に対する大国の介入―その経緯と特徴　三井 光夫

ユーラシア大陸の政治文化の覚醒―民族・宗教・文明の交錯―（日本

語講演）　セルダヘイ　イシュトヴァーン
　　NATOによるコソボ紛争介入の教訓―政治と軍事の視点から　河野健一
　　シンフォニック・リーチノスチ―ユーラシア主義に見られる全一的理想社会の探求　安岡治子
　　P.N.サヴィツキーのユーラシア主義　浜由樹子
　　スターリン批判の「地政学」　下斗米伸夫
　　CIS経済統合の現状と展望　金野雄五
　　「ユーラシア」概念の再考―「ヨーロッパ」と「アジア」の間　浜由樹子
　　ユーラシアにおけるロシアの石油・天然ガスパイプライン戦略　本村真澄

## 文学

　　ブルガーコフとピリニャークの「医学」―『犬の心臓』と『消されない月の話』をめぐって―　長谷川章
　　ロシヤ語文献翻訳に関する一考察　鈴木康雄
　　大祖国戦争時代におけるシーモノフとプラトーノフ―小説『昼となく夜となく』と『帰郷』その他をめぐって　杉山秀子
　　ポスト・ソビエト期のロシア文学　浦雅春
　　ロシア語訳『源氏物語』研究―「もののあはれ」の観点から　土田久美子
　　レオニート・リパフスキイの「流動する世界」―『対話詩』の解釈を中心に　本田登
　　1924―1934年における「ウズベク語」理念の模索―標準語の母音調和法則の扱いをめぐって　淺村卓生
　　旧ソ連の遺伝学をめぐる学術情報の入手過程―第二次大戦直後における日本生物学界の文献環境の再検討　斉藤宏文

## 书评书介

　　書評　近藤邦康・和田春樹編「ペレストロイカと改革・開放―中ソ比較分析」　中西治
　　仙洞田潤子著『ソ連・ロシアの核戦略形成』　兵頭慎治
　　書評　皆川修吾著『ロシア連邦議会―制度化の検証：1994―2001―』　上野俊彦
　　村上隆著『北樺太石油コンセッション1925―1944』（北海道大学図書刊行会，2004年）
　　田畑伸一郎，末澤恵美編『CIS：旧ソ連空間の再編成』（国際書院，2004年）
　　大中真 Kokoshin, Andrei, Strategic government: Theory, historical experience, comparative analysis, tasks for Russia（ROSSPEN, 2003）, 527 pages　兵頭慎治

羽場久浘子『拡大ヨーロッパの挑戦—アメリカに並ぶ多元的パワーとなるか—』 小山 洋司

羽場久美子・小森田秋夫・田中素香編『ヨーロッパの東方拡大』（岩波書店,2006年） 田口 雅弘

西村可明編著『移行経済国の年金改革』 柳原 剛司

アーチー・ブラウン『ゴルバチョフ・ファクター』 中村 裕

## 东欧中亚

ルーマニアの経済改革 吉井 昌彦

チェコの私有化 小森 吾一

ロシア（旧ソ連）のドイツ人—その歴史的運命について 福住 誠

EUの拡大と中・東欧 香川 敏幸

中・東欧の経済発展と外国直接投資—CEFTA 諸国を中心に 箱木 眞澄

キルギス共和国経済の問題点と国際協力 東 勇次郎

東中欧諸国における左派政党の位置 林 忠行

東欧での《共産党》の復権？—ポーランド 家本 博一

バルカン半島南西部の民族問題と地域統合—アルバニア人問題を中心に 金森 俊樹

アルバニア経済の転換過程分析 中津 孝司

中東欧諸国の「体制転換」—「新制度論」の視点からの分析 仙石 学

中欧移行期経済の比較分析と理論的諸問題 田口 雅弘

「ポスト社会主義」の東欧社会:社会と民族 羽場 久浘子

ポーランドのEU加盟と産業再編—鉄鋼産業を素材として 津久井 陽子

アルバニアの経済再建とクローム鉱の役割 中津 孝司

NATO・EU拡大効果とその限界 六鹿 茂夫

東欧の体制移行と対外環境—地域協力とEU加盟から見えること 田中 宏

リトアニアにおける複数民族共存の条件 吉野 悦雄

バルト3国の領土問題 杉山 茂雄

ボスニア・ヘルツェゴビナの経済復興—モザンビークと対比 中津 孝司

ハンガリーにおける非スターリン化と対オーストリア関係(1957—1959) 荻野 晃

政治転換以後の中欧経済社会の変容—ハンガリーに焦点をあてつつ 堀林 巧

「中欧」のNATO・EU加盟に伴う諸問題—グローバリゼーションとポスト空爆の中で 羽場 久浘子

ユーゴ経済崩壊の軌跡と再生への道 小山 洋司

Foreign Capital: Productivity and Spillover Effect in Hungary Valéria Szekeres

中央アジアにおける国家建設―ウズベキスタンとトルクメニスタン 稲垣 文昭

1990年代中央アジアにおける国際関係―中国の動向を中心に 伊藤 庄一

カーダール・ヤーノシュと「体制の強化」(1957―1958)―ナジ・イムレ裁判を中心に 荻野 晃

移行化過程の国民の痛みと社会的セーフティネット―マケドニア共和国を事例として 千年 篤

ユダヤから見た新「千年」 立山 良司

移行期中欧におけるネットワーク型産業の規制改革・民営化 辻本 政雄

ポーランドにおける欧米財団の民主化支援 廣田 拓

ガリツィア・ヴォルヒニャにおけるポーランド人強制移住政策と社会経済構造の変化 1939―1941年 柳沢 秀一

デイトン合意後のボスニアにおける選挙と民族問題 久保 慶一

マケドニア共和国の民族問題―マケドニア危機の背景には民族間の経済的不平等化が存在していたのか? 千年 篤

ウクライナ議会と中間勢力―大統領との関連から 藤森 信吉

ベラルーシの民主化問題とOSCE 宮脇 昇

ハンガリーの年金制度改革―1998年以降の2つの時期に注目して 柳原 剛司

中・東欧における地域格差 吉井 昌彦

モルドヴァの社会的格差 六鹿 茂夫

両大戦間期のイストリアにおけるクロアチア人問題 石田 信一

体制維持と改革のジレンマに直面する北朝鮮経済―対ソ連/ロシアおよび中国との経済関係の分析 後藤 富士男

Hanna Diskin, The Seeds of Triumph, Church and State in Gomutka's Poland (Central European University Press, 2001) 加藤 久子

中東欧諸国の政策の規定要因分析試論―チェコとポーランドの環境政策を題材として 仙石 学

東中欧諸国と米国の単独主義―イラク戦争への対応を事例に 林 忠行

モンテネグロにおける独立問題と民族アイデンティティ 久保 慶一

EUの警察協力における中東欧諸国の立場―第5次拡大を巡る制度的考察を中心に 中林 啓修

EU加盟拡大と中東欧のアイデンティティー 阿部 望

中央アジアにおける集団的アイデンティティ―地域秩序を形成する要因として位置づける 湯浅 剛

体制移行期ポーランドの環境改善における環境基金の役割に関する考察　市川 顕

戦後ポーランドにおけるコンビナート建設と都市形成―カトリック教会と労働者　加藤 久子

『東欧』の解体?―コソヴォを事例として　月村 太郎

ウクライナの『カラー民主革命』をめぐる考察―2006 年の議会選挙の分析をもとに　石郷岡 建

チェコ共和国における「緑の党」の諸相　坪井 宏平

ポーランドでいくつのスラブ語が話されているか?　ドゥーダ ヘンリク

EUの過剰膨張? ウクライナとトルコ　松里 公孝

レーニン製鉄所と十字架―社会主義ポーランドにおける政治と宗教　加藤 久子

ウクライナにおける「リドナ・モーヴァ」概念の曖昧さ―キエフ大学学生を対象にしたアンケート調査でみられた矛盾回答の分析―　〆木 裕子

2005 年政変後のクルグズスタン政治における南北の地域軸と部族的要素の利用　中西 健

ボスニア・ヘルツェゴビナにおける民族対立とオーナーシップ―警察改革を事例に　中村 健史

Hiden, John, Vahur Made and David J. Smith, eds., The Baltic Question during the Cold War (Abingdon, Oxon: Routledge, 2008), 209p.　大中 真

## 其他

インターネット特別分科会　上野 俊彦

О поисках новой национальной идеи в России　Gunji Abe

ОСОБЕННОСТИ ПАРТИЙНОЙ СИСТЕМЫ В КОНТЕКСТЕ РОССИЙСКОГО ТРАДИЦИОНАЛИЗМА(АВТОРИТАРНЫЙ ВОждИЗМ И ЕГО ОСНОВЫ В КРАСНОДАРСКОМ КРАЕ)　Арбахаи Магомедов

学会歴代理事名簿

## 《比较经济体制学会会报》
### 经济理论

計画から市場への体制転換を考察する枠組みについて欠落、回避されている二つの問題領域を中心に(31 期)　犬飼 欽也

市場経済の一般モデル独占的競争を中心として(31 期)　石川 健

産業連関表による化石燃料消費効率の要因分析(31 期)　長谷部 勇一

ラウンドテーブル「体制転換と数量経済分析」新しい問題とその解決の展望(31 期)　田畑 伸一郎, 吉井 昌彦, 久保 庭真彰, 名島 修三

私の「比較経済体制論」観(32 期)　藤田 整

「制度の経済学」と経済体制論（32期）　竹下 公視

比較経済体制研究の現代的課題体制転換問題への体系的アプローチの試み（32期）　長砂 實

社会主義世界体制崩壊：以前と以後─マルクス経済学の終焉と転換社会主義経済学会31年の評価と自己点検（32期）　岡田 裕之

制度研究における複雑さの視点（32期）　塩沢 由典

社会主義市場経済について（32期）　王 守海

社会主義経済計算論争再考（32期）　日向 健

移行経済の金融経済的側面（32期）　中村 靖

ミーゼスの社会主義批判と歴史上の社会主義（33期）　森岡 真史

社会主義思想と協同化ネットワーク（33期）　影山 摩子弥

世界市場型国際連関の進化と社会主義世界体制の分裂・崩壊・転換（35期）　岡田 裕之

「ワシントン・コンセンサスの見直しと新しい開発戦略」（37期）　白鳥 正喜

資源のリサイクリングと外部性の内部化政策（37期）　小出 秀雄

リスクシェアリングとしのセフティ・ネットと資産・所得分配（38期）西村 周三

リベラリズム再考（38期）F.A.ハイエク，W.レプケ，山田盛太郎　金 秀日

福祉国家と福祉協同化ネットワーク（38期）　影山 摩子弥

移行経済の類型化（論）へのアプローチ（39期）　田中 宏

市場経済移行類型化の試み：貿易関係自由化の側面から（39期）　上垣 彰

費用効果の存在する合弁企業モデルの考察合弁利益に対する貿易障壁低下の影響（39期）　中谷勇介

移行と開発戦略に関する理論的枠組みの構築をめざして（40期）　トラン ヴァン・トウ

理性主義のシステムとしての資本主義理性の特性と資本主義のシステム（40期）　影山 摩子弥

市場経済移行と産業技術の再編成（40期）　長岡 貞男，岩崎 一郎

体制移行の倫理学体制移行の背景的正義（41期）　平手 賢治

"The Determinants of the Inflation Rate in Transition Countries　―A Panel Data Analysis―" Takeshi Inoue（42期）

比較制度分析の方法：制度のシュンペータ的革新と革新の制度（42期）青木昌彦

市場への移行と成長における国家の役割：サーベイ（42期）　鈴木拓

比較経済体制論の到達点と課題　―国有企業の民営化を中心に（44期）中兼和津次

制度変化の実証分析枠組みとその応用：制度変化の理解に向けて（44

期) 岡崎哲二

資本主義経済における多様性(44 期) 山田鋭夫

"The Tasks Ahead in Comparative Economic Studies：What Should We Be Comparing?" Philip Hanson

コルナイ・ヤーノシュ(盛田常夫訳)『コルナイ・ヤーノシュ自伝―思索する力を得て』(44 期) 佐藤経明

山田鋭夫・宇仁宏幸・鍋島直樹編『現代資本主義への新視角』(45 期) 岩田昌征

比較の意義について：経済学の立場から(46 期) 上垣 彰

今日の時点から見たブルスとコルナイ：偉大なる社会主義経済研究者の理論に対する批判的検討(46 期) 中兼和津次

ブルス：「現存した社会主義」経済体制批判における「修正主義」(46 期) 佐藤経明

コルナイ経済学をどう理解するか(46 期) 盛田常夫

現代国際金融とドル体制の現局面(47 期) 奥田宏司

## 俄苏经济

社会主義企業の回顧(30 期) 中村 靖

ロシア連邦の経済循環インフレとの関係における(30 期) 望月 喜市

社会主義改革論の挫折経済学者への問いかけ(30 期) 塩川 伸明

挫折したゴルバチョフのペレストロイカ戦略(30 期) 上島 武

ソ連とは何であったか(30 期) 荒田 洋

ロシア 体制転換の停滞(31 期) 中山 弘正

体制転換の「不可避性」と困難ロシアにおける民営化問題を中心に(31 期) 長砂 實

雇用問題からみたロシアの市場経済化過程―「価格自由化」後の失業問題と企業経営(32 期) 大津 定美

ロシア農村における非集団化の可能性と条件(32 期) 山村 理人

旧ソ連邦就業構造の推移(32 期) 保坂 哲郎

ロシアの経済政策と市場化の現状(33 期) 溝端 佐登史

ロシア民営化：バウチャーと株式(33 期) 染谷 武彦

ロシアの政治・社会情勢と市場化の展望(33 期) 袴田 茂樹

ソ連の経済実績再考―G.ハーニン推計とその含意(33 期) 栖原 学

Downward Bias of the Russian Output Statistics and Its Microeconomic Foundations(33 期) Masaaki Kuboniwa

ロシアの石油・ガス産業の私有化過程(34 期) 村上 隆

On the Debate between "Gradualism" and "Big-Bang"：A consideration from Hayekian perspective(34 期) Hiroyuki Okon

コメコン崩壊による国際分業の再編成(35 期) 名島 修三

ロシア連邦の国際収支表：その特徴と若干の分析(35 期) 上垣 彰

ロシア貿易統計(35 期)　田畑 伸一郎

ロシアにおける産業政策と資本再編(36 期)　溝端 佐登史

ロシア連邦における新税制度の特徴(36 期)　保坂 哲郎

旧ソ連邦及びロシアの市場構造と独占度(36 期)　富山 栄子

体制転換後ロシアの就業動向(36 期)　石川 健

ロシアの金融事情(37 期)　黒坂 昭一

東欧・旧ソ連の金融改革(37 期)　本間 勝

金融危機後のロシア経済(37 期)　辻 義昌

「ロシア・東欧の国際収支と資本移動」(37 期)　上垣 彰

ロシアにおける銀行の類型別資金運用状況(1992—1998 年初め)(37 期)　大野 成樹

ロシアの会計改革最近の動向について(37 期)　土屋 和男

体制移行と軍縮(37 期)　中山 弘正

ロシアの工業生産指数:1913—1990 年(37 期)　栖原 学

雇用のセーフティー・ネットオムスク州雇用局を例として(38 期)　堀江 典生

ロシアの年金制度改革市場経済移行とセーフティ・ネット(38 期)　水田 明男

「ロシアの不平等と貧困」—「賃金獲得の機会」と「職に就く機会」の視点から(38 期)　武田友加

ロシアにおける現物経済化(38 期)　道上 真有

ロシアにおける家計の貯蓄行動(38 期)　中村 靖

ロシア年金改革の政治経済学ロシアの特殊性との関わりで(39 期)　大津 定美

ロシアの市場化と法制度(39 期)　栖原 学

1990 年代のロシアにおける未払問題財政・企業間の支払関係から(39 期)　杉浦 史和

現代ロシアのインフレ過程—物価統計研究の視点から(39 期)　佐藤 智秋

ロシア極東における輸送・通信の現状と発展の見通し(39 期)　レオンチェフ ルドルフ

体制転換後ロシアの電力・燃料工業と就業構造変化(40 期)　石川 健

産業空洞化と商業肥大化(40 期)　久保庭 真彰

石油・ガス産業の構造変化(40 期)　小森 吾一

ロシアの「私的土地所有」:伝統と現代(41 期)　奥田 央

家電リサイクル法の料金制度と不法投棄政策(41 期)　小出秀雄

廃棄物処理制度の比較経済分析(41 期)　阿部新

ロシアの未払問題と銀行システム　企業から銀行への期限超過信用を中心に—(42 期)　杉浦史和

ネップ期経済体制の特質とその解体過程(43 期)　木村雅則

### 俄日、俄中等比较经济关系

### 俄罗斯社会

## 其他国家经济、政治

ポーランド「脱社会主義」改革の基本的誤謬(30期)　家本 博一

ルーマニアにおける経済システム転換の状況(30期)　浅尾 仁

中国にとっての「社会主義」その効用と限界(30期)　毛里 和子

中欧における私企業の生成と発展ハンガリー農村部の事例(31期)　石川 晃弘

いわゆる「中国型社会主義」の特質と転換の現段階(31期)　座間 紘一

旧ユーゴスラヴィア連邦の経済動向と体制転換(1992年)クロアチア共和国を中心として(31期)　阿部 望

ドイツ民営化の特徴と問題点(31期)　百済 勇

ハンガリーのシステム転換と経済政策プログラム(32期)　田中 宏

ルーマニアにおける市場経済への移行と政策転換(32期)　吉井 昌彦

ポーランド・マクロ経済安定化への道(32期)　家本 博一

農民の経済行動と合理性中国における農村実態調査から(32期)　中兼 和津次

中国の経済改革と市場化の現状(33期)　上原 一慶

中国における民営化(33期)　丸山 伸郎

改革・開放下における中国農村の変化(33期)　村岡 伸秋

中国の政治社会状況(33期)　矢吹 晋

中国経済の構造変化と環境負荷(33期)　長谷部 勇一

中国:市場経済化の中での国有企業改革(34期)　木崎 翠

国営企業改革の現状と課題―ポーランド―(34期)　家本 博一

先進国民営化の特徴―フランスを中心に―(34期)　玉村 博巳

ブラジルの民営化―発展途上国における国有企業改革の一例(34期)　堀坂 浩太郎

ミャンマーの農業・農村の現在(34期)　高橋 昭雄

旧ユーゴスラヴィアにおける民族関係(35期)　徳永 彰作

中国の市場経済化と香港・華人資本(35期)　矢吹 晋

チェコ共和国における体制転換の現状と問題点転換政策・安定政策・発展政策(35期)　稲川 順子

戦後経済政策の国際比較 社会的市場経済から見た西独・日本・韓国(35期)　金 秀日

統計システムから見た米中貿易摩擦問題(35期)　薛 進軍

ポーランド経済移行期における貿易統計の現状と諸問題(35期)　田口 雅弘

ハンガリーの移行経済における国家(政府)の役割(36期)　田中 宏

中国における政府の役割とは(36期)　丸山 伸郎

中東欧諸国における産業政策(36期)　吉井 昌彦

中国における労働の市場化と中央・地方政府の役割(36期)　山本 恒人

東アジアにおける貿易と経済発展 国際産業連関表による相互依存関係の分析(36期) 長谷部勇一

ウズベキスタン新工業管理制度の構造と機能体制移行経路の一中間形態として(36期) 岩崎一郎

アジア通貨危機後の中国の貿易・投資・人民元(37期) 今井 理之

東欧諸国の移行経済とEU「東方拡大」(37期) 百済 勇

中国国有企業改革とメインバンク制(37期) 任 雲

中欧への直接投資の現状と課題(38期) 盛田 常夫

FDIから見た中国移行経済の論点(38期) 筧 武雄

ポーランドにおける転換ショックとセーフティネット構築(38期) 田口 雅弘

ハンガリーにおける市場経済移行とセーフティーネット年金システムの個人化を中心に(38期) 吉井 昌彦

中国経済の市場化と「セイフティネット」(38期) 木崎 翠

〈EU〉:Soziales Europaと「多様のなかの統一」(38期) 小林 甲一

北朝鮮社会主義経済の半世紀と今後朝鮮・中国・旧ソ連の比較(38期) 藤田 整

京都議定書とロシア「排出枠取引への量的制限」問題を中心に(38期) 田中 雄三

ポーランドにとってのEU正式加盟問題とは?(38期) 家本 博一

中国における移行過程の特色(39期) 中兼 和津次

漸進主義の移行システム―ウズベキスタンの場合(39期) 清水 学

カザフスタンにおける投資と金融の現状と課題(39期) 森 彰夫

カスピ海エネルギー輸出における諸問題事例:トルクメニスタンの天然ガス輸出(39期) 輪島実樹

中央アジア諸国の政府・企業間関係と経済成果(学会報告要旨)(39期) 岩崎一郎

日ロ経済関係をどのように活性化するのか;米国・中国・韓国との比較分析(39期) ザウサーエフ V.K.

ウクライナの天然ガス市場―ガストレイダーを中心にして(39期) 藤森 信吉

チェコにおける産業政策と産業構造の変化(40期) 池本 修一

移行経済下における産業構造の変化ポーランドのケース(40期) 和田 正武

ルーマニアの産業構造と輸出競争力(40期) 吉井 昌彦

中国経済の発展と構造転換(40期) 厳 善平

ポーランドの年金改革賦課方式から積立方式への転換(40期) 吉野 悦雄

EUの東方拡大とカリーニングラード(41期) 蓮見 雄

移行社会と社会形成(41期) 家田修

中国の地域格差と沿海地域から内陸地域への浸透効果:地域間産業連関分析による一考察(41期)　日置 史郎

Comparative Analysis of National Accounts Incorporating Environmental Issues(41期)　Zoltan Denes

「ハンガリーの新年金制度と私的年金基金」(41期)　岩崎一郎・佐藤嘉寿子

モンゴルにおける地域格差に関する一考察(41期)　ジャミヤン・ガンバト

北朝鮮の「経済管理改善措置」と中国の改革開放政策の比較(42期)　今村弘子

北朝鮮の政治経済システムと食糧エンタイトルメント　―首領経済とエンタイトルメントのヒエラルキーを中心として(42期)　鄭光敏

金父子崇拝強化のミクロ的基礎(42期)　黒坂真

市場経済移行期のチェコにおける銀行危機の展開(42期)　松澤祐介

ポーランドの経済特区　―外国直接投資誘致政策としての評価―(42期)　金子泰

セルビア・モンテネグロにおけるEU加盟プロセスおよび経済体制移行の現状と問題点(42期)　阿部望

北朝鮮経済の現状と改革の可能性(43期)　鄭恩伊

中国における私有企業の生成について(43期)　葉剛

ルカシェンコ政権下におけるベラルーシの市場経済化とその促進要因(43期)　吉野悦雄

東欧は新しいタイプの「三者協議型」資本主義になるのか?　コンフィギュレーション理論を手がかりにして考察する(43期)　田中　宏

市場経済移行期の中央銀行　―中欧3カ国の中央銀行の独立性を巡って(43期)　松澤祐介

ウクライナとロシア原油　―供給源・ルート多元化をめぐる戦い―(43期)　藤森信吉

ポーランドにおける商業銀行の制度化と与信行動(43期)　秋葉まり子・Maria Lissowska

東独脱出動機論争　―独裁と経済難民・政治難民―(43期)　青木國彦

ベトナムの二輪車産業:グローバル化時代における輸入代替型産業の発展(44期)　三嶋恒平

中国における計画経済体制下の国有企業改革―経営請負責任制の再検討(44期)　浅川あや子

移行期セルビアにおける外国銀行の役割(44期)　土田陽介

ボスニアにおける対外不均衡と資金循環の問題(45期)　土田陽介

中・東欧諸国のユーロ圏に対するインフレ収束(45期)　井上武

東独1988年4月「中央決定」の意味と文脈(45期)　青木國彦

インドにおける成長と雇用:グローバリゼーションが製造業部門雇用

に与える影響を中心として(46 期)　佐藤隆広

東中欧諸国における政党システム形成の比較:「基幹政党」の位置取りを中心にして(46 期)　林 忠行

中国における公的年金制度の再分配効果と持続可能性との関係:保険数理的な将来推計による分析(47 期)　雍炜・金子能宏

欧州移行諸国における金融危機の影響:IMF 支援と資本自由化(47 期)　大田英明

中国のサブプライム危機の影響と対応(47 期)　渡邉真理子

戦後北朝鮮経済の展望(47 期)　木村光彦

毛沢東体制:その存立基盤と内包する社会衝突的リスク(47 期)　山本恒人

世界金融危機下でのEU 経済(47 期)　高屋定美

中東欧新規 EU 加盟国の経済危機:バルト 3 国を中心に(47 期)　小山洋司

中・東欧諸国における政府―企業間関係:EU 競争政策との関連で(47 期)　吉井昌彦

## 书评书介

百濟勇著『EUの東欧拡大とドイツ経済圏:ドイツの東方拡大シナリオを中心に』(40 期)　家田 修

森彰夫著『ハンガリーにおける民営化の政治経済学』(40 期)　池本修一

岩田昌征著『ユーゴスラヴィア多民族戦争の情報像』(40 期)　岡田裕之

デービッド・レーン＝キャメロン・ロス共著(溝端佐登史・酒井正三郎・藤原克美・林裕明・小西豊 共訳)『ロシアのエリート:国家社会主義から資本主義へ』(40 期)　石川 晃弘

呉暁林著『毛沢東時代の工業化戦略―三線建設の政治経済学―』(40 期)　雲 和広

二村秀彦・金野雄五・杉浦史和・大坪祐介著『ロシア経済 10 年の軌跡:市場経済化は成功したか』(40 期)　塩原 俊彦

吉野悦雄著『複数民族社会の微視的制度分析―リトアニアにおけるミクロ・ストーリア研究―』(41 期)　田畑 理一

中山弘正,上垣彰,栖原学,辻義昌著『現代ロシア経済論』(41 期)　吉野悦雄

久保庭真彰/田畑伸一郎編著『転換期のロシア経済市場経済移行と統計システム』(41 期)　保坂哲郎

池本修一著『体制移行プロセスとチェコ経済』(41 期)　田中 宏

西村可明編著『旧ソ連・東欧における国際経済関係の新展開』(41 期)　吉井 昌彦

大津定美/吉井昌彦[編著]『経済システム転換と労働市場の展開』(41
期) 塚本 隆敏

Katharina Müller. The Political Economy of Pension Reform in Central-
Eastern Europe(41期) 上垣彰

佐藤芳行著『帝政ロシアの農業問題 土地不足・村落共同体・農村工
業』(41期) 中山 弘正

The World Bank, Transition: The First Ten Years-Analysis and Lessons
for Eastern Europe and the Former Soviet Union(41期) 佐藤経明

森章著『ロシア会計の歴史と現代』(41期) 加藤 志津子

吉井昌政著『ルーマニアの市場経済移行―失われた90年代』(41期)
和田 正武

中山弘正『現代の世界経済』(41期) 塩原俊彦

厳善平『農民国家の課題』(41期) 野部公一

雲和広『ソ連・ロシアにおける地域開発と人口移動』(41期) 岩崎一郎

山口秋義『ロシア国家統計制度の成立』(41期) 田畑伸一郎

富山栄子『ロシア市場参入戦略』(42期) 加藤志津子

田畑伸一郎・末澤恵美編『CIS:旧ソ連空間の再構成』(42期) 木村英亮

野部公一『CIS農業改革研究序説』(42期) 中山弘正

ヤコブ・パッペ,溝端佐登史『ロシアのビッグビジネス』(42期) 杉浦
史和

田中宏『EU加盟と移行の経済学』(43期) 吉井昌彦

石川晃弘編著『体制移行期チェコの雇用と労働』(43期) 松澤祐介

保坂哲郎著『ロシア地方自治予算論』(43期) 田畑伸一郎

高橋満『中華新経済システムの形成』(43期) 浅川あや子

大津定美・吉井昌彦編著『ロシア・東欧経済論』/西村可明編『ロシア・
東欧経済:市場経済移行の到達点』(43期) 武田友加

横井陽一『中国の石油戦略―石油石化集団の経営改革と石油安全保障』
(43期) 峰毅

上原一慶編著『躍動する中国と回復するロシア:体制転換の実像と理論
を探る』(43期) 酒井正三郎

上垣彰『経済グローバリゼーション下のロシア』(43期) 栖原学

塩原俊彦『ロシア経済の真実』(43期) 岡田裕之

村上隆著『北樺太石油コンセッション1925―1944』(44期) 上垣彰

岩崎一郎著『中央アジア体制移行経済の制度分析 ―政府-企業間関係
の進化と経済成果』(44期) 大田英明

岩崎一郎・宇山智彦・小松久男編著『現代中央アジア論』(44期) 角田
安正

伊藤治夫・清水学・野口勝明著『中東政治経済論』(44期) 小森吾一

丸屋豊二郎・丸川知雄・大原盛樹著『メイド・イン・シャンハイ』(44
期) 木崎 翠

西村可明編『移行経済国の年金改革』(44期) 岡田裕之

塩原俊彦『ロシア資源産業の「内部」』(44期) 月出皎司

加藤志津子『市場経済移行期のロシア企業—ゴルバチョフ，エリツィン，プーチンの時代—』(44期) 藤原克美

今井健一・渡邊真理子『企業の成長と金融制度』(44期) 丸川知雄

厳善平『中国の人口移動と民工—マクロ・ミクロ・データに基づく計量分析—』(44期) 雲和広

高林二郎『東アジアの工業化と技術形成—日中 ASEANの経験に学ぶ—』(44期) 堀江典生

赤羽恒雄・アンナ・ワシリエヴァ編著『国境を越える人々』(45期) 大津定美

丸川知雄著『現代中国の産業』(45期) 長岡貞男

蔡昉編著『中国人口与労働問題報告 No. 8 劉易斯転折点及其政策挑戦』(45期) 日置史郎

小俣利男著『ソ連・ロシアにおける工業の地域的展開』(45期) 雲和広

田中素香著『拡大するユーロ経済圏』(45期) 上垣彰

デービッド・レーン著 溝端佐登史・林裕明・小西豊著/訳『国家社会主義の興亡—体制転換の政治経済学』(45期) 酒井正三郎

マルコム・ウォーナー編著 加藤志津子監訳『市場経済化移行諸国の企業経営—ベルリンの壁から万里の長城まで』(45期) 米村紀幸

高田和夫編著『新時代の国際関係論—グローバル化のなかの「場」と「主体」』(45期) 栖原 学

栢俊彦著『株式会社ロシア—混沌から甦るビジネスシステム』(45期) 杉浦史和

Moriki Ohara, Interfirm Relations under Late Industrialization in China: The Supplier System in the Motorcycle Industry(45期) 丸川知雄

辻久子著『シベリア・ランドブリッジ—日ロビジネスの大動脈』(45期) 吉井昌彦

北海道大学スラブ研究センター監修，家田修編『講座スラブ・ユーラシア学 1 開かれた地域研究へ—中域圏と地球化』(46期) 上垣 彰

田畑伸一郎編『石油・ガスとロシア経済』(46期) 吉井昌彦

塩原俊彦著『パイプラインの政治経済学ネットワーク型インフラとエネルギー外交』(46期) 田畑伸一郎

アン・アプルボーム著 川上洸訳『グラーグ：ソ連集中収容所の歴史』(46期) 石川 健

池本修一・岩崎一郎・杉浦史和編『グローバリゼーションと体制移行の経済学』(46期) 武田友加

深尾光洋編『中国経済のマクロ分析—高成長は持続可能か』(46期) 王京濱

小出秀雄著『資源循環経済と外部性の内部化』(47期) 阿部 新

黒坂 真著『独裁体制の経済理論』(47 期)　吉野悦雄

岩田 裕著『チェコ共和国のエネルギー・環境政策と環境保全』(47 期)　田中 宏

小島修一著『二十世紀初頭ロシアの経済学者群像：リヴァイアサンと格闘する知性』(47 期)　森岡真史

蓮見雄編『拡大する EU とバルト経済圏の胎動』(47 期)　吉井昌彦

Bruno Dallago and Ichiro Iwasaki, eds. Corporate Restructuring and Governance in Transition Economies(47 期)　安達祐子

Shinichi Ichimura, Tsuneaki Sato and William James, eds. Transition from Socialist to Market Economies：Comparison of European and Asian Experiences(47 期)　栖原 学

賀川豊彦著,加山久夫・石部公男訳『友愛の政治経済学』(47 期)　芦田文夫

## 学会情況

第 12 回数量経済研究会報告 買手市場、売手市場と予算制約の有効性(30 期)　森岡 真史

経済体制のヴィジョンと学会名称変更問題(32 期)　佐藤 経明

「社会主義経済学会会報」から「比較経済体制学会会報」へ「会報」名称変更によせて(31 期)　長砂 實

比較経済体制学会第 42 回全国大会報告要旨(40 期)

## 《斯拉夫研究》
## 哲学、方法论

ベルジャーエフにおける宗教哲学の導因と問題　大須賀 史和

20 世紀のロシア、ソヴィエト哲学をめぐって　大須賀　史和

世界戦争とネオ・スラヴ主義―第一次大戦期におけるヴァチェスラフ・イワノフの思想―北見　諭

ピクレルの社会理論―19―20 世紀転換期におけるブタペスト思想界の一断面―　三苫 民雄

近代ロシア思想における「外来」と「内発」―F・F・マルテンスの国際法思想―　天野 尚樹

M.A.バクーニンにおけるスラヴ問題―研究史と問題提起―　山本健三

研究のグローバル化の中における日本のロシア史研究　イリヤ・ゲラシモフ（松里公孝が訳）

ウラジーミル・ソロヴィヨフとオカルティズム　杉浦 秀一

中東欧研究と比較政治学―いわゆるディシプリン指向の中での地域研究のあり方の考察―　仙石学

ロースキーの直観主義とベルクソン哲学　北見諭

M.M.バフチンの対話理論における人格とモノの概念― C.Л.フランクとの比較の観点から　見附陽介

## 政治

大改革期ロシアにおける地方行政制度の再編：1858―1864 年　竹中 浩

ソ連共産党の支配下の地方ソビエト：モスクワ市オクチャーブリ地区ソビエトの実証研究，1988―1990 年　中村 逸郎

（研究ノート）帝政ロシアの地方制度，1889―1917　松里 公孝

道標転換派とソヴィエト権力　中嶋 毅

（研究ノート）ソ連の環境保護理念と行政システム　片山 博文

「千人書」について：イヴァン雷帝の1550 年 10 月の改革案をめぐって栗生沢 猛夫

アパラート・デモクラシー：ロシアの中小都市，郡における政治と行政松里 公孝

ソ連邦における地区の農業機関と党機関 1962―1965　松戸 清裕

ブレジネフ政治局と政治局小委員会：対アフガンと対ポーランド外交政策決定構造の比較　金成浩

サハリン州と南クリル地区の自治制度：ローカル・オートノミー　中村 逸郎

18 世紀初頭におけるツァーリとエリート―元老院の地位と活動を手がかりとして　田中 良英

塩川氏の書評に答える―1930 年代ソ連政治史の解釈をめぐって　富田 武

エスノ・ボナパルティズムから集権的カシキスモへ―タタルスタン政治体制の特質とその形成過程 1990―1998　松里 公孝

コムソモールの改革の試みと崩壊の始まり1987―1988 年　森 美矢子

ポロニズムと闘うコミッサールから農村啓蒙者へ―帝政下右岸ウクライナにおける調停吏制度　松里 公孝

帝政ロシアにおけるノヴォロシア・ベッサラビアの成立―併合から総督府の設置まで　志田恭子

コムソモールと「非公式団体」の対立と協調―ペレストロイカ期コムソモールの変質過 森美矢子

内戦期のモスクワにおける党と行政　池田 嘉郎

ロシア連邦制の構造と特徴―比較連邦論の視点から―　長谷直哉

ソ連末期におけるガガウズ人民族自治政府を巡る諸問題　佐藤圭史

ロシアの中央・地方関係をめぐる政治過程―権限分割条約の包括的な分析を例に　中馬瑞貴

## 経済

1980 年代後半のソ連経済：産業連関表に基づく分析　田畑 伸一郎

（調査研究)ロシア極東の地下資源の需給と分布　望月 喜市

ロシア国民所得成長の分析（1980—1991 年)　田畑 伸一郎

「非集団化」の考察:中央アジアおよび北コーカサスにおけるケース・スタディ　山村 理人

「ネップ」期ソ連経済における総合的要素生産性向上率の計測　丹羽春喜

極東の経済改革:成果,問題点,展望　P.ミナーキル

ロシアの村落穀物備蓄制度:1864—1917 年　松里 公孝

（研究ノート)サハ(ヤクーチャ)の草原と牛馬飼育　斎藤 晨二

（研究ノート)ロシア北方の社会・経済発展に関する国家綱領とカタンガ・エウェンキ M.トゥーロフ

ハバロフスク地方および沿海地方における機械工業企業の動態分析　村上 隆

体制移行期におけるロシア・中央アジア諸国間分業関係の経路依存性:試論　岩崎 一郎

19 世紀前半の右岸ウクライナにおける国有地農民の改革:負担金納化の農業史的意義　松村 岳志

シルダリヤ下流域の自然環境保全と灌漑農業:クズルオルダ州を中心に　野村 政修

ロシアの金融産業グループに関する一考察—企業統合の「連続性」の視角から　塩原　俊彦

体制移行期ロシアの食料市場—需要と輸入の分析を中心として　山村理人

ロシアにおける銀行の資金運用状況(1992 年—1998 年初め)—所在地別、設立母体別、規模別視点から　大野　成樹

ストルイピン農業改革期ロシアにおける区画地経営　崔 在 東

ロシアにおける石油・ガス企業と銀行　大野成樹

ロシアの対 CIS 貿易の構造分析—その特徴と経済統合への含意　金野雄五

ロシアの木材輸出の新展開—対中国貿易を中心に　　封安全

## 外交与军事

明治初年の樺太:日露雑居をめぐる諸問題　秋月 俊幸

中国と旧ソ連・ロシアとの新しい経済関係　小川 和男

シベリア内戦とブリヤート・モンゴル問題　生駒 雅則

ソ連のアフガニスタン侵攻:対外政策決定の分析　金 成浩

ロシア極東の朝鮮人:ソビエト民族政策と強制移住　岡 奈津子

ロシアの韓国中立化政策—ウィッテの対満州政策との関連で　石和 静

アーヘン会議をめぐるロシア外交—アレクサンドル一世の「神聖同盟」

に関する一考察　池本　今日子

　日本における白系ロシア人史の断章—プーシキン没後 100 年祭（1937 年、東京）　沢田　和彦

　ソ連邦中央＝カザフスタン関係の変遷（1980—1991）—党エリート人事動向を素材として　地田　徹朗

　安永年間のロシア人蝦夷地渡来の歴史的背景　コラー・スサンネ

　第一次世界大戦期における日露接近の背景—文明論を中心として—バールィシェフ・エドワード

　「個別主義の帝国」ロシアの中央アジア政策—正教化と兵役の問題を中心に　宇山智彦

　シベリア出兵期、日本軍によるハンガリー人捕虜射殺事件の研究　近藤正憲

　朝鮮問題をめぐる日露関係（1905—1907）　シュラトフ・ヤロスラブ

　外国軍隊と港湾都市—明治 30 年代前半における雲仙のロシア艦隊サナトリウム建設計画を中心に　宮崎千穂

## 社会、宗教、民族、文化

　近代ロシアにおける資本家の社会的位置：1905 年のモスクワ資本改革派をめぐって　高田　和夫

　帝政ロシアの民族政策：18 世紀のヴォルガ流域とウラル　豊川　浩一

　Ф. И.チュッチェフと検閲改革：専制の擁護と言論の自由の問題によせて　大矢　温

　ペレストロイカにおけるテレビ・メディア：グラスノスチのメディア論　城野　充

　19 世紀から20 世紀初頭にかけての右岸ウクライナにおけるポーランド・ファクター　松里公孝

　ブロニスワフ・ピウスッキの観た日本：東京音楽学校の女流音楽家との交際を中心に　沢田　和彦

　19 世紀ロシア文化におけるシューベルト　相沢　直樹

　I.A.ゴンチャローフと二人の日本人　沢田　和彦

　アメリカ合衆国におけるハンガリー系エスニック集団の形成とコシュート像建設運動　山本明代

　出稼ぎと財産と世帯分割：農奴解放から革命までのロシア農民家族に関する最近の研究　青木恭子

　フォークロアからソヴィエト民族文化へ—「カザフ民族音楽」の成立（1920—1942）　東田範子

　14 世紀のストリゴーリニキ「異端」と正統教会　宮野　裕

　移行初期ロシアにおける不平等の固定化と貧困—賃金支払遅延と第 2 雇用　武田　友加

　近代ロシア農民の所有観念—勤労原理学説再考　吉田　浩

結婚儀礼に現れる帝政末期ロシア農民の親族関係―記述資料分析の試み　伊賀上　菜穂

シュリクンとその現代的機能―アルハンゲリスク州ヴェルフニャヤトイマ地区調査から　塚崎　今日子

ヴォルガ・ウラル地域の新しいタタール知識人―第一次ロシア革命後の民族に関する言説を中心に　長縄 宣博

戦後ソ連物理学界の抗争とユダヤ人問題―知識人層における反ユダヤ現象の一側面　長尾 広視

ロシアにおける賃金未払問題の再検討　杉浦 史和

結核と革命　後藤 正憲

ギリシア・ブルガリ教会問題と「オスマン国民」理念　藤波 伸嘉

1990 年代ロシアの貧困動態―貧困者間の相違性の把握―　武田 友加

現代ロシアにおける呪術の語りエネルギー、バイオフィールド、インフォメーション、コード、プログラム　藤原 潤子

17 世紀ロシアにおける非ロシア正教徒エリート政策　濱本 真実

1930 年代のブリヤートの言語政策―文字改革、新文章語をめぐる議論を中心に　荒井 幸康

東方の知られざる人々の物語　ボブロフ・アレクサンドル　越野剛　宮野裕　毛利公美　佐光伸一

カフカス山脈の隠修士スキマ僧イラリオンの「荒れ野」の修道思想　渡辺圭

ロシア帝国とシオニズム：「参人のための退出」、その社会学的考察　鶴見太郎

ソ連邦末期における民族問題のマトリョーシュカ構造分析：リトアニア・ポーランド人問題のケーススタディ　佐藤圭史

ポスト・ソビエト時代の死者供養― カザフスタン北部農村における犠牲祭の事例を中心に　藤本透子

ロシア帝国の公共図書館―「大改革」後ロシア社会における読者層拡大の検証　巽由樹子

「受洗タタール」から「クリャシェン」へ―現代ロシアにおける民族復興の一様態　櫻間瑛

実践としての知の再構成― チュヴァシの伝統宗教と卜占　後藤　正憲

## 地区

ロシアのエコロジー危機とその克服の道　V.ベルキンV.ストロジェンコ

北東アジアにおける近代捕鯨業の黎明　神長　英輔

サハリン島水産業(1875—1904)をめぐる紛争―実態と構造　神長 英輔

N・S・トゥルベツコイのユーラシア主義―「国民国家」批判の視点に注目して　浜 由樹子

中東鉄道とダーリニー(大連)港の勃興:1898—1904 年　麻田雅文

戦後スターリン期トルクメニスタンにおける運河建設計画とアラル海問題　地田徹朗

東シベリア―太平洋石油パイプライン建設と資源開発―建設開始から正式稼働開始まで　劉 旭

## 语言文学

ドストエフスキイ:評論家と小説家:ロシア・西欧論の心理構造をめぐって　望月 哲男

トルストイ作「幼年時代」について　山田 吉二郎

『道標』について　根村 亮

ポーランド語における地名ないし民族名起源の派生語　渡辺 克義

研究ノートロシヤ昔話の話型目録編集をめぐって　宮廻 和男

ドストエフスキイの神話的イデアの源泉についての考察:『カラマーゾフの兄弟』に於けるアポクリファと民衆文学　清水 俊行

現在のクロアチア語について　三谷 惠子

キエフ・ペチェルスキー修道院聖者列伝における物語の比較研究 III:物語作者ポリカルプ三浦清美

イワン・ブーニンの『村』について:その文体的特徴　望月 恒子

『戦争と平和』にあらわれたロシア・フリーメンスン　笠間 啓治

ファウスト・ヴランチッチの『五カ国辞書』とクロアチア語「チャ方言」の音韻特徴について　三谷 惠子

カラムジン『哀れなリーザ』における普通名詞表現の分析:データベースと多変量解析　浦井 康男

「こども」とユートピア:オレーシャ『さくらんぼの種』について　岩本 和久

(研究ノート)アヴァンギャルドとコレクター:ニキータ・ロバーノフ・コレクションの作品目録出版にちなんで　五十殿 利治

20 世紀初頭におけるカザフ知識人の世界観:M. ドゥラトフ『めざめよ、カザフ!』を中心に 宇山 智彦

『聖グレゴリオス講話』伝承史のテキスト学的研究（前編）　三浦 清美

民の声、詩人の眼差し:O. マンデリシタームの戦争詩より　斉藤 毅

『騎兵隊』論:その成立過程と構造について　中村 唯史

フレーブニコフの言語創造の理念と未来派の前衛精神　北見 諭

戦闘的シュルレアリストの賭け:ヤン・シュヴァンクマイエルの『ボヘミアにおけるスターリン主義の終焉』をめぐって　赤塚 若樹

ソ連言語政策史再考　塩川 伸明

プーシキンの『コーカサスの捕虜』再考　後藤 正憲

O.マンデリシタームの創造における「形象」の概念について― 評論『言葉と文化』、および2つの「つばめ詩篇」の読解　斉藤 毅

「ボスニア語」の形成　齋藤　厚

ラトビア語の伝聞法をめぐって　菅野　開史朗

17世紀後半―18世紀前半のロシア語における形動詞・副動詞構文
向山　珠代

『我が祖国』への想像力―ドイツ系多数地域におけるチェコ・ソコルの
活動　福田　宏

『白痴』の現代的リメイクをめぐって　望月　哲男

ロトマン『物と空虚とのあいだで』読解―構造という閉域をめぐる言説
の諸類型　中村　唯史

『砂時計』あるいは世界の書物―ダニロ・キシュ研究　奥　彩子

ロシア聖書協会と聖書ロシア語訳事業―歴史的位置付けについての覚
え書き　兎内　勇津流

A.プラトーノフ『土台穴』におけるくびき語法　野中　進

トルストイ『コサック』におけるカフカス表象の「現実性」　乗松　亨平

ソルジェニーツィン『煉獄のなかで』における声―言語秩序と「身体」を
めぐって　平松　潤奈

「亡命」という選択肢―ニコライ・テルレツキーの『履歴書』をめぐって
阿部　賢一

シクロフスキイ再考の試み―散文における《複製技術的要素》について
佐藤　千登勢

19世紀後半から20世紀初頭のロシアにおける文学教育と文学の国民
化―ギムナジアにおける文学教育カリキュラムをめぐって―　貝澤哉

リュドミラ・ウリツカヤの作品世界―描写と人物像の特徴を中心に
望月恒子

追想の詩学―アンドレイ・タルコフスキイの時間論、および映画『鏡』
の構成　斉藤　毅

Ю.トゥイニャーノフの「文学史」再考　八木君人

ブルガリア語の従属節のevidentiality　ヨフコバ四位エレオノラ

『過ぎし年月の物語』における無人称不定形構文の用法　渡邊聞

実証主義の彼岸：И.С.ツルゲーネフの中編『クララ・ミリッチ（死後）』
における写真のテーマ　久野康彦

エカテリーナ二世の「壮麗なる騎馬競技」とペトロフの頌詩：近代ロシ
ア国家像の視覚化に向けた1766年の二つの試み　鳥山祐介

「女性のエクリチュール」としてのB.ナールビコワのテクスト：境界攪乱
の戦略について前田しほ

レーシャ・ウクラインカ再読：ウクライナ文学におけるナショナル・ア
イデンティティ　原田義也

プーシキン『スペードの女王』の比較文学的考察：スタンダール『赤と
黒』・バルザック『あら皮』『赤い宿屋』との対比　森田敦子

ダニロ・キシュと中央ヨーロッパ― 未完の短篇「アパトリッド」を通し

て　奥　彩子

　　世界は注釈でできている— ナボコフ『エヴゲーニイ・オネーギン』注釈と騙られた記憶　秋草俊一郎

　　シギズムンド・クルジジャノフスキイ『瞳孔の中』における表象/上演のテーマと視覚　上田洋子

　　古期ロシア語の不定形構文があらわすモダリティ研究　渡邊　聞

　　ロマン・ヤコブソンのコミュニケーション論— 言語の「転位」　朝妻恵里子

　　イメージ、テクスト、書物—ブルーノ・シュルツ『偶像賛美の書』と短編集『砂時計の下のサナトリウム』の挿絵　加藤有子

　　カシュブ語の受容者受動構文とその文法化をめぐって　野町素己

### 书评书介

　　（資料紹介）北大におけるロシア関係資料：個人コレクションとロシア語マイクロ資料　秋月　孝子

　　（書評論文）E.アクトン著『ロシア革命再考』を読む　池田　嘉郎

　　（書評論文）欧米の研究に見る第二次世界大戦期のソ連　松戸　清裕

　　富田武著『スターリニズムの統治構造』を読む　塩川　伸明

　　ヤロスラフ・フリーツァーク著『ウクライナ史概略—近代ウクライナ民族の形成—』光吉　淑江

　　山村理人『ロシアの土地改革：1989—1996』を読む　野部　公一

　　中国における旧ソ連研究　岩下明裕　哈日巴拉

　　T.H.パシコヴァ『一六世紀前半のロシア国家における地方支配：代官と郷司』　宮野　裕

　　A.B.レムニョフ著『極東のロシア：19—20世紀初頭にかけての権力の帝国地理学』　左近幸村

　　ヤロスラウ・フリツァク著『故国の預言者：フランコとその周辺（1856—1886）』　島田智子

　　『講座 スラブ・ユーラシア学』批評と応答

### 东欧中亚

　　近世ハンガリーの市場町社会：羊に纏わる風景を視座として　戸谷　浩

　　18世紀後半におけるポーランドの地方議会改革の意義：指示書の権限と参政権資格の見直しをめぐって　白木　太一

　　キルギス共和国における急進主義的構造改革と企業行動—制度分析　岩崎　一郎

　　ヴォルガ・ドイツ人の強制移住　半谷　史郎

　　利益代表と議会制民主主義—世界恐慌下のチェコスロヴァキア連合政治　中田　瑞穂

　　アウスグライヒ体制下のハンガリー陪審法制　上田　理恵子

ウクライナとNATOの東方拡大　藤森　信吉

カザフスタンにおける産業組織と企業統治構造の進化と多様性―市場経済移行期の政府―企業間関係　岩崎　一郎

ポーランド共産政権支配確立過程におけるウクライナ人問題　吉岡　潤

近世ハンガリー王国における「信教の自由」―1608年法令第1条の解釈をめぐって　飯尾　唯紀

チェコ共和国における地方自治改革と政党政治―1993―2000年　林忠行

ウマン巡礼の歴史―ウクライナにおけるユダヤ人の聖地とその変遷　赤尾　光春

ポーランドのEU加盟交渉―土地取引をめぐる交渉を中心にして―　山本　啓太

ハンガリーにおける新国民形成と地位法の制定　家田　修

ハンガリーのEU加盟と外国投資誘致政策　岩崎　一郎・佐藤嘉寿子

「正しい」デクラメーションに託された音楽的戦略―オタカル・ホスチンスキー『チェコ語の音楽的デクラメーションについて』の理念―　中村　真

戦後初期ポーランドにおける複数政党制と労働者党のヘゲモニー（1944―47年）　吉岡　潤

スロヴェニアにおける政党政治とポピュリズム―スロヴェニア社会民主党の右派政党化をめぐって　齋藤　厚

「ルーマニア人の統合」再考―1866年クーデタを中心に　志田　恭子

東欧の人民民主主義再々訪―吉岡論文に寄せて　百瀬宏

なぜロシア・シオニストは文化的自治を批判したのか―シオニズムの「想像の文脈」とオーストリア・マルクス主義民族理論　鶴見太郎

ハプスブルク統治下ボスニア・ヘルツェゴビナにおける森林政策―森林用益をめぐる国家規制と慣習的権利の対立と妥協　村上亮

スロヴァキアの「首都」をめぐる戦間期の議論―フェドル・ルッペルトの中心都市論を手掛かりに　香坂直樹

## 其他

望月喜市教授略歴・著作目録（望月喜市教授退官記念号）
スラブ研究センター40周年によせて（40周年記念号）　望月　哲男
スラブ研究センター図書室の歩み（40周年記念号）　秋月　孝子
秋月孝子助教授略歴・著作目録（秋月孝子助教授退官記念号）

## 《俄罗斯史研究》
### 哲学

国民・国家・インテリゲンツィヤ：二つの論争をめぐって
ロシアにおけるチンギス統原理
「問題設定」：死者・生き残った者・対話

A・A・ボグダーノフの宇宙観と人間観：協働による集団的肉体の創造

「諸世界の世界」について

ベルジャーエフ哲学の形成期における問題

封印を解かれたイヴァーノフ＝ラズームニク

ロシア思想史研究の課題と展望

ロシア史研究の新しい課題：最近のアメリカ学界の動向から

ナロードニキとスラヴ問題：「ナロードニキ」概念の再考（1996年度大会特集）

ペレストロイカ以降の近代ロシア史研究：いくつかの特徴について

ソヴィエト期に関する近年の研究動向：スターリン体制下の政治社会再考

十月革命研究のレニングラード学派の生成と消滅の歴史

一九二〇―三〇年代ソ連社会におけるイデオロギーと科学：ボリス・ゲッセンと相対性理論

ローセフの「名の哲学」の背景：二〇世紀初頭の哲学的状況との関連について

ロシアにおけるウィリアム・ジェームズの思想の受容をめぐって

ロシア帝国史の方法をめぐって

啓蒙理念の危機とロシア知識人の世界イメージ（一八五〇―六〇年代）：トカチョーフの「力」の概念を中心に

移行期社会の解釈から諸概念の再構成へ：ユーラシア社会人類学研究の観察

セルゲイ・ブルガーコフにおける近代の超克とマルクス評価

ソ連史学におけるM・A・バクーニンの受容

ベリンスキーにおける「ナロード」の概念の変容（自由論題）（〈特集〉2003年度大会特集）

コンスタンチン・レオンチエフとロシア文化の独自性論：19世紀後半ロシアにおける耽美主義と政治的反動思想の結合の一形態

巨視の歴史と微視の歴史：『アムール現地総合調査叢書』（一九一一―一九一三年）を手がかりとして（歴史学と地域研究、〈特集〉2004年度大会）

セルゲイ・ブルガーコフの『名前の哲学』とその人格（リーチノスチ）の概念について

ロシアにおける「田中上奏文」：満洲事変をめぐるロシア史学の現状（[共通論題2]満洲事変前後の日ソ関係、〈特集〉2005年度大会）

民族解放論から諸民族の共生論へ：ウクライナ、リトアニア、ベラルシ、ポーランドの最近の研究動向から

イヴァノフとチュルコフにおける〈実在性〉概念の二面性

ウクライナのなかのアジア：現地での最新の学位論文を中心に

# 政治

总论

アレクサンドル・ヤーノフの「ロシア的理念」論

レフ・グミリョーフをめぐってあれこれ

ニコライ・バーリンと国際協同組合運動：ウクライナとイギリスのアルヒーフ資料をもとに

国家統合論考：ロシア帝国、ソ連、CISの統合をめぐって

脱社会主義ロシアのイデオロギー状況

「ソヴィエト活発化」政策期におけるセリコル迫害問題と末端機構改善活動

近代ロシアにおけるナショナリズムと宗教政策：ロシア帝国における福音主義的セクトの問題をめぐって

帝国秩序の崩壊と再編：ストルィピンからスターリンへ

帝国の民族政策の基本は同化か?：一九九八年度大会「ロシア・ソ連の帝国的秩序」セッションの反省に寄せて

一九世紀前半のロシアにおけるユダヤ人政策：経済活動の制限を中心に

一八世紀ロシアの専制政治をめぐる若干の考察：シンシア・ウィタカー氏の報告に寄せて

再論「歴史としての社会主義」（〈共通論題〉20世紀世界史とロシア史研究：21世紀へ向けて）

ソヴィエト社会の崩壊：分解、制度的危機、あるいはテルミドール的クーデター?（〈共通論題〉20世紀世界史とロシア史研究：21世紀へ向けて）

ソヴェト政治体制の基本構造把握の試み：市民による当局への手紙の位置付けを出発点として

帝国の「東方」支配：「同化」と「異化」によせて

二十世紀初頭のロシア帝国に関する現代の論争

ナショナル・ボリシェヴィズムとソヴィエト国家（共通セッション2：ロシア史における国家的アイデンティティ：ソヴィエト期を中心に）（〈特集〉2003年度大会特集）

ロシア帝国の「致命的問題」群におけるポーランド問題（1831年—20世紀初頭）（自由論題）（〈特集〉2003年度大会特集）

フルシチョフ秘密報告と民族強制移住：クリミア・タタール人、ドイツ人、朝鮮人の問題積み残し

一九世紀ロシアの帝国的編制と東方「異族人」教育：Н・И・イリミンスキーの活動から見えてくるもの（ロシア帝国におけるイスラーム地域統合政策の諸相—教育および司法を中心に，〈特集〉2004年度大会）

オストロウーモフの見たロシア領トルキスタン（ロシア帝国におけるイスラーム地域統合政策の諸相—教育および司法を中心に，〈特集〉2004年度大会）

ソ連邦崩壊後の政治危機における「市民同盟」の役割

スターリン批判とフルシチョフ（〈特集〉2006年度大会）

ロシアの近代化と西欧的知の移入・受容（2007年度大会特集）

南ウラルと西カザフスタンのテュルク系諸民族に対するロシア帝国の政策の同時性（一八——九世紀前半）（2007年度大会特集）

「雪どけ」期の党と作家同盟：ファヂェーエフ遺書の隠された真実

K・レオンチェフ研究小史

沙俄前期及沙俄时期

ピョートル大帝の「遺書」について

歴史における「個人的ファクター」、ロシアにおける十九世紀六〇——七〇年代の大改革遂行における皇帝アレクサンドル二世の役割

日露戦争従軍日本語通訳ドミートリイ・智配

A Russian P.O.W.'s Encounter with Japan 1904-5

ロシヤ帝国とカフカス総督府

ピョートル改革：ピョートル改革（1996年度大会特集）

20世紀初頭のロシア社会：ロシア専制の自己革新の最後の試み：ストルイピンの政治プログラム（1996年度大会特集）

イヴァン三世時代のモスクワ国家における宮廷問題と「異端者」

日露戦争、第一次革命と「国民形成（nation-building）」の問題（［共通論題1］日露戦争とロシア第一次革命、〈特集〉2005年度大会）

ロシア第一革命と右翼（［共通論題1］日露戦争とロシア第一次革命、〈特集〉2005年度大会）

トロッキーと日露戦争

帝政末期のアジアロシア移住政策をめぐる一考察：移住を許可された世帯の分析（〈特集〉2008年度大会）

俄国革命时期

十月革命：その歴史的意味の再評価 ロシア科学アカデミー学術評議会「ロシアにおける諸革命の歴史」副議長

B・ブルダコーフ「十月革命：歴史的意義の再評価」によせて

20年代革命

フェルガナにおけるバスマチ運動 一九一六——九二四年：シル・ムハンメド・ベクを中心とした「コルバシュ」たちの反乱

内戦期ロシアにおける行政の自律性について：モスクワ市の事例に即して

斯大林时期

一九三四年の第一七回党大会における反スターリン票について

三〇年代のソ連：発展のヴァリアント

Stalin and Russia: the Soviet 1930s

スターリン時代のナショナリズム（共通セッション2：ロシア史における国家的アイデンティティ：ソヴィエト期を中心に）（〈特集〉2003年度大会特集）

スターリン期のソ連歴史学界における民族史論争：歴史上の英雄の評価を中心に（［自由論題］〈特集〉2005年度大会）

战后时期

戦後期のソ連：問題提起としての補論

フルシチョフ期の党の経済指導と一九六二年一一月の党改革

フルシチョフ期のいくつかの問題について：トムソンの近著を出発点に

ナショナリストにとってのソヴィエト国家：ポスト・ソヴィエト期の論争から（共通セッション2：ロシア史における国家的アイデンティティ：ソヴィエト期を中心に）（〈特集〉2003年度大会特集）

## 经济

十九世紀末東シベリアの村団行政と自治：村収支を素材として

ロシアにおける農学者の運命：一九一一年から一九一六年にかけてのその数的変動

ロシア帝国右岸ウクライナにおけるセルヴィトゥート（地役権）問題

フルシチョフ期におけるソヴィエト農村の変化：ソフホーズの動向を中心として

十七世紀ロシアの通商政策と商人身分：ロシア商人の集団嘆願書をめぐって

ソヴィエト政権初期における国民経済の計画化の構想

ロシア農村共同体に関する一世紀半の論争

帝政末期における農民経済と近代的改良農機具の普及

「農村共同体起源論争」について：ズィリャーノフ氏の論文「ロシア農村共同体に関する一世紀半の論争」に対する若干の疑問

一三世紀ノヴゴロドの対ハンザ通商政策：西ドヴィナ川流域地方との比較において

帝政末期ロシア西部諸県における農民と農業問題：人口統計学的アプローチ（〈パネル〉「ロシア帝国西部諸県の民族・信教関係」について）

露米会社と捕鯨業

一九世紀前半のアジア綿織物市場におけるロシア製品の位置

ストルィピン農業改革期ロシアにおける遺言と相続

十九世紀後半ロシアの穀物流通に関する一試論：穀物輸出と国内流通との関わりを中心に

プリアムール総督府管内における漁業規制と漁業振興一八八四――一九

〇三

ペレストロイカの下での国有企業改革：国家発注制度の実施とその限界

## 外交与军事

ノモンハン事件と独ソ不可侵条約締結

自由論題：一九三〇年代初頭のソ連における内政と外交：満洲事変への対応を中心に（1996年度大会特集）

神聖同盟条約とアレクサンドル一世：カポディストリアスの「総同盟」構想

スモレンスク戦争（一六三二—三四年）とロシアの軍隊

内戦と干渉戦争期ウラジオストークの日本人：一九一八年——九二二年

1917年10月革命後の日本在住ロシア外交官の生活と活動について

極東ロシア地域における中国人・日本人：八八四——九〇三年の移民受入政策

第二次世界大戦再考独ソ・日米開戦六十年に寄せて

一九四一年六月二十二日：スターリンが逸したチャンス

親日派と傍観者：亡命ロシア人の目で見た日本の光と陰

国際関係から見た日露協約と日本の韓国併合

オストゼイ問題における『ロシアの辺境』の衝撃（インパクト）：一八六〇年代後半のユーリー・サマーリン（〈特集〉2004年度大会）

帝政期におけるウォッカ国家独占の導入をめぐって（〈特集〉2004年度大会）

一九二九年の日ソ漁業交渉：協約改訂後の紛争と国内要因

露中国境の自由貿易地帯：その廃止を巡って

日露戦争：開戦にいたるロシアの動き（［共通論題1］日露戦争とロシア第一次革命，〈特集〉2005年度大会）

満洲事変前の日ソ関係：日本外交史の側から（［共通論題2］満洲事変前後の日ソ関係，〈特集〉2005年度大会）

満洲事変期における中国の対ソ政策（［共通論題2］満洲事変前後の日ソ関係，〈特集〉2005年度大会）

米ソ国交樹立と日ソ関係：満洲事変後のソ連の外交選択（［共通論題2］満洲事変前後の日ソ関係，〈特集〉2005年度大会）

近代東アジアのロシア通貨流通と朝鮮（［パネル］アジア海域史とロシア極東，〈特集〉2005年度大会）

日露戦争における太田覚眠によるシベリア残留邦人帰国支援活動

日ソ国交正常化交渉と日米関係：外相重光葵と日本の自主外交（［共通論題2］日ソ共同宣言再考—両国における決定の要因と過程，〈特集〉2006年度大会）

フルシチョフ対日外交のインプリケーション：「二島返還」オプションと

その挫折(〈特集〉2006 年度大会)

　戦後初期の米ソ関係における日本ファクター：ソ連の対日政策を中心に

　帝政ロシアにおける国内問題と外交との関係性：クリミア・グルジアのアトス問題を事例に

　独ソ戦期ドイツ占領体制とウクライナ：「ウクライナ民族主義者組織（ОУН）」の対独政策における「協力」と「抵抗」（［共通論題］ドイツ占領地域における強制労働・ユダヤ人虐殺・疎開，2007 年度大会特集）

　独ソ戦・世界大戦の展開とホロコースト（［共通論題］ドイツ占領地域における強制労働・ユダヤ人虐殺・疎開，2007 年度大会特集）

　中東鉄道とウラジオストク港の連携と対立：一九〇六――九一八年（2007 年度大会特集）

　露清天津条約におけるプチャーチンの「仲介外交」

　一八六〇年代後半のオストゼイ問題とロシア・ナショナリズム：対バルト・ドイツ人観の転換過程における陰謀論の意義に関する考察

　ペルミの大主教アレクサンドル（トルストピャートフ）と日本

　白鳥敏夫と日ソ関係：危機の時代

　ロシア革命とシベリア出兵構想の形成：本野一郎の外交政策と米国（［共通論題］シベリア出兵再考，〈特集〉2008 年度大会）

　「救恤」政策から見るシベリア出兵史（［共通論題］シベリア出兵再考，〈特集〉2008 年度大会）

　専制、総力戦と保養地事業：衛生・後送部門最高指揮官オリデンブルグスキー（〈特集〉2008 年度大会）

　一八世紀ロシア帝国における専制とドイツ人エリート：ロシア外交に対するオステルマンの役割を手がかりに（〈特集〉2008 年度大会）

　極東ロシアにおける日本漁業組合の創設とロシア政府の政策（一九〇八年――九一四年）（〈特集〉2008 年度大会）

　「医学の地理学」と帝国空間：ロシア艦隊による長崎への検黴の伝播をめぐって

　日露戦争後のロシアの日本観：外務省と軍部、中央と地方（一九〇五年――九一六年）（〈特集〉2009 年度大会）

## 社会、宗教、民族、文化

「ロシアの貴族」

臨時ウラル州政府と芸術インテリゲンツィヤ（一九一八年八月―一一月）

　大改革の時代における貴族及び貴族主義

　ゲルツェンの自由印刷所活動と政府の検閲政策

　極東ロシアと日本人娼婦

　ゲフテル：歴史家・市民

帝政ロシアにおける教育と社会：帝政ロシアの学校教育制度と身分
（1996年度大会特集）

帝政ロシアにおける教育と社会：帝制期ロシアの教育システム：エリート教育とその若干の特徴をめぐって（1996年度大会特集）

大会報告をうけて：帝国のカフカス支配と「異族人教育」

一八八一年ポグロム後の帝政ロシアのユダヤ人問題に関する一考察：「ユダヤ人に関する臨時条例」を中心に

帝政ロシアにおける廃娼運動：「女性の売買とその原因との闘争に関する第一回全ロシア大会」を例に

一九一七年のペトログラード労働組合中央事務局の性格について

党・言説空間・大衆：池田氏のコメントによせて

二つの大戦間の亡命ロシア人社会：在京浜ロシア人学校と在京浜亡命ロシア人社会

『スウェーデン王マグヌスの遺言状』の成立年代と作者について

帝政期におけるイルクーツク商人の商業的関心と地域活動の変遷：一八―一九世紀のシベリア都市民

Barbara Evans Clements, Bolshevik Women, Cambridge University Press, 1997

近代ロシアにおける建設労働者：ペテルブルクを中心に

ソ連における伝統的祝祭・儀礼の変遷

ウゴリスコエ山の伝承とキエフの牧畜民：ПВЛのウゴリとハザール

ソ連ドイツ人の自治区復活運動と西ドイツ出国：戦後のカザフスタンを中心に

労働者と訴訟闘争：一九〇五年のスト時賃金支払い請求を中心に

一七世紀前半のロシア国家と教会：ニコンの教会改革前史として

ロシア正教会の異端対策の展開：一五世紀のストリゴーリニキ異端への対策を中心に

一五八一年刊『オストローク聖書』出版の経緯と天理図書館所蔵本について

ナルバンディアンの旅：一九世紀後半のアルメニア民族運動におけるアルメニア人在外コミュニティの役割

ロシア農村における保育活動の展開と矛盾：（一九二四―一九二六年）

十八世紀六〇年代の外国人のヴォルガ移住

ソヴェト連邦における結婚儀礼改革：コストロマ農村の事例より

パネル「ロシア帝国西部諸県の民族・信教関係」について（〈パネル〉「ロシア帝国西部諸県の民族・信教関係」について）

右岸ウクライナにおけるゼムストヴォ問題一八六四―一九〇六：ポーランド系貴族、総督、帝国政府（〈パネル〉「ロシア帝国西部諸県の民族・信教関係」について）

ロシア・ユダヤ人コミュニティの解剖：スモレンスク県におけるユダヤ

人の人口学的側面、一八七〇年代――一九一四年（〈〈パネル〉「ロシア帝国西部諸県の民族・信教関係」について）

　　ロモノーソフ蔵書の運命

　　グルジアの義賊現象と農民運動

　　ソ連のユダヤ人問題：スターリンの「最終的解決」に関する考察

　　十九世紀後半―二十世紀前半の欧露部における乳幼児死亡率の変動とその諸因

　　近年のロシア農民家族史研究をめぐって（共通セッション1：ロシアの家族史、とくに農民家族史の諸問題）（〈特集〉2003年度大会特集）

　　農奴制期ロシアにおける農民家族形態：常態としての多核家族（共通セッション1：ロシアの家族史、とくに農民家族史の諸問題）（〈特集〉2003年度大会特集）

　　ソ連時代の農民家族：変化と伝統（共通セッション1：ロシアの家族史、とくに農民家族史の諸問題）（〈特集〉2003年度大会特集）

　　エカチェリーナ一世時代におけるロシア勤務貴族層の動向（自由論題）（〈特集〉2003年度大会特集）

　　「大改革」期ロシアにおける商業的定期刊行物と新興読者集団（自由論題）（〈特集〉2003年度大会特集）

　　一八六三年大学令の制定過程：教授団の自律性の問題に注目して

　　都市ノヴゴロドの成立：最近の考古学研究を中心に

　　ロシア正教会における二〇世紀初頭の異端論争「讃名派」問題：その思想的特徴と「アトス山の動乱」の背景（〈特集〉2004年度大会）

　　「洗礼ブリヤート」から「ロシア人」へ：ブリヤート共和国一村落に見る帝政末期正教化政策とその結果（〈特集〉2004年度大会）

　　革命期ロシアにおける労働とネイション・ビルディング（［自由論題］〈特集〉2005年度大会）

　　満洲国北満学院の歴史　一九三八――一九四五年

　　ネップ期のロシアにおける農村読書室と農民

　　一九三〇年代モスクワの都市文化と都市的共同性（近現代ロシアの都市と文化，〈特集〉2009年度大会）

　　近代ロシア都市のメディアと科学：サンクトペテルブルクの事例から（〈特集〉2009年度大会）

　　ネップ期ソ連における国家と都市管理：内務人民委員部の活動から見る（〈特集〉2009年度大会）

　　一九世紀カルムィク人僧侶の種痘活動：帝政ロシアの仏教政策と予防医療政策の結節点（〈特集〉2009年度大会）

　　モスクワのアルヒーフにおいて

## 法律

　　ロシア農村における法と裁判

専制から立憲制への移行：国家基本法改訂・一九○六年

帝政ロシア統治政策におけるカフカースのムスリム法（シャリーアと慣習法）（ロシア帝国におけるイスラーム地域統合政策の諸相—教育および司法を中心に，〈特集〉2004 年度大会）

イヴァン三世の一四九七年法典における多文化性：「刑事条項」を中心に（［共通論題 1］中近世ロシア法形成における異文化性，〈特集〉2006 年度大会）

中世ロシアの『舵の書』について：ロシアと西欧の法文化の比較研究（［共通論題 1］中近世ロシア法形成における異文化性，〈特集〉2006 年度大会）

一六四九年法典とリトアニア法典における異民族：タタール人に関する条項を中心に（［共通論題 1］中近世ロシア法形成における異文化性，〈特集〉2006 年度大会）

## 地区

内戦終結期ロシア極東における地域統合

ロシア革命と地方：サマーラ県を事例にとって

ロシア史におけるモンゴル支配の意味について

二〇世紀初頭の帝政ロシアにおける地方統治問題：内務省とゼムストヴォ・リベラルの関係を中心に 一九○二年——一九○四年

ソ連極東における動員政策：一九三一——一九三四年

一九一八年から一九二二年のヴォルガ地方における農民運動

日露戦争後のロシア極東：地域政策と国際環境

地域研究史学とロシア帝国への空間的アプローチ：一九世紀の大オレンブルクにおける行政区画改革（歴史学と地域研究，〈特集〉2004 年度大会）

地域問題としての「ユダヤ人問題」（歴史学と地域研究，〈特集〉2004 年度大会）帝政ロシアにおける南部地方統治と地域間関係：ベッサラビアを事例に（〈特集〉2004 年度大会）

ウクライナの民族運動とヴォロディミル・ヴィンニチェンコ（一九一七——九一九年）

## 书介书评

C.D.Worobec, Peasant Russia：Family and community in the post・emancipation period, Princeton, 1991.

DARWIN IN RUSSLAN THOUGHT. By Alexander Vucinich, Berkeley：University of California Press,1988，x，468 pp.DARWIN WITHOUT MALTHUS：THE STRUGGLE FOR EXISTENCE IN RUSSIAN EVOLUTIONARY THOUGHT. By Daniel P.Todes. New York：Oxford University Press，1989，221pp.

奥田央『コルホーズの成立過程：ロシアにおける共同体の終焉』（岩波書

店，一九九〇年十二月，東京，XXV＋686＋16，一五五〇〇円）

М.Ф.Флоринский，Кризис государственного управления в Россиив годы первой мировой войны(Совет министров в 1914—1917 гг.) Пенинград，1988.

Cathy A.Frierson，Peasant Icons：Representations of Rural People in Late 19th Century Russia (Oxford Univ. Press，1993).

実証研究者の理論的思索を読む【書評】塩川伸明著『終罵の中のソ連史』朝日新聞社(朝日選書四八三)，一九九三年九月二五日刊，四三四＋六頁，一八〇〇円

伊東孝之氏の書評へのリプライ（回答）

青柳和身著『ロシア農業発達史研究』御茶の水書房，一九九四年

ミハイロフスキー（石川郁男訳）『進歩とは何か』，成文社，一九九四年，二五四頁，五〇〇〇円

ペトログラード・ソヴェト議事録の刊行によせて

田中孝彦著『日ソ国交回復の史的研究』有斐閣 一九九三年

デー・ベー・パヴロフ、エス・アー・ペトロフ著、イー・ヴエー・ヂェレヴァンコ史料編纂（左近毅訳）『日露戦争の秘密―ロシア側史料で明るみに出た諜報戦の内幕』，成文社，一九九四年(1)

アレクサンドル・リヴォヴィッチ・シャピーロ著『最古代から一九一七年までのロシア歴史学』，増訂第二版，（モスクワ 一九九三年）

ENGRAVED IN THE MEMORY：James Walker，Engraver to the Empress Catherine the Great，and his Russian Anecdotes. Edited and Introduced by Anthony Cross. Berg，Oxford/Providence，1993，192 pp.

Edited by Anastasia Posadskaya；Translated by Kate Clark Women in Russia：A New Era in Russian Feminism Verso，1994，pp.203＋xiii.

関啓子著『クループスカヤの思想史的研究―ソヴェト教育学と民衆の生活世界』，新読書社，一九九四年，二三八頁，四三二六円

永岑三千輝『ドイツ第三帝国のソ連占領政策と民衆 一九四一―一九四二』，同文舘，一九九四年，v＋三九八頁，（六、八〇〇円）

池庄司敬信著『移り行くロシア』，中央大学生協出版局，一九九四年，一八〇〇円

坂内徳明・栗生沢猛夫・長縄光男・安井亮平編『ロシア 聖とカオス―文化・歴史論叢』，彩流社，一九九五年，四二〇〇円

佐々木弘明『帝政ロシア教育史研究』，亜紀書房，一九九五年

和田春樹『朝鮮戦争』，岩波書店，一九九五年

石川達夫『マサリクとチェコの精神 アイデンティティと自律性を求めて』，成文社，一九九五年，三〇二頁

木村英亮『二〇世紀の世界史』，山川出版社，一九九五年，同『増補版 ソ連の歴史』，山川出版社，一九九六年

奥田央『ヴォルガの革命―スターリン統治下の農村―』，東京大学出版会，一九九六年

小松久男『革命の中央アジア あるジャディードの肖像(中東イスラム世界7)』,東京大学出版会,一九九六年

阿部重雄『タチーシチェフ研究—十八世紀ロシア—官僚＝知識人の生涯と業績—』刀水書房 一九九六年

ジョージ・ケナン著、左近毅訳『シベリアと流刑制度』(I、II) 法政大学出版局,一九九六年

倉持俊一氏のソ連史観、世界史観を問う拙著『増補版 ソ連の歴史』,『二〇世紀の世界史』の「書評」について

スターリニズム・党・ことば,富田武『スターリニズムの統治構造』,岩波書店,一九九六年

ロシア革命とは何だったのか:若き僚友への三たびの手紙,和田春樹編『ロシア史3』山川出版社,一九九七年 (全三巻の編集は田中陽兒、倉持俊一、和田春樹)

RUSSIAN RIGHTIST AND THE REVOLUTION OF 1905. By Don C. Rawson. Cambridge University Press 1995, xvi, 286 pp.

Бордюгов, Г.А.(ред.) Исторические исследования в России. Тенденции последних лет. М.,《АИРО-ХХ》, 1996.

梶 雅範『メンデレーエフの周期律発見』,北海道大学図書館刊行会,一九九七年

根村氏の書評に応えて:メンデレーエフの発見の社会的背景

梶川伸一『飢餓の革命:ロシア十月革命と農民』(名古屋大学出版会,一九九七年)を読んで

ユーリー・ミハイロヴィチ・ロートマン,桑野隆・望月哲男・渡辺雅司 訳,『ロシア貴族』,筑摩書房,一九九七年

O・フレヴニューク(富田武訳),『スターリンの大テロル:恐怖政治のメカニズムと抵抗の諸相』,岩波書店,一九九八年

ケヴィン・マクダーマット,ジェレミ・アグニュー著(萩原直訳),『コミンテルン史:レーニンからスターリンへ』,大月書店,一九九八年

黒川知文著,『ロシア社会とユダヤ人』,ヨルダン社,一九九六年

マックス・ウェーバー(雀部幸隆・小島定訳),『ロシア革命論I』,名古屋大学出版会,一九九七年

ジェームス・フォーシス著(森本和男訳),『シベリア先住民の歴史:ロシアの北方アジア植民地 一五八一——一九九〇』,彩流社,一九九八年

R.W.Davies, Crisis and Progress in the Soviet Economy, 1931—1933, Macmillan, 1996.

杉浦秀一著,『ロシア自由主義の政治思想』,未来社,一九九九年

坂本秀昭著,『帝政末期シベリアの農村共同体:農村自治、労働、祝祭』,ミネルヴァ書房,一九九八年

中井和夫,『ウクライナ・ナショナリズム』,東京大学出版会,一九九八年

冨岡庄一著,『ロシア経済史研究』,有斐閣, 一九九八年

Ovchinnikov, R.V., Sledstvie i sud nad E.I. Pugachevymi ego spodvizhni-kami, M., 1995.

高尾氏書評にこたえて

R.E.F.スミス、D.クリスチャン著/鈴木健夫、豊川浩一、斎藤君子、田辺三千広訳『パンと塩──ロシア食生活の社会経済史』,平凡社、一九九九年

土肥恒之著『岐路に立つ歴史家たち──20世紀ロシアの歴史学とその周辺──』山川出版社、二〇〇〇年

佐藤芳行著『帝政ロシアの農業問題─土地不足・村落共同体・農村工業─』未来社,二〇〇〇年

Вада Харуки. Россия как проб-лема всемирной истории. (和田春樹『世界史の問題としてのロシア』) Избранные труды. Редакция и составление Г. А. Бордюгова. Перевод с японского и английского Фумиаки Мориа, И.С. Давидян, В.Э. Молодякова.: М., АИРО-XX. 1999. 400 стр.

アンリ・トロワイア著/福住誠訳『帝政末期のロシア』新読書社二〇〇〇年

原 暉之著『ウラジオストク物語ロシアとアジアが交わる街』三省堂、一九九八年

Mary Schaeffer Conroy (ed.), Emerging Democracy in Late Imperial Russia: Case Studies on Local Self-Government (the Zemstvos), State Duma Elections, the Tsarist Government, and the State Council before and during World War I.

Jeffrey Burds, Peasant Dreams and Market Politics: Labor Migration and the Russian Village, 1861—1905, Pittsburgh, Univ. of Pittsburgh Press, 1998, xvi, p.314. Evel G. Economakis, From Peasant to Petersburger, London, Macmillan, 1998, xi, pp.212.

佐藤正則著『ボリシェヴィズムと〈新しい人間〉』,水声社,二〇〇〇年

崔在東氏の書評に答える

V・L・ヤーニン著/松木栄三・三浦清美訳,『白樺の手紙を送りました:ロシア中世都市の歴史と日常生活』,山川出版社,二〇〇一年

松井康浩著,『ソ連政治秩序と青年組織』,九州大学出版会,一九九九年 / Anne E. Gorsuch, Youth in Revolutionary Russia, Indiana University Press, 2000

佐々木照央著,『ラヴローフのナロードニキ主義歴史哲学:虚無を超えて』,彩流社,二〇〇一年

西山克典著,『ロシア革命と東方辺境地域:「帝国」秩序からの自立を求めて』,北海道大学図書刊行会,二〇〇二年

池庄司敬信著,『ロシア体制変革と護持の思想史』,中央大学出版部,二〇〇一年

Ю.В. Кривошеев, Русь и Монголы. Исследование по истории Северо-Восточной руси XII-XIVвв., Издательство Санкт-Петербургского Университета, 1999, стр.408.

Петрухинцев Н. Н., Царствование Анны Иоанновны: формирование внутриполитического курса и судьбы армии и флота 1730—1735гг.,《Алетейя》, СПб., 2001, стр.352.

Петроград на переоме зпох. Город и его житеи в годы ревоюции и гражданской войны,《Дмитрий Буланин》, СПб., 2000.

Т. Ф. Павлова (отв. ред.), Фоны Русского заграничного исторического архива в Праге. Межархивныи путеводитеЛь, М., РОССПЭН, 1999.670 стр. Тираж 1000 экз.

Составители: О.В.Хревнюк и др., Сталин и Каганович, переписка. 1931—1936 гг.《Росспэн》, Москва, 2001, стр.798, тираж 2000.

Архив Преэидента Республики Каэахстана, Дегитаева Д.Д. (отв. ред.) Из истории поЛяков в Казахстане (1936—1956 гг.),《Казахстан》, Алматы, 2000, стр.344, тираж 1000.

В.Т.Рязанов, Экономическое развитие России XIX-XXвв., СПб., Наука, 1998, стр.796.

И.И. Евлампиев, История русскои метафизики в XIX-XX веках. Русская ФилосоФия в поисках абсолюта. 2-т спб.,2000.

Ю. Г. Алексеев, Судебник Ивана III Традиция и Реформа, СПб., 2001, 448 стр.

Кравецкий, А. Г., Плетнева, А. А. История церковнославянского языка в России, конец XIX-XXв. Москва:Языки русской культуры, 2001. (Studia philologica) 398 с.

Э. Ъ. Корицкий (ред.), Экономисты русской эмиграции, СПб., Юридический центр Пресс, 2000, 286 с.

David Schimmelpenninck van der Oye, Toward the rising sun: Russian ideologies of empire and the path to war with Japan, Northen Illiois University Press, 2001.

Terry Martin, The Affirmative Action Empire: Nations and Nationalism in the Soviet Union, 1923—1939, Cornell University Press, 2001, xvii, 496 pp.

Шмелев А. Д. Русская языковая модель мира:Материалы к словарю. 《Языки славянской культуры》, М., 2002, 224 стр.

中川雄二著,『近代ロシア農業政策史研究』, 御茶の水書房, 二〇〇一年

日本における冷戦研究の最初の成果:和田春樹『朝鮮戦争全史』(岩波書店, 二〇〇二年)と李雄賢『ソ連のアフガン戦争—出兵の政策決定過程』(信山社, 二〇〇二年)を読んで

Святая Русь, Большая Энциклопедия Русского Народа, Русский Патриотизм, Москва: Православное издательство, Энциклопедия русской цивилизации, 2003, 926с.

Bertrand M.Patenaude, The Big Show in Bololand: The American Relief

Expedition to Soviet Russia in the Famine of 1921, Stanford University Press, 2002.

А. Н. Яковлев (отв. ред.), Советско-американские отношения. Годы непризнания, 1927—1933. Москва; Демократия, 2002, 820с.

Ирина Рейевна Такала, Веселие Руси; История алкогольной проблемы в России, спб.: Издательство《Журнал "Нева"》2002. 336с.

Мусихин, Г. И. Россия в немеиком зеркале. Сравнительныи анализ германского и росссииского консерватизма, спб.: Алегейя, 2002, 255с.

Автор-составитель Н.Ф.Детидова, Материалы по истории Башкортостана. Оренбургская зкспедиция и башкирские восстания 30-х годов XVIII в., Т. VI. УФа: Китал, 2002, 768 с.

Ф. М. Лурье, Нечаев: Созидатель разрушения, М., Молодая гвардия, 2001, 434 стр. Тираж 5000 экз.

Joshua A. Sanborn, Drafting the Russian Nation: Military Conscription, Total War, and Mass Politics 1905—1925, Northern Illinois University Press, 2003, x+278 pp.

Лубянка, Сталин и ВЧК-ГПУ-ОГПУ-НКВД Январь 1922-декабрь 1936, Москва, Издательство《МАТЕРИК》, 2003, 910 с.

Ryohei Kisaki, The Genealogical Tables of Russian History, New Edition, 2002.

山口秋義著,『ロシア国家統計制度の成立』,梓出版社(二〇〇三年),二〇八ページ

Епископ Иларион(Алфеев), Священная тайна церкви. Введение в историю и проблематику имяславских споров. В2-х томах, Санкт-Петербург: Издательство 《Алетейя》, 2002.-1231с.

Ямаева Л. А., Мусульманский либерализм начала XX века как общественно-политическое Движение(по материалам Уфимской и Оренбургской губерний), Уфа, Издательство, 《Гилем》, 2002, С.300.

А. Койчиев, Национально-территориальное размежевание в Ферганской Долине(1924—1927 гг.), Бишкек, 2001, 120с., Тираж 500 экз.

(отв. ред.) К. В. Хвостова, Л. И. Бородкин Роль информации в формировании и развитии социума в историческом прошлом. Российская Академия Наук Институт Всеобщей Истории, МГУ исторический Факультет; М., 2004, 327с., 350экз.

А. И. Петров, История китайцев в России. 1856—1917 годы. Санкт-Петербург: ООО《Береста》, 2003. 960с.

横手慎二著,『日露戦争史―二〇世紀最初の大国間戦争』,中公新書,二〇〇五年

塩川伸明著,『民族と言語―多民族国家ソ連の興亡 I』,岩波書店,二〇〇四年

А. Ю. Андреев, Русские студенты в немецких университетах XIII-первой половины XIX века. М.: Знак, 2005.432с. Тираж 700 экз.

Ф. И. Тютчев, Полное собрание сочинений и письма в щести томах, Москва, Издательский центр《Классика》, 2002—2005 г.

Peter Holquist, Making War, Forging Revolution: Russia's Continuum of Crisis, 1914—1921. Harvard University Press, 2002, xvi+359pp.

С. Г. Сизов, Омск в годы《оттепели》: жизнь города в контексте эпохи (март 1953—1964 гг.). Омск, Изд-во, СибАДИ, 2003. стр. 172.

和田春樹著, 『テロルと改革 アレクサンドル二世暗殺前後』, 山川出版社, (二〇〇五年)

П.С. Стефанович, Приход и приходское духовенство в России в XVI—XVII веках., М., 2002. 349с.

Wynot, Jennifer Jean, Keeping the Faith, Russian Orthodox Monasticism in the Soviet Union, 1917—1939. Texas A&am; M University Press, 2004, ix +235pp.

Е.Е. Аурилене, И.В. Потапова, Русские в Маньчжоу-Ди-Го: "Эмигрантское правительство"., Хабаровск, Хабровский пограничный институт федеральной Службы Безопасности Российской федерации, 2004.

長谷川 毅 著, 『暗闘 スターリン、トルーマンと日本降伏』, 中央公論新社, (二〇〇六年)

岩下明裕著, 『北方領土問題—4でも0でも、2でもなく』, 中公新書, (二〇〇五年—二月)

Heinz Rieter, Leonid D. Sirokorad, Joachim Zweynert (Hg.), Deutsche und russische Okonomen im Dialog, Wissenstransfer in historischer Perspektive, Metropolis Verlag, Marburg, 2005, 368S.

Reginald E. Zelnik, Perils of Pankratova: Some Stories from the Annals of Soviet Historiography, University of Washington Press, 2005.

David MacKenzie, Count N.P. Ignat'ev: The Father of Lies?, New York, 2002, 734pp. / Хевролина В. М., Российский дипломат граф Николай Павлович Игнатьев., М., 2004., 333с.

Ю.Е. Кондаков, Государство и православная церковь в России: эволюция отношений в первой половине XIX века, Санкт-Петербург: Изд-во《Российская национальная библиотека》, 2003, 360с.

Сводный каталог сибирской и дальневосточной книги 1790—1917 гг, в трех томах, Новосибирск: ГПНТБ СО РАН, 2004—2005.

豊川浩一著, 『ロシア帝国民族統合史の研究—植民政策とバシキール人』, 北海道大学出版会 (二〇〇六年—月刊)

久保英雄著, 『歴史のなかのロシア文学』, ミネルヴァ書房 (二〇〇五年三月刊)

Райан В. Ф., Баня в полночь: Исторический обзор магии и гаданий в

России.，Отв. ред. А. В. Чернецов.，М: Новое литературное обозрение，2006，
718с.(Pyan W.F.，The Bathhouse at Midnight: An Historical Survey of Magic
and Divination in Russia. Pennsylvania: The Pennsylvania State University
Press，1999，504p.)

В.А. Слободчиков，О судьбе изгнанников печальной...: Харбин，Шанхай.
Москва，Центрполитраф，2005. Коллекция《 Русского Харбинца》: Каталог
собрания В. А. Слободчкова. Москва，Пашков дом，2006.

栗生沢猛夫著，『タタールのくびき―ロシア史におけるモンゴル支配
の研究』，東京大学出版会，二〇〇七年

池本今日子著，『ロシア皇帝アレクサンドル一世の外交政策―ヨーロッ
パ構想と憲法』，風光社，二〇〇六年

高尾千津子著，『ソ連農業集団化の原点―ソヴィエト体制とアメリカユ
ダヤ人』，彩流社，二〇〇六年

村知稔三著，『ロシア革命と保育の公共性―どの子にも無料の公的保
育を』，九州大学出版会，二〇〇七年

Сост. проф. Е. Цудзи，Собрание уполномоченных и питерские рабочие в
1918 году. Документы и материалы. Спб.，Изд-во С.-Петерб. ун-та，
2006，935с.

Э. В. Летенков，Губернские，областные，войсковые，епархиальные
ведомости，1838—1917. СПб.: Изд-во Санкт-Петербургского. ун-та，
2005，146с.

Е.А. Правилова，Финансы империи: деньги и власть в политике России на
национальных окраинах，1801—1917. Москва: Новое изд-во，2006. 453с.

Николай Васильевич Устрялов: Калужский сборник，Выпуск 2. калуга，
Информационное агентство《Калуга-пресс》，2007. 168с.

高田和夫著，『近代ロシア農民文化史研究―人の移動と文化の変容』，
岩波書店(二〇〇七年三月)

塩川伸明著，『国家の構築と解体―多民族国家ソ連の興亡 II』，岩波書
店(二〇〇七年三月)

Демин В.Н.，Бакунин(《Жизнь замечательных людей》).，М.: Молодая
гвардия，2006.，349с.

Anne E.Gorsuch and Diane P. Koenker(eds.)，Turizm: The Russian and
East European Tourist under Capitalism and Socialism.，Cornell University
Press，2006，ix，313pp.

Thomas Sherlock，Historical Narratives in the Soviet Union and Post-So-
viet Russia: Destroying the Settled Past，Creating an Uncertain Future，Pal-
grave Macmillan，2007.

塩川伸明著，『ロシアの連邦制と民族問題―多民族国家ソ連の興亡
III』，岩波書店，二〇〇七年

北海道大学スラブ研究センター監修，『講座スラブ・ユーラシア学』全

三巻，講談社，二〇〇八年

Valerie A.Kivelson and Joan Neuberger (eds.), Picturing Russia: Explorations in Visual Culture, New Haven and London: Yale University Press, 2008, 284pp.

Г. В. Мелихов, Российская эмиграция в международных отношениях на дальнем востоке 1925—1932, Москва: Издательство 《Русский путь》, 2007.

バールィシェフ・エドワルド著，『日露同盟の時代 一九一四—一九一七—「例外的な友好」の真相』(比較社会文化叢書 VIII)，花書院(福岡)，二〇〇七年一一月

池田嘉郎著，『革命ロシアの共和国とネイション』，山川出版社，二〇〇七年一〇月

Ширинянц А. А., Русский хранитель: политический консерватизм, М. П. Погодина, Москва, Издательство 《Русский мир》, 2008, 412с.

Нетужилов К. Е., Церковная периодическая печать в России XIX столетия. СПб., Издательство С.-Петербургского университета, 2008, 268с.

崔在東著，『近代ロシア農村の社会経済史—ストルィピン農業改革期の土地利用・土地所有・協同組合』，日本経済評論社，二〇〇七年六月

小島修一著，『二〇世紀初頭ロシアの経済学者群像—リヴァイアサンと格闘する知性』，ミネルヴァ書房，二〇〇八年一〇月

Репников А. В., Консервативные концепции переустройства России. М., 《Academia》. 2007. 519с.

Таскина Е. П., Дорогами русского зарубежья. М., Изд-во 《МЪА》. 2007

Leonid Heretz, Russia on the Eve of Modernity: Popular Religion and Traditional Culture under the Last Tsars, Cambridge University Press, 2008. ix+268pp.

Loren R. Graham, Moscow Stories, Bloomington and Indianapolis, Indiana University Press, 2006, vi+305pp.

Парфёнов Л., Намедни. Наша эра. М.: КоЛибри. 1961—1970., 2009., 272с. / Парфёнов Л., Намедни. Наша эра. М.: КоЛибри.1971—1980., 2009., 272с. / Парфёнов Л., Намедни. Наша эра. М.: КоЛибри. 1981—1990., 2010., 288с.

Irina Mukhina, The Germans of the Soviet Union., London: Routledge, 2007, xiii+240pp.

## 学会工作等
緊急アンケート調査結果
ロシア史研大会報告へのコメント
二年間のソ連留学を終えて
金子幸彦先生とロシア史研究会
村山七郎先生を偲ぶ

ロシア史研究会発足の頃

『ロシア史研究』第六〇号の刊行によせて

菊地昌典さんの思い出：国会図書館時代を中心に

今井義夫先生(一九三〇・五・一三―二〇〇一・・一〇・八)追悼のことば

左近毅氏(一九三六・十一・二五―二〇〇二・一・四)追悼

追悼田中陽児さん

二〇〇二年度ロシア史研究大会について

二〇〇三年度ロシア史研究会大会について

渓内謙先生を悼む

二〇〇四年度ロシア史研究会大会について

二〇〇五年度ロシア史研究会大会について

日本におけるロシア史研究の五〇年(ロシア史研究会創立五〇周年企画)

二〇〇六年度ロシア史研究会大会について

二〇〇七年度ロシア史研究会大会について

二〇〇八年度ロシア史研究会大会について

二〇〇九年度ロシア史研究会大会について

## 其他资料来源
### 学会／研究会

19世紀ロシア文化研 http：//www.l.u-tokyo.ac.jp/～slav/19vek.html

KRUK Russian Culture Circle(ロシア文化研究サークル)http：//www.wakhok.ac.jp/～iwamoto/kruk/home.html

関西日露交流史研究会 http：//kansainichiro.upper.jp/

北東アジア学会 http：//www.mirec.org/jsrs/index.html

現代中央アジア研究会 http：//www13.plala.or.jp/npo-pie/car/index.html

社会主義理論学会 http：//wwwsoc.nii.ac.jp/sost/index.html

中央ユーラシア学研究会「内陸アジア言語の研究」http：//www.let.osaka-u.ac.jp/toyosi/sial/index-j.html

東欧史研究会 http：//www.na.rim.or.jp/～aees/index.html

早大ロシア文学会 http：//www.waseda.jp/bun-russia/gakkai.html

トロツキー研究所 http：//www2u.biglobe.ne.jp/～Trotsky/

内陸アジア史学会 http：//wwwsoc.nii.ac.jp/sias/

日ロ北海道極東研究学会 http：//www.ne.jp/asahi/kyokutouken/sono2/

日本18世紀ロシア研究会 http：//www.l.u-tokyo.ac.jp/～slav/jp18vekrus_top.html

日本カザフ研究会 http：//www13.plala.or.jp/npo-pie/jrak/index.html

日本国際政治学会 http：//wwwsoc.nii.ac.jp/jair/

日本スラブ・東欧学会(JSSEES)http：//wwwsoc.nii.ac.jp/jssees/

日本ナボコフ協会 http：//vnjapan.org/

日本ロシア文学会 http：//wwwsoc.nii.ac.jp/robun/

パミール中央アジア研究会 http：//www.asahi-net.or.jp/～xq7s-tkkw/

比較経営学会 http：//wwwsoc.nii.ac.jp/jacsm/

比較経済体制学会 http：//wwwsoc.nii.ac.jp/jaces/index.html

北海道極東研究学会 http：//www.asahi-net.or.jp/～DU7K-MCZK/

北海道中央ユーラシア研究会 http：//src-h.slav.hokudai.ac.jp/casia/index.html

木二会（ロシア語研究会）http：//www.tufs.ac.jp/st/personal/01/russian/mokujikai/

ロシア史研究会 http：//wwwsoc.nii.ac.jp/jssrh/

ロシア・東欧学会 http：//wwwsoc.nii.ac.jp/roto/index.html

## 研究・教育机构/图书馆

神戸市外国語大学 http：//www.kobe-cufs.ac.jp/

大阪大学 外国語学部 http：//www.sfs.osaka-u.ac.jp/jpn/top.html

大阪大学 大学院言語文化研究科 http：//www.lang.osaka-u.ac.jp/hp/

神奈川大学図書館 http：//www.kanagawa-u.ac.jp/lib/index.html

北東アジアアカデミックフォーラム http：//www.acdfo-kyoto.jp/

京都産業大学 ロシア語専修 http：//www.kyoto-su.ac.jp/department/lr/index-j.html

京都大学 地域研究統合情報センター http：//www.cias.kyoto-u.ac.jp/

京都大学電子図書館 http：//edb.kulib.kyoto-u.ac.jp/minds.html

京都大学附属図書館 ― Cybrary 厳選リンク集 http：//edb.kulib.kyoto-u.ac.jp/cybrary/index.htm

国立民族学博物館 http：//www.minpaku.ac.jp/

埼玉大学 教養学部スラブ文化コース http：//www.kyy.saitama-u.ac.jp/～common/slav/

財団法人環日本海環境協力センター http：//www.npec.or.jp/

財団法人環日本海経済研究所（ERINA）http：//www.erina.or.jp/

札幌大学 ロシア語科 http：//www.sapporo-u.ac.jp/gaigo/index.html

島根県立大学 北東アジア地域研究センター http：//www.u-shimane.ac.jp/near/main.htm

社団法人北太平洋地域研究センター http：//www.norpac.or.jp/

上智大学 ロシア語学専攻 http：//www.info.sophia.ac.jp/fs/russia/rfront.htm

総合研究開発機構（NIRA）http：//www.nira.or.jp/

地域研究企画交流センター http：//www.cias.kyoto-u.ac.jp/jcas/

中央アジア・コーカサス研究所 http：//www.cacri.org/

天理大学 ロシア学科 http：//www.tenri-u.ac.jp/home/russia/

東海大学 文学部文明学科東ヨーロッパ文明コース http：//www.asahi-net.or.jp/～SJ7S-FKY/Pages/Japanese_Pages/Daigaku/Too_Koosu/Toooo_Koosu.html

東京外国語大学 外国語学部ロシア・東欧課程 http：//www.tufs.ac.jp/common/fs-pg/index.html

東京大学 スラヴ語スラヴ文学研究室 http：//www.l.u-tokyo.ac.jp/～slav/homepage.html

東京大学図書館 http：//www.lib.u-tokyo.ac.jp/

東京ロシア語学院 http：//www.tokyorus.ac.jp/

東北大学 東北アジア研究センター http：//www.cneas.tohoku.ac.jp/

東北大学図書館 http：//www.library.tohoku.ac.jp/

富山大学 人文学部ロシア言語文化コース http：//www.hmt.toyama-u.ac.jp/koho/dgakuin/russiag.html

名古屋大学 ロシア語学科 http：//www.lang.nagoya-u.ac.jp/bunai/dep/roshiag/

日本国際問題研究所 http：//www.jiia.or.jp/

日本貿易振興機構アジア経済研究所 http：//www.ide.go.jp/Japanese/

日本ロシア語情報図書館 http：//www.h5.dion.ne.jp/～biblio/

バーチャルデパート・AT-FOX 大学/学術研究/政府機関 リンク集 http：//atfox.hp.infoseek.co.jp/daigaku.html

一橋大学 経済研究所 http：//www.ier.hit-u.ac.jp

北海学園大学 北東アジア研究交流センター http：//library.hokkai-s-u.ac.jp/hinas/

北海道開発問題研究調査会 http：//www.hit-north.or.jp/

北海道新聞情報研究所 http：//www.dii.co.jp/index.html

北海道大学 スラブ研究センター図書室 http：//www.lib.hokudai.ac.jp/faculties/slv/index.html

北海道大学 大学院文学研究科/文学部 http：//www.hokudai.ac.jp/letters/

北海道地域総合研究所 http：//www.hirs.jp/

北海道立北方民族博物館 http：//hoppohm.org/

ユーラシア研究所 http：//www.t3.rim.or.jp/～yuken/

社団法人 ロシアNIS貿易会 http：//www.rotobo.or.jp/

ロシア極東国立総合大学函館校 http：//www.fesu.ac.jp/

ロシア情報ステーション http：//www.worldwide-news.info/index.html

早稲田大学 大学院文学部文学科ロシア文学専修 http：//www.littera.waseda.ac.jp/major/russia/

早稲田大学図書館 http：//www.wul.waseda.ac.jp/index-j.html

## 政府机构

Japan Society for the Promotion of Sciences Washington Office http://www.jspsusa.org 日本学術振興会

JCAS: Japan Consortium for Area Studies 地域研究コンソーシアム http://www.jcas.jp/

JOGMEC 独立行政法人 石油天然ガス・金属鉱業資源機構 http://www.jogmec.go.jp/

JREC-IN 研究者人材データベース http://jrecin.jst.go.jp/

オホーツク圏関係資料コレクション（網走市）http://www.lib.kitami-it.ac.jp/oho/ohsiryo.htm

外務省「渡航関連情報」http://www.mofa.go.jp/mofaj/toko/index.html

環日本海経済交流センター http://www.near21.jp/

国立情報学研究所（NII — National Institute of Informatics—）http://www.nii.ac.jp/index-j.html

国立大学附置研究所・センター長会議 http://www.shochou-kaigi.org/

ジェトロ海外情報ファイル"JETRO-FILE" http://www3.jetro.go.jp/jetro-file/country.do

社団法人北方圏センター http://www.nrc.or.jp

富山県のページ http://www.pref.toyama.jp/

日本学術振興会 http://www.jsps.go.jp/

函館市ホームページ http://www.city.hakodate.hokkaido.jp/

防衛庁防衛研究所 http://www.nids.go.jp/index.html

北海道商工局商業経済交流課 http://www.pref.hokkaido.lg.jp/kz/skk/

北海道商業経済交流課ロシアグループ http://www.pref.hokkaido.lg.jp/kz/skk/russia/russia/index.htm

北海道サハリン事務所情報 http://www.pref.hokkaido.lg.jp/kz/skk/russia/russia/r-yuzhno/index-yz.htm

北方四島交流北海道推進委員会 http://www.vizanashi.net/sub5/sub5.htm

文部科学省新プログラム方式「イスラーム地域研究」（英語版 Islamic Area Studies）http://www.l.u-tokyo.ac.jp/IAS/home.html

文部省科学新プログラム方式「イスラーム地域研究」http://www.l.u-tokyo.ac.jp/IAS/Japanese/index-j.html

稚内市 http://www.city.wakkanai.hokkaido.jp/

稚内商工会議所 http://www.wakkanai-cci.or.jp/

## 政治、交流、文化、福利団体等

北方領土問題対策協会 http://www.hoppou.go.jp/index.shtml

NPO日口交流協会 http://www.nichiro.org/index.shtml

NPO法人チェルノブイリへのかけはし http://www.kakehashi.or.jp/

秋野豊ユーラシア基金 http：//www.akinoyutaka.org/index.htm

アンサンブル・リリャナ http：//www.ii-park.net/～lilyana/

ウィルタ協会 http：//www.d2.dion.ne.jp/～bunkt/会員組織：北方少数民族の人権と文化保護団体

踊り部—ハンガリーの民族舞踊を踊るクラブ http：//urawa.cool.ne.jp/odoribe/index.html

おろしゃ会 http：//www.for.aichi-pu.ac.jp/～kshiro/orosia.html

関西チェコ/スロバキア協会 http：//www.kjcss.com

旧ソ連非核化支援技術事務局 http：//www.tecsec.org/

国際親善交流センター http：//www.jic-web.co.jp/company/index2.html

タシケント日本人 OB 会のホームページ http：//www.geocities.co.jp/SilkRoad/4405/

チェルノブイリ救援・中部 http：//www.debug.co.jp/ukraine/

チェルノブイリ子ども基金 http：//www.smn.co.jp/cherno/

チェルノブイリの子どもたちと http：//club.pep.ne.jp/～tatematsu/cherno/yokohama.html

新潟・ハバロフスク・ウラジオストク友好市民委員会 http：//www008.upp.so-net.ne.jp/akitomo_uda/

日露青年交流センター（JREX）http：//www.jrex.or.jp/

日ロ文化交流センター http：//www2c.airnet.ne.jp/jarucul/index.HTML

日本ヤナーチェク友の会 http：//www.janacek-jp.org/

日本ユーラシア協会 http：//www.kt.rim.or.jp/～jes/

日本アルメニア友好協会 http：//homepage3.nifty.com/armenia/

日本グルジア文化協会 http：//www.music-tel.com/georgia/

日本クロアチア協会 http：//homepage2.nifty.com/nihoncroatia/index.htm

日本サハリン協会 http：//www.jp-sakhalin.org/民間団体：サハリンに関する情報

日本スロヴェニア友好クラブ http：//www.slovenia-japan.gr.jp/

日本対外文化協会 http：//www.taibunkyo.com/misc/oshirase.htm

日本チェコ協会・日本スロバキア協会 http：//home.att.ne.jp/gold/czsk/

日本チェルノブイリ連帯基金 http：//www.jca.apc.org/jcf/

日本ハリストス正教会 http：//www.orthodoxjapan.jp/

日本ポーランド協会関西センター http：//www1.odn.ne.jp/～cbg37020/

日本ポーランド友好協会名古屋 http：//www.e.okayama-u.ac.jp/～taguchi/kansai/t-nagoya.htm

日本マルチヌー協会 http：//www.martinu.jp/

日本ロシア学生会議 http：//1st.geocities.jp/jrsc_1988/index.html

日本ロシア学生交流会 http：//www.geocities.co.jp/CollegeLife/8239/home.html

ハンガリー文芸クラブ http：//www.h4.dion.ne.jp/～budapest/

ヒロシマ・セミパラチンスク・プロジェクト http://hiroshima.cool.ne.jp/kazakhstan/

福山ブルガリア協会 http://www.fba.rgr.jp/

北海道ハンガリー文化交流協会 http：//euro-fenster.blogzine.jp/hmkt/

北方領土復帰期成同盟 http：//www.hoppou-d.or.jp/

北方領土返還運動 http://www.aurens.or.jp/hp/chishima/index.html

マトリョーシカ http://tomorus2.hp.infoseek.co.jp/

ユーラシアンホットライン http：//eurasianclub.cocolog-nifty.com/eurasianhotline/

ロシアなひととき ― ロシアの童話 http://freett.com/russianahitotoki/

ロシア文学を読もう ―群像社友の会有志が発行― http://www.age.ne.jp/x/kanya/index.html

## 关联企业

Sakhalin Project http：//www.sakhalinenergy.com/サハリン地方

JIC 旅行センター http：//www.jic-web.co.jp/

インツーリストジャパン http://www.intourist-jpn.co.jp/

株式会社エムオーツーリスト CISロシアセンター http://www.motCIS2.com/index.htm

株式会社 JSN http://www.jsn.co.jp/

株式会社シー・エス・エー http://www.csa-jp.com/

株式会社日ソ http://www.nisso.net/index.htm

株式会社 フォークロールレポート http://www.folklor.com/

株式会社ブレーン企画 http://www.55world.com/

株式会社プロコエアーサービス http://www.proco-air.co.jp

株式会社プロムテック http://www.promtec.co.jp/

株式会社ユーラスツアーズ http://www.euras.co.jp/

株式会社ロシア旅行社 http://www.russia.co.jp

群像社 http://www.gunzosha.com/

国際協力銀行 http://www.jbic.go.jp/

産貿エージェンシー：ロシア語翻訳専門 http://www.sambo-office.com/

しゃりばり http://www.hit-north.or.jp/charivari/

成文社 http://www.seibunsha.net/

世界の通信社へのリンク http://www007.upp.so-net.ne.jp/news-agency/

大陸貿易株式会社 http://www.tairiku-trading.co.jp/

日露ビジネスセンター http://www.nichirobusiness.com/

日本トレマリンエージェンシー http://www2u.biglobe.ne.jp/～ntabega/index.html

三井物産（株）のページ http://www.mitsui.co.jp/サハリンIIプロジェ

クト

　有限会社東西インフォメーションサービス（TIS CO. LTD）http：//www2e. biglobe. ne. jp/〜tis-russ/index. htm

　旅行（タビプラス）http：//www. tabiplus. com


## 研究信息网站

　1930年代旧ソ連日本人粛清犠牲者の資料及び論文—by 加藤哲郎 http：//www. ff. iij4u. or. jp/〜katote/Homef. html

　Information on Former USSR，Central-Eastern Europe & Mongolia http：//www. rotobo. or. jp/CISCEEinfo/CISceein. htm 旧ソ連・中東欧諸国・モンゴル情報（ロシア東欧貿易会）

　JREC-IN 研究者人材データベース http：//jrecin. jst. go. jp/

　Modern Russian Writers（in English）http：//slav-db. slav. hokudai. ac. jp/fmi/xsl/windex-e3. xsl

　Modern Russian Writers（in Russian）http：//slav-db. slav. hokudai. ac. jp/fmi/xsl/windex-r3. xsl

　赤坂講師のページ内陸ユーラシア史 http：//www. littera. waseda. ac. jp/faculty/akasaka/akasaka. html

　アジア研究情報ゲートウェイ http：//asj. ioc. u-tokyo. ac. jp/

　井桁貞義ホームページ http：//www. kt. rim. or. jp/〜igeta/

　岩本和久ホームページ http：//www. wakhok. ac. jp/〜iwamoto/

　化学者メンデレーエフの息子と明治日本 — by 梶雅範 http：//www. seibunsha. net/essay/essay18. html

　川上俊彦文書と日露戦争：ウラジヴォストーク海軍スパイ活動 — by 稲葉千晴 http：//www. seibunsha. net/essay/essay17. html

　旧ソ連日本人粛清犠牲者・候補者一覧 — by 加藤哲郎 http：//www. ff. iij4u. or. jp/〜katote/Moscow. html

　極東サハリン海外情報 http：//www. h5. dion. ne. jp/〜sanesu/hyousi/index2. html

　キルギスの騎馬文化 http：//www. asiawave. co. jp/KOKUBORU1. htm

　現代ロシア文学作品データベース http：//src-h. slav. hokudai. ac. jp/literature/literature-list. html

　サカルトヴェロ・ダイアリー http：//www10. ocn. ne. jp/〜caucasus/

　札幌大学図書館 http：//library. sapporo-u. ac. jp/

　新疆研究室 http：//www. uighur. jp/

　新疆研究サイト http：//www. kashghar. org/

　スラブ地域研究文献データベース http：//slav-db. sapporo-u. ac. jp/slav/search/index. htmlスラブ邦語文献

　高倉浩樹のホームページ http：//www. mni. ne. jp/〜siberia/index. html

　中央アジア研究文献目録（ユネスコ東アジア文化研究センター作成）

http：//www.toyo-bunko.or.jp/news/unesco.html

中央ユーラシア＝テュルク叙事詩の世界 http：//www.geocities.co.jp/SilkRoad-Forest/5495/index.html

ドストエフスキイ関連 http：//www.coara.or.jp/～dost/1-9.htm

西周成の映画世界 http：//www.ne.jp/asahi/shusei/home/

野部公一氏ロシア・カザフスタン・アルメニア農業 http：//homepage3.nifty.com/kohnobe/index.htm

服部倫卓のロシア・ウクライナ・ベラルーシ探訪 http：//www.geocities.jp/hmichitaka/

藤井一行研究室 http：//www.ifujii.com/

ポーランド情報館 田口雅弘氏作成ホームページ http：//www.e.okayama-u.ac.jp/～taguchi/

ポーランドの地方自治 仙石学氏作成 http：//www.seinan-gu.ac.jp/～sengoku/jichi/index.html

ヤーリの会 http：//www.geocities.co.jp/Hollywood-Studio/4616/jar/index.htm

山形大学で「ロシア」を学ぶ法 http：//www-h.yamagata-u.ac.jp/～aizawa/ryu/index.html

ユーラシア・北方民族映像インデックス http：//tokyocinema.net/far-eastlist.htm

ロシア演劇の魅力 http：//www.lang.osaka-u.ac.jp/～horie/index.html

ロシア外交史料館日本関連文書目録データベース ― by 稲葉千晴 http：//www.nii.ac.jp/ir/dbmember/rusdipar-j.html

ロシア関連の本・サイト http：//www.coara.or.jp/～dost/17-2.htm

ロシア政治エリート Who's Who http：//src-h.slav.hokudai.ac.jp/politics/M-index.html

ロシア・東欧法研究のページ 小森田秋夫氏作成 http：//web.iss.u-tokyo.ac.jp/～komorida/

ロシア美術資料館（Museum of Russian Art）http：//www.art-russian.org/index.html

## 社会・生活情報

Fikrimce トルコあんなことこんなこと 中央アジア風味 http：//fikrimce.sharqi.net/

NHK 世界の料理「ロシア」 http：//www.nhk.or.jp/school/tabemono/00/russia/data.html

Radio Japan Online http：//www.nhk.or.jp/rj/index_j.html

SlovakMall（in Japanese）http：//www.akuti.com/slovakia/

外国の家庭料理 http：//www.intio.or.jp/yoyo/index.html

カルディコーヒーファーム：美味しい料理のレシピが知りたい http：//

www. kaldi. co. jp/link/etclink. html

田村晋一郎のサハリン駐在体験 http：//www. aurora-net. or. jp/user/tamura/index. html

にいがた国際便：新潟日報 http：//www. niigata-nippo. co. jp/kokusai/gate. html

バーチャルデパート・AT-FOX ニュース/経済 リンク集 http：//atfox. hp. infoseek. co. jp/shinbun. html

ロシアのお酒 http：//oyaon. hp. infoseek. co. jp/

ロシアの食べ物（ロシア料理を食べましょう）http：//www. tradition-net. co. jp/door/door_world/food. htm

ロシア料理 Bistro Russia http：//www. info-russia. net/bistro. htm

ロシア料理レシピ（ロシア料理に挑戦）http：//www. tradition-net. co. jp/door/door_world/cook. htm

ロシア料理レシピ http：//www. nemuro. pref. hokkaido. lg. jp/ts/hrt/rosia-ryouri. htm

ワールドナビ・ネット ― 海外情報 Portal http：//www. worldnavi. net/


## 中文专著和期刊

冯绍雷：《20 世纪的俄罗斯》，北京：生活・读书・新知三联书店 2007年版。

冯绍雷、相蓝欣："转型时代丛书"5 卷本，包括：《转型理论与俄罗斯政治改革》。

《俄罗斯经济转型》。

《转型中的俄罗斯社会与文化》。

《转型中的俄罗斯对外战略》。

《俄罗斯与大国及周边关系》，上海：上海人民出版社 2005 年版。

潘德礼：《俄罗斯十年》，北京：世界知识出版社 2003 年版。

杨广斌：《政治学导论》，北京：中国人民大学出版社 2000 年版。

张树华：《过渡时期的俄罗斯社会》，北京：新华出版社 2001 年版。

张建华：《俄国史》，北京：人民出版社 2004 年版。

曹维安：《俄国史新论》，北京：中国社会科学出版社 2002 年版。

赵秋长、孟国华、王亚民编译：《俄罗斯文化史》，石家庄：河北教育出版社 2002 年版。

[美]詹姆斯・多尔蒂等著：《争论中的国际关系理论》第五版，阎学通、陈寒溪等译，北京：世界知识出版社 2003 年版。

[美]西里尔・E.布莱克等著：《日本和俄国的现代化——一份进行比较的研究报告》，周师铭、胡国成等译，北京：商务印书馆 1983 年版。

# 后　记

　　来到华东师大,首先被校园的美景吸引住了,精巧的布局、满眼的绿色、灵动的河水、富有活力的学生……这里真是一个做学问的好地方。

　　记得读博期间,我们这一届七位同学难得都是男生,所以被戏称为"七仙女"。当我们坐在教室里上课时,各位老师为我们开启了智慧宝库的大门。范军老师每次都能将抽象的国际关系理论用几句形象的话概括出来,言简意赅,有"唐人尚简"的中国传统思维之感。范老师始终强调读博的关键是训练思维,培养一种哲学思维,通过阅读名著与大师展开超越时空的对话,令我非常受益。冯绍雷老师学术视野之开阔、学以致用之紧密、诲人不倦之教风、温文尔雅之风采,值得终身学习。我在学术上的训练也是被冯老师一次次"逼"出来的,受用至今。周尚文老师是学界的老前辈,老人家的学术思维开阔。通过学习周老师还有哲学系钟锦老师的课程,我对科学共产主义有了全新的认知,也似乎懂得了冯老师说过的"我信仰真理"这句话的含义了,因为我也有着文化上的信仰,信仰永恒的真理。陈洁华老师是我的引荐老师和第一位博导,跟陈老师参与过上海市政府和企业的有关危机管理的课题,体会到学以致用的价值。从杨烨老师那里懂得了做学问研究路径的重要性。总之,读博期间,希望尽到学生的本分,从老师们那里汲取更多的智慧养分来充实自己的求知心。一个最大的感受就是:对待所有老师,不仅要从内心里尊敬,更重要的是依教奉行,真正将老师们的教诲落实在学问与人生中。

　　博士毕业后,经过一番考虑,决心当一位传道、授业、解惑的大学教师。这有些辜负了推荐我去日资银行工作的新藤教授,当时新藤教授

486

还开玩笑对我说："你管得住学生吗？当老师可别让学生给欺负了。大学老师的工资待遇也不高啊。"其实，新藤教授很爱护我，他为我的选择感到高兴。为了提升理论素养（冯老师对我的要求，还给我指定了必读书目），我在华东师大历史系跟随余伟民老师又做了两年历史学博士后。其间，每周有两三天要坐一个半小时的公交车去闵行校区听课，听过杨国荣、许纪霖、殷国明、陈子善、张旭东、沈志华、韩钢、胡晓明、刘擎、崇明等十余位老师的课程，也常去参加思勉人文系列讲座的听讲，感觉比博士课程的学习还要紧张，不过每天都很充实，也真正了解了华东师大的人文底蕴。做博士后期间，两次研讨会上经历的中西思想文化上的直接冲击，促使我下决心在大学开设"中国思想文化"等课程，并尝试以东方智慧结合西方方法来授课和进行学术研究，这应该算是学术意义上的文化自信吧。

　　本书是在我博士论文和博士后出站报告的基础上整理而成的，前后有三年时间的写作，有8篇相关文章在核心期刊上发表。写作期间，得到潘兴明老师的两次指点，潘老师宽厚仁慈的长者风范让我感动；汪诗明老师对我文章中的不足之处点拨得非常到位，让我心悦诚服；章慧南老师为我提供了论文写作的范本；杨成老师在日本访学时，写来一封长信，提出了若干具体建议，让我在起笔和收笔之际，不敢掉以轻心；日本东京大学松里公孝教授是我的"私淑"老师，两次面对面交流，数度书信往来，不远千里为我寄来厚重的参考资料，让我无言以谢。还有国关院的刘军、尹一萍等老师，平时给了我许多帮助和关照，让我切实感受到国关院大家庭的温暖，也成为我日后留在学院任教的一大因素。

　　本书能够问世，还要感谢华桂萍老师的校稿，感谢上海人民出版社王琪先生的精心审校和提出的修改建议。

　　最后，我的家人在背后默默的支持，是我能够安心教书做学问的坚实基础。

阎德学

2017 年岁末

**图书在版编目(CIP)数据**

冷战后日本的俄苏研究/阎德学著.—上海：上
海人民出版社,2018
(国外俄苏研究丛书)
ISBN 978-7-208-15077-5

Ⅰ.①冷…　Ⅱ.①阎…　Ⅲ.①俄罗斯-研究-现代②
苏联-研究　Ⅳ.①D751.2

中国版本图书馆 CIP 数据核字(2018)第 058986 号


**责任编辑**　王　琪
**封面设计**　零创意文化


国外俄苏研究丛书
**冷战后日本的俄苏研究**
阎德学　著

出　　版　上海人民出版社
　　　　　　(200001　上海福建中路 193 号)
发　　行　上海人民出版社发行中心
印　　刷　常熟市新骅印刷有限公司
开　　本　635×965　1/16
印　　张　31.5
插　　页　4
字　　数　463,000
版　　次　2018 年 8 月第 1 版
印　　次　2018 年 8 月第 1 次印刷
ISBN 978-7-208-15077-5/D·3193
定　　价　88.00 元

# 国外俄苏研究丛书